U0142431

第七冊

周氏易經通解

周鼎珩 遺著　陳素素 等記錄

五南圖書出版公司 印行

鼎公相關資料

一、

乾初易舍主人

　　吾師三元道人，潛修於九華山也，初常雲遊，半載方歸，晚乃不出山門，鎮日靜坐，未嘗稍輟。修道六十餘年，九十七歲始化，遺蛻尚存九華山九子寮方特造之木塔內。師博修多能，理事雙絕，預知死期，臨化不亂，證此勝緣，殆已即身成道歟？

　　九華山在安徽青陽西南，上有九峰，為中國四大名山之一。此地盛產黃精，相傳黃精九蒸九曬，可以辟穀，服至五六月以上，即飽而不思食矣。余少從吾師學道於九華，試之良然！

　　坐時自動，乃習靜者應有之過程，因人之經絡關節往往發生障礙，自動工法有先天性打通障礙之效能，其益非淺也。

　　吸收日精月華之法，可以輔在坐功，惟涼體人宜吸日精，熱體人宜吸月華，此又當分別適應者也。

　　雪花紛紛，金光閃閃，則陽神將出矣。惟出神以後尚須做一段「換骨」工夫耳，然出神匪易，換骨尤難，吾師嘗云：「換骨工夫約需五百年，故古來仙真，不耐久候，道成之後，多委殼而去。」吾師民國十三年所以羽化者，即不願做此長期之換骨工夫也。

　　王先生贊斌所授之自然呼吸法，即吸時鼓腹，呼時凹腹，謂之腹呼吸，又名內呼吸。行住坐臥，皆可行之，非特可以根治胃病，疏通

大便，甚且可使丹田發暖，積氣通關也。

嘗聞諸滿清某王公云：「修士靜坐，苟至鼻孔之息，其熱力如蒸飯之蒸氣時，即須暫時休息，否則必咯血而傷生也。」

綿綿不絕之內呼吸，久而行之，可以練成胎息，胎息若成，則結丹有望矣。全無雜念，始為築基成功，針石子之言甚是。

崆峒山在甘肅平涼，從西安乘火車至平涼下車，再騎馬入山，僅三十里而遙。崆峒雖在荒外，然遠望蔥蘢，頗有江南景象。又自崆峒至山西五臺一帶，如地球之卵黃，復卦所在地，最富靈陽，最易靜定，洵修道之聖地也。修士其嚮往而潛修於「洞天福地」乎！

本文原載於李樂俅主編之《訪道語錄》（臺北：真善美出版社，1978年10月第3版）

二、

道人王顯齋

李樂俅

（聞楊先生閒話道人，因感而述此）

道人王顯齋，甘肅天水人也。初流寓北平馬相胡同，後常居倉頡祠，懸壺濟世，尤長傷科。相傳為明人，亦有稱為清末人者，未知孰是？第親見其人者，大都頌之為高士云。

今在臺精通《周易》，現任政工幹校兼東吳大學教授周鼎珩先生，曩就學北京大學時，與道人常相過從，道人性詼諧，喜調侃人以為樂。一日，偶至其徒家，見徒妻彌留，舉家皇皇，不知所為。道人

視之曰：「無妨，何惶遽乃爾！」即命以高粱酒半斤，灌之立蘇，而頰頳口燥，神猶不寧。曰：「姑俟之！」起而出，須臾，道人背一大西瓜返。令汁以飲之，俄，頰渴頓消，遂霍然而愈。時方隆冬，北國雪地冰天，何以致此炎夏特產之西瓜？見者莫不嘖嘖歎異焉。

由是北平聞人，益慕其名，每有宴集，必邀致道人。某歲重陽熊希齡柬約名流，登高西山，兼以攬勝。乃驅汽車逕邀道人，欲載而共詣之。道人辭不與俱，請熊先往，己即隨至。迨熊車抵西山，道人已先至，而笑迎於道左矣。西山在北平西郊，距城約四十里而遙，道人何以先汽車而至，熊甚訝之，而終不解其故。

道人夙嫻武藝，遐邇馳名，武術界皆尊之為泰斗，故著譽大江南北之武術家杜心五先生，亦不遠千里，往拜其門。今在臺前交通部航政司司長楊青藜先生，民國三十四年乙酉抗戰勝利，奉令離蜀，途經劍閣、潼關，由北平而晉京，楊先生嚮慕高風，已非一日，是役道出北平，竊喜天假良緣，乃塵裝甫卸，即詣西山參謁道人，時道人正寓居西山也。初參道人，楊即尊稱道人為師，道人反詰楊曰：「我未錄君為弟子，何以遽稱我為師？」楊對曰：「我既拜杜心五師為師，曩者杜師嘗拜師為師，尊吾師之師為師，諒無不宜。」道人笑而頷之。於是談論之次，益形親切，而慨然點化楊先生曰：「耳順以後，自有真師尋君，幸勿慮也。蓋師尋弟子易，弟子尋師難，古來多係師尋弟子，今日豈不然哉？」楊因懇求示以修道之途徑，道人又剴切垂教曰：「修道首須知所擇別，陰陽雙修，成少敗多，不可學也；金石草木，藥易誤人，不可學也；怪誕不經，跡近迷信，不可學也。惟諸家服氣之法，弊少而效速，初入玄門者，不妨擇一調身；至聖聖相傳性

命雙修天仙之道，則難遽隮，必先做到克己修心，健康長壽，表裡俱真，俯仰無愧之人仙，然後漸進於天仙，庶幾本立而道生。不依此而教人、師人，皆罪也，人且難保，寧望仙哉？」

　　楊先生又言：抗戰期間，日寇謀脅道人參加偽組織，一日，逮道人至，環一鎗口曰：「願從則生，不從則死。」道人大笑曰：「真心修道者，素來不問政治，況余為中國人，尤不應參加反對中國政府之組織！」院內適有大樹一章，道人言訖，即以手向樹畫一圓周，而滿樹枝葉，便立剪為原形，整齊若新理之髮然。道人劍法之神，日寇見之，舌撟不能下，於是羅拜謝罪，並護送歸山焉。

　　道人體不魁梧，髮撮於頂，貫以竹簪，與常見之道士無異，所不同者惟神采奕奕、目光炯炯而已！

　　弘道子曰：愚讀葛洪《神仙傳》，每飄然有出塵之想，然於諸仙修鍊之法，便闕而不言，深以為憾。繆俊德先生，從遊頗久，嘗報導道人之傳授曰：「道人之功法不分層次，煉精化氣，煉氣化神，煉神還虛，三者同時皆做，蓋至簡至易之上乘工夫也。」敘次道人仙蹤既竟，故又將其修煉之方法，簡介如此，或亦足補古人略而不言之闕歟？

　　本文原載於李樂俅主編：《訪道語錄》（臺北：真善美出版社，1978年10月第3版），頁103-105。

　　我手中有《訪道語錄》一書，該書除「乾初易舍主人」外，另有「道人王顯齋」一篇，亦係周鼎珩老師所述事，我曾親聆周師談及部分內容，頗值一讀。《訪道語錄》之編述者李樂俅先生，係周師北大同學，畢業後曾任教江西瑞金師範學校，來臺後奉職於臺大總務處。

中國堪輿學會理事長曾子南即其師範學校高足，曾因李先生之因緣，曾求得周師「踏踏歌」墨寶一幅。我曾數度在曾理事長公館有陪侍李先生讌飲數次，恂恂長者也。

弟子林鴻基謹誌

民國一一〇年十二月六日

三、詩作

午睡

兒時歷歷都如夢，老大翻驚夢轉空，睡起每疑身不是，半竿紅日半窗風。

西安道上

自昔西秦地，衣冠稱帝鄉。關河天險在，人物霸陵荒。亂塚眠卿相，殘碑識漢唐。我今悲往古，後此更茫茫。

春日憶內

一度思量一斷魂，黯然猶記別黃昏。三春織錦何無字，兩袖啼紅尚有痕。風絮愁人人漸老，雲天邀夢夢難溫。遙知獨自傷懷處，小院花飛深閉門。

歲暮山村即景

浮蹤海外老窮經，四面山環一屋青。落木臨溪流倒影，遠燈照眼亂疏星。百年但看雲來去，萬象空餘夜窈冥。節屆殘冬春在望，乾坤消息不曾停。

奉和韋仲公兄半卷樓原韻

湖山百刼流離久，萬里雲天客倚樓。世局安危書半卷，時賢搖落序三秋。盱衡中外將誰語，馳騁乾坤與道謀。剝復往還應不遠，待看風雨會神州。

奉和申鳳蓀兄海岸迨暑即景原韻

心到源頭思卻空，飄然雲際逐飛鴻。詩懷淡泊推雙穗，道業精純造九重。避帝情趨煙水外，臨流人在畫圖中。年來獨得窮通理，聞聽漁歌入海東。（申君近曾學道其書屋名雙穗樓）。

天理歌

天理無或爽，盈虛透消息。泰從何處來，來自否之極。一反斯一正，萬物同此律。君不見青山木，秋凋冬落春又茁。嗟彼濁世流，滔滔徒自辱。我生何所自，我自宇宙出。宇宙迄未滅，我生必與立。胡為乎衰亂草蟲吟，胡為乎悲憤長沙哭。但求此生機，奔流流萬斛。磅礴奪長空，空明生虛室。放懷天地間，天地落胸曲。手掬太平洋上水，重洗乾坤見白日。

以上七首錄自易君左編《四海詩心》（1977年2月臺灣商務印書館出版）

前四首載於頁159，後三首載於頁160。

校對鄧敦琉謹誌

民國一一〇年十二月二十一日

韋仲公曾任東吳大學校長室主祕，並在中文系、哲學系兼課；嘗從鼎公學《易》。申鳳蓀名丙，東吳大學中文系第二任系主任，與鼎公比鄰而居。〈天理歌〉蓋致梁寒操先生。〈春日憶內〉蓋隔海思念

夫人徐氏，其詳請參閱第一冊〈周鼎珩先生事略補遺〉。

弟子陳素素謹誌

民國一一〇年十二月二十日

四、墾殖普濟圩

銅陵的普濟桑田和古徽河（銅陵市市民論壇）

發表於 2015-06-01 16:55

　　普濟桑田明、清之際的普濟桑田，西起樅陽的王家瀋，東抵無為之土橋，時為長江中下游的第一糧倉。普濟圩之土橋原屬於省府安慶的古桐城，後土橋以西劃入樅陽縣，土橋集鎮等地劃入無為洲。近年的普濟圩一直處在三縣一市三不管地段。部分財政和單位等屬於樅陽，土地屬於銅陵市，農場歸屬省農墾廳省直管，且設有農場監獄。2014年才整制將普濟圩全部規劃銅陵市管轄。土橋姑娘成了銅陵兒媳（土橋集鎮仍屬於無為縣管轄）廣袤的普濟桑田，撐起了幾百年皖江北岸濱江城（又稱糝潭鎮，今無為縣土橋鎮）和無為徽河鎮（今銅陵市灰河鄉）的一派繁華 —— 這裡上達重慶、九江、安慶，下接南京、蕪湖、舒城、廬江、廬州（合肥）、南通，商賈流連雲集。普濟沒于澤國，徽河歸於灰河，連接陳瑤湖、楓沙湖、竹絲湖、甚至廬江等地眾多湖泊，經土橋河直通長江。又位於無為第一高峰：三公山腳下。滄海桑田之變，恰恰一個世紀。

　　清道光29年（1849年），濱江長江奇水，桑田浸沒，屋舍盡毀。（濱江，即現在土橋一帶古稱）

　　《清史紀事本末》載：「夏四月，江蘇、浙江、安徽、湖廣大雨五旬餘，水驟漲，田盡沒。水之大，為百年所未有。」安徽巡撫王植奏稱：「安徽省本年自春徂夏，雨水過多，江湖增漲……半月以來，大雨如注，連宵達旦。兼之上游諸水下注，來源甚旺，江水較上年盛漲之時，尤大尺許。」桐城、無為等「州縣紛紛稟報，圩堤壩梗均被漫潰，田廬漂沒……」重災的桐城縣，「節次大雨，山洪奔注，水勢浩瀚，田廬盡在水中。」

　　天災之後，太平軍興起。桐城普濟圩恰處太平軍的天京與安徽省會安慶之間，連年的戰禍，水底的普濟桑田，終於蓮葦茂盛，魚鱉橫行。在土橋設有官僚收取百姓租金。

　　普濟生民經歷半個多世紀的水深火熱之後，迎來辛亥革命後的民國。安徽都督柏文蔚，此時意欲復墾普濟，澤惠民眾。因遭袁世凱免職，討袁失敗，柏文蔚在安徽政壇幾乎是曇花一現，普濟桑田夢想，隨風而逝。

　　再10年，許世英主政安徽，倡議修復普濟圩。不久，許世英亦匆匆去職，普濟桑田計畫再度擱淺。此後的10年間，30萬畝的普濟圩，民間自發圈築的，只有王家澦附近的千畝孫家小圩。

　　普濟圩今天的框架規模，起于吳忠信的大手筆圈定。吳于1932年任安徽省主席，他命省建設廳編制普濟圩修復計畫，動用救災款物修復了王家澦至土橋的江堤，並擬報中央財政撥款修築內河防洪堤。但吳忠信不久調離安徽，此後的二十餘年，走馬安徽政壇的，多是魚肉百姓的非皖籍政客，普濟圩修復計畫無人問津。加之日軍侵入，普濟淪為戰場，水圩一役，地方軍民遇難700。此間民生凋敝，普濟彌

荒。

　　普濟圩的桑田夢想，抗戰之後險成現實。1946年，經國民黨中央任職的周鼎珩（周潭鎮人）不懈努力，柏文蔚、許世英、吳忠信三大元老人物的鼎力支援，普濟墾殖社成立並投入實質性工作，重點是修築內河防洪堤（今橫埠河後河）。1947年清明節，工程開工，歲末進入青山一帶（今陳瑤湖鎮高橋、花山村），因涉及地方周氏祖墳，工程停工。待爭議解決，1948年夏汛已至，工程不得不停。汛期結束，渡江戰事迫近。次年，普濟墾殖社事務草草交與蕪湖市人民政府接管。

　　普濟桑田浸沒的一百年間，江山經此世變，人民水深火熱。新中國成立後，旋即展開圍湖造田的，是中國人民解放軍農墾五師。這些最終血盡朝鮮的英勇男兒，在這裡開出了第一犁新土──是為普濟圩國營農場的前身，普濟圩重現桑田的後話。

　　此篇錄自網路，鼎公墾殖普濟圩見「普濟圩的桑田夢想」一段，蓋先師平日所津津樂道，其詳請參見〈周鼎珩先生事略〉。

弟子陳素素謹誌

民國一一〇年十二月十三日

凡　例

一、本書包括先師周鼎珩先生之定稿、手稿、講稿及講習大綱。

二、定稿計有易例及〈乾〉、〈坤〉、〈屯〉、〈蒙〉四卦，此盡收錄於《周氏易經通解》第一冊。

三、手稿計有〈需〉、〈比〉、〈小畜〉、〈履〉、〈泰〉、〈否〉六卦。

四、講稿係門弟子據錄音帶所記錄並加整理，除定稿之四卦外，其餘六十卦、〈說卦〉皆是。

五、講習大綱係先師為便於「易經講座」之聽眾所擬，在講授現場分發，計有第一卦〈乾〉卦至第二十卦〈觀〉卦。

六、除定稿之四卦外，其餘均以講稿為主，另有手稿、講習大綱者附於其後。

七、本書凡《易經》正文部分，悉以《武英殿十三經注疏》之《周易正義》為準。

八、本書除易例、〈說卦〉之外，其通解六十四卦之體例，依次為總說、卦辭、爻辭、彖傳、大象、小象。「總說」之下又分卦序、卦體、卦義三項。

九、本書講稿記錄原則，先師嘗指示曰：「按錄音帶逐字記錄，然後去其重複者。」弟子等謹遵遺訓，不敢踰越，並著記錄者、整理者姓名，以示負責。

目錄

第六十一卦

中孚卦

周鼎珩講　陳素素記錄

中孚

兌　巽
下　上

—— 此係〈艮〉宮游魂卦，消息十一月，旁通〈小過〉，不反對。

壹、總說

佈卦的次序

　　今天報告〈中孚〉卦，這一卦比較境界高一點。過去講的〈節〉卦，「節」所以節之以制度，《孟子·梁惠王上》曰：「權然後知輕重，度然後知長短。」有秤才能夠曉得哪個輕、哪個重，有尺才能夠曉得哪個長、哪個短，幾尺幾丈。就是沒有秤就輕重不分，沒有尺就長短莫辨。同樣的，社會上生活，如果沒有禮節規章法制，社會秩序就沒有法子維持，你說這樣不對，他說那樣子對，就變成《莊子·齊物論》所講的：「彼亦一是非，此亦一是非。」於是乎社會就

亂了。那麼因此由節之以權衡、節之以制度，大家才有信守的標準，有法制規章，我們生活上才有依據來信守，因此〈序卦傳〉上講：「節而信之，故受之以〈中孚〉。」中孚者信也，這個「信」字怎麼個解釋呢？《老子‧第二十一章》曰：「惚兮恍兮，其中有象；恍兮惚兮，其中有物；窈兮冥兮，其中有精，其精甚眞，其中有信。」他分析宇宙發展的階層，分析到最高的是一個「信」。「信」字什麼東西呢？就是很眞切、很實在，眞切實在就叫做「信」。譬如說，我們人與人之間，說話來往，很眞切，很實在，這個社會才能夠聚結得起來；假使人與人之間，不眞切，不實在，這個社會就散掉了。比方，做房子，這個房子裡頭，這個柱子啊！椽啊！樑啊！榫頭啊！兜得非常眞切，非常實在，這個房子才能夠頂得住啊！假使裡頭不眞切，不實在，這個房子就會倒掉了。所以「信」就是一種眞切實在，因爲宇宙在最初發展的理路是非常的眞切的，而且在發展之初是可以包羅宇宙的整個的萬有，包羅得非常的眞切，非常的實在，這叫做「信」，所以老子認爲宇宙發展最高層的東西就叫做「信」。有這個「信」，天下所有的現象就不會有偏頗，不會有超越，有一定的標準，有這個制度，這個社會才有標準表現出來，因此在〈節〉卦之後，繼之以〈中孚〉，「中孚」就是表示很眞切，很實在。宇宙一切運行現象固然都是很眞切，很實在的，可是「節以制度」，這個「節」字，有些時候，它偏於形式方面，固然標準大家應當信守的，但是守到最後變成陽奉陰違；秤，有假秤，尺，有假尺，就會有這些現象產生，玩法弄制，在法制裡找漏洞，鑽法制的漏洞，「節之制度」，行久了，就會發生這個現象。

　　打開中國歷史來看，每一個朝代，在開始的時候，法令規章都

訂立得很完備，可是到了最後，到亡朝代的時候，那個法令規章就行不通。講這個法令規章，三代以前，我們不知道。有史以來，我們知道周朝，「周監於二代，郁郁乎文哉！」（《論語・八佾》）周朝的典章制度是最完備的，那講這個「節以制度」，那是周朝最好，可是周朝那種好的完備的典章制度，到了秦漢以後行不通的，因此典章制度，我們社會上這些人為的節制現象有時而窮。不但是人文社會節制的制度有時而窮，就是宇宙自然的，就說我們二十四個節氣吧，它有時還有偏差，比方立春應該溫暖一點了，可是它不溫暖，它還是冷，立夏應該熱一點啦，它不熱，它還是寒，節氣上固然大體上不會偏差，有些時候基於地方的，或者那個時間、那個空間，發生偏差的，也有的。自然的節氣尚且有偏差，人為的節制的制度當然有時而窮的。那麼節制的制度有時而窮，怎麼辦呢？在這個節制的制度上辦不到的，就不能不回過頭來，從人的「心靈」上著手。所謂從心靈上著手呢，就是把心靈搞端正了，把人與人從心靈上凝結起來。如何使心靈端正，促使人與人之間融洽得了？那是用什麼呢？那是用「中孚」。「中孚」就是救濟〈節〉卦─節之制度之窮的，〈節〉卦節以制度辦不到的事情，於是乎就以「中孚」來救濟，這就是所以〈節〉卦之後繼之以〈中孚〉。

　　「中孚」就是代表一切的由衷的信實，一切的真切實在的那個道理。所謂「孚」者是交孚也。怎麼能孚呢？就是兩個東西來孚。比如話，我們人研究《易經》的道理，我真正的領會到了，於是乎我的心靈和《易經》的道理，兩個相孚了，交孚了。人與人之間，比方我們兩個一見傾心，兩個情投意合，你所想的，和我頭腦子所想的一樣的，此之謂同志，就是內在的心靈交相孚。內在的心靈怎麼交相孚

呢？就是彼此都很眞切實在。我們人與人之間如果感情到了交相孚融的時候，那彼此心靈一定都眞切實在。所以在〈節〉卦以後繼之以〈中孚〉，「中孚」就是表示這些現象，這是講卦的次序，爲什麼〈節〉卦以後佈之以〈中孚〉，因爲節之制度有時而窮，就拿中孚從心靈上來救濟，來找出路，這卦的次序是如此。

成卦的體例

　　再說到卦體，卦體這個〈中孚〉的這個「孚」字，在小學上來解釋，「孚」字是从爪从子。那什麼意思呢？我們看鳥抱子，這個字就是從鳥抱子來取象的。普通鳥孵卵，我們不知道。我們看家裡雞孵卵，爪子常常翻卵。爲什麼牠要翻呢？因爲使那個卵得到牠的電流很均衡、很實在，把自己的電流輸送到蛋裡去。這是什意思呢？這個卦象，裡面是個陰，外頭都是陽，陽就是熱能囉，就是老鳥類把自身的熱能傳到雞卵裡面。裡面是陰，是個死體的東西；外頭是陽，是老雞身上的電。電輸送到雞蛋裡頭，於是這個雞蛋到了一定的時期，沒有差錯的，到了那個時候，這個雞蛋就出了小雞，非常之信實，一點差錯沒有。而且，牠把這個卵翻來翻去的，翻得非常的均匀，要不均匀，那個小雞出不出來，所以牠自己翻很清楚，牠有層次的，今天翻一點，明天翻一點，後天翻一點，雞孵卵就這個情況。那麼這個卦象就是鳥類抱子的現象—陽包陰之象。孚者信也，歷來先儒都把它訓爲「信」字。爲什麼訓之爲「信」字呢？因爲鳥孵卵，非常之眞切，一點點差池都沒有。鳥孵卵的「孵」字，本來就是這個「孚」字，後來才加上一個「卵」字。鳥孵卵，非常之眞切，非常之實在，沒有差池的，所以「孚」字轉訓爲「信」。「信」就是宇宙最高的實在的眞

理，這是第一個體象。

其次，〈中孚〉這個體象固然是陽包陰，它內在三、四兩個陰爻和外在四個陽爻，彼此間之關係，幾乎非常之眞切，所謂「交相孚」。比方，老雞孵小雞，牠自己拿這個陽和那個陰兩相孚，就是老雞身上的電—陽，和卵裡頭陰體兩個交相孚，這是陽包陰之象。可是這個卦象不僅是如此而已，還有其餘的，其餘的什麼呢？它裡面二個陰和外面四個陽有密切不可分的關係，怎麼密切而不可分的關係呢？六三這個陰乘九二，和九二這個陽，非常之親近；六四這個陰，仰承著九五，和九五這個陽，兩個很接近。不僅如此，六三這個陰除掉乘九二，又和上九正相應；六四這個陰除掉和九五兩個交相孚而外，又和初九兩個交相應。所以這二個陰把這四個陽凝結得緊緊緊的，而外頭四個陽完全貫注兩個陰裡頭，所以就變成外頭這四個陽和裡頭這二個陰融成一體的現象，緊湊得不得了，裡頭一點點都空隙沒有，所以講眞切信實，陽與陰凝固得非常之確實，外頭的陽完全貫注到裡頭的陰，裡面的陰把外頭四個陽拉得非常緊，所以很實在。所以「信」，不僅是這個，這個是以整個卦體來看，如果以上下兩體來看呢，外體的陽—九五，居外體之中，內體也是陽居中。分內、外體來看，兩個陽剛的爻都居中，那個意思是什麼呢？就是那個陽開化這個陰，開化得恰到好處。這個老雞孵這個小雞，牠那個電流送到雞卵裡面去，恰到好處，不高不低，不多不少，正是雞卵所需要那麼的程度，在那個二十多天正是需要那麼多東西，牠就送那麼多東西，恰到好處。那麼它爲什麼分出內、外體呢？就是說從內到外，一貫的恰到好處，不是開始的時候，也不是末尾的時候，從開始一直到末尾，無論內在的基礎、外在的發展，輸送陽剛熱能，都是恰到好處，所以小雞才會長得

很完整。拿我們人類的現象來講，就是「至誠內注」，二個陽在內外體都居中，而且這四個陽交注在這二個陰裡頭，我們拿人事來講，就是「至誠內注」，這個非常信實、非常真切。孔子的學說在「中庸」上表現出來，他就把它取了一個名稱叫「至誠」，「至誠無息，不息則久，久則徵，徵則悠遠，悠遠則博厚，博厚則高明，……，博厚配地，高明配天」（《禮記・中庸》），所以天地完成，最初的起點是「至誠」，這個「至誠」就是「中孚」的「信」，「中孚」的「信」在儒家學說就稱之爲「至誠」。那麼這個外頭的四個陽，「陽」是代表情緒的，代表心靈的哦，那麼這種心靈都是澆注在這個陰裡頭—「至誠澆注」。可是雖是澆注在裡面，但是它沒有發揮出來，這個「中孚」的階段，就是一種「至誠」的境界在裡面充實，並沒有發揮出來，所以《中庸》上講：「喜怒哀樂之未發，謂之中，發而皆中節，謂之和。」〈節〉卦，節以制度是外在的，發揮到外面來了；〈中孚〉是內在的，「喜怒哀樂之未發，謂之中」，那是什麼東西呢？我們人性就等於一把鏡子一樣，這個鏡子本來是玻璃體透明的，我們人的本性天性本是透明的，但是關在箱子裡頭，沒有發揮出來，雖是沒有發揮出來，可是它是個透明的，那個就是「中孚」的境界。「中孚」的境界就是一種至性的光明的至體，沒有發揮出來的那一種光明至體就叫「中孚」。儒家就稱之爲「至誠內注，未發之中」，沒有發揮出來那個「中」。中者中也，中者就是一箭射到靶心，不高不低，不左不右，恰到中和中央紅心，抓癢抓到癢處，「中」就是很實在，很確實，抓癢抓到癢處，煮飯煮得不太老不太嫩，就是「中」。「未發之中」，就是這是恰到好處，還沒有發揮出來，還在裡面，那種恰到好處的境界，就叫「未發之中」。拿我們人的心性來講，中國性理學派來解釋，「中孚」就是「至誠內注，未發之中」那麼一個境

界。「打坐」的時候，如果很得味，調理得很對，那麼那個時候，內心裡空空洞洞的，一無所有。在這個時候呢，是「至誠內注，未發之中」，在這個時候，接著在丹田之內，有一股子氣機，「吧吧吧」就動，假使有參這個工夫的人，這個境界就會了解，因為「中孚」是「至誠內注，未發之中」，所以〈中孚〉是卦氣之首，在卦氣圖上看，〈中孚〉之後，接著就是〈復〉卦，〈復〉卦就是一陽初動。我們在打坐的時候，裡頭空靈得很，什麼都沒有，就是說「至誠內注，未發之中」，在那個境界以後，馬上裡頭氣機就動了。氣機動是什麼呢？就是〈復〉卦（陽初動）。「中孚」是「未發之中」，陽都貫注到裡面去了。那麼「未發之中」一段時候以後，乾元就動起來了，一陽就初動。所以六十四卦以〈中孚〉為卦氣之首，而第二卦是〈復〉卦，就是這個理由。

六十四卦之中，陰陽調和的卦很多：例如〈泰〉卦，陰陽交通；例如〈咸〉卦，陰陽相感；例如〈益〉卦，陰陽均衡；例如〈既濟〉卦，陰陽正位，這些卦都是陰陽相孚的，氣化非常的融洽，但是都是發之於外的，都不是未發之中，所以卦氣在開始的時候，一定是「未發之中」。「未發之中」只有〈中孚〉，所以〈中孚〉為卦氣之首，這個境界比高一點，年紀輕的朋友，有的人恐還不大了了；年紀大的人，我相信會知道，會體會。就是在我們靜坐參證的時候，可以體會出這個境界，在我們氣機初動之前，在佛家禪定之中、道家靜坐之中，有一段是空無所有，光明至性，那個就是「中孚」，這一段最重要，這是第二個體象。

再講到第三，〈中孚〉是以兌、巽二卦組成的，內體是兌，外體是巽。在先天卦位上看，由兌到巽，中間是個乾。乾是個什麼東西

呢？「乾知大始，坤作成物」，乾是一種靈感的東西。比方，我們人身體裡面感覺從那兒來的？從乾陽來的。乾陽在什麼地方呢？在經絡上游走，乾陽是不定的，它不像坤陰，坤陰是固定的，乾陽是在經絡上游走不定的，所以戳到經絡，痛得不得了，因爲它是感覺之所在，乾是動的，它是有靈感的。那麼由兌到巽，中間拱的是靈能，這個卦有靈能在中之象。靈能在中，所以叫〈中孚〉，這是第一個，根據先天卦位來看。

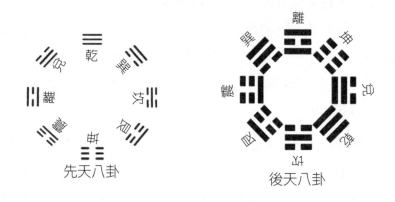

先天八卦　後天八卦

　　假使由先天、後天合起來看呢，先天的兌就是後天的巽，先天兌卦的位置在東南，後天巽卦的位置在東南，所以先天兌的卦位就是後天巽的卦位。「孚」者交相孚也，所謂「孚」就是兩個東西才能談得上「孚」啊！比方交朋友，山濤和阮籍兩個神交，是交相孚。那麼現在先天的兌位就是後天的巽位，它兩個交相孚，所以叫〈中孚〉，這是第二個。所謂「交相孚」就是這一方面的情形和那一方面的情形，是相契合，叫「交相孚」。

　　再講到第四，這個卦，外體是巽，內體是兌，巽爲入，兌爲悅，合起來就是「入之而悅」，這個東西鑽到那個東西裡面，非常

之和悅。比方，建房子，這個榫頭和那個榫眼剛剛好，恰到好處，交相孚，入之而悅，鑽進去了，鑽得非常之和諧，入之而悅，這叫「孚」。而且，內體兌的主爻是三，外體巽的主爻是四，三、四兩個主爻居於兩體之中，所以叫〈中孚〉。此外，外體的巽，又是為風，內體的兌，又是為澤，澤在地面上是最低窪的地方。俗語說：「空穴來風。」凡是低窪的地方，就是生風的地方，所以颱風發之於海上，在陸地上絕沒有颱風的。那麼低窪的地方可以生風，可以看出澤與風兩者之間，是脈脈相通的，息息相通的。居內、外兩體之中是三、四爻兩爻，息息相通是「孚」的現象。「孚」是三、四兩爻代表，所以卦名〈中孚〉。

立卦的意義

現在我們交代卦義，我們前面在卦體上講過，這個卦象是「至誠內注，未發之中」，「至誠內注，未發之中」我們剛剛是拿打坐來比喻。事實上，這兩種情形，在我們人事社會，很多的情形可以體會得出來，第一個在初生的嬰兒可以體會出來，嬰兒初生的時候，他本無思無欲的，頭腦子裡，空空洞洞的，什麼都沒有，完全還是存在於宇宙那個先天的天德境界。因為宇宙空空洞洞的，什麼都沒有，他就能化生人，化生萬物，所謂「真空不空」，才能生出東西出來。人類頭腦子也是如此，如果是真正的空空洞洞的，智慧就昇華了，裡頭沒有東西，就生出東西來。孔子講：「寂然不動，感而遂通。」（〈繫辭上傳〉）假使你頭腦子真正的一點點慾念沒有，「寂然不動」，很靜寂的，裡頭什麼都沒有，「感而遂通」，就和宇宙兩個交感，就能夠通宇宙。這個在嬰兒身上可以看得出來，他初生不久，他距離天德

很近，他還存在在天德裡面，無思無欲，空空洞洞的，所以他生機非常之蓬勃，長得非常之快，一年可以長一尺高，在我們人類成長率最高的時候，就是嬰兒的時候。他為什麼成長率這麼高呢？就是他空空洞洞的，空空洞洞的，就能生發。「中孚」就是「至誠內注，未發之中」，根本還沒生發的那個境界。第二個在什麼時候可以看出來？在人類緊急危急的時候。人類在危急困難的時候，一切的念頭都取消了，什麼聲色貨利，這些念頭都沒有了。在生死一刹那交關的時候，一切名利的觀念都沒有了，那個時候通通取消，只有當前這一念—「生」，怎麼活下去？那個時候，頭腦子最集中、最純潔，沒有其他的雜念，那是「至誠內注，未發之中」的一個境界。所以我們常講「急則生智」，人一到了危急的時候，智慧就生出來了。危急的時候，為什麼智慧就生出來呢？危急的時候，其他的雜念就沒有了，沒有了，頭腦子純一了，純一了，就生出智慧來了。因此我們從這個現象裡看，謀國大居子真正的能夠「至誠內注」，空空洞洞的，只曉得國家人民，沒有自己，真正的到了這個地步，一點點私念都沒有，一切的思維，都貫注在國家人民身上，假使謀國大君子是這樣的一個境界，那有諸內者就形諸外，他這種行徑自然而然的全國人民所敬仰，眾志成城的，那沒有事情做不成的，很快的就可以把國家弄到富強康樂的境地。過去大舜無為而治，重拱而天下治，他並不是真正的無為，就是說他所為的不是為自己，老子所講的無為，並不是講的沒有作為，就是不是為了自己，無所謂的，是順乎天理、順乎自然，沒有匠意，沒有私念，沒有成見，所以無為而天下治，就是這個道理。《易經》是為君子謀的，是講給這些謀國大君子聽的，因為這些君子懂得這些道理，這個社會上就有頭緒了，國家自然就好，孔子常常講「君子以……」，都是講給這個謀國的人聽的，這是第一點卦義。

　　第二，我們從象上可以分析，假使以整個卦體來看呢？它是中虛，陽實陰虛，卦體中間是陰，陰是虛的，所以整個卦體來看是中虛，中者就是空空洞洞，中無所有，爲什麼中虛他氣機才能動？爲什麼中虛他急則智生？他才能昇華？因爲中虛他才能容物，一個缸、一個罈，裡面是空的，才能裝東西；假使裡頭裝滿了東西，就再也裝不進去了。因此我們體會這個卦義，一般的謀國君子就應當了解中虛這個境界，做什麼事情，沒有私念，自己沒有成見。可是我看到有好多開會，他們先拿個中心議案，你念中心議案，你還開個什麼會啊？這個會啊！是集合大家的意見，你既有個成見在那兒，有個中心議案，那不叫做開會，那叫人家贊成，並不是集合人家的意見。中虛者是要把人家的東西通通的都拿來，你這個中間空空洞洞的，人家把他的好的東西送給你哦！你才能裝得住哦！才能夠容物哦！假使你有個成見，你什麼東西都有個中心議案，那就拒人於千里之外，人家的意見，你就打不進去了，那個不叫做民主，是不是啊！這民主是要接受人家的，因此我們覺得謀國君子應當體念這個中虛的境界，虛而無物，裡頭沒有東西，什麼東西都沒有，空空洞洞，甲講的對，乙講的也對，丙講的也對，所有的意見，我都吸收，然後我在所有的意見中間，揀那個好的，而能實行的實行之，這個斷定還是在你啊！可是意見是大家的，那就是把大家的聰明智慧都集合來了。中虛者，事實上不虛，真空不空哦！中虛者就是中滿，你自己虛而無有，可是大家頭腦子精華都來了，那幫助你不很大嗎？你事先有個成見，有個什麼中心議案，那就是用你的頭腦，不要用大家的頭腦，就把大家的頭腦給他凍結住了，只用你一個人的頭腦，那多笨啦！古代的唐太宗是最精幹的，可是他集合群臣的意見，他自己不拿意見，都是人家的，人家所有的意見都拿出來了，他在事後，找到魏徵等老成的人來商量，於

是再裁度用哪個的意見，所以天下的智慧都集中到他身上。假使你中不虛，你什麼都有個成見，要人家贊同你的，人家的不是，要聽你的，那不是你自己用你一個人的頭腦子智慧，你一個人的智慧，怎麼抵得過這麼千千萬萬人的智慧？所以就愈來愈笨，所以第二個要體會這個中虛。

　　第三，這個卦象，分開來看是中實。分開來看怎麼是中實呢？因為分開來看，內、外兩體都是陽剛居中，陽實陰虛，內體九二陽剛居中，外體九五陽剛居中，所以分開來兩體來看呢，中間都是實在的，中實就是陽剛居中。「中實」什麼意思呢？就是說無論對內、對外一本乎實理而行，無論是內在的基礎，或外在的發展，完全是根據實理去做，「陽剛居中」是代表恰到好處的主宰。陽剛是發動指使的東西，就是智慧囉！頭腦子想像、制定政策哦！下命令囉！這些都是陽剛。「陽剛居中」就表示你那個政策、你那個命令、你那個才智、你那個一切主宰的，都恰到好處，非常的正確。「中實」就是我們運用自己的智慧、運用自己的政策，要運用得恰到好處，無論對內、對外都恰到好處，而且，是從內體一直到外體。那個意思是什麼意思呢？有些人在內體的時候，發展是很好，到後來的時候就壞了。比方，唐明皇最初做皇帝做得很像個樣子，到天寶以後就變了樣子了，那就不是自內至外一貫到底。現在我們不僅是一本乎實理，而且，從開始一直到末尾都是一本乎實理，絲毫沒有變化。這個「中實」，由內體陽剛居中一直到外體陽剛居中，有這個意味在裡面。就是我們制定什麼政策，發揮什麼命令，要本乎實理恰到好處，而且，由內到外，一貫到底，都是如此。「中孚」意境很多，意義也很多，這裡只提那麼一點點。為什麼一本乎實理呢？我們從卦辭、爻辭可以看出來。卦辭裡

有豚魚，爻辭裡有鶴、有雞。豚魚知風，鶴知夜，雞知旦，這些都是很信實的，一點不偏差。還有燕子，春天一來了，牠就到了，每年如此，很信實的。可是他這個信實從那兒來呢？本乎天德，天賦的。這個人，我們有些時候自作聰明反而笨；假使順乎自然，到那個境界，自自然然的他智慧生出來了，那眞是本乎天德。所以我們從這一卦看，無知的動物尚且能夠本乎天德，而能夠信守天德，一個人把自己天德忘了，實在是可悲的一件事情，因此我們從這些話裡就要知道我們自己天德之所在。孟子講良知良能，王陽明也講良知良能。這個良知良能是什麼？就是天德。小孩子不學而能、不慮而知。那個豚魚，風一來了，豚魚成千上萬的在水裡漂著，載沉載浮，牠的頭向著東，就起東風，頭向著西，就起西風，怪得很，所以在長江搞船的人，就看豚魚的起落，假使豚魚的鼻子仰到水上來，風馬上就到，一點點差錯都沒有。牠怎麼會知道？本乎天理。所以人把自己的天德保存住了就行。天德在什麼地方？就是無緣無故地突然一念。那一念什麼呢？良知也，那一念把它保存住。這個境界太多了，我講不完，講到這兒為止，好不好？〈中孚〉這一卦最有道理，也最難講，意境也最多，現在就講到這兒為止。

貳、彖辭（即卦辭）

〈中孚〉：豚魚，吉。利涉大川。利貞。

　　「豚魚」的象從那兒來的呢？有兩說，我採取第一說。第一說是什麼呢？外體為巽，巽為「魚」。這個卦是從〈遯〉卦變成〈訟〉卦，再從〈訟〉卦變成的。〈訟〉卦裡頭有坎，坎為豕。這一卦沒有

坎，可是有半坎，外體的巽卦是半坎，坎還沒有長成，只有一半的坎，是小豕，小豕有豚之象，豚者小豬，所以是「豚」，這是第一說。第二說，這個卦是來自〈訟〉，〈訟〉卦內坎為豕，〈中孚〉卦外巽為魚，「豚」是獸之最賤者也，「魚」是蟲之最優者也，它把「豚」、「魚」變成二個東西，這個我不取。那麼現在就取第一說。「豚魚，吉」，〈中孚〉就是「至誠內注，未發之中」，〈象傳〉上講：「信及豚魚。」信到著豚魚，可以感化到豚魚。你怎麼可以保持那個「至誠內注，未發之中」呢？你就像豚魚那個樣子，那就吉。豚魚，風一來了，牠就知道哦！東風來了，牠頭就朝東，西風來了，牠頭就朝西，一點點偏差都沒有，鼻子一起來，馬上風就到，為什麼知道那麼準確呢？那麼信實呢？知道那麼清楚呢？本乎天德，像豚魚那個樣就吉。

「大川」從那兒來的呢？〈訟〉坎為「川」。〈訟〉三、四、五互成巽，〈中孚〉外卦也是巽，巽為木，木行水上，所以有「利涉大川」之象。「利涉大川」什麼意思呢？就是「大川」是最險難的時候，「利涉大川」就是宜乎渡過險難，宜乎冒險犯難。就是說人在險難的時候，意志集中，頭腦集中，至誠內注。人到了最危險的時候，頭腦子單純了，名利、成敗、利害、一切的私仇公憤都沒有了。那個時候頭腦子乾乾淨淨，所有的念頭都沒有了，就是一個單純的—如何的活下去。那時候，頭腦子是最單純的，那個時候是真正的「惟精惟一」。在險難的時候，才能夠發現你那個「中孚」的境界。第一個像「豚魚」那樣子就吉，第二個你在渡過險難的時候，你可以發揮「中孚」的境界。

第三句最要緊，「利貞」是什麼呢？就是說我們頭腦子是空空

洞洞的，是「至誠內注」，腑臟裡面，就是一念至誠，保持那個「未發之中」的境界，可是這種境界要「貞」哦！「貞」者是正也、固也，要穩定下去哦！不是說我今天「至誠內注」，明天就不「至誠內注」，我今天能夠守住「未發之中」，明天就不能夠守住「未發之中」，那不行了，那就變成唐明皇了，開元的時候是一個人，天寶的時候又是一個人。那麼一定要很穩定下去，自始至終都是那麼「至誠內注」，保持那個「未發之中」的境界，這是穩定。同時，要正確，要怎麼能夠穩定呢？要正確，他就能夠穩定得下去，這是第三句話。「貞」者從那兒來的呢？從剛中來的，因為內體九二、外體九五都是陽剛居中，陽剛居中，得正恰到好處，所以「利貞」。你要把握住陽剛居中的這一個據點的所在，所以宜乎正確、宜乎穩定，這是卦辭。

參、爻辭

初九：虞，吉；有它，不燕。

虞，澤鳥，有信守之德。燕，候鳥，春到則來。虞、燕字義皆訓為安。虞是一種鳥雀，是生在沼澤中的鳥雀，很信守的，專一得很，陰的和陽的都是從一而終，陽的沒有兩個陰鳥之配，陰的沒有兩個陽鳥之配，從一而終，非常的信守，而且陰到什麼地方，陽一定到什麼地方，兩個非的信守的。第二個燕，也是種鳥雀，候鳥，春天到了，他就來了，一聲打了春雷，燕子就來了，每年如此，一點點爽失都沒有，一點點差誤都沒有，兩個都很信實的，代表「中孚」的「信」。「虞」字、「燕」字都訓為「安」。為什麼都講「鳥」呢？因為〈中孚〉旁通〈小過〉，〈小過〉兩個陽在中間，〈小過〉就好像中間

是個身體，兩旁是個翅膀子，因為陽在中間，它身體能夠騰空，兩邊
兩個翅膀是幫助它騰空的，有「鳥」之象。〈中孚〉旁通〈小過〉，
藉〈小過〉而取象，所以有「鳥」之象，所以它裡面有「雞」啊！
「鶴」啊！「燕」啊！都拿這些字眼來說。初居兌，兌為澤，澤中之
鳥，所以有「虞」鳥之象。

　　「它」是指四爻而言的，這個卦是從〈訟〉卦來的，〈訟〉卦
的初爻到了四爻，四爻到了初爻，兩個相應就變成〈中孚〉。〈訟〉
卦初爻失位不正，〈訟〉卦四爻到了初爻，就把初爻變正了，初爻到
了四爻，也得位了，變正了，由〈訟〉變成〈中孚〉，初、四兩爻都
得正了，得正了，就比較安了。「虞，吉」，安祥的信守這個得位就
吉。初爻已經當位了，要安祥的信守就吉，「有它，不燕」，假使初
爻和四爻相應，就不安。那個意思是什麼意思呢？就是說〈中孚〉之
初要「至誠內注，未發之中」，不能動哦！要動就不是「未發之中」
哦！至誠就不能內注了，所以就不能動，在〈中孚〉之初，要很安靜
的才行哦！「知止而後有定，定而後能靜」（《禮記・大學》），要
「知止」哦！如果一有動，有動而有它，於是乎就不安了。這是講
做「中孚」的功夫，我們最初「至誠內注」要不動，就如人家「靜
坐」，培養丹田之氣的時候，要不能動，有一點念頭一動，這個氣就
走了，這個元機就發動不了，所以要「虞，吉；有它，不燕」。

九二：鳴鶴在陰，其子和之，我有好爵，吾與爾靡之。

　　第二爻取象為「鶴」，為什麼呢？因為二爻是坎爻。而且，這
個卦由〈訟〉卦來的，〈訟〉卦二爻居坎，坎是夜半。在後天八卦裡
頭，坎卦居北，坎卦是子時，子是夜半。卦象都是鳥，在夜半叫的

鳥，所以有「鶴」之象。爲什麼講「鳴」字呢？因爲二爻居兌，兌爲
口。二爻互震，震爲聲。口發聲音，有「鳴」之象。二爻居坎爻，坎
爲夜半，二爻居三、四兩個陰爻之下，所以講「在陰」。「鳴鶴在
陰」的意思是什麼意思？就是鳥雀在下位叫，在陰暗的地方叫，沒有
顯明嘛！因爲牠在夜半叫嘛！沒有顯明的叫。等於一個君子，有道理
的人在山林野外來說明道理。我們現在不居位而講《易經》，就是
「鳴鶴在陰」。

「其子和之」，「子」是什麼呢？歷來先儒有幾個解釋，一個指
初爻，不敢把五爻當做「子」，因爲五爻是高位，二爻是低位，《易
經》不是這樣的。《易經》爻位有變化的，各爻有各爻的用處，到了
用的時候變化。五爻互艮，艮爲少子，有「子」之象。同時，二爻與
三爻有陰陽相孚的現象，三、四、五互成艮，也有「子」象。如果認
爲五爻不能當成兒子看，三爻可以當成兒子看。「和」字是什麼？也
是「鳴」，整個的卦是個鳥雀的象，五爻和二爻相應，而鳥雀居於善
鳴之口的位置上，當然也是在叫。

「我有好爵」，「我」指二爻而言，爵者酌器，取雀之形。爲什
麼取雀之形呢？因爲雀子叫吱吱喳喳，吃酒也是吱吱喳喳。坎爲水，
兌也爲水，故曰「爵」。爵又訓爲「德」，有人爵、有天爵。也可以
講，由天爵的德性，變成人爵的官祿，這個字轉訓的就很多了。「我
有好爵」，就是我有好的德性。

「吾與爾靡之」，靡者就是「風靡」。「風靡一時」，這個風
俗、這個習慣風靡一時哦！這個歌風靡一時哦！可是這個「靡」，在
這兒讀成「摩」字。「風靡」就是我們兩個共同愛好，你也愛好這個
東西，我也愛好這個東西，「靡」當「醉」字講。「吾與爾靡之」，

我兩個共醉一杯啊！

　　「鳴鶴在陰，其子和之」，在幽暗不顯的地方，能夠發揮道理出來。「其子」，這個「子」者就是受他感化的對象。就是說只要你內在「中孚」，你雖是在陰暗的地方叫一下子，那個對象就能被你風靡，大家就嚮往你。只要你能夠中孚—天德內注，未發之中，只要有中孚這個修養，這個德性，你就是在幽暗的地方叫一下，就有人受你的感動來和你，一唱百和。「我有好爵，吾與爾靡之」，我有好的德性，就可以和你兩個風靡。這個意思什麼意思呢？你能夠守住這個天德，至誠內注，未發之中，你別看這個沒有用處哦。這個是卦氣之首，你能夠守住這個，雖是在幽隱不顯的地方，只要你叫一下，就有人和你，除非你自己天德未著，你天德已著，至誠內注，有未發之中，火候到了，雖是在幽暗的地方叫一下子，就有人和，那就可以「我有好爵，吾與爾靡之」。這個意思就是說這個九二你可以守得住這個至誠內注，未發之中的天德，就能夠發揮這個作用，這是第二爻。

六三：得敵，或鼓或罷，或泣或歌。

　　什麼叫「得敵」呢？這個要用焦延壽的象，才講得清楚。普通先儒解釋這個「得敵」的「敵」字，有的說三爻是陰，上頭四爻也是陰，兩個互相敵對的。這兩個陰不一定就敵對，這個說法有點不大妥當。事實上，這個應該用焦京這一派的覆象。兌為口，高頭巽是反過來的兌，兌為口，和這個正面的兌，兩口交爭，所以有敵對之象。如果二個陰在一塊就是敵對，那六十四卦兩個陰在一塊的，多得很，為什麼不敵對？單是這個講敵對呢？兩個中爻是陰敵對的，也還有啊！

比方〈坎〉卦兩個中爻都是陰，那爲什麼〈坎〉卦的三、四兩爻不講敵對呢？風水〈渙〉中間兩爻也是陰啊！爲什麼不講敵對呢？單單這個就講敵對呢？兩個陰在中間就形成敵對的象，這個太牽強了。

第二個「或鼓或罷」，「鼓」是什麼呢？二、三、四互震，震爲聲，內體爲兌，兌爲口，口發出聲音，所以有「鼓」之象。同時，二、三、四互震爲「行」。往年兩個敵對的打仗，鳴金就收兵，打鼓就進攻。三、四、五互艮爲「止」，三爻居三、四節骨眼的交替之間，所以「或鼓或罷」，或者是向前行進，或者是停止。同時，外體爲巽，巽爲進退，爲不果，所以有「或鼓或罷」，這第一句之象。

第二句「或泣或歌」，這個卦是從〈訟〉卦來的，由天山〈遯〉變成天水〈訟〉，由天水〈訟〉就變成〈中孚〉，卦變是這麼個次序。〈中孚〉三爻在〈訟〉的時候居坎，坎爲水，在坎之上互成離，離爲目，眼睛流下來的水，流淚之象。變成〈中孚〉，兌爲口，互成震爲聲音，口發聲音。一面流眼淚，一面口發聲音，哭「泣」之象。兌爲口，互成震爲聲音，口發聲音，兌又爲和悅，震又爲「笑言啞啞」，又開口笑，又口發出聲音，那不是「歌」是什麼？

那麼「得敵，或鼓或罷，或泣或歌」意思是什麼呢？就是很不穩定、不正常，一會子往前進、一會子又停止，一會子哭、一會子笑、一會子唱歌，很不正常的現象。那個是什麼意思呢？就是「中孚」是至誠內注，未發之中，可是這個功夫很不容易，在這個過渡期間，很不穩定，至誠內注，守住丹田，絲毫不外馳，很不容易，所以有「或鼓或罷，或泣或歌」，很不正常的現象，在意識境界有這個狀態。所以天德給我們那個「未發之中」，我們到後天的時候常常守不住的，在內在的意境上就現出來「或鼓或罷，或泣或歌」，很不正常，一會

子高興、一會子不高興，我們心不在腔子裡頭，不能夠求其放心，精神外馳，有的時候想到好的就高興；想到壞的就慨嘆，於是這個精神就隨著那些境界而轉變，不正常的樣子，六三就表示我們這個意境。那麼周公把這個境界寫出來什麼意思呢？就是警戒我們，你到著「中孚」的時候有這種困難，因為這種困難是來自天德的，不是我們後天人為的有意的搞成這樣，自然而然的發生困難。可是天德有沒有呢？也有這個現象，但是天德它能夠守得住，它偶而也犯這個毛病。比方地球，它地震啊！它很平安的，忽然的，它動起來了，那就「或鼓或罷」哦！天氣很好的，它忽然變壞了，那「或泣或歌」哦！宇宙自然現象，也有這個情況，但是自然現象有這個情況，很容易一剎那就把它消失了，所以他就告訴我們〈中孚〉到這個階段有這個困難。

六四：月幾望，馬匹亡，无咎。

我為了「馬匹亡」三個字搞了二天一夜，想這個道理。這個「月幾望」，有幾個象。過去我們講〈小畜〉的時候，也有「月幾望」的，我們解釋〈小畜〉，是拿「納甲」解的，風天〈小畜〉上變坎，坎為月，中爻互兌，兌納丁，時當初七八，內體乾，乾納甲，時正十五日。月至兌丁為上弦，將至乾甲為幾望，幾望，是快要到月圓的時候，這是第一個象。第二個象，兌為上弦，巽為下弦，合計起來，不是個圓的嗎？第三個象，很多先儒用這個解釋，在〈訟〉卦，坎為月，坎卦中爻代表月，二、三、四互離，離為日，離卦中爻代表日；而在本卦，內卦為兌，月居兌卦的二爻，二、三、四互震，月居震卦的二爻。那麼月亮居兌，兌是西方，太陽居震，震是東方，月亮在西，太陽在東，日月相望，所以「月幾望」。第四個象，在爻

裡頭，月是主陰，陰爻到著五才滿，〈坤〉卦五爻講：「六五，黃裳元吉。」滿了，現在六四是陰爻，還沒有到滿的時候，所以「月幾望」。「月幾望」，先儒有這麼幾種的解釋，幾種解釋都可以。同時，還有拿先天卦位來看的，先天卦位，乾居巽、兌之間，乾是十五，所以有「月幾望」的現象。

第二個「馬匹亡」，先儒（漢儒）都拿〈訟〉卦解釋，這個卦是從〈訟〉卦來的，〈訟〉卦的內卦是坎，坎為馬，外卦是乾，乾又為馬，可是初四兩爻變正了以後，乾馬不見，坎馬也不見，兩馬都看不見了，偶數為匹，所以「馬匹亡」。但是這個在意思上很難交代，於是我們找了好久，還是用覆象。中爻由二爻到四爻互成震，震為馬，可是高頭三、四、五互成艮，艮是覆震，也是馬，馬倒過來了，馬倒過來，就是馬死了。本來是兩馬相對，可是那個配偶的馬已經死掉了。「馬匹亡」是什麼意思呢？「馬」是代表運行的東西，因為這個卦固然是從〈訟〉卦來的，〈訟〉卦的四爻到了初爻，居正了，四爻在〈訟〉卦裡頭不正囉！下而之初，就變正了。四爻要連初爻一塊看，初爻講「虞，吉」，安於其位就吉，已經四爻下來了，得而之正了，你不能再動啊！你安而守之，才能夠吉啊！你如果再往上動啊！那就不吉了，那就「有它，不燕」了，如果再有和四爻往來的意思，就不燕了，就不能夠安祥了，初爻是這樣講。初爻和四爻是相應的，初爻既是要安祥，四爻也不能動哦，因為〈訟〉卦四爻已經下來，已經居正了，初爻上而之四，也得位了，也得位，也不能動哦！「馬匹亡」就是不要運行了，不能向下動搖本來的基礎。

「月幾望」，陰近乎盛了。陰近乎盛了，什麼意思呢？就是我們「中孚」是至誠內注，至誠內注，到了接觸外在的時候它就有一點點

內注不了，有些守不住的現象，所以它就警戒著「月幾望」啊！外在都是陰，外在一切現象，對於我們內在意識來講，都是勾引我們的。外在是陰，內在意識是陽，你在守住中宮這個內在的至誠，守到最後，和外在一接觸，外在都是陰，外在都是陰，於是就干擾我們內在的至誠了，所以「月幾望」，外在的陰很盛了，能夠把我們內注的至誠能夠擾亂了，外在的陰很盛了，能夠蠱惑我們的意識，你最好「馬匹亡」。「馬匹」就代表意識的奔馳，在作《易》時，是四馬拉車子——兩驂兩服，馬穿衣服，好像簾子一樣，就是馬鞍上覆上一層布，那個布二幅，二樣顏色，這邊是黃的，這邊是紅的，這邊是綠的，兩匹馬一樣顏色，兩匹馬一樣顏色，分開來。四匹馬分成二段，這麼走，所以有匹配之象。「馬匹亡」就是馬的匹配已經喪失了。馬的匹配已經喪失了，這個車子就不走了。那個意思就是說陰已經很盛，能夠蠱惑我們的意識，蠱惑我們的至誠，馬匹最好不要運行了。「意馬心猿」，「馬」就是代表自己的「心意」。這個心意的這個馬，最好這個匹配亡了，這個意識不要奔馳了，安靜住，也和初爻「虞，吉；有它，不燕」相互相應的看法。這一爻就警戒我們能夠做到這樣子，就「无咎」。

九五：有孚，攣如，无咎。

五爻是坎爻，我們過去講過，在八卦裡頭，凡是居中的陽爻都是坎爻，居中的陽爻在八卦裡，就是二、五，尤其是五爻。在六爻卦裡，五爻也是坎爻，對不對？六畫卦，初爻是震爻，二爻是離爻，三爻是艮爻，四爻是巽爻，五爻是坎爻，上爻是兌爻。那麼五爻是坎爻，坎為孚，所以講「有孚」。

「攣如」是手牽著手，三、四、五互艮，艮爲手，五爻居於外體，外體是巽，巽爲繩，手拿著繩子，所以連繫之象。「有孚」就是至誠內注，有那一種的至誠的天德，就是未發之中啊！有那個東西啊！就「攣如」。凡是講「孚」字啊！不是單方面講的，就是說兩個東西「交孚」啊！就謂之「孚」。就是在一方面來講是「至誠內注」，這個「至誠內注」呢，在對方面有感應的，從那個對方面有感應來講呢，是「交相孚愜」。這個「孚」字是「交孚」之意，我們一有至誠，外在一定有感應，那麼外在的感應和內在的至誠，就「交相孚愜」。至誠內注，而外在有這個感應的話，那個像什麼樣子呢？「攣如」—就像繩子連繫著一樣。

這個卦象，二爻講「鳴鶴在陰，其子和之，我有好爵，吾與爾靡之」，二爻和五爻是相應的，五爻互艮，艮爲少男，少男有子之象。那個意思就是說二爻「鳴鶴在陰」，在幽暗的地方有所鳴，有所發動，那麼外在「其子和之」，有感應。這種感應，在二爻裡頭呢，就是「吾有好爵，吾與爾靡之」，吾有好的爵祿、好的酒、好的天德，兩個共相風靡，在五爻就是「有孚，攣如」。五爻和二爻相應，分不開的，那個意思就是〈中孚〉到了五爻，是「孚之至也」了，最孚的，所以它特別把「孚」字提出來。其他的各爻都沒有講「孚」的，只有五爻特別把「中孚」這個「孚」字提出來。那個意思就是五爻是〈中孚〉的主爻，〈中孚〉到了五爻的時候，是眞正的孚之至了，眞正的到了火候了，「至誠內注，未發之中」，到了火候了，到了這個時候啊！有火候的這種孚愜的天德啦，一定有感應，而且感應很大，就「有孚，攣如」。有這個「孚」啊！就像繩子連起來，分不開的，外頭對於你是有響斯應，那麼這是和二爻對講。

　　同時，我們參考〈小畜〉卦，〈小畜〉卦也是「有孚，攣如，富以其鄰」，這個不僅是二爻和五爻兩個攣如，分不開，同時，四爻在五爻底下，仰承著它，分不開的。那個意思就是說〈中孚〉到了五爻，不僅它應當的對象有感應，就是左近的，沒有不感應的。比方說一個國家，一個統治者到了「中孚」，他做到中孚的程度了，純粹是一片至誠內注，為國為民，真的做到那個地步，不是偽裝的，真正的徹頭徹尾是這樣子。那麼做到這個地步呢，不僅是他的對待的方面是感應，就是不是對待的方面，和他相左近的，沒有一個不感應的，遠─二爻也感應，近─四爻也感應，不分遠近，都有感應，都是「有孚，攣如」，都是分不開的。到了這個程度，這是五爻所以特別提出「孚」字來，所以「中孚」一定到了這個程度，才是真正的孚，但是他到了這個程度之先，要經過「馬匹亡」啊！「得敵」啊！這些困難的階段。

上九：翰音登于天，貞凶。

　　現在講到上九，前面講「鳴鶴在陰」，現在講「翰音登于天」，「翰音」什麼呢？在《廣韻》上講：「翰，鳥羽也。」雞啊！兩個翅膀子先拍拍拍，然後才發聲音，所以《禮記·曲禮下》「雞」名字叫「翰音」。「翰」者是羽毛，由羽毛而發動的聲音，叫「翰音」，就是「雞」。「鶴鳴于九皋，聲聞于天」（《詩經·鶴鳴》），可是這個雞是家禽，是在人家裡叫的嘛，翰音登于天，這不是個笑話嗎？是不是？外卦為巽，巽為雞，所以講「翰音」，五、上是天位，上爻又在天之上，居於極端的地位，所以有「登天」之象。「翰音登于天」是什麼呢？本來沒有這個內容的，而虛華外露，就

是說你本來做不到的，盡講空話。在高頭的統治者，本來力量辦不到的，沒到那個地步，盡講好聽的話，那叫「翰音登于天」。就是說沒有實在的內容，虛表外在的榮華，把這個好話都說完了，好像煞有介事的，事實上沒有內容的，那就是「翰音登于天」。「鶴」應當是叫得很遠的，可是「鳴鶴在陰」，在很幽暗的地方叫，中孚啊！「中孚」要「至誠內注」，不能夠聲華外露，中孚嘛！完全講究天德嘛！所以「翰音登于天」就「貞凶」，你要穩定在「翰音登于天」，以「翰音登于天」為對的話，一定凶，這是上爻。「中孚」是九五，超過九五就不中不孚了嘛！所以「翰音登于天」，是虛華外露的現象。這一卦理論境界比較高，所以宋儒性理學派從這一卦得去的很多。

　　總而言之，這一卦呢，要保持那個「未發之中」，不能夠虛華外露，它自自然然的會感應的。所以它在卦辭上舉出「豚魚」，你只要保持天德，至誠內注，自自然然會有感應的，而且這種感應下來，力量非常之大。我們舉一個實例來講吧！假使一個做學問的人，他本來有學問，學問做得很好，但是他從來不表現，人家都不知道他，可是「人不知而不慍」，他還在那塊做，一直做下去，中孚，「至誠內注」，做下去，做到有一旦啦！人家發覺這是了而不起做學問的，這一發覺出來啊！比他過去做了若干宣傳的力量還大，然後那個力量牢固而不可破，人家都向著他了。假使你平時稍有一得，於是乎沾沾自喜，自己以為了而不起了，稍有一得，於是乎就想賣弄的話，那個一旦你有一個破綻出來著，人家就把你看扁了。你根本中孚，至誠內注，絲毫不露，自己就埋著頭做，「但問耕耘，不問收獲」，不管外頭知不知道，我做我的，「至誠內注，未發之中」，這樣子做下來，一旦被人家發覺啦！那個力量大得很，比你十張報紙宣傳的力量還要

大。和尚做功夫，被人家發覺了，他真正的有功夫，老百姓信仰得不得了，那比平時講經說法力量大。所以只要「至誠內注，未發之中」，他自自然然的有感應，這是「中孚」主旨之所在，不是在乎虛華外露。所以最後一爻「翰音登于天，貞凶」，浮華外露，只有壞處，沒有好處，你把做不到的事情先表彰好了，好話說得一大片，結果一件事不兌現，做不到，人家把你看透了，以後就做的有對的事情，人家都認為你不對，那一定壞。這個是「中孚」的境界。

肆、象傳

象曰：中孚，柔在內而剛得中，說而巽，孚乃化邦也。豚魚吉，信及豚魚也。利涉大川，乘木舟虛也。中孚以利貞，乃應乎天也。

他就解釋〈中孚〉的象，為什麼叫「中孚」呢？「柔在內而剛得中」，所以叫「中孚」。「柔在內」呢，是指這個三、四兩爻的陰。「剛得中」呢，是指二、五兩爻的陽得中。柔是陰，陰柔是虛的。「柔在內」，表示內在是虛而無物。內在虛而無物，就表示我自己沒有成見，就是老子所講的「無為」。「無為」並不是不做，那個「為」者就是「有所為」，為了我自己，我來做，那是「有所為而為」，不是為了自己，也不是為了什麼目的來做，就是順應著天德要這麼做，那是「無所為而為」。豚魚知風，鶴知夜，牠並不是有什麼目的要做的，豚魚一起一仰，起東風，牠頭朝東，起西風，牠頭朝西，牠並沒有意思指示那個船夫、指示那個水中生活的人啦！今天起東風啊！牠把頭朝東啊！沒有這個意思，牠根本無所為而為，就是順

乎天德，自自然然的，牠那個稟賦於天的，就是這樣做法，「無爲」
─順應著老天的法則這麼做。「無爲」者並不是不做，而是不加匠
意，自己沒有成見，沒有一個主見在，把事情一定要做得怎麼樣，不
是這樣子。所以「柔在內」就是中虛，內在的心胸是空虛的，只要是
人說的話對的，我都聽得進。假使你內在有個成見，有個主見啦！有
所爲的，爲了得某一個東西，爲了鞏固某一個地位，那你說的話說到
他心坎去了，他聽得進；你說的話和他心坎不對，他聽不進，這就不
是中虛了。中虛，內在是空虛的，虛而容物，什麼話都聽得進去，這
是「柔在內」。「剛得中」，陽剛是主宰的，就是我們發動什麼一切
的措施，先有個意識，我這件事應當怎麼做，確定這個意識的主宰是
陽剛。陽剛居中呢，就是確定這個意識的主宰，非常的恰到好處，不
偏不倚，正好，就和抓癢抓到癢的地方一樣。第一句「柔在內」是虛
而能容，第二句「剛得中」是確定意識的主宰剛到好處。

　　第三句「兌而巽」，內在的兌卦是兌，外在的巽卦是順。「兌
而巽」，「和兌」是代表自己內在的心情，「順利」是代表外在的
情勢。內在的心情很和兌，外在的情勢很順利，這就是孚。孚者是
天德，就是至誠內注，未發之中，合乎天德，這樣子才「孚乃化邦
也」。爲什麼叫「化邦」呢？這個卦二、三、四互成震。三、四、五
互成艮。在先天卦位，由震到艮，中間是什麼？中間是個坤，坤爲
「邦」。因爲震、艮這二個陽爻就把裡頭兩個陰爻把它融化住了，把
它凝住了，來開化中間兩個陰爻。最要緊的是震、艮兩個陽爻，二、
五兩個陽爻來開化三、四兩個陰爻。初、上兩個陽爻是來幫助二、五
來開化三、四這兩個陰爻的，而且，這三、四兩個陰爻呢，恰如其分
的正好把這個二、五兩個陽爻能夠凝固得住，這個陰陽非常之均衡

的，能夠凝固得住，所以這樣子才「孚乃化邦也」。就變成中間的坤能夠被化掉了，震、艮兩個卦中間夾著個坤體，坤體能夠化。那個意思是什麼呢？就是「柔在內」、「剛得中」、「說而巽」這三個條件，你做到了，那真正的合乎天德的「孚」了，這樣子邦國天下自平之，沒有個不能開化的。拿我們人事社會來講，如果這樣的統治者，這樣的做法，這個國家一定可以富強康樂，一唱百和，政府裡唱一下子，老百姓眾志成城，沒有個不響應的。

　　「豚魚吉，信及豚魚也」，先儒有二個解釋。第一個說法，中孚這個信實可以推到豚魚方面，豚魚是無知的。第二個說法，我們這個至誠的德性就像豚魚那樣子，「及」者猶之也，「信及豚魚」，就是至誠內注，未發之中，到達豚魚那個程度。豚魚是什麼程度呢？豚魚是無知的，順乎天德。順乎天德，就是孟子講的良知良能，王陽明也講良知良能。他們所講的良知良能大概就是「中孚」裡頭這個境界，就是像豚魚一樣。豚魚無知，牠怎麼知道風呢？牠怎麼東風來著，牠就頭朝東，西風來著，牠就頭朝西呢？牠怎麼會了解呢？那完全是天地稟賦的給牠的那個氣化的作用是如此。那我們真正的心境到了一清如水，頭腦子真正的真空了，非常之靈感，昇華了，一切的東西一想，你這個機子一動，就是天下萬民機子之所動，天下老百姓所需要的，你頭腦子就轉出來了，我要這麼做，你要這麼做，所現出來的，就是老百姓所需要的，人同此心，心同此理啊！就是天地有一個相同的東西在那兒，你啊！如果是中孚了，到了至高的境界，頭腦子空虛了，清靜了，靈感一發動，於是乎天下所需要的東西都浮在頭腦子裡頭，忽然靈感一動，要這麼做，那就是「信及豚魚」，那就是天德，就等於知風一樣的道理，孔子所解釋的「信及豚魚」是這個道理。希

望我們後來的統治者能夠到這個地步，就是頭腦子能夠真正的虛而有容，頭腦子真正的淨化了，乾淨得不得了，頭腦子裡什麼都沒有，一塵不染，完全是宇宙間的靈能在那兒發動。到了這個時候，一點點後天的痕跡都沒有。我們人為什麼智慧不能昇華？自己後天的人欲把他蒙蔽住了，所以有些東西，小孩子可以看到，鬼啊！神啊！或者什麼東西，十幾歲以前的小孩子可以看到，到了大了就看不到。為什麼呢？大了，這個人欲把他蒙蔽了，把這個天德的智慧把他蒙起來了。所以假使我們做工夫到得不得了，靈能智慧就昇華了。《孟子‧盡心上》講：「盡其心者，知其性，知其性者，則知天矣。」能夠把心都盡了，心盡了是什麼意思呢？就是整個的心都在這兒。我們平常做什麼事情老是意念參差的，在做這個事情，頭腦子分一半到那兒去了，常會這樣子的。有多少大人先生手上在寫字，耳朵在聽電話，那個不能夠盡其心，話也沒講得好，條子也沒寫得好，不能盡其心。所以盡其心就把那個心完全放到這兒，沒有一毫外露的。「盡其心」就能夠「知其性」，就能夠得我們的天性—我們本來的東西，在什麼地方。「人性」能夠曉得了，則「知天矣」，我們就曉得宇宙的自然循環是什麼味道，孟子的真正學問是在這個地方，所以孟子講：「我善養吾浩然之氣。」孟子曰：「我四十不動心。」（《孟子‧公孫丑上》）孟子的真正的學問就在這個地方，所以他講良知良能，就是「信及豚魚」，完全稟賦那個天德，天德昇華，千千萬萬人的心理狀況都在我頭腦子裡浮動起來，這就是「信及豚魚」。

第一句是解釋「中孚」這二個字，為什麼「中孚」呢？就是「柔在內而剛得中，說而巽，孚乃化邦也」，第二句解釋「豚魚，吉」，第三句解釋「利涉大川」。怎麼會「利涉大川」？「乘木舟虛

也」，為什麼又講「乘木」，又講「舟虛」呢？這不是疊床架屋嗎？
不是，「乘木」是講巽為木，兌為澤，巽木在兌澤之上，有「乘木」
之象。「舟虛」呢？這個卦初爻一變就是〈渙〉卦，〈渙〉卦在〈繫
辭〉上講：「舟楫之利，蓋取諸〈渙〉。」這個卦兩頭是實在的，中
間是陰，是空虛的，也有「舟虛」之象。意思是什麼呢？這個意思大
得很了，木是東方，西方是金，南方是火，北方是水。「東蒼龍，西
白虎，南朱雀，北玄武」，那是根據《周官》上說二十八宿來的。
二十八宿東邊的七個星座是蒼龍，西邊的七個星座是白虎，南邊的七
個星座是朱雀，北邊的七個星座是玄武。「河圖」是根據二十八宿來
的，《周官》是根據「河圖」來的。木在東方，木主仁，木為什麼主
仁呢？木是寬鬆的，東方之氣溫，是疏散的。西方之氣，西方之氣
很緊。疏散的氣就造成木，因此一個苗放下去，慢慢長幹子、展葉
子、開花、結果，往外發散，木是向外發散的，向外發散之氣就是
「仁」。「仁」的這個德目，就是內在有仁，向外發散，看見外在有
疾苦，心裡不忍得，有不忍人之心，不忍人之心就是仁，惻隱之心就
是仁，看到人家苦，自己就憐憫得很，這是仁，那仁就發散掉了。這
個「木」是主「仁」，「仁」就是「至誠內注，未發之中」的那個東
西，發出來了就變成「仁」。「喜怒哀樂之未發謂之中」，那個人性
發揮出來了，就變成「仁」。《孟子・公孫丑上》講：「惻隱之心，
仁之端也。」比方說，有個車禍發生了，這個人壓著腦漿迸裂，四肢
都不完全。我們從那兒經過，一看，心裡總是有點難過。有些人敏感
一點點呢，看了，毛管子都豎起來了。那一點什麼東西呢？「仁」。
那個壓死的人非親非故，你為什麼感覺難過呢？「仁」。木主仁，
「乘木」就是內在我所稟承的，我所駕馭的，我憑什麼東西去發動
呢？憑著「仁」。第二個「舟虛」，船本來是裝東西的，這個船是空

的，而且在困難的路線上可以運行的是「舟」。車子運行是在陸地，不困難；在水上的運行是靠著舟，表示有點困難，困難的運行是船，可是困難的運行的船，裡頭是空的，不但是能夠困難的運行，而且還裝東西，所以這樣子「利涉大川」。就是我所依據的是什麼呢？仁——惻隱之心，我所以表現出來的姿態是什麼呢？舟虛——困難運行的船能夠裝東西，這樣子可以渡過險難，利涉大川。就是我們遇到大險難，要第一個所依據的是惻怛之心——仁，合乎天德的仁念；第二個所表現的姿態是個空的，在困難上運行的一個空船，內外這樣的情況，就可以利涉大川，可以渡過險難，這是第三句。

　　第四句解釋「中孚以利貞，乃應乎天也」，這一句話最重要，這個天德是最正確的，到著立春，它就有春風，到著立秋，它就有秋風，到著太熱了，它就起風下雨，下雨下久著，它就會天晴。天德是最正確的，恰恰好它的風、它的雨、它的晴，正好把地面上東西可以生長起來，而且天是最穩固的，春夏秋冬它化育萬物，一萬年以前是如此的化育，一萬年以後，還是如此的化育，永遠不斷的，所以非常之穩固，「中孚」——內在的至誠守住了。「以利貞」為什麼要利貞呢？因為要應乎天德。因為人為的智慧很有限，我們不管什麼有能力的人，他最關緊要的地方是靠著無形的氣運，不是靠著自己的智慧，自己的智慧只能在某一個範圍發揮作用，真正超過這個範圍，那完全自己沒有把握。各位先生有年紀比我還大的，我們打開我們人生的歷史來看，你遇到危險，遇到困難，或者遇到挫折的時候，你自己有把握嗎？沒有把握。靠的什麼呢？靠的天運，任何人都逃不過這個。你自己說可以把這個事情可以扭轉得好吧，不見得，到了最後，聽天由命。這個「聽天由命」，靠什麼？靠著天德。所以運用智慧、運用方

法，這在某一個範圍之內，可以運用的，超過這個範圍之外，不是人類的智慧可以搞得好的，裡頭有天意在裡面，所以「此中蓋有天矣」，中國人老是這話。「天意」也要我們自己做啊，所以「成之者在天，謀之者在人」，假使我們自己能夠「中孚以利貞」，你能夠「至誠內注，未發之中」，老是「至誠內注」、老是「未發之中」、老是「惻怛之誠」、老是「乘木舟虛」，老是這樣子，一年如此，十年如此，一生都是如此，老是這樣做，「中孚以利貞」，這樣子可以邀天，這樣子天就能幫助我們。這是什麼道理呢？我們空中有氣化，脈絡相通的，人一個念頭一發動，與我有關係的人都會感應到。感應你不知道，假使我們人的心裡，天天在那兒慈祥愷悌，一片的向上的念頭，這個宇宙間的氣化，有路線的，那個好的氣化的路線就和你開通了，「答答答……」來了。你愈慈祥愷悌，愈覺得自己光明，那麼環境愈能順利。假使你天天想害人，今天起這個機心，明天起那個機心，宇宙間那個戾氣那電路通了，「答答答……」都來了，那麼周圍四轉都是一種乖戾之氣給你圍困了，你逃不過，於是草木皆兵，到了這個地方不對，那個地方也不對，這個也錯了，那個也錯了，自己弄得手足無所措，這是一定的道理。所以我們假使做「中孚」的功夫——至誠內注，未發之中，始終是這樣子的，那一定可以改變環境，所以「乃應乎天也」。鶴一到夜晚能夠叫，豚魚能夠知風，雞一到天亮牠就叫，沒有人教牠的，牠也不是進學校學的，純粹是天德，純粹是老天爺教牠的，而且牠為什麼這麼叫，牠也無所為的。我們人就要學這個，稟乎天德，天德希望我們怎麼做，我們就順著天做，而且無所為的，所以「乃應乎天也」。這個有些人也做工夫，也做善念，可是沒有好結果，他就說這個老天爺，魔王當道，好人也不見得有好結果，確實。不過話又說回來，他是不是真正做到那個火候呢？

伍、大小象傳

象曰：澤上有風，中孚。君子以議獄緩死。

　　高頭是巽，巽為風，底下是兌，兌為澤，在兌澤之上有巽風。這個意思是什麼呢？我們拿人事社會來講，就是高頭巽風是號令，底下兌澤是恩澤，命令施之於上，恩澤就佈之於下，這是〈中孚〉之象。這是拿國家的統治者來講，拿我們個人來講，是什麼呢？我自己意念有個動態，有個動態怎麼動法呢？動態就是佈恩澤於社會，這是「中孚」──惻怛之仁。凡是用刑罰的卦都是威明並具的：有〈離〉，離為明；有〈震〉，震為威。〈噬嗑〉卦是火雷〈噬嗑〉，〈豐〉卦是雷火〈豐〉，都是用威用明的。我們〈中孚〉卦講：「議獄緩死。」「議獄緩死」是法律上的用語。為什麼這個卦講「議獄緩死」呢？因為卦象有威明並具之象，卦象中爻互成震，是「威」也；大象是離，是「明」也，有威明並具之象，所以講「議獄緩死」。「君子以議獄緩死」的象從那兒來呢？〈訟〉乾為「君子」，兌為口，有「議」之象。〈訟〉坎為「獄」，所以有「議獄」之象。中爻互震，震為木，木主仁，仁者是寬裕的樣子，有「緩」之象。內卦兌為「刑罰」，寬刑者就是「緩死」也。同時，它在〈訟〉卦內卦坎是來自坤，而本卦內在也是坤體，坤為「死」。這是講的卦象，那意思是什麼呢？意思就是君子就惻怛的至誠的法這個〈中孚〉的象，「議獄緩死」，獄要講要求其明，要非常的合乎中孚，就是拿這個天德之至誠，一本乎「天性」來「議獄」，天性有好生之德，於是乎就「緩死」。

初九象曰：虞吉，志未變也。

這個卦從〈訟〉卦來的，〈訟〉卦內卦爲坎，坎爲「志」。〈訟〉卦四爻之初，變成〈中孚〉，得位，現在初爻不變，所以講「志未變也」。爲什麼「虞吉」呢？很安祥的吉呢？因爲「志未變也」，還是安之於初，這是初爻。

六二象曰：其子和之，中心願也。

這個「子」並不一定就是指自己的兒子，不是這麼解釋，就是他所感染的。兒子是從哪兒來的呢？兒子是從父母生的，被你感化的這些人。他身體雖然不是爲你生的，但是他頭腦子意識是你生的，就和兒子一樣，這個「子」字是這個意思。普通稱爲「兒子」是身體髮膚稟之父母，這個是他頭腦子意念受了你的感化，他頭腦子是你所生的，等於兒子一樣，就是你的影響的對象。「中心願也」，二爻居坎，坎爲心志，二爻居中，所以「中心願也」。「中心願也」，就是他內心裡感應了，這是第二爻。

六三象曰：或鼓或罷，位不當也。

爲什麼一會子又鼓而進之，一會子又停止了，那什麼意思呢？「位不當也」，就是三爻所居的位置不妥當，因爲三爻是陽位，現在陰爻居著，陰爻居陽位，那是什麼意思呢？就是在〈中孚〉的過程中間，三爻本來是陽位，是意識境界，現在意識境界被欲望所佔領，本來這個意識境界，在這個階段不應當有欲望的，現在欲望把你動搖了，這是三爻。

六四象曰：馬匹亡，絕類上也。

有幾個說法。漢儒的解釋，說這個原來是〈訟〉卦，〈訟〉卦四爻之初，坎馬也沒有了，乾馬也沒有了，兩馬皆亡，馬匹亡了，「匹」者偶數也。「馬匹亡」什麼道理呢？「絕類上也」。因為四爻是初爻上去的，本來四爻是乾，現在下來了，與上頭絕了，所以講「絕類上也」。一般的解釋是如此。事實上，我們在覆象不能這麼解釋。「絕類上也」就是說三爻和四爻都是陰，居中的，它兩個兩口相對的，兩馬相對的，有馬匹亡的象。「馬匹亡，絕類上也」，就是說四爻不要和初爻易位，月幾望了，陰已經很盛了，你不能為陰再動搖了。三爻已經是陰爻的欲望佔領了意識了，四爻陰更旺了，你不能再順著三爻，再佔領意識。所以「絕類上也」，就是絕其在下之類。它一類是那一個呢？三爻，把這一類絕了，「上也」，從五爻，與五爻相孚，五爻是〈中孚〉最高的境界嘛！這是四爻。

九五象曰：有孚，攣如，位正當也。

在這個時候，各方面感應得就像繩子把它縮起來了，都為著你那個惻怛之仁感動了，就像繩子把它縮起來一樣。為什麼九五這樣子呢？因為「位正當也」。「位正當」是表示什麼呢？第一個恰到好處，第二個非常之正確而穩定。恰到好處有時候有時間性的，換一個時候，它又不然了，它又不恰到好處了。可是這個「位正當」，不僅是現在恰到好處，永遠是恰到好處，這個「位」字是時間、空間兩個合起來講，很正當、很正確，這是五爻。

上九象曰：翰音登于天，何可長也。

　　上爻居巽，巽為「長」，雞的聲都是在地下、在家裡、在一個小屋角、小牆發聲音，牠怎麼能登于天呢？雞的聲音登于天，沒有內容的浮華外露，這個怎麼能長久呢？今天交代到這裡。

第六十二卦

小過卦

周鼎珩講　陳素素記錄　陳永銓補記

小過

艮　震
下　上

—— 此係〈兌〉宮游魂卦，消息正月，旁通〈中孚〉，不反對。

壹、總說

佈卦的次序

　　今天報告〈小過〉卦。過去我們講過，易例：「天三地二」，什麼叫天三地二呢？就是如果把天地分成五等份，那麼乾陽分得三等份，坤陰分得兩等份，因爲乾陽的能量本來就大於坤陰。假使在卦體裡面遇到，乾陽的陽爻要是比坤陰的陰爻多的話，譬如〈中孚〉卦有四個陽爻與二個陰爻，那麼乾陽就要遷就坤陰。所以我們看那些花朵，如果太陽過於強烈，雷雨打得太多，本來太陽與雷雨裡面都是乾陽，應該使花開得好的，但因爲乾陽太盛，反而使花朵凋枯，爲什麼

呢？就因爲花蕊承受不了太盛的乾陽。因此在宇宙中，乾陽有時候不得不遷就坤陰，否則乾陽若太盛，而坤陰承受不了的時候，反而對於化育的工作，不能達到進行的效果，這是就宇宙化育陰陽兩極的情況來講。

我們前面講的〈中孚〉卦，是外在的四個陽爻緊緊的包住裡面的二個陰爻，就外面的四個陽爻來看，是象徵「至誠內斂」，就裡面兩個陰爻來看，是象徵「未發之中」。由於至誠內斂，勢必見之於行，而且行之必篤，求之必切，這種陽剛之氣的發用，就會直道而行，這樣難免會有窒礙之處，證之於人事情形，就更容易了解。當一個人至誠內斂久了，他頭腦子智慧必然昇華，所以人經過「中孚」以後，看到的就比較遠，知道的就比較廣，比一般社會人士體會的深。如果一般社會人士不了解他，那麼他只有卑下地遷就大家，所以先儒稱讚孔子「極高明而道中庸」，就是說孔子研究的很高深，但是他說的卻是極淺顯的道理。所謂「子不語怪力亂神」（《論語·述而》），爲什麼不語？不是他不知道，而是大家不知道，他要是說出來了，人家還會以爲他是瘋子，所以他研究的雖深，說的卻是一些日常生活中極淺顯的東西，這就是乾陽多了，反而要遷就坤陰的道理。

在〈中孚〉卦之後，就佈這個〈小過〉卦，〈小過〉在〈序卦傳〉上講「有其信者必行之，故受之以〈小過〉」，〈中孚〉是很信實的至誠內聚，在眞切信實以後，當然會見之於行動，這種很信實的眞陽，見之於行動的話，一定要求得很切實，這是一般人所承受不了的，因此受之以〈小過〉。〈小過〉從卦體上看，陰過於陽，易例：「陽大陰小」，陰多於陽，故謂之「小過」。陰是向內收斂的，陽是向外發動的，在〈中孚〉卦，我們智慧已太高了，所以在〈小過〉卦

中要收斂一點，卑之不甚高，不要再向外爆發了，如果再向外爆發，別人都不了解，務必收斂，以順應社會。

　　一般所謂小過，就是這個意思，退後一步，以待社會的局勢，不可令自己的力量去發揮，那樣看得太遠了，反不爲社會大衆所容。我們講百年後的事體，人家聽不懂，反倒會以爲你瘋了，所以不能盡自己的才華去發揮，必須受之以小過，就是收斂一下，以適應社會大衆。這就是「小過」，也就是把自己縮小，不要把自己全部的才華拿出來，太高的人必須要自卑，把自己卑低下去，才能生活於社會大衆之間。

　　接下來講八卦的陰陽變化，陽卦一變，就變成陰卦；陰卦一變，就變成陽卦。例如乾是陽卦，一變就變成巽，巽爲陰卦；坎是陽卦，一變就變成兌，兌爲陰卦；艮是陽卦，一變就變成離，離爲陰卦。所以陽卦一變就變成陰卦，同樣的，陰卦一變就變成陽卦，這是一定的道理。我們看看人事現象，太平一段時間就要變成混亂，而混亂一段時間後就會變成太平，這是同樣的道理。我們又可以看到，假設一個家庭的父母是偏於木火，在八卦中是屬於東南方的氣質，也就皮膚顏色比較老一點，而他的子女一定是偏於金水，也就是皮膚顏色比較白皙，這就是陽一變成陰，等到他的孫子孫女時，就又變成木火的體質了。

　　各位如果打開歷史來看，孔子爲什麼能使我們獨尊儒學，而老子卻未能把到道學廣傳下來呢？就是因爲老子說得太高了，而孔子說的都是很淺近的爲人處事，比較容易被人接受。所以我們尊孔，而很少人尊老，並不是老子講得不好，而是老子講得過高了。因此我們在「中孚」之後，要用陰來收斂自己，不要發展得太過；可是也只能小

過，所謂小，就是略加收斂就行了，不能過度收斂，如果矯枉過正，也是不行的。

成卦的體例

　　《易經》六十四卦中，只有〈頤〉卦與〈大過〉卦，〈中孚〉卦與〈小過〉卦，這四個卦很明顯的，是陽包陰或陰包陽的卦體，其餘的卦就算是卦氣和順，也不過是內外兩體或各爻之相應而已。在上經，自〈乾〉〈坤〉經〈泰〉〈否〉，至〈頤〉與〈大過〉之陰陽相包，而後始成〈坎〉〈離〉之後天水火運行的氣化，萬物由而生長。在下經，自〈咸〉〈恆〉經〈損〉〈益〉，至〈中孚〉與〈小過〉之陰陽相包，而後始成爲水火之〈既濟〉大定，以及火水之〈未濟〉收場，〈未濟〉以後便從頭再起。推原其故，因爲宇宙化育萬物，先則陽包陰，陽在陰外以鼓舞其陰，繼則陰包陽，陽入陰內更進一步促成陰之生機。我們看春雷發動，陽氣先從草木之體外再進入草木之體內，於是草木便隨之而茂發，又如雞之抱卵，乃至萬有之化生，莫不如此。〈中孚〉卦是陽在外以內注於陰，到了〈小過〉卦則陽已入於陰體之內而構成其生機。

　　進而言之，〈頤〉卦的包陰之陽與大過卦的包陽之陰，都不是居中得正，因此力有未足，所以只能行成水火運行的氣化。〈中孚〉卦與〈小過〉卦則不然，〈中孚〉的包陰之陽與〈小過〉的包陽之陰，都是居中得正，因此火候已足，所以能夠形成各正性命的〈既濟〉大定局面。有人提問：〈咸〉卦、〈恆〉卦、〈損〉卦、〈益〉卦，其卦體也都是陰包陽或是陽包陰，爲什麼不能形成水火二氣以及既濟大定？我們且從〈咸〉卦與〈恆〉卦的卦體來看，〈咸〉〈恆〉的卦

體雖然有陰陽相包之象，但是內體與外體卻不是均衡勻稱的，也就是處在失衡的狀態。〈咸〉卦是外體有一個陰爻而內體有二個陰爻，〈恆〉卦是外體有二個陰爻而內體有一個陰爻。接著來看〈損〉卦是外體有一個陽爻而內體有二個陽爻，〈益〉卦是外體有二個陽爻而內體有一個陽爻。由此可見，爲什麼卦序在〈咸〉〈恆〉之後，繼之以〈損〉〈益〉，就是要以〈損〉卦與〈益〉卦，來調和〈咸〉卦與〈恆〉卦的失衡。

　　〈小過〉是上震下艮成卦，震是動，艮是止，止而後動就會動得很穩定，因爲卦體二陽動於四陰之內，所以陽之動不致過於剛猛，因爲陽都包在陰的裡頭。於是又有人提問說：〈臨〉卦也是四陰二陽，也是高頭的四個陰壓制兩個陽，然而爲何〈臨〉卦的二陽浸長，陽一直往上跑，而四個陰卻阻止不著呢？這有個道理，因爲陰之所以能凝陽，是依靠地心引力一樣的吸力，而不完全是靠外在壓力。我們看〈小過〉卦的四陰包二陽，就是這個道理，不僅外面有六五與上六之陰阻止陽的發展，更重要的是內部也有初六與六二之陰把陽給吸住了，所以陽才不能向外爆發。回頭來看〈臨〉卦就不是這樣了，〈臨〉卦裡面沒有陰把陽吸住，完全靠外面的三爻至上爻之陰來壓制，但是壓制不住，所以陽仍能任意向外爆發，這就是〈小過〉與〈恆〉卦的不同之處。

　　〈小過〉卦的外體是震，震爲雷，內體是艮，艮爲山，在〈大象〉上，這就是「山上有雷」，雷在山上行，就叫〈小過〉。爲什麼叫〈小過〉呢？我們先來看〈大壯〉卦，〈大壯〉是「雷在天上」，雷在天上行，其聲勢當然就壯大多了，所以叫〈大壯〉，大者壯也。至於〈小過〉呢？是雷在山上跑，艮山是靜止的東西，而雷在山上

跑，當然跑的範圍不廣，因此叫〈小過〉。「雷在天上」跟「山上有雷」，那當然不同；雷在天上跑，陽必壯，故曰〈大壯〉；雷在山上跑，陽必不盛，故曰〈小過〉，換句話說是陰盛故曰〈小過〉。此外，我們再拿〈大過〉卦來看〈小過〉卦，也許更容易了解。〈大過〉卦是二陰包四陽，何謂大過？大者過也，陽為大，二陰包四陽，陽太多了，大者過也，故名之為大過。陽大得太超過了，陽太盛應該向外發展，所以〈大過〉卦辭說「利有攸往」，現在〈小過〉卻是陽大得不夠，陽氣不夠，陰卻過盛，所以〈小過〉卦辭說「利貞」，要正確穩定，不要太向外發展，這是從〈大過〉卦看〈小過〉卦。

立卦的意義

無論是自然現象或是人事現象，凡屬向外發揮而求擴展，都是陽的功用，〈小過〉四陰涵養二陽於內，陰過於陽，於是陽有含蓄不露之象，這就意味著我們立身處世，切忌精華外露與向外鋪張。我們老祖先告誡我們，做人切忌精華外露，做事切忌向外鋪張。因為精華外露，容易遭受社會的猜忌，無異是增加自己的麻煩；向外鋪張，更易招致外界的打擊而難以為繼。西方的人沒有這個習性，所以他們做事要盡量的向外鋪張，做人喜歡精華外露，多半是一發無餘，有一點點東西便暴露出來。所以西方文化領導的世界，發生無數戰爭，二次世界大戰，喪生數千萬人，我們中國在兩千年前，也領導過世界，當中國文化領導世界時，從沒有發生過這樣殘酷的戰爭，從這一點可以看到西方人的習性，是喜歡暴露的，什麼事情都不留餘地，弄出現在殘殺鬥爭的局面來。

我們從卦變上來看，〈小過〉是從〈晉〉卦來的，〈晉〉卦的上

九下來居三，六三往而居上，就變成了〈小過〉。〈晉〉卦的外體離為火，內體坤為地，這樣的卦象是太陽照在地面上，光芒四射。現在火地〈晉〉變成雷山〈小過〉，內體的坤卦變成艮卦，艮是止，坤是幽暗，止於幽暗之中，就把光明隱晦起來了，那是韜光養晦的現象。再者，〈小過〉卦的九四不正，陽變正為陰，於是雷山〈小過〉就成了地山〈謙〉，山是很高的，卻退縮到地底下，而有謙虛謙遜之象，那也是韜光養晦。

　　《朱子語類》說〈小過〉是退後一步，而有自貶的意思。〈小過〉卦昭示我們，無論立身處世或待人接物，都要退後一步，縮小自己，因為〈小過〉卦是接在〈中孚〉卦之後，剛才講一個人經過中孚的至誠內注，精神內斂，涵養天德之後，他的智慧必然昇華，所知道的一定比人家廣，所見的一定比人家高，是普通人無法領略的境界，這時你一定要卑之而無甚高，才能和光同塵而住於世，所以孔子「極高明而道中庸」。因為你陳述的道理太高，一定會變成曲高和寡，於是就會到處碰壁，我們看《列仙傳》裡頭的有道之士，大多是離群索居的，這樣遠世脫俗而不為人知，結果智慧再高也沒有用，那就無濟於世。

　　《老子‧第二十九章》說：「聖人去甚、去奢、去泰。」這就是〈小過〉的意思。「去甚」是凡事不為已甚，例如話不要說過了頭，做人不要做過了頭，以免辦不到的時候，話收不回來；就是說，凡事不要騎在別人的頭上來表現，擺出一副了不起的神氣。孔子說：「我非生而知之者，好古敏以求之者」（《論語‧述而》），這是孔子自謙去甚的表現。「去奢」是用錢不要太過奢侈豪華，現在社會變化迅速，誰能保證永遠有錢？在漢文帝時，鄧通是全國首富，後來卻在監牢裡餓死了。我們看到許多暴發戶趾高氣揚，目空一切，人家看到

很好笑，但是他覺得自己不得了，這種人不懂道理，很快的就會受到教訓。「去泰」就是不要自滿，有些人自以爲一切都順心如意而安然自得，那就沒有上進的希望了，生命也就快完了，所以孔子「食無求飽，居無求安」（《論語・學而》），最重要的是對人要盡量謙恭，即使過於謙恭，也是俗語所謂「禮多人不怪」。這些生活態度如果能夠經常保持，自然站得很穩，可以獲得適當的成果，所以〈小過〉之後接著是〈既濟〉大定。

最後，「過之者，所以求其正也」，拿自然現象來說，所謂：「嚴冬之寒，或過於陰，故冬日御裘，使之不至於太寒；炎夏之熱，或過於陽，故夏日御葛，使之不至於太熱。」冬天陰過於陽，天氣過於寒冷，所以我們穿毛衣呢絨以禦寒，使身體不致太寒；夏天陽過於陰，天氣過於炎熱，所以我們穿葛衣綢絹，使身體不致太熱。因爲天氣太冷或太熱，是我們無法改變的，所以我們就在衣著方面來調適，穿得暖和些來禦寒，穿得涼快些來消暑。我們拿這衣著之陰來補救一點天氣之陽，這就是〈小過〉的作法，些微的來調適，不使它太偏，如此而已。因此小過是微調，不能太過，矯枉過正則又失偏了，又不合乎尺度，不合乎標準了，所以〈小過〉的卦辭說「利貞，可小事，不可大事」。

貳、彖辭（即卦辭）

〈小過〉：亨，利貞。可小事，不可大事。飛鳥遺之音，不宜上，宜下，大吉。

「小過，亨」，凡是向外發揮擴展的這一種現象，都是憑藉陽的

動能來的，〈小過〉卦裡面的陽，卻有含蘊不露的現象。這個卦告誡我們立身處世要含蓄，簡單的說含蓄就是精華不外露，譬如我們做人做事都要恭敬一點、禮讓一點，大家對你就會有好感或好評，這樣你在社會上行事就比較順利，所以說「小過，亨」，你為人能夠含蓄，做事就能夠通暢。再從卦體來看，〈小過〉卦的外體震為行，內體艮為止，這個卦體的意義就是，內在有安定安詳的基礎，外在的行動就能亨通流暢。

「利貞」就是宜乎貞正，通俗的講法，利是適宜與和諧的意思，貞是端正與穩固的意思。〈小過〉的卦象是外頭的四個陰爻涵養著裡面的二個陽爻，從我們人體來看，就是四陰所代表的身體，涵養著二陽所代表的靈能，靈能涵養在身體裡面，要合於正確穩固的標準，不使妄動或錯亂，這才叫做利貞。〈小過〉的主爻六五居外卦之中，而且六五小過於九四，過的幅度既適宜又穩定，所以有「利貞」之象。

什麼是〈小過〉利貞的標準，就是接著要講的：「可小事，不可以大事」。這個小與大，是指陰陽而言，凡是有關陰的方面之事，都是小事；凡是有關陽的方面之事，都是大事。這個小事大事，歷來的先儒們大多把雞毛蒜皮的事叫做小事，把開疆拓土的事叫做大事。事實上，開疆拓土固然是大事，雞毛蒜皮卻不見得就是小事，因為小事不是指這個。那小事是指什麼呢？我們就拿國家來講，所謂小事就是內部的調整，內部的充實，內部人與人的調整，人與事的調整，例如生產的調整，經濟的調整，教育的調整，使得各方面都非常符合國家社會的需要，教育上所產生的人才，正是經濟上所需要的，經濟上所需要的人才，正是教育上所培養的，處處都銜接得很到位，這就叫做

小事，這絕對不是雞毛蒜皮的事。

　　一個國家除了內部的調整與充實之外，還有外部的開疆拓土，是要去爭取人家的物資疆土，或是防備抵禦外來的侵略，那叫做大事。簡單的說，凡是向內收斂的作爲，就叫做小事，小是指陰而言；凡是向外發展的作爲，就叫做大事；大是指陽而言。因爲〈小過〉的卦體是坤陰含乾陽，陽大陰小，坤又爲事，所以有小事與大事之象。總之，〈小過〉是陰過於陽，所以可以小事，陰過於陽則陽爲不及，所以不可以大事。

　　講「飛鳥遺之音」，因爲〈小過〉卦是從〈晉〉卦變來的，〈晉〉卦上之三變成〈小過〉，〈晉〉卦上爻與爻三爻互易就變成了〈小過〉。〈晉〉卦的外體是離卦，離爲飛鳥，現在變爲〈小過〉，外體由離鳥變成震雷，外體的離象不見了，就是看不到飛鳥了，所見的變成了震雷，震又爲聲。離之飛鳥不見了，遺留下來的是震之雷聲，所以「飛鳥遺之音」的卦象是這樣來的。來知德自作聰明，他說過去是〈中孚〉，現在是〈小過〉，〈中孚〉變成〈小過〉，飛鳥沒有了，現在〈小過〉是飛鳥的聲音，這個說法不足取，我們還是按照卦變的說法。這個卦變非常明顯，〈晉〉卦外體離爲飛鳥，上爻下來之三，離之飛鳥變成震之聲音，這個解釋是妥當了，「不宜上，宜下。大吉」，上是指高頭，下是指底下。這個〈小過〉卦的中間一斷，內外兩體是分裂的，所以內卦與外卦的界線是非常分明的；外體在上是震，內體在下是艮，震卦又是艮卦的反對卦。不宜上，因爲上是震爲行動；宜於下，因爲下是艮爲靜止；高頭是動的，底下是靜的。〈小過〉的宗旨是不宜向外擴張，宜於向內收縮；向外擴張就是上震之行動，向內收縮就是下艮之靜止，所以「不宜上，宜下」。

上一句講「飛鳥遺之音」，飛鳥遺下來的聲音，散在太空中，如果你在天上的話就聽不到了，所以不宜上；聲音是向下凝聚的，如果你在地面的話就聽得到，所以宜下。〈小過〉的卦情，就像這個飛鳥遺音，鳥飛走了，所遺留下來的聲音，代表陽的精氣，這種陽的精髓要把它保留著，不宜向上發揮，宜於向下凝聚，這樣才能「大吉」。〈小過〉是以陰培護陽的，在〈中孚〉自身凝聚之後，接下來〈小過〉是以陰養陽，而當陽培植足夠了，接著就到了〈既濟〉的各正性命。在〈小過〉這個階段，陽是不能隨便喪失掉的，因此拿飛鳥遺之音來做比喻，宜於向下收斂，不宜向上擴散。

這個卦辭的說法有四個重點：第一是小過亨，第二是利貞，第三是可小事不可大事，第四是像飛鳥遺之音宜下不宜上。整個意義就是不要向外發揮，不要隨便擴散，要把它含養保存著，也就是凡事退後一步，精華不能外露，最後就能大吉。以上是講卦辭，接下來講爻辭。

參、爻辭

初六：飛鳥以凶。

這一卦的六個爻辭，先儒們有很多地方講解得不大妥當。你拿六爻來看，只有初爻和上爻有飛鳥之象，其他四爻的爻辭都沒有提到飛鳥。初爻是「飛鳥以凶」，上爻是「飛鳥離之凶」，初爻和上爻為什麼講飛鳥？前面卦辭的「不宜上，宜下」，宜下就是講初爻，不宜上就是講上爻。因為初爻與四爻相應，如果初爻上居四，四爻下居初，那麼內體的艮就變成離，離為飛鳥。上爻為什麼也講飛鳥？因為上爻

與三爻相應，三爻上去，上爻下來，這外體的震也變成了離，所以也有飛鳥之象。

〈小過〉卦只有初爻與上爻有飛鳥，這是因為〈小過〉的宗旨是陰要涵陽，陽不宜隨便妄動。例如初爻上而之四，內卦就變成離為飛鳥，而稱飛鳥以凶，就是一動就凶，因為在小過之初，正是涵陽的時候，涵陽當然不宜於隨便亂動。宇宙經過〈中孚〉內聚，〈小過〉涵陽，〈既濟〉大定，這種化育的過程是很艱鉅的，又是陽包陰，又是陰包陽，而當陰包陽的時候，陽被陰涵育在裡頭變成了生機樞紐，於是乎才有化育的作用。在這個時候，涵陽就不能隨便動，尤其初六是在〈小過〉之初，卻不知道必須涵陽，反而像鳥一樣飛上天去了，等於向外擴張，顯然違反〈小過〉的宗旨，這樣飛動的結果當然是凶，所以說「飛鳥以凶」。

六二：過其祖，遇其妣。不及其君，過其臣。无咎。

從這一爻可以看出〈小過〉的精神的所在。「過其祖，遇其妣」這幾個字有三個說法。第一個是虞翻的說法：初爻是祖，二爻是過其祖。他說：「祖謂祖母，初也；母死稱妣，謂三。」〈小過〉卦是從〈晉〉卦來的，〈晉〉卦六二「受茲介福，于其王母」，二爻是受五爻王母的大福，王母是祖母，祖也，所以過其祖是指五爻而言。遇其妣呢？妣是指三爻而言，因為三爻居二爻之上，〈晉〉卦的三爻還是在內卦坤為母，現在變成〈小過〉卦，〈晉〉之坤體不見，三四五有互兌為毀折，坤體毀折不見了，有坤母死而曰妣之象。遇是指什麼呢？六五爻位不正變正，則二爻至五爻有〈姤〉卦體象，〈姤〉為遇而有遇之象。第二個說法，祖是指四爻，因為四居外體

震，二居內體是艮，在納甲裡頭，震納木而艮納土，木生火而火生土，震木是艮土的老祖宗，四爻又爲震爻，所以震爲祖，那麼三爻還是妣。這個兩說都勉強可以講，尤其第一個虞翻的說法比較妥當。

「不及其君，遇其臣」，前面講太過，現在講不及，周公繫爻辭，畫龍點睛地把〈小過〉的意義點出來了，〈小過〉就是要求適中，過猶不及也。二五相應，五居君位，因爲六二與六五不是正應，所以不及其君；至於這個遇其臣的臣，是指三爻或四爻的陽爻。簡單說，祖妣是已經死掉的，君臣是現在存活的，如果用數字來表達，那就可以寫成一個橫坐標「… -2　-1　0　+1　+2 …」，這個「0」就是代表「適中」，〈小過〉卦表面上是講「過」，事實上這裡面有包含「不及」的地方。祖與妣是死亡了的負數，君與臣則是存在的正數，祖妣是負數，君臣是正數。「過其祖，遇其妣」是說，當我們向內收縮，要有個標準，過其祖，收縮到負二（-2）甚至超過，那就太過了；遇其妣，是只要收縮到了負一（-1）就可以了，你不能一直往後無止境地收縮。例如對人恭敬就是收縮自己，把自己縮小，把人家看大，但是對人恭敬而收縮自己，只要到達某一個程度就夠了，恰如其分就可以了，超過程度反而變成諂媚。

這句「不及其君，遇其臣」，是講不及的部分，陽固然要向外塡補伸張，但是向外塡補伸張也要適可而止，只要塡補伸張到正一（+1），也就是三爻四爻遇其臣就可以了，千萬不能一直伸張到正二（+2），也就是五爻之君甚或上爻之太上皇，否則伸張太過就是有咎，而非无咎。總之，是以正一（+1）爲向外伸張的基數，同樣的，是以負一（-1）爲向內收縮的基數。至於零呢？就是伸張或內縮的基準點，這些標準尺度，周公在這個爻辭裡說出來了，但是先儒們

沒有解釋清楚。我再強調一遍，為什麼稱祖稱妣呢？因為它已經死亡了，就像是負的；為什麼稱君稱臣呢？因為它是現存的，就像是正的；君臣是講國家社會大的方面，祖妣是講家庭血統小的方面，小的方面是講向內收縮的，大的方面是講向外擴展的；向外伸張的，只能遇其臣，而不能及其君；向內收縮的，只能遇其妣，而不能過其祖，這樣就可以无咎，不會有毛病。

九三：弗過，防之，從或戕之，凶。

　　第三爻是陽，三與上應，九三要經過九四之陽與六五之陰，才能與上六相應，但是爻辭強調「弗過」，為什麼不能過呢？因為過四五而應六，外體就變震成離，離為戈兵，有戕傷之象，為了避免傷害，所以不能過；況且三居內卦艮為止，也有弗過之象。接下來還要「防之」，這是取象於〈小過〉卦從〈晉〉卦來，〈晉〉卦的三爻位居內體之坤，〈繫辭上傳〉：「闔戶謂之坤，闢戶謂之乾。」坤是把門關起來，有防之象。〈晉〉卦變成〈小過〉，三居內體艮為門關，豈不是又加了一道門，更是嚴加防患。三爻與二四互成巽，巽為順，三與上應，有順從之象；前面提到三上易位，則外卦變成離，有戈兵戕傷之象，而且三四五互兌為毀折，所以說「從或戕之」。

　　〈小過〉卦主要在於以陰涵陽，初九「飛鳥以凶」，這個初生之嫩陽還不能動；六二在內體之中，又以陰爻居陰位，能夠居中守正而拿捏分寸，不會「過猶不及」的亂動。到了九三是陽爻居陽位，而且九三在〈乾〉卦是「君子終日乾乾，夕惕若厲」，這個陽爻非常剛猛，難免精華外露而輕舉妄動，就好像一個人立身行己或待人接物，一味地向外伸張，又自以為是，這樣過於躁動，當然會招凶。所以爻

辭先誡之以「弗過」，不可以逞強妄動，接著還要戒慎恐懼地「防之」，以免遭受戈兵或毀折之凶。

九四：无咎，弗過遇之，往厲必戒，勿用，永貞。

陰爻是向內收斂的，陽爻是向外擴張的；陰爻之過是過於收斂，就是過於縮小自己，過於後退一步；陽爻之過是過於擴張，就是過於伸張放縱，過於跨前一步。易例：「陽大陰小」，〈小過〉卦顧名思義是小者之過也，也就是陰過；陰來涵陽，陰可以過於收斂，陽卻不能過於囂張，所以陰可小過而陽不能過。

九三與九四都是陽爻，所以都不能過，因為〈小過〉的卦情是陰來涵陽，被陰所涵養的這個陽不能向外發揮擴張，所以九四與九三都講「弗過」，但是九三還要「防凶」，九四卻可以「无咎」，這是三四兩爻的不同之處。我們看九三是陽爻居陽位，得位之陽比較剛猛而躁動，動則招凶，所以要防之；九四則是陽爻居陰位，以剛履柔就比較沒有火氣去妄動，它的本質就是不會向外擴張，既然弗過，就能无咎而沒有毛病。

九四的「弗過遇之」跟九三的「弗過防之」，這二個爻辭要對照來看。我們先來談過與遇，前面在解釋六二爻辭「過其祖，遇其妣」的時候，我們曾說〈小過〉的卦情是陰過於陽，也就是陰過於向內收縮。但是向內收縮有個尺度，不能「過其祖」，只要「遇其妣」就可以了，譬如待人謙恭固然是美德，過度謙恭卻有諂媚之嫌。淺顯的說，過是超過了而越走越遠，遇則是在你面前不期而遇，所以說，遇者是近也，過者是遠也。

　　進而言之，往外走是過，往內走是遇；〈小過〉的卦辭說「不宜上，宜下」，因為往上走就是過，往下走就是遇；事實上，卦體的上下就是內外，例如我們通常稱〈小過〉卦為上震下艮，若稱外震內艮也行。〈小過〉是陰之過，所以要向內收斂，不能向外發展，現在九四已經位居外卦，當然不能再往外走而向外擴張了，所以稱「弗過」是陽不能過。遇之，因為九四與初六為正相應，九四不往外走或往上走，反而下來與初六相應，是往內走而初爻相遇之，所以稱之為「遇」。「弗過遇之」是什麼意思呢？陽在〈小過〉裡是被陰所涵養的，所以陽要退後一步向內收斂，不可以向外發展，就是要過於陰，陰可過而陽不可過。為什麼孔子「極高明而道中庸」，雖然見解高明，所講的卻必須平易近人，是一般人所能理解與做得到的？不能夠講得太玄了，就是「弗過」，內容要貼近老百姓的日常生活，就是「遇之」。

　　從前我們講易例：「卦氣往外面走謂之往，向裡面走謂之來。」這個「往厲必戒」的往字，各家說法大多認為是指九四和初六相應，這是不對的，因為往是往外走的，四下應初是向內走，是來而非往。〈小過〉卦九四不正，上而居五就往外走，於是外體變震成坎，坎為險難，代表往上就有危險，因為九四已居外卦，陽再往外走，豈不是更加擴張了，所以說「往厲」。「必戒」的戒字取象於〈小過〉卦二三四互巽為申命，有戒之象，就是告誡我們，此時陽若是再往前走，往外擴張就會有險難。「勿用」就是〈乾〉卦初九爻辭的「潛龍勿用」，這時四爻應該下而應初，才合乎〈小過〉卦涵養元陽的宗旨。「永貞」的貞是正也固也，乾陽是向外發軔的氣化，找到合適的陰體，就會長久穩定下去，這是安貞吉，也是利永貞。總之，

〈小過〉不宜向前，而宜後退，不與人爭，則社會能夠和諧而海闊天空。在中孚之後，智慧昇華，有些按耐不住，而思有所表現，但是處在〈小過〉以陰涵陽之時，還是要往內收斂，不要向前發展，這樣穩定下去才好。

六五：密雲不雨，自我西郊，公弋取彼在穴。

「密雲不雨，自我西郊」這個爻辭，跟〈小畜〉卦的卦辭相同，過去我們講〈小畜〉卦，曾經說這可能是文王繫卦辭時自況之辭。密雲不雨是說，雖然雲層很厚，雨卻下不來。因為在商朝，文王雖然三分天下有其二，但他還是西北侯而非帝王，所以只能在西郊自己的本位上發政施仁，做布雲蓄積的功夫，還不能沛然而雨以澤被生民，因此我們會說「密雲不雨，自我西郊」是文王自況。〈小過〉六五爻辭和〈小畜〉卦辭有相同的意義，因為〈小畜〉是以陰畜陽，所畜者小，〈小過〉是以陰涵陽，所過者小。雖然這兩個卦的卦體與卦情有所不同，可是〈小畜〉卦辭與〈小過〉六五爻辭，所講的都是以陰畜陽或以陰養陽。

六五是〈小過〉的主爻，〈小過〉雖是向內收縮，但有其收縮的限度，以不失中為其尺度。二爻「過其祖，遇其妣」，只能夠到妣，不能夠到祖，「不及其君，遇其臣」，不能夠到君，只能夠到臣，這就是限度。〈小過〉卦是自〈晉〉卦變來，〈晉〉卦三爻往之上爻則成〈小過〉，〈晉〉卦三四五互坎，坎在上為雲，在下為雨，〈晉〉卦三之上，是陰氣往上走而成雲，又因〈小過〉三四五互兌為小，小雲就是密雲。陰氣往下走才能成雨，而今陰氣上行，且〈小過〉內艮為止，所以稱「密雲不雨」。〈小過〉五爻互兌為西，五爻變陽則

外體變成乾卦而乾爲郊，這是「西郊」之象，此外，〈小過〉來自〈晉〉，〈晉〉卦內體坤爲自爲我，所以稱「自我西郊」。大陸有句俚語：「雲向東，一陣風；雲向西，馬濺泥。」東方是陽方，其性疏散，雲向東則疏散成風而不雨；西方是陰方，其性收縮，雲向西則收縮而雲聚成雨下。九四「往厲必戒」，五爻超過四爻，已經太過了，所幸六五以陰爻居外卦之中，所以沒有戒辭，但是五爻必須把握住「密雲不雨」，就是不能擴散得太厲害，至於「自我西郊」，一般認爲是文王自況，也是提醒自己要收斂。

　　「公弋，取彼在穴」的「公弋」這二個字，歷來先儒都沒有解得很詳盡。第一個說法，公指五爻而言，五爻雖是君位，但六五陰爻居陽位，因不當位而不能稱帝，只能稱公，就像文王雖然三分天下有其二，卻只能稱西北侯，而不能稱帝王。第二個說法，公指三爻而言，三五同功，五爻之陰不能發動，所以借著三爻之陽來弋，弋者射也，就是射鳥雀。但是弋和射有不同之處，從弓弦上直接發箭叫做射，弋則是箭上繫有網狀絲繩，發箭後即使箭頭沒射中鳥，那絲繩還是能把鳥套住，古代打鳥是用弋而不是用射。五爻是坎爻，五爻在〈晉〉卦居外體離爲戈兵，又與三四互坎爲弓輪，合起來看有箭之象。五爻在〈小過〉卦居外體震爲繩，爻象既有繩，又有弓有箭，所以稱「弋」。

　　至於所弋之鳥何在？或許我們可以簡單地說，〈小過〉來自〈晉〉卦，五爻在〈晉〉卦居外體離爲飛鳥，此即鳥之象。比較特別的是，東漢末年大儒宋衷所著《周易注》說，〈小過〉卦的卦體「二陽在內，上下各陰，有似飛鳥舒翮之象」，宋衷的意思是說〈小過〉卦本身就有鳥象，九三與九四這兩個陽爻是鳥的身體，初二與五上這

四個陰爻是鳥的翅膀，鳥會飛是靠著翅膀來發動，一如〈小過〉的卦情是陰來涵養陽，這是同樣的道理。但是同時期的《易》學大儒虞翻卻不認同這個說法，他批評：「俗說或以卦象，二陽在內，四陰在外，有似飛鳥之象，妄矣！」

　　「取彼在穴」的取字之象是從那而來的呢？〈小過〉卦五與二相應，二居內體艮為手，有取之象。至於彼字呢？是指鳥而言。我們在初六講「飛鳥以凶」，飛鳥有兩個情況，一個是高頭的飛鳥，它從〈晉〉卦來的，〈晉〉卦的外體離為飛鳥，另一個底下的飛鳥，〈小過〉初與四相應，四下之初，則內體變艮為離，所以〈小過〉卦的初爻是「飛鳥以凶」，上爻則是「飛鳥離之凶」，中間的四個爻都沒有講到飛鳥。因此，「取彼在穴」有兩個說法，第一個是取彼在上的鳥，但是〈小過〉三爻尚未之上，外卦尚未變震為離，所以這個鳥還只是個雛形，把巢穴裡的小鳥取下來，就是「取彼在穴」。第二個是取彼在下的鳥，〈小過〉卦內體艮為手，四爻下來居初，則內體變艮為離之飛鳥，有艮手執鳥之象，初爻在一卦之最下，有穴之象，所以說「取彼在穴」是取初爻在下之鳥，這個說法比較合理。

　　我們回頭看〈需〉卦六四「出自穴」、上六「入于穴」，這二個穴，一個是指初爻位居一卦之最下而有穴象，另一個是指外卦坎為穴。〈需〉卦初爻與四爻相應，初往應四，由內體最下之穴而躍居外體，是為「出自穴」；上爻和三爻相應，上爻下來居三，變成位居外體坎穴之下，就是「入于穴」。再來看〈小過〉的卦體，若將初二陰爻、三四陽爻、五上陰爻，各視為一爻，則〈小過〉卦有大坎體象，初爻在大坎之最下，有穴之象。前面提到〈小過〉卦內體艮為手，四爻下來居初，則內體變艮為離之飛鳥，有艮手執離鳥之象，初爻又有

穴之象，所以說「取彼在穴」。小鳥既然還在穴內，那就表示尚未起飛，這和「密雲不雨」是還沒有下雨一樣，都是不能向外發展的意思。六五爻辭既要「密雲不雨」，又要「取彼在穴」，就是告誡我們，五爻已經超過四爻的「往厲必戒」，再過就有凶有咎了，幸好五爻位居外卦之中，雖然陰爻居陽位是不當位，但是只要穩定在這個居中之位，那就恰到好處而不至於太過。

上六：弗遇過之，飛鳥離之凶，是謂災眚。

上爻的「弗遇過之」和四爻的「弗過遇之」，正好相反。〈小過〉是陰過於陽，但是陰之向內收縮有個尺度，不能「過其祖」，只要「遇其妣」，九四能夠符合這樣的限度，而可以永貞。上六則不然，五爻居外卦之中是恰到好處，所以密雲而不雨，在穴而不飛，這表示不能再過了，上六卻還要過之，而且到了上爻已無所遇了，所以說「弗遇過之」。因為〈小過〉是稍加矯正的中道，過乎中道就超過一般人群而弗遇。

「飛鳥離之凶」，上爻與三爻相應，三上易位則外卦由震變離而成飛鳥，〈離〉卦象曰：「離，麗也。」就是附著的意思，因為離是飛鳥，離又是網罟，鳥雀飛得太過了，卻附著到網罟而陷在裡頭，就有凶險，而稱之為「災眚」。那麼災眚之象從何而來？因為三上易位，則三四五互成坎卦，坎為災眚。一般稱外來之禍為災，例如天災人禍；稱內生之禍為眚，例如禍起蕭牆，在這裡統稱為災眚。為什麼會有外來之災呢？因為上爻變震為離，而有飛鳥陷入外在的網罟之象。為什麼會有內生之眚呢？因為上爻超越了五爻之中道，過乎中是咎由自取。災從外來，禍由自取，就上爻而言，二者兼而有之，所以

稱爲災眚。

《易經》的每一個卦，都是代表氣化的現象，是陰陽變化的符號。〈繫辭上傳〉說「十有八變而成卦」，因爲每一卦有六爻，每一爻有三變，三六一十八變。比如說這一爻往上或下去，這是一變；從外來的，乾來附於坤，坤來附於乾，這是二變；自身的陽變陰或陰變陽，這是三變。我們將來會講〈繫辭〉：「乾之策二百一十有六，坤之策百四十有四，凡三百有六十。」就是從這個爻的變化來的。現在我們講這個〈小過〉卦，也是講這個變化，每一爻有三變，每一卦有十八變，大體是如此。如果再說詳細的，一爻就可以變動一卦，那是《皇極經世》裡頭講的，一爻也可以變成兩卦，兩卦裡頭的一爻，又可以變卦，變化是無窮的。

在〈小過〉卦裡頭，就可以看出這個精神，陽固然是好的，陰也不一定是壞的，就看你用得適不適當。即使是再不好的卦裡頭，也是扶陽抑陰的，扶陽是什麼呢？陰是被動的實體，陽是主動的能力，我們《易經》裡面，是尊重主動的能力，而把被動的看得輕一點。就拿我們的身體來講，五官百骸屬陰，是被動的，精神意志屬陽，是主動的，所以我們對於精神看得重一點，對於身體看得輕一點。我們說〈小過〉是陰過於陽，陽不可以太過，事實上，陽到了相當的程度也可以過，就是陽的力量積蓄得太大，非發動不可，假使你身體很棒，精神很旺，不找一個事業來磨練自己，消耗自己的精神，那就會煩躁不安，陽到了這個程度就是「大過」，我們處大過之時要特別注意。陰過是「小過」，還沒什麼緊要關係，因爲些微的收斂或縮小自己，這樣的小過反而是好的。例如克勤克儉，對自己沒有壞處，對別人或社會卻有好處；你待人特別客氣，總比對人傲慢驕橫要好，小過沒有

大的妨害，大過就要注意了，過要適量，寧可小過，切忌大過。古代的神仙遊戲人間，最愛找小孩或思想單純的人聊天，像是京房把《易經》講得太透澈了，反而不得善終，因為《易經》有些是不能講的，所以這是〈小過〉的好處。

肆、彖傳

> 彖曰：小過，小者過而亨也。過以利貞，與時行也。柔得中，是以小事吉也。剛失位而不中，是以不可大事也。有飛鳥之象焉，飛鳥遺之音。不宜上，宜下，大吉，上逆而下順也。

「小過，小者過而亨也」，是解釋卦辭「小過，亨」。小過有小與過這兩個含意，第一個意義是「小」，陽大陰小，小是指陰而言，小過就是陰過，陰過則向內收縮。第二個意義是「過」，過者小也，陰固然要向內收縮，但是略加矯正即可，你不能收縮得太厲害，就是向內收縮的幅度不能太過，時間不能太久。比方說我們待人客氣，客氣是有個限度的，過分的客氣，就變成諂媚了；又比如用錢吧，我們應該節儉一點，但是過分節儉，就變成了吝嗇；所謂過之小，就是說向內收縮是有個限度的。「小者過而亨」，是說向內收縮的幅度不大的話，當然能夠亨通。

拿社會人事來講，我們向內收縮，幅度不大而恰到好處，用這樣的態度待人，處在任何社會都能行得通。我向內收縮，不占人家便宜，不失人家的面子，說話不騎在人家的頭上，對人家客客氣氣，這樣當然受到歡迎，人際關係自然暢通。再拿自然界來說，這個小是指

陰體，乾陽來開化陰體，這個陰體就慢慢的凝結收縮，比如樹上長果子吧，陰體凝結收縮得過一點，就更成熟了，但若收縮的幅度太大，就會變成爛果，所以只要稍微過一點，熟得恰好就更好吃，那就是小者過而亨。自然的現象是如此，我們的身體也一樣，陽在裡面發動，身體更加結實一點，也是「小者過而亨」的好現象。

「過以利貞，與時行也」，是解釋卦辭「利貞」。根據通俗的講法，利是適宜與和諧的意思，貞是端正與穩固的意思。〈小過〉就是陰過於陽，主爻六五居外卦之中，居中就是正了，而且六五小過於九四，過的幅度既適宜又穩定，所以有「利貞」之象。為什麼過以利貞？因為小過與時而行。我們看〈小過〉卦的卦體，內體艮為成終而成始，有時之象，外體震則為行，所以有「時行」之象；此外，〈小過〉卦是從〈晉〉卦變來，〈晉〉卦之外卦離為夏，三四五互坎為冬，所以〈晉〉卦有冬夏；〈小過〉卦之外卦震為春，三四五互兌為秋，所以〈小過〉卦有春秋，合起來看是四時皆備，也有時行之象。「與時行也」是說陰過於陽的幅度，恰好符合當時客觀環境的需要，就像是對症下藥一般，恰到好處。

「柔得中，是以小事吉也」，是解釋卦辭「可小事」，為什麼小事吉？是因為柔得中。我們前面提到〈小過〉卦的主爻六五居外卦之中，而且相應的六二也居內卦之中，所以有「柔得中」之象。〈小過〉是陰過於陽，以柔為主，現在六二與六五之陰爻分別居內卦與外卦之中，是陰過於陽而恰到好處，陽大陰小，所以稱「小事吉也」。上一堂課我們解釋六二「過其祖，遇其妣，不及其君，遇其臣」這句爻辭，曾提到：君臣是講國家社會大的方面，就是向外擴展只能遇其臣，而不能及其君；祖妣是向講家庭血統小的方面，就是向內收縮只

能遇其妣，而不能過其祖。為什麼不能過其祖也不能及其君呢？因為這樣「過猶不及」，不符合〈小過〉「柔得中」之道。

至於「小事」，並不是雞毛蒜皮的事，而是講陰柔的向內收縮的事體，就是內部的調整建設，以國家來講，那是針對國家內政的整頓，像是社會、經濟、文化、教育的規劃與建設；而不是向外擴張的，像是對外用兵侵伐，或是抵抗外國侵略，那是陽剛的大事。小事呢，就是內部調整建設之類的工作，這些事情合於陰柔得中的主旨，就是關於國家內部自我方面的一切事情，都很適合利用民力，利用老百姓的力量就能做得很恰當，所以「小事吉」。

「剛失位而不中，是以不可大事也」，是解釋卦辭「不可大事」。為什麼不可大事？因為剛失位而不中。這個「剛」是指〈小過〉卦的九三和九四這兩個陽爻，九四以陽爻居陰位，既不當位又非居中，可說是不中不正；九三以陽爻居陽位，雖然當位，卻不居中，可說是正而不中，所以這二個陽爻之剛，有「失位而不中」之象。陽爻失位不中，代表陽的精神動力有所偏差，還沒有涵養到目前所處之時間與空間所需要的火候，換句話說，這個動力的火候，不適合於這個時間與空間的需要。陽剛是向外發動的，凡是陽剛向外發動的都是大事，因為陽大陰小啊，但是〈小過〉卦的陽爻沒有具備這個火候的條件，當然不能發動陽剛向外大事作為，所以說「是以不可大事也」。

「有飛鳥之象焉，飛鳥遺之音」是解釋卦辭「飛鳥遺之音」。文王的卦辭有飛鳥，周公的爻辭也有飛鳥，孔子的象傳又再提飛鳥，這是為什麼呢？因為〈小過〉卦體有飛鳥之象。這個飛鳥之象，歷來有三種註解：第一是虞翻說「〈小過〉象〈離〉」，因為〈小過〉卦初

六與上六若由陰爻變成陽爻，就變成離上離下的〈離〉卦，因爲〈小過〉卦和〈離〉卦不同之處，就是初上兩爻，而離爲飛鳥，無怪乎初上兩爻的爻辭都講飛鳥，所以說「有飛鳥之象焉」。第二個說法是從卦變來講，〈小過〉從〈晉〉卦來的，〈晉〉卦的上爻入到三爻變成〈小過〉，〈晉〉卦外體原本是離，所以有飛鳥之象，因爲〈晉〉卦的上爻入到三爻，外體的離變爲震，於是離的飛鳥不見了，而變成震的聲音，所以說「飛鳥遺之音」。

　　第三個是宋衷的解釋，我們在六五爻辭「公弋，取彼在穴」就提到宋衷說〈小過〉卦體「二陽在內，上下各陰，有似飛鳥舒翮之象」，宋衷的意思是說〈小過〉卦本身就有鳥象，九三與九四這兩個陽爻是鳥的身體，初二與五上這四個陰爻是鳥的翅膀。以上三個解釋都說得通。但是第二種說法是從卦變談〈小過〉來自〈晉〉卦的上爻與三爻易位，那麼〈晉〉的外卦離的飛鳥就沒了，而變成震爲聲音，這可以一併解釋飛鳥遺之音的這個「音」。至於明朝的《易》學家來之德說：〈中孚〉卦是大離體，大離的體象就是飛鳥，現在卦序已從〈中孚〉到了〈小過〉，飛鳥不見了，〈小過〉就是飛鳥遺之音。來之德的這個說法很牽強，我認爲還是〈晉〉卦變〈小過〉，離鳥變震音的那個說法比較好。

　　「不宜上，宜下，大吉，上逆而下順」，是解釋卦辭爲什麼說「不宜上，宜下，大吉」呢？因爲「上逆而下順」。〈小過〉是陰過於陽，是以陰涵陽的，所以陰可以過，陽卻不可過，陰可以向內收縮，陽卻不能向外擴展。首先來看〈小過〉的卦體，外卦是震爲動，內卦是艮爲止；震動在上就會往外行動，違反〈小過〉之宗旨，所以稱爲「上逆」；艮止在下就會往內收縮，符合小過之宗旨，所以稱爲

「下順」，這就是卦辭會說「不宜上而宜下」的道理。

　　其次，凡是陰陽二爻相互比鄰的，陽爻在陰爻之上，陽乘陰就是順；陰爻在陽爻之上，陰乘陽就是逆。我們看〈小過〉內體的三爻是陽而二爻是陰，這樣陽乘陰就是「下順」；外體的五爻是陰而四爻是陽，這樣陰乘陽就是「上逆」。這是什麼意思？陰代表沒有知識的小人，陽代表有知識的君子；小人在上指揮君子，那就是逆；君子在上指揮小人，那就是順。再者，就聲音來講，如果向外或向上發出聲音，這聲音就散掉而聽不到了；如果向內或向下發出聲音，這聲音就聚集而可以聽得見了，所以用聲音來解釋「上逆而下順」也說得通。

伍、大小象傳

象曰：山上有雷，小過。君子以行過乎恭，喪過乎哀，用過乎儉。

　　〈小過〉卦上震爲雷，下艮爲山，所以〈大象〉「山上有雷」，雷行於山間，被山給包圍了，傍山而行雷，那雷的聲威就比較小，所以就叫〈小過〉。相對的，〈大壯〉卦上震爲雷，下乾爲天，雷在天上，聲威遠播，各地的百姓都能感受雷聲隆隆，所以就叫〈大壯〉。接著孔子說「君子」法「山上有雷」之象，「以行過乎恭，喪過乎哀，用過乎儉」，這個「君子」是指九三之乾陽得位，而且九三在〈乾〉卦是「君子終日乾乾，夕惕若厲」，所以爻辭戒之以「弗過」，就是不要過甚，而要退後一步。

　　「行過乎恭」，〈小過〉自〈晉〉卦變來，〈晉〉卦的上爻下來

居三則成〈小過〉卦，上爻爲貴而下爲賤，上爻下來居三，就是以貴下賤，〈小過〉上爻居外體震爲行，這樣合起來看是有「行過乎恭」之象。即使是貴爲天子，對於普通老百姓還是要客客氣氣，這就是行過乎恭，我們對人特別客氣，不會有毛病，因爲禮多人不怪。如果我們對人表現傲慢，人家就會討厭我們。所以待人寧可過乎恭，卻不能過於傲慢，〈小過〉的過是有限度的，小者雖過，而二五居中，這就是限度。我們對人是有個尺度的，在尺度以外是驕傲，在尺度以內則是恭敬，我們待人恭敬，人家不會見怪嘛，我們對人家驕傲，卻會引起人家的憤怒，所以行過乎恭，也算是「弗過」。

「喪過乎哀」，〈晉〉卦內體坤爲喪，〈晉〉卦上九下之三而成〈小過〉，則內卦之坤體已破，也有喪象。〈小過〉卦從二爻到五爻有〈大過〉卦體象，〈大過〉卦體是兌澤滅巽木，有死喪之象。〈晉〉卦外體離爲目，三四五互坎爲水，目下有水是流淚之象，〈小過〉的內體艮爲鼻，二卦合看有坎水從艮鼻流出之象。目流水是涕，鼻流水爲洟，涕洟縱橫就是哀。爲什麼說喪可以過乎哀？假使家裡有考妣之喪，我們哀傷得痛哭流涕，人家會說這個孩子很孝順，人家不會罵你，假使家裡有考妣之喪，你還在外面紙醉金迷，人家一定會罵你不孝。因爲喪過於哀，是向內收縮，小者過也。凡是遇到喪事，考妣之喪，或者親友之喪，那個喪事裡面是有個尺度的，超過了尺度以外就是不哀，你還在嘻嘻哈哈，還在花天酒地，那是超過了標準，人家不罵嗎？如果我們過於哀悼而悲痛逾恆，一般人是不會見怪的。

《論語·八佾》提到孔子答覆林放問禮之本時說：「喪，與其易也，寧戚。」這句話跟〈小過〉大象「喪過乎哀」的意旨是相通的。「易」是和順的意思，如果我們辦理喪事，從頭到尾都有條不紊，進

行得平和順利，那就是「易」，這當然合乎治喪禮節的要求。但是過度講求禮節，卻讓人感受不到喪親的哀戚之情，這樣能算是合禮嗎？如果父母去世，孝子呼天搶地，痛哭流涕，以致失神落魄、身心交瘁，那就是「喪過乎哀」。若是因而疏忽了喪事應有的禮節，大家不但不會責怪，還會體恤孝子的悲痛逾恆，所以這樣的「小過」是合情合理的。

「用過乎儉」也可以跟《論語・八佾》孔子說：「禮，與其奢也，寧儉。」對照來看。〈小過〉卦變來自〈晉〉卦，〈晉〉的內卦是坤，坤爲用又爲吝嗇，〈晉〉變成〈小過〉，內體坤用變成艮止，停止不用而吝嗇，有「用過乎儉」之象。你自己節省花用，對他人沒有妨害，人家不會罵你；但若你在外面豪華闊綽而一擲千金，人家看了眼紅就會臭罵，好好待在家裡節衣縮食過日子，人家不會罵的。再者，我們用錢也有個尺度，在尺度以外就是奢侈，在尺度以內就是節儉；用錢節儉並不是壞事，我們可以拿有餘以補不足，社會的變化無常，用錢節儉才不至於受到物資缺乏的威脅。現代大家追求名利，講究物質享受，婚喪喜慶都辦得體面十足，但是人情卻變得虛僞疏離，所以孔子老早就高瞻遠矚地說：「禮，與其奢也，寧儉。」

初六象曰：飛鳥以凶，不可如何也。

「不可如何」，就是沒有辦法挽回。初六一變，內卦艮就變成離，原本艮爲止，不動就沒有毛病，現在初六由陰爻變成陽爻，一動而成爲離之飛鳥，它就飛動而飛走了，毫無挽回的餘地。因爲小過的宗旨是以陰涵陽，陰過於陽，陰可過於向內收縮，陽不可過於向外擴張，現在初六由陰變陽，成爲離之飛鳥，一飛動就很快地向外擴張而

不可收拾，違背了〈小過〉卦的宗旨，所以稱之爲「飛鳥之凶」。

六二象曰：不及其君，臣不可過也。

孔子特別注重人事，所以在〈小象〉裡只談君臣，而不談祖妣，因爲祖妣是家庭的輩分，屬於小的方面，君臣是國家的體制，屬於大的方面；而且祖妣是已死的，君臣是現在存活的。君臣是從大的方面講不及，但是〈小過〉的宗旨是陰過於陽，陰過是向內收縮，不是向外伸張的。既然君臣不及是講向外伸張的，伸張尙且「臣不可過」，當然也就「不及其君」。

臣不可過的意思是，伸張只能伸張到九三的臣位爲止，也就是說，六二只能過到三，不能過到四，或是過到五。因爲四爻與五爻都是居外卦之震體，震爲帝有君王之象，所以有的講四是君，也有講五是君的，二者都說得通。我們看六二居中得正，九三陽居陽位，又都居於內卦而能安於其位，這樣就不會輕易向外發展。就君臣來說，爲臣者當然要安於其位，做宰相的就安於宰相的位置，你不能跑到皇帝的位子上去；做省主席的就安於省主席位置，你不能跑到行政院長的位子上去，臣不可過也。

九三象曰：從或戕之，凶如何也。

九三與上六相應，則外體變震爲離，離是戈兵，而且三四五互兌爲毀折，有戕傷之象，所以爻辭戒以「弗過，防之」。如果九三不聽勸戒，而執意往外與上六相應，那就會招來「從或戕之」的戕傷。九三的爻辭是「從或戕之，凶」，上六的爻辭更是「飛鳥離之凶，是謂災眚」，難怪九三的〈小象〉會反問：「凶如何也？」因爲〈小

過〉的宗旨是向內收斂，而非向外擴張，現在三爻越過四爻五爻，執意追隨上爻之飛鳥，那不就是凶上加凶嗎？所以說「凶如何也」。

九四象曰：弗過遇之，位不當也。往厲必戒，終不可長也。

〈小過〉是陰過，所以只能向內收斂；〈小過〉不是陽過，所以不能向外擴展。這裡解釋「弗過遇之」，是因為「位不當也」，拿爻位來看，九四以陽爻居陰位，其位不當。也就是說，九四這個陽剛之氣的火候，不是當時客觀環境所需要的那個尺度，所以位不當也。「弗過遇之」，這個過與遇，以人事社會來講，過者是向上攀附，遇者是向下交遊。過是向上與達官貴族交往，九四居外卦之最下又不當位，要想攀龍附鳳，結交權貴，那是自不量力，還不如往下結交一些基層的朋友比較隨和，那就是遇。易例：「卦氣向外走謂之往」，〈小過〉卦九四已居外卦，若再往上而居五，則外體變震成坎，坎為險難，代表往外擴張必有險難，不符〈小過〉卦以陰養陽的宗旨，所以「終不可長也」。

六五象曰：密雲不雨，已上也。

九四已經在外卦，所以戒之「往厲」，現在五爻超過四爻，向外擴張已經太過了，所以再戒之「已上也」。但因六五以陰爻居外卦之中，若能「密雲不雨」，不下雨就是不再向外發展的意思，這樣穩定在五爻居中之位，那就無太過之患。

上六象曰：弗遇過之，已亢也。

　　四爻弗過，是說已由內卦到了外卦，不能再往外走；上爻過之，是說已經到了一卦之末，超過了可遇的限度，是為「弗遇過之」。因為上六過於高亢，違逆〈小過〉卦的宗旨，災眚已無法避免了，「是謂災眚」。有人說這個亢字與頡頏的頏字相通，而引用《詩經·邶風》：「燕燕于飛，頡之頏之。」說「飛鳥離之凶」是鳥飛上飛下之貌。這個解釋太過牽強，我們還是照「亢龍有悔」的那個亢字來解，弗遇過之，因為太過高亢了。

第六十三卦

既濟卦

周鼎珩講　陳素素記錄

—— 此係〈坎〉宮三世卦，消息十月，旁通〈未濟〉，反對〈未濟〉。

壹、總說

佈卦的次序

　　今天報告〈既濟〉卦。我們宇宙間，有很多不同的有生命的東西──飛禽走植，這些東西性質雖不同，可是並存而不害，這什麼道理呢？這是由於無論飛禽走植那一類東西它都有它一個生活範圍，它的一切行動都在它的生活範圍之內，它並不超過它的生活範圍之外。雖有毒蛇猛獸對人不利，但是毒蛇猛獸在毒蛇猛獸的生活範圍之內，越軌害人的時候很少，老虎總是在深山上，跑到人家村莊來的很少；假使有越軌的，那是個特殊現象，那是個病態。萬物經常的都是能夠

自己約束自己，在它自己的範圍之內來活動，彼此不相妨害，萬物都能夠這樣子，所以才能夠共存共榮。人也是如此，每一個人都有他的生活分際，法律就是規定人類的生活分際的，要不是這樣子，人可以隨便超過自己的生活分際來活動，那人是萬物之靈，為禍比毒蛇猛獸還厲害。過去我們講〈小過〉是什麼呢？〈小過〉者陰過也。那意思就是偏於向內收縮而收縮的力分量幅度並不太大，約略的向內收縮一點，一切舉止言行都在分際之內，都往內收縮一點，每一個人都往內收縮一點，那麼社會所保留的迴旋餘地就大。社會上人與人之間的殘殺鬥爭，從哪兒來的呢？就是因為彼此不守分際，我侵犯你的範圍，你侵犯我的範圍，彼此講不通了，就打了，殘殺鬥爭就從這兒來的；假使每個人都向自己的範圍之內約略的收縮一點，這個空隙大了，就不會發生殘殺鬥爭了，每個人在舉止言行方面都能各得其平，那社會就端正了，所以〈序卦傳〉上就講：「有過物者必濟，故受之以〈既濟〉。」〈既濟〉在卦體上是六爻皆正，那表示宇宙萬有現象都能夠暢遂其生，共存共榮，就是〈乾〉卦、〈坤〉卦〈象傳〉上所講的「各正性命」、「品物咸亨」，萬有各就各的範圍之內，來端正它自己、來生存，欣欣向榮，〈既濟〉就是這個現象。在物來講，已經是成就了；在事情來講，已經是完成了；在國家來講，大局已定，這就是〈既濟〉。〈小過〉的「過」就是《論語‧里仁》上講：「觀過，斯知仁矣。」的那個「過」，也就是〈小過〉大象所講：「行過乎恭，喪過乎哀，用過乎儉。」的「過」，都是過所當過而不失乎禮之本。可以矯世厲俗，使令人類的社會生活有所成就，所以〈小過〉之後就受之以〈既濟〉，〈既濟〉是表示一切的成就現象，這是卦序。

成卦的體例

〈既濟〉卦體是上坎下離，坎爲水，水是潤下的，離爲火，火是炎上的。在人來講，也有炎上的，也有潤下的。潤下的人就喜歡往裡面研究，潤下的人可以做研究工作。炎上的人很勇敢，可以創造，凡事奮勇奔先。坎水潤下，氣往下行；離火炎上，氣往上行。水往下，炎往上，於是兩氣就相交。坎卦是陽卦，以陽爲主，離卦是陰卦，以陰爲主，所以兩氣相交，就是陰陽相接。陰陽相接，兩氣相交，因此成就〈既濟〉的現象。其次，在「河圖」（後天八卦），坎數一、六而居北，離數二、七而居南。坎水居北，所以性寒；離火居南，所以性燥。在這個卦體裡頭，坎水偏寒，得離火之燥調和，就不寒了；離火偏燥，得坎水之寒調和，就不燥了。坎、離會成一個卦體，就是不寒不燥，所以「既濟」。其次，離爲明，坎爲幽暗，就拿人來講吧！我們頭腦子裡頭很清楚，看得通通亮，可是外在幽暗一點點，大智若愚，這樣才能夠「既濟」。也就是聰明內蘊，外面渾厚，這樣在任何社會才可以存在得了；假使外面聰明，裡面糊塗，一點聰明都露之於外，而內心毫無所有、毫無主張、毫無步伐，那種人在社會上一定不會成功的，那就是「未濟」，以上三點是第一個卦體。

第二，〈既濟〉的卦體，初、三、五都是陽，二、四、六都是陰，陽爻都居陽位，陰爻都居陰位，六爻皆正，各當其位，各正性命，宇宙間每一個東西都完成了。從太極判爲乾、坤兩儀之後，由乾、坤陰陽兩氣，經過若干的複合的階段，運行的階段，到達〈既濟〉，萬有現象都完成了。萬有現象既經完成，可是完成的表現在什麼地方呢？完成的表現都在形體上。比方說一株樹，慢慢、慢慢的運行，開花、結果長大了，我們看它成就的表現在哪裡？表現在樹的形

體上，而在背後造成這個形體的能力看不見。一個國家也是如此，比方，周文王開國，慢慢周武王討伐商紂，討伐商紂以後，慢慢周公制禮作樂，成王繼之，一直成功周朝八百年的江山，可是周文王、周武王、周公等所用的精力都看不到，所看到的就是周朝的江山在國體上已經成功了。比方，我們國民革命，先烈花了好多心血、拋了好多頭顱，換來了五權憲法的國民政府，可是先烈所用的心血、頭顱這一切的動力看不到了。所以老子講「歸根」（16章），講「弱之勝強，柔之勝剛」（78章）。他最後的東西都在陰體方面的成就，精神能力是看不見的。所以老子講：「功成，名遂，身退，天之道。」（9章）「天道」把萬物造成功了，「天道」就隱藏起來了，萬物之所以成，花之所以開花，鳥之所以成鳥，人之所以成人，誰去造成的？都是陰、陽二氣「天道」造成的；宇宙萬有造成了，欣欣向榮，可是我們不曉得冥冥中有個「天道」在支持這個存在。萬物成就了，我們所看到的就是物的形體，造成這個物的形體的那一切的能力，我們看不到。〈既濟〉卦拿三才分開來看，更可以證明老子這句話──「功成，名遂，身退，天之道」，所謂「天道」，指陽而言，因為乾為天嘛。〈既濟〉卦六爻皆正，而且陰爻皆居前，陽爻皆居後。初、二兩爻是地；三、四兩爻是人；五、上兩爻是天，所謂「兼三才而兩之」。拿地來講，陰爻在前，陽爻在後，陰爻在外，陽爻在內。拿人來講，也是陰在外，陽在內，所以我們人所看到的都是五官百骸，至於精神意志呢，藏在裡面。拿天來講，看到的都是有形的東西，無形的東西隱藏在後，所以老子講「功成」──陰體已經成功了；「名遂」──是花就是花，是樹就是樹，是草就是草，是牛馬就是牛馬，是飛禽就是飛禽，這樣子名已經成就了；於是「身退」──造成這些物體的動力就退後了，陽爻就退後了。總而言之，宇宙萬有，一般所看到的，都屬於

具體的表現，具體的表現屬於陰，至於陽的方面的能力呢，是不具體的，所以就退後了，這是最重要的一點，了解這個道理，我們以後講卦義就要運用這個道理，這是第二個卦體。

　　第三，我們根據卦變來講，三陰三陽的卦都是從〈泰〉、〈否〉二卦來的，這一卦是從〈泰〉卦來的，〈泰〉卦的二爻上去居五，五爻下來居二，變成〈既濟〉。〈泰〉卦是正月卦，在《禮記·月令》上講：「是月也（正月），天氣下降，地氣上騰。」「天氣下降」，所以乾在下，乾在裡頭；「地氣上騰」，所以坤在上，坤在外頭，〈泰〉卦是陰、陽兩氣全面相交，萬物生機暢遂。可是萬物眞正到定局的時候，光陰、陽全面相交還不夠的，在陰、陽兩氣全面相交之後，一定要再由乾坤兩氣中心的契機互相交換，就是坤的中心契機居乾體之中，乾的中心契機居坤體之中，萬物才眞正的可以成就。我們看萬物，無論是胎生的也好，卵生的也好，種植生的也好，藉著春天陰、陽兩氣相交的這個空間，這個機遇，它自己本身生殖的中心點，兩個要交換，要互相契合在一起，這樣才能變成萬有的生物，人才能變成人，禽獸才能變成禽獸。〈泰〉卦是講陰、陽全面要交換，〈既濟〉是講每一個物體它自己內在的那個陰、陽契機要交換，才能成就每一個物體，所以〈既濟〉卦和〈泰〉卦的關係很深，這是第三個卦體。

　　第四，宇宙不管哪一類東西，它能夠化生，或者能夠成長，都需要兩種氣化，一種是內在有燠熱的氣化，一種是外在有滋潤的氣化。比方，雞孵卵，內在有燠熱的氣化，同時，外在有雞蛋清—滋潤的氣化，才能孵出小雞。比方，我們人滋潤的不夠就枯槁，燠熱的不夠就死亡，所以這二種東西，在生物的生機裡面是必要的。而且，必須燠

熱的東西在裡面，滋潤的東西在外面，這才是正確的狀態，這才是生機的狀態；假使倒過來，滋潤的東西不在外面，而跑到裡面去了，懊熱的東西不在裡面，而跑到外面去了，那就是〈未濟〉，那就是病態。〈既濟〉的卦體，內在是離，離為火，是股懊熱的氣化，外在是坎，坎為水，是股滋潤的氣化，這樣才能成其為〈既濟〉，這是第四個卦體。

立卦的意義

第一，從〈乾〉、〈坤〉兩卦，慢慢到〈泰〉、〈否〉，〈泰〉、否慢慢到〈坎〉、〈離〉，〈坎〉、〈離〉於是到〈咸〉、〈恆〉，〈咸〉、〈恆〉於是到〈損〉、〈益〉，〈損〉、〈益〉於是到〈既濟〉、〈未濟〉。這什麼意思呢？先說〈乾〉、〈坤〉，我們拿人辦事業來講，乾陽是我們的精神意志，是我們頭腦子所構想的一切的計畫，坤陰是我們事業的對象；在乾、坤兩個剛複合的時候，就是我們頭腦子內在的精神能量和外在的事業對象兩個剛剛結合，就是我打算做什麼？我還是辦公司呢？我還是搞工廠呢？我還是搞農場種田呢？我還是辦教育呢？搞什麼？擇定事業的對象以後，那麼乾陽有著落了。〈乾〉、〈坤〉慢慢複合，到了〈泰〉、〈否〉。〈泰〉、〈否〉三個陰三個陽，陰陽均衡。〈泰〉、〈否〉陰陽均衡是什麼意思呢？這就表示我們內在能力的大小，與外在所擇定事業對象的範圍，要成比例，要均衡，就是說我們自己能力有多大，事業範圍也要那麼大。假使自己能力小而弄得事業範圍大，那陰陽不均衡；自己能力大，而外頭事業小，那就是龐統當知縣，一天到晚就喝酒，不在乎，那陰陽不均衡，也不行。經過〈泰〉、〈否〉這個

階段以後，到了第三個階段—最要緊的關鍵，就是〈坎〉、〈離〉，〈坎〉、〈離〉是什麼呢？〈坎〉是隱伏的、是勞苦的，〈離〉是光明的，明顯的，〈坎〉卦在先，〈離〉卦在後。這意思是什麼呢？這意思是說你如果要有明顯的表現，先要有隱伏的勞苦。換句話說，你出了多大的勞苦，外在才有多大的表現。經過〈坎〉、〈離〉這個階段以後，第四個就到〈咸〉、〈恆〉。〈咸〉、〈恆〉是什麼呢？〈咸〉是山澤通氣，〈恆〉是雷風〈恆〉。剛才我們所交代的〈乾〉、〈坤〉陰陽結合，〈泰〉、〈否〉陰陽均衡，隱伏的勞苦與光明的表現對稱，這都是拿我們內在的意識精神能力和自己所創造的事業兩個結合起來講。現在從〈咸〉、〈恆〉以下這三個要點，是從我們所創造的事業和外在的社會結合起來的這個角度來講，〈咸〉就是說內在的事業和外在的社會要山澤通氣，要貫通。如果我所創造的事業和社會不貫通，那關起門來起國號有什麼用？結果我搞的東西社會不需要的，這是〈咸〉。不僅要〈咸〉，還要〈恆〉，就是說事業和外在客觀的社會相通氣要能持久，不是一會子工夫就算了。經過〈咸〉、〈恆〉這個階段以後，就到〈損〉、〈益〉。損益就是我們事業和社會來往通氣，裡頭有短的吧？有長的吧？那個東西多了？那個東西少了？自己斟酌著增減。經過〈損〉、〈益〉這個階段，到了〈既濟〉、〈未濟〉。〈既濟〉，事業穩定了，你不要以為高枕無憂了，你還是繼續不斷的和事業沒有穩定以前一樣，那麼勞作，那麼辛苦，那麼往前用力才行；要不然，稍許鬆懈一點點，就倒過來。這是第一個卦義。如果各位先生創造事業，剛才我講的，由這個〈乾〉、〈坤〉到〈泰〉、〈否〉，由〈泰〉、〈否〉到〈坎〉、〈離〉，由〈坎〉、〈離〉到〈咸〉、〈恆〉，由〈咸〉、〈恆〉到〈損〉、〈益〉，由〈損〉、〈益〉到〈既濟〉、〈未濟〉，都是大節目。其

實六十四卦中間所含的節目，處處都有用的，每一個創造事業的人，眞正的能夠融會貫通，這個事業沒有個不完成的。

第二，乾坤化育萬物，到了〈既濟〉大定的局面，萬物已經成功了，萬物成功，表現都在萬物形體上，樹有個樹的形體，鳥有個鳥的形體，花有個花的形體，人有個人的形體。可是宇宙從沒有永久不壞的體，假使宇宙有不壞的體，那我們地球就不會有死亡的現象，所以宇宙間沒有個不壞的體，就是山河大地連地球連太陽，最後都要壞的。西方科學家發現太空間有個黑洞，比方我們太陽系毀滅了，那我們所佔的這個空間就變成黑洞，黑洞是從這兒來的，因此太陽最後還是毀滅的，將來我們報告《皇極經世》，可以看出太陽、地球的死亡。萬物既成了，成了以後，一定還要毀滅的。問題是在我們怎麼樣把它毀滅的年限延後，把它存在的期間拉長，我們現在要做的問題是在這個地方。《易經》上所一再的講那些戒辭、那些斷辭，爲的是什麼呢？爲的是告訴我們人類怎麼樣把已經成就的東西延長，《易經》最要緊的一點就在這個地方。〈既濟〉卦體六爻之間，本來是陰在前，陽在後，表示這個陰體已經完成了，陽就退而居後了。陽固然是「功成，名遂，身退」了，但並不表示陽廢而不用，不要這個陽了。陽退後，就是表示這個東西已經完成了，陽退後在裡面暗裡在支持這個東西存在，那陽還是要發揮作用的，所以卦辭講：「小利貞。」「小的」宜於穩定，「大的」不能夠穩定。比方，國家大局已經定了，五院十部這些體制已經不變了，但是我們裡面所策動的能力，還是不斷的加強。並不是國家大局已定，我們就可以高枕無憂，無所事事了，如果這樣，那就壞了。唐明皇在開元的時候很有精神，到了天寶，安史之亂弄得自己幾乎國不保，什麼道理呢？因爲他以爲天下無

事了，寵信楊妃，飲酒作樂，不事朝政。其實國家大局已定，你不能以爲天下是我的，就可以高枕無憂了。陽退後，不是廢而不用，還是要用，動力要不斷的做。比方，人的身體雖然培養成功了，可是他的內在的精神能力，我們還是要加強創造他，所以前輩對於後輩，還希望他深造啊！這方面「研究」了，還更深一點「研究」那方面。爲什麼呢？就是他五官百骸已經造成了，已經穩定了，可是陽還是要加強，「研究」是加強他的陽的動力。因此我們在成就以後，還要戒愼恐懼的不斷的加強自己的動力來支持這個存在，這才行。比方，一棟房子做成了，要常常有人在那兒住啊！在那兒修理啊！那兒稍許有點損壞，我們就加強修理，這個房子才可以延長壽命。這「人」就是陽，如果沒有人住，這個房子就擺在那兒，這個房子當然就倒塌的很快啊！所以假使我們創造事業完成了，我們絕不能自己就放開手了，就無所謂了，就高枕無憂了，這是學〈既濟〉卦第二個意義。

其次，〈既濟〉卦是從〈泰〉卦來的，〈泰〉卦二爻上去居坤，〈泰〉卦五爻下來居乾。那是什麼意思呢？坤是陰柔的卦，乾是陽剛的卦。要破除陰柔，是要拿陽剛來破除；要破除陽剛，是要拿陰柔來破除。陽剛上去了，就使得這個陰柔就不陰柔了；陰柔下來了，使得陽剛就不陽剛了，兩個水火〈既濟〉。《尙書・洪範》上有二句話：「沉潛剛克，高明柔克。」就是根據〈既濟〉卦來的。陰柔的卦是沉潛的，陽剛的卦是高明的。高明的現象，我們拿陰柔下來，可以制服；沉潛的現象，我們拿陽剛上去，可以制服。就是高明的人，我們拿陰柔的方法對付他；沉潛的人，我們拿陽剛的方法對付他。這是第三個卦義。

貳、彖辭（即卦辭）

〈既濟〉：亨，小利貞；初吉，終亂。

　　王弼把這個句子搞亂了，因為王弼看到〈彖傳〉上：「既濟，亨，小者亨也。」—「既濟，亨」是什麼亨呢？「小者亨也」，於是就斷「既濟，亨小」是一句，「利貞」是一句。事實上，「既濟，亨小」這個不成個句子，所以我把它調整過來，「既濟，亨，小利貞。初吉，終亂」。

　　先講「既濟，亨」，〈既濟〉為什麼亨呢？因為〈既濟〉六爻皆正，萬物已經成就了，當然就通暢。萬物既往通暢了，可是它那通暢是表現在其具體的形跡上，這個具體的形跡稱之為「小」，它是陰，所以叫「小」。《易經》講「大」、「小」是根據〈泰〉、〈否〉二卦，〈泰〉卦是小往大來，〈否〉卦是大往小來。「小」並不是講東西小，「小」是指陰柔講，「大」是指陽剛講的。陽剛的東西是向外膨脹的，所以稱之為「大」，陰柔的東西是向內收縮的，所以稱之為「小」。前頭〈小過〉卦講：「小事吉」啦！「可小事，不可大事」啦！那個「小」也是指陰柔講的。「小利貞」就是陰體宜於穩定，因為萬物造就成功了，表現都在陰體上，結論都在陰體上，所以陰體宜於穩定，不穩定怎麼行呢？造成一個花，這個花希望它多開些時，不能今天開，明天就落掉了，要穩定啦！造成一棵樹，希望這棵樹多活幾年啦！要穩定啦！造成一個國家，亦復如此，國體應當穩定。至於大的方面，就是創造萬物之體的一切的動力能力，那不能夠穩定，還要繼續發展囉！所以文王繫的卦辭，特別提出來—「小利貞」—小的宜於穩定。如果大的、小的都講「利貞」，那陰、陽兩個都停頓了，

那就不好了，這是講「小利貞」。

　　其次講「初吉，終亂」，〈泰〉卦二爻上去了，五爻下來了，變成〈既濟〉。卦氣的行動有連貫性的，二爻在三畫卦無論是乾也好，是坤也好，它可以代表的，二爻一動，它上下兩爻都會動的。〈泰〉卦的二爻上去了，五爻下來了，那結果它的初爻一定跟著上去，四爻一定下來，它的三爻也一定跟著上去，上爻一定下來，這個初、二、三三爻都上去了，〈泰〉卦就變成〈否〉卦了。開始的時候，這個〈泰〉卦的二爻上去了，五爻下來了，變成〈既濟〉，好啊！它們內在中心契機交換契合啦！化育的機能結合，可以成物了，那是好，所以「初吉」；可是化育的機能結合之後，它初、三兩爻也就慢慢上去，就變成〈否〉，所以「終亂」。這是「初吉，終亂」的象。〈泰〉卦的外卦是坤，坤「代有終」，所以講「終」，坤又為亂，所以講「亂」；〈泰〉卦的內卦是乾，「乾知大始」，所以講「初」，乾又為善，所以講「吉」。這也是「初吉，終亂」的象。那「初吉，終亂」是什麼意思呢？比方我們人已經成功了以後！變成胎兒，胎兒慢慢長，十個月以後出世，變成嬰兒，嬰兒慢慢長，變成少年，少而壯，壯而老，老而衰。為什麼呢？他底下這個氣慢慢上去了，初爻上去，三爻上去，慢慢上去，就變成〈否〉，所以「初吉，終亂」。在開始的時候是吉，終久是亂。拿人事社會來講，我們打開中國二十五史看吧！任何一個朝代，在開國的時候，都是典章法制，很具備規模，過個二、三百年，三、四百年以後，漸漸的它就壞了，沒有哪一個朝代一直搞個幾千年不壞的。你看周朝禮樂制度多完備，可是周平王東遷以後，漸漸就敗了。我們每個創辦事業的人，在開始的時候，都是聚精會神的，把這個事業發展得欣欣向榮，可是過了二十年、

三十年以後啊！漸漸就衰了。沒有任何一個事業，一直盛到底的，比方，泰晤士報吧，一、二百年了，現在也衰了。

〈既濟〉卦就是警告我們，宇宙間，凡是成功一個「體」，「體」是個「小的」東西，「小的」就代表陰，這個陰體宜於穩定，因為陰體是「初吉，終亂」。開始的時候，成功這個體是很吉祥的，最後這個體呢，沒有不敗壞的，太陽最後還是要毀滅的，但是你能夠穩定，這個局面就晚一點點。

參、爻辭

初九：曳其輪，濡其尾，无咎。

坎為車，車子走路靠著「輪」。坎又為「曳」，搖擺不定叫做曳。「曳其輪」，這個輪子搖擺不定，輪子搖擺不定，車子就不能走了，這是「曳其輪」。其次「濡其尾」，這個卦，內體是離，二、三、四互成坎，三、四、五互成離，外體是坎，離、坎是套起來的。易例：上為「首」，初為「尾」。初爻居於坎下，初爻與四爻相應，四爻又互坎，坎為水，坎又為狐。狐狸涉水，先要把後頭尾巴翹起來；狐狸尾巴如果沾濕了，垂下來，這個水牠就過不去。「濡其尾」就是不能前進了，這是「濡其尾」。「曳其輪，濡其尾」，車子不能走，狐狸不能渡水，這二句是形容在〈既濟〉開始的時候，要穩定啊，不能動，這樣子才「无咎」，沒有毛病，這是第一爻。

六二：婦喪其髢，勿逐，七日得。

「婦」字從那兒來的呢？二爻居離，離爲中女，二爻又是陰爻，有「婦人」之象。「喪」字從那兒來的呢？因爲這個二爻是〈泰〉卦的坤卦來的，坤爲「喪」。〈泰〉卦二爻上去居坤，外卦變成坎，坎爲盜，經過強盜而「喪失」了，所以有「喪」之象。「髢」，《子夏傳》作「髢」，普通作「茀」，還有作「第」。先講「髢」字，往年女人頭上梳個髻，髻是個彎的東西，裡頭有個「吉」字心，也是黑的，和頭髮的顏色差不多，就是婦人頭上的裝飾品，這就是「髢」。「髢」的象從那兒來的呢？二爻的應爻是五，五居坎，坎爲雲，坎爲玄色，玄色的雲，古人講女人的頭髮是「雲髮」，頭髮像雲一樣，這裡講「玄色的雲」是指婦人頭上的裝飾品，因爲遇到強盜把它拿走了，所以講「婦喪其髢」，這是第一個說法，「髢」字是取象於坎雲。

再講第二個說法，往年婦人坐車子，前後要有個遮蓋的東西。我們在北京讀書的時候，北方還有這個習慣，婦女坐車子，前頭有個簾子垂下來，有個遮蓋的，婦人才好行車，前頭不遮蓋，就不好走了，這就是「第」。有人講這個「第」字是後頭遮蓋的，蔽陰雨、蔽太陽的。「第」字是「草」或者「竹子」、「木頭」做的，取象於震。因爲二爻的應爻是五爻，五爻在〈泰〉卦居震，震爲「竹」，震爲「木」。同時，二爻應坎，坎爲「車」，二爻應五爻，五爻在〈泰〉卦居震，震爲「行」。所以「第」是行車時遮蓋的一個簾子，而現在車子的簾子損失了，車子不能走，所以講「婦喪其第」。這是第二個說法。

「勿逐」的象從那兒來？二爻應五爻，五爻在〈泰〉卦居震，震

為足，所以有「追逐」之象。現在〈泰〉卦的二爻上去了，就破震為坎，就沒有震卦的體象，就不追逐了，所以說「勿逐」。

　　「七日得」，「七」字的象從那兒來的呢？這有二個說法。第一個說法，這個卦是從〈泰〉卦來的，〈泰〉卦的二爻應五，五互震，震納「庚」，庚居七，所以說「七」，這是第一個說法。第二個說法，二爻往前走，經過三爻、四爻、五爻、上爻、初爻，這六個階段，再回來，到二爻，還原，總計是七個階段，所以說「七」。「日」字的象從那兒來的？二爻居離，離為「日」，所以講「日」。那麼這一爻的意思是什麼呢？意思就是在〈既濟〉它的表現是在陰體之上，這個陰體不能夠不壞的，最後還是壞的，但是我們希望他能夠保持得久遠。在〈既濟〉這個卦裡頭呢，要做的功夫，就是陰體能夠保持得久遠。經過初爻，到了二爻，這個陰體已經相當的時間了，「婦喪其髢」，這個陰體外在的裝飾品剝落了。這個裝飾品剝落了，就等於那個樹木一樣，樹木成功了，它樹枝子、樹葉子有時會凋落的啊！這個時候，你「勿逐」，不要焦灼行動。這個陰體只是「外在的裝飾品」壞了，沒有關係，它無傷大雅，「根本」沒壞，不要焦灼行動，焦灼行動反而壞；不焦灼行動，「七日得」，等到一個循環，它可能又恢復了。比方，樹木它樹葉子凋落，凋落沒關係，不要著急，過了一個循環，它樹葉子又長起來了，這是用這個「髢」字。至於用那個「第」字解釋呢，「婦喪其第」，婦人車子的蓬蓋（簾子）損失了，車子不能走。就是婦為陰體，陰體經過相當時間，它運行上有點困難了。拿國家來說，國家大局定了相當期間，各種方面有點運行困難了，但是你不要焦灼啦！這偶而的運行困難沒有關係，「七日得」，過了一個循環啦，它又恢復了。比方，地球運行發生地震，可

是你不要爲地球焦灼——哦！這地震不得了！「七日得」，過了一個時期，它又恢復了。這是二爻告訴我們如何延長陰體的壽命，如何延長陰體的健康時間，外頭有壞的，有不運行的，你不要焦灼，愈焦灼愈壞。

九三：高宗伐鬼方，三年克之，小人勿用。

「高宗」的象是從那兒來的？三爻在〈泰〉卦居震，是震的主爻，震爲帝，所以稱之爲「高宗」。高宗是商朝中興的皇帝，他即位以後，就伐鬼方。鬼方有的說是北方的匈奴、突厥，因爲三爻與上爻相應，上爻居得很遠；有的說是苗夷，是南方，因爲上居南，下居北，所以講南方；有的說是西羌，在《漢書·西羌傳》講：「高宗征西戎、鬼方，三年乃克。」所以不論是北方的匈奴也好，南方的苗夷也好，西方的西羌也好，反正都是很遠的地方，因爲上爻是外卦，所以代表遠方。此外，三爻居坎卦的極限的地方，坎爲「隱伏」。坎是從哪兒來呢？坎是〈泰〉卦的二爻上去，就變坤爲坎，坤爲「喪」。坤爲「喪」，坎爲「隱伏」，有「鬼」象，所以叫「鬼方」。「伐」之象從哪兒來？三居離，離爲戈兵。三與上應，上居泰坤，坤爲眾。三在〈泰〉卦居震，震爲動。戈兵動眾，「伐」之現象。

再講「三年克之」的象，因爲三爻居「三」，是數「三」，同時經過三爻到上爻也是「三」，所以講「三」。凡易例：陽一周就謂之「歲」，陰一會就謂之「年」。這個卦是由〈泰〉卦來的，〈泰〉卦的外體是坤，坤一個輪轉，所以叫做「年」。三爻應上面，把上面征服了，把上面陰化掉了，有「克」之象。上居〈泰〉坤，坤爲「小人」，可是〈泰〉二之五，已經把外坤變掉了，所以有「小人勿用」

之象。以上是講象。

　　這一爻意義是什麼？就表示一個陰體到著三爻已經經過一半了。前頭講「頭飾」，現在是講「邊遠的地方」，就是陰體的邊遠的地方可能要壞，陰體不能永久存在的，到著一半了，這陰體的邊遠的地方可能壞。就等於買果子擺在家裡，外頭可能要潰爛點點了。買了菜，葉子要潰爛點點了。「高宗伐鬼方」是周公打個比喻，就是說邊遠地方的陰體要壞，我們要注意，我們要想法子救濟，想法子持久，我們要保持「既濟」的局面，希望這個陰的體制能夠再持久一點。「三年克之」，因為經過時間已經太長了，這個邊遠地區壞，不是那麼太容易救濟的，要三年才能克服得了，三年是代表半個循環。不但是「三年克之」，而且「小人勿用」，小人就代表那個陰體，那個沒有用的東西，那個無能的沒有生機的方面的東西，你不要摻在裡面。拿國家來說，就是小人─沒有用的人不能用。要救濟這個陰體，使令這個陰體持久一點，不是一群的小人可以救濟得了的。「高宗伐鬼方」，還要「三年克之」，小人怎麼行呢？就是到了三爻，拿國家來講，是國家的體制將壞了，邊遠已經快潰爛了，要用賢君明相，經過三年，半個循環，才能夠救濟得好，小人沒有用，這是講〈既濟〉的體。「既濟」雖是一個很好的體制，完成的體制，可是創造維艱，守成不易，已經創造好一個「既濟」的局面，一個定局，我們要想法子給它守成啊，不太容易，這個〈既濟〉卦完全講「守成不易」的。過去講〈乾〉卦的時候，一、三、五陽爻，初爻是「潛龍勿用」，所以這一卦初爻講：「濡其尾，曳其輪。」表示它潛龍勿用，初爻的陽不能發生作用，三爻、五爻是陽爻當令的時候，尤其是三爻：「君子終日乾乾，夕惕若厲，无咎。」三爻是最猛的時候，所以這一卦三爻拿

「高宗」來代表，就是表示他很有作爲的樣子，「高宗」是商朝中興的帝王，「伐鬼方」，他能征服很遠的地方。〈既濟〉卦是一個形體，從這個乾、坤慢慢的複合運行，運行到了〈既濟〉的階段，這個體已經完成了。比方，漢高祖從擁兵破秦開始，慢慢把天下搞定了，經過張良、陳平、蕭何把國家的體制慢慢的擬定好了，國家上了軌道了，「既濟」了，這個劉邦開始起事的時候，就是乾、坤開始複合運行，從起事的時候，一直到了「既濟」，天下大定，這天下大定是成功漢朝的一個體制。漢朝的體制一聲成功以後，到了第三，體制已經運行得過半了，到了中年時代了，那就是到著漢武帝以後的時候，那時候國家的體制承平已久，於是邊遠的地區難免有破壞的地方，他或者不遵照法令做啊！或者他的內部發生一點問題，有點干擾啊！體制既久，邊遠地區難免有玩忽之處，這時候，他振作起來，「伐鬼方」，邊遠地區把它救濟起來，把它征服了。也等於我們一棟房子成就了很久了，住了百年、三十年、五十年，房子屋角牆角總有壞的地方。等於邊遠不太重要的地方損壞了，你要及時修理。你要不修理，它要壞到內部去了。你及時修理，就可以整舊如新，這就是湯之〈盤銘〉曰：「苟日新，又日新，日日新。」成湯對他的子孫有個〈盤銘〉，拿個盤子刻這幾個字，天天要新，天天要整舊如新，常常不斷的整理，這個房子才能夠持久啊！宇宙間沒有永久不壞的體，最後總是要壞的，這是「天定勝人」，我們「人定勝天」呢，就是叫它晚點點壞。等於我們一個人沒有個不死的，如來佛吧！他幾千年還要墮劫，他沒有個不死的。太陽還要毀滅，哪有個不死的？人總歸最後有個死亡的，這是天定勝人，天的法則。我們人定勝天呢？就是我們把這死亡期延長，我們講究衛生的道理，可以把生命延長，死亡給它延到最後，這是我們人定勝天的部分，所以三爻「高宗伐鬼方」就是這

個作法。

六四：繻有衣袽，終日戒。

繻音須，又音儒，按《周易集解纂疏》引《說文》：「采繒爲繻，敝衣爲袽。」這個卦是從〈泰〉卦來的，〈泰〉卦四爻與初爻是相應的，初爻居〈泰〉卦內體，〈泰〉卦內體是乾，乾爲衣，所以有「繻」之象。可是〈泰〉乾二爻上去到五爻，乾衣已裂，有敝衣之象，所以講「袽」。「繻有衣袽」，這一句在文字上有不同的解釋。一種解釋，繻就是綵繒，綵繒就是綵緞。綵緞，有花的緞子，這個有花的緞子可以做衣服，也可以變成抹布，因爲它舊了可以變成抹布嘛！這是一種解釋。第二種文字上的解釋，繻是做衣服的，衣袽是綵緞做衣服而破的，這種解釋比較合理一點。

再看「終日戒」的象是從哪兒來的？四爻已經在離卦之外，居坎卦之中，離爲「日」，坎爲「月」，超過太陽，到了月亮的境界，不是「終日」嗎？四爻一變，就變成巽，巽爲命，有告「戒」之象。四爻本來在〈泰〉卦裡頭是互成震，震爲言，所以講「戒」。

這一爻是什麼意思呢？就是這個形體到了第四爻，已經過半了，等於一個綵緞的衣服變成破衣了，「終日戒」，一天到晚要警覺。比方，人在娘胎做成功以後，出世，養大成人，教育成功，到了五十、六十歲，人生過半了，快老了，快老了，就可以由人而變成死人了，這時候，要一天到晚警覺。任何一個朝代，開國的時候，體制都是完整的，朝政紀綱，井井有條。可是到著中葉以後，朝政紀綱，一定敗壞，總不像開國的時候那麼完整。這個時候，一天到晚要警覺，要整飭。國家體制如此，其他任何一件東西都是如此，要常常勤

加整飭。房子你常常修理，才會經久；衣服你常常要洗刷，才能夠持久；皮鞋你常常擦油，才會經久，總是要整飭。任何一個形體的東西，你不加整飭，到了中葉以後，他都要壞的。你要整飭呢，他可以延長他的使用的生命，所以「終日戒」，那個「戒」字就含著有「整飭」的意思。我們經營一個事業亦復如此，這個事業經營得過久了，裡頭都要刷新，不刷新，或者辦事業的人員裡頭有鬆懈的，或者實行的制度裡頭有銜接不上的，所以「終日戒」，天天要整飭。「終日戒」者就表示時時刻刻的從早到晚都要警覺，不能夠有一絲一毫的懈怠，這是我們維持形體的人定勝天的另一個途徑。

九五：東鄰殺牛，不如西鄰之禴祭，實受其福。

先講象，〈既濟〉卦是從〈泰〉卦來的，〈泰〉卦的中爻，三、四、五互震，二、三、四互兌，震居東，兌居西，有「東鄰」、「西鄰」互相結鄰之象。此外，〈既濟〉卦由坎、離成卦，離為日，坎為月，日月相望，也有「鄰」之象。同時，從後天八卦來看，四陽卦：乾、坎、艮、震是一氣的，四陰卦：兌、坤、離、巽是一氣的，「坎」屬於震，震居東，所以叫「東鄰」；「離」屬於兌，兌居西，所以叫「西鄰」。這卦是從〈泰〉卦來的，〈泰〉卦外體是坤，坤為「牛」；〈泰〉卦二之五，變坤為坎，把坤毀掉了，有「殺牛」之象。坎為血卦，也有「殺牛」之象。同時，二之五，於是內體變成離，離為戈兵，有刀子上前殺坤牛，變成坎，流血，「殺牛」之象。

我們過去這個祭典有四個：春祠、夏禴、秋嘗、冬烝。這四季的祭典是以冬烝最豐盛，往年漢高祖以太牢祀孔子，牛是太牢，羊是少牢，太牢是最豐盛的了，夏禴最菲薄，只是有聲音，東西很少。這

個卦是二、五兩爻爲主爻。二爻代表內體，居中得正；五爻代表外體，居中得正。內體爲初，外體爲終，「初吉，終亂」。初之吉是以二爻、初爻代表，終之亂是上爻、五爻代表。現在二爻在〈泰〉卦互兌爲「西鄰」，二爻在本卦居離，離司夏，所以是夏祭—「禴祭」；五爻在〈泰〉卦互震爲「東鄰」，五爻在本卦居坎，坎司冬，所以是冬祭—「蒸祭」。蒸祭最豐盛，殺牛嘛！二爻居離，是禴祭，雖是菲薄，但是二爻和五爻相應，五爻是乾陽，乾陽爲福，所以有「受福」之象。〈晉〉卦的二爻說：「受茲介福，于其王母。」二爻也是受福的。以上是象。

　　至於這一爻的意思是什麼呢？〈既濟〉卦是講形體的。拿國家來講，就是講國家的體制，〈既濟〉是告訴我們已經完成這個國家的體制，我們怎麼樣子維持這個國家的體制？〈既濟〉卦的中心意旨是在這個地方。因爲從乾、坤陰陽兩氣複合運行，把他完成了這麼一個體制，是很不容易的。比方，一個人既成長了，也受過教育，也有生存的技能了，那很不容易，那你總要把這個有價值的人把他維持得住。你不能說剛剛把這個人培養好了，他就死亡了，這不是白費嗎？所以〈既濟〉卦就是告訴我們如何的保持這個體制。國家最重要的體制的表現，唯「祀」與「戎」，一個是郊祀天地，一個是用兵征討。陽爻初爻是「潛龍勿用」，沒有作用，陽爻最能發揮力量的是三爻、五爻。所以這一卦在三爻，周公就拿「高宗伐鬼方」作例子，這是「戎」；在五爻，他就拿「東鄰殺牛，不如西鄰之禴祭，實受其福」作例子，來代表這一爻的境界，這是「祀」。「東鄰殺牛，不如西鄰之禴祭，實受其福」是什麼意思呢？就是說我們想保持國家的體制，或者保持其他的任何的一切的體制，不是在「形式」上講，而是在

「德行」上講。就是說鬼神受享是享其「德」，而不是享其「物」，就是說你那個東西再豐盛，但是你沒有德行，你誠意不夠，祂不享祭的；假使你誠意夠了，東西雖是菲薄，但是祂來享祭。因此「東鄰殺牛」雖是豐盛，但是你不及「西鄰之禴祭」，西鄰的那個禴祭雖是菲薄，還「實受其福」，這個東鄰雖是殺牛，還沒有什麼好處。意思就是說我們維持一個形體，你不能專門在形式上粉飾得很好，要講內在的，這是一個意義。第二個意義呢，我們保持一個國家的體制，保持一個形體，不是在誇張放縱，像現在我們臺灣，就有點誇張，誇張保持不了這個體制，要很菲薄，很節儉的才能延續這個體制，才能「實受其福」，這是第二意義。總而言之，這一爻就是告訴我們要延長這個體制，保存這個體制的作法、途徑，不能講形式，而講實際，不能講誇張，而講自己有節制，誇張不得，放縱不得。「東鄰殺牛」是一種放縱誇張，「西鄰禴祭」是一種節制。要有節制，才能夠延續國家的體制。〈既濟〉到了五爻，已經快到終點了，如果你是誇張放縱，國家體制是保持不住的。

上六：濡其首，厲。

我們根據易例，這六爻，初爲尾，上爲首，所以講「首」。上居在坎的極限了，坎爲水，水很深了，所以講「濡」。「濡其尾」，就是人掉到水裡去了，把頭都淹掉了，有滅頂之禍。「厲」，坎爲險，他涉坎已深，到著坎的極限了，危險到了極點了，所以講「厲」，這是象。至於意思呢？宇宙間沒有不壞的體，不管你體制怎麼好，最後還是毀滅。〈既濟〉這個體到了上爻，已經到了「既濟」的極限了，危險到了極點了，無可救藥了，就是「物盛則衰」，「治極則亂」，

天下太平到了極限，一定會亂的，萬物豐盛到了極點，一定要衰的，
這是宇宙的法則，所以〈既濟〉到了上爻：「濡其首，厲。」非常的
危險。那麼它爲什麼還講個「危險」呢？就是告訴你，你已經到了極
限的時候，非常的危險，你要特別謹慎。這都是「戒辭」，警戒我們
的話，就是你過去「人定勝天」，你的人爲的方法再好，好到極點，
到了最後一爻也沒有了。

　　這個〈既濟〉的六爻，就是告訴我們如何的延續我們體制的壽
命。拿國家來講呢，就是國家這個政體啊！如何的把他保存、延長。
政體沒有個不壞的，最後還是壞。但是我們人爲的呢，就是把它壞的
期限給它延後，把它體制的壽命給它延長，這是我們可以做得到的，
這個六爻就告訴我們延長的方法與途徑。

肆、象傳

象曰：既濟亨，小者亨也；利貞，剛柔正而位當也；初
吉，柔得中也；終止則亂，其道窮也。

　　自王輔嗣開始，把卦辭裡「既濟亨小」算一句，「利貞」算一
句，因爲〈象傳〉裡「既濟亨小」單獨的解釋，「利貞」單獨的解
釋。事實上，〈象傳〉上解釋是：「既濟亨」是「小者亨也」，不是
「既濟亨小者」。「既濟亨小者」那怎麼講法子呢？所以我給他矯正
的是：「既濟亨」是一句，「小利貞」是一句。

　　「既濟亨」是「小者亨也」，「小」是什麼呢？「小」是代表
陰的。我們《易經》裡，講「大」講「小」，是從這個〈泰〉卦、

〈否〉卦來，〈泰〉卦講「小往大來」，〈否〉卦講「大往小來」。足見得文王所繫的卦辭，裡頭講這個「大」、「小」，完全是指陰、陽講的。「小往大來」呢，就是這個陰自內而外，跑到外頭去了；這個陽自外而內，跑到裡面來了，因此「小」是指「陰」，「大」是指「陽」。孔子解釋「既濟亨」是「小者亨也」，因為乾、坤陰陽二氣慢慢的複合運行，運行到〈既濟〉的這個階段，這個形體已經做成了，就是老子所講的「功成、名遂、身退，天之道」（9章），老子這句話就是根據《易經》來的。宇宙一切開化的能力是在陽，陰體是被動的，陽把這個陰體已經創造成力了，功成了，名遂了，「名」者就是指那個現象，「名遂」就是那個現象已經成就了，「身退」，它自身就退了，它陽就退了，陽是天嘛！這就是「天之道」。天之道理就是它把那個陰體創造成功，它自身就退下來了。所以〈既濟〉卦裡，都要「陰在前，陽在後」。以天、地、人三才來看，初、二兩爻是屬地，陰在前，陽在後；三、四兩爻是屬人，陰在前，陽在後；五、上兩爻屬天，陰在前，陽在後。陽都退後，就是「功成、名遂、身退，天之道」，陽是天嘛！那麼陽既退後了，所表現出來的就是陰了。陽之所以不斷的創造，它為著什麼呢？就是為著把這個形體創造完成，形體已經創造完成了，當然陰就暢通嘛。「既濟亨」是什麼意思呢？是「小者亨也」，是這樣講的。

其次再講「利貞，剛柔正而位當也」，陰體為什麼要「利貞」呢？因為「剛柔正而位當也」。剛指陽而言，柔指陰而言。「剛柔正而得位」就是這個六爻，陽居陽位，陰居陰位，陰陽都得位了。所謂「正」就是得位，「位當」也是得位。也就是說應當剛的地方，擺多少剛，應當柔的地方，擺多少柔，剛柔非常正確，兩個銜接得很合

理，它所佔領的時間、空間都非常的妥當，火候非常之純，各正性命，六爻皆正。造化造物造到這一種物之形體、程度，造化已經費盡了氣力了，是造化最得意的作品了，所以要「利貞」，宜乎穩定、正確，把握這個創造的模型，不要把這個模型損失掉了。

其次講「初吉，柔得中也」，為什麼「初吉」呢？因為「柔得中也」。這個卦，拿三才來講，初、二兩爻是地，三、四兩爻是人，五、上兩爻是天。「初」是指初、二兩爻，初、二兩爻為什麼「吉」呢？因為初、二兩爻「柔得中」，尤其是二爻「柔得中」。〈既濟〉是講形體的，它的要點是要保護這個形體的存在，「柔」是代表這個「形體」，這個陰柔的形體的「初」，初、二兩爻所稟承的一切法則恰到好處，所以「初吉，柔得中也」。

其次講「終止則亂，其道窮也」，為什麼「終止則亂」呢？因為「其道窮也」。「終止」是講五、上兩爻，五、上兩爻到了最後了則亂，天下無不壞的體。以社會來講，治極必亂，以自然來講，物盛必衰，一定的道理。這個卦是由〈泰〉卦二爻上去居五爻變成的，卦氣有連貫性的，二爻既上去了，於是乎初爻也上去，於是三爻也上去，就變成〈否〉卦。因此本來是從〈泰〉卦變成〈既濟〉哦，〈既濟〉再發展到最後，就變成〈否〉卦，〈否〉卦就亂了嘛！體的發展到最後就亂，為什麼呢？「其道窮也」。乾為「道」，坤也為「道」，陰陽的軌道到這個時候，就到了極限的時候，所以「其道窮也」。我們一個國家到了亡朝代的時候，什麼東西都亂，我們看宋朝亡朝、明朝亡朝、清朝亡朝，朝廷幾幾乎乎沒有紀綱了，朝廷的命令不出國門，發揮出來，在宮殿裡面就消滅掉了，所以到最後亂了，完了嘛！

伍、大小象傳

象曰：水在火上，既濟。君子以思患而豫防之。

「水」是潤下的，「火」是炎上的，水在火上，於是才能「既濟」。我們拿一個水壺，放在火上，於是乎火把水變成開水了，水火相濟，可以發揮作用；假如水在火下呢，爐子擺在高頭，水壺在底下，你爐子擺了一輩子，水壺裝了一壺的水，也沒有用，所以「水在火上」，它才能夠兩氣相成，才能爲用，才叫「既濟」。

「君子以思患而豫防之」，這個卦從卦變上講，是從〈泰〉卦來的。〈泰〉乾有「君子」之象，〈乾〉卦三爻講：「君子終日乾乾，夕惕若厲。」所以講「君子」。「思」者，〈泰〉乾之五，變成坎，坎爲「思」。這個卦是二坎二離，本卦的外體是坎、離，中爻又互成坎、離，坎爲「思」，所以講「思」。坎又爲險難、爲憂患，有「患」之象。「豫防之」，這個卦六爻皆正，六爻已經是很穩定，假定六爻中間有一爻變動了，於是乎六爻皆亂。所以在這個〈既濟〉卦要特別注意它爻位的變化，因爲〈既濟〉已經太穩定了，如果稍有動一點點，它就不穩定，所以要「豫防之」。它有未來的憂患，因爲這是很太平的景象，物極必反，太平以後，一定要紊亂的，所以「思患而豫防之」。

孔子在〈大象〉裡面，就是告訴我們，〈既濟〉就是水火成用，這個象徵是最融洽的，是造化到了最得意的時候。造化到了最得意的時候，你不要因爲它得意，你就可隨便了。尤其人事社會裡頭，每每的人到了最榮華、最太平、最喜悅的時候，就很容易得意忘形，

囂張放縱，所以君子在這個造化最滿意的時候，要想到未來的禍患，你不要以為現在最滿意，而就滿不在乎。歷來的帝王就是因為滿意而不在乎而發生國家紊亂。

初九象曰：曳其輪，義无咎也。

坎為東，坎亦為搖曳，有「曳其輪」之象。坎又為狐，狐有「濡其尾」之象，因為坎水把牠尾巴沾濕了。狐狸渡水，一定要把尾巴翹起來，如果尾巴拖了水，牠就沒有法子渡河；車子要往前走，輪子一定要轉，輪子搖擺不定，車子就沒有法子走。「曳其輪，濡其尾」的意思就是「不行、不渡」，就是「穩定」的意思，就是卦辭所講的「利貞」的意思。〈既濟〉是代表形體的，它六爻皆正，各正性命，這個初爻居正、得正，要穩定形體啦！穩定形體就「義无咎」，於道理上沒有毛病。

六二象曰：七日得，以中道也。

為什麼「七日得」呢？「以中道也」。「七日」，有的是拿納甲講的，在卦變裡頭，是二應五，五居震，震納甲為庚，庚在十天干上居「七」位；「日」者是內體居離，離為「日」，所以說「七日」。有的說二爻經三、四、五、上、初，到了二爻，第七個階段，所以講「七日」，「七日」就表示一個循環的意思。乾為「道」，坤亦為「道」，「中道」者就是二爻居「中」得正，很穩定。這個卦，在二爻這個階段，假使外頭這個形體上，稍微有點損失，「婦喪其髴」，你不要焦躁，不要行動，「七日得」，經過一個循環，它自然可以恢復的。為什麼呢？因為「以中道也」。二爻是代表「初吉」的，很穩

定，而且居中得正，恰到是處，是造化最得意的階段。拿地球來講吧，二爻正是地球最得意、最圓滿的時候，它雖是有些小毛病，一個循環就過去了，不會有壞處的。

九三象曰：三年克之，憊也。

「三年克之」，表示相當的費氣力、相當費時間。以國家來說，表示國家的體制到了中葉的時候，都要衰微一下子，夏朝到了中葉，出了后羿，商朝到了中葉，有武丁中興，周朝到了中葉，有周厲王寵褒姒，那些個毛病，其他每一個朝代都是如此。這時候，你啊！要效法「高宗伐鬼方」，九三居陽位，「高宗」就是代表九三這個陽，九三這個陽是「君子終日乾乾，夕惕若厲，无咎」，是最有力量的，要鼓起這個力量，整飭遠方。「鬼方」是遠方，是看不見的地方，就是說在形體的中葉，敗壞體制是從遠的地方、看不見的地方發生的，你要特別注意，要整飭這個看不見的遠方。「三年克之」，表示很吃力，要經過半個循環才能夠把它征服得了。「三年克之」，〈小象〉上拿「憊」字來解釋。三與上應，上爻是坎的極位，勞頓到整點了，三爻自身也是互坎，坎為勞卦，所以有「憊」之象。〈小象〉上為什麼拿「憊」字來解釋呢？就是說你啊要不憚疲勞，你不要以為疲勞了，你就停止了，你要不憚疲勞的整飭，是這個意思。

六四象曰：終日戒，有所疑也。

為什麼要「終日戒」呢？「有所疑也」。四爻超過離卦，到著外坎了，坎為「疑」。四爻在易例講：「四多懼」，在〈乾〉卦，四爻是「或躍在淵」，很憂慮的；在〈坤〉卦，四爻是「括囊，无咎，无

譽」，沒什麼好處，你要很謹愼，把口袋封得很緊。你的體制在初創造的時候是非常之完美，是這個綵緞做的衣服，但是再完美的體制，到最後還變成抹布，所以「疑懼」者就是指這個，就是告訴我們要防備禍患之將至。

九五象曰：東鄰殺牛，不如西鄰之時也，實受其福，吉大來也。

「之」有謂當爲「知」字，爲什麼呢？因爲〈泰〉卦的二爻之五爻就成〈既濟〉，二爻本來居乾，「乾知大始」，乾爲「知」，乾是富有感覺性能的，有「知」之象。「之」、「知」都可解釋。「時」，〈既濟〉是從〈泰〉卦來的，〈泰〉卦的中爻互爲震、互成兌，震爲「春」、兌爲「秋」；〈泰〉卦變成〈既濟〉，有坎、有離，坎爲「冬」、離爲「夏」，四時皆備，有「時」之象。而且，離爲日，坎爲月，日月相照，日月運行，也是代表時間的，有「時」之象。這個意思就是我們〈既濟〉卦是講陰體的，二爻（西鄰）恰好是代表陰體，同時又居中得正，是造化最得意、最完美的結構的時候，那個時候正是它的好的時候，而五爻（東鄰）雖是陽居中得正啊！但五爻是居於外體，而且居於坎陷之中，〈既濟〉是講造化完成很美的體，這個很美的體只能保持一個相當的時間，到了五爻這個階段啊！已經是盛極將衰的階段了，因此東鄰殺牛雖是豐盛，但是盛極必衰啊！不如西鄰正是造化剛剛造成這個形體的時候，雖不到那麼豐盛啦！可是它有的是時候，西鄰是往上發展的，這個東鄰雖是豐盛，可是是往下墜落的，所以「東鄰殺牛，不如西鄰之時也」。

「實受其福，吉大來也」，「實受其福」是什麼意思呢？「吉大來也」。西鄰禴祭雖是簡單菲薄，但「實受其福」。因爲保持形體

是在乎精神，而不在乎形式。這個國家一切的體制，是要人的「能力」、「動力」來保存它，不是在「物」的上面舖張的，這個外在的一舖張就壞了。二爻這個陰剛剛是它形體最完美的時候，五爻這個陽自然的來了，所以講「實受其福」。「實受其福」是什麼呢？「吉大來也」，五爻是乾陽，乾陽爲善，善是「吉」，陽「大」陰小，卦氣由外而內叫做「來」，「吉大來」就是外頭這個五爻的陽往裡頭來。凡是卦氣往裡走的，這個卦氣是很盛的，卦氣往外消的，這個卦氣就會衰了。「吉大來」就是說二爻這個陰雖是菲薄，雖是剛了才成體，可是五爻這個陽的動能不斷的往裡頭「來」成長，這是好的現象。五爻這個陽固然很豐盛，可是是往「外」消的，陽的動能快衰了，這是壞的現象。

上六象曰：濡其首厲，何可久也。

「濡其首厲」是表示什麼呢？「何可久也」。初爻講「濡其尾」，這一爻講「濡其首」，就是整個的坎卦到著上爻，到水底下了，狐狸頭都淹掉了。這是表示什麼呢？表示「何可久也」。〈繫辭〉裡講乾「可大」、「可久」，所以乾爲「久」，上爻居坤之極點，無「陽」可言了，沒有動力可言，沒有法子存在了，一定死亡，就是一個形體到最後必然滅亡的，這是「何可久」的意思。〈既濟〉卦以後，就到了〈未濟〉。〈未濟〉表面上看是六爻皆亂了，可是亂的中間發生治。〈既濟〉卦六爻皆正，這是治，可是治的中間產生亂。〈既濟〉卦的最後是亂，「濡其首厲，何可久也」。

第六十四卦

未濟卦

周鼎珩講　桂少庚記錄

—— 此係〈離〉宮三世卦，消息十一月，旁通〈既濟〉，反對〈既濟〉。

壹、總說

佈卦的次序

　　過去我們講〈既濟〉，〈既濟〉是六爻皆正，「品物咸亨」，各正其命。〈乾〉、〈坤〉卦的運行，到了〈既濟〉，工程到了飽和圓滿，所以是六爻皆正的狀況。〈既濟〉，一、三、五是陽，二、四、六是陰，就表示各正其命，保和太合，品物咸亨，萬國咸寧，就是非常飽和的現象。拿國家來講，就是非常文明光采的時候；拿人事來講，人到了四十、五十，正是事業豐隆的時候；拿植物來講，就是開花結果，樹木到了最茂盛的時候。可是物極必衰，這是宇宙的法則，

沒有永遠品物咸亨的時候，太豐盛了，接著就要衰落。花開到豐滿的時候，接著就要萎縮；事業太發達了，接著就消退；國家到了太豐盛的時候，就要衰落了。物極必反，這是自然的道理。所以在〈既濟〉的上爻：「濡其首，厲。」就是說首到了水裡，被水淹著了，非常危險。所以孔子在〈小象〉裡說：「何可久也？」宇宙是生生不已，沒有窮盡的時候，宇宙怎麼會窮盡呢？因之《易經・繫辭》上講：「窮則變，變則通。」這個〈既濟〉，六爻皆正，盛極必反，於是陰變陽，陽變陰，陰陽往來變化，〈既濟〉變成了〈未濟〉，那個是陽，這個就是陰，那個是陰，這個就是陽，恰好整個的變，因為它到了極點的時候，盛極必衰，非變不可，所以〈繫辭〉上講：「窮而變，變則通。」將來我報告《皇極經世》，我們這個地球，這個太陽系，怎麼運轉？黑子漸漸的多了，太陽為什麼有黑子？為什麼地球上氣候不平衡？為什麼會有這個現象？因為我們從乾坤運行開始，到了〈既濟〉，就是工程已經到了圓滿的時候，《老子・第二十一章》所謂：「道之為物，惟恍惟惚。」乾陽的運行像跑萬米賽，跑到終點了，人已經是很疲倦了，有許多運動員會病了，或者發生其它的變化。從〈乾〉、〈坤〉到〈既濟〉，這一系列，是到了一個終點的時候。可是宇宙是不會窮的，這一系列到了終點停止了，那一系列又起來了，這個果子落掉了，那個果子又生長了，所以貞下起元。〈繫辭〉上說，物不會窮也，物怎麼會窮呢？故繼之以〈未濟〉。〈未濟〉，就是說在〈既濟〉的時候，那個品物咸亨的表現，是表現在外表的體質方面，比方這棵樹木栽植後，它開花結果，長的很茂盛，這是看它的形體，在形體上看它開花結果，表現於外在的形體，所以宇宙化育萬物到了成熟的時候，就表現在形體上。可是宇宙沒有不壞的物體，太陽最後要爆炸毀滅，地球最後也要毀滅的，最後變成掃帚星，那個掃

彗星，就是宇宙間死亡的星球，如果我們在另一個星球上看到地球毀滅的時候，就可以看到它變成了掃彗星，所以宇宙間，沒有一個形體能夠永遠存在的。宇宙是有一定的時限，壞了以後，就有個停頓的時候，有個暫時休克的時候。我們上次講地球是129600年，運轉到了終點的時候，它要停頓一下，子、丑、寅、卯、辰、巳、午、未、申、酉、戌、亥，這十二個時辰，只有六個時辰是可以用的，從寅時開始到申時完結，那麼申時以後，酉、亥、子這些時辰呢，就是地球不發熱，冰凍期間，草木不生，人都死光，因之物體到了極盛的時候，盛極必衰，它一定要一段休息。所以〈未濟〉，就是〈乾〉、〈坤〉到了〈既濟〉，已經很盛了，盛極必衰，到了〈未濟〉，是休息的時候，所以〈既濟〉之後，繼之以〈未濟〉。

成卦的體例

現在交代卦體，〈既濟〉是六爻皆正，〈未濟〉是全反乎〈既濟〉，六爻皆亂，沒有一爻是當位的，一、三、五是陽位，可是它都是陰爻佔據；二、四、六是陰位，可是它都是陽爻佔據。沒有那一卦像這一卦這麼亂的，其它的各卦，正位不當位，不過是一爻、兩爻，沒有全部六爻皆不當位的。一、三、五是陽位，它被陰爻居之，二、四、六是陰位，它偏偏是陽爻居之。陽爻居了陰位，陽爻只有發創的能力，它要發創，可是它居了陰位，陰是收斂的，陽居在收斂的位置，它根本沒有發創的力量；陰爻是凝聚的，是成體的，地球是有引力的，萬物之所以成，就靠這個向內的吸力，因為一個東西，它能夠成為一個物體，就靠著內部自自然然的物質凝結著了，如果它沒有這種凝結能力，它的分子就散掉了，這個物體就不會成功了。比方這支

粉筆，它裡面有很多的粉，它能夠成為一支粉筆，就是因為它的裡面有種凝結的能力，假使它裡面沒有種凝結的能力，它就散掉了，變成了灰，這支粉筆就沒有形體了，這種凝結的能力是陰的作用。陽的最大能力是向外發展，陰的最大能力就是向內凝結，二、四、六是凝聚的位置，可是現在這些陰爻它不居於二、四、六凝聚的位置，它居於一、三、五發創能力的位置，應該居於凝聚的位置，而居於發創的位置，它凝聚不了啦！沒有發創的能力，萬物不能開始；沒有凝聚的能力，萬物不能成形。既不能創始，又不能完成，這樣宇宙之間就被切斷了，就構成了〈未濟〉。拿社會人事來講，發創的能力，是君子有能力、有德操，他可以構想一切一切的計畫，把這個國家社會弄得井井有條、欣欣向榮，他頭腦子有思想，有構想的能力，發創的能力，現在這些君子居在什麼位置呢？陽爻才是君子，現在君子居於陰位，居於不能發創的陰位，乖於發展，驅除在野，居之於外，不當位，在社會上沒有發創的能力，精神道德文明一切都衰退。陰爻是代表小人的，現在陰爻居於一、三、五的陽位，陽爻是有權位的，陰爻居於陽位，就是小人當權，小人當權，靠著凝聚能力，就沒有辦法發創，死定在那兒，萬物凝固，各分子分崩離析，統治不起來，社會上一無是處，造成混亂的局面。拿社會現象來講，君子在野，就不能參與國事，沒有發揮的能力，小人當權，沒有充實的能力，沒有凝聚的能力，於是內外上下一片的紊亂，一無是處，國家的一切施政，都失去軌道。就像卦體上六爻皆亂，一無是處，勢必有一個結果，那就是乾坤再造，從頭做起，所以湯放桀，武王伐紂，在夏桀、商紂時，小人當權，綱紀紊亂，內外不安，所以湯放桀，武王伐紂，亦就是乾坤再造，從頭運行，所以六十四卦到〈未濟〉，是個不發動，不化育的一個休克的時候，可是這個休克中有生機在裡面，回頭再講，這是第一

個體象。

　　第二，我們常講宇宙，宇宙是什麼呢？清‧段玉裁《說文解字注》引《文子》及《三蒼》云：「上下四方謂之宇。往古來今謂之宙。」宇字是上下四方之所在，乃橫之無限之空間；宙字是往古來今之由來，乃縱之無限之時間。宇是代表所在，宙是代表由來。拿現在的話來講，太空的所在，就是空間，太空的由來，就是時間，亦就是宇宙，和西洋講時空是一樣的。自古及今，宇宙有一個最大的問題，就是聖之如文王、聖之如孔子也不能探到它的究竟，就是說太空的所在，空間是無限的大了，無限的大，應該有個最高、最下的地方，那個地方是什麼情形，沒有法子知道；時間呢？時間最開始的前頭，時間走到最末尾的時候，那是個什麼境界呢？沒有法子知道。《易經》講的就是從〈乾〉卦開始，到〈未濟〉卦終止，〈乾〉卦從那兒開始呢？乾從元，我們從〈乾〉卦的一元開始，從太乾開始，所以孔子說：「是故《易》有太極，是生兩儀。」（〈繫辭上傳〉）最初最高的境界沒有法子想像，就想了兩個字「太極」，「太極」就是最極最極的那個東西。拿空間來說，就是最高的地方；拿時間來講，就是最先的時候。《老子‧第一章》講：「道可道，非常道。」老子所講的道，就是宇宙間那個最先的東西，宇宙開始的境界，就叫做「道」，孔子就叫做「太極」。我們《易經》的六十四卦，從〈乾〉卦開始，〈乾〉卦從「太極」開始，乾元來自「太極」，「太極」者，就是宇宙最原始的極限，也就是宇宙最上、最前的那個境界，時間的最前頭，空間的最高頭，無以名之，名之曰「太極」。〈未濟〉者，習慣上講，未濟終也，六十四卦終於〈未濟〉，〈未濟〉是沒有成就。「濟」當什麼講，濟字有兩個解釋：第一個，濟者成也，是成功；

第二個，濟者渡也。子產「以其乘輿濟人於溱洧」（《孟子・離婁下》），子產以自己的車子在溱洧深水處，濟人以過河，濟是渡水過河。〈未濟〉是貞下起元，在一個系列運的最終極的時候，而要等到另一個系列的開始，〈未濟〉是在這個節骨眼的中間，還沒有渡河，沒有成就。從這一系列的運行完了，那一系列運行的開始，這個中間有一段，還沒有過去呢，沒有過河叫做「未濟」。這個〈未濟〉以後是無窮的，要再濟了呢，那是又一系列的開始，一個系列到了終了又是〈未濟〉，所以周而復始，是個無極限的東西。〈未濟〉是沒有渡，可是它終究是要渡的，未者不是不了，而是沒有成就，沒有成就只是時間的問題，不是不得成就，這是要切記著。未是未成、還沒有成功，沒有成功，不是不成功。〈未濟〉是沒有渡河，沒有渡河不是不得渡河，時間還沒有到，所以〈未濟〉以後還有無極限的時間，延長到不知道有多少時候，所以〈未濟〉是未濟終也。那麼〈未濟〉這個終是宇之最後，太空之最低最下的地方，宙的最後的地方，就是無限度的最後，太空無限度的最下。這種情形，無以名之，名之曰「無極」。因之《老子・第四十章》曰：「天下萬物生於有，有生於無。」從〈乾〉、〈坤〉到了〈既濟〉，已經有了，到了〈未濟〉，又生無了，無呢，無的最後，又生〈乾〉、〈坤〉，又在運行，無又生有。《莊子・齊物論》也講：「有有也者，有無也者，有未始有無也者，有未始有夫未始有無也者。」莊子先講：「有『有』也者，有『無』也者。」接著講：「有未始『有』、『無』也者。」再接著講：「有未始有夫未始『有』、『無』也者。」層層往上推。從〈乾〉、〈坤〉開始到〈既濟〉是「有」，就是莊子講的「有『有』也者」，至於〈未濟〉，就是莊子接著講的「有未始『有』也者」這個境界，還沒有成就，宇宙是寂寞的。〈未濟〉卦的卦體裡頭含有

老、莊這兩句話這個現象。

　　第三，我們知道〈既濟〉卦是坎水在上，離火在下。《尚書‧
洪範》講五行：「水曰潤下，火曰炎上。」水是潤下的，火是炎上
的。〈既濟〉，離火的卦氣往上，是炎上的，坎水的卦氣向下，是潤
下的，兩氣的陰陽相交，互為資用，所以構成〈既濟〉。到了〈未
濟〉，一反其道，〈未濟〉是火在上，水在下。火是炎上，愈是往上
跑，水是潤下，愈是往下潤，兩氣不相接頭，水火不相交，就不能為
用。我們晚上失眠，就是心腎不交，不相為用的原因，所以叫做〈未
濟〉，那個相互為用的叫做〈既濟〉。如果從另一個角度看，這個
〈既濟〉中間，它外體是坎，坎的中爻和底下三、四兩爻互成離，內
體的離中爻和上頭三、四兩爻互成坎，所以〈既濟〉中間，上頭是
離，下頭是坎，〈既濟〉的裡頭藏著〈未濟〉的體象。〈既濟〉是好
的，在好到極盛的時候，就潛伏著衰敗的跡象，盛極必衰。所以我們
「太極圖」上，白的裡頭有黑點，黑的裡頭有白點，表示好的時候，
裡頭藏有壞的機宜，壞的時候，裡頭藏有好的機宜。宇宙裡面沒有一
面倒的，整個壞的壞到了極點，整個好的好到了極點，沒有這回事。
如果整個壞的壞到底，這個宇宙就滅絕了，整個好的好到底，這個宇
宙就飽和得要爆炸了，因此壞的裡面藏的有好的機宜，好的裡面藏的
有壞的機宜，所以〈既濟〉裡面伏有〈未濟〉的現象。可是在〈未
濟〉裡面，固然火是炎上，往上走，水是潤下，向下行，水火不相
交，可是裡面伏的呢，在上的離中爻和三、四兩爻互成坎，在下的坎
呢，它的中爻和三、四兩爻互成離，上頭是坎，下頭是離，〈未濟〉
卦體裡面藏有〈既濟〉的體象。〈既濟〉裡面藏有〈未濟〉的體象，
〈未濟〉卦體裡面藏有〈既濟〉的體象，孔子在〈象傳〉裡說：「終

止則亂，其道窮也。」就是指的這兩句話。因為〈既濟〉裡面藏有〈未濟〉的體象，「既濟」本來就是終了，宇宙到了這個時候，運數到了終了，到了極盛的時候，它的運行已經圓滿了，到了終點，就像我們賽跑一樣，到了盡頭，我們坐船到了碼頭，所以〈既濟〉的〈象傳〉說：「其道窮也。」其道窮的時候，就會亂，所以說：「終止則亂。」裡頭有「未濟」的現象出現。至於在〈未濟〉裡面藏有〈既濟〉的體象，〈未濟〉雖是沒有渡河，但孔子提出「續終」，俗話也說：「終而不終。」已經到了終點，再繼續下去，再開頭下去，再來一套運行，這樣往復不已，構成宇宙生生不息的發展，一直延續下去，延續到無極限。我們講〈未濟〉的時候，不要以為這就壞極了，因為〈未濟〉裡頭藏有〈既濟〉，常常一點好的生機就在壞的體象裡面產生出來。因此目前美國和我們斷交，向共匪親近，不是什麼大壞事，就國家來講，這是個轉移的機宜，中共從此以後，這個政權，多少總要有點變更，否則就要消滅，這反倒促成大陸上的民眾覺醒。在我們這方面，三十年來的經濟發展繁榮，並沒有好好的加以利用，大家都是驕奢淫佚，酒綠燈紅，如果長期這樣下去，也不是國家的幸福，突然來了個打擊當頭棒喝，把大家敲醒了，就國家來講，這不是壞的，這是個好的機宜，要不然，我們怎麼能夠回到大陸呢？我們老是不能反攻大陸上，永遠不能夠反抗，再僵持一百年也還是這個老樣子，那就沒有辦法回去了，可是老天爺偏偏在「未濟」中間卡上了這點「既濟」，我們便沒有悲觀的必要，不但不要悲觀，而且還要有樂觀的傾向。

　　第四，我們曉得乾坤是先天運行的力量，乾坤一變變成水火，水火坎離是後天運行的力量。宇宙運行中找不出先天運行的那個乾，

也找不出純粹的那個坤，從那兒看乾呢？從火裡看乾，乾已經變成後天的火了，坤就變成後天的水，所以後天的運行，就由坎、離來代替了。陰陽到了〈未濟〉的時候，水火就背離，就不相為用了。可是在先天，就不然了，先天到乾坤相交的時候，機宜在裡面就相承，何以故？因為這是從〈否〉卦來，〈否〉卦的二爻上去居五，就變成〈未濟〉。在〈否〉卦的時候，是天地不交，陰陽斷絕，天向上，地向下，兩氣不交，陰陽相背，天地不通的現象。坤陰的二爻代表坤陰，乾陽的二爻代表乾陽，既是二爻可代表整體，整個卦體可由中爻代表，兩個中爻可以換位，底下的中爻可以上去居乾體之中，上頭中爻可以下來居坤體之中，陰陽相交，因此這個卦，外卦變成離，內卦變成坎，水火兩氣不相交。可是「續終」，在先天裡頭陰陽相交了，乾坤相交了，水火運行，固然不交，可是裡頭，伏有乾坤再造的機宜，乾坤陰陽在先天的相交以後，於是後天才能再行創造未來的幸運，〈未濟〉裡頭既然伏有乾坤再行相交的機宜，所以〈未濟〉以後，它可以無限的再創造幸運，這就是乾坤再造的道理，要不然宇宙就停頓了，就結束了。宇宙沒有終結的道理，就是這個關係。後天水火不相為用的時候，伏的有先天氣候相交的關係，所以卦辭上有「未濟，亨」，〈未濟〉所以亨的道理是如此。

立卦的意義

　　第一，孔子在〈既濟〉卦裡講：「終止則亂，其道窮也。」就是〈乾〉、〈坤〉到了〈既濟〉，萬物都成功了，〈乾〉、〈坤〉就退下來了，到了終止，終了止了，其道則窮，那就亂了。我們剛才講過，〈乾〉、〈坤〉兩卦都是以中爻代表的，以中爻為主的，

就以〈泰〉卦來說，它的三爻上去之五，它的初爻也就跟著上去到了四爻，初爻一上去，這個三爻也就跟著上去了，它有連帶作用，於是乎初爻、二爻、三爻都上去了，那就變成〈否〉了，〈泰〉極則變成〈否〉，〈既濟〉是從〈泰〉卦的二爻至五來的，所以「終止則亂」，到了終止，其道窮了就亂了。可是孔子在〈未濟〉卦卦辭裡頭講：「濡其尾，无攸利。」〈象傳〉上講：「濡其尾，无攸利，不續終也。」它不續終。前面〈既濟〉講：「終止則亂，其道窮也。」後頭〈未濟〉再講：「不續終也。」孔子講這個「終」字，不是停止的意思，是到了那個終點，不是停止了。我們一般講「始終」的「終」，好像到了終極地方，好像沒有了，就停止了。孔子解釋這個「終」是要繼續下去，「終」只是告一個段落，一系列的運行，到了那個終點，並不就是停止了，它還要繼續下去。從這個啟示裡面，我們知道「終」不是止，〈未濟〉固然是六十四卦的最終點，從〈乾〉、〈坤〉到〈未濟〉，就這一系列的運行看，固然是到了終點，但並不是卦氣到此就終止了，結束了，只是這一系列到達終點而已，而另一系列的運行又要開始了，卦氣的運行永遠是如此。「未濟」並不是不進，濟者是渡河，「未濟」是沒有渡河，但不是不能過河，也不是不過河，就是時間未到，所以「未濟」固然是「終」，「未濟」的事業要「續終」。這個「續終」，我們老年人可體會到它的意義，退休了，對國家的事業是告了一個段落，到了終點，以後再不給國家做事了，可是許多人害了退休病，在家裡飽食終日，無所事事，一退休不是這兒毛病，就是那兒毛病，三天進醫院，五天去打針，許多人都患了這個病。退休，在事業上說固然是個中斷，可是我們人生並沒有停止，人生是個活的，人是個動物，是要運動，你還要繼續朝食晚餐，不能停止。宇宙一切都是運行的，那個東

西不運行不是就要壞了嗎？桌子不用它，它就毀掉了；房子不用它，它就倒掉了；你這人停止不動，等於汽車放在車庫裡，不用就是再好的車子也壞掉了。「終」不是止，我們老年人雖是退休了，還要照你能力所在，鑽研自己，雖是退休了，要退而不休，「終」不是止，到了終點，不是停止，所以孔子說要「續終」，要開闢另一個新紀元，這個卦義是需要這樣了解的。一棵樹開花結果，是它「既濟」的時候，可是開花結果也是它的一個終點。樹木的生長，就是為的開花結果，香蕉就是為的結香蕉，桂圓就是為的結桂圓，可是結了香蕉、桂圓，這一季節，它飽滿了，到了終點，這就是「未濟」，它有一段時間要休息，它不能結了，但它不是停止，它休息了一個時候，它又從頭開始，所以叫「續終」。因此我們老年人不能在家裡睡了吃，吃了睡，那不是終點，那是停止了，那個老車子擺在馬路上，它還可以跑個三年、五年，你要是把它放在汽車間裡，放個半年，它就報廢了。

其次，我們講這個「終」，六十四卦〈未濟〉是最後一卦，它固然是「終」，但這個「終」，它是啓後承先的，所以孔子講「續終」，怎麼個續法呢？它是告了一個段落，我們接受這個終點，是「一元復始，萬象更新」。〈未濟〉是火在上，水在下，但在卦體中，伏有水在上、火在下的〈既濟〉卦；〈未濟〉是水火兩氣不相交互成水火兩交的〈既濟〉體象，為什麼它能夠互呢？這是因為〈未濟〉卦中，火是炎上的，水是潤下的，兩氣不相交，可是它中爻互的是水火相交的〈既濟〉，「水火不相交」為什麼伏的有水火相交的機宜在裡面呢？雖然說火是炎上的，水是潤下的，可是整個的宇宙，不僅只是我們的這個太陽系，所有的一切銀河系，都是弧形，都是圓形的，所以太空中一切星球都是圓的，沒有方的，為什麼是圓的不是方的呢？因為宇宙發展運行的路線都是弧形，都是弧形的東西，我們地球繞著太陽走

是個圓形，太陽繞著北極星也是個圓形，二十八宿的運行也是個圓形，都是圓形的運行，我們畫個圓形的圖出來，火繞著圓形運行，我們站在這兒，火是往上，再移動，站在這兒，火還是往上，繼續移動，往上，往上，往到最後，它就往下了；同樣的，水是往下，往下，往到最後它就往上了。因此水火兩個東西從這個地方看，不能相交，它們是相背的，可是到了最後，兩個相交了。所以宇宙在運行中，陰陽二氣，水火二氣不相交，它還是有個相交的機宜在裡頭，它自然會相交的，這是一點，我們應該知道這個體象。

　　第二點，〈未濟〉是從〈否〉卦來的，〈否〉二之五，五之二就變成〈未濟〉。〈否〉卦是兩卦不相交，可是變成〈未濟〉，二之五，五之二，乾坤兩氣相交了。這個〈未濟〉卦體，在後天運行，雖是水火不相濟的中間，在先天創造陰陽運行間，乾坤兩氣是相交的，爲什麼在〈未濟〉的卦體中陰陽不交，而在先天乾坤兩氣相交，這是什麼道理呢？這就是〈未濟〉卦體，陽爻是代表君子，陰爻是代表小人，君子不當位，他退朝在野，居於陰位，沒有發號施令的地位，小人本來沒有能力，可是他居於陽位，有發號施令的能力，君子居於陰位，他的德操力量不能發揮出去，本來應該發揮出去，他現在被限制不能發揮，他居於陰位，是收斂的，但他怎麼辦？《孟子・盡心上》言：「窮則獨善其身，達則兼善天下。」君子通達了，他的能力能夠在外發揮，則兼善天下，作育人民，把天下弄得國泰民安，富庶繁華；窮則獨善其身，假設你不要他，驅除他，置諸草萊，他則韜光養晦，修飾自己，君子就是如此，他絕不傷時感事，怨天尤人，窮了他搞他自己的，獨善其身，陽爻不得位，於是他就獨善其身，晦而韜光，他不能向外發展，他就修養自己，愈修養愈深，道理愈來愈深，

見解愈來愈高，君子他也是國家的一份子，每一個君子，做都韜光養晦，見解愈來愈高明，這樣國家的潛在能力加深加厚了，一旦發揮出來，他還是有相當的作用的，他自己不能發揮出來，他的道理留給後人，還是有用處的，國家的潛在文化力量加深加厚。小人當權，陰爻居於一、三、五，陰本來是凝聚的能力，他居於陽位，他扞著了，不能發揮出來，他德薄力寡，根本沒有統治的能力，不能統治整個國家人民，縱然他有一時的權威，壓迫得著，終究是會爆發的，久而久之，統治不住，連他自己都不能存在了，小人當權，久而久之，反而可以正本清源，原來黑白混淆，是非不明，現在弄清楚了，這一班子人原來是壞傢伙，要不得的東西，從此以後，正本清源，是非明白了。〈未濟〉卦在本體來看，是小人當權，君子在野，可是就在這個卦的紊亂，就藏有乾坤再造的機宜，國家精神文化力量漸漸的加高培厚，小人的影響漸漸的不能存在，就能夠正本清源，改弦更張，使國家有再造的機會。以〈未濟〉的卦義來講，在乾坤發展上，它是一片紊亂，是個休克的時候，但在這個混亂中，你只要順天應人，悉盡天命，裡頭有這個宇宙法則，埋藏有乾坤再造的機宜。這就是要我們在「未濟」的時候，運用高的智慧，掌握著乾坤再造的機宜，千萬不能拿自己的私意、匠意插在裡頭，以自己的私意，個人的利害見解，或者匠意，我自己要怎麼樣，就怎麼樣，就不行，那「未濟」就終於不濟了。要順著天命，順著宇宙法則，看它那個機宜到了什麼程度，到了那個程度，我就抓著了，就順著天命去作，一定可以乾坤再造，這是謀國諸君子一定要注意的，一定有乾坤再造的機宜在裡頭，否則它就滅絕了。有乾坤再造的機宜，就是要我們順應天命，不能拿我們個人利害私見、匠意在這兒加一著棋，這一著棋一加就垮了。

　　最後一點，我們順應天命，掌握這個乾坤再造的機宜，做這個執行者，要準備這兩個條件，懂得這兩個道理。第一是觀象，第二是知機，任何一樣事情的發生及變化，它現出一個徵兆，那徵兆就是我們所需要的觀象，觀察到那一個幾微的徵兆，我們看到這一陣美國風吹到大陸上，這就是一種徵兆，這是現象。第二種是知機，這個時機是有火候的，時機到了什麼什麼火候，我們才可以用，時機剛剛發生，還沒有成熟，我們不能夠利用，時機過了，那我們就沒有法子用，我們要把握剛剛發生時機的那一點，這一點很困難，這就是在什麼樣的情形下，我們來利用這個乾坤再造的機宜，就是說我們在「未濟」，在休克混亂的時候不能衝動，看看這個情況怎麼演變，演變到這個徵兆出來了，在那個時候，我們可以掌握了，我們才發動。所以在卦體裡面，前頭三爻都是叫我們不要動，什麼「濡其尾」啦！「曳其輪」啦！「征凶」啦！初爻「濡其尾」，尾巴拖濕了，那是講狐狸涉水過河，狐狸尾巴最長，比牠的身子還要重要，所以狐狸過河，牠先把尾巴翹起來，假設尾巴沒有翹起來，牠一拖到水裡，不但狐狸過不了河，牠的身體也會被淹死，因為牠的尾巴見了水，比牠的身體還重，牠就浮不起來了，所以「濡其尾」，就不能動，過不了河；二爻「曳其輪」，輪子搖搖擺擺，就不能走；三爻叫「征凶」。從爻辭就可以看得出來，「未濟」的內體沒有到時候，就不能動。第一個時機，就是說客觀的時間沒有到，我們不能動；第二個主觀的力量不夠也不能夠動，所以卦辭上講「小狐」，就是主觀的力量不夠，自我的力量培養得不夠強壯，也不能動。所以觀象知機有兩點，第一個是客觀的時機不夠，第二個是主觀的力量不夠，就一定要保守，這是渡過「未濟」的主要條件。

貳、彖辭（即卦辭）

〈未濟〉：亨。小狐汔濟，濡其尾，无攸利。

　　第一個講「未濟，亨」，「未濟」怎麼亨呢？那「未濟」在尚沒有過河，在休克的時候，宇宙到這個時候，尚在休息，你讓它休息。「未濟」就沒有過河，沒有成就，就讓它沒有成就，就亨。本來宇宙發展到這個時候，沒有成就，需要休克，你要它有成就，那不是你自找麻煩。這就跟〈蒙〉卦一樣，宇宙創造，在開始萌芽的時候，它還很幼稚，它蒙昧無知，就讓它蒙昧無知，就蒙而亨。小孩子糊塗，就讓他糊塗；不懂，就讓他不懂；他不知道吃飯，大人就餵他吃飯；他不知道走路，大人就抱著他走路。他蒙啊！一蒙就亨。我們不懂，就老老實實的不懂，到了那個地方，就可以走得通，你不懂要裝作懂，那就壞了。這個「未濟」它在休養休克的時候就亨，〈未濟〉是從〈否〉卦來的，〈否〉卦是天地不交，〈否〉二之五，五之二，於是天地相交，陰陽相通，就變成了〈未濟〉，所以它的來源是天地相交，就通，「未濟」就亨，它沒有過河，沒有成就，你就讓它沒有成就，它就亨，它沒有成就，你一定要讓它成就，那不行，因為它的力量沒有到。害病的人，你叫他跑路，你叫他工作，那不可能的事，害病的人，他不跑路，不工作，你就讓他不跑路，不工作，他就通了，他就亨，所以「未濟，亨」。

　　「小狐汔濟，濡其尾，无攸利」，小狐是什麼？坎為狐，〈未濟〉是從〈否〉卦來的，〈否〉卦的二、三、四互成艮，初爻與四相應，應爻居〈否〉卦的艮，艮為小，坎為狐，有小狐之象。這個「汔」字有兩個解釋，一個是「汔」者幾也，一個是「汔」者涸竭

也，小狐幾乎過了河，坎為水，一個坎，兩個坎，好多坎，有大水之象，所以拿過河作比喻，幾乎過了河。「汔」解作涸，以為是水乾了，牠可以過河去了，「濡其尾」，使尾巴拖了水，它和四爻相應，四居艮，居於天地〈否〉的艮，艮是尾，可是初爻也是尾，尾浸到水裡頭，如果拿上爻來講，艮是尾，在坎中，初爻在坎下，在水中濡其尾，水把它尾巴淹了，沒有什麼好處，一無是處。狐本來是憂鬱猜忌的，對於觀象不準確，猜忌的很，小狐呢，火候還沒有到，還沒有長得成，力量並不夠，大狐可以把尾巴翹起來，小狐翹不起來，牠以為是水乾了，可以過河了，誰知道走到河的中間，把尾巴掉下來，水淹了，自己就掉到水裡去了，「无攸利」，就是一無是處，成功不了，過不了河。前頭講「未濟，亨」，「未濟」就讓它未濟，就亨了，就通；如果你力量不夠，變成「小狐汔濟」，結果把尾巴拖到水裡，把自己淹死，一無是處。所以在一片混亂之中，在〈未濟〉天地閉，過渡的時候，一元復始的時候，這一元完了，那一元開始的時候，在這個骨眼上，未濟，你就任它的自然發展，順應天命，就可以過；假你像個小狐，誰能夠奪天之命呢？你力量再大，你不能奪天之命呐！逆於天命，你等於一個沒有成熟的小狐，力量有限，想過河，尾巴拖到水裡，結果把自己淹死了。所以在〈未濟〉的時候，一定要等待，順應天命，觀象知機，等待機宜；假設你莽莽撞撞，以小狐的體象體格，就想過河，那是辦不到的。

參、爻辭

初六：濡其尾，吝。

　　卦辭上講：「未濟，亨。小狐汔濟，濡其尾，无攸利。」這個「濟」字，有兩個意義，一方面是濟，一方面是成就的意思。濟是渡水過河，子產「以其乘輿濟人於溱洧」，子產以自己的車子濟人渡溱水、洧水。這個濟就是渡河涉水的意思。這個「濡其尾」，在易例裡頭，初爻是尾。濡就是沾濡，弄潮濕了的意思。因為初爻在坎底下，坎為水，有沾濕的現象；同時初爻與四爻相應，四爻在〈否〉卦裡頭是居艮，〈否〉卦二、三、四互成艮，艮為尾。初爻在坎下，在水的下面，四爻在水的中間，都有沾水的現象。「濡其尾」的意義，就是說過不了河了，因為小狐不度德、不量力。狐狸的尾巴在獸類中間特別長大，渡水要把它翹起來，小狐要把尾巴翹起來，牠沒有這種力量，牠在河邊上汔濟，以為水乾了，可以渡水了，事實上牠走到中間，被水沾濡著了，一沾濡著，就渡不了啦！因為牠尾巴沾濡著水，比身體重。所以「濡其尾」就是表明不能涉水，不能渡河的意思。不能渡河就是「未濟」，未濟是個關節，是個啟後承先的重要關節，在這個關節，你還沒有成就，沒有渡過河的意思，所以講「吝」。「吝」就是施展不開，我們看鄉下孩子到了城市，手腳沒處放，那就是「吝」，「吝」就是施展不開。初六，剛剛〈未濟〉之始，因為〈未濟〉乃〈既濟〉之後，〈既濟〉是太繁盛了，極其繁盛之至，它力量會消耗盡了，在極其繁盛之時，到了〈未濟〉一開始時，力量就衰了，什麼事情就做不動了，這個「濡其尾」，就表示這個狐狸濡其尾，力量不夠，不能夠渡過這個險難，這個吝，就是施展不開，這是

初爻如此。就是說，在〈未濟〉之初，你不能冒險，你不能和小狐一樣不度德、不量力，在這力量最衰微的時候，你應當休養，順應宇宙的自然法則。這跟跑田徑賽一樣，跑萬米跑到了終點，身體的力量卻用完了，什麼都消耗掉了，在這時候，當然要休息，你若不度德、不量力，還要往前跑，還要勞動操作，你能操作得了嗎？任他「未濟」，他不能動，就讓他不能動，讓他不動才可以好，你如果仍要不度德量力，要勉強涉水，還要操作，那是自找煩惱，反倒搞不好，這是「濡其尾，吝」。

九二：曳其輪，貞吉。

　　九二居坎之中，是坎卦的主爻，坎為輪，干寶、崔瑾都作如此的解釋，因為二陰夾一個陽，有車輪之象。曳其輪，坎為輪，又為曳，「曳其輪」，就是說搖搖擺擺的走不動。「貞吉」，因為九二是陽爻，比初爻略勝一籌。初爻因為在水底下，應爻也在坎下，有「濡其尾」之象；九二是個陽爻，陽就有力量，不像初爻那麼衰竭。但它雖是個陽爻，仍在坎陷之中，坎為陷，還陷在坎裡面不能轉動，等於車子在坎陷中，搖搖擺擺走不動，因之要「貞吉」，就是要穩定。因為九二，應五爻，九二有個很好的環境，好像可以動，〈未濟〉到了這個時候，這個主宰「未濟」的人，如果觀念不清楚，認為這個時候可以進一步，往前進展了，所以它告訴你那個象徵，好像可以進展，外頭有五爻相應，似乎有點外援，內在的卦象裡頭，還有點力量，這個難點是不是可以度過，「曳其輪」，雖是現象好一點，但是還是不能動，動起來還像這個車子搖搖擺擺，走不動的樣子。因為它雖是陽爻，還陷在坎裡面，雖當內卦的中心，較初爻略勝一籌，究竟它的力

量還是不夠，如果要乾坤再造，從頭另起，不是那麼簡單的，它陷在內體之內，內卦是坎，外卦是離，坎爲陷，坎爲憂，坎爲險難，坎爲幽暗，它在險難幽暗之中，別以爲環境好了，就可以冒冒然的前進，不行，「曳其輪」，輪子還在搖搖擺擺的曳著了，「貞吉」，要穩定，就是讓它休息，恢復「既濟」的極盛之後，那個過度的消耗，令它慢慢的恢復，恢復得不夠，就影響了「未濟」，使「未濟」變成不濟了，這是九二「曳其輪，貞吉」的本意。我們翻歷史，那些失敗者都是急於成功一統大局的人，看到環境轉好，似乎對我有利，便冒冒然的作大的舉動，結果失敗了，因爲力量沒有培養得很好，就以爲自己的力量可以了，這在操持權柄的主宰者，很正確、很精密的觀察，這個尺度的標準很難衡量，我們歷史上某些才華之士，常常把這個衡量錯了，結果使自己失敗得一塌塗地，便不能重振棋鼓，東山再起。

六三：未濟，征凶，利涉大川。

我們六爻的卦辭，都沒有提到「未濟」的字樣，只有六三提到「未濟」，這是因爲六三居於內外之間，內體將完，快達到外體的時候，而且三爻陷於兩坎之間，外頭是坎，裡頭也是坎，三、四、五互成坎，裡頭一、二、三也是坎，所以陷於兩坎之間，險而又險，所以各爻都沒有提到「未濟」，只有三爻提到「未濟」。也就是〈未濟〉到了極盛的時候，〈未濟〉達到最高、最深的時候，我們要特別當心，告訴主持「未濟」者，要特別注意，這是〈未濟〉的中心點。

「征凶」，征者是往前進行，有所主動，我們討伐叫征，自己向前也叫征。爲什麼叫〈未濟〉呢？因爲六爻皆亂，在「未濟」這個時間，我們要慢慢休養，等待我們力量充實了，就是使那些不正的東西

都漸漸的變正了，很難哪！從〈未濟〉變正，使乾坤再造，是種很困難的歷程，破壞的工作很容易，一棟房子你如果把它拆掉，只是三、五天的工夫，可是你要建築這一座大廈，沒有個一年半載，你很難建造得起來，所以這種建設締造的工作很難，要破壞，三下五去二，眞是易如反掌，所以〈未濟〉是六爻皆亂，處理未濟的工作，使這六爻慢慢的扶正，使初、二爻兩爻變正，初是陽位，陰居之，不正，二是陰位，陽居之不正，初，二兩爻一正，那三爻也居正了，初爻變陽，二爻變陰，那麼內體變成震卦，震爲行，有向前征之象；同時，剛才講「濡其尾」，初與四應，二、三、四互震，三爻，也就居震，卦裡相應，應就是它兩個互換，初爻是陰爻，它居四，就之正了，四爻是陽爻，它居初是之正了，初爻之正，二、三、四豈不是震卦嗎？震爲行，「征」向前進行也。

　　「征凶，利涉大川」，因爲三爻居於兩坎之間，前頭是水，後頭也是水，所以它在大川之間，它若有所圖謀，一定要渡過這個險難，才能夠有所前進，但它陷在兩坎之間，它怎麼能夠前進呢？它要前進，一定要把自己的險難除掉，才能夠前進。前面講，震爲行，行在什麼地方，行於水上，就是涉，有涉水之象。這是卦象到了六三，眞正的達到〈未濟〉的最高程度，最高點，那就不行了，它「未濟」嘛！不能渡河，你就不能向前進行，向前進行就凶，可是「利涉大川」，這好像一個人生了大病，一個國家害了病，這個國家空前的乾旱水災，刀兵水火，弄得老百姓疲憊不堪，上下空虛，有這個重病在身，國家到了這個程度，有所動作，向外侵伐，那是不可能的，老百姓連飯都沒有吃，你怎麼能夠向外征伐呢？你要去征伐，那你一定「凶」了，連你立國的基礎都可能毀掉了，所以講「利涉大川」，你

在國家患大病的時候，你不能向前有所主動，你要渡過這個險難，先要把這個根深蒂固的病去掉，你才能夠向外發展，你病沒有好，老百姓連飯都吃不飽，你怎麼能夠有所圖謀？開疆拓土是不能的事。

這一爻，歷來的先儒們都沒有把它搞清楚，為什麼？一方面「征，凶」，一方面又「利涉大川」，不是矛盾嗎？「征」，向前行進嗎？很「凶」，宜乎「利涉大川」，所以從前老儒們都沒有搞通。所謂「征，凶」，就是向前有所主動，拿國家來講，就是向外開疆拓土，有所主動，這是「征，凶」。但是國家有病，你不能這麼做，你向外這麼做，就根本影響國家，動搖國家，就「利涉大川」，宜乎渡過險難，把自身患的病痛，把這個險難度過，然後才能夠向外有所圖謀。這就告訴我們「未濟」到了極點的時候，自身力量衰竭，你不可能冒冒然談到涉水犯難，是不可能的事，你要先把自身的險難度過。這一爻就和初爻「濡其尾，吝」、二爻「曳其輪，貞吉」，意義是一貫的。因為內三爻，坎為險難，通通的都在險難之中，是主觀「未濟」之象，不能夠冒冒然涉險前進，到了四爻，就不然了，因為四爻已經是外體了，外體是離，離為光明，內體是坎，坎為幽暗，坎為險難，外體是光明的，而且是向上仰著的。

九四：貞吉，悔亡，震用伐鬼方，三年有賞于大國。

第一個講「貞吉，悔亡」，「貞」、「悔」兩個字，在蓍法上講，「貞」是不動，「悔」是動的。「悔」，〈乾〉卦上爻爻辭講：「亢龍有悔。」這是最初見的，從這個「亢龍有悔」可以看出文王、周公對「悔」字的境界，乾陽發展到最高，它就有「悔」，發展到最高，為人所欽，就要發生變化，這個乾陽就不存在了，因此蓍法把

這個「悔」字當作變化解釋，「貞」者當做不變的解釋。當然著法的這種定義，我們在爻上，同樣的可以用，著法是根據爻辭取的。九四「貞吉，悔亡」，先講「貞吉」，因為九四是爻不當位，它是陽爻居在陰位上，四變正了就吉，所以「貞吉」，既然貞吉就「悔亡」，它就沒有悔了。「悔」是一種懊惱，是在變化中發生懊惱，自身不能保存原來的那個形狀而發生懊惱。比方，我們辦事業，這個事業不能保存原狀，要變了，或者關門了，或者有所損失，發生變化而懊惱，那就是「悔」。九四不當位，如果應初而之正，它就穩定了，穩定了就不煩惱，所以「貞吉，悔亡」。

　　第二句「震用伐鬼方」，我們知道這一爻就是〈既濟〉卦九三那一爻，〈既濟〉的九三倒過來，就是〈未濟〉的九四。〈既濟〉的九三：「高宗伐鬼方，三年克之。」〈未濟〉的九四和〈既濟〉的九三爻辭大致相同，不同的就是〈未濟〉的九四：「震用伐鬼方。」可是它不是「三年克之」，它是「三年有賞于大國」，情狀有一點不同。〈既濟〉的九三為什麼叫「高宗」？〈未濟〉的九四為什麼叫「震用伐鬼方」？這是有區別的。因為〈既濟〉的九三，三與上應，所以它「伐鬼方」，「鬼方」是指的上爻。上爻居坎，坎為幽暗，且在邊遠地區，所以叫「鬼方」。同時，〈既濟〉外卦的坎是從〈泰〉卦外卦的坤來的，坤為「方」，坤「方」是幽暗的，變成坎，還是幽暗的，所以叫「鬼方」。「鬼方」是指上爻而言，這個「震用伐鬼方」是和初爻相應，初爻居坎，在坎下，坎為幽暗。〈未濟〉卦是從〈否〉卦來的，〈否〉卦的初爻居坤，坤為「方」，幽暗的「方」是「鬼方」，所以它「用伐鬼方」是伐初爻。〈既濟〉的九三「伐鬼方」是對上爻講的，何以故？因為〈既濟〉是國家的體質到了三爻，

已經繁盛很久，呈露了盛極必衰的現象，沒有永遠興盛的體質，到了衰落的節骨眼裡，那中興之主會給它重新振作，〈乾〉卦九三：「君子終日乾乾，夕惕若厲。」它很有力量，因爲在〈既濟〉卦，它已經是很富庶康樂繁華鼎盛的體制，它所顧慮的是怕中途中落，所以要有中興之主，予以振作，他才能夠把這個富強康樂的體制再延續下去。〈既濟〉它不是創造的，它的目的是在守成，要有中興的力量，所以它拿高宗來說。高宗他是商朝的武丁皇帝，殷高宗，商朝到了武丁皇帝時已經中衰了，諸侯不聽命令，紛紛叛離，等到武丁起來，用傅說當宰相，於是征服各方，變成中興之主。已經富強康樂的國家，它衰落了，殷高宗要中興的話，要從遠方看不見的衰落地方起，「鬼方」者就是看不見的地方，你以爲看不見，壞事就從那兒來。〈既濟〉是已經成功了，〈未濟〉是沒有成功，衰落得不得了，混亂得一塌糊塗，不成體制，所以它「震用伐鬼方」，震者，初、四相應，四居震，震爲帝，爲「伐」之象。在〈說卦〉裡，孔子解釋是：「帝出乎震，齊乎巽，相見乎離，致役乎坤，說言乎兌，戰乎乾，勞乎坎，成言乎艮。」後天的八卦從震開始，這麼一連串後天八卦的運行方法，是從震開始。「帝出乎震」是創業，是另一個循環的開始，高宗中興，他把舊有的大業再振作起來，也是另一個循環的開始，所以它用「震」。在〈未濟〉到了九四，它可以有乾坤再造的可能，內三爻到了極點，已經「濡其尾」、「曳其輪」、「征凶」，已經逃過了這些難點，到了四爻，陽起了，發生了作用，於是它就要中興，有重新再造的機宜，所以它「震用伐鬼方」，鬼方指的是「初爻」，和指「上爻」就不同了。初爻是根荄，根荄是卦氣最初起的地方，〈未濟〉是乾坤再造，從根本做起，所以鬼方是指的「初爻」。〈未濟〉的九四與〈既濟〉的九三不同，鬼方是初爻，因爲初居坎下，坎是幽暗的，

鬼者幽暗之位也，同時它的前身是否，初爻居坤，坤為方，又為用，所以叫「震用伐鬼方」。

我們再補充一點，〈既濟〉九三講：「高宗伐鬼方。」〈未濟〉九四講：「震用伐鬼方。」這兩個所指不同。據《後漢書・西羌傳》記載：「武丁征西戎、鬼方，三年乃克。」可見〈既濟〉九三講：「高宗伐鬼方。」是指殷朝高宗武丁。《後漢書・西羌傳》又記載：「武乙暴虐，犬戎寇邊，周古公踰梁山而避于岐下。及子季歷，遂伐西落鬼戎。」章懷引《竹書紀年》注之曰：「武乙三十五年，周王季伐西落鬼戎，俘二十翟王。」可見〈未濟〉九四講：「震用伐鬼方。」是指周文王之父季歷。

第三句「三年有賞于大國」，「三年」，在〈既濟〉卦裡講過：「三年克之。」它要經過一爻、二爻、三爻，有三年之象，內體互成離，離數三，所以說「三」。在〈既濟〉卦中，外體是坤，坤為「年」，因為坤是地球，地球的時間叫做年，子、丑、寅、卯、辰、巳、午、未、申、酉、戌、亥走完了，就是一年。地球繞太陽一週，就表示一年，所以坤為年。年就從地球算起，沒有地球，就沒有年。太空中沒有所謂時間，我們人類的時間觀念是從地球創造出來的，地球自轉一次就是一天，自轉兩次就是兩天，於是造成了我們的時間，就拿子、丑、寅、卯、辰、巳、午、未、申、酉、戌、亥作符號，一個小時是這個符號，一天是這個符號，一個月是這個符號，一年也是這個符號，十年、一百年、一千年、一萬年、十萬年都是這個子、丑、寅、卯，這是我們的代表符號，同時有象徵，象徵環繞地球的二十八宿。以上交代「三年」，其次講「有賞于大國」，《竹書紀年》上說：「（武乙）三十四年，周公季歷來朝，王賜地三十里，玉

十穀，馬十匹。」當時周公季歷還臣屬於商，商武乙賜他「地三十里，玉十穀，馬十匹」，所以說「有賞于大國」。陽爲善，所以稱「賞」，九四是個陽爻，陽爲賞，而且四與初應，九四這個陽爻到了初爻，到了底下，等於賞賜的樣子，初爻居否坤，坤爲國，而九四變而之震，震爲侯，所以說「有賞于大國」。〈未濟〉到九三已經到了頂點，九四已經到了外體，到了外卦，脫離了坎險，已經快回頭了，可以從頭再起，爻辭說：「震用伐鬼方。」就表示有從頭再起的可能了。「伐」者，離爲戈兵，它的前身坤爲眾，四與初應，四變震，震爲動，戈兵而動眾，「伐」之象也。

六五：貞吉，无悔。君子之光，有孚，吉。

接著到五爻，就「貞吉，无悔」，四爻是「貞吉，悔亡」，五爻是「貞吉，无悔」，本來有悔，因爲經四爻一振作，把悔都作得沒有了。四爻居坎，坎爲心疾，悔者是從內心的懊惱，從心疾開始，所以四爻本來就有悔，但是四爻「震用伐鬼方，三年有賞于大國」，所以「悔亡」。五爻呢，它不居坎，五爻居離，離爲光明，它根本就無悔了，脫坎及離，根本就無悔了，所以叫「貞吉，无悔」，那個四爻叫「悔亡」，這個五爻叫「无悔」。四爻居坎，坎爲心志，有「悔亡」之象，五爻已經脫坎入離，根本就「无悔」了。五是陰爻居陽位，不正，可是五應二就之正了，很穩定，根本就无悔了，所以叫「貞吉」。

「君子之光，有孚，吉」，「君子」呢，因五應二，二之五，外體就成乾，乾爲君子，所以有「君子」之象。「光」呢，五居離，離爲火，離爲光，乾亦爲光，所以叫「君子之光」。「有孚」，五之

二，二居坎，坎為孚，所以叫「有孚」。意思就是經過四爻再作再起，「震用伐鬼方」，從頭再起，到了五爻，就很穩定，「貞吉，无悔」，而沒有悔。「君子之光」，凡《易經》裡面指君子，都是指謀國大君子，《易經》為君子言，不為小人言，《易經》講象，多半指統治者談話，告訴統治者，你要如何如何把國家搞好，整個的一部《易經》，除自然法則外，就是告誡統治者。「君子之光」，代表謀國大君子。〈小象〉上講「暉」字，「光」字與「暉」不同，及物為「光」，自斂為「暉」，有那麼一點光，沒有發揮出來，那樣叫做「暉」，這個光照到其它東西上，那就叫「光」，「光」是發揮出來，「暉」是沒有發揮出來，有這個光的源頭，但是沒有發揮出來，那叫「暉」。「君子之光」，就是經過四爻，重新再造之後，五爻是陰，六五是「黃裳元吉」，發揮君子的光明，就是說在上的主宰者，有這個光明可以普及到整個的大眾社會。「有孚」者就是上下和諧，非常融洽變成一體，所以「有孚，吉」。

〈未濟〉四爻以後，脫離了坎體，居離，離為光明，復返於光明了。《孟子·盡心下》講：「充實而有光之謂大。」我們講「君子之光」，可以看得出來，一個國家，一個人是一樣的，一個國家，他有君子在那兒，光發揮出來了，這個國家就非常的融洽，任何地方都是熙熙融融，非常的和樂，沒有那些乖戾的現象產生，那個國家就是能夠發揮「君子之光」者。拿個人來說，《大學》上講：「德潤身。」這個人如果他真正的「既濟」了，陰陽諧和了，六爻皆正，你看他身體表現出來的，都是潤澤的，豐滿紅潤，和諧美麗的臉上，完全是春天的表現，沒有憂鬱，沒有愁眉苦臉的時候，都很諧和，風采怡人，看著使人發生美感，這叫「德潤身」。有些人愁眉苦臉，看著就使人

不愉快，那就是「德潤身」的反面，看著使人心裡愉快的那些人，內在必定有點修持。看國家和看人是一樣，你到一個國家，看到社會上都是融洽和睦的，各行各業，都是很快樂的，很有精神的，做得很起勁，那個國家就會興盛。現在大陸上的老百姓，都是愁眉苦臉的，這種局面怎麼能夠長久的維持下去？維持不下去的。這就是一個起點，從此以後，你就可以看到大陸上的變化。〈未濟〉到了六五，外體有了表現，「君子之光」就是講它的外體表現的很融洽，一團和氣，「有孚，吉」。為什麼到五爻才講這些？因為〈未濟〉六爻皆亂，處「未濟」之道，要使它慢慢的變正，到了五爻，五與二應，五爻又代表外體的主爻，二代表內體的主爻，五與二應，五爻代表外體正了，二爻代表內體正了，內體、外體都漸漸的變正了，一變正就和諧了，所以它有「君子之光」。它之所以乖戾，因為它六爻皆亂，現在雖不是各爻都變正了，可是五與二應，內、外體的主爻已經變正了，主爻變正，就事過半矣，大體上都變正了，因此「君子之光，有孚，吉」，「有孚」者就是非常的融洽，一團和氣。

上九：有孚于飲酒，无咎。濡其首，有孚失是。

上爻居於兩坎之上，底下都是「孚」。坎為水，有「酒」象，你看〈需〉卦九五：「需於酒食。」〈需〉卦的外體為坎，坎為水，也是有「酒象」。「飲」呢？坎是流，這個初爻居四爻，四爻居初爻，三、四、五這三個爻都是陰，二爻到五爻，變成了〈頤〉卦的大體象，頤是嘴，那個水流到嘴裡，當然是「飲酒」之象，所以「有孚于飲酒，无咎」。

「濡其首」，過去講過，初為尾，上為首，上爻應三，三居兩

坎之間，就是水把它埋掉了，所以說「濡其首。」「有孚失是」，不得其正，「失是」就是不是，不正，是者从日从正，失是，失掉是，就是不正，所以講「有孚失是」。經過四爻用心戮力再造，五爻發揮君子之光，表現得很融諧，很光明，普及於萬物，這時「未濟」變好了，到了上爻，承其大力，順應著四爻和五爻的成果，「有孚，吉」，還是一團和氣，一團融洽，在那兒飲酒。飲酒者，就是感覺到很快樂，沒事，「无咎」。到了上爻，承受著「未濟」，再榮發，再成果，「有孚于飲酒」，不要多動作，順應著這個機宜，不要多所造作。〈未濟〉到九四、六五，九四之所以能夠平定平反，六五之所以能夠發出光暉，完全是自然發展的機運，不是有意的造作，順著宇宙發展的法則，它自然就會變成這個樣子，所以到了上爻，你很融洽，很和樂，你便飲酒好了，自得其樂，沒有毛病，安詳無事，你不要多作為，不要逆天行事；你若是加以匠意的造作，就把這個局面搞壞了。雖叫你飲酒，不是叫你沉緬於酒，像夏桀，商紂那樣飲酒無度。在晉朝之時，國家多變，知名之士，遇難的比較多，劉伶、阮籍兩個較為聰明，飲酒逃世，一天到晚光喝酒，問到什麼事，一味的糊塗，酩酊大醉，但可以免禍。魏晉時代的一般名士，遇害的很多，劉伶、阮籍，沉緬於酒，喝成個酒瘋子，沒什麼作為，那班子朝廷上的執政者，便沒有加害他們，他叫你「有孚于飲酒」，叫你自身不要造作，不要匠意，叫你應天機，順應法則，就可以了，不是叫你一天到晚縱酒作樂，假使你縱酒作樂，你就「濡其首」，把你自己埋葬掉了，那種融洽，那種和樂，錯了，你將「有孚失是」。

〈未濟〉卦這六爻，前三爻都是不好的，後三爻比較好，因為「未濟」，自自然然的會變好的。我們卦快講完了，六十四卦從那兒

開始的呢？六十四卦，三百八十四爻，從〈乾〉卦的初九：「潛龍勿用」開始，到〈未濟〉上九：「有孚飲于酒，无咎，濡其首，有孚失是」結了，開始是陽，終了是陽，是以我們的老祖先告訴我們，一切的教化，需要的是精神，需要的是文化，需要自己有決斷，有志氣，這都是屬於陽的，政治不好，一時的興衰治亂，沒有太大的關係，只要民族的文化不衰竭，從開始是陽，最後是陽，永遠的流傳下去，一時的興衰治亂，沒有關係，這個國家還是可以從新再造，東山再起，這裡面起起伏伏，興興衰衰是免不了的。這一點我們的祖先也已告訴我們三百八十四爻，開始是陽，結束是陽，要我們注重精神，注重文化；像西方人注重追求物慾，那是末路，這一點是我們與西方不同的。

肆、象傳

象曰：未濟，亨，柔得中也。小狐汔濟，未出中也。濡其尾，无攸利，不續終也。雖不當位，剛柔應也。

〈未濟〉所以亨，其前是由〈否〉卦來的，〈否〉卦二爻上去居五，於是變成〈未濟〉，〈否〉卦是天地不交，陰陽不通，所以〈否〉卦「不亨」。可是〈否〉二爻陰上去居五，五爻陽下來居二，於是天地相交，陰陽相通，通就是亨，交通了，就是「亨」，所以講「未濟，亨」，這是就卦象講的。

「柔得中也」，孔子講這個，就是二爻上去居五，得到中，於是造成了外在文明，天地相交，它就亨，這是就卦象來講。就意義講，「未濟」就「亨」，剛才我們講過的例子，跑田徑賽，萬米賽跑到終

點，體力消耗得厲害了，總要休息一會兒，你還要叫他動作，他神志也不清楚了，體力也不夠了，在這個時候，只有休息一會兒，再跑是可以的，馬上叫他接著跑，辦不到，因之中間有度「未濟」的時候，那一度中間是不能再跑的，那個階段就是未濟，未濟就是那個階段，所以未濟，就讓它未濟，它就亨，就通了。

　　「小狐汔濟，未出中也」，〈未濟〉是六爻皆亂，駕馭「未濟」，就是決斷。狐性本來猜疑不定，「未濟」本來很亂，我們處在亂的中間，自行猜疑，沒有主張，這樣危險很大。以狐狸處「未濟」，猜忌是最要不得的，尤其是小狐，沒有分辨的能力，牠汔濟，以為河水乾了，跑到中途，還在水中間，所以說「小狐汔濟，未出中也」，你還現在水中啊！以二爻來講，還陷在水中，以初爻來講，還陷在水下面，現在還未出中也。「濡其尾，无攸利，不續終也」，我們做事是一個階段、一個階段，這個現象到了終點不是這個現象，永遠就完了。現象是永遠不會完的，因為宇宙是生生不息的，這一個果子落下去，那一個果子生了，這一棵樹死了，那一棵樹生了，宇宙的運行是永遠不會停止的，每一個運行到了終點，後來總還要把它繼續運行下去，才是宇宙生生的法則，所以他講：「小狐汔濟，濡其尾，无攸利。」把尾巴弄濕了，沒什麼好處，一無是處，牠根本不能繼續下去。等於萬米賽跑以後，牠是個小狐，猜疑不定，不能夠果斷，不能夠休息，冒冒失失的再舉重、跑百米，把身體搞得垮掉了，以後永遠不能賽跑，不能運動，就不能續終了。

　　〈未濟〉，六十四卦的終點，六十四卦是代表宇宙的運行，它周而復始，繼續不斷。〈未濟〉「雖不當位，剛柔應也」，初爻與四爻相應，二爻與五爻相應，都不當位，但都是相應的，表示它的氣機都

沒有斷；假使陰陽不接觸，它的氣機就斷了。陰陽接觸，它不當位，表示現在不當位，陰陽還不能化生，總有個時候它可以當位的，那時就可以化生。所以我們遇到一個很糟糕的現象，但不一定就很壞，不失中，能夠繼續下去，它裡頭陰陽二氣沒有斷，就還有可為。假設你氣機斷了，大陸上幾億人口死光了，那就沒有辦法，那就完了；假設還有人口存在，陰陽沒有斷，還有希望。

伍、大小象傳

象曰：火在水上，未濟。君子以愼辨物居方。

「火在水上」，《尚書‧洪範》上講：「火曰炎上」、「水曰潤下」，〈洪範〉是講五行的，火炎上，火一直往上，水潤下，水是一直往下的，火、水兩氣不相交，就不能為用，所以「未濟」。因為它位置不對，所以它不相為用，君子看這個象以「愼辨物居方」，「君子」者，這卦是從〈否〉卦來的，〈否〉外卦是乾，所以有「君子」之象。「愼辨物居方」，這卦從〈否〉卦來的，〈否〉卦中爻二、三、四互艮，艮為「愼」。外為離，離為明，明者「辨」也，所以有明辨的力量，而且這個卦中爻二、三、四互成離，離兩作，雖是「未濟」，裡頭還明白，離是光明之體，所以能辨別。「物」，〈繫辭〉上講：「乾，陽物也；坤，陰物也。」「辨物」的「物」指這個乾、坤而言。「居方」，這卦從〈否〉卦來，〈否〉卦二、三、四互艮，艮為門闕，艮為「居方」，而且〈否〉卦，內為坤，坤為「方」。君子就是因為水火排的不對，不能互相為用，所以要很謹慎的辨物居方，要辨別這個陰陽應該居的地方。以用人來講，要很謹慎的辨

別，這個能力大的、強的居千萬人之上，能力小的居百十人之府，能力差的叫他去耕作，叫他去做其他的事。用人如此，用錢亦要如此，這個錢用在這個地方，國家才有前途，就把它用在這個地方，哪個事情不應當做，國家的財力不夠，就暫時不必做。一切的物質都把他調理得很恰當，哪些物質多的，我們就多用一點，哪些物質少的，或者從外國來的，我們就少用一些，這些都要君子辨物居方。因為它的位置排的不對，就不能互相為用，你要把一切物質排的很好，他才能發生功效。無論是物，無論是人，無論是事，都要把它擺得很對，要體驗好，觀察好，擺得很正，這是孔子告訴我們這些謀國諸君子要「愼辨物居方」。「物以群分」，〈未濟〉呢，哪一類的把它聚在一起，哪一群的把它分別出來，這是孔子在〈繫辭〉上講的，能夠做到這一步，國家一定會康強安樂。我們《易經》六十四卦是〈乾〉、〈坤〉兩卦開始，是「方以類聚」，聚在一起，到了〈既濟〉、〈未濟〉兩卦是「物以群分」，所以《易經》的〈大象〉，孔子特別提出來「愼辨物居方」，它是指引我們，啓示我們，「類聚」要像〈乾〉、〈坤〉，「群分」要像〈既濟〉、〈未濟〉。

初六象曰：濡其尾，亦不知極也。

　　這個「知極」的「極」字，虞翻就解釋為：「極，中也。」往年做房子，中間一個大柱子，這個大柱子叫棟，現在日本人做房子，就是學中國，棟，它是居中的，叫「極」，極者就是頂天立地，因此虞翻講：「極，中也。」虞翻講初爻應四，四在五之後，四雖是陽，但不居中，所以「不知極也」。虞翻的意思就是他想渡過內體這個坎水，想涉水到四爻，但四爻不居中，所以牠「不知極也」。虞翻這個

解釋稍微有點穿鑿，我解爲「極限」，小狐牠本來就猶疑不定，力量本來就不夠，思想不清楚，不知道極限，那個水很深，牠不知道水的極限，也不知道自己力量沒有到，牠自己不度德、不量力，搞不清這個極限，所以弄得「濡其尾」，把自己的尾巴弄濕了，渡不了河。

九二象曰：九二貞吉，中以行正也。

爲什麼「貞吉」？「中以行正也」。〈未濟〉六爻皆亂，使亂漸漸變正，初爻之正，二爻之正，初、二之正，內體就變成震卦，震爲行，二居中，所以講「中以行正也」，象從這兒來的。它的意義，中者就是恰到是處，以恰到是處的作法，所行的很正，做得對，做得正確，所以九二叫做：「貞吉，中以行正也。」

六三象曰：未濟征凶，位不當也。

爲什麼叫「征凶」？「位不當也」。它處在兩坎之間，外面是坎，裡面也是坎，它居中間，「未濟」的程度到了頂點，所以它「征凶」，它陷在兩坎之間，怎麼能行進呢？「位不當也」，它所居的位不當，這是第一。第二呢，三本來是陽位，陰爻居在陽位，所以「位不當也」，你所處的時間、地位不恰當，不能夠向前行動，所以叫「征凶」，陷在未濟最深，最險難的地方，你怎麼能夠向前進行呢？所以叫「征凶」。

九四象曰：貞吉悔亡，志行也。

九四居坎，坎爲志，四與初應，二、三、四互震，震爲行，所

以叫「志行」。到了九四：「震用伐鬼方。」初與四應，能夠從根做起，去行，「未濟」已脫離那位置最險難的時候，宇宙的發展已漸漸的露出了曙光，快轉變了，所以它能夠把這個乾坤再造的機宜達到。

六五象曰：君子之光，其暉吉也。

「暉」，就是它的光，斂在本身，還沒有發揮出來，這是君子的德行，還沒有施之大眾，「暉吉也」，因為他根本具有這種德行，到了六五，它乘著四，從頭再起，五爻又是「黃裳，元吉」，五與二相應，「有孚」，又很融洽，所以它具有君子沒有發揮的德行，它一發揮出來，「暉吉也」。

上九象曰：飲酒濡首，亦不知節也。

講「節」，因為這個卦是從〈否〉卦來的，〈否〉卦中爻互艮，艮為「節」，同時，這個卦與水澤〈節〉的卦都是以坎為主體，水澤〈節〉中間也是兩個坎，都有「節」之象，所以成「節」。到了上九，就是說時候到了，我們應該做，我們不做，就是失「節」，做的程度要恰到好處，你做的不及，是失「節」，你做得太過了，也是失「節」。《易經》中，第一要緊的就是「時」，第二要緊的就是「中」，你應當做而不做，是失「時」，你不應當做而做，叫失「中」，失「時」、失「中」，就是失「節」，「亦不知節也」。因之，我們建基創業的人，第一個就是應注意「時候」，應該做的，馬上就做，不能夠猶疑，「時候」沒到，你冒冒失失的去做，不對，也是不知「節」，做法也要恰到好處，不能過，不能不及。上九叫你「飲酒」，飲酒是叫你要順天應人，承受這個天命，承受這個自然法

則。經過四、五兩爻恢復以後，到了上九，你可以順應這個自然法則，你可以飲酒自得，飲酒者也，自得者也，叫你不要多事造作，多加匠意造作，反而斲喪天機，反而違背自然法則，反而不好，所以叫你飲酒自得，但並非叫你縱酒自樂，流連忘返，耽於飲酒，就會「濡其首」，把自己的身體埋葬掉了，縱酒作樂毀滅了自己，等於夏桀、商紂，你不是毀滅了自己？你不是不知節嗎？到了上九，你不應當做的，就不要造作，應當做的就該做，做的程度有輕有重，應當輕的就輕，應當重的就重。到了上九，你應當很輕鬆的讓它過去，不應當多作多爲，可是你拼命的飲酒，濡其首，做的太過了，那就「不知其節也」。

繫辭上傳

陳永銓　記錄

第一章

天尊地卑，乾坤定矣。卑高以陳，貴賤位矣。動靜有常，剛柔斷矣。方以類聚，物以群分，吉凶生矣。在天成象，在地成形，變化見矣。是故剛柔相摩，八卦相盪。鼓之以雷霆，潤之以風雨，日月運行，一寒一暑，乾道成男，坤道成女。乾知大始，坤作成物。乾以易知，坤以簡能。易則易知，簡則易從。易知則有親，易從則有功。有親則可久，有功則可大。可久則賢人之德，可大則賢人之業。易簡而天下之理得矣；天下之理得，而成位乎其中矣。

　　《易經》的創作，是經過四聖的手筆，最初由伏羲氏畫卦，再由文王作卦辭，次由周公作爻辭，復次由孔子贊之以十翼。所謂十翼，包括〈彖傳〉、〈大象〉、〈小象〉、〈文言上〉、〈文言下〉、〈繫辭上〉、〈繫辭下〉、〈說卦〉、〈序卦〉、〈雜卦〉等十種。〈文言〉是解釋〈乾〉、〈坤〉兩卦各爻的意義。〈說卦〉是解釋卦象。〈雜卦〉則是在其他九翼之外，再扼要解釋各卦的性情。現在我們要講的〈繫辭傳〉，它不屬於任何一方面，而是廣泛地說明聖人作《易》的本源，包括讀《易》、作《易》的方法，可說是自成一體。往年作《易》是以刀刻簡書，伏羲只有畫卦，將六十四卦的秩序擺在那裡。文王所作之辭，繫於各卦之下，是爲卦辭，例如「乾。元亨利貞」。周公所作之辭，繫於各畫之下，是爲爻辭，例如乾卦初九「潛

龍勿用」。文王與周公是根據伏羲所畫的卦爻再繫之以辭，也就是最早《易經》的經文。孔子讀《易》，韋編三絕，把用牛筋穿的簡書翻斷過三次，他將心得刻在竹片子上，掛在每一卦的後面，是爲〈繫辭〉。〈繫辭〉之所以稱〈傳〉，因爲這是孔子對於《易經》經義的解釋，就像〈象傳〉是孔子解釋文王的〈象辭〉，又如《左傳》是指左丘明解釋孔子的《春秋》，總之，這些〈傳〉都是解釋經典的。至於司馬遷《史記》的〈貨殖列傳〉、〈游俠列傳〉，那些〈傳〉則是指歷史人物的傳記。此傳非彼傳，不可以混淆。接著，我們開始講〈繫辭上傳〉第一章，主要是說明作《易》的本源，也就是畫卦及作辭的本源。

「天尊地卑，乾坤定矣」，是說乾坤配天地，便可定其尊卑。《說文》：「尊，高稱也。」《廣韻》：「尊，重也，貴也。君父之稱也，卑，低也。」我們看〈乾〉卦與〈坤〉卦的〈象傳〉：「大哉乾元，萬物資始，乃統天。」「至哉坤元，萬物資生，乃順承天。」乾乃統天，主宰一切，故爲尊；坤順承天，承受天之主宰，故爲卑；是則所謂尊卑，即是指所有現象中之主從關係。因其主也，斯謂之尊；因其從也，斯謂之卑；由此可見，前賢所說大多拘泥而牽強。有形的東西，根據一般的視覺，顯然可見的是，藍蔚的天在上，廣袤的地在下。但是在思想意識的境界，則沒有具體的高低分別，不過在名詞用語上，還是有高低的區別，高在上，低在下。尊卑是主從的關係，統治者是尊，老百姓是卑，因此可以概括的說，在無形的意識境界，還是有主從的關係，有主體，有附屬。宇宙化育萬物，混沌初開，是要先確定主從的關係，這樣才能發展。又例如企業經營，也必須先確立主從關係分明的組織程序。作《易》者就是根據主從關係，

把乾配之於天，把坤配之於地，而根據天尊地卑，作為發展造化的開始。

「卑高以陳，貴賤位矣」，是說現象中之關係既有主從之分，則所居之位置便有高卑之別。位置居於高，可以發縱指使，故為貴；位置居於低，只須承命順應，故為賤。不說「高卑」，而說「卑高」，因為無卑不足以成其高也，而且只有天而無地，便無從顯示其化育之功能。這句話跟第七章「知崇體卑，崇效天，卑法地」，可以對照來看。尊卑講成分，確定了主從的關係，有主從位置之別，就有高卑之分。但是何以稱「卑高」？因為《易》卦的爻位是自下往上升，是由卑而高，故曰卑高。此外，孔子怕後人認為賤、卑就是不好，事實上有卑才有高，故曰卑高。宇宙間各有搭配，如果只有發縱指使的，而沒有順承做事的，這樣怎麼會有國家或企業的存在？有賤才能有貴，有卑才能有高，各有各的作用，各司其職，才能成為一個組織。就卦爻而論，初爻、三爻、五爻可以發動，二爻、四爻、上爻只能承命，爻位有陰陽，因此分出貴賤。爻位的德性是發動的為貴，爻位的德性是承受的為賤，陽位陽爻是發動的，所以〈乾〉之〈彖傳〉曰：「乃統天」；陰位陰爻是承受的，所以〈坤〉之〈彖傳〉曰：「乃順承天」；前者統攝自然法則，後者遵守自然法則，無論是國家、社會、企業，任何現象都是如此，聖人作《易》，就是順承造化之表現，而分出貴賤。

「動靜有常，剛柔斷矣」，是說宇宙化育萬物，先定其主從關係之尊卑，再分其卑高位置之貴賤，其次則施之以動靜之剛柔；徒動則敗，徒靜則萎，動必濟之以靜，靜必濟之以動。故《易》之於卦爻也，有剛有柔，如陽爻為剛，陰爻為柔，一三五之爻位為剛，二四六

之爻位爲柔是也。斷，判也，就是將剛與柔分開來，凡是動的屬於剛，凡是靜的屬於柔。「有常」是說動與靜有其一定的軌道準則，動要符合一定的軌道準則，靜也要符合一定的軌道準則，這樣動靜有常，才能推動萬物，化生萬物。

「方以類聚，物以群分，吉凶生矣」，是說萬物成長的過程，先由性能相類似的結合在一起，朝著同一方向去發展，等到結成物體以後，再各自成群以逐其生存。「方」就是俗語所謂的方向或方位，「方以類聚」爲合，「物以群分」爲分，由這些分合，於是乎就產生了吉凶，所謂「吉凶生矣」。有些學者認爲「方以類聚」是承「貴賤」之位而言，方即爻位，類即陰陽之類。例如九居陽位，六居陰位則吉；反之，九居陰位，六居陽位則爲凶。「物以群分」是承「剛柔」之斷而言，物即陰陽之物，群猶類也。例如陽爻居剛，當位而應則吉；陰爻居柔，當位而應也是吉。反之，當位而不相應，相應而不當位，皆是凶。是則，吉凶生乎其間矣。例如小孩吃東西生長細胞，一定要哪一類的東西朝哪方向去聚，才能成爲大人，哪個方向要哪一類的東西才能聚成體，等到物體都長成以後，蟲魚鳥獸又一群一群地分開了，而造成宇宙間一群一群的現象。

「在天成象，在地成形，變化見矣」，是說先由一種趨勢，然後漸漸成爲一種具體的形跡，這種由趨勢之轉變而孕育成爲形跡，就是所謂「變化見矣」。漢易學者虞翻則以納甲說明，他認爲「在天成象」是指日月在天成八卦之象，也就是：震象出庚，兌象見丁，乾象盈甲，巽象伏辛，艮象消丙，坤象喪乙，坎象流戊，離象就己。「在地成形」是指：震爲竹、巽爲木、坎爲水、離爲火、艮爲山、兌爲澤、乾爲金、坤爲土。所謂：在天爲變，在地爲化，剛柔相推，而生

變化矣。「象」就是在醞釀中的一種趨勢，譬如社會有紊亂的趨勢是一種象，已經造成動亂的事實，那就是形。又如「月暈則風，礎潤則雨」，月暈、礎潤是象，風雨是形。因為天是空洞的，空洞是一種趨勢；地是實在的，實在是一種表現。「在天成象」「在地成形」，這就構成了變化。宇宙化育萬物，先有趨勢而後構成形跡；這種先有趨勢，慢慢演變，變成功了就化，化而生之則成形。

「**是故剛柔相摩，八卦相盪**」，陽左旋，陰右旋，陰陽相互旋轉，一左一右，其形相反，而實相成，相互旋轉，此即所謂「相摩」。因為陰陽相摩，故由乾坤而生六子，以成八卦，故曰「剛柔相摩，八卦相盪」。鄭玄注：「盪猶動也。」聖人作《易》，發覺到相摩相盪是構成物體的力量。

「**鼓之以雷霆，潤之以風雨**」，虞翻認為：鼓是鼓動，潤是潤澤；雷是指震，霆是指艮；霆是雷之餘氣，艮是震之餘陽。《說文》：「霆，餘聲也。」故霆為艮。〈說卦傳〉：「巽為風」，風是指巽而言。虞翻認為雨是指兌為澤，《祭義》云：「天時雨澤。」因為兌之卦體，坎象半見於上，有潤之之象，故云雨兌而不云雨坎。此二句是說鼓動以使其生，潤澤以養其成（按即陽動陰隨）。震是發生的動力，兌是成長的因素，鼓動其生機，滋養其形體，才能成功。

「**日月運行，一寒一暑**」，日指離，月指坎，日月運行，即陰陽往來之義也，虞翻認為：寒指乾，暑指坤，蓋以乾一陽生於冬至，其時寒，坤一陰生於夏至，其時暑；而且後天八卦的方位，乾居西北，坤居西南，北方寒冷而南方暑熱，故以寒暑指乾坤。此二句是說陰陽，冷之以堅其體，熱之以張其形，夫而後萬物以成。寒可以助長精力，熱可以減耗精力。

「乾道成男，坤道成女」，乾初之坤成震，乾二之坤成坎，乾三之坤成艮，是「乾道成男」也；坤初之乾成巽，坤二之乾成離，坤三之乾成兌，是「坤道成女」也。惟此所稱之男女，係泛指物之雌雄也，非必即限於人類之男女，物之雌者屬於坤陰，以柔順內向成性，物之雄者屬於乾陽，以奮發外向成性。故欲內向而求自體之完美者，則取乎坤道，如欲外向而求擴張之作為者，則取乎乾道。

「乾知大始，坤作成物」，〈乾‧象〉曰：「大哉乾元，萬物資始。」〈坤‧象〉曰：「至哉坤元，萬物資生。」一則曰始，一則曰生；因為乾陽是司感的，感故能知；坤陰是司生的，生故能化；合而言之，陽創其始而陰殿其成也。「乾知大始」是說：凡創始者應稟陽之作法，「坤作成物」是說：凡殿成者應稟陰之作法。

「乾以易知，坤以簡能」，何謂「易知」？蓋本乎氣之自然，而非出之於思慮也，所謂「不慮而知」（《孟子‧盡心上》）是也。如非「易知」，則知識有所及，有所不及，安能盡萬物而資之為始乎？何謂「簡能」？蓋順乎氣之自然，而無所作為於其間，所謂「不學而能」（《孟子‧盡心上》）是也。如非「簡能」，則作為有所及，有所不及，安能盡萬物而資之為生乎？「易」是平易近人之易，宇宙最高深的道理就是最簡單的道理，道在邇不在遠也。乾陽之感是平易的，人為的則剝盡良知良能，這可以從女人生育看出來，窮苦人家的孕婦，生育是簡便的，卻大多能母子平安；富貴人家的孕婦，東滋補西照拂，卻常發生難產。由此可見，自然的化生是很簡便的，不簡便的都是人為的。因為人受到欲念蒙蔽，掛礙多端，則無從感應，就算有所感應，也不是真感。《易經》教我們「易知」「簡能」，就是順乎宇宙自然的法則。

「易則易知，簡則易從」，上一句「乾以易知」之「易」，應解釋爲平易近人之「平易」，「坤以簡能」之「簡」，應解釋爲「簡便」。如果說乾以平易而知，那麼其知也是一本乎平易；如果說坤以簡便而能，那麼其能也是一本乎簡便。至於這一句「易知」「易從」之易，應解釋爲容易，意思是說：本乎平易則容易知覺也，本乎簡便則容易順悅也，合而言之，即爲順從自然之義。

「易知則有親，易從則有功」，前面提到，乾之所以「易知」，是因爲有所感應，有感應就可以發生感召之作用，所以說「易知則有親」。前面也提到，坤之所以「易從」，是因爲本乎簡便，則凡事容易順悅。所有行爲上之艱難，皆生於勢之不順，易從則勢順，勢順則所作所爲無不事半而功倍，所以說「易從則有功」。親是親輔的意思，也就是說我們周遭有相親相輔的人事物。

「有親則可久，有功則可大」，「久」是指時間而言，「大」是指空間而言。凡屬有感而相親者，關係必能維持久遠，其不能維持久遠者，皆因互不相感而分崩離析；凡屬造作而有功者，則必能生息繁滋而至於大，其不能至於大，皆因孕育無功也。「有親則可久」是說，能夠以乾之易知而資始者，則可以持久，「有功則可大」是說，能夠以坤之易從而資生者，則可以壯大。換句話說，乾司感，有感召的能力，因爲是自然而然的，不是人爲有意的，這樣就能感召坤陰來親輔。「可久」指時間，伏羲氏的「六十四卦圓圖」就是代表時間的；「可大」指空間，伏羲氏的「六十四卦方圖」就是代表空間的。「方圖」與「圓圖」的佈卦次序是乾、兌、離、震、巽、坎、艮、坤，都是根據「先天八卦」的方位而來，概括地說，這就是《易經》的宇宙觀。「圓圖」表示時間，而爲古往今來的宙，「方圖」表示空

間，而爲上下八方之宇。（請參考第一冊P.117易例九「六十四卦方圓圖例」）。

「可久則賢人之德，可大則賢人之業」，前一句是「有親則可久，有功則可大」，意思是說，凡屬有感而相親者，關係必能維持久遠；凡屬造作而有功者，必能生息繁滋而至於大，所以說「可久」「可大」是賢人的德業，《老子・第二十二章》：「聖人抱一爲天下式」，就是這個意思。凡現象不能持久，而短暫即行消滅，必非賢人之德，這是可以斷言的；凡現象不能擴大，而受成長之限制，甚至於日漸萎縮，必非賢人之業，同樣是可以斷言的。賢人之德，是爲乾也，故「可久」，所以說「可久則賢人之德」；賢人之業，是爲坤也，故「可大」，所以說「可大則賢人之業」。

「易簡而天下之理得矣」，「易」是平易的意思，平易則不苛細艱難；「簡」是簡便的意思，簡便則不紛擾造作。不苛細，不紛擾，約而言之，「易簡」就是「得一」，也就是《老子・第三十九章》曰：「天得一以清，地得一以寧，神得一以靈，谷得一以盈，萬物得一以生，侯王得一以爲天下貞。」所以說「易簡」則「天下之理得矣」。

「天下之理得，而成位乎其中矣」，這個「成」字，就是〈乾・象〉曰：「大明終始，六位時成」，也就是〈說卦傳〉「昔者聖人之作《易》也，將以順性命之理，是以立天之道曰陰與陽，立地之道曰柔與剛，立人之道曰仁與義。兼三才而兩之，故《易》六畫而成卦。分陰分陽，迭用柔剛，故《易》六位而成章。」《易》之所以「六位時成」「六位成章」，即本乎此，易簡之理而已，易簡之理一也。所謂一，即宇宙最高之眞理，宇宙最高之眞理只有一個，天得一

以為天，地得一以為地，《易》得一而成《易》。

第二章

聖人設卦觀象，繫辭焉而明吉凶，剛柔相推而生變化。是故吉凶者，失得之象也。悔吝者，憂虞之象也。變化者，進退之象也。剛柔者，晝夜之象也。六爻之動，三極之道也。是故君子所居而安者，《易》之序也。所樂而玩者，爻之辭也。是故君子居則觀其象，而玩其辭；動則觀其變，而玩其占。是以自天祐之，吉无不利。

　　第一章是講《易經》本源來自宇宙變化，宇宙如何變化，《易經》就如何畫卦作爻。這一章則說明如何學《易》、用《易》的大概。

　　「**聖人設卦觀象，繫辭焉而明吉凶**」，「設卦」之聖人是指伏羲，「觀象」、「繫辭」的聖人是指文王。伏羲仰觀俯察而作八卦，文王根據卦象來繫卦辭，周公又根據卦爻之象繫爻辭，例如〈乾〉卦，文王繫卦辭曰：「元亨利貞。」周公繫爻辭曰：「初九，潛龍勿用。」「繫辭」就是繫之以辭，掛在卦爻之後。因此，觀象是指文王與周公觀卦爻之象。例如六畫都是陽爻，那就代表乾陽氣化。所以文王就命名之為〈乾〉卦，用以表示陽氣化的德性。首先，陽氣化是開創的，所以繫之以「元」；其次，陽氣化能夠通暢而無所不能開創，所以繫之以「亨」；再次，陽氣化能夠通暢得既適宜又恰當，所以繫之以「利」；最後，陽氣化能夠將開創的成果穩定得住，所以繫之以「貞」。周公根據文王的卦辭，又繫之以爻辭，如〈乾〉初九：「潛

龍勿用」，九二：「見龍在田」……九五：「飛龍在天」，上九：
「亢龍有悔」。因爲卦辭與爻辭的內容有吉凶悔吝，有好有壞，所以
能夠明示各卦與各爻的吉凶。

　　「剛柔相推而生變化」，根據卦象、爻象、卦辭、爻辭，就可
以知道宇宙一切的化生，無非是陰陽剛柔相推而變化的結果。陰陽指
的是形而上的，當化育完成後，在性質上表現出來的，卻是形而下的
剛柔。六爻剛柔一往一來，陽極陰生，陰極陽生，燥而後風，雨而
後晴。工作的時候是動，動得太過了就休息是靜，動極思靜，靜極思
動。以剛培柔，以柔培剛，有柔以後就來推剛，有剛以後就來推柔，
宇宙變化無不是如此，這可以從人類的休息、飲食等生活起居看得出
來。變化自剛柔來，宇宙有形而上的陰陽，有形而下的剛柔，最初的
來源是先天的陰陽氣化，化成後天的一切形象則是具體的剛柔，再由
剛柔相推，就生成變化。

　　「是故吉凶者，失得之象也」，因爲有陰陽剛柔的變化，而變
化之中有好有壞，由於變化的過程難免有所偏差，這就產生吉凶與得
失。六十四卦的卦辭與爻辭，就是明示吉凶失得之現象。就一卦之六
爻而言，陽爻居陽位，陰爻居陰位，是爲得位；陽爻居陰位，陰爻居
陽位，是爲失位；得位多吉，失位多凶。在人事社會來看，凡人凡事
都是有所失有所得，這是剛柔經過變化的結果，吉凶是用來形容失得
的。

　　「悔吝者，憂虞之象也」，此句各家解釋不同，先儒解
「悔」，後悔也，後悔後就是吉，我個人則認爲悔以後是凶。「悔
吝」這二個字，最早見於〈乾〉卦與〈蒙〉卦的爻辭：〈乾·上
九〉：「亢龍有悔。」〈蒙·六四〉：「困蒙，吝。」〈乾〉卦上

九因爲乾陽發展得太高太過了，五爻已經「飛龍在天」，在國家、社會、企業、個人之發展都已飽和了，如果再進進不已，超過飽和就有悔。悔是懊惱的境界，因爲發展太過，超過飽和，難免有所損傷而產生懊惱。例如社會經濟發展至最頂峰，造成驕奢淫逸的風氣而不知禮義廉恥，結果必然受傷而懊悔。九五已經「飛龍在天」，若再進進不已，則「亢龍有悔」。接著來看〈蒙〉卦六四，這是最陰沉的爻，因爲六四處在群陰之中，應爻初六也是陰，像在陰霾天氣看不見太陽，死氣沉沉而闇昧不明，當然會陷於困境，所以爻辭稱「困蒙」。蒙而受困，於是不知所措，施展不開，難免羞愧而「吝」。悔與吝固然都不好，但還不至於凶。憂是自外來的懊惱，虞是自內來的羞吝。《易經》講悔吝，表示憂虞之象比失得之象的影響還淺，還沒有到凶的程度。悔是向外發展過度而受損傷，吝則是坐困愁城而施展不開。

「**變化者，進退之象也**」，陽爻推而變陰，陰爻推而變陽；陽爻用九，因爲陽是奇數，順行而向外擴張，但是陽九一動則變陰六；陰數用六，因爲陰是偶數，逆轉而向內收斂，但是陰六一動則變陽九，九六之動而成陰陽之變化，而變化是表現在陰陽的進退之上。陽是息卦，以陽主事爲進，陰是消卦，以陰主事爲退，《易經》所謂氣化是電波的作用，甚至是電波以前的境界。陽左旋發創向外，陰右旋收縮向內，向外開創才能化生萬物，向內收縮才能成形成體，陽息陰消構成變化（請參考《周氏易經通解》第一冊P.2〈易例一〉）。

「**剛柔者，晝夜之象也**」，陽剛陰柔，剛柔是指陰陽而言。白晝是剛，陽氣化發用，人的精神振奮，可以工作。夜晚是柔，陰氣化發用，人的精神困頓，需要休息。

「**六爻之動，三極之道也**」，這個「極」字，是指屋脊的棟，就

是往年造房子中間的一根柱子，《說文》：「極，棟也。」《逸雅》
（《爾雅》所散失的一部分，《爾雅》是中國的博物學）：「棟，中
也。居，屋之中也。」居中的棟樑，使建築有所依據，做為標準。
至於「道」字，是指發展的路線。所謂「三極之道」，就是在天法
乎陰陽，在地法乎剛柔，在人法乎仁義。這句話可以跟〈說卦傳〉：
「立天之道曰陰與陽，立地之道曰柔與剛，立人之道曰仁與義。兼三
才而兩之，故《易》六畫而成卦。」對照來看。還有〈繫辭下傳〉：
「《易》之為書也，廣大悉備，有天道焉，有人道焉，有地道焉。兼
三才而兩之，故六。」也可對照來看。有人說：「初二是下極，三四
是中極，五上是上極。」這樣是把卦體分開來說，我認為不太妥當。
六爻分天地人三才，在天之動是空洞的能力，例如人思想之動，是頭
腦在空洞中運用；在地之動是具體的行動，見之於事跡；在人之動是
空洞的思想與具體的形跡合起來的；天地人這三種動，都有其恰到是
處的適中標準。思想與行動的標準，可以拿《論語‧公冶長》這段話
來說明，「季文子三思而後行。子聞之，曰：『再，斯可矣。』」

　　「是故君子所居而安者，《易》之序也」，無論是在位或在野
的君子，都是有道理的人，君子能安於所居，有二個條件：一是內在
條件，要心靜而能定，例如大陸遷徙來臺要能心靜而定，有些人像失
了魂似的心煩氣躁，則不能稱為君子。二是外在條件，生活環境沒有
不能安的，自認為能安，再壞的環境也能過得下去。君子安其所居，
例如文王拘於羑里而演《易》，孔子在陳絕糧而絃歌不絕。「《易》
之序也」之「序」，在漢易原本為「象」，因為前頭都是講象，所以
此處總結也應該是「《易》之象也」。後來王弼改「象」為「序」，
似乎是做〈序卦傳〉的「序」解，但是這篇談的不是卦序，而是卦

象。我們人生百歲，最多也只是在一個卦之中運行，談不上卦序。人在宇宙的大秩序裡生活，當然受其支配，能夠觀象的君子，知道宇宙秩序轉變到不好的階段，就會預先安排，如何配合不好的大秩序而能存活得下去。如果宇宙大秩序已經反轉，而你卻偏要順轉，那就逆天者亡。君子根據《易經》卦爻所表現的象來安定自己，這樣子再壞也壞不到哪裡去。君子能夠了解宇宙的大秩序，所以能夠做好適應的準備，順著宇宙大秩序的機宜而轉變，就能無往不利。

「所樂而玩者，爻之辭也」，《易經》注重玩味，要仔細體驗，學《易》就是要學玩味，慢慢地體會。凡是有所行動，要先看「爻之辭」，因為爻主變動。就拿〈乾〉卦六爻來說，初九曰潛龍，九二不能再潛而曰見龍，九三要動而又動終日乾乾，九四要躍進而或躍在淵，九五要飛龍在天，上九切忌亢龍有悔。行動之乾，要先審視自己所居的環境與相應的爻位，了解所處爻位的變動情況，例如處在〈乾〉之初九，則宜修持自己，潛伏下去。就跟前一句「《易》之序也」應改為「《易》之象也」一樣，這句「所樂而玩者，爻之辭也」之「樂」應改為「變」，因為一卦的六爻不一定都是好的或是壞的，其中有吉也有凶。六爻是講現象各階段的變化，若爻是言凶，則何樂之有？故「變」字比「樂」字高明得多，王弼改「變」為「樂」，有欠通暢。

「是故君子居則觀其象，而玩其辭」，君子學《易》，主要是觀看卦象、爻象，進而玩味卦辭、爻辭。君子能夠了解九六之變，陽爻用九，陰爻用六，陰動則變陽，陽動則變陰的道理；這樣對於宇宙的大秩序，卦爻之變、陰陽之變、上下之變、剛柔之變，都已了然於胸，所以日常生活起居，都能順應宇宙大秩序的機宜而轉變，就能安

其居處。

　　「**動則觀其變，而玩其占**」，前一句「居則觀其象」是講日常生活起居，這一句「動則觀其變」是講處在動亂的環境之下，或是面臨重大的抉擇之時，觀看現象已經看不出一個所以然，才會藉由占卦來決疑，所以是萬不得已而玩其占，此乃學《易》用《易》的原則。君子根據宇宙大秩序的表現來布置自己的生活，有重大的行動，則看爻位的變化，而占卦來決疑，這樣整個的不違背自然法則。我們面臨變動的局勢，藉由玩其占，以把握機宜，亦即契機的轉捩點，這樣行動就不至於有所偏差。

　　「**是以自天祐之，吉无不利**」，因爲君子能夠做到「居則觀其象，而玩其辭」「動則觀其變，而玩其占」，動靜都合乎學《易》用《易》的原則，當然不會違背天道的自然法則，這樣就能受到天道自然法則的庇祐。因此，君子平日無事是在自然法則中安居，面臨動亂也是在自然法則中行動，這樣順著自然法則而怡然自得的生活，當然「吉无不利」。

第三章

象者，言乎象者也。爻者，言乎變者也。吉凶者，言乎其失得也。悔吝者，言乎其小疵也。无咎者，善補過也。是故列貴賤者存乎位。齊小大者存乎卦。辯吉凶者存乎辭。憂悔吝者存乎介。震无咎者存乎悔。是故卦有小大，辭有險易。辭也者，各指其所之。

　　這一章是說明《易經》裡頭的內容。

「象者，言乎象者也。爻者，言乎變者也。吉凶者，言乎其失得也。」象辭即卦辭也，歷代先儒皆曰象辭，不言卦辭；但是，現在的學者都習慣稱之為「卦辭」。「象」是探討判斷的意思，文王拘羑里而演《易》，根據伏羲所畫六十四卦，在每個卦之下繫辭，以說明卦象，斷定卦義，所以說「象者，言乎象者也。」其次，「爻」所講的是一個卦各階段的變化，卦辭是講整個卦的現象，爻辭是講一個卦各階段（段落）的發展。卦者掛萬象於其上也，所以象辭是解釋卦象的；一個卦有六爻，所以爻辭是講各階段的變化，所謂「爻者，言乎變者也。」至於「吉凶」，針對爻位來說，就是得位為吉，失位為凶。陽爻居陽位，陰爻居陰位，就是得位或當位；陽爻居陰位，陰爻居陽位，就是失位或不當位。在人事社會來說，有所失為凶，有所得為吉，所以說「吉凶者，言乎其失得也」。

「悔吝者，言乎其小疵也。无咎者，善補過也」，前句講「吉凶」，這句講「悔吝」。吉凶悔吝是《易經》常見的四種斷辭，形成一個循環的排列，由吉而悔，由悔而凶，由凶而吝，由吝而又吉。所以當我們處在吉的時候，要避免得意忘形，以防生悔，吉而無悔，就不會成凶；當我們處在凶的時候，要力求謹內飭外，以利轉吝，凶而不吝，就不能獲吉。我們看人世社會現象的變遷，由吉而至於悔，是向外放縱而生活奢華所致；由凶而至於吝，是向內收斂而生活簡樸所致。「悔」就是本身有了損傷而發生懊悔，「吝」就是既施展不開又捨不得而感到羞吝，二者都還不到凶咎的地步，所以稱之為「小疵」，即是病之小者也。悔吝固然未及於凶咎之甚，但處置不當還是會構成凶。「无咎」也是斷辭，《易經》的卦辭爻辭常見「无咎」，是說本來有毛病，但能謹小慎微，過而能改，本來有咎而能夠變成无

咎，因爲「善補過也」。在斷辭中，「无咎」的程度遠遜於「吉」，但優於「悔」、「吝」、「凶」。

「是故列貴賤者存乎位」，「列」是依序排列的意思。何者爲貴，何者爲賤，是以「位」做爲排列之依據，所以說「列貴賤者存乎位」。一般的說法，陽位居高爲尊爲貴，陰位居低爲卑爲賤，但是事實上並非如此簡單。例如〈屯〉卦初九象曰：「雖磐桓，志行正也；以貴下賤，大得民也。」〈易例〉：「陽貴陰賤」初爻是陽，陽爲貴，二三四都是陰爻，陰爲賤，初九一陽位居二三四陰爻之下，有「以貴下賤」之象，但是陽爻居卑而有德，位雖低仍不失其爲貴。再如〈頤〉初九象曰：「觀我朵頤，亦不足爲貴也。」同樣是初九陽居陽位，〈屯〉之初九爲貴，〈頤〉之初九卻爲不貴，因爲〈頤〉之初九本應安詳靜養，卻向外甘求食祿而貪得口腹之養，即使得之，亦不足貴。另有一說，九五之陽爲貴，因爲能發揮作用；九三之陽爲賤，因爲不能發揮作用。在人事社會，有君子之德而在野，沒有官位亦不失其爲貴；若居高位而無君子之德，則仍爲賤。再者，同樣居君子之位而有君之德，仍然會有等差，視其德性之大小而排列。

「齊小大者存乎卦」，一個卦就是一個現象，必須陰陽配備都很均衡諧和，才能構成一個現象。「大」指陽氣化向外擴張，「小」指陰氣化向內收縮，所以〈易例〉：「陽大陰小」。植物本身陰陽氣化構造雖然不及人類，但只要陰陽配合均衡和諧，就能成其爲植物，此即《老子·第六十章》：「治大國若烹小鮮」之義也。無分大小陰陽，其道理是相同的，就是必須陰陽配合整齊才能構成（成就）一個現象。莊子就是根據「齊小大者存乎卦」的道理，而寫作了一篇〈齊物論〉。

「**辯吉凶者存乎辭**」，「辯」同辨，就是明辨判別的意思，例如〈履〉卦大象「君子以辯上下」。如何明辨一個卦之吉凶？要看卦辭與爻辭。如果吉凶已經明顯地表現出來了，一般的人都能輕易看見，那就無需再「辯」，但若現象吉凶尚未表現出來，還在慢慢醞釀之中，就很容易被忽略了，這時要掌握先機，明辨吉凶的機宜，必須根據卦辭爻辭。

「**憂悔吝者存乎介**」，前面提到吉凶悔吝是一個循環，由吉而悔，由悔而凶，由凶而吝，由吝而又吉。換言之，吉而無悔，就不會成凶；凶而不吝，就不能獲吉，所以悔吝是吉凶的關鍵。「憂悔吝」就是擔憂顧慮疑慮悔吝之來足以成凶。既然懼怕擔憂悔吝之來，就要注意小不忍則亂大謀，小過不改成大過，這就是「存乎介」。「介」有二個意義，一是纖介細微，如果擔憂悔吝之來，那就要謹小慎微，善於補過。二是耿介守正，要像〈豫〉卦六二「介于石，不終日」，雖是陰爻居內卦之中，而能夠居中守正，穩如盤石確乎不可拔的樣子，就是處在豫樂之境而能不耽溺於逸樂。若能謹小慎微、耿介守正，自然吉而無悔，吝而獲吉。

「**震无咎者存乎悔**」，〈序卦傳〉說：「震者，動也。」震為行動，震動難免造成不安，若能因應震動而採取行動，就不會有毛病。這句「震无咎」可以參考〈震〉卦六三「震蘇蘇，震行无眚」。這個「悔」字不同於前句「悔吝」的悔，前頭之悔是過分的發創擴張而發生損傷懊惱，此句之悔是悔而改過，二者的意義不同。「存乎悔」是說行動要沒有毛病，必須經常改正過錯。自然環境之中，天有不正常的氣候，地有不正常的變遷，但是天地能夠瞬即改正；我們人類生於天地之間，一樣常有毛病，我們要學天地能夠瞬即改過，這是我們

學《易》修持自己的正確態度。例如《論語》說孔子「迅雷風烈必變」，遇到突然變天，孔子就能立即應變，因爲有憂患意識。

「是故卦有小大，辭有險易」，六十四卦之中，陽卦稱之爲「大卦」，陰卦稱之爲「小卦」，〈易例〉：「陽卦多陰，陰卦多陽」。卦辭與爻辭有艱險的，有安逸的，例如〈履〉卦九二「履道坦坦」是易，九三「履虎尾，咥人凶」是險。現象的表現雖然有小有大，有險有易，都還是一個現象。《易經》指示我們，不要以爲現象是小的就不注意，是大的就太注意。《易經》也指示我們如何處置艱險，不要遇到艱險就不知所措，無論艱險或平易，各有其所處之道理。

「辭也者，各指其所之」，每一卦每一爻各有一個趨向，卦辭與爻辭就是指示我們各卦各爻的趨向，無論是陽卦或陰卦，艱險或平易，卦辭與爻辭都指示出其所應來的趨向。

第四章

《易》與天地準，故能彌綸天地之道。仰以觀於天文，俯以察於地理，是故知幽明之故。原始反終，故知死生之說。精氣爲物，遊魂爲變，是故知鬼神之情狀。與天地相似，故不違。知周乎萬物，而道濟天下，故不過。旁行而不流，樂天知命，故不憂。安土敦乎仁，故能愛。範圍天地之化而不過，曲成萬物而不遺，通乎晝夜之道而知，故神无方而《易》无體。

「《易》與天地準，故能彌綸天地之道」，「準」是準確的意思，一般人說錶走得準，是太陽正頂，錶針就指著十二點；說秤稱得

準，是東西為一斤，秤針就指著十六兩。《易經》所佈之卦與所繫之辭，是和天地化生萬物，以及宇宙的變化一模一樣，所以說「與天地準」。宇宙創始為混沌初開，在《易》則為太極；宇宙二個氣化陰陽化生，在《易》則為兩儀，沒有絲毫偏差。《京房大傳》：「彌，遍也」，普遍之義也，彌漫天際也；「綸」是纏裹也的意思。「彌綸」是很普遍地整個包羅住了。「道」從首從走，一開始就有目標地向前行進謂之道。宇宙發展的路線能很普遍地包羅萬象，宇宙怎麼發展，《易經》就怎麼佈卦佈爻，故《易》與天地準，。

　　「仰以觀於天文，俯以察於地理，是故知幽明之故」，天尊高，故須仰著看，地卑下，故須俯著看。第一章講「天尊地卑」，這一章講「仰天俯地」。〈乾〉〈坤〉兩卦的往來就是陰陽的往來，〈乾〉卦九二九五之〈坤〉則成〈坎〉，〈坤〉卦六二六五之〈乾〉則成〈離〉，二五為卦之主爻，分別居內體與外體之中也。離為目，坎為耳，耳目聰明，故能仰觀俯察。第一章講「在天成象，在地成形」，這一章進一步說「成象則有文，成形則有理」。在天仍是一團氣化，有形成形體的趨勢為象，已形成形體的實體則為形。文理只是有個樣法、容貌而已，中空無物。理，紋理也，條理也，凡構成一實體的東西裡頭一定有紋理有條理，無論人、肉、石、木皆然。在天成象未成形體是文，空虛的容貌而已。作《易》者仰頭觀形體未成之趨勢容貌，低頭看有形的文理。「觀」是大略地看，「察」則要仔細地揣摩。仰觀天文，俯察地理，是為了探究宇宙為何有幽暗的一面，有明顯的一面，其緣故是從哪裡來呢？在天成象，天上所布的東西如日月星辰都很明顯。在地成形，地底下的東西有些就看不清楚而為幽隱幽暗。八卦先後天卦位，先天乾在上，坤在下；後天離在上，坎在

下。先天是氣化成象未成形的表現，因此聖人佈卦，乾為天、坤為地。離為明，文明之卦也。坎為暗，隱伏之卦也。仰以觀於天文，離之文明也；俯以察以地理，坎之隱暗也，先天八卦的卦位是乾上坤下，後天八卦的卦位變成離上坎下，這也是根據「仰以觀於天文，俯以察於地理」的變化而布置的。

「**幽明之故**」是否完全是上下之故呢？這裡頭還有其他緣故的。在天成象還是氣，在地成形則已是形。宇宙間一切具體的東西都是從氣化來的，即使地球本來也只是一個氣團，運轉幾億萬年後才凝成實體，所謂氣聚則成形也。《九家易》：「〈泰〉成〈既濟〉。」五上兩爻屬天，初二兩爻屬地，九五陽，陽者氣（能）也；六二陰，陰者形（體）也。〈泰〉天氣下降地氣上升，陰陽交而萬物通之象也，宇宙間一切明朗的現象是九五、六二氣形一聚而明朗的。宇宙間一切物體都不能維持久遠，即使地球，其應有的壽命運行完了，也要成灰。形體一散則還成氣，氣再聚則又成形，形已由三度空間變成四度空間（愛因斯坦的學論），肉眼看不見的則為幽。社會的生活現象不是自然造成的，而是人事來往形成的，但是我們拿「氣聚成形」則「明朗化」、「形散成氣」則「幽暗化」的宇宙自然法則來看人世社會，其現象也是如此。《呂氏春秋・仲夏紀・大樂》曰：「陰陽變化，一上一下，合而成章。」章即天文地理也。《左傳》：「氣聚不可敵也。」當一個人的氣機正在形成，氣正旺時，不要招惹他或對抗他，等他的氣散消了，再去對付他，那就易如反掌。現象正在發展就是氣聚，現象逐漸萎縮或消滅就是形散。

「**原始反終，故知死生之說**」，「原始反終」另一說是「原始及終」。「原」是推原其開始的那一點，「反」是反過來看。《易經》

告訴我們如何觀象，一個現象的產生，先要推原其創始（開端），然後還要把現象倒轉過來，看它將來會怎麼樣收場結束。「原始及終」乃推原其始及其終之義。始，生也，是開始；終，死也，是結束；所以說，始終即生死也，死者生之反也。《論語·先進》：「季路問事鬼神。子曰：『未能事人，焉能事鬼？』敢問死。曰：『未知生，焉知死？』」《九家易》：「〈否〉成〈未濟〉。」〈否〉天地不交，陽氣向上而愈上，陰氣向下而愈下，二氣不交而變成火水〈未濟〉。由天地不交變成六爻皆亂，整個散掉了，一切構成的現象都散亂不堪。〈既濟〉二氣相聚成明，相濟成形，物之始也；〈未濟〉二氣相悖成幽，本身條件都不具備。

　　〈既濟〉是六爻皆得位又相應，「得位」是說陰陽兩氣本身的條件已經成熟了，具備互相結合的條件。但是否能夠二廂情願結為夫妻呢？還要看雙方是否「相應」。如果男女相愛合婚、就是陰陽相應；如果男女合不來，就是陰陽不相應。〈既濟〉六爻得位而相應，於是現象創始了，物之始也，活下去了，細胞的成長即是。〈未濟〉六爻既不得位又不相應，於是現象消滅了，物之終也，死亡了，細胞的衰敗即是。物之始是一個現象的發生，物之終是一個現象的結束，此乃宇宙終始，死生之說就是幽明之道。我們是根據卦爻中陰陽氣化之興旺或低落，而研判其死生。反過來說，知其生則知其死。我們看社會、政治、經濟諸般現象，皆不外如此。將其終始之二端弄得清楚，則可知死生的情狀。《易經》所謂物之始，是基於陰陽二氣相聚；所謂物之終，是基於陰陽二氣分散。

　　「**精氣爲物，遊魂爲變，是故知鬼神之情狀**」，這段文字跟《老子·第二十一章》的內容同義，可以對照來看。《老子》的內容

是：「孔德之容，唯道是從。道之爲物，惟恍惟惚。惚兮恍，其中有象；恍兮惚，其中有物。窈兮冥，其中有精。其精甚眞，其中有信。自古及今，其名不去，以閱眾甫。吾何以知眾甫之狀哉？以此。」我們談養生，講究精氣神。在天爲氣，在地爲精，氣者陽也，精者陰也，在天之陽氣與在地之陰精相交結合，就成一現象或一物體。這要拿人事男女敦倫來講，男女排精，內分泌謂之精，而排精時有一股熱氣難聞謂之氣，相當於物理之電，人走火入魔情慾動，身體發熱爲陽氣化發用，敦倫排精以後覺得疲倦，不是內分泌的損傷，而是那股熱氣的消耗之故。氣比精更重要，熱力消耗則人疲倦不堪。又如罪犯被押上法場，聽到判死刑將斬首，內在的氣整個外泄，內無氣則不能動，所以二腿發軟不能行動。氣乃生命源泉，人工受孕的結果，根據報導都不怎麼成功，就是缺乏那股排精時的熱力之故，光是精子卵子的結合，沒有那股熱力所致，這就像用手工做的麵和機器麵味道不同。每個人的精子卵子都差不多，主要在那股熱力的強弱，祖宗之陰德或遺傳，就是視那股熱力消耗程度之不同而論斷。爲了優秀的下一代著想，要珍惜養護那股熱力。

　　《京房易傳》八宮之說，六十四卦分爲八宮，各宮主卦遵循卦氣運行，字下而上，逐爻遞變，於是產生所謂「世」，一卦由初爻向上至五爻有五變，是爲五世，六變是向下變四爻爲「游魂」，七變再向下變三爻爲「歸魂」。道家所謂出陽神、出陰神都是從鬼頁門出的，鬼頁門，頂門也，謂人頭頂稍近前額之部分。輕清之氣上浮於天，魂也；重濁之氣下墮於地，魄也；魂升天變成神，魄入地變成鬼。《易經》所謂神有二義，一是「鬼神」之神，另一是「陰陽不測之謂神」的神。儒家講「盡心知性」，道家講「修心養性」，佛家講

「明心見性」，三家的功夫都是在修持自己的靈能。人之性能定，不故壞事，不涉壞思想，所謂以慧劍斬情絲（壞思想），不遷怒，不貳過，此乃定的功夫。活時能定，死亡時魂出竅，氣也可以在宇宙間保持較久的時間。但是任何現象只能經過五次變化，所謂「君子之澤，五世而斬，小人之澤，五世而斬」（《孟子‧離婁下》），任何朝代世家好不過五代，臺灣話「有錢不過三代」。游魂散掉了，乾陽離開陰體，陰體必死，但肉身中還有氣，因爲五官百骸還是氣所凝成，但死亡則爲屍、爲魄，故鬼不能離地，見人則鑽入地裡。《京房大傳》六變爲卦之終，爻有七日來復，本宮有一爻，六變爲游魂，卦之終也，七變爲歸魂，陽又下來反生成震，故震爲反生。佛家依據此而創輪迴之說，所謂六道輪迴是也。氣聚則成體，體散則反生爲天空之陽魂，入地之陰魄又歸還到太空而造作成別的東西，死而反生，由此可知死生之說。精爲陰，在地之六二也；氣爲陽，在天之九五也。游魂乃魂不附體，陽氣化走了而浮游於太空，則體必有變，人身之所以熱軟有氣，能思能行，是靠陽魂，陽魂走了，人身必然僵硬。陽是乾，〈乾〉卦卦辭「元亨利貞」，陽氣化要穩定在物體上才能作用，乾陽的德性最後是要穩定，才能構成物象，陽魂游動有反「貞」之德性，所以要變。

「與天地相似，故不違」，人秉陰陽二氣而生，人之生是陰陽二氣天天在增長，人之死是陰二氣天天在消剝。老子講人修持自己的方法是要「載營魄抱一」，營就是魂，人要修持自己就要像車子一樣把魂魄負載好穩定好，抱一而不能分，魂魄分離人就死了。魂是陽氣上升於天，故謂之神，神者伸也。魄是陰氣下降於地，故謂之鬼，鬼者歸也。神之情狀爲上升的輕清之氣，鬼之情狀爲下墜的重濁之氣。

陰陽爲乾坤爲天地，鬼神之情狀與天地相似，有天地就有鬼神。一般所謂神，是造化之神，《易經》更進一步講：「神也者，妙萬物而爲言也，陰陽不測之謂神。」整個天地是陰陽聚散的原理，天且不違，而況於鬼神乎！〈訟〉卦〈大象〉：「天與地違行。」違的現象，乃天之氣化向上走，水之氣化向下走，相反而走，違者相反的運行，陰陽聚散的道理，就是幽明、死生、鬼神、天地的道理，都是不可違背的。

　　「知周乎萬物，而道濟天下，故不過」，鬼神自然是有的，用不著懷疑。沒有道理者只有鬼魄，沒有神魂。活時有定力的，有道理者，死時魂在太空中也能凝定。即使是鬼也有壽命的，人死爲鬼，鬼死爲聻。影子是鬼，影子外頭還有影子是聻。前面講「知幽明之故」、「知死生之說」、「知鬼神之情狀」，這裡跟著講「知周乎萬物」，因爲《易經》卦爻的演變，就是宇宙天地運行的縮影，既然能知幽明，生死與鬼神，則無所不知矣。「周」是周詳、周備、周全，沒有一點遺漏。學《易》而知萬物情狀，爲的是要用來道濟天下的。「濟」是輔濟，以所知的宇宙道理來道濟天下，則沒有偏差，所以不過也。例如教育過乎謹嚴或過乎放鬆，都是偏差。前一句說「不違」，是不會違背相反；這一句說「不過」，是不會有所偏差，就像打靶還是對著靶上打，只是沒有打中靶心而已，所以還不致脫離軌道，違背的程度就較深一層，如果能拿了解萬物情狀的這種智慧來道濟天下，是不會偏差的。

　　「旁行而不流」，既是知周萬物、道濟天下，當然一日萬機，接觸紛繁，其道必旁行，「旁行」是沒有一定的去所，就是說宇宙化生萬物，不是有意的化生此，或是有意的不化生彼。在人的觀點來看，

蚊子蟑螂毒蛇猛獸是不好的，在宇宙則一樣的化生，因為天生萬物必有其用，人之所以認為不好的，是因為人之智識仍然不夠。「流」是流連往返，流動不定，毫無主見，人云亦云。旁行而不流的意思是雖然一日萬機的旁行，但能做到和而不流，不失其主宰。《九家易》根據此而曰「旁行」是六十四卦普遍的運行，這可以參考〈六日七分書〉、《易緯·乾鑿度》。

「**樂天知命，故不憂**」，《易經》道陰陽，陰陽即乾坤。〈坤〉下伏乾為〈復〉，〈復〉內震為樂；〈乾〉下伏坤為〈姤〉，〈姤〉內巽為命；乾為天，又為知；這些卦象合起來看，就是「樂天知命」。我們既然「知周乎萬物」「道濟天下而不過」「旁行而不流」，那麼，天地之間整個運行的道理都能瞭如指掌，就能根據宇宙的大秩序來安排自己的運行，自然不憂無懼矣。人之有憂，是因於不知道未來，對前途沒有把握；若能看清現象而知未來，則能趨吉避凶而無所不樂。既然宇宙整個的來龍去脈，包括自己、社會、天體的命運都能了解，那就沒有可憂慮的了，所以說「樂天知命，故不憂」。

「**安土敦乎仁，故能愛**」，〈坤〉之卦辭：「安貞吉」，大象：「地勢坤」，所以坤有土地之象，且有安貞之德。〈乾〉之〈象傳〉：「大哉乾元，萬物資始」，所以乾是化生的樞紐，故有仁之德。《易經》無非乾坤，法坤之象故能安土，法乾之象故能敦仁，就是能夠敦厚篤實的行仁之義。宇宙的道理，就是宇宙運行演變的道理；乾為仁，坤為安，秉坤之安，行乾之仁；宇宙化生萬物，對萬物無所不愛，法乾坤之象故能愛。前句「樂天知命，故不憂」，憂者主乎內者也，不憂者修其內者也。此句「安土敦乎仁，故能愛」，愛者發乎外者也，能愛者修其外者也。《九家易》說：「〈否〉卦乾上坤

下，以乾據坤，故安土。〈泰〉卦乾下坤上，陽氣下降，陰氣上升，陰陽二氣相交，故敦仁。」學《易》者能隨宇宙之運行而安。安土是安於故土，但求一切平安；敦仁是敦厚篤實地，將仁心發揮出來；這樣秉坤之安，行乾之仁，才能做到泛愛萬物。

　　「**範圍天地之化而不過**」，範與法同訓，圍與周同訓。《爾雅·釋詁》：「範者常也。」就是經常的道理。圍者周也，《易經》之規範能周顧整個天地之化而沒有偏差，言乾坤消息法周天地而不過於十二辰。日月所會之所謂之辰，十二辰即娵訾、降婁、大梁、實沉、鶉首、鶉火、鶉尾、壽星、大火、析木、星記、玄枵之屬也，即十二星宿。日月運行，每月會於其中的一個星辰，而成十二月之歲，乾坤消息十二爻如同日月會於十二星辰，十二月成一歲，十二爻代表一年，每一爻代表一星辰。《左傳·昭公七年》：「日月之會是謂辰。」拿天文圖盤來看：

　　日月會於娵訾，地球辰在亥，斗建在寅

降婁	戌	卯
大梁	酉	辰
實沉	申	巳
鶉首	未	午
鶉火	午	未
鶉尾	巳	申
壽星	辰	酉
大火	卯	戌
析木	寅	亥
星記	丑	子
玄枵	子	丑

在天有十二次，在地有十二辰，〈師〉卦：「師左次。」停止、會合的地方。《易經》根據天地化生萬物的樣法，很周密地效法之。學《易》的人要知周乎萬物而道濟天下，要範圍天地之化，很周顧地效法宇宙化育萬物的章法而不偏差，根據乾坤消息的運行，在人事社會上也是這樣子化育，把握日月運行十二辰十二次的道理去化育。

「曲成萬物而不遺」，「曲」有二個意思，一是偏曲，就是一偏之曲，守之一隅；二是曲者對全而言者也，委曲求全。宇宙化育固然是整個的，但是每一部分就那一部分的生活型態樣法而化育，去賦之以形體，故在水中化成的有鱗介，在空中化成的有羽翼，這就是一偏之曲。順著萬物的群性來化育，走的給予四足，飛的賦予二翅，讓它有生存的工具，是完完全全的化育，不偏於一隅的一偏之曲。如何扶導社會呢？對於富裕的社會，有富裕的樣法；對於貧苦的社會，有貧苦的樣法。宇宙化育萬物，沒有階級，沒有遺漏，萬物皆有生命，宇宙皆有全愛。

「通乎晝夜之道而知」，晝夜是指陰陽剛柔，是反復運行不息的。通乎陰陽運行的道理，而知鬼神、幽明、死生，乃至於知周萬物，現在又知道晝夜運行的道理，通乎這道理才能知道一切，所謂「吾道一以貫之」。前面說學《易》有那麼多條件及情況，是各別的，最後要了解宇宙陰陽運行的道理，一以貫之，則無所不知矣。

「故神无方而《易》无體」，「神」有三個意思，第一是「鬼神」之神；第二是「神也者妙萬物而爲言者也」的神，是指化育萬物情狀的神妙而言；第三是「陰陽不測之謂神」，陰陽往來變化，造物化育萬物，那種神妙的情況，有造化小兒，或西洋所稱上帝的那種意味。但是這個「神無方」，方者偶也，聚會之所謂之方，「神无

方」是沒有一定的聚會之所。前頭「曲成萬物而不遺」，再「通乎晝夜之道」，能夠隨之物宜而付之物形，故曰「无方」。《易經》在宇宙化育來講謂之神，在學《易》者來講謂之《易》。《易經》「惟變所適」，沒有一定的體制。《老子・第三十七章》：「無爲而無不爲。」無爲是沒有匠意，不刻意在石板上栽花，不親納私己，也不排除異己，無爲者無所謂也，是「易簡」的道理。宇宙化育萬物沒有什麼出奇的，是自然而然的，沒有匠意的。民心之所趨，吾便趨之；民情之所惡，吾便惡之；像宇宙化育萬物，隨之物宜而付之物形。故學《易》者治理天下，也是這樣子沒有一定的成見，可以自然而然的達成社會的需要。道與天地相似，學《易》者可以知道天地之化。

第五章

一陰一陽之謂道，繼之者善也，成之者性也。仁者見之謂之仁，知者見之謂之知。百姓日用而不知，故君子之道鮮矣。顯諸仁，藏諸用，鼓萬物而不與聖人同憂，盛德大業至矣哉。富有之謂大業，日新之謂盛德。生生之謂易，成象之謂乾，效法之謂坤，極數知來之謂占，通變之謂事，陰陽不測之謂神。

　　彌綸天地之道，曉得宇宙的幽明、死生、鬼神，以至無所不知，跟著宇宙運行，以天地之道來濟天下，這是第四章所講的內容，但道是什麼呢？第五章接著要說明。

　　「一陰一陽之謂道」，「道」從首從走，首是有目標、有開始，走是指宇宙的運行。其義爲宇宙自發端開始就有目標的運行，換言之，道是宇宙發展的路線。準此以論，則西洋所謂的亞當、夏娃即

乾坤，上帝爲太極。萬物之所以能夠生長，是從陰陽乾坤的運行來的，孤陰不生，孤陽不長。「一陰一陽」並不是指一個孤陰，一個孤陽，《莊子・天下》：「《易》以道陰陽。」宇宙運行的路線就是一陰一陽，靠陰陽運行來達成生長的目的。

「**繼之者善也**」，孟子主張性善，荀子主張性惡，楊子主張性混，這是儒家最重要的東西。〈乾〉卦「元、亨、利、貞」，〈文言〉：「元者，善之長也。」居善之長者，乾元也。乾元開化萬物，本來就是善的，故謂之「繼之者善也」。宇宙陰陽運行而化育萬物，化生又化生，綿延不絕，這是基於陰陽的運行是善的。同樣的，我們如果有良善的政體、法制，一定能使國祚綿延不絕的繼續下去，因爲其本身也是善的。換句話說，那政制體制是善的，一定能延續下去；宇宙化生是一陰一陽的運行，能發展下去，就是善的緣故。宇宙萬有，雖奇妙迭出，然無一非自太極而來，太極混淪一片，無所謂善，亦無所謂惡。自太極分爲兩儀之後，宇宙始見其容，於是陰陽化生繁衍，那是善的；至於性惡、性混之說，是根據這一點來的。〈乾・文言〉曰：「元者，善之長也。」乾元開化萬物，本來就是善的，所以說「繼之者善也」。

「**成之者性也**」，炎上的性能成就火，潤下的性能成就水，有那種性能就能成就那種形體。人性之所*趨*，有偏於現實的，有偏於理想的；偏於理想者，從理想去發展，而成就理想之事業；偏於現實者，從現實去發展，而成就現實之事業。〈乾・象〉曰：「大哉乾元，萬物資始，乃統天。」虞翻：「乾能統天生物。」統天就能成就萬物，但是乾不能自己養育。〈坤・象〉曰：「至哉坤元，萬物資生，乃順承天。」，坤順承乾之統天生物，就將生物養成形體，所以「乾

知大始，坤作成物」，〈坤・文言〉曰：「地道无成，而代有終。」宇宙是天來統御萬物，地來涵養萬物，萬物在繁衍化育之下，而各正其性命。哪個都對，哪個都不對；各有各的樣法，命也；且各有各的性能，性也。人也是萬物之一，也是造化化育成的，天道一陰一陽，人道則一男一女。人性源頭一本於天，但人性發展各有趨向，所以說「成之者性也」。

　　中國儒家講人性的有三派，孟子性善，荀子性惡，楊子性混。孟子講性善，但是裡頭有虧欠而不圓融之處，故有性惡、性混之說繼之而出。孟子謂：「惻隱之心，仁之端也」，例如見人危而有怵惕之感。「羞惡之心，義之端也」，例如不食嗟來之食。「辭讓之心，禮之端也」，例如孔融讓梨。「是非之心，智之端也」，例如沒受教育的老嫗懂得是非。因為這些都是先天的，從人性來的。荀子講性惡，「今人有好貨焉」，由好貨以至於竊盜，「今人有好色焉」，由好色以至於淫亂。楊子講性混，認為人性是渾渾噩噩的，像太極是渾沌一片，無善亦無惡，善惡是後來的趨向。

　　這三派以孟子最對，楊子其次，荀子則錯了，何以故？性好比是一把鏡子，可以照東西，但是放置在箱子裡沒有拿出來用，仍舊是光明之形體，只是沒有發用而已。性、心、情，一般人都把心性、心情、性情混著講，其實其中是有區別的。性，無感為性；心，有感為心；情，感之至者為情。性是先天的境界，沒有感覺，好像箱中的鏡子尚未發用。心是把鏡子拿出來發用了。情是發用後有所偏愛，鏡子專門拿來照那偏愛的東西。荀子謂今人有好貨好色，發展以至於竊盜淫亂，其實這是情，以情作性是錯誤之至。如果像現在國內大學有些教授講荀子性惡，而不以為誤，那麼共產黨是人性惡的發揮，如果性

惡是對的，那還談什麼反共？秦始皇用李斯為相，獨尊荀子，排斥各家，以肆其暴虐，這是性惡之說的遺患無窮。

虞翻：乾繼天道而創發萬物，坤據乾與乾相合而養成萬物。《易》以乾繼天統，故「繼之者善也」。《易》以坤養化萬物，故「成之者性也」。造化化育萬物，皆經一陰一陽之道而不斷繁衍，化開來講即「繼之者善也」；萬物在化育後，即各安其分，各正其性命。人天接續之間，人能把天道的一切接續下來，人生一小天地，天地之道在人身很融洽地發展下去。人性來自天道，但後來發展則各趨所趨，所謂「性相近，習相遠」也。一個國家社會統治者不同，則國家社會有不同的生活樣法，各朝代社會生活所表現多少有不同的方向，此即「成之者性也」。

「仁者見之謂之仁，知者見之謂之知。百姓日用而不知，故君子之道鮮矣」，歷代梟雄盜取天下，玩弄百姓，由此而來。人性發展到後來各有所趨，有愛好理想者，有愛好現實者，故仁者見道，以為乾道能發創萬物，使欣欣向榮而永遠地延續下去，這是本乎一片的仁心，故「仁者見之謂之仁」是偏於形而上的理想。智者看造化化育萬物極為巧妙，像蝴蝶的圖案，螞蟻的速度，真是聰明極了，這是極智慧的，故以為天道就是智，「知者見之謂之知」是偏於形而下的現實。一般老百姓跟著地球跑，日出而作，日入而息，天天用其道而不知道這就是天道，《老子‧第十七章》所謂：「功成事遂，百姓皆謂我自然。」能夠了解道之全貌，超過一般老百姓的君子，畢竟是極少數的，而極少數君子的話反被多數平庸者掩蓋住了。

中國過去取才有「賢良方正」—有道之士，「茂才異等」—科技人才，賢良方正是用來領導茂才異等，因為重視賢良方正，有道之士

每可成為一地方的名人而維護一地方之風氣。現在一切以科技為主，重實利而輕道理，君子之道鮮，則社會風雨飄搖，混亂一片。人性既各有所趨，難免有偏差，要使人人團結，一個鼻孔出氣，是很難的。知道有偏差的，尚且是知識份子，一般老百姓則茫然無知，社會國家中鮮有獨立而不改者，歷代之梟雄乃乘虛而起。現在則是商人玩弄消費者（尤其是女性），當政者玩弄老百姓。

「**顯諸仁，藏諸用**」，一陰一陽之道，平時是看不見的，乾陽創造萬物，人不可見，不過在「仁」可以看出來，花開即是乾陽造化的力量，在生機突發之時可見，發展生機就是仁，仁是生機樞紐之所在，人有所謂麻木不仁，就是沒有生機了。人性不同，各如其面，人的精神意志很難了解，五官百骸則一望可知。心理狀況是乾陽，一件事情發生時，喜怒哀樂的表現，所謂興奮的表現就是仁。乾陽創發萬物，只有在生機發動時可見，花開之剎那，是乾陽在內發動，那就是仁。乾元出震入巽，自震卦一陽生出，從巽卦之陽鑽入，出震發動了，「顯諸仁」也。但不可能永遠發動，一段時期後還要收回來，休息一會再發動，就像不可能一年四季都打雷一般，夏天常打雷是「顯」，其他季節不打雷是「藏」。〈說卦〉：「致役乎坤」、「坤以藏之」，役者用也，故謂「藏諸用」。乾元是天道，發揮生機時可以表現，平時則藏之於將用的地方。顯諸仁，乾陽出震是萬物的出機；藏諸用，乾陽入巽是萬物的入機。不只是乾用坤藏，萬物都有發用與收斂的時候。

「**鼓萬物而不與聖人同憂**」，乾陽鼓動萬物的生機，〈說卦〉：「動萬物者莫疾乎雷」、「震以動之」，〈乾〉卦九二「見龍在田，利見大人」，九五「飛龍在天，利見大人」都有大人之象，大

人者，聖人也。二爻與五爻分別位於內外卦之中，是爲坎爻，坎爲心病，又爲加憂，有憂心之象。《易經》是代表宇宙的，聖人秉宇宙之道來開物成務，宇宙如何化生萬物，最賢明的統治者也就如何統治百姓。宇宙化生萬物是出之於無心，故無憂慮；聖人開物成務要有計畫，雖然仿效宇宙造化，卻是有心作爲，故有憂。作《易》者其有憂患乎？文王拘於羑里而演《易》，就是來自憂患。宇宙化生萬物與聖人開物成務不同，宇宙無憂，聖人有憂，所以說「鼓萬物而不與聖人同憂」。

「盛德大業至矣哉」，「盛德」是指乾陽，「大業」是指坤陰。稱讚一陰一陽之道，德之盛，業之大，至矣哉。陰陽無非乾坤，乾爲德而顯諸仁，是鼓舞生機的，當萬物發展生機之時，乾陽就表現出來了，此德之盛者也，所以〈乾‧象〉曰：「雲行雨濕，品物流行」。坤陰根據乾陽的發創而涵宏光大，成就乾陽化生萬物的大業，所以〈坤‧象〉曰：「坤厚載物，德合无疆」。

「富有之謂大業，日新之謂盛德」，陽氣化是擴張之性能，無時不有，沒有一時之間斷；陰氣化是凝聚之性能，因爲有凝聚能力，才能成就固體。萬物靠凝聚而成就體象，坤廣生而厚德載物，故坤能富有，而且無所不有。在天爲陰陽，在《易》爲乾坤，在人爲精神意志與五官百骸。因爲有乾陽不斷地鼓動生機，例如心臟的跳動，才能維持我們身心功能日復一日的正常運作，這就是乾陽的盛德。就八卦方位而言，先天的乾卦在後天則爲離卦，離爲日，又爲麗，所以有「日新」之象。

「生生之謂易」，《易經》講的是宇宙現象，宇宙萬有本有生生之象，《易經》也講陰陽相生，陰生陽而陽生陰，陰復生陽而陽復

生陰，就像宇宙化育萬物生生不已。後頭的章節還有一句「《易》有太極，是生兩儀，兩儀生四象，四象生八卦，八卦定吉凶，吉凶生大業。」也是講《易》的生生之道。此外，老子《道德經》第四十二章：「道生一，一生二，二生三，三生萬物」，這個一是太極，二是兩儀，三是八卦六十四卦之複合，三生萬物是複合變化無窮而生萬物，那也是講生生之道。還有周敦頤《太極圖說》：「太極動而生陽，動極而靜，靜而生陰，靜極復動。」則是講陰陽動靜相生不息的生生之道，這些都可以用來解釋「生生之謂易」。

「成象之謂乾，效法之謂坤」，《老子・第二十一章》：「道之為物，惟恍惟惚。惚兮恍兮，其中有象；恍兮惚兮，其中有物。窈兮冥兮，其中有精；其精甚真，其中有信。」乾陽所鼓動的還是形而上氣化的做法，成象是靠鼓動的能力，成形則靠凝結的能力。凡事態尚未有具體表現是象，已有具體表現之事實則為形，故還是象，有太極一片混淪的現象，陽數一三五七九，一是太極，動而為三陽，乾陽為三，古來天字是從乾卦☰來的，乾象已成，效法乾象之體，偶而兩之，凡是成體的東西一定是化合物，不再只是一個元素而已，已是二個以上的元素，故做法偶而兩之，在天之氣化，徵象不顯，落地成形才顯。天既成象，坤陰再把乾陽的氣化凝聚而變成坤，故天三地二。

「極數知來之謂占」，宇宙任何發展的現象裡頭都有數，譬如國家動亂的程度、大小、時間、長短，皆數也，任何宇宙社會的表現皆然。《易經》拿數來控制萬物，陽用九，陰用六，文王把宇宙萬物用四來區分，故謂四營，四是判別數，即西洋的四色定律。陽爻用九，每一爻數是36，〈乾〉卦六爻，故〈乾〉卦陽爻之策數為216。陰爻用六，基數是24，〈坤〉卦陰爻之策數是144。陽策216，

陰策144，合之則360為周天一年之數，一如六日七分畫。但這只是〈乾〉〈坤〉二卦，整個《易經》，陰陽各有192爻，共384爻，陽數36乘以192等於6,912，陰數24乘以192等於4,608，6,912加4,608等於11,520。數在《易經》之中已經排定了，是為11,520策數，可以把宇宙社會繁複萬千的現象性能相近者，歸納而分為11,520例，當萬物之數，那一類的策數則以那一類的卦去應對，故只要把數推演到極至，則可知未來。

占卦是用七八九六，逢七九為陽，逢八六為陰，七是少陽會變，九是老陽不變，八是少陰不變，六是老陰會變。老陰一變成陽，老陽一變成陰，占九為陽，陽極一動成八之陰，八是少陰，發展漸成老陰之六。陰極一動又變成七之少陽，少陽再發展成老陽之九，陽極而動又成少陰之八。陽主文明豐盛，陰主陰暗混亂，故隆盛昇平一段時期則混亂，混亂漸久則又太平，一治一亂，一盛一衰也。成體的沒有不變的，變好是陰變陽，變壞是陽變陰。接著是占卦的步驟：第一，所有的數是11,520來計算宇宙所有的現象，找出我們所要知道的一點，然後根據此策數來判斷現象的發展。第二，占卦是七八九六，卦位九陽已老，維持得好還可以多留一段時期，不好則很快地變壞，此為陰陽往來，出神入妙。《易經》占卦，告訴我們陰陽往來的狀態。

馮夢龍《東周列國志》說：「天定勝人，人定亦勝天。」木本花不可能變成草本花，是天定勝人的；雖然變質不可能，但是勤加灌溉培護，則草本花還可以開得比木本花好看，這是人定勝天的。可見在世態反復中，有人定勝天的途徑。已知策數要壞，爻位上有作怪者，針對那一點加以關照，則可逢凶化吉。又如人一定會衰老死亡，這是

天定勝人，但如果保養有方，針對五臟六腑中最弱的一環加以培護，可以延年益壽，這也是人定勝天，此道家養生術也。國家人身皆不外此，治國者要培固最弱的部門，國祚久暫，端視其做法，是人定勝天。根據《易經》的道理看大陸的局勢，可能要分裂而後消滅，這是中國的絕學，能加以發揚光大，才是爲往聖繼絕學，爲萬世開太平的作爲。

「**通變之謂事**」，乾爲變，坤爲事，事是作爲，現象永遠在變化，要通變才能有作爲。我們看世界社會事態的運行，現在有什麼變化，要做一些與變化相關的事，這才是通變；如果做一些南轅北轍，互不相干的事，不如不做。乾之變化後交給坤陰去養，這是由乾通變而致役乎坤，坤的一切事業作爲，是因應乎乾的變化。坤能養成萬物，要與乾之變化通達融洽，人能通達變化，才能成就事業，而有所作爲。國家在興盛太平時期，進行創造建設，也要通變，究竟是以民生爲主，或以民族爲主，或以民權爲主，要合乎國家需要，而與國際情勢等現象變化相互配合。在國家敗壞混亂時，要談創造建設，就像石板栽花，不能通變也。《易經》能夠很自然地將現象納入卦爻，這也是通變。

「**陰陽不測之謂神**」，乾出震入巽，往來不著痕跡，人不能測知其跡象，就是「陰陽不測」。可是萬有雖然複雜，但不能離開陰陽，陰陽往來，潛移默化，莫知然而然，莫知至而至，故稱之爲「神」。此神也者，妙萬物而爲言者也。所謂三魂七魄，魄是屍氣，魂是靈氣；魂氣聚集謂之神，魄氣聚集謂之鬼；在生時有大修持者，死時魂才能凝聚不散。鬼也有一定壽命，生時身體強壯，則魄的壽命長；生時身體衰弱，則魄的壽命短。鬼越老越縮小，故有所謂「新鬼大，舊

鬼小」。造化之神發展萬物，沒有一定的偏愛，所謂「神无方也」，故陰陽不測。陰陽往來沒有軌跡可循，陰而陽，陽而陰，不可一概而論，也不可能由這一途徑去發現，而是在冥冥之中虛應的，所以說「陰陽不測之謂神」。

第六章

夫《易》廣矣大矣，以言乎遠，則不禦；以言乎邇，則靜而正；以言乎天地之間，則備矣。夫乾，其靜也專，其動也直，是以大生焉。夫坤，其靜也翕，其動也闢，是以廣生焉。廣大配天地，變通配四時，陰陽之義配日月，易簡之善配至德。

這一章是接著上章所講「生生之謂易」，再說明易與乾坤之意義。

「夫《易》廣矣大矣」，〈乾‧彖傳〉：「大哉乾元，萬物資始，乃統天。」乾是向外發揮的東西，故無往而不至。在自然宇宙之源頭是陰陽，在《易經》之綱領則為乾坤。沒有乾陽，則不成其為宇宙，因為萬物皆由乾陽資始，乾陽可以統御整個宇宙，是無限大的。能容納生長萬物為坤，故為廣生，坤陰所養育者無限廣。《易》以乾坤為支柱，乾是無限的大，坤是無限的廣。

「以言乎遠，則不禦」，虞易：「禦，止也。」《爾雅‧釋言》：「禦，禁也。」禁就是止，俗言禁止。太空的現象究竟是怎麼個樣子？根據人類的視覺向四面八方看，因為是以自己為中心，都認為太空的形狀是個圓的，其實太空是遠到沒有止境的，從四面八方往前都走不盡，是無限的遠，故孔子曰「以言乎遠，則不禦」，這已說

明了太空的形狀，不曉得有多大，不知道其中央。《易經》推測一切的東西，也是達到無限的，人無法想像的境界也可推及。《左傳‧昭公十八年》：「天道遠。天高澤遠，其大無外」，遠的象徵是從天道來的，是沒有止境的。

「以言乎遠，則靜而正」，楊子《法言》：「聖人之言遠如天，賢人之言邇如地。」〈坤〉之大象「地勢坤」，所以坤爲地；天遠而地近，「邇」者近也。〈坤〉之卦辭「安貞吉」，所以坤有安貞之德；安就是靜，貞就是正，安貞就是「靜而正」。坤法地道，地道邇，人眼前所見的就是地，是很實在很正確的東西，不像乾是無限的遠，無限的空洞。《易經》發揮到遠則沒有窮盡，所以說「以言乎遠，則不禦」；《易經》發揮到近則實在而眞切，所以說「以言乎邇，則靜而正」。

「以言乎天地之間，則備矣」，《易經》講乾坤，代替宇宙間的陰陽二種氣化，宇宙萬有固然複雜，但不外陰陽二種氣化。宇宙萬有有二種趨向，一爲由陽多而至於陰多，另一爲由陰多而至於陽多。例如砂石土壤是靜態的，所以屬於陰多；再進步到蟲魚鳥獸，則更富陽能，是屬於陽多。這樣子由礦物進化到植物，再進化到動物，更進化到人類，就是由陰多到陽多。人類是三度空間（實體空間），陽能最豐富的了。最後是鬼神，已是四度空間的東西，則幾乎全是陽能，陰已經少得可憐。《易》憑藉乾坤來生生不已，在宇宙則憑藉陰陽二氣化來化育萬物。「以言乎天地之間，則備矣」，是贊《易》以乾坤作爲綱領，具備生生之道。

「夫乾，其靜也專，其動也直，是以大生焉」，陰陽二儀，陽爻之畫一（━），陰爻之畫兩（━ ━）。乾陽始於一，以一爲其基本標

幟。道家靜坐的功夫，就是要使人心身兩界能夠專一，所以對外言觀象，對內言守竅。守竅是取一的功用，使繁雜的意念變得簡單。觀象是在房內掛字畫或專注精神於一物，掛字畫並非富而好雅，是要藉由觀看字畫來收斂精神，使心不外馳；所以掛字畫是為了收心，這樣才能對內守竅，然而百姓日用而不知其意義。孟子所謂「學問之道無他，求其放心而已」，乃守竅也。精神純一則靜而專，心不外馳，心在沒有發用時，是靜而專的，孟子所謂盡其心者，是把心完整的放在其位而不外露。心一發用，則心思意志是完整的念茲在茲，顛沛必於斯，造次必於斯，甚至夢寐思之，所以說「其動也直」。直者，毫無反顧，毫無疑貳，心思如直；為什麼能夠無反顧且不疑貳？因為整個心思都放在這個動作上。可見乾之發用，靜很專，動很直，思考專一則周全，動用後則凡事完備，故能成就乾陽之大，所以說「是以大生焉」。乾之基數是一，是純粹專一的，人應該效法乾陽那樣「其靜也專，其動也直」，每天能有十分鐘念茲在茲，意念專一不駁雜，不但可以長壽，而且智慧昇華，可以了解過去，預知未來。「靜也專」是成之於內的，「動也直」是發之於外的，「一」的功夫即孟子盡其心的功夫。

　　「夫坤，其靜也翕，其動也闢，是以廣生焉」，凡任何物體現象，都不是出自一個的，而是二個以上的分子所造成的；換言之，不是單數，而是偶數。二個以上就有分有合，一個就無所謂分合，一分就開，一合就閉，有分有合，就有開有閉。「翕」者，合而閉也；「闢」者，分而開也。人用腦過度則手腳發輭，是體內陽能陽氣消耗太多之故，這跟男女房事太多縱慾過度，排氣排精過度一樣。所以書生（讀書人）多半瘦弱，而做田的農夫不必多用腦筋，多半肥壯。坤

是二個數目字，故在靜不發用時就會合起來，在動而發用時就分開，所謂比方、比方，相比而成方也。有分就有合，有合就有分，在合而閉時是靜的狀態，可以孕育萬物；在分而開時是動的狀態，蟄者起而生生不已。當其深藏時，萬物賴之而養於內；當其動出時，萬物賴之而暢其生，故曰「廣生焉」。

「廣大配天地，變通配四時」，乾是一個東西，在「能」而言為大；坤是二個東西，在「量」而言為廣。乾為天，坤為地，所以說「廣大配天地」。虞翻以十二月消息解釋「變通配四時」，十月〈坤〉、十一月〈復〉、十二月〈臨〉配冬；正月〈泰〉、二月〈大壯〉、三月〈夬〉配春；四月〈乾〉、五月〈姤〉、六月〈遯〉配夏；七月〈否〉、八月〈觀〉、九月〈剝〉配秋。十二月消息迴而復始，就成了每年的四時。《易經》之卦的變化，就是氣候的變化，是依時間來的，所謂「與時偕行」之義也。時候應當變，一變則通，不變則不通，例如時交春而行冬令，則萬物不生；時交秋而行夏令，則閉塞不通。凡有所變動，都要配合當時的需要，所以說「變通配四時」，孟喜卦氣一派就是奉此句為圭臬。

「陰陽之義配日月」，《易》言陰陽是根據日月之象，日月在晝夜川流不息地運行，以日為陽，以月為陰。《易》以乾坤為綱領，先天八卦的乾陽，在後天八卦為離日；先天八卦的坤陰，在後天八卦為坎月，所以說「陰陽之義配日月」。人在向外發創時，要以日為標準，無所不照，無微不至，不能得之於此，失之於彼；人在向內收斂時，要像月一樣，滋潤萬物，月光滋潤萬物的力量比雨露更大。月亮有所謂為廣寒宮，因為萬物在白天受日照太燥了，晚上就需要月光來滋潤，來涵養內在的陽能。

　　「**易簡之善配至德**」，易，平易也。乾陽創造萬物的法門是平易的，而非像我們所想像的那麼精微，譬如說年年驚蟄打雷，亙古不變，是很平易簡單而不複雜的，乾陽創始萬物是平易而不艱難的。有人說宇宙最簡單的東西就是最高深的道理，孔子「極高明而道中庸」，人隨時序日出而作，日入而息，能動就動，是宇宙最高深的道理。至德，天地之德也。天地化育萬物是隱而不顯的，但亙古不變，故在太空中能化生無數的星球，在地面能育無窮的萬有，天地化育萬物是無軌跡可循的。乾有至健之德，故易知，坤有至順之德，故簡能，很簡便地化育萬物，至健至順之德是來自易簡。人對日常飲食起居的生活習慣從不厭倦，但對天天要做的工作、事業卻很容易感覺厭倦，這是錯誤的自作小聰明，好比是到處挖井而不深入，一生挖井不見水。如果能法乾坤之至健至順則沒有不成功的事業。人類反身自問就可知易知易簡之道理，《孟子·盡心上》：「人之所不學而能者，其良能也；所不慮而知者，其良知也」不慮而知是易知，不學而能是易簡，不學而能則做得最真切，不慮而知則知得最真確。

第七章

子曰：「《易》其至矣乎！」，夫《易》，聖人所以崇德而廣業也。知崇體卑，崇效天，卑法地。天地設位，而易行乎其中矣，成性存存，道義之門。

　　「子曰：『《易》其至矣乎！』」「子」是男子的美稱，夠得上相當於聖賢的標準者，才可以稱「子」。當時孔子文章寫到此，要另起發端，有重新加以說明的必要，而稱「子曰」，這是文章承接的

用語，是孔子以自己立場的寫法。有人以爲既有「子曰」二字，可見〈十翼〉不是孔子作的，那是不懂得古文的筆法。孔子接著前章另起一段，重覆讚曰：《易經》眞是到了極限，無往而不至，無微而不入了，所以說「其至矣乎！」

「夫《易》，聖人所以崇德而廣業也」，聖人拿《易經》來崇德廣業，乾爲天，天象崇高；坤爲地，地爲業，地象廣；修持自己的德性是「崇德」，廣大自己的事業是「廣業」。一般人不曉得人之發展要像乾坤那樣易知簡能，而且一般人也不能自成其性，不能天天做事而不會厭倦。只有聖人能自成其性而拿乾坤來崇德廣業，此皆得之於《易》。乾爲天，天象高明，高明配天，故能崇；高而且明，人法之則無微不照；坤象博厚，能厚德載物，人法之則能擴大事業；崇德效天，廣業法地。

「知崇體卑，崇效天，卑法地」，王弼改「體」爲「禮」，並不妥當。知崇體卑有二義：一，所知者是極高明的，但在身體力行方面還是腳踏實地，從下做起，極高明而道中庸。二，知崇是要了解得很高，然後才可以鉤深致遠。西方科學家的立論是一段一段的，不是整個貫穿的，所以不能永久存在，是其短處。現在愛因斯坦的相對論取代了牛頓的萬有引力，焉知將來不會有新的理論將其取代。知道得遠，所得才多，德者得也，所得增多，德性就高。體卑而行，則一定能篤實地從近處著手，這樣行爲才能周全；體卑正所以廣業也，所謂「登高必自卑，行遠必自邇」是也。知指乾而言，乾象天，天象空明；惟其高，故無所不包，惟其明，故無所不知，才能成就其高不可攀。聖人效法天要空明，聖人什麼都知道，知道了還是空。一般人知道了就心存芥蒂，因爲起疑心而生偏差；聖人則明而空，不把它所知

道的放在心裡。坤是正位居體，故「體卑」的體是指坤而言。坤法地，坤是切切實實的，山頭土石雖然複雜，但各有各的條理，才能成就博厚無疆之地，故曰「廣業」。

「天地設位，而易行乎其中矣」，大哉乾元，乃統天；至哉坤元，乃順承天。乾施坤受，乾干擾、主動；坤承受、被動；乾施是主動，坤受是被動。宇宙天地設位，虞翻：卦有六爻，乾坤各三爻，初三五是陽位為乾，二四上是陰位為坤。在卦象而言，此為天地設位，因為天地設位就生變化。出乾入坤，周遊六虛，易在天地設位之六爻中運行，其意義是天高在上，以空明為用，無所不包，無所不容，此即天施之於上；地卑在下，篤實其形，條理分明，此即地承之於下；萬物一生一長，於是變化乎其中。我們人類法天地化育萬物，高頭有天施，下頭有地承；做任何事業，都要考慮天是主動，就是要有策劃者；地是被動，就是要有執行者。首先要設置乾坤的綱領，政府是乾，人民是坤，如此才能生養生息而生變化；布置好一施一受的位置，才能夠求事業發展。

「成性存存，道義之門」，成之者性也，根據乾坤消息，乾坤是更替的。性有物性，有人性，是從乾元而來。性自乾元來而致役乎坤，坤養就是成之者性也。坤涵養就是成，性是乾，坤是成，成性二字就是以坤續乾，坤代有終也，乾在創始之後，就交付給坤來繼續涵養。「存存」有二解：第一，是存之又存，強調保存，以坤養保存乾元之性，孔子怕後人淡忘此句而強調之。第二，前一存是保存乾元之性，後一存是不僅保存有乾元之性，還要把坤所完成者也要保存得住。前一存是存其性，後一存是存其所以成之者。

我們在前面第五章「成之者性也」提到：火性炎上，水性潤

下，是物之性也；有偏於理想，有偏於現實，是人之性也。「乾知大始，坤作成物」，最後則是由〈坤〉卦〈文言〉「坤代有終」，所以乾爲性，而坤爲成，故稱「成性存存」。第一個「存」字，是要保存「乾知大始」，也就是保存乾元之性。第二個「存」字，是要保存「坤代有終」而完成的形體或事業，也就是存其所以成之者。

　　乾爲道，坤爲義，出乾入坤，有門之象，乾坤其《易》之門也。〈乾〉卦〈象傳〉：「乾道變化」，故出乾爲道門。《乾鑿度》：「地靜而理曰義」，故入坤爲義門。乾爲道而乾元爲性，既成其性，道就生。坤爲義，地安靜實在而很有條理，鳥應飛使飛，魚應游使游，應該怎樣就怎樣，既成其性，又存其所以成者，故義生。以乾坤爲門而產生道義，學《易》者法乾坤而道義自生。

第八章

聖人有以見天下之賾，而擬諸其形容，象其物宜，是故謂之象。聖人有以見天下之動，而觀其會通，以行其典禮。繫辭焉，以斷其吉凶，是故謂之爻。言天下之至賾，而不可惡也。言天下之至動，而不可亂也。擬之而後言，議之而後動，擬議以成其變化。

　　「聖人有以見天下之賾」，聖人指伏羲，因爲此處是講觀象與設卦，也有人說是指爲文王、周公，則嫌勉強。「賾」，幽隱也，但幽隱仍不能盡其義，質而言之，賾是指剛發生的東西，例如萬物剛開始化生之初，形跡隱暗，不見其形，故曰「賾」。楊雄《太玄經》：「賾，陽氣潛在地下，養萬物之根荄，而化生在賾也。」由此可見，賾即陽氣始生。虞翻謂「賾爲初」，因爲宇宙剛開始化生時是乾元，

乾元多半伏之於初，如〈復〉之初䷗，不見不聞，所以有幽隱之象，
這是形容其狀態而非其意義。乾坤相通，坤居乾卦二爻則成離為見，
先天八卦的乾天，即為後天八卦的離目，故有見之象。

　　「而擬諸其形容」，「擬」是構想、摸擬、揣摩。根據發生之初
的朕兆，去構想其形容。「形」，跡也，「容」，貌也。形跡容貌在
萬物化生之初皆不可見，從在天成象到在地成形，在天成象是「見天
下之賾」，在地成形是根據可見的那一點，而「擬諸其形容」。宇宙
或社會現象皆不外如此，根據其剛剛發生的一點朕兆，就可構想揣摩
其將來可能發生的具體結果。「賾」是看不見的幽隱，「形容」是看
得見的成果。

　　「象其物宜，是故謂之象」，但這種構想、推測，必須「象其物
宜」，《詩經·烝民》：「天生烝民，有物有則。」中國講物，一方
面是講實體的物，一方面是講現象的表現。《老子·第二十一章》：
「惚兮恍兮，其中有象；恍兮惚兮，其中有物。」這就是「象其物
宜」的意境。宇宙化生之初是惚惚恍恍的，好像有那麼一點東西，
也好像有那麼一點表現。〈繫辭上傳〉講的多半是乾坤，「擬諸其形
容」是講坤陰，「象其物宜」是講乾陽。從其朕兆構想其成果，所構
想的對象是陰，所擬者陰也。類似其剛開始的東西應有的表現，所類
似的對象是陽，所象者陽也。《易經》的「象」就是告訴我們如何揣
摩開始發生時的朕兆及其應有的表現。現代語所謂「象」是一種推理
或推測，這種推測並非是漫無依據的，所依據者，是其應有的表現
也。

　　「聖人有以見天下之動」，「象」是講一個整體、一個卦，
「動」是講整體中各段落現象的變化。此處聖人是指文王、周公，因

爲文王繫卦辭、周公繫爻辭，都是側重變化，伏羲畫卦則側重象。「動」是指一卦之六爻周游六虛而變動不居，因爲現象只要是存在的一天，就不停地在動。任何現象的動，不是孤獨的，譬如現在這個「易經講座」，有說者，有場地，有聽者，結合這些現象才動得起來。首先，動的內容一定有所結合；其次，動的結合要能往來通暢，這是「動」的要件。

「而觀其會通」，聖人如何判斷辨別現象之動？要觀其會通。「會」者會合也，「通」者往來也。現象之動一定要往來會合，往來會合是動的基礎。聖人看現象的動，是根據其往來會合來判斷辨別。但是如何觀法呢？就像前句想要「擬諸其形容」，必須「象其物宜」一般，這兒想要「觀其會通」，則須「行其典禮」，這是它的條件。「會通」是指乾會坤，因爲純陰純陽談不上動而會通。宇宙在後天運行中都是陰陽結合的，沒有單純的陰或單純的陽，純陰純陽只是作《易》者推測宇宙在陰陽結合之前，一定有陰或陽自身的發展，而爲先天的乾坤。這可以從先天八卦與後天八卦的比較來看，後天八卦中乾坤各居西南、西北，已不像先天八卦中乾坤各居正南、正北的卦位那麼正當了，它的重要性已減少。

「以行其典禮」，「典」是規則，「禮」是禮節，典禮就是有規則的禮節，所以說典禮是萬物之規範，換言之，典禮就是規範。至於「行」字是取象於震，出乾入坤，乾通坤成震爲行。規範在人事社會爲禮節、法律、制度，在《易經》則爲六十四卦方圓佈圖的秩序。就看它所行的是不是合乎規範，看它規範的運行程度爲如何，如果融洽而處處都合乎典禮規範，就是好的，反之則不好。

「繫辭焉，以斷其吉凶，是故謂之爻」，在卦則初三五是陽

位，二四上是陰位；陽爻在初三五是當位，在二四上是失位；陰爻在二四上是當位，在初三五是失位；當位則吉，失位則凶。看它是否合乎規範典禮，然後繫之以卦辭與爻辭，而判斷其吉凶。凡是遵循社會的秩序而處世立身則吉，反之則凶。孔子所謂「言忠信，行篤敬，雖蠻貊之邦行矣」（《論語‧衛靈公》）。

「言天下之至賾，而不可惡也」是從頭重複說明爲什麼講象要講「擬諸其形容」、「象其物宜」。先儒只解賾爲幽隱，而不知其本質是萬物始生之初，幽隱則爲其形狀。「至」是「大學之道……在止於至善」、「至情至性」之至，至是最完整的，沒有一點殘破或缺陷。「至賾」則指：萬物始生之初的乾元是最完整的創始，最完整的開始是由乾元而來。乾元主動，坤元被動，〈乾〉卦〈文言〉：「元者，善之長也。」最先的善者也。「惡」字有人讀ㄨ、，是厭惡之意，但是「最完整的創始」怎麼可以厭惡，這要如何解釋？故應讀ㄜ、，惡是善的反面，義即元者善之長也，惡者善之反也。如何能成相反的惡呢？《說文》：「惡，過也。」乾元是最完整的創始，不可以把它弄成過惡。

「言天下之至動，而不可亂也」，「至動」是最好的動，反之則爲亂。虞翻：「以陽動陰，萬物化生，故不可亂。」「會通」是各爻的往來結合，是有規範的行動，以行其典禮，故不可以亂。「至賾」是最完整的創始，不可以弄成過惡。「至動」是最完整的行動，不可以弄成紊亂。以上是說明卦與爻的情況。

「擬之而後言」，至賾是最先開始創始之初，以乾元創始也。至動是最完整的動，以乾元來動。「擬」是以乾擬坤，有這樣的乾的創始，一定會有那樣的坤的成果，「乾知大始，坤代有終」也。依據

其創始來模擬其結果，就是以乾擬坤。從在天恍惚之象而變成在地實體的形。乾交坤成震，震卦初九爻辭「笑言啞啞」，所以有「言」之象。

「**議之而後動**」，「議」字是從「言」字引申，亦取象於震。議字用現代語解釋爲討論、研究，「議」比「擬」更進一層，因爲模擬構想只是依其創始而擬其結果，未付之於外在的行動，是藏之於內的，揣摩錯了還可以再揣摩，議則是馬上要見之於行動，不能有錯再改。

「**擬議以成其變化**」，現象一動則非吉即凶，在動之前要議之而後動，擬之而後言，擬其言而言也（一卦之整體），有妥當的構想才說明出來。議之而後動，議其爻而言也，有適當的討論才付之行動，如此動靜言行皆合乎規範，則《易》之變化存乎自己一身矣。擬是推測未來的發展，由在天之象而擬在地之形，是一種估計。議是研討當前的行動如何趨吉避凶，是一種判斷的意思。擬者擬其陰也，模擬坤代有終的結果；議者議其陽也，就是研討「乾知大始」的創始。虞翻：「議天成變，擬地成化。」所以說「擬議以成其變化」。接下來，孔子舉七個卦的爻辭爲例，進一步說明乾坤的往來、結合、揣摩、構想。

「鳴鶴在陰，其子和之，我有好爵，吾與爾靡之。」子曰：「君子居其室，出其言善，則千里之外應之，況其邇者乎。居其室，出其言不善，則千里之外違之，況其邇者乎。言出乎身，加乎民，行發乎邇，見乎遠。言行君子之樞機，樞機之發，榮辱之主也。言行，君子之所以動天地也，可不愼乎。」

　　「鳴鶴在陰，其子和之，我有好爵，吾與爾靡之」，這句是〈中孚〉卦䷼九二爻辭也。鶴是在夜半陰暗的地方叫，但是聽其音之子鶴有所感應，聞聲而趨。「爵」是爵位也是酒器，往年有爵位者公堂上發有酒器，以雀子之形作爵，取其飲酒之聲與雀之叫聲同也。用意是說我與你共進一杯，共享富貴，表示聞其聲者不僅起而和之，且能與其同聲氣，二者要好的程度到有好處共享。這句話的意思是，君子在野傳道，就像這個「易經講座」，我講《易經》，大家來聽課，就是「鳴鶴在陰，其子和之」。

　　「子曰：『君子居其室，出其言善，則千里之外應之，況其邇者乎。」子曰是另起一段，承接的字眼，此文章的構造也。〈中孚〉之卦體本為〈乾〉卦，乾為君子。「君子居其室，出其言善」，是形容「鶴鳴在陰」，九二與九五相應，五居艮為宮闕，有「居其室」之象。二三四互震為出，初二三互兌為言，震得乾元之初，乾「元亨利貞」，元者善之長也，有善之象，合以上爻象而言，就是「君子居其室，出其言善」。千里之象來自二爻變正，則二三四互坤，坤為癸，癸數十也。〈震〉卦象曰：「震驚百里」，十其百里則為千里。二爻本為以陽居陰，其位不正，變為陰爻則之正，且與九五之陽為正應，五爻雖遠處外卦，像是在千里之外都來相應，所以說「千里之外應之」。至於「況其邇者乎」，楊子《太玄經》：「天遠地邇。」坤為地，故為邇。初爻是陽，更與二爻相近而陰陽諧和，君子在家裡說的話若有道理，雖在千里之外的人都能來響應，何況是鄰近的人呢？

　　「居其室，出其言不善，則千里之外違之，況其邇者乎。」〈中孚〉九二若不變而之正，則九五與其敵應；二爻不變則初二皆陽，亦為敵應，是為「不善」。援用前句的爻象來看，君子在家裡說

了不好的話，連千里之外的人聽了，都會違背你，何況附近的人呢？

「言出乎身，加乎民」，〈中孚〉二三四互震爲出又爲言，因爲〈震〉卦初九爻辭「笑言啞啞」，二爻變則二三四互坤爲民，故有「言出乎身，加乎民」之象。言雖發自在位者本身，但影響所及者爲老百姓，因爲《易》爲君子謀，不爲小人謀，《易經》是帝王宰相士大夫之學問。在位當權的君子出其言善，則能澤被黎民。

「行發乎邇，見乎遠」，言與行皆取象於震，〈中孚〉二之正則五來應，言行雖在一室之間，但很遠的地方都能感應得到，由此可見謀國大君子的一言一行，影響極大。

「言行君子之樞機，樞機之發，榮辱之主也」，〈中孚〉二應五，五居艮爲門闕，門者樞也。二震爲動，有機之象，侯果釋樞之門戶有開有閉，則成有明有暗是爲「樞機之發」。機之發用有中有不中，發的動爲乾，發不動爲坤；闢戶爲乾，闔戶爲坤；開則榮，闔則辱；中者榮，不中者辱；因此，乾爲榮，坤爲辱，是爲「榮辱之主也」。樞機之發動，要擬之而後言，議之而後動，不能隨便。自然現象鳴鶴在陰，尚且其子和之，君子的一言一行更要謹愼，因爲「言行君子之樞機」。

「言行，君子之所以動天地也，可不愼乎。』」心地祥和愷悌，說出來的都是祥和的好話；心情乖戾者，所說出來的都是充滿乖戾之氣的話。故從其言之善惡，可見其心器之祥和或乖戾。〈中孚〉二應五，五互艮爲愼，所以說「可不愼乎」。以上是借〈中孚〉卦二爻的爻辭來說明君子言行之重要。謀國大君子的一言一行，可以加乎民，更可以動天地；所以必須謹言愼行，擬之而後言，議之而後動。

「同人，先號咷而後笑。」子曰：「君子之道，或出或處，或默或語，二人同心，其利斷金。同心之言，其臭如蘭。」

　　「同人，先號咷而後笑。」此爲〈同人〉卦☲九五之爻辭。〈同人〉卦初九「同人于門」，六二「同人于宗」，九五「同人先號咷而後笑」，上九「同人于郊」，這四爻都有「同人」字眼，表示可以結合。但是，六三「伏戎于莽」，是內生扞格之情，外存觀望之勢；六四「乘其墉」，更是乘虛而入，伺機而動，這二爻是同人結合的障礙。〈同人〉五與二雖爲正應，卻被三四兩爻阻隔，因此很難結合，所以「先號咷」，取象於內體離卦六五爻辭「出涕沱若，戚嗟若」。一旦渡過難關，就由先前的悲憤之情轉爲愉悅之感，是爲「而後笑」。因爲〈同人〉旁通〈師〉，二三四互震有「笑言啞啞」之象。孔子引用這句爻辭，強調人與人結合，要經過考驗才會有眞正的好的結合，所謂「相交滿天下，知心有幾人」，只要彼此同心，中間雖然有很多的挫折，最後還是會有圓滿的結果。

　　「子曰：『君子之道，或出或處，或默或語。』」孔子在前句借〈同人〉九五之爻辭，說明與人結合往來之道，接著又回到主題，談到君子之言行。〈同人〉旁通〈師〉，〈同人〉二三四互巽爲入，〈師〉二三四互震爲出爲言語，再者，〈師〉外體坤爲默，這些是「或出或處，或默或語」之象的出處。君子之道必須在日常生活中實踐，所以無論是外出或獨處，無論是言談或靜默，在任何時間與空間，都要維護君子之道。

　　「二人同心，其利斷金。同心之言，其臭如蘭。」六二是〈同人〉的主爻，九五與六二既各當位又爲正應，所以有「二人同心」之象。虞翻解釋二人爲夫婦，〈師〉☷☵二三四互震爲夫，〈同人〉☲☰

二三四互巽爲婦，〈師〉內體坎爲心，故有夫婦「二人同心」之象。〈同人〉卦辭「利涉大川，利君子貞」，內卦離爲火，外卦乾爲金，火能煉金，故曰「其利斷金」。往來結合的境界要二人同心，心同到其利堅硬得可以斷金的程度，則能夠無往而不通。臭是氣味，《說文》：「蘭，香草也。」如果二人同心，所講的話都能讓對方聽得順耳，這就是氣味相投，彼此都覺得對方講話有像蘭花一般的幽香之氣，這樣的言語能夠至死莫忘，非常深刻，這也是「擬之而後言，議之而後動」的功夫。

　　人心即天心，陽順陰逆，天左地右，人心有所動，則人身電波由腦發出與天空中氣化相感應而不自覺。佛像腦後的光圈是表示其修持的力量之大，電波的強度亦增。我們看東方佛像與西方耶蘇基督的宗教神像，都有這一道相同的光圈。《荀子·樂論》：「凡姦聲感人而逆氣應之，逆氣成象而亂生焉。正聲感人而順氣應之，順氣成象而治生焉。」人心不好，發動出去的電也必然不正而亂，於是影響太空中氣化的陰陽運行不正。從現代的男女衣著可以看出來，男女不分；陰變陽，女著男裝牛仔褲；陽變陰，男人留長髮；陰氣化中夾有陽，陽氣化中夾有陰。再拿氣候來解釋，高氣壓晴朗，讓人精神愉快，低氣壓抑悶，讓人精神不暢，高低氣壓可以影響人精神之愉快或抑悶，同樣地可以推見空中氣化影響人的心身兩界。如果人心電波不正，發出而影響太空中氣化運行不正，氣化運行不正又影響人身心之不正，這樣惡性循環，亂而又亂。漢朝宰相丙吉觀鄉間牛喘，而知空中氣化有了問題。「人心即天心」的道理，是因爲空中的氣化與人身的電波息息相關。

「初六，藉用白茅，无咎。」子曰：「苟錯諸地而可矣。藉之用茅，何咎之有？慎之至也。夫茅之爲物薄，而用可重也。慎斯術也以往，其无所失矣。」

「初六，藉用白茅，无咎。」這是〈大過〉☱☴初六的爻辭。大過者，陽過於陰，大者過也。〈大過〉內巽，剛爻爲木，柔爻爲草，巽色白，白草即白茅之象，取其純潔而清香，可以作爲享祀之用。祭祀有太牢、少牢，古代以牛羊肉祭祀祖宗，是直接放置在地上。〈大過〉初爻則特別謹慎，在地面先舖上白茅草，才把祭祀的東西放在上面，表示非常的謹慎恭敬。無論什麼事，大過都不好，但惟有過於謹慎恭敬則不會壞，所謂「禮多人不怪」，初六而「藉用白茅」，表示慎之於始。〈大過〉雖有過人之德，過人之才，可以叱吒風雲，但還是要謹慎又謹慎，這是孔子用來解釋「擬議以成變化」。宇宙有一定的秩序，像二十四個節氣運行，絲毫不爽，《易經》六十四卦就是代表其一定的秩序，人在這大秩序中生活，要特別謹慎，擬之而後言，議之而後動，不能違背宇宙大自然的法則秩序，所謂「順天者昌，逆天者亡」，一切的事，事先要經過研討揣摩，不能大意疏忽。

「子曰：『苟錯諸地而可矣。藉之用茅，何咎之有？慎之至也。』」〈大過〉初居內體巽，爲進退爲不果，有或之象；「苟」者或也，是假設的意思。「錯」通措，置也。〈大過〉初陰爲坤爲地，一卦有六爻而分三才，初二屬地，坤地「安貞吉」，萬物生長於地，所以我們把祭品放在地上是可以的，如果再舖墊茅草，是誠心誠意，非常謹慎的表現，那「何咎之有？」。我們學《易》，凡事都要做到「擬之而後言，議之而後動。」所以程子說：「惟恐不敬，慎之至也。」「慎」字取象於〈大過〉旁通〈頤〉，〈頤〉初四相應，四互

艮爲慎。

「夫茅之爲物薄，而用可重也」，茅草是既嫩又薄的，但其作用可以享祀天地，是「用可重也」。茅的本質是草，草之「爲物薄也」，但其潔白清香，用之祭祀，可以享祀天下，上達神靈。因爲有這樣的作用，所以白茅雖是薄物，卻很重要。〈大過〉旁通〈頤〉，〈頤〉中爻三四五互坤爲用，外體艮爲山，有重之象，所以說「用可重」。

「愼斯術也以往，其无所失矣。」」虞翻：「術，道也」，這樣的說法並不妥當。因爲孔子講道一定用「道」字，不會用「術」字代之。〈大過〉初爻以陰居陽，其位不正，變而之正則內體變乾爲道，「道」是不變的法則；同時整個卦體就由〈大過〉變而成〈夬〉，夬者剛決也，剛敢決斷。初爻未變乾，則內體仍爲巽，巽有或之象，或是權變的意思，權變就是「術」。術是權變的作用，道是不變的法則，二者不可混同。〈大過〉內體巽，〈說卦傳〉：「巽爲白」，乃純潔恭順，初變正成〈夬〉，夬者剛決也，剛敢決斷，巽初是純潔恭順自甘屈下，以純潔恭順來涵養包容剛決的力量，此即術也。如同一個國家有剛決的力量，本來可以向外撻伐征誅，卻恭順自處而以大事小，不耀武揚威，此亦術也。善用此術，反而更能顯示其國力、威望、權威，雖不用兵，不損其國力而四鄰必望風來歸，這樣的做法「其无所失矣」。這句話的意思是，擬議以成變化，也要小心謹愼，不能刀口見血，同樣要「擬之而後言，議之而後動」。

「勞謙君子，有終吉。」子曰：「勞而不伐，有功而不德，厚之至也，語以其功下人者也。德言盛，禮言恭，謙也者，致恭以存其位者也。」

　　「**勞謙，君子有終，吉。**」這是〈謙〉卦☷☶九三的爻辭，九三居坎，後天八卦「勞乎坎」，坎爲勞卦，所以九三稱「勞謙」。九三一個陽爻要帶領五個陰爻發揮謙德，也是備極辛勞。〈謙〉之卦辭「君子有終」，九三是〈謙〉之主爻，所以爻辭也是「君子有終」。〈謙〉卦九三比前面的〈大過〉初六之謹愼還要更進一層，除了謹愼而外，對人還特別謙虛，凡事屈居於下，把謙虛放在勞動方面，不憚其煩地爲人服務，不只是消極的謙虛下人，還一天到晚地爲人服務，爲人操勞。〈乾〉卦九三「君子終日乾乾，夕惕若厲」，陽只負責開化而已，坤代有終，因爲坤有厚德載物之德，故能有終。陽發動，陰收容，開花時，花苞是陰，陽發動的力量卻看不見了。九三之陽有謙虛下人，厚德載物之本質，故能有結果。我們一切的行爲，到最後一定要有結果，才是有終，不能半途夭折。

　　「**子曰：『勞而不伐，有功而不德，厚之至也。**』」在一件事功未成之時，孜孜不倦且默默地付出勞力者，就是「勞而不伐」。伐，矜也，驕矜自喜。不伐，不自居功也。不自矜伐，是不自以爲有德。虞翻：「（九三）坎爲勞，五多功。」陽不居五而居三，乾爲德，以上之貴居賤，勞而不伐。「德」是所做的事使人家有所得，譬如路未修成時的施工是「勞」，路修好了使人走路方便是「德」，「有功而不德」是不以我有功而自得也。〈謙〉卦內體艮爲山爲厚，坤爲至，有「厚之至也」之象。楊誠齋：「傲者謙之反也。」人的品行是謙或是傲，就看他的德性是厚或是薄，「德厚者無盈色」，不會有自滿的表現；薄者反是，「德薄者無卑辭」，自以爲高人一等，站在人家頭上說話，討盡便宜。譬如廟中之鐘與磬，鐘比較厚，聲音緩慢而悠揚；磬比較薄，聲音響亮但不能持久。看人也可以拿這標準去看，所謂

「戴了紗帽就長了頸」，「小人上了臺，架子就擺了起來」。

「語以其功下人者也」，「語」是語助詞，陽應居五而屈居三，是卑以下人。〈謙〉☷☷〈履〉☰☱相通，〈履〉之外體乾爲德，〈謙〉之外體坤爲業，所謂「盛德大業至矣哉」。乾爲盛德，天有盛德化育萬物，而不自以爲德，所謂盛德君子在上亦謙卑下人，不驕矜自喜。〈謙〉旁通〈履〉，履者禮也，表示勞謙也要合乎禮節。君子是有學養的人，當然能以謙虛的態度爲社會大眾提供服務，任勞任怨，勞而不伐，這就是「以其功嚇人」。

「德言盛，禮言恭，謙也者，致恭以存其位者也」〈履〉變成〈謙〉，外體乾陽下居三，三四五互震爲言，〈履〉乾爲德，《論語‧憲問》：「有德者必有言，有言者不必有德。」德者，得也。老子《道德經》上篇講道，下篇講德，有德者得天地之道而與天地合一，所知淵博，言之有物，故「有德者必有言」。「有言者」譬如現代作家是抄書大家，有很多著作，但沒有什麼東西，故「不必有德」。中國過去所講的三祀：敬天、敬人、敬事也。「敬天」者，尊重自然法則，日出而作，日入而息。「敬人」者，天生我材必有用，人沒有毫無可取之處的，主要是人和事沒有擺得好。譬如菜刀卻拿來劈柴，剪刀卻拿來切菜是也。恭敬別人，把人性陽的一面發掘出來，裴度當宰相，強盜都不敢見他，若是僅發現人家黑暗的一面，他也就黑暗下去了，我們要把人人都當好人看待。「敬事」者，對自己所做的事要求有始有終，念茲在茲，很認真而不苟且，姚氏易：「不懈於位曰恭。」

「亢龍有悔」，子曰：「貴而无位，高而无民，賢人在下位而无輔，是以動而有悔也。」

　　「亢龍有悔」是〈乾〉卦☰上九的爻辭。乾陽到上九發揮到最高，就要跌下來，凡事不可過火，陽到極限，陰就來了，所謂「龍戰于野，其血玄黃」是也。〈謙〉以乾陽上爻來居，陽不居上而居三爲謙。陽不居三而居上爲「亢」，在這裡舉〈乾〉之上九爲例，乃承〈謙〉之九三而言。〈乾〉卦上爻高亢而不謙，當然做不到「擬之而後言，議之而後動」，所以「亢龍有悔」。上爻爲天，天尊地卑，上九是尊貴之位，但是以陽爻居陰位，是不得位，故曰「貴而无位」。坤陰爲民，〈乾〉卦無坤，孤陽在上，故「高而无民」。〈乾〉之九三「君子終日乾乾」，有「賢人」之象，〈乾〉卦上三居應位，但九三之陽與上九陽爲敵應而不相應，其象爲「賢人在下位而无輔」。上九動極必傾，故「有悔」。一般認爲，三爻「終日乾乾」是指文王，上爻「亢龍有悔」是指紂王。

「不出戶庭，无咎。」子曰：「亂之所生也，則言語以爲階。君不密，則失臣；臣不密，則失身；幾事不密，則害成。是以君子愼密而不出也。」

　　「不出戶庭，无咎」是〈節〉卦☵初九之爻辭。〈節〉卦二三四互震爲出，初爻不居震，故爲「不出」；四居艮爲門闕，初與四應是在門內，有「戶庭」之象。〈節〉之所以爲節，因爲初爻塞坎成兌，有如築堤使坎水不外流而氾濫，所以初九是〈節〉之主爻。「不出戶庭」，就是要緊縮自己的一切言行，這樣才能「无咎」。《說文》：「節，竹約也。」竹之所以名筠者，以其節均勻而有分節不可踰越也。曆家稱氣候爲節氣，樂家稱音拍爲節奏，皆取其有一定限度，推而至於人類的生活也應該有一定的限度。《中庸》：「喜怒哀樂之未發，謂之中；發而皆中節，謂之和。」「中節」就是符合節度，

「中」是人人都有的本性，「和」是大家遵循的原則。所以〈節〉之大象曰：「澤上有水，節。君子以制數度，議言行。」宇宙一切現象都有節度，一味地熱或一味地冷，則萬物不生，氣候有節度，萬物才能暢通。「不出戶庭」就是節制自己的言行，可見「擬之而後言，議之而後動」不是一端可以說明的，所以一再從卦爻引證。

「子曰：『亂之所生也，則言語以爲階』」，〈節〉之初九變爲陰爻則成〈坎〉，坎爲加憂、多眚、心病，是爲「亂之所生也」。一切的亂都是從人心來的，在人心中還是一個人的事情，如果要發用出來，把心裡的想法付之行爲來影響社會，那一定要透過言語，所以說「言語以爲階」。〈節〉之二三四互震爲言，三四五互艮爲徑路、門闕，有「階」之象。人世社會之所以亂，是從人心先亂，而以言語爲其階所致。姚氏易：「嗜心之門，口者關也，舌者機也，言語不當，駟馬難追也。」

「君不密，則失臣；臣不密，則失身」，根據卦變，三陰三陽的卦皆自〈泰〉〈否〉來。〈節〉來自〈泰〉，〈泰〉三之五成〈節〉，〈泰〉內體乾爲君，外體坤爲臣，坤以藏之，故爲「密」，就是秘密。〈泰〉變成〈節〉，則內乾外坤皆毀，有「失」之象；坤爲身，坤毀則爲「失身」。「君不密，則失臣」，君王若不能保守秘密，就會失去臣下的擁戴：「臣不密，則失身」臣下若不能保守秘密，就會失去身家性命。

「幾事不密，則害成。是以君子愼密而不出也」，君主不能守密，則臣不敢言，所謂「上泄則下闇，下闇則上聾，且闇且聾，無以相通」（《春秋穀梁傳・文公六年》），所以說「則害成」。這在歷史上有許多掌故可以引證，例如唐高宗寵武則天，上官儀諫廢之而

遭殺身之禍；又如寇準酒後失言，壇淵之盟後被英宗所殺。「幾」是指初爻，二變則二三四互成坤為「事」，「不密」也是指初爻而言。〈節〉卦之初要穩定，一動則初至五體〈剝〉，因此君子很謹慎，不隨便說話。

子曰：「作《易》者其知盜乎？《易》曰：『負且乘，致寇至。』負也者，小人之事也。乘也者，君子之器也。小人而乘君子之器，盜思奪之矣！上慢下暴，盜思伐之矣！慢藏誨盜，冶容誨淫，《易》曰：『負且乘，致寇至。』盜之招也。」

　　孔子認為，《易經》的作者似乎了解強盜的心理與行為。因為〈解〉卦六三的爻辭說：「負且乘，致寇至」，〈解〉卦是要解除〈蹇〉卦之難，從卦爻之象來看，九二是〈解〉卦行動的開始，二五相應而易位，則二三四互艮為背，背就是「負」；再者，內體變坎成坤為輿，輿就是「車」；此外，三爻位居內卦坎體之上，坎為美脊馬，所以有「負且乘」之象。〈解〉卦內體為坎，三四五又互坎，坎為盜寇，三爻處在二寇之間，有「致寇至」之象。

　　「負」是指背負東西，勞力者用體力，小人之事也。「乘」是指統御，勞心者用腦力，君子之事也。把用體力勞力者放在國家大臣之位來策畫大事，統御大眾，便是「負且乘」，這樣一定會天下大亂。那些惡徒盜匪看在眼裡，難免群起效尤，都想取而代之，所謂「小人而乘君子之器，盜思奪之矣」！於是造成「致寇至」的後果，所以六三的斷辭為「貞吝」。同樣的，如果一個政府「上慢下暴」，居上位者言行傲慢，在下位者言行粗暴，那些惡徒盜匪看在眼裡，也會伺機造反攻擊，而起推翻之心，所謂「盜思伐之矣」！

　　進而言之，「慢藏誨盜」，富人如果不藏好貴重的財物，等於是引誘別人來搶奪；「冶容誨淫」，女人如果打扮得過於妖豔暴露，無異是引誘別人來調戲。所以《易經》說：『負且乘，致寇至。』盜之招也。」那是咎由自取的，因為違反「擬之而後言，議之而後動」的原則。

第九章

　　天一地二，天三地四，天五地六，天七地八，天九地十。天數五，地數五，五位相得而各有合。天數二十有五，地數三十，凡天地之數，五十有五，此所以成變化，而行鬼神也。大衍之數五十，其用四十有九。分而為二以象兩，掛一以象三，揲之以四以象四時，歸奇於扐以象閏。五歲再閏，故再扐而後掛。〈乾〉之策，二百一十有六；〈坤〉之策，百四十有四，凡三百有六十，當期之日。二篇之策，萬有一千五百二十，當萬物之數也。是故四營而成易，十有八變而成卦。八卦而小成，引而伸之，觸類而長之，天下之能事畢矣。顯道神德行，是故可與酬酢，可與祐神矣。子曰：「知變化之道者，其知神之所為乎。」

　　「天一地二，天三地四，天五地六，天七地八，天九地十」，《易經》所講的是陰陽力量程度的問題，中國數學是從《九章》、《周髀算經》來的，是講測量的方法，是最古老也最精確的，而《周髀算經》也是從「河圖」、「洛書」來的。易數是講氣數的東西，所要表現的是數量、能力的強弱，它有一定的比例；天一、地二……天九、地十，就是講陰陽氣化能量的強弱。

　　先談陽氣化，一是剛產生，還微弱；三是已長大，有力量，但不成熟；到五已經有力量可以發用，而且成熟飽滿；但從一到五是生數，是講陽氣化本身發展的程度。單純的純陰純陽是不能比的，陽要找陰結合，才能產生生殖作用而成宇宙萬有的現象。再到了天七，陽氣化已發展到飽和點，要與陰交合；七是少陽，其中附有陰，已與陰結合矣。天九則陽氣化與陰氣化發展到最高度，若再發展下去則破滅，要從頭再來了。

　　再談陰氣化，前面陽氣化的發展是一三五七九，稱為「陽順」；陰氣化則不是二四六八十那麼發展，而是四二十八六，稱為「陰逆」。例如：電波就是陽順陰逆，陽電波與陰電波的發展方向正好相反；又如：地球繞著太陽走，太陽繞著北極星走，地球的自轉是逆轉，但繞著太陽還是順轉。

　　一三五七九是順的，四二十八六是逆的。從一到五，生數是自己發展的數，如人在三十歲以前是自己身體智慧、學識、技能的成長，相當於生數的階段；人在三十歲以後與人交往，在社會國家開花結果，則相當於從六到十，是成數的階段。天數一三五七九是陽，陽數是發展能力的，宇宙間一切的動能是陽氣化造成的，是向外發展奔馳的，故由一到九愈長愈多。地數四二十八六是陰，陰數是造成體積的，非如陽氣化的向外奔放，而是向內收縮凝聚，故要逆行，逆者反也，故為四二十八六。

　　陰數由四到二，由多變少，如人身細胞無限多，凝成人體則為一，四還是散疏的，到二則凝聚了。十也是很多散疏的個體，八就慢慢地縮小有凝聚作用，陰爻用六是陰的本數，六就結成體了。為何天數之生數有三，成數有二，而地數則生數有二，成數有三？這可以拿

人來說明，人在三十歲以前精神活力強，三十歲以後則精神虛緩；精神活力是陽，天數也，故成數衰而生數強。人的五官百骸在三十歲以前是無論男女多半體型瘦削，到了三十歲以後則體型肥胖；五官百骸是陰，地數也，故生數弱而成數強。

「天數五，地數五。五位相得而各有合」，「天數」一三五七九，共有五位；「地數」二四六八十，也有五位。氣數是講能量的階層，像一朵花能開多久，一個政府能維持多久，這不是西方算學可以算出來的，因為沒有實際的形跡可以憑藉，是要看它氣化的能量是在一到十的哪一階段上，中國所謂氣數，就是講這個東西。

「五位」是指天數、地數各有五位；至於為什麼「五位相得且各有合」？虞翻是拿「干支納甲」來說明：一與二合，即甲與乙合，乾納甲，坤納乙，一二合為乾坤相合，天地定位是也。三與四合，即丙與丁合，艮納丙，兌納丁，三四合為艮兌相合，山澤通氣是也。五與六合，即戊與己合，坎納戊，離納己，五六合為坎離相合，水火不相射是也。七與八合，即庚與辛合，震納庚，巽納辛，七八合為震巽相合，雷風相薄是也。九與十合，即壬與癸合，乾坤二卦在內納甲乙，在外納壬癸，還是乾坤相合而天地定位。這種說法，代表前面先天八卦的順序，是根據納甲引經據典；這樣雖然可以說得通，但沒有意義，故須另闢途徑。

若根據「河圖」與《太玄經》來解釋，就另外有意義存在，可以與現代化學物理相通。「河圖」：天一生水於北，地六成之；地二生火於南，天七成之；天三生木於東，地八成之；地四生金於西，天九成之；天五生土於中，地十成之。五十雖虛中不用，但其用處很大。一五相得成六，故一與六合，地六成之；十減一得九。二得五成七，

故二與七合，地七成之；十減二得八。三得五成八，故三與八合，地八成之；十減三得七。四得五成九，故四與九合，地九成之；十減四得六。五得五成十，故五與十合，地十成之；十減五得五。

「一六合水」。五、十與外頭四面八方的數，互相組合往來的。天一之陽是初生微弱之陽，六是老陰，六是成體之數，陰凝聚至六已成功一個體，凝聚力量大，水在萬物中密度最緊，李太白「抽刀斷水水更流」，任何物體都可以打破，惟有水打不破，因水是老陰，水密度固大，惟其為體不堅固。形體堅固靠陽，陽是乾燥的薰蒸之氣，在小孩身上尤其是屁股可以體會出來，這種氣可以把物體弄得堅固，火山區的石頭，因地中乾陽薰蒸之氣大，所以石頭的形狀呈現圓而黑。同樣的，我們從動物的大便，就可以判斷那動物是屬陰性或陽性。密度很緊是老陰，體形不固是初陽。

「二七合火」。地二生火，天七成之。二在生數中是圓熟之陰，圓熟者，陰氣化本身已成熟，地球自轉四十五億年才結成地殼，剖析其地心還是軟的岩漿。二之陰是實質之陰，陰氣化本身已成熟，可以與陽結合發展。七是少陽，陽附於陰之上，才能發揮作用，所以無論何種火，其中必有圓熟之陰，例如電燈之鎢絲、火柴之燐棒，都是實體之陰，又如閃電有不規則的形體，是因為要附之於陰氣化，受其導引而成。

「三八合木」。陽在人身是思想意識能力，天一之陽，像兒童時期，微弱初生，還不能發用；天三之陽，如人已成年，可以理解一切，但是還不成熟，剛猛如初生之犢不畏虎，莽莽撞撞，陽不圓熟，火候不到，故九三「君子終日乾乾，夕惕若厲，无咎」；宇宙萬有中，木之生發之氣最強，且剛猛而快，是因天三之故。地八成之，八

是少陰，陰要附於陽之上面而發揮作用，因為形體靠生發之氣來發動，木之生數是天三，少陰附於天三之陽。

「四九合金」。地四是微弱的陰，陰氣化微弱，而天九則是老陽。前面的一六合水，因為陽不夠，要靠老陰來密結它。形體之固是靠陽薰蒸之氣，火是後天的乾陽，能使體形堅固。水是少陽，所以體形不固，但是外力無法將其擊破，所謂「抽刀斷水水更流」。九是老陽，乾燥薰蒸的力量不大，使形體堅固，但是金屬之體遭受外力卻會破散，因為所生的是四，微弱之陰，靠老陽來使其堅固。

「五十合土」。天五生土，地十成之。五十皆居中，五是圓熟之陽，十是散殊之陰；陰體是有了，但未凝成整體，仍為個體。五十合成的狀態為土，土可聚可散，能成整體是因五為圓熟火候已夠之陽，所以能固定，但因為有十，所以也有散殊之情況。總之，「河圖」是土居中宮表現，天干戊己是土，五六合土居中。至於「八卦」，西北金水，東南木火，土亦居中間；木旺於春，火旺於夏，金旺於秋，水旺於冬，金木水火各有時令，土則旺於四季。春木寅卯 辰，夏火巳午 未，秋金申酉 戌，冬水亥子 丑，土居中之道理在此。

「**天數二十有五，**地數三十，凡天地之數，五十有五，**此所以成變化，而行鬼神也**」，「天數」一加三加五加七加九，等於二十五；「地數」二加四加六加八加十，等於三十。天數五位相加得二十五，地數五位相加得三十，指的是數位，「天地之數」相加為五十五，五十五是天地總數，天地氣化之數也。

「變化」者，陽變陰化也。「陽變」，乾陽氣化是一直在變的，任何現象之變化皆源於乾陽，如人心思變。「陰化」，坤陰是化

物的，坤陰能把物體孕育成功。拿數來講，乾陽是天數，坤陰是地數，宇宙間一切的變化都是如此。孔子問禮於老聃，並且論及於數，老子說：「要了解宇宙變化的數，你已經成了骨灰了」，意思是說，那是不可能了解的。但是，若能掌握數，就能成變化。

「鬼神」者，人有魂魄，修道者最高火候是出陽神，火候不夠則是出陰神，人在家中坐，神已到處遊。陽氣化可發光發熱，而無重量；陰氣化可成形成體，而有重量。輕清之氣上浮於天，重濁之氣下墜於地。新鬼大，故鬼小，鬼死為聻。人在生時性能定，死後陽氣化可在空中久存，就成為神，西方所缺乏的是一門氣化科學，沒有構成實體的，是空洞的能力科學。鬼神是恍惚幽冥的境界，也是五十五之數的運行。

「大衍之數五十」，何謂「大衍」？孔子在〈乾・象傳〉曾說過：「大哉乾元，萬物資始，乃統天。」萬物從乾元開始，大之涵義乃能創始而能統御萬有現象。《說文》：「衍，水朝宗於海也。」四水歸海，有往下推廣之義，所以我們常說「推衍」。大衍的數只有五十，然而，天地之數為天一、地二……天九、地十，天數五，地數五，天數二十五，地數三十，所以天地之數是五十有五。大衍之數是推衍用的，為何比天地之數要少五個？我在《易經講話》的〈筮法〉上都有說明。先儒解釋各有所恃，持之有故，雖有近二十種之多，但都沒有透澈的說明，在此略加講述：㈠從一數至五，陰陽宇宙之數齊備，由一至三至五，陽數亦為陽位，其數得三，由二至四，陰數亦為偶位，其數得二。這樣恰好陽數為三，陰數為二，正符合「參天兩地而倚數」，天三地二也。㈡一加三加五等於九，二加四等於六；一三五為陽用九，二四為陰用六，正符合「乾卦陽爻用九」、「坤卦

陰爻用六」。㈢一合五得六，天一生水，地六成之。二合五得七，地二生火，天七成之。三合五得八，天三生木，地八成之。四合五得九，地四生金，天九成之。五合五得十，天五生土，地十成之。正符合「河圖之數」。

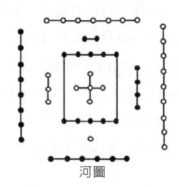

河圖

　　由此可見，五是基本數，大衍是推演一切萬有現象的創始、生成、結果。宇宙萬有現象最先產生的是五，就是天三地二，陰陽也。一三五及二四，是表示二儀陰陽，二種氣化之體，二種氣化能夠化生萬物，是靠「五行」，也就是五種運行的狀態：「一上、一下、水平、一張、一弛」，經過五行才能化生萬物。換句話說，萬物化生之初，就靠這五種氣化的運行，推衍創始、生成到最後的結果，所以陰陽二氣五種運行是宇宙萬物發端之始。十是終極之數，數至十又轉成一，十已經到了極點，所演者五，衍到五十為止。五十者十其五也，十其五者，五到了極點矣。萬物現象從二氣五行發端推衍到五十是結果，從開始衍五是對象，十其五是衍到最後。二氣五行平衡則天下太平，混亂則天下的大亂。

　　《易》之為數，有生有成；生數為一二三四五，是表示空洞的先天能量；成數為六七八九十，是表示實在地後天質量。五居生數最後

的數位，正當先後天交遞之際，而爲現象的開始；十居成數最後的數位，其數已滿，而爲現象之終極。至於大衍之衍，是推衍的意思，大衍是推衍到了最周全最頂點的意思，這就是說：大衍的筮法，應該自現象的開始一直推衍到現象的終極。所以大衍之數，是爲五與十的結合，而得五十。

「其用四十有九」，大衍之數有五十，爲何用只四十九？因爲五十若不虛一不用，則分開二半拿，所得的結果不是二奇就是二偶，不得陰陽二儀之象。虛一不用，一是太極；衍的時候，要有個對象：五是也；用的時候，也要有個對象：一是也。虛一不用，則分成二半拿，必爲一奇一偶。先天數參天兩地，就是陰陽俱備，如此才能得到數。要之，撢著之能夠三變成爻，十有八變成卦，係根據陰陽老少，而陰陽老少分開來說，就是七爲少陽、八爲少陰、九爲老陽、六爲老陰，是則陰陽老少，又係根據七八九六之數，如用五十策，即無法獲得七八九六，故必棄一，只用四十九。

四十九根著草，初變非五則九，二變非四則八，三變非四則八：

一、5＋4＋4＝13…………歸扐數

　　49－13＝36………… 過揲數（9）老陽

二、5＋4＋8＝17…………歸扐數

　　49－17＝32………… 過揲數（8）少陰

三、5＋8＋4＝17…………歸扐數

　　49－17＝32………… 過揲數（8）少陰

四、5＋8＋8＝21…………歸扐數

　　49－21＝28………… 過揲數（7）少陽

五、$9＋8＋8＝25$…………歸扐數

　　$49－25＝24$………… 過揲數（6）老陰

以「過揲數」爲準，拿四來求，朱子講以「歸扐數」來求是錯了。老陽不變，少陽變，老陰變，少陰不變。占卦以變者爲主，變爻多則以不變的爻爲主。所求者求過揲數也，一爻不能成卦，九變才能成三畫卦，十八變才能成六畫卦，歸扐數祖來是奇數，以後才是偶數，此乃天地之數。

　　「分而爲二以象兩」，是說五十去一，一爲太極，故虛而不用。四十九是五十去一以後的數，應居太極之後，便爲兩儀。但在四十九策合而未分之時，猶屬混淪一氣，分而爲二，一左一右，才顯出陰陽兩儀的體象，所以先儒皆指「兩」爲兩儀。事實上，「二」是指由二儀之奇變爲陽，偶變爲陰，在奇偶變化的過程中，所謂陰生陽而陽生陰的變化之道。一陰一陽象徵一奇一偶相對待的現象，求出其吉凶對待，故不僅是指二儀，而是指吉凶對待的情狀情態。

　　「掛一以象三」，是說在四十九策分而爲二之後，各置左右兩側：左手屬陽，所以表示爲天；右手屬陰，所以表示爲地；天地定位，而兩儀之象於焉以立。再就兩儀之中，從右手的地數取去一策，分掛於左手小指間，以地數就天數，天地連成一起，所以表示爲人，所以先儒解「三」爲以象三才。分而爲二，二儀已具備。占筮是爲人而設，人事社會現象，有時偏陰，有時偏陽，掛一以象三，一是我們所問的人事社會現象。五上是天位，初二是地位，三四是人位；三多凶，四多懼，三四戒辭多。天是空洞的能力，地是實在的體質，都沒有毛病，人則是天地陰陽配搭，火候不一定合乎標準，只有掛一才能非五則九，才能合乎陰陽均衡配合的要求。

「揲之以四以象四時」，是說就分置左右手兩側之策數，應依次以四除之，先以四除右手之策，視其餘數幾何，歸之於左手三四指間。「揲」字之涵義，就是數學上「除」的意思。前面四十九策掛一，而以四除四十八，則得十二，十二為成歲之數，一歲有四時，故取象四時，而揲之以四。「四」是用以判斷是否符合標準。揲，持而數之也，揲是將四策分成左右二策。《乾鑿度》「文王推爻，四乃術數」，現在科學的「四色定律」，是用在地圖上，文王拿四來推爻，四十九策，十二擴充成三百六十周天之數。占斷要有時間及位置，注重「時」、「位」，奇門遁甲要先知道自己所生的方位坐標也，看來人所佔的方位，配合時間。筮法占卦時要有貞、悔之卦，〈乾〉初爻動由〈乾〉之〈姤〉，〈乾〉為貞卦，〈姤〉為悔卦，二卦十二爻正好是一歲，一歲有四時，亦以四為標準。

「歸奇於扐以象閏」，是說將所掛之一，歸之於所揲之餘。蓋在掛一之後，分揲左右之策，必有餘數。假定右手的策數是二十三，以四除之，其餘數為三；假定左手的餘數是二十五，以四除之，其餘數為一。左右手所揲之餘，計得四數，而將所掛之一歸之，合而為五，則是歸奇於扐的意義。奇為零餘數，把揲餘以後奇零之數歸於扐。虞翻：「奇，所掛之一策。扐，所揲之餘。」奇者，奇偶之奇，「歸奇於扐」是把掛一的奇數歸之於扐，故一說是把整個剩餘的數歸之於扐，另一說是把掛一之數歸之於扐。扐是在三指（中指）四指（無名指）之間，揲是在四指與小指之間，二指相夾為扐。一歲十二個月以外又加一個月為「閏」，以奇歸扐，跟閏月很相似。

「五歲再閏，故再扐而後掛」，是說一歲十二月，一月三十日，合為三百六十當期之數。但十二月中，平均約有六個月為月小，

每月僅二十九日，計盈六日；而地行一周，本來就有三百六十五日又四分之一日，以視三百六十當期之數，又盈五日有奇。兩項相加，則一歲約盈十二日弱，三歲約盈三十日有奇，故三歲置閏一月而尚有餘。五歲約盈六十日弱，故五歲再閏。筮法與曆書是息息相通的，而曆書與孟喜所傳的卦氣有關；再扐後掛，即遵依五歲再閏的定律。因為掛一歸奇，在數象閏，而掛一之後，須經過再揲再扐，才能夠三變成爻。成了一爻，於是又從頭開始分二掛一，其間共包括：掛一、再揲、再扐五個階層。故朱子以掛一爲一，揲左爲二，扐左爲三，揲右爲四，扐右爲五，其與五歲再閏之數相符，是即所謂「再扐而後掛」。

「〈乾〉之策，二百一十有六；〈坤〉之策，百四十有四，凡三百有六十，當期之日。二篇之策，萬有一千五百二十，**當萬物之數也**」，策，蓍草也，蓍草一根稱一策，先儒都這麼解釋。另有一家說法，策，根據《史記》所載，皇帝得寶鼎術策，策，神蓍也。按太陽推算，筮法與曆法是相通的，由此可知節氣的未來情況。《儀禮注疏》：「策，簡也。」蔡邕亦曰簡，長達二尺，短則一尺或半尺，其次一長一短，二簡合之爲方，多簡合之爲策。

乾卦6爻，36策—老陽之策，6乘以36爲216策。坤卦6爻，24策—老陰之策，5乘以24爲144策。拿乾坤二策相加爲360，乃當期之數。策以變爻爲主，非老陽即老陰，少陽28策，少陰32策亦然，逗起來也是360策。楊雄《太玄經》的策數是720策，即由此而來。少陽168（28乘以6），少陰192（32乘以6）。

每月初，太陽太陰交合，故不見月亮。六十四卦之中有384爻，其中陽爻192，陰爻192。陽爻192乘以36（過揲數四，陽爻用九），

得數6,912；陰爻192乘以24（過揲數四，陰爻用六），得數4,608，合計11,520。此即所謂「二篇之策，萬有一千五百二十，當萬物之數也。」

伏羲作八卦以類萬物之情，一策代表一類，一共把宇宙萬物萬有現象分成11,520類，當時的筮法必有陽爻老陽三十六個書簡片子記載其情況，必有陰爻老陰二十四個片子記載其不同的情況。我們再拿曆書的「時」與「位」來配合，以求知哪個現象符合哪一個標準。春秋時代卜筮還準確，其後至今都不太準確，其中必有緣故。也許是因為那些片子散失了，再也沒有準據可循（這是道家的說法）。言萬物者，言其概數而已，有一類就有一策，必有其記載，不能含混。

「**是故四營而成易**」有四種說法：㈠朱子曰：「分而為二以象兩」是第一營，「掛一以象三」是第二營，「揲之以四以象四時」是第三營，「歸奇於扐以象閏」是第四營。營者求也。經由四番經營才成爻，一爻三變，六爻十八變，十有八變才成卦。㈡《乾鑿度》：「一變而為二，二變而為七，七變而為九，九變則復變而為一，四營也。」㈢另有一種說法，陰陽相併，陽動前進，陰動後退，九六七八為四營。㈣營者，求也，「文王推爻，四乃術數」，老陽用九，四而求之，則其策數三十六，老陰亦然。由此可見，四種說法都是以四而求之。

「**十有八變而成卦。八卦而小成，引而伸之，觸類而長之，天下之能事畢矣**」，大衍之數的筮法，是以「四營」：掛一、分二、揲四、歸扐為「一變」，「八卦」是說十有八變而成卦之過程；十八變則成三畫卦之八卦。但是八卦尚不能盡萬物之情，故謂「小成」。就小成的八卦，倍其九變而為十八變，兼三才而兩之，則得六畫卦完

整之體。從八卦演成六十四卦，一卦可變動而爲六十四卦，一畫變可變成六畫，合六畫具備則成六十三卦，加上本卦則爲六十四卦，由六十四卦成4,960卦，這就是《焦氏易林》的根源，是即「引而伸之，觸類而長之。」至於所謂「天下之能事備矣。」就是第六章所講的「以言乎遠則不禦，以言乎邇則靜而正，以言乎天地之閒則備矣。」

　　「顯道神德行，是故可與酬酢，可與祐神矣」，乾爲道爲德，震爲行，此爲「德行」之象。道是隱蔽的，《易經》用筮法大衍之數術把幽隱的道顯明地表達出來，就是「顯道神」。德行是最平常的事，易成變化而成鬼神，把經常的德行隱蔽起來，例如夫妻敦倫，絕對隱蔽，這是《易經》的道理，因爲一公開就索然無味了，所以必須「神其德行」。往年皇帝出門要有人開道，令人迴避，也是神其德行；中國老式婚姻湊成的夫妻似狗皮膏藥，西洋新式婚姻湊成的夫妻有如氫氣球，也是同樣的道理。客人給主人敬酒爲酌，主人答客人之敬爲籌（酬），即所謂「酬酢」。看陰陽氣化是否諧和搭配，孔子拿大衍一章來講，「神其德行」，隱其德行也。這樣可以把《易經》六十四卦整個道理配合，一如賓主敬酒，陽唱陰和，故曰「可與酬酢」。若再配合「造化之神」或「陰陽不測之神」，則可以參天地之化育，故曰「可與祐神矣」。最後，「子曰：『知變化之道者，其知神之所爲乎。』」，陰陽氣化就是神，陰陽變化就是化，假定了解陰陽變化的道理，就可以像神一樣參天地之化育了。

第十章

《易》有聖人之道四焉；以言者尚其辭，以動者尚其變，以制器

者尚其象，以卜筮者尚其占。是以君子將有爲也，將有行也，問
焉而以言，其受命也如嚮，无有遠近幽深，遂知來物。非天下之
至精，其孰能與於此。參伍以變，錯綜其數，通其變，遂成天下
之文。極其數，遂定天下之象。非天下之至變，其孰能與於此。
《易》无思也，无爲也，寂然不動，感而遂通天下之故。非天下
之至神，其孰能與於此。夫《易》，聖人之所以極深而研幾也。
唯深也，故能通天下之志。唯幾也，故能成天下之務。唯神也，
故不疾而速，不行而至。子曰「《易》有聖人之道四焉」者，此
之謂也。

　　「《易》有聖人之道四焉」，是說聖人根據《易經》的道理，
將其運用在言語、行動、制器、卜筮等四個方面。㈠根據卦辭與爻辭
的象數理，「擬之而後言」；㈡將有所行動必根據三百八十四爻變化
的法則，「議之而後動」；㈢有關組織或器物之創造，一定要根據
六十四卦的次序及其卦象爲標準；㈣拿占卦卜筮之辭，來解決人世的
疑惑，而做爲行動的準則。由此可見，這一章要跟前面的各章合起來
看。例如：「擬諸其形容，象其物宜」是講「象」；「觀其會通，以
行其典禮」是講「辭」；「引而伸之，觸類而長之」是講「變」；
「大衍之數五十，其用四十有九」是講「占」。此章把這四種合聚在
一起，總括說明之後，再推到神。此即第二章所說的「是故君子居則
觀其象，而玩其辭；動則觀其變，而玩其占。是以自天祐之，吉无不
利。」

　　「以言者尚其辭」，「以」，用也，意思是用《易經》的道理
來言、動、制器、卜筮。「尚」，取也。言是指人類所說的話，辭是
指《易經》所繫卦爻之辭。《說文》：「辭，說也。」《玉篇》：

「說，言也。」第八章：「出其言善，則千里之外應之。」言語，禍福之階也，國家之混亂，社會之糾紛，多由言語錯亂而來。《易經》之辭是文王周公根據象數理而作，如〈乾〉初九「潛龍勿用」，一是根據卦爻之象，二是根據數。初九在下，表示能量還不夠，故曰「潛龍」；九二則能量已夠而能見，故曰「見龍在田」。《易經》所繫之辭雖不多，但包含極廣，能代表宇宙萬有。夫子不言，言必有中，所言者，代表宇宙的法則，任何人都改變不了。「言尙其辭」，是指說話要根據〈繫辭〉的法則去說。一般人說話的毛病有四：一、辭慚，理虧而不敢說。二、辭歧，支吾其辭。三、辭游，沿著打滾，沾不到邊。四、辭多，不管別人聽不聽，只顧自己發揮。君子說話時特別小心謹愼，理不直則氣不壯；因爲言語與飲食一般通俗而重要，一可養德，一可養生，可不愼乎！故要仿傚《易經》〈繫辭〉說話。

「以動者尙其變」，「爻也者，效天下之動者也」，「爻者，言乎變者也」。一動必有變，現象變化，其中必有動態，變動相同也。爻一動，整個卦就變了，易經三百八十四爻各有變動的狀態，陰陽家的謀略《長短略》即由三百八十四爻變動的情態而來。宇宙的變動必有規則，縱橫家根據宇宙的變動來駕馭人事社會的變動，則人事社會的變動不會太大而斲傷人類，因爲三百八十四爻的變動或宇宙的變動，都能安然變得過去，而人事社會變動的狀態脫離不了三百八十四爻的範圍，自然亦能變通。能知三百八十四爻的變動，則能駕馭人事社會變動而且熟練。我們看歷史可知，自從庚子之後，社會的動亂已漸漸地有些維持不下去，錢幣的鑄造由厚而薄，由小見大，可知社會逐漸向下低沉。又村莊間人人以不做事爲榮，嘲笑那些家有祖產而仍在外奔波做事的人，把社會弄成畸形狀態；還有，讀書人滿腹經綸，

卻沒有出路，種種不平衡的狀態，剝而又剝，自然要變。於是國民革命，推翻滿清，又到了共匪統治大陸，以前那些游手好閒的鄉間仕紳多被折磨死了；而共產黨由於先天的制度上存在的問題，例如人民公社、財產共有的經濟制度，造成老百姓心灰意懶，生產低落，這些將促其走向絕路，將來一定要變。現在我們一切的行動，若能把握住「以動者尚其變」的原則，當然可以與日月同光、天地同德。

「以制器者尚其象」，形而下者謂之器，一切的組織都是器，乾為衣，坤為裳，黃帝堯舜垂衣裳而天下治，此「制器者尚其象」也，秉持乾坤以治天下也。宇宙之所以能化育萬物，使其欣欣向榮，有條有理，是靠乾坤，而使方以類聚，物以群分。統治者了解這道理，就掌握陰陽調和的法則，而可以致天下於太平；例如在社會繁榮，衣食豐足之時，就注重教化，使不致於放縱淫佚。衣食是坤，教化是乾，坤陰發展太過了，要用乾來節制，此調和鼎鼐，爕理陰陽之道理也。再者，中國古代一切製造器皿都是從《易經》之卦象來的，一切的體制創造，亦莫不皆然。

「以卜筮者尚其占」，「卜筮」是龜卜蓍筮的簡稱，《尚書‧洪範》「卜用龜，筮用蓍」。鄭康成《周禮注》曰：「龜自有一二三四五生數之鬼神……筮之神自有七八九六成數之鬼神。」「卜」知一二三四生數之神，「筮」知七八九六成數之神，至今龜卜已經失傳，蓍筮亦只可知其大概而已，精到的地方也亡失了。故春秋戰國時代筮法很準，到了宋朝朱子卜筮老是不準，因為有失傳的東西所致。占辭的代名詞曰林，例如焦延壽《易林》、郭璞《洞林》，其法乃求得一卦，就以占辭為標準。

「是以君子將有為也，將有行也，問焉而以言，其受命也如

饗」，「爲」是特別的創舉，「行」是一般的行動。虞翻：「乾之
〈坤〉而成〈屯〉䷂成〈師〉䷆」，〈屯〉內震爲侯，其卦辭「利建
侯」，有所作爲之象也。〈屯〉是發端創始之卦，必須建樹頭緒，故
要「有爲」。〈師〉二三四互震爲行，師者衆也，所以有行師動衆
之象也。此乃根據卦象說明「有爲」與「有行」的區別。〈屯〉、
〈師〉之震又爲言，意思是問於卜龜蓍筮，而言其吉凶。

爻變動於卦內，吉凶則表現於外，君子有所作爲，有所行動，
先要問一問卜龜筮蓍，蓍龜也會有所表示。此處所謂的「爲」與
「行」，並不是雞毛蒜皮的小事，而是謀國君主的國家大事。「饗」
通響，一本作響。乾之坤成震，坤之乾成巽，震巽同聲相應，所謂
「雷風相薄」也。巽爲命，震善鳴爲響，故曰「受命也如饗」，意即
凡有所問，則卜筮的龜蓍馬上就有所反應，有所問必有所應，有求必
應也。

「无有遠近幽深，遂知來物。非天下之至精，其孰能與於
此」，天道遠，地道近。《說文》：「幽，隱也。」陰闇也，「幽」
謂陰，「深」謂陽，《爾雅‧釋言》：「潛，深也。」陽氣潛藏，故
深謂陽而幽謂陰。「物」是一種恍惚的表現，意即乾知大始，乾陽代
表一切的感能。事物不管如何近，如何遠，如何幽暗，如何深藏，人
心不同，各如其面，精神是深藏的的乾陽。陰是幽暗的，譬如地底下
的東西是看不見的，由《易經》的數，則可以知道過去及未來的表
現。所謂「幽贊于神明而生蓍」（〈說卦〉），是說人與萬物同樣來
自陰陽二氣，由太極化生而成也，若能做到寂然感通，回溯到本源的
境界，則能知萬物之情理。《易經》拿蓍草之數來推演，則由乾坤二
氣這同一來源所發展出不同的飛潛走植、蟲魚鳥獸，石頭或人類要經

過多少變化的過程，都可以推出來。十其五，五行發展到最後的終極點。故遂知「來物」，都是從陰陽五行化成，推其源，則原形畢露矣。「精」在象與物之後，是象與物的最高頭。「至精」是精之至者也。若不能發展到天下最精，如何能至於此呢？

「**參伍以變，錯綜其數**」，歷來先儒有三種說法：㈠從筮法上講，筮法有數七八九六，數有變，是九與六之三變也，每三變得一爻，所謂「參」也。每變之中有分而爲二以象兩，有掛一以象參，有揲，有歸奇於扐，有再揲，五度經營，所謂「伍」者也。歸扐之數，先分開計算，就是「錯」；再合聚計算，就是「綜」。有三多者9、8、8，有三少者5、4、4，有一少二多者5、8、8，有一多二少者9、4、4，其數不齊，故取過揲之餘數。所謂「錯」也，錯是分開來計算，去掉過揲之餘數，以四除之。所謂「綜」也，綜是合聚起來計算。㈡陽變陰化，乾陽入物必變，乾陽變動，坤陰則以之化生，既言變，必爲陽變。一三五是陽，二四上是陰，陽在初爲潛龍勿用，陽至三、五才可以發生變動的作用，故「參伍以變」是指陽而言。《易》，逆數也，是指陽由少變多，向外擴展成能；陰由多變少，向內收縮成體；由多至少，由少至多，是陰陽之數。「錯」裂也，分開也，陽也。「綜」合也，聚合也，陰也。㈢《漢上易傳》朱震的說法，是把「洛書」當成「河圖」，「洛書」縱橫15，錯55，綜360，此說法不太通。

「**通其變，遂成天下之文**」，孤陰不生，獨陽不長，乾坤若始終純潔而不相交，則萬物不生。物相雜曰「文」，物單純則不成文，很多的現象則成文，拆開來成孤獨的則不成爲文。乾陽居三五則變動而與坤陰往來，於是萬物化生，造成天下之文。「通」是指乾坤相通，

「變」則指乾陽在變。

「**極其數，遂定天下之象**」，歷來先儒有三種說法：㈠「數」指六爻之動，三極之象，六畫之數也，爻數也，三百八十四爻皆由六畫而成，演盡三百八十四爻就是「極其數」。其中有得位之陰陽爲吉，有失位之陰陽爲凶，故三百八十四爻可極盡天下吉凶之象，這是虞翻的說法。㈡根據筮法，三變得一爻，六次三變則十有八變而成卦，卦爲剛柔相雜之文。六爻之數都演盡了，則另外兩卦之象（旁通、反對）就表現出來了。「象」者，變之已成也。㈢《漢上易傳》說，通七八九六之變，發揮剛柔，造成天下之文，極五十有五之數，遂定天下之象。三說之中以虞翻之說爲妥。

「**非天下之至變，其孰能與於此**」，我們很難根據宇宙萬物的表現來推究其本源，不過，陰陽變化在能量上都有不同的表現，即西洋所謂的「能階」。既然有數存在其間，則可以用數的變化來推求或觀察萬有的變化。我們到人家裡拜訪，若看見窗明几淨，就能推想這家必能興旺；若看見到處髒亂，就能推想這家必生破敗，這也是數的變化。這要看天地陰陽的能量是在哪一階，若能量不夠，則現象的變化將萎縮，凡是國家組織、人與人、人與事的配合，都是如此。若精神抖擻，則爲奮發向上之象也，這是從簡單的事理來說明數量的變化。

「**《易》无思也，无爲也，寂然不動，感而遂通天下之故**」，《易經》所言者，天地之理；所演者，天地之數。《易經》卦爻的布置是天地宇宙發展的標幟、符號，是萬有分別條理的秩序，人類在這大秩序中討生活，大秩序之變動非人類所能改易，只能順著它來決定自己的變化。天地何思何爲？天地无思无爲也。《易經》代表天地，故《易經》亦無所謂思，無所謂爲。但宇宙天地化生萬物，是無精不

到，無微不至的，光是無思無為，何能至此？曰：不然，因為「真空不空」，「一空就明」，無思則空明，靈氣自聚，於是智慧昇華，《易經》無思才能範圍一切，《易經》無為才能造就一切。《易》無思無為，何能受命如響？萬物的秉賦來源皆為陰陽二氣，流派不同，源頭則一，倘若人能回復（溯）到源頭的境界，則可以體察到萬有與我們脈絡相通，而知宇宙純一之理。萬有的變化，歸結到底就是陰陽二氣的變化，但必先能做到寂然不動的功夫，回復到宇宙最初的境界，這時候，所有宇宙的智慧都來了，五祖傳六祖即此道理。通俗說法「空谷跫音」，空谷自有音。《乾鑿度》「虛無感動」，亦即《大學》：「知止而後有定，定而後能靜，靜而後能安，安而後能慮，慮而後能得。」之境界。

　　「非天下之至神，其孰能與於此」，「神」就是微妙而難窮的事理，當我們面對無法理解的現象，我們習慣稱之為「神」。第五章所說的「陰陽不測之謂神」，是指宇宙萬有現象的源頭，都是來自陰陽二氣；但是陰陽往來變化，是莫知然而然，莫知至而至，所以稱之為「神」。因為《易經》所探討的是天地之理，所推衍的是天地之數，而卦爻更是陰陽往來變化的符號，所以只有《易經》可以「寂然不動，感而遂通」，可以稱得上是「至神」。這跟前面的「至精」「至變」一樣，都是在稱讚《易經》的妙用無窮。

　　「夫《易》，聖人之所以極深而研幾也」，看不見的就是「深」，《老子‧第一章》所謂「玄之又玄，眾妙之門」是也，日常凡是看不見的事物就是天空一樣的藍蔚色，如穹蒼、遠山、深海。「幾」是說事情剛微微地有動態在轉動，所謂轉機，一葉而知秋也。為何要「極深」？要「研幾」？因為那是宇宙最初純一不變之理，

爲天下萬物所共有的，殊途而同歸，一致而百慮，人同此心，心同此理。人情物理了然於胸，則能通天下之志，凡事或成或敗，在轉變的幾微之間，就能見其成敗的朕兆。如果有偏差，要糾正；如果有失衡，要調理，以臻於至善。

「唯深也，故能通天下之志。唯幾也，故能成天下之務。唯神也，故不疾而速，不行而至」，因爲聖人創作《易經》，是爲了「極深」，就是要探討宇宙深奧的道理，想要了解萬有現象的來龍去脈。所以一旦了解人類與萬物都是來自陰陽二氣，是由太極化生而成，這樣就能推知萬事萬物之情理，而通透天下的人心。聖人能將人情物理了然於胸，達到「至精」的境界，就「能通天下之志」。其次，聖人藉由《易經》而「研幾」，研究幾微之道，就可以了解現象變化的轉機，進而掌握機先，達到「至變」的境界，這樣有利於開物成務，成就利益天下的偉大功業。所以說「唯幾也，故能成天下之務」。最後「唯神也」，能了解陰陽不測之神，則能「不疾而速」，雖不求快速，卻能在一瞬之間走遍太空。「不行而至」，雖然無心於行動，還沒有看到他的形跡，他卻已經到達了。宇宙間確有著這種「至神」的能力，比光速還要快萬萬倍，是不疾而速，不行而至的，任憑山河大地之障礙也阻不了的，那就是人類的思想能力。孔子在前一章講《易經》的筮法，是以大衍之數來推衍，的確有這樣神速神妙的地方。我們只要把握住宇宙那種能量，就可以駕馭一切。

「子曰『《易》有聖人之道四焉』者，此之謂也」，《易經》的聖人之道有四：「辭」、「象」、「變」、「占」，在以上十章都說明了。至於如何發用，則在以「至精」而「極深」，以「至變」而「研幾」，以「至神」而「通神」。

第十一章

子曰：「夫《易》，何爲者也？夫《易》，開物成務，冒天下之道，如斯而已者也。」是故聖人以通天下之志，以定天下之業，以斷天下之疑。」是故蓍之德，圓而神；卦之德，方以知；六爻之義，易以貢。聖人以此洗心，退藏於密，吉凶與民同患。神以知來，知以藏往，其孰能與此哉！古之聰明睿知神武而不殺者夫？是以明於天之道，而察於民之故，是興神物以前民用。聖人以此齊戒，以神明其德夫！是故闔戶謂之坤，闢戶謂之乾，一闔一闢謂之變，往來不窮謂之通，見乃謂之象，形乃謂之器；制而用之，謂之法；利用出入，民咸用之，謂之神。是故《易》有太極，是生兩儀，兩儀生四象，四象生八卦，八卦定吉凶，吉凶生大業。是故法象莫大乎天地，變通莫大乎四時，懸象著明莫大乎日月，崇高莫大乎富貴；備物致用，立成器以爲天下利，莫大乎聖人；探賾索隱，鉤深致遠，以定天下之吉凶，成天下之亹亹者，莫大乎蓍龜。是故天生神物，聖人則之；天地變化，聖人效之；天垂象，見吉凶，聖人象之。河出圖，洛出書，聖人則之。《易》有四象，所以示也。繫辭焉，所以告也。定之以吉凶，所以斷也。

　「子曰：『夫《易》，何爲者也？』」，這句話是開啓這一章的總帽子，用提問的方式開頭，「聖人作《易經》是用來做什麼的呢？」

　「夫《易》，開物成務，冒天下之道，如斯而已者也。」虞翻：「以陽闢坤，謂之開物；以坤翕乾，謂之成務。」乾，其動也闢，宇宙最初是以乾開化萬物，是有一股動力藏於其內，那股動力就

是乾。坤，其靜也翕，坤是涵蘊（孕）乾陽的動力來龐大自己，體形於是成長，故能成務，成就一種事務也。在人事社會來說，人類頭腦策畫籌謀是乾陽，根據乾陽的策畫籌謀去見諸行動，開辦公司或創造事業，是爲「開物成務」。宇宙一切化生萬物，無非是乾陽坤陰在交互往來的作用。「冒」者，覆也、犯也；以覆來解，意即涵蓋一切；是指乾坤互相爲用，開物成務，可以涵蓋一切萬有的化生，所以說「冒天下之道」。另有一說，「天下之道」是指所有發展的路線；冒者，犯也，有觸類而長之之意。那麼，以犯來解「冒天下之道」的意思則是，一切發展的路線，都在陰陽二種氣化之下來觸類而長之，一類一類的長。《易經》就是這樣子，「如斯而已者也」。

「**是故聖人以通天下之志**」，以者，用也。用《易》來通天下之志，定天下之業，**斷**天下之疑也。聖人指伏羲、文王、周公，《易》是乾坤陰陽往來，乾坤是綱領、門戶。乾知大始，富於感能，宇宙一切的感能都是乾陽的作用。乾所感的對象是什麼呢？就是坤，乾之感能感之於坤也，既是相感一定能「通」。「志」者，人類內心之趨向，所謂志向也。但如何知人心之趨向呢？人同此心，心同此理，了解乾陽的感能，於是與坤陰相通，就能感應天下人心之趨向也。故孟子所謂「天視自我民視，天聽自我民聽」（《孟子・萬章上》），老百姓的視聽就是天之趨向，故能「通天下之志」。所以老子「不出戶而知天下」（《老子・第四十七章》），以自己所感來揣度天下人心之所感，但以能正確地把握乾陽天德的感能爲要件。

「**以定天下之業**」，業取象於坤，坤爲業爲事，就是事業。乾陽既能開通坤，坤因此成形成體，任何現象成之於形，附之於體，則爲事業。換言之，由構想而成形成體，就是事業。

「以斷天下之疑」，《易》之變化當然是乾坤往來，但要成爻成卦才能顯出吉凶，也就是說，卦爻動之於內，吉凶現之於外。成爻成卦要用筮法七八九六過揲數，十有八變而成卦，君子根據卦爻之辭以斷吉凶，所以第十章說：「君子將有爲也，將有行也，問焉而以言，其受命也如嚮」。有人質問：「龜爲敗甲，蓍爲枯草，如何能有靈氣靈能來斷吉凶呢？」其實不然。學武者講究精氣神統一，可以練成金鐘罩，這是從武術方面來講。人的精氣神能夠統一，則靈能境界自高，所謂「至誠之道，可以前知」，聖人要老百姓能發用，故透過占筮將其表現出來。我們可以說枯草敗甲是聖人靈能的反應器，占筮是用來趨吉避凶，解決疑難的。通常所謂「急中生智」，是因念頭純一專注，也是精氣神統一的表現，故敗甲枯草也要靠自己頭腦的修持，這樣卜筮才準而能發用。這一章與第十章是相互連貫的，因此「以通天下之志」，是相對於「以動者尙其變」；「以定天下之業」，是相對於「以制器者尙其象」；「以斷天下之疑」，是相對於「以卜筮者尙其占」。

「是故蓍之德，圓而神」，大衍之數五十，其用四十有九，七七四十九也，卦則爲八八六十四。奇數主動，乾之德圓；偶數主靜，坤之象方；凡是動的都是圓的，凡是靜的都是方的。蓍之爲用，變動不居，故「圓而神」，筮者求其未知之數也，故稱爲神。圓而神是因爲變動不測，無法預知，但卜筮可以預知未來，也就是神—知來之意。卦之積數是64偶數，卦爻之吉凶悔吝都擺在《易經》本子上。

「卦之德，方以知」，知，智也。方是具體的表現。歷歷在目，一目了然，可以看出整個的體態，故曰智。卦方蓍圓，是一種可

以掌握住的智慧，亦即《老子‧第一章》曰：「常無欲以觀其妙，常有欲以觀其徼。」「欲」是人類意識上的希望，有意識的只能看的到有竅門的，這是人類智慧所能及者也。「妙」是毫無依據的，如一張白紙，就不是人類智慧所能觀察的了，這要用沒有識意的，頭腦真空的境界，才能看出毫無竅門可循的妙。「蓍之德圓而神」，是老子說的「無欲以觀其妙」；「卦之德方以知」，是老子說的「有欲以觀其竅」。

「六爻之義，易以貢」，韓康伯：「貢，告也。」一說：「貢，獻也」。爻有奇偶陰陽，位有得失，得位當位為得，失位不當位為失。六爻之意義，是根據「時」、「位」的變動來表現出吉凶。筮講德，卦亦講德，而爻講義。析而言之，同言曰德，分言曰義。聖人之心是毫無所有的，所以利害不動於心，為道損學，為學損道。

「聖人以此洗心」，一作「先心」。洗心是心裡毫無所有的最高境界，其感覺如宇宙一般，心靈空虛如宇宙則可以前知，把這種神知寄託在占筮上，心不為事物所塵垢，要像萬里無雲的藍蔚天空那般潔淨，不要像臺灣的天空一般烏煙瘴氣。至於「先心」，是先得之心，求卦筮之證明以斷。

「退藏於密」，占筮得之於心，知道事象必須密以藏之，天機不可洩露也。得知機先，密以藏之，就像為善不欲人見，這是根據乾道「神德性」來的。《孟子‧盡心下》說「聖而不可知之之謂神」，把德性密藏起來不張揚，「退藏於密」的文化，成了中華民族生活習慣的表現。「神而明之」，把不可知的，藉著占筮與自己的修持，把它簡化表現出來。

　　「吉凶與民同患」，用筮求卦，是想了解不可知的，筮已成卦，則吉凶已明顯化了。作《易》是有憂患意識，以天下為己任，像觀音菩薩之宏願為度大千世界之苦難眾生。一般老百姓無知，不能自己選擇正確的途徑，所以聖人把吉凶的機宜，透過占筮顯現出來，使百姓知所趨避。

　　「神以知來，知以藏往」，「神以知來」之「知」是知道，「知以藏往」之「知」是智慧。「知來」「藏往」取象於乾坤，乾陽為圓為動，有神之象，乾是發展未來，但是未來的跡象，是不可知的，稱之為神。坤陰是已經成形成體的，已成就者，是可知的。讀歷史可以增長自己的智慧，將已成就的經過累積起來，就可以成為自己的智慧。乾陽富感能而變動，所謂「蓍之德圓而神」也；坤陰已成形成體具體的表現，所謂「卦之德方以知」也。未來屬於乾，未來如何，是不可知之數，要從其能力、能量來觀察。乾為動能，坤奠之於後，以往屬於坤，已有成就，已成形體、局勢。知來是依乾陽變動的能量大小而知，藏往是根據坤陰已有的成就；從已成之局就可以知以往的經過，分門別類來觀察現在的表現，就可以知以往的作法為何。智慧是藏之於坤陰以往的成就，分析後可以成為自己的智慧。

　　「其孰能與此哉？古之聰明睿知神武而不殺者夫」，誰能做到這種功夫，這種地步呢？這是孔子自問自答。「聰明睿知」為乾坤，能夠把握乾坤二德，則如堯舜，可以垂衣裳而天下治。陰陽要相互為用，不能偏頗，偏精神之陽，則如回教國家之敗落，偏物質之陰，則如歐美之科學危機。周公制禮作樂，燮理陰陽，即為了掌握乾坤。乾之坤成坎，坎為耳主聰；坤之乾成離，離為目主明，合起來看，有「聰明」之象。乾陽為神，乾剛為武，有「神武」之象。乾陽藏之

物內，我們不可知，神乎其神也。殺讀若晒，衰也，所謂「鎩羽而歸」，如鳥之羽毛摧落，不能奮飛。「不殺」就是不衰，所以「神武而不殺」，就是說：乾坤又神又武而不衰。

「是以明於天之道，而察於民之故」，乾爲天，坤爲地，坤五之乾成離爲目，外離目，內乾天，離日照天，有「明天道」之象。乾五之坤爲坎爲月，內坤爲地又爲民，坎月照地，有「察於民」之象。孔子的學問是「極高明而道中庸」，就是從一般人所能了解的範圍來闡釋天道，老子則不然，拋開一般人所能理解的立場，專由天道來講天道。無論如何，由天道立人道，先要從明瞭天道開始，再由天道來講明察人世之故。

「是興神物以前民用」，「興」是興起發動的意思，就是創立；「神物」是指占筮之法，能夠「問焉以言，受命如響」，有如神物；「以前民用」是聖人領導老百姓來使用。人類社會是萬有現象中的一種，應該遵守宇宙的法則—天道，所謂「順天者昌，逆天者亡」是也。以天道立人道，但天道深遠而不可見，故聖人創立占筮之法，透過占筮這種神物，而以大衍之數明之。天道雖遠而不可見，但任何現象都有數在其中；數者，能量之大小也，也就是《老子・第二十三章》所謂「飄風不終朝，驟雨不終日」。天道幽遠，但其數可推，故聖人「幽贊於神明而生蓍」，從九六之變而顯示出吉凶，所以老百姓在面臨疑惑不決之大事時可以發用。占筮並非用在日常，而是用在生死存亡成敗的利害關頭。因爲占筮是神物，不可「玩」，不可「瀆」，〈蒙〉卦：「初筮告，再三瀆，瀆則不告。」就是這個意思。

「聖人以此齋戒，以神明其德夫」，齋，莊子「心齋」，孔子

告訴顏回要心齋，因爲心念專一純淨，不僅可以看清楚外界的事物，對自己健康生命也有很大幫助。乾元入坤體則成巽，巽爲絜齊，有「齋」之象；巽又爲誥命，有「戒」之象。乾坤二卦相互往來成坎離，坎離成卦爲水火〈既濟〉，〈既濟〉卦辭「初吉終亂」，是寓有「思患豫防」之意。戒是戒定慧，心念純一不亂則生慧，亦即〈大學〉「知止而后能定……慮而后能得」。前面提到，占筮用的是敗甲枯草，爲何靈驗？那是因爲聖人齋戒自己，「神明其德」而使占筮發用。「德」者「得」也，老子《道德經》的上經是就天講，稱道；下篇是就人講，稱德。德包括能力與德操，能力大，操持堅固，則爲有德之人。解衣推食是德之作用，而非德之本質，必須能力與操持都符合宇宙法則的指示，法宇宙之道而悲天憫人，才能稱爲有德之人。

　　「是故闔戶謂之坤，闢戶謂之乾，一闔一闢謂之變」，乾坤其《易》之門邪！單扇爲戶，雙扇爲門，門戶皆出入往來關鍵之所在，乾坤就是宇宙陰陽二氣往來之關鍵所在。坤性凝聚，向內收縮，凝結在一起就像人在家裡不出門一般，故曰「闔戶」，靜態的修養在內，乾坤剛柔晝夜之道也，坤陰象夜要閉戶。虞翻說：「從巽之坤」，就是由〈姤〉之〈泰〉，〈姤〉爲夏至一陰生，五月卦午也。巽之坤由午到亥，亥是夜子時，閉戶之時也。「闢戶」是從家外出，乾性奔放，主動，有不家居而外出之象。乾剛象晝要開戶，虞翻說：「從震之乾」，一陽來復是十一月，四月爲〈乾〉，〈復〉爲子時，〈乾〉爲巳時，由晚上到白天要開戶。闔戶到極點就要闢戶成乾剛，九六之變，一闔一闢也；十二辟卦往來循環，周而復始。

　　「往來不窮謂之通」，宇宙一切現象都是往來不窮，萬物相通的；宇宙間沒有廢物，所有東西都是相互爲用的。植物所排氧氣爲人

類所需，人類所排二氧化碳為植物所需；人所排泄的糞尿是蔬菜的肥料，蔬菜長大又被人採來食，自然軌道，容易鑑別。又如水果結實，外皮光亮是屬涼性，外皮粗糙，結構不緊密是屬溫性。觸類而長之，舉一隅必以三隅反，所以說「往來不窮謂之通」。

「**見乃謂之象**」，剛有所發現為象，在天成象，在地成形。象是氣化的東西，器是形化的東西；氣化為象，形化為器。宇宙間先有氣化再有形化，現象剛產生，剛有所表現謂之象，是氣化範圍之內的東西。

「**形乃謂之器**」，由氣化慢慢結成形化，如精子卵子都是氣化來的，結合成胚胎而成嬰孩，這是形化的過程，宇宙萬有的構成過程為如下的程序：見－象－形－器。

「**制而用之，謂之法**」，聖人看這情況，就根據這道理制而用之，於是變成社會上的各種法制。氣化在天是空洞的，所以無跡可尋，形化以後則不再空洞，所以看得見。見是剛剛有所表現，謂之象。坤為地，實在具體為器。坤方主靜（能成形），乾圓主動（能成象），《易經》之象也，天地就是大規大矩，有了規矩，則一切的製造都有準尺，聖人尚象制器，一如宇宙由象成器。

「**利用出入，民咸用之，謂之神**」，乾以美利利天下，坤為用，乾坤有「利用」之象。乾為變，坤為化；利是利便、豐利、利益，因為乾陽感化坤陰，是很便捷的。「出入」亦取象乾坤，乾出於震，坤入於巽，「出入」為由乾坤變成震巽之象。古代沒有法令，老百姓法乾坤、剛柔、晝夜之道，日出而作，日入而息，「民咸用之」，但是百姓日用而不知。又如調和鼎鼐，烹飪的功夫，也是陰陽

之道，百姓同樣日用而不知，但是自自然然地會這樣做，故謂之神。

　　「是故《易》有太極，是生兩儀，兩儀生四象，四象生八卦」，孔子說「《易》有太極」，這個「太極」就是老子所稱之「道」，所謂「道可道，非常道」（《老子·第一章》）、「有物混成，先天地生……無以名之，強名之曰道」（《老子·第二十五章》）。假設孔子、老子二人會合商量，結果可能捨「太極」而曰「道」，也可能捨「道」而曰「太極」。漢儒釋太極曰「氣」，氣是未成體，還在電以前的東西。宋儒釋太極曰「理」，構成宋儒以後的「理氣學說」，所謂變化氣質、寓理帥氣。其實「太極」非氣非理，亦氣亦理，是理氣未分之前的東西，一片混淪，理氣合而為一。陰陽二氣能夠化生萬物，是運用五行，陰陽二氣的五種運行之形態，是用金、木、水、火、土，用來形容其化生萬物的情況。陰陽二氣化生萬物，有一定的規則，若亂則為戾氣，這一定的規則即為理。所以理是氣化運行的規則，只有人類得天地均衡之氣，故有理性，其他動物五行運行都不全，故理性不夠。氣化運行的規則入娘胎人身，就成為理性。初現之容為儀，二儀即乾坤；西洋宗教所謂上帝即太極，亞當、夏娃即乾坤二儀。周敦頤〈太極圖說〉：「太極動而生陽，靜而生陰。」生四象者，分出陰陽太少，二種氣化在太空中運轉，陽氣化與陽氣化結合才成太陽，依此類推，則四種變化成四象：

　　☷太陰　☳少陽　☵少陰　☰太陽

由四象而生八卦：

　　☷坤　☶艮　☵坎　☴巽　☳震　☲離　☱兌　☰乾

　　　太陰　　　少陽　　　少陰　　　太陽

　　「八卦定吉凶」，陽爻是生，陰爻是殺，陽生陰殺，陽主生

氣，陰主殺氣。夏天是陽主事，從冬至至六月是春夏之間，萬物生長之時也。七月〈否〉卦以後，萬物凋零，冬天是陰主事。臺灣現在正是陽氣興旺之時，因為到處可見小孩特別多，人人想找工作，不會游手好閒。我們從人事社會的精神、動作表現，可以看出其陽氣之興旺情形。爻位得正則吉，爻位失正則凶，我們從八卦爻位也可以看見吉凶。

「吉凶生大業」，陽生陰殺，陽生當然可以生大業，但是，陰殺為何可以生大業？先儒皆費解。有人解釋為：「八卦定吉凶，老百姓因此可以趨吉避凶，所以可生大業。」事實上，陰殺為凶，是指秋冬之時，陽生為吉，是指春夏之時；一年有四時，當然有吉有凶。萬物百事都是有張有弛，有緊有鬆，需要陽向外鼓動生機，也要陰向內收斂才能成形。八卦代表日月五星運行之象徵，日月運行有正，有不正，有吉凶之表現，漢高祖劉邦出而為帝，天象有五行連珠，日明五行，是為吉象。五行亂形，例如日月之蝕，都是凶象。若有吉象，則利於向外發展；若有凶象，則利於向內收縮。要成就大業，必須有發有收，有張有弛。

「是故法象莫大乎天地」，坤為法，乾為象，因為「成象之謂乾，效法之謂坤」。由氣化到形化，裡頭就顯出初見的朕兆是為乾，坤來效法乾的作法而化生萬物。第五章提到：「生生之謂易，成象之謂乾，效法之謂坤。」簡單的說，成象是靠乾陽鼓動的能力，成形是靠坤陰凝結的能力。乾所呈現的為象，坤所呈現的為法。日月推移，寒來暑往，坤地法乾天之象，而滋生萬物，無所不載，所以說「法象莫大乎天地」。

「變通莫大乎四時」，現象的發展都有終極點，到了最後不能

再發展，那就是窮。但是，窮則變，變則通，人類周遭的現象都是如此。例如天氣，所謂「飄風不終朝，驟雨不終日」是也。宇宙最顯著的變通，就是四時，變通者，趨時也。我們一切的想法與做法要根據天地的法則，要理解變通的道理，就要體會四時變通的原理。

「懸象著明莫大乎日月」，八卦有日月晦明之象，虞翻拿納甲來講：「震納庚，月初三哉生明；兌納丁，月初八上弦；乾納甲，月十五為望；巽納辛，月十八哉生魄；艮納丙，月廿三下弦；坤納乙，月三十為晦；坎納戊、離納己，居晦朔之間，中央土也。人類周遭所懸的象，最明顯的就是日月，日月有一定的布位與時間，亦即「位」與「時」也。孔子告訴我們：法象最要緊的是天地，變通最要緊的是四時。

「崇高莫大乎富貴」，根據〈說卦傳〉，乾為天，有「高」之象；乾又為君為父，可以發縱指使，有「貴」之象：因此，高、貴是取象於乾。坤為地，萬物資生而廣生焉，萬物無奇不有，非人類之構想所能盡其形態，所以坤有「富」之象。《爾雅・釋詁》：「崇，重也。」《儀禮》鄭注：「崇，充也。」〈坤〉卦〈象傳〉：「坤厚載物，德合无疆；含弘光大，品物咸亨。」堪稱「厚重充實」，所以坤有「崇」之象。因此，崇、富是取象於坤。換個角度來看，崇是形容坤之富，高是形容乾之貴。

「備物致用，立成器以為天下利，莫大乎聖人」，「備物致用」是取象於乾坤。乾往之坤，是為「備物」；坤來養乾，是為「致用」。乾往之坤，可以開化坤陰而生萬物；坤來之乾，才可以廣生萬物。上古之時，民智未開，否塞之時也，聖人體會這境界，於是針對〈否〉卦以及相互往來之〈益〉〈噬嗑〉〈渙〉〈隨〉等四卦，「制

器尙象」，而達成「成器以爲天下利」之目標。

㈠〈否〉卦四之初則成〈益〉卦，〈益〉之初九「利用爲大作」，有
　　耕稼之利。就是〈下傳〉第二章所謂「斲木爲耜，揉木爲耒，耒耨
　　之利，以教天下，蓋取諸〈益〉。」

㈡〈否〉卦五之初成〈噬嗑〉卦，〈噬嗑〉之「日中爲市」，有市井
　　之利。就是〈下傳〉第二章所謂「日中爲市，致天下之民，聚天下
　　之貨，交易而退，各得其所，蓋取諸〈噬嗑〉。」

㈢〈否〉四之二成〈渙〉，風水〈渙〉，有舟楫之利。就是〈下傳〉
　　第二章所謂「刳木爲舟，剡木爲楫，舟楫之利，以濟不通，致遠以
　　利天下，蓋取諸〈隨〉。」

㈣〈否〉上之初成〈隨〉，服牛乘馬，有牛馬之利。就是〈下傳〉第
　　二章所謂「服牛乘馬，引重致遠，以利天下，蓋取諸〈隨〉。」

　　　「探賾索隱，鉤深致遠，以定天下之吉凶」，「賾」是現象剛發
端之始，微有的跡象朕兆，要加以探求，就是「探賾」。既探其賾，
尙要索其隱，探求現象的朕兆，索取其幽隱之處，在現象發端之始就
要把它弄清楚，就是「索隱」。坤爲藏，故曰隱，找出現象發生原因
的幾微，把其中隱藏的因素找出來，現象發展以後的情況也要搞清
楚。遠指乾，乾爲天，天道遠。「鉤深」，曲以取之也；「致遠」，
遠而達之也。意即現象未來的發展是深藏不露的，但我們要曲以取
之，未來的發展也很幽遠的，但我們要遠而達之。此即老子：「無欲
以觀其妙」—鉤深致遠，「有欲以觀其徼」—探賾索隱。聖人於是設
蓍龜，用蓍以成其卦，用龜以成其兆。蓍成卦，龜成兆，就能把現象
開始的朕兆以及未來幽遠的結果探求出來，則吉凶瞭然如指掌，於是
可以定天下之吉凶。

「成天下之亹亹者，莫大乎蓍龜」，亹，ㄨㄟˇ，一本作娓，意即美好的前進。「成天下之亹亹者」的意思是，所有天下美好的前進，都可以完成了，這是因為蓍龜能夠探賾索隱，鉤深致遠，從而天下之吉凶就能穩定矣。

「是故天生神物，聖人則之」，「神物」就是蓍龜，「則」就是以此為法。聖人運用天生的蓍龜為神物，發明以蓍草占筮，以龜甲卜筮，將不了解的情況弄得很明朗。這就是〈說卦傳〉第一章所說：「昔者聖人之作《易》也，幽贊於神明而生蓍，參天兩地而倚數，觀變於陰陽而立卦，發揮於剛柔而生爻，和順於道德而理於義，窮理盡性以至於命。」

「天地變化，聖人效之」，乾為天，主變，坤為地，主化。乾坤剛柔變化而生爻之陰陽，爻也者，效天下一切的動態，三百八十四爻效天地之變化。

「天垂象，見吉凶，聖人象之」，《尚書・舜典》：「在璇璣玉衡，以齊七政。」玉衡是地球儀，有日月、五星、地球在中運轉，日月五星為七政，日月五星常有不同的表現，聖人法天之象以齊七政。另有一說：日月合璧，五星聯珠，吉象也；日月薄蝕，五星亂行，凶象也；吉象凶象，皆天之垂象也。聖人法天之垂象，於是成九六爻位，陰陽得位吉，失位則凶。

「河出圖，洛出書，聖人則之」，易例：「河圖」、「洛書」，由點變成畫，是指以圖書而成卦。八卦由畫而成，圖書由點而成，聖人改點成畫，圖書一變而成八卦，這就是「聖人則之」。「河圖」、「洛書」的本質是什麼？先儒以為龍馬身上有圖形是「河

圖」，靈龜身上有斑點是「洛書」。《尙書・顧命》：「大玉，夷玉，天球，河圖，在東序。」序爲學校，相當於今之研究所，東序是文學院，西序是武學院。「大玉」是十二片玉器，用來計時；「夷玉」是計準的，計算地球高地之處；「天球」是圓的，上有斑點，是二十八宿天星，小周天的星圖；「河圖」計五十有五的數，是玉器做的，呈龍馬之形，上頭刻數的圖案；「洛書」是玉器的規，上刻有數的圖案，用玉來做，可垂萬萬年而不敗，取其垂久也。根據邵康節《皇極經世》的元會運世，伏羲氏是我們這一元的祖先，是在辰會、巳會之間出世的，他所悟的道理刻成玉器，而在皇帝堯舜之間，經洪水沖了出來，故曰「河出圖，洛出書」。

　　「《易》有四象，所以示也。繫辭焉，所以告也。定之以吉凶，所以斷也」，「示」，侯果：此繼前頭則之、效之、象之、則之四件也。另有一說，「四象」是指七八九六蓍龜所求出陰陽老少之數，以示人幾微。「告」，前頭之示，只是示人其幾微；此處之告，則把道理揭明出來，即文王繫卦辭，周公繫爻辭。「斷」，吉凶能夠確定，則可以斷天下之疑。「所以示」，是示以幾微；「所以告」，是告以道理；「所以斷」，是斷以趨吉避凶之道。

第十二章

《易》曰：「自天祐之，吉无不利。」子曰：「祐者，助也。天之所助者，順也；人之所助者，信也。履信思乎順，又以尙賢也。是以自天祐之，吉无不利也。」子曰：「書不盡言，言不盡意。然則聖人之意，其不可見乎。」子曰：「聖人立象以盡意，

設卦以盡情偽，繫辭以盡其言，變而通之以盡利，鼓之舞之以盡神。」乾坤其《易》之縕邪？乾坤成列，而《易》立乎其中矣。乾坤毀，則无以見《易》，《易》不可見，則乾坤或幾乎息矣。是故形而上者謂之道，形而下者謂之器。化而裁之謂之變，推而行之謂之通，舉而錯之天下之民，謂之事業。是故夫象，聖人有以見天下之賾，而擬諸其形容，象其物宜，是故謂之象。聖人有以見天下之動，而觀其會通，以行其典禮，繫辭焉，以斷其吉凶，是故謂之爻。極天下之賾者，存乎卦；鼓天下之動者，存乎辭；化而裁之，存乎變；推而行之，存乎通；神而明之，存乎其人；默而成之，不言而信，存乎德行。

　　《易》曰：「自天祐之，吉无不利。」子曰：「祐者，助也。天之所助者，順也；人之所助者，信也。履信思乎順，又以尚賢也。是以自天祐之，吉无不利也。」以上這一段，漢《易》本子都列為第十一章，北魏王弼以後改列為第十二章，但從文字大意看來，以列為第十一章為宜，因其內容與十一章脈絡相通也。現在姑且從流行之本子，仍列為十二章。

　　「《易》曰：『自天祐之，吉无不利。』子曰：『祐者，助也。』」「自天祐之，吉无不利」是〈大有〉䷍上九的爻辭。〈大有〉是以六五之陰來入於乾體而為主爻，因此六五之陰與外卦四上之陽融洽和諧；況且五與二為正應，所以內體三陽也與六五之陰水乳交融；其卦象是五陽向一陰歸附，也可以說是一陰能夠凝聚五陽；陽為大，所以說：〈大有〉者，所有者大也。〈大有〉係由〈坤〉之六五入居乾體之尊位而成卦，坤為「自」，上爻之卦位為「天」，內體之乾亦為天，上與三應，三互兌為西居右，古文之右通「祐」，是「自

天祐之」之象。《說文》：「祐，助也。」所謂「天助者順」，因此「吉无不利」。〈坤〉卦六五爻辭「黃裳元吉」，是有「吉」象。〈大有〉到了上九，五陽都來幫助六五之陰，當然「吉无不利」。例如結婚要選黃道吉日，當天若又是好天氣，那就無不利。

　　「天之所助者，順也；人之所助者，信也」，「順」爲柔順，指〈大有〉六五而言。六五以陰爻居尊位，坤陰以柔順爲德性，所以象曰：「柔得尊位大中而上下應之。」六五居尊位而順應上下之陽，就是順著有道理的人，譬如漢高祖劉邦順著張良的輔佐而能統一天下。「信」就是孚，〈大有〉旁通〈比〉，〈比〉之五爻居坎爲孚，因爲孚是取象於旁通之〈比〉，所以〈大有〉六五爻辭爲「厥孚」，而非「有孚」。「孚」者，信也，就是至情至性。〈大有〉內體爲乾，乾司感能，乾陽的發動也是出之於至情至性。《老子·第二十一章》：「其精甚眞，其中有信。」所以「信」是宇宙最眞切的表現。凡事發之以至情至性，必能感動天人，所以既得「天之所助」，又得「人之所助」。這句話啓示我們：一、天是自然法則的表現，人如順著自然法則做事，自然法則就會幫助我們。日出而作，日入而息，就是順著自然法則。二、從人性可見自然法則，人性秉自然法則而生，如何覺察自己是否順自然法則而行？要於清夜捫心自問，違心逆天者易招亡也。做事紮實眞切，則社會能信任你，是謂：「人之所助者，信也。」

　　「履信思乎順，又以尙賢也」，〈大有〉六五爻辭：「厥孚交如」，孚者，信也，所以六五有「信」之象。六五仰承上九，所以就上九而言，有「履信」之象。〈大有〉外體離伏坎，五爻居坎位，坎爲心病，有「思」之象；六五坤陰爲〈大有〉之主，以順承上九爲

德，所以就六五而言，有「思順」之象。〈大有〉之卦象是一陰能夠凝聚五陽，也是五陽向一陰歸附，因爲六五居尊位，其生機強壯且涵宏廣大，所以其與上九的關係是「履信」「思順」，而與其下四陽的關係則是「尙賢」，因爲陽是有道之士，必須以禮待之。反之，六五若是位尊而驕奢，那麼有道之士必然不爲所用，例如項羽不用范增而自招滅亡。

「是以『自天祐之，吉无不利。』」，因爲〈大有〉六五居尊位，而能兼具「履信」「思順」「尙賢」之德，所以其爻辭爲「自天祐之，吉无不利。」爲什麼說「吉无不利」呢？例如一國之君能夠結合民心，必然爲吉，但若人心不齊，人才不能掌握，則易生叛亂，所以集中人才，統一民心，是治理國家的根本方法，這樣才能「吉无不利」。

「子曰：『書不盡言，言不盡意。』」，「書」指《易經》，《易經》廣大悉備，有天地人三才之道，所以宇宙有多大，《易經》就有多大。但是宇宙的範圍畢竟太大，而且現象繁雜，因此，《易經》無法盡言其情狀，此即「書不盡言」。即使能說，能否完全描述其道理，把所有的意思表達出來，也未必然，此即「言不盡意」。

「然則聖人之意，其不可見乎？」，伏羲仰觀俯察，作八卦以指示天地陰陽變化之意思，說明陰陽往來變化的法則。乾坤生六子，震爲長男、坎爲中男、艮爲少男，巽爲長女、離爲中女、兌爲少女。「六子」是表示所有現象是由陰陽交合而來的，而其交合有六個規律。再者。每個卦的初爻、二爻、三爻代表天地人，初爻是純粹的，二爻已不純而有搭配的東西，三爻是比較空洞的。伏羲仰觀俯察而知宇宙萬有無非是陰陽氣化交互變化而來。純粹的動態爲乾，純粹的靜

態爲坤，乾坤交合而生六子，因此八卦可以歸納宇宙萬有、天地萬物，所以從八卦可見「聖人之意」。所以孔子反問：「然則聖人之意，其不可見乎？」

「聖人立象以盡意」，「象」即八卦：乾、兌、離、震、巽、坎、艮、坤。聖人伏羲氏根據「河圖」、「洛書」而畫成八卦，藉八卦以表達天地陰陽變化之意思，說明陰陽往來變化的法則。先天八卦「天地定位，山澤通氣，雷風相薄，水火不相射」，就是確立宇宙構造的最高法則，所謂「八卦以象告」，即爲「立象以盡意」。

「設卦以盡情僞」，「情」是陽，「僞」是陰，「設卦」是指兼三才而兩之的八八六十四卦。乾陽司感，感而生情，情屬乾陽；俗云木石無情，因爲木石是塊然的坤陰死體，沒有乾陽則無情，僞也。佛家所謂山河大地都是一時偶合的假象，不是眞的。眞正的東西是乾陽，人死稱爲捐舍，表示人身是個房子，是假的，這也可以看出陽爻有情，陰爻無情的意義。六十四卦三百八十四爻指示一切宇宙陰陽的變化，《易經》一切的情僞，在此可見矣。

「繫辭以盡其言」，伏羲只有立象畫卦，因爲當時還沒有文字；到了黃帝以至夏商二代，也只有天干地支這一類的符號文字；直到文王拘於羑里，才把伏羲氏所畫的卦象繫之以卦辭，至此，陰陽變化之卦象可以卦辭盡其意矣。但是陰陽變化的情況，哪個是吉凶悔吝？其程度如何？卦辭並沒有交代，必須到了文王周公繫爻辭以後，才能表達出吉凶悔吝及其程度。但是，所謂「繫辭盡其言」者，也不過是指示其大概而已，有多少意在言外的，也就是在卦辭與爻辭中找不出來的，那就要回頭看卦象。因爲卦辭與爻辭之「言」比較淺，「象」所包括的比較深，探象則端視各人的智慧高低，見解當然有深

淺之別。象就是奇（━）偶（━━）的配搭來往的情況，八卦尚不能盡其情偽，必須八卦重之成為六十四卦，才算完備，這樣天下的情偽比較能夠形容盡致。

「變而通之以盡利」，八卦二十四爻變為六十四卦三百八十四爻，就是「變而通之」。爻是指示天下的三百八十四種動態。九六之變，七八九六是成數，生數是在內蘊藏，沒有表現的，真正顯示出來的是成數。陽由少而變多，故九為老，七是少；陰由多而變少，故八為少，六為老。陽極生陰，陰極生陽，九可變六，八可變七，九六可變成七八，卦爻之間彼此就通了。由八卦變成六十四卦，由六十四卦變成4,906卦，則《易經》的道理可以無往而不利。例如斷瓦碎石本是廢物，融之以泥，可以成建材，這就是「變而通之以盡利」。

「鼓之舞之以盡神」，楊雄《太玄經》：「鼓舞萬物者，其惟風雷乎。」「鼓舞」取象自乾坤，乾出為震，坤入為巽，乾坤有出入之象。乾坤二氣化成就之後，不是一成不變的，震出為雷，巽入為風，風向下走，雷自地出，雷鼓動萬物的生機，風疏導萬物的成熟，乾出坤入，萬物受其鼓舞疏導以生長、成熟，莫知其然而然，故曰神，陰陽不測之謂神也。鼓動萬物的生機，疏導萬物的成熟，在宇宙為陰陽，在《易經》為奇（乾）偶（坤）二畫。

「乾坤其《易》之縕邪」，縕，《論語・子罕》：「韞匵而藏諸。」「縕」通韞，蘊藏也。乾坤為《易經》之門戶，乾坤在《易》為奇偶二畫，《易》所蘊藏者無非乾坤往來。

「乾坤成列，而《易》立乎其中矣」，乾已成三畫之乾，坤已成三畫之坤，於是奇偶二畫相互往來而生成六子。因為三畫之乾坤，其

本身已構成了分量，有「乾坤成列」之象，成了行列便可生成六子，而生八卦。八卦是小成，最基本的單位。但是單靠自己不能成功一件事，一定要二個東西合起來，才能構成一個生機的體象，此即伏羲氏所佈先天八卦，「天地（乾坤）定位，山澤（艮兌）通氣，雷風（震巽）相薄，水火（坎離）不相射」是言兩卦對待之體。至此，《易》的體象於是完備。「中」是圓之中心，中則正確。一陰一陽來往各正性命，乾之所以成乾，是由二儀之奇而成四象之奇，進而成爲八卦之奇；坤之所以成坤，是由二儀之偶而成四象之偶，進而成爲八卦之偶。

「**乾坤毀，則无以見《易》，《易》不可見，則乾坤或幾乎息矣**」，乾坤若不能到達三才之象，則乾不成其爲乾，坤不成其爲坤。因爲沒有具備三才之象，則不成其爲乾坤，那不就如同「乾坤毀」嗎？則《易經》的體系也不完備了，於是乾坤變化的現象也不能表現出來了，所以說「乾坤或幾乎息矣」。

「**是故形而上者謂之道，形而下者謂之器**」，「形而上」是形化以上的，「形而下」是形化以下的。宇宙萬物的構成是由氣化到形化，氣化是在天成象，形化是在地成形。進一步說，形而上是氣化，在天成象是氣化依其運行的軌道；至於形化以下的在地成形，已經構成一種形體。科學分析萬物形化的過程，是「氣—液—膠—固體」，然而成體則已形化，地存位乎象，五行已發用，形而下者爲器也。實際的形體已可以發揮器具的作用，例如木可成材，鐵可鑄劍。總而言之，凡是天地的化育，動物的靈性，植物的生機，皆形而上者，屬於無形而謂之道，所以說「形而上者謂之道」。凡是天地的覆載，動物的形體，植物的枝幹，皆形而下之主體也，屬於有體而謂之器，所以

說「形而下者謂之器」。

「**化而裁之謂之變**」，陽主施，陰主受；陽主變，陰主化。陰承受陽之變，化而裁之而成形器。〈泰〉卦䷊大象：「天地交，泰，后以裁成天地之道。」〈泰〉卦主爻是六五，六五以坤陰居君位，故稱爲后。〈泰〉之六五下應九二，是五下承陽，二上包陰，則成〈既濟〉大定，所以六五爻辭爲「帝乙歸妹，以祉元吉」。陽在上頭施與，陰在下頭承受，裁有裁制、裁奪之意。裁是調節火候，在烹飪的時候，固然需要坤陰的食材，但主要是靠乾陽的火候來調節，調節火候是靠人的智慧動力，那是屬陽。所以就烹飪而言，火候之變是陽的作用，食材之化是陰的作用。

「**推而行之謂之通**」，「通」是陰陽相推而流暢通達的意思。指的是，乾元一經鼓舞，即有坤陰與之會合，而且會合得非常圓滿，因此〈乾〉卦〈文言〉贊曰：「亨者，嘉之會也」，所以我們常說「亨通」。陰陽互動和諧圓滿而亨通，就可以沒有限制地推而行之，這是是大行。細行固要流暢通達，推而行之的大行更要流暢通達，能夠推廣至於天下而無所不通也。

「**舉而錯之天下之民，謂之事業**」，錯通措，就是安置的意思。第十一章曾提到「備物致用，立成器以爲天下利」，在上古民智未開，否塞之時，聖人「制器尚象」，達成「立成器以爲天下利」之目標。聖人作爻畫卦以盡萬物之情，是要了會宇宙間一切的事象；萬事萬物皆有象，於是要尚象制器，依據象來做成各種器具，則可以成就天下之事業。「化而裁之」，「推而行之」，「舉而措之」，都是從形而上之道之變，到達形而下之器之通，這是宇宙化生的程序法則。依此舉措安置之於民，宣導人民依此制作，就可以成就天下之事

業。

　　「是故夫象，聖人有以見天下之賾，而擬諸其形容，象其物宜，是故謂之象」，「賾」是形而上的，「形」是現象構成形體了，「容」則爲表露出來的容貌，所以「形容」是形而下的最後之成果。「物宜」是物所應該有的表現，這個「物」不是指物質，而是「天生烝民，有物有則」之物。一切事物不論是有形體或無形體的，其現象都是物，也是〈老子〉所說：「惚兮恍兮，其中有象，恍兮惚兮，其中有物」之「物」。聖人看到天下最開始發現的朕兆，而揣摩它未來的容貌，且與其應該有的容貌非常相似。聖人立象。使後人根據「象」，就可以揣摩未來的事象而沒有偏差，因爲彼此非常近似。講象是相對於卦而言，卦者，掛萬象於其上也。

　　「聖人有以見天下之動，而觀其會通，以行其典禮，繫辭焉，以斷其吉凶，是故謂之爻」，「動」是指爻而言，爻者，效變者也，所以變就是動。「會」者，會合也；「通」者，往來也。現象之動一定是有往來會合，至於結合的通達成分如何？是否合適？要看往來會合是否「行其典禮」。「典」是規則，「禮」是禮節，所以典禮就是萬物之規範，人的行動當然也要符合禮節規則，所謂「爻也者，效天下之動者也」。聖人看天下的動態結合，觀察其間的通達程度是不是按其應有的軌跡去進行，於是根據這一點，繫之以辭，以評斷其吉凶，這就叫作爻。

　　以上二段的內容，跟前面第八章的內容大致相同。第八章的內容是「聖人有以見天下之賾，而擬諸其形容，象其物宜，是故謂之象。聖人有以見天下之動，而觀其會通，以行其典禮。繫辭焉，以斷其吉凶，是故謂之爻。言天下之至賾，而不可惡也。言天下之至動，而不

可亂也。擬之而後言，議之而後動，擬議以成其變化。」

在此重述，是用以啟發下一段。

「**極天下之賾者，存乎卦；鼓天下之動者，存乎辭**」，八卦以象告，由乾坤二儀進展到八卦的出現，於是象就出來了。象是初見的徵兆，還是氣化的階段，氣化還未具體成功，構成體則形化，在天成象，是氣化表現的一點徵兆。氣化在朦朧時，猶如太極混淪而不可見，有了一點跡象則為「賾」，最初的一點徵兆的表現，在太空中運轉已有一段時間了，且有繼續運轉的常態。剛開始的朕兆，在最初之時就要把握，卦可以指示出來天下最初的東西，所以說「八卦以象告」。要了解現象的最初朕兆，無法由現象的本身去了解，只能把現象納之於卦，從卦來推求出其最初的朕兆，所以說「極天下之賾者，存乎卦」，就是告訴我們如何用卦。

〈繫辭下傳〉第三章「爻也者，效天下之動者也」，爻就是效，動存乎辭，爻辭是聖人根據爻的動態而繫之以辭，如上九「亢龍有悔」，已處最高階段，不應再發展，是指示我們如何行動。但是，「爻」並未表現出動的內容是好是壞及程度，只是指示原則而已，「辭」則已明顯的表現出來，有關變動的方式，吉凶的程度，都一覽無遺。「鼓」是鼓勵、鼓動的意思，乾初之坤成震為雷，有鼓之象。天下人看爻辭則知如何動，不就等於是鼓勵他動嗎？有了爻辭，那麼動的程度是深是淺，動的幅度是大是小，動的結果是吉是凶，是悔是吝，都可以從爻辭中看出來，所謂「存乎辭」是也。

「**化而裁之，存乎變**」，前頭曾言：「化而裁之謂之變」，那是解釋怎麼樣才是變。陽主變，陰主化，陽變陰化，譬如人嘴吃東西是

變，腸胃吸收作用則是化。裁，節制也，化的深淺適當與否，我們可以拿用鍋燒菜來說明。鍋的作用只是能煮，這是化，至於調節火候的程度與時間，是靠人的智能動力來裁制。陽變陰化，要用陽之變來裁制陰之化，因爲陰固主化，但是輕重緩急的程度不能自行裁制，而是要靠陽來裁之。

「推而行之，存乎通」，「行」有大行、細行之分，日常生活起居固爲行，但屬細行，所謂「推而行之」，是要推廣或推遠，則爲大行矣。爲什麼是大行？因爲就「時」而言，是從短推長；就「位」而言，是從小推大；就「空」而言，是從近推遠。雖然這樣就能推至天下，但是前提必須流暢通達，才能推得開而行得動，所以說「存乎通」。

「神而明之，存乎其人」，「神」是幽冥不可見，「明」則已形諸於外，此即《中庸》：「自誠明謂之道，自明誠謂之教」。「自誠明」就是自誠而明，是從內而外，把看不見的神弄得明白，將不可見的境界弄到大家都能知曉。「神而明之」就是自誠明，這可不是一般人都能做到的。因爲要把幽冥不可見的道理與章法都明示於天下，需看各人學養的境界深淺高低；得道的人才能談的上「自誠明」，小乘的人只能做到「自明誠」，這也就是朱子與陸象山做學問不同的地方。

朱子講的是「格物以致知」，他要求學生做學問，必須凡事不能放鬆，把周遭所見事物都加以極物窮理，凡事物都清楚了，則會而通之，而了解宇宙的道理，一旦豁然貫通，則天人合一，這「格物致知」是朱子教人求學之法。陸象山講「致知以格物」，他認爲人性就是天理，天理在人心也，宇宙事物不可盡求，於是乎要反求諸己之

心，也就是孟子所謂「盡其心者」。如果我們把心弄淨潔了，則知人性之由來，於是可以「致知格物」，這樣凡百事物之理皆迎刃而解，一般認為陸象山是融會佛家頓悟的道理而自成一派的。這就是有名的鵝湖論戰，客觀來說，這二派各有所長。「神而明之，存乎其人」，若要把幽遠的東西弄得明白，就要靠人了，這有二種途徑可以依循，一如朱子「格物致知」，一如陸象山「致知格物」。

　　「默而成之，不言而信，存乎德行」，「默而成之，不言而信」是默默耕耘，不求聞達的意思。現代人則注重宣傳，事實上，宣傳是宣而不傳。我們講習《易經》是默而成之，不重宣傳，所以是傳而不宣。「默而成之」即孔子所謂「天何言哉？四時行焉，百物生焉，天何言哉？」（《論語‧陽貨》），不用開口說話，而人家自然能夠信賴我們，就是「不言而信」。「德」是成之於內，「行」是表之於外；「德」是對百思不解的事物有了了解，內心因而產生喜悅歡欣的境界，「行」則是指仁民愛物的做法。現在一般所稱「德行」，係指美好的道德品行，這是受到《世說新語》〈德行〉篇的影響。我們且就《易》論《易》，「德行」是出自《易經》〈節〉卦大象：「澤上有水，節。君子以制數度，議德行。」凡是節制，都有一定的標準，而標準有「有形」與「無形」之分，「制數度」是指有形的標準，「議德行」是指無形的標準。

繫辭下傳

周鼎珩講　陳永銓記錄

第一章

八卦成列，象在其中矣。因而重之，爻在其中矣。剛柔相推，變在其中矣。繫辭焉而命之，動在其中矣。吉凶悔吝者，生乎動者也。剛柔者，立本者也。變通者，趣時者也。吉凶者，貞勝者也。天地之道，貞觀者也。日月之道，貞明者也，天下之動，貞夫一者也。夫乾，確然示人易矣。夫坤，隤然示人簡矣。爻也者，效此者也。象也者，像此者也。爻象動乎內，吉凶見乎外，功業見乎變，聖人之情見乎辭。天地之大德曰生，聖人之大寶曰位。何以守位曰仁，何以聚人曰財。理財正辭，禁民為非曰義。

「八卦成列，象在其中矣」，虞翻：「三才成八卦之象也」。由一畫的二儀▬▬▬變成三畫的天地人三才☰☷☲，八卦之象也。虞翻認為八卦有日月晦明之象，所以拿「納甲」來解八卦：「震納庚，月初三哉生明；兌納丁，月初八上弦；乾納甲，月十五為望；巽納辛，月十八哉生魄；艮納丙，月廿三下弦；坤納乙，月三十為晦；坎納戊、離納己，居晦朔之間，中央土也。」此說有偏頗，不宜採用。八卦之象包羅很廣，二儀尚不可見其象徵，因為太極判分為二儀，只是有那麼一點形容。奇畫的陽體是向外動，偶畫的陰體是向內縮。到三畫成八卦之時，自身的體能已具備，原本二儀向外奔放與向內收縮的性能，成了八卦的乾天坤地，而把象顯示出來了。

　　宇宙萬有都是陰陽二氣交合而成，由陰陽乾坤往來，於是乾初之坤成震☳爲長男，乾再之坤成坎☵爲中男，乾又之坤成艮☶爲少男。這樣象義就現出來了，震爲出，坎爲陷，艮爲止。由坤初之乾成巽☴爲長女，坤再之乾成離☲爲中女，坤又之乾成兌☱爲少女。這樣象義就現出來了，巽爲入，離爲麗，兌爲悅。乾坤爲父母往來結合，則成長、中、少、男、女之象，這是基本的象；而以出、入、陷、麗、止、悅爲義，這是基本的義；再推而廣之，則爲乾天、坤地、震雷、坎水、艮山、巽風、離火、兌澤。此爲「八卦成列，象在其中」之正確解釋。

　　「**因而重之，爻在其中矣**」，八卦只是三畫，「因而重之」者，兼三才而兩之也，則成內外卦體的六爻之卦。《說文》：「爻者，交也。象《易》六爻頭交也。」「爻」是《易經》專用名詞。虞翻：「六畫成爻」。三畫卦尚不成爻，六畫卦才成爻。爻之體是兩個乂，六爻頭交才成爻。六畫卦有內體與外體之分，內外就是上下，內體與外體的初爻與四爻，二爻與五爻，三爻與上爻相交。「因」者，因八卦也，八卦已成列；「重之」者，兼三才而兩之才成爻。「爻也者，效天下之動者也」，「爻也者，言乎變者也」。故知爻是代表變動，在各卦之中，爻是代表各階段的動態。

　　凡是世界上的自然或社會現象，能夠變動的，一定要內在條件能與外在環境配合，二者互相結合，才能造成變動的道理。內外二種條件交錯，在卦體即內外二體相交，也就是初四、二五、三上相應。在實際現象則爲內在條件與外在環境相互交錯，結合在一起，才能發生變動。在〈上傳〉第二章曰：「六爻之動，三極之道也。」極者極限，三極爲天地人三才的極限。內體之爻與外體之爻相交錯，已經到

了成熟圓滿，非動不可的極限程度，在天、在地、在人皆然也。

「剛柔相推，變在其中矣」，〈乾〉卦六爻，在十二辟卦中，從十一月〈復〉卦冬至一陽初生，到二陽〈臨〉卦䷒，三陽〈泰〉卦䷊，四陽〈大壯〉䷡，五陽〈夬〉卦䷪，到四月陰消盡，於是才成為六陽齊全的〈乾〉卦。坤陰六變成乾，是「剛來推柔」，柔就變成剛。〈坤〉卦六爻，在十二辟卦中，從五月夏至一陰生為〈姤〉䷫，到二陰〈遯〉䷠，三陰〈否〉䷋，四陰〈觀〉䷓，五陰〈剝〉䷖，到十月陽剝盡，於是才成為六陰齊全的〈坤〉䷁。乾陽六變成坤，是「柔來推剛」，剛就變成柔。剛柔彼此相推，「變在其中」，就成十二消息卦。

「繫辭焉而命之，動在其中矣」，「繫辭」指文王、周公所繫的卦辭與爻辭，是說明吉凶悔吝的程度與本末先後的次序。「命」是告誡，《易經》以乾坤為體，乾出為震，坤入為巽；震為言，巽為申命，有誥誡之象也。誥誡其吉凶悔吝、先後本末這些東西，以至於何去何往，孰先孰後，何緩何急，則能知如何動作。所以懂《易經》者，觀其象而玩其辭，則知如何行矣。

「吉凶悔吝者，生乎動者也」，何楷、李道平諸儒主張：「悔則吉，吝則凶」，這跟我在《易經講話》所講的「由吉而悔，由悔而凶，由凶而吝，由吝而又吉」正好相反，在此有加以辯解的必要。首先，「悔」字出自〈乾〉卦上九「亢龍有悔」。上九陽到極點，不能再向上發展，太過則有損失懊惱，所謂「陽過則悔」。其次，「吝」字出自〈蒙〉卦䷃六四「困蒙吝」。六四為群陰所包，陷於重重幽暗之中，向內收縮太過，所謂「陰過則吝」。故知由陽而生悔，由陰而生吝。陽主吉，陰生凶，因此也可以說「由吉生悔」，「由凶生

吝」。「吝」者，羞吝而施展不開也，一句話都不敢說。「吉」者，太走運則張揚狂妄，以至於生悔。「由吝轉吉」，是因爲凡事謹愼，不敢越雷池一步，則由吝而轉吉。「由悔轉凶」，是因爲太狂妄必然誤事，故由悔而生凶。由此可見，吉凶悔吝皆淵源於乾坤，陰陽互相往來，而生六爻的動態，再生吉凶悔吝。六爻之動，合理則吉，不合理則凶；爻象動於內，吉凶現於外也。亦即爻位得正則吉，失正則凶也。

「**剛柔者，立本者也**」，乾剛坤柔，乾父坤母，往來結合生六子而成八卦，兼三才而兩之，則成六十四卦三百八十四爻。乾之策216，坤之策144，凡360（加上四正卦坎離震兌24爲384），當期之日。二篇之策11,520，當萬物之數，則《易經》體系備矣。所謂「剛柔者，立本者也」，是說乾坤乃《易》之所本也。〈乾〉之大象「天行健」，乾陽是輕清之氣上浮於天，沒有重量也沒有形體；但是凡發光發熱的，皆本乎乾陽。在後天則以離火代表先天的乾陽，火炎上於天，向上走亦無重量，一如先天的乾陽。〈坤〉之大象「地勢坤」，所謂重濁之氣下墜於地，是有重量也有形體的，例如水蒸氣是也。本乎天者，親上；本乎地者，親下。

「**變通者，趣時者也**」，「趣時」一作「趨時」，適時也，適時才能「變通」。《易經》是以十二辟卦來分春夏秋冬，四時的變遷，亦即卦的變動。雖說是變，其中仍然脈絡相通，適時而變也。所以冬天打雷，夏天降雪，便是失掉時令，對人類或動植物的生存都有妨害。適時而變動者，如日出而作，日入而息，推而至於國家，亦應有法令規章來安定秩序。適時而變才能通達，要適時才能變而通，失時則雖變而不通。

「吉凶者，貞勝者也」，「勝」者，勝任之義，讀申音，就是有挑一百斤的氣力，才能挑一百斤的擔子。「貞」者，正確穩定。意思是要穩定在能夠勝任這一點上。孔子在前頭講：「吉凶悔吝者，生乎動者也。」因爲怕人家不太了了，故在此重提曰：「吉凶者，貞勝者也。」勝任則辦事妥當。《易》爲君子謀，是爲謀國大君主講的，謀國者能力夠，能勝任則凡事能成，不勝任則凡事皆敗。就像人力與事業能相稱，則機構能順利發展，這是同樣道理。若能很正確地穩定在能夠勝任的限度之內，則人事相稱也。易例：內卦與外卦之爻相應，亦即內在基礎與外在發展相應，宜乎相應之爻得位得正，爻位相稱則吉，反之則凶。

「天地之道，貞觀者也」，「貞」者，端正穩固也，端正是指內在的德性，穩固是指外在的形勢。「觀」是夠得上觀瞻的標準，值得觀也。「天地之道」者，天地運行，四時更替分明，萬物暢遂其生，表現得很穩定，所以有可觀之處。在卦爻上，天正位乎五，地正位乎二，天地內外二爻互相呼應，也夠得上觀瞻的標準。我們觀察人事社會現象，總是有起有落，有太平盛世，也有兵荒馬亂的亂世，那就不合「貞觀」的條件。是故，在可知的現象中，只有天地之道始終是正確穩定的，經得起考驗，夠得上觀瞻的標準。所以「貞觀」者，德性端正且形勢穩固，值得觀瞻也。

「日月之道，貞明者也」，「貞明」的意思是，要明白四達，像日月的光明，既正確又穩定。日正當中，是正在離卦位置上，離火居南，在卦位是坐北，仰望是南。中國曆書是陰陽合曆，每月十五，日月正對面而正相對沖，地球縮到後面，故十五望日之月光正明。月十五正居坎，日正居離，月借日而有光也。日月是悠也久也、光也明

也，在我們周遭，再沒有比日月更光明而悠久的了。但這只是相對的說法，如果從絕對的立場來說，將來太陽還是要消滅的。現在太陽黑子逐漸增多，黑子是太陽內燃燒的能量，故變黑，如果黑子增多到佔太陽面積的1/2，那時太陽就步入衰老了，地球也會脫離軌道，那就無所謂「日月貞明」了。

人類的智慧思想，難免有不清楚不明白的時候，所以孔子給我們提示一個標準，要「如日月之貞明」，明白四達要像日月的光明一般正確而穩定，所謂「貞明者也」。這意思是說，宇宙有一個最大的法則，那就是「貞明」。人類的養生之道亦不外乎如此，要正確穩定，例如運動也要持久穩定才正確，譬如陳希夷睡一覺可長達半個月，像在冬眠。但是所謂正確穩定，並非是不長進，而是有規則的發展，以不傷身爲原則，是在一定的正確規則中來發展。

「**天下之動，貞夫一者也**」，前頭「天地之道，貞觀者也」、「日月之道，貞明者也」二句，主要是爲此一句。「貞夫一者也」是說要正確穩固地定於專一之上，動而不一則爲亂動，亂動的結果便是動亂。「一」原本是數字，宇宙間的數目字很多，但只有一能統攝一切的數目字。在數目字來看是如此，推之於社會現象亦不例外。任何社會現象的發展都必須牢牢地守住一，「一」者，一定的規則也，如果社會不守規則，必生動亂。同樣的，地球的運行也要始終如一，如果今年如此，明年如彼，則萬物滅絕矣。總之，天地的變動，要有一定的軌跡與法則，所以說「天下之動，貞夫一者也」。

老子根據這個道理，主張「抱一以爲天下式」，老子強調天地要有一定的章法軌道，把握住這個道理，作爲治理天下的模楷。老子說：「天得一以清」，氣化的運行有一定的規則才能清爽，「地得一

以寧」，形化的東西有一定的規則才能穩定，「神得一以靈」，神能有一定的運行軌道才能靈光。「谷得一以盈」，五穀有一定的生長規則才能豐盈，「萬物得一以生」，天地萬物就是這樣，有一定的規則才能暢遂其生，故「侯王得一以爲天下貞」，使天下正確穩定。老子這段話，跟孔子「天下之動，貞夫一者也」的道理是相通的。

我們看螞蟻蜜蜂的社會型態亦然，動物的頭總是向上，走路時昂著頭，植物的頭也就是根，所以總是向下，這是什麼道理？「本乎天者親上」，所以人需要陽，需要很多的陽氣化，輕清之氣也。「本乎地者親下」，所以植物須要陰氣化，重濁之氣也。宇宙化生萬物的現象，沒有不是有一定規則的，由此可見天下之動都有一定的法則，「貞夫一者也」。

「夫乾，確然示人易矣。夫坤，隤然示人簡矣」，鄭康成解易有三義：變易、不易、易簡。我在《易經講話》只取變易、不易二種。萬物現象繁多，且變得快，人類意識剛著於此一點，這一點已經變了，這就是「變易」。《易經》告訴我們，這樣子追求變化，一輩子也做不到。其實在變易之中，有其不變的道理存在；變易是循著一定的軌道來變的，若能駕馭這一定的軌道，則可駕馭其變，這就是「不易」。變易與不易之「易」讀「翼」，易簡則讀「異」。易者，平易也，簡者，簡便也。宇宙現象固然複雜，但其變化是有一定規則，是很平易的，而且其變化是很簡便的。宇宙萬物的化生過程是很平易的，並沒有深奧或秘密之處，年年如此，代代如此，且其化生沒有什麼困難，此鄭康成「易簡」之意義也。我們只取「變易」「不易」的理由是，這一章裡「夫乾，確然示人易矣。夫坤，隤然示人簡矣」，故知「易簡」就是乾坤。乾坤固爲《易》之綱領，但並沒有包括其上

的太極，故不能因爲「易簡」是講乾坤，而認爲可以適用在整個《易經》。

　　「確然」是堅實之貌，「隤然」是順應之貌；朱子訓確然爲堅，訓隤然爲順。乾陽氣化剛健，是主動去開化陰的，沒有乾陽開化不了的陰體；而且乾陽奔放不羈，無往而不利，無往而不通，其中沒有絲毫虛假，沒有彎曲或不實在的地方，否則化生不了，所以是直爽而剛的。乾出爲震☳，坤入爲巽☴，震爲雷，居東方司春，雷是乾陽氣化發揮出來的作用，是確確實實地，萬物因雷風動而茂生。由此可見，「乾確然示人以簡矣」。坤以柔順爲德性，只是被動地順應乾陽的開化，例如花苞是坤陰，乾陽是動能，花開是坤陰順應著乾陽，而得到圓滿的結果。又如婦女懷孕生產是件大事，但只要順應著身體與胎兒之需求，每天正常作息與飲食，自然能安全生育；如果煞有介事而呵護不當，反而會流產或難產。由此可見，「坤隤然示人以易矣」。這二句話告訴我們，政府各部門是乾，老百姓工商農各界是坤，政府在上頭策動的人要平易近人，不可以歪曲虛假，要像乾陽一樣，一切的施政都是平易近人，使老百姓易於接受。在下頭的老百姓，士農工商各界，順應政府法令，一定能簡便地發展事業，這樣就能國富而民強。

　　「**爻也者，效此者也。象也者，像此者也**」，「此」指的是易簡，乾之易與坤之簡也。384爻之變固然複雜，但歸納起來不外乾坤九六奇偶二畫，乾坤就是易簡，乾發之於始爲易，坤成之於終爲簡。乾是永遠平易的發動，坤是永遠簡便的收成。乾坤很正確的穩定在簡易之上，由陰變陽是由簡便變爲平易，由陽變陰是由平易變爲簡便。「爻」是指上文「因而重之，爻在其中矣」，孔子在此複述：「爻也

者，效此者也」。「象」是指上文「八卦成列，象在其中矣」，八卦成列亦無非一陰一陽，奇偶二畫而成，亦應貞定於乾坤易簡之上也。「爻也者，效此者也」「象也者，像此者也」，爻象無非是易簡。

「爻象動乎內，吉凶見乎外」，在卦而言，內外是指內卦與外卦，《乾鑿度》：三畫以下是地，四畫以上是天，《易經》的氣化是往下生，動於地之下，就應於天之上，此即易例初四、二五、三上各爻兩兩相應。內在如果是動，外在一定有應，內有所動，外必有所應也。內在的爻象動了，如何顯其吉凶於外？內在動得合理得心，所應之爻也一定得吉；內在的爻動得不合理，外在的應也一定凶，此根據卦體而言也。就事實現象來說，內在的情況和外在的環境是相呼應的。所以內在做合理的運行，外在環境必能和諧配合，這種動作必吉；內在不合理，外在必有障礙，這動作必凶。

「功業見乎變，聖人之情見乎辭」，「功業」不是一件事，「功」與「業」是兩回事。《易經》的用字遣詞非常講究，無論是文王的卦辭、周公的爻辭、孔子的繫辭，用字的涵義都很廣。「功」是陽變陰，「業」是陰化陽。《九家易》：「陰陽相變，功業乃成。」就自然而言，宇宙間的化生無非陰陽交合，陽變陰，陰化陽，才成萬有現象。就人世社會而言，政府在上號召策動是「陽變陰」之功，老百姓各行各業根據政府策動，分門別類進行發展而成就事業是「陰化陽」之業。聖人是指文王、周公，因為在伏羲氏時代尚無文字，如何有辭？卦辭或爻辭都有吉凶悔吝種種誥誡，把本末輕重、先後次序都交代得很清楚。事實上，聖人繫辭，不僅是教人趨吉避凶，此乃言之小者也，主要是告訴我們凡事要一本以「正」，因為不正則亂，亂則社會維持不下去。孔子惟恐後人把卦辭爻辭只視為占筮吉凶的小道，

在此特別再說「聖人之情見乎辭」，不僅僅是教人趨吉避凶也。

「天地之大德曰生」，孔穎達認為，這是從天地之道而歸結於聖人之道。「天地之大德」以前，是自然的境界；「天地之大德」以後，則講如何守位，聚人，理財，這是聖人自處的功夫。孔子繫辭贊《易》，主要是闡述宇宙的法則，並且歸結到人事社會上來用。老子窮變化，多言宇宙；孔子的重點則落實在人世之上。天地化育萬物，生而不有，為而不恃，長而不宰；意思是說，宇宙化生萬物不據為己有，不自居功，不自做主宰。「德」者，自己的內心有所體會，有修養，有認識才是德。「德」是布之於實際的事功而發揚之，事功有成才是「業」。天地之最大表現就是生，能成為其「大德」，是因為天地生而不有，為而不恃，長而不宰。

「聖人之大寶曰位」，五爻是天位，天子之位，君位也。宇宙之能化生是乾陽與坤陰結合，乾陽在上施化，坤陰在下承受，而成萬有現象，此天地絪縕，男女構精是也。陽爻之爻位是初三五，初爻「潛龍勿用」，三爻有力量但不中不正而太剛猛，只有到了五爻「飛龍在天」，是最得意之時也。乾陽能升到天位，才能化陰；聖人必須居天子位，才能化民。因為聖人固然有才有德，但要見諸於事功，必須居天位，才能參天地之化育，所以「大寶」之位是最要緊的憑藉也。聖人固然有德，但如果不能居五而得大寶之位，如何化育萬物？這一段是講聖人道濟天下的途徑。

「何以守位曰仁」，「仁」在人類為至情至性，在宇宙為〈復〉卦象曰：「復，其見天地之心乎？」乾出震而體〈復〉，〈復〉初為仁，乾坤易簡，一氣而下，乾出震成〈復〉，〈復〉初爻即震初爻，〈復〉初為仁，天地生而不有，為而不恃，長而不宰，仁

之至也。「位」者，是指五爻居天位也，是永遠能夠策動而化生萬物的位置，要確定而能守得住。〈復〉卦六五「敦復」，就是敦厚篤實，擇善固執，有「守位」之象。〈復〉卦初九居震爲長子主器，中國家庭以至於國家倫常，以大兒子繼父志父業，父母亡，長子主器也。「仁」是至情至性，來自人性，人性則來自天理，天理爲陰陽氣化運行的規則。只要是人，他的是非標準都差不多而一致，皆從天理而來之故也。天地之心即生生爲仁，以化生萬物爲心，即爲天理。孟子說「天視自我民視」，民心即是天地之心，民心在仁，仁即生機之所在。發政施仁，則天下歸附，能凝聚天下人心使然也。

「何以聚人曰財」，雖然說天下的人都歸向你，已得天下之民心，但人是會變動的，是否天下人心就此永遠向著你了？曰不然。要聚人心必須用財，因爲人是要生存要滋養的，這非財莫爲。乾爲仁，坤爲富，「財」就是富，屬於坤陰。能夠把乾陽凝聚住則能聚人。就卦象而言，靠坤陰之財才能凝乾陽之人。就事實而言，國家的統治現象，能生聚教訓，是要靠財物；天下之大，物類之繁，居天子位之君主能統攝而不亂，在此也。故《易經》有「尙象制器」，備物致用，發展財物之利，而使天下人皆能相濟，不至於饑饉而流亡轉徙，故曰「何以聚人曰財」。但這一句還是次要的，主要的還是後面這一句：「理財正辭」，要講求如何理財也。

「理財正辭」，「理」者，調理之使有條理也。爲什麼要「理財」？因爲不理財則有二種缺失：一、量不充足，財不夠用，造成四海困窮。二、財富可能不均衡，造成貧富懸殊。所以理財之目的：一、使數量充足。二、使貧富均衡。但是，財已充足且貧富均衡，還不能算夠得上功能圓滿。《論語·子路》：「既富矣，又何加爲？

曰：『教之』。」教育人民珍惜財富，使不流於驕奢淫佚也。就是要有正當的途徑來消化經濟成長的成果，才不會迷失正途也。「辭」是指卦辭爻辭，都是誥誡以正的，誥誡之命含有教化之義。所以「正辭」就是端正教化，教導人民「克己復禮」，否則由於富足反而會迷失了正確發展的途徑。

「禁民爲非曰義」，財理了，養也；辭也正了，教也。教養之道都盡了還是不夠，因爲人的智慧有等差，上智下愚，難免有冥頑而不化的，所以在積極方面固然要重視教養，在消極方面還要繩之以刑罰，禁止人民爲非作歹也。就卦來看，坤富爲財，以乾通坤，就是「理財」。乾爲言，以坤涵乾，就是「正辭」。坤爲民，乾陽爲明爲是，坤陰爲暗爲非，以乾治坤，有「禁民爲非」之象。〈復〉卦上六「迷復凶」，因爲迷而不知復，迷失自己的人容易遇事衝動而爲非作歹，所以要「禁民爲非」。「義」者，利之和也，利爲事之宜也。理財以利天下，利要利得對，應當那麼利的而利之，才是利之和也。前面講「何以守位曰仁」，這裡講「禁民爲非曰義」，仁義是儒家的中心思想。

第二章

古者包犧氏之王天下也，仰則觀象於天，俯則觀法於地，觀鳥獸之文，與地之宜，近取諸身，遠取諸物，於是始作八卦，以通神明之德，以類萬物之情。作結繩而爲罔罟，以佃以漁，蓋取諸〈離〉。包犧氏沒，神農氏作，斲木爲耜，揉木爲耒，耒耨之利，以教天下，蓋取諸〈益〉。日中爲市，致天下之民，

聚天下之貨，交易而退，各得其所，蓋取諸〈噬嗑〉。神農氏沒，黃帝、堯、舜氏作，通其變，使民不倦，神而化之，使民宜之。《易》窮則變，變則通，通則久。是以自天祐之，吉无不利，黃帝、堯、舜垂衣裳而天下治，蓋取諸〈乾〉〈坤〉。刳木為舟，剡木為楫，舟楫之利，以濟不通，致遠以利天下，蓋取諸〈渙〉。服牛乘馬，引重致遠，以利天下，蓋取諸〈隨〉。重門擊柝，以待暴客，蓋取諸〈豫〉。斷木為杵，掘地為臼，臼杵之利，萬民以濟，蓋取諸〈小過〉。弦木為弧，剡木為矢，弧矢之利，以威天下，蓋取諸〈睽〉。上古穴居而野處，後世聖人易之以宮室，上棟下宇，以待風雨，蓋取諸〈大壯〉。古之葬者，厚衣之以薪，葬之中野，不封不樹，喪期无數。後世聖人易之以棺槨，蓋取諸〈大過〉。上古結繩而治，後世聖人易之以書契，百官以治，萬民以察，蓋取諸〈夬〉。

「古者包犧氏之王天下也」，「包」通庖；「犧」，犧牲也，現代語所謂「犧牲品」即由此。古代是生食，以鳥獸充飢。包犧氏的第一個發明，就是教人民結網罟以捕抓禽獸河魚。包犧氏教人網開一面，其餘三面以網罟封圍起來。罟，本是一字，「網」「罟」疊成，大曰網，小曰罟。網罟的繩子粗細有別，繩子粗的網，用以打野獸；繩子細的罟，用以捕河魚。古代茹毛飲血，生食對人體多少有妨害。包犧氏的第二個發明，就是火食。鄭康成：有鳥有獸，合聚起來就叫做犧牲。「庖」是庖廚之庖，俗稱「越俎代庖」。網取野獸的方法與拿火烤野獸來吃，都是庖犧氏發明的，後人紀念他的豐功偉業，尊稱曰「庖犧」。有人認為「庖犧」二字不雅，而易名為「包羲」，但意義仍同，包者取也，羲者犧牲。再後來仍以為「包羲」不雅，又改稱

爲「伏羲」，伏者伏牛乘馬，言其德化足以降服禽獸也，此意義較包犧之義更進一步。再後來又改稱爲「伏戲」，戲者化也，意即天下人民與蟲魚鳥獸，都在伏羲氏的德行之下感化了，此義又更進一步。又有改爲「宓戲」，宓者大也，整個宇宙皆沾被其德化。

　　遠古時代食的是蟲魚鳥獸，穿的是羽毛革木，羽者鳥羽，毛者獸毛，革者獸皮，木者樹葉。包犧氏如何能王天下？因爲能改善人類的生活，智慧能力高於他人，則眾人擁戴，自然能王天下。包犧氏十五代才傳到神農，他們都是這樣子王天下的，而不像以後各朝代的爭權奪位。我們綜合前述包犧氏的功業，可分成二種：一是火食以減少食物病毒，增進人民健康；二是當時人少獸多，網取野獸可以增加食物，且可除害，以安民居，由此可見包犧氏是絕頂聰明的聖人。

　　「仰則觀象於天，俯則觀法於地」，在伏羲氏當時並無典章文物，如何能王天下，統治人民呢？他是藉由仰觀俯察，看天地如何化育萬物，就拿這個規則來王天下，以天地化育萬物使欣欣向榮的章法，來作爲統治天下的標準。包犧又稱太皋，因爲在那洪荒時代，能想盡種種辦法增進人類生活，其德與日月同其明，日月之明曰太皋。古者先王未有火法，以蟲魚鳥獸之血肉爲食，茹毛飲血，至包犧氏出，以火來烹，燔、炙、炮，這就是現代廚房作菜的辦法。烹是煮，燔是炒，炙是像做蜜汁火腿，炮是爆三鮮，要用大火；這與過去茹毛飲血不同，故號曰庖犧。當時是洪荒時代，只能仰觀俯察天地化育萬物之法則，來做爲統治人民的典章制度。

　　爲什麼觀天稱象，觀地稱法呢？成象謂之乾，在天成象時僅有氣化微微的表現；在地成形，則條理分明而有具體的表現。法者式樣也，「觀天之象」，「觀地之法」，象與法爲何物？天象是日月星辰

的布置排列，我們可以體會出日月之光與雨露之潤，地有山水湖泊，有春夏秋冬四季，這樣才可以化育萬物。故統治天下也要像天地一樣，在什麼社會配合什麼季節，春生、夏長、秋收、冬藏。故對人要有張有馳，有發有收，以此爲統治的依據。

「觀鳥獸之文與地之宜」，「文」並非指鳥獸身上的紋彩，而是說觀察宇宙間表現的文采，有象鳥獸那樣子。這有二種說法，一、陸績：太空環繞地球有二十八宿，以地球爲中心點來看分布四方，根據四方七星排列布置的情狀而分別以動物形狀代表之，故曰：東蒼龍、西白虎、南朱雀、北玄武。二十八宿在四方的布置就像鳥獸那樣，故曰「觀鳥獸之文」，於是春、夏、秋、冬就表現出來了。以金木水火土五星爲經，二十八宿爲緯，而成天空中星斗之文。二、《九家易》：「文」指卦象：乾馬、坤牛、震龍、巽雞、坎豕、離雉、艮狗、兌羊，此八卦取象於鳥獸之文者也，由鳥獸之文顯示出八卦的形態。

「與地之宜」，周官有五土之法，把地面的土壤分爲五類，這是根據八卦。在位置上有高（乾天）有低（坤地），有偏（四隅）有正（四正）；在性質上有燥（離火）有濕（坎水）有剛有柔，於是分出五土的性質來。五土即：一曰山林，二曰山澤，三曰丘陵，四曰墳衍，五曰原隰。把地分五大類，因爲與八卦的位置性能相結合而成。五土告訴我們那種地適宜種什麼東西，養什麼東西，恐怕現代的農制也不如當時分得精細。在古代的五土之法，詳列如下：

一、山林「土」：動物宜毛物，植物宜皁物。

二、山澤「土」：動物宜鱗物，植物宜膏物。

三、丘陵「土」：動物宜羽物，植物宜覆物。

四、墳衍「土」：動物宜介物，植物宜莢物。

五、原隰「土」：動物宜臝物，植物宜叢物。

　　在動物方面，毛物是獸類，虎豕牛羊之屬；鱗物是魚類，羽物是鳥類；介物是甲魚、螺有殼之屬；臝物是赤裸的東西，無羽毛鱗介之屬，如蚯蚓。在植物方面，皂物是青色的植物，膏物是植物內含有油汁，覆物是有子有核的果樹，莢物是外頭有殼的合歡或羊蹄甲，叢物是荊棘。包犧氏俯觀自然現象，而知那種地適宜那種植物生長。

　　「近取諸身，遠取諸物，於是始作八卦」，「近取諸身」為五官四肢之屬，乾為首，坤為腹，震為足，巽為股，坎為耳，離為目，艮為手，兌為口。「遠身諸物」為動物植物之屬，乾為馬又為木果，坤為牛又為布釜，震為龍又為竹，巽為雞又為風，坎為豕又為堅多心之木，離為雉又為鱉，艮為狗又為果蓏，兌為羊又為巫，這些在〈說卦〉裡說得很詳細。伏羲氏觀天地，取遠近，再作彙總歸納，才成八卦。《左傳》：包犧氏作用天度數，箕子陳〈洪範〉，獻武王，於是「周天度數」傳到商朝、周朝，作《九章算經》又稱《周髀算經》，布周天度數。二十八宿的層次與距離都有算法，其原始創自包犧氏，他看太陽走一周三百六十有奇，以地球外圍的二十八宿作為標識，測出每天太陽在天空行走的位置，分出天度，而創「周天度數」，二十八宿布在四方，以為測度「周天度數」之準。這是包犧氏發枬的。太極判生二儀，二儀生四象，四象生八卦，四象在周天，即東蒼龍，西白虎，南朱雀，北玄武；四方各主七星，成二十八宿，四時節令也從這地方構成。故知太空中本就存有八卦的象，天垂象，垂八卦之象也。

　　「以通神明之德，以類萬物之情」，《九家易》：八卦取象天

地、山澤、雷風、水火，故通「神明之德」。實則，神明是「自誠明謂之道」，從很幽遠的弄成很明顯。宇宙法則是隱暗的，將其明顯化，且以八卦的標幟把它顯示出來，此謂之「通神明」。八卦能把宇宙化育萬物之幽遠法則，在八卦卦爻中一一表現出來。《九家易》又說六十四的卦三百六十四爻，一萬一千五百二十策，當萬物之數，每一策可以概括每一類的事物，故以策數來說明。「類」是推類，由類而推，觸類旁通，以此類推也。我認爲此句承上句「於是始作八卦」。〈說卦〉上每卦所能代表的東西很多，但宇宙物象無數，〈說卦〉亦僅舉其大概而已，後儒有所謂：逸象、補象、廣象，是補充〈說卦〉未說明的象，但仍未說盡，每卦所代表的物象，亦舉其例而已。凡條件相同，性質相類者，皆可以歸爲一卦，故應就八卦來講解「以類萬物之情」。

　　「作結繩而爲罔罟，以佃以漁，蓋取諸〈離〉」，佃讀ㄊㄧㄢ又讀ㄅㄧㄢˋ。讀若田，田獵也，古本皆作田。〈離〉卦是〈坤〉卦二五兩爻到乾體，〈坤〉二五入〈乾〉爲〈離〉，離中虛，陽實陰虛，內外二層連接的空虛，那就像網，一個洞連接著另一個洞，裡裡外外皆空虛的洞。在往年網罟作一個字解，《說文》：「罟，網也。」大曰網，小曰罟，網罟象離目也，網以取獸曰佃，罟以取魚曰漁。〈離〉卦中爻二三的互巽爲繩，作結繩也；巽又爲魚，因爲震爲龍，巽爲震之餘氣，故曰魚。易例：初二爲地，〈坤〉二入乾成離，〈坤〉二有田之象，因爲〈乾〉二「見龍在田」。庖犧看禽獸太多，影響到人民的安全，於是做結繩而爲網罟，以佃以漁，以減少禽獸之害，且可充實人類的飲食。此制器尚象─離中虛，張之以網，可以網住地上之獸與水中之魚也。

　　「包犧氏沒，神農氏作，斲木爲耜，揉木爲耒，耒耨之利，以教天下蓋取諸〈益〉」，〈益〉䷩初爻「利用爲大作」，在農業社會大作即耕耘。「沒」，虞翻釋「沒」爲終，釋「作」爲起。神農教人民耕耘，包犧氏十五代傳至神農，當時人的壽命很長，十五代已有二、三千年，所以人類增加了，鳥獸相對地減少了，而且人類對鳥獸的血食也已生厭，於是神農氏想辦法教人民稼穡耕耘。「耜」ㄙˋ、「耒」ㄌㄟˇ相當於現代的鋤草機。耜是耕田鋤草的用具，把子（柄）是用木頭做的，頭也是，以後改用金屬，是耕田的器具。神農氏又看有些植物可以吃，於是嘗野生的百草，有味可食，無味棄之，可以吃的就拿人力另闢土地來種植，於是斲木爲耜，削木使成　　。揉木，把木頭彎曲起來，木柄爲耒，尖端爲耜，耒爲耜之柄，耜爲耒之端，「耒耨之利」，即耕耘之利也。

　　包犧氏以木德王天下，神農氏以火德王天下，故稱炎帝。至於秦以水爲德而數一六，可見帝王系統在鼎革以後，皆以五行名其朝。秦始王取水爲德，故尙黑。我們通常稱中國人爲炎黃子孫，炎帝神農氏之後，如陳姓佔中國人口30%強。黃帝之後如周姓，佔70%弱。〈益〉卦卦體外巽內震，外巽爲木又爲入，中爻互艮爲手，在卦變，〈益〉來自〈否〉，〈否〉卦上爻下之成〈益〉。〈否〉外乾，乾納金，耒者手耕之曲木也，取象於巽；耜爲金屬，取象於乾；以艮手持，乾金入於巽木即斲木，爲耒之象也。京房：「耒，耜上勾木也。艮爲手」，以手撓木，揉木爲耒之象也。耒耜乃除田之器也，故曰「耒耨之利」。〈益・象傳〉曰：「益，損上益下，民說无疆，自上下下，其道大光。」〈否〉卦上爻陽下來化坤陰，坤陰之體是死土，陽下使活，有耕作之象；〈否〉外乾爲天，內坤爲地，中爻互巽，巽

為申命，教也。包犧氏教人民由血食改吃穀食與火食，神農氏發明耕作的工具與方法，又嚐百草，將可食之植物，從野草雜生之中取出來耕種，於是人類社會逐漸文明，而從遊牧時代進步到農業時代。

「日中為市，致天下之民，聚天下之貨，交易而退，各得其所，蓋取諸〈噬嗑〉」，這時更由農業社會而進步到商業時代。〈噬嗑〉䷔也是來自〈否〉卦，〈否〉五下之初成〈噬嗑〉，其卦象為日行中天，有「日中」之象，在〈否〉中爻互巽為近利市三倍，有「市」之象。〈否〉變〈噬嗑〉，則內震為行動為大塗，中爻互艮為徑路，外離為日。在離日正中天之下，大家從大塗小路行動來聚一處，豈不是也有「市」之象？故曰「日中為市」。〈否〉內體坤為馴致其道，有「致」之象；〈否〉外體乾為天，內體坤民在天之下，故曰「致天下之民」。〈噬嗑〉中爻互艮又互坎，艮為山，坎為水。《中庸》第二十六章：「今夫山，一卷石之多，及其廣大，草木生之，禽獸居之，寶藏興焉。今夫水，一勺之多，及其不測，黿鼉蛟魚鱉生焉，貨財殖焉。」

在後天八卦方位，坤居西南，所謂「方以類聚」，西南得朋有「聚」之象。〈噬嗑〉內震為雷，雷向上升，〈噬嗑〉三四五互坎為水，水向下降，彼此之間有上下「交易」之象。〈否〉為陰陽不交，萬物不通，〈否〉五之初變成〈噬嗑〉則天地相交，而且有雷雨滿盈之象，故「交易而退，各得其所」也。「退」，日中則昃，日中馬上偏西，退之象也。噬嗑，食也，初至似有〈頤〉卦體象，頤中有物，山雷〈頤〉䷚，外體山不動，內體雷動，一如人嘴上不動而下動，頤也，朵頤也，噬嗑為食而頤中有物，咬而食之也。《孟子》：神農教老百姓稼穡，並鋤而耕。日中為市，耒耜之耕，交易之化，都是神農

取〈益〉卦體象而發明的。

「**神農氏沒，黃帝堯舜氏作，通其變，使民不倦，神而化之，使民宜之**」，黃帝堯舜中間還有少昊、顓頊、帝嚳，但因爲沒有特別的改作，只承襲黃帝的成規，故孔子略而不言。神農雖然發明耕作、市集，但還沒有典章文物，神農與老百姓之間並無上下層次，到黃帝時才有倫常觀念。神農氏的社會以日中爲市，拿方圓五十里路爲準，又稱五十里市；老百姓行物物交易，以其多餘，易其不足，日出而行，日中時正好到市集，交易而返家正好日落。但交易趨繁，則五十里市不夠用了，又增設朝夕之市，把五十里市變而爲三，此通其變者也。這樣一來，老百姓可以較爲悠閒，不再疲倦困頓而怨聲載道。故曰「通其變，使民不倦也」。

「**神而化之**」取象於乾坤，乾陽通神，坤化成物也。神是幽遠隱暗的，宇宙法則是也，隱而不顯，其變化錯綜萬端，故曰神。黃帝堯舜把宇宙幽隱的法則顯明化了，也就是把每一類的法則納之於卦，顯明之，且使深入民間成爲風俗習慣，此即老子：「功成事遂，百姓皆謂我自然。」天下之人皆知其當然，但不知其所以然，直到今天，還有許多的生活習慣，我們只知其當然，行之日久而不知其道，故曰「神而化之，使民宜之」，這是祖先一代一代傳下來的。

「**《易》窮則變，變則通，通則久。是以自天祐之，吉无不利**」，所謂天道好還，宇宙是無邊無際，是無底止的。《易經》法宇宙，所以卦爻都是往復循環，沒有停止的；以奇偶二畫代表陰陽，陰爻窮則變陽，陽爻窮則變陰，不至於因窮而盡，這相當於西洋質能互變的道理。譬如包犧氏作網罟獵取禽獸，但後來獸少而人多，呈現供不應求，窮也。於是神農氏作，教民稼穡，親嘗百草，聚其可食者加

以培養，並發明農具以耕作，變通也。血食窮而變穀食，窮則變也；天氣燥悶一久，一定刮風下雨，現象至窮，必變而通。陽窮變陰，陰窮變陽，陰陽變通，宇宙之通也。人能法陰陽變通之道，則能與天地相終始。但陰陽儘管在變，陽爻陰爻還都是那麼多，並沒有減損，也就是只有形態在變化，於其本質並無減損。人能遵循陰陽變通的軌跡，就合乎自然法則，而能得到自然法則的支持，自然法則是指「天」，故曰「自天祐之，吉无不利」，這是〈大有〉上九的爻辭。

「黃帝堯舜垂衣裳而天下治，蓋取諸乾坤」，這一章共舉有十三個卦，在包犧講〈離〉，神農講〈益〉及〈噬嗑〉，其內容都是講食貨，《史記·貨殖列傳》就是從人民吃的及穿的東西講起，是人民生活之本也。孟子：神農氏興民並耕而作，無貴賤等差，經過八傳到黃帝堯舜，才開始創制典禮文物。黃帝之後接著就講堯舜，其間相距好幾代，有少昊、顓頊、帝嚳，因爲都沒有改作添制，故略而不談。黃帝以先，草昧初開，黃帝打了五百七十仗，把異族雜處的中國統一了，其中最艱苦者爲與蚩尤戰於會稽。蚩尤即今之印地安紅人，當時北極圈無海阻隔，這個遊牧民族就經由北美到南美定居。當時人類衣葉食草，到黃帝發明蠶桑而有衣，是絲織品，薄的是絹綢，粗的是帛，到春秋時代才有棉花而有棉布。蔽上體爲衣，取象於〈乾〉；蔽下體爲裳，取象於〈坤〉。乾坤又表示尊卑的倫次，且有陰陽諧和的意思。陽上陰下，陽統陰，陰承陽，陰陽諧和則凡百事物都走上正軌發展，天下之大，萬有之繁，無不至矣。統治人類社會一定要把握陰陽諧和的綱領，孔子：「既庶矣，則富之」，使不流於亂；「既富矣，則教之」，使不流於野，調和鼎鼐之道也。否則，不亂則野，不野則亂。

　　「刳木爲舟，剡木爲楫，舟楫之利，以濟不通，致遠以利天下，蓋取諸〈渙〉」，〈渙〉☴☵之卦體，外體巽爲木、爲風，內體坎爲水，中爻二三四互震爲行，巽風助木行於水上，「舟」楫之象也。《說文》：「刳，判也。」剡，銳利也。斬削使之成楫，就是槳。〈渙〉來自〈否〉，〈否〉四之二成〈渙〉，〈否〉外乾爲金，中爻二三四互艮爲手，以艮手持乾金削巽木，有刳木爲舟，剡木爲楫之象。〈渙〉卦象曰：「利涉大川，乘木有功也。」舟楫之利即此義。〈否〉卦是天地否塞，陰陽不交，〈否〉四之二成〈渙〉，則陰陽相交，內體由〈否〉坤變爲〈渙〉坎，坎水有流通之象，以濟不通也。〈否〉卦外體乾爲天，乾以美利利天下，乾又爲利；〈渙〉之卦辭：「利涉大川」，可以致遠。合而言之，有「致遠以利天下」之象也。根據上述卦象分析，可見舟楫之利，「蓋取諸〈渙〉」也。

　　「服牛乘馬，引重致遠，以利天下，蓋取諸〈隨〉」，從黃帝堯舜垂衣裳而天下治，蓋取諸乾坤起，這些都是黃帝繼續不斷創造發明的。〈隨〉☱☳亦來自〈否〉，〈否〉上之初成〈隨〉，〈否〉卦外乾爲馬，內坤爲牛，有「牛馬」之象。〈否〉初之上，則外乾變兌，是控制〈否〉乾之馬，〈否〉上之初，則內坤變震，是控制〈否〉坤之牛。控制牛馬的方法不是在前面牽引牠，就是在後面鞭策牠。〈隨〉卦中爻二三四互艮爲背，三四五互巽爲股。我們看〈屯〉卦二四上這三爻的爻辭都有「乘馬班如」，都是取象於內體之震，震爲乾之長子，故亦有馬象，〈隨〉之卦體，巽股與艮背都在震馬之上，「乘馬」之象也。〈隨〉中爻三四五互巽爲繩，繫〈否〉內體坤之牛，是爲「伏牛」之象。乾爲天，天道遠；坤爲地，地道重。〈否〉坤初之上是「引重」，〈否〉乾上之初是「致遠」。乾爲天，坤居下，有

「天下」之象。〈否〉外體乾爲天，乾以美利利天下，故乾又爲利。「服牛乘馬，引重致遠」，不僅可以使各地貨物交流，社會人民也可以相互溝通往來，而使天下合其利。

「重門擊柝，以待暴客，蓋取諸〈豫〉」，〈豫〉䷏外體爲震，內體爲艮，艮爲門闕，外震反艮，有二門相互對待之象，故爲「重門」。「柝」是敲梆，二木夾擊，促人小心火燭盜賊，巡夜也。〈豫〉外體震爲木，又爲聲，又爲足又爲行，中爻互艮爲手又爲小木，內體坤屬陰爲夜，有巡夜之象；中爻三四五互坎爲盜寇，有暴客之象，坎又爲水勢洶湧，有暴客之來，其勢洶洶之象；艮爲門又爲止，坤爲闔戶，止門闔戶有戒備之義，「有以待之」也。卦名爲豫，其義有二：一爲逸，豫樂也；二爲預，預備也。逸樂難免懈怠，故要戒備。如果沒有豐富財產，則不易招盜賊覬覦，可見當時社會已很發達，反過來說，當時社會也可能有匪寇。

「斷木爲杵，掘地爲臼，臼杵之利，萬民以濟，蓋取諸〈小過〉」，〈小過〉䷽來自〈晉〉䷢，〈晉〉上之三變成〈小過〉。〈小過〉內艮爲木又爲手，中爻互巽亦爲木，〈晉〉三四五互兌爲金，以兌金斷巽木，以金治木，有「斷木」之象。「杵」是舂米的用具，〈晉〉內體坤，變〈小過〉則內艮爲手，又中爻二三四互巽爲木，以手持木掘坤地，掘地爲杵之象也。《說文》：「古者掘地爲臼，其後穿木石，象形，中米也。」〈小過〉卦體艮止於下，震動於上，震爲木，木在上動，杵之象也。艮爲石，石在下止而不動，臼之象也。外震又爲出，中互巽又爲入，艮手持巽木出入於臼中，舂米之象也，故曰「臼杵之利」。〈晉〉之內體坤爲萬民，〈小過・象傳〉：「小過，小者過而亨也。」小過亨通，稍過則濟，卦序〈既

濟〉佈在〈小過〉之後，其象爲「萬民以濟」也。

「弦木爲弧，剡木爲矢，弧矢之利，以威天下，蓋取諸〈睽〉」，張弦於木謂之弧，「弧」者弓也；「剡木」，斬削之使銳利也。往年鑄鐵兵器尚不發達，將木頭削尖使成「矢」當作武器。〈睽〉䷥來自〈无妄〉䷘，〈无妄〉五之二成〈睽〉，〈无妄〉中爻三四五互巽爲繩，又爲木，〈睽〉中爻三四五互坎爲弓，以繩子結在弓之上，「弧」之象也。〈无妄〉之巽繩變而爲〈睽〉之坎弓，〈睽〉外離爲矢，〈无妄〉中爻二三四互艮爲小木，三四五又互巽爲木，外乾爲金；〈乾〉五之二成〈睽〉，其象爲乾金來削艮之小木，乾金削艮木爲「矢」也。〈无妄〉外乾爲剛猛之威，〈乾〉五之二，二代表坤陰而有上居乾天之象，坎弓發動，離矢就應，弧矢可以發揮威服的功用，「以威天下」也。睽是乖離的現象，必起爭端，惟有借弧矢之威以鎮服，可見當時已進步到了用兵刑。

「上古穴居而野處，後世聖人易之以宮室，上棟下宇，以待風雨，蓋取諸〈大壯〉」，「易之以宮室」之「易」字，取象比較特殊。〈大壯〉䷡卦體來自〈无妄〉，〈无妄〉與〈大壯〉爲二易象，〈无妄〉上下體顚倒過來，內外體易位而成〈大壯〉。孔子惟有對二易體象講「易之」，孔子贊卦，每一個字都有很深的內容，不細揣摩，則易忽略，解釋起來也就索然無味了。乾上震下爲〈无妄〉，乾爲天，《周書》云：「天爲古」《尚書·堯典》有「稽古帝堯」，〈无妄〉乾在上又爲古，故稱「上古」。〈无妄〉中爻二三四互艮爲山，艮又爲小路，內震爲大塗，山下大路小路交會的地方，有「穴」之象。〈无妄〉初至四有大離體象，離中虛，亦有「穴」之象。外體乾居西北之郊野，中爻三四五互巽爲伏處，所以有「野處」之象。乾

為人，位在艮山離穴，震塗艮徑，乾野之上，故曰「穴居野處」。

　　震又為長子，長子繼世主器，對乾而言，他是後世。〈无妄〉內外二體互易而為〈大壯〉以後，外體震為帝，有後世聖人之象。前頭講黃帝堯舜，承接上文，「聖人」亦指黃帝堯舜。〈无妄〉三四五互艮為宮室，內體乾為人，入於艮室之內，「易之以宮室」也。〈无妄〉互艮為宮室，又艮居下是為「下宇」，二易成〈大壯〉，艮居上是為「上棟」，〈无妄〉之巽為風，二易為〈大壯〉則互兌為澤，有雨水之象。〈无妄〉二易成〈大壯〉後，無巽風而有兌澤，但雨水被四爻所隔，亦不得下，故曰「以待風雨」。以乾人伏處於棟宇之下，則風雨不足危害。這是講上古穴居野處，還在伏羲氏之前的時代。

　　「古之葬者，厚衣之以薪，葬之中野，不封不樹，喪期无數。後世聖人易之以棺槨，蓋取諸〈大過〉」，前面講〈大壯〉是乾在上，故曰「上古」，〈大過〉䷛乾不居上，故惟曰「古」，不稱上古。社會到此時已進步到注意喪葬了，不像上古洪荒時期，茹毛飲血，穴居野處，但求溫飽，談不上喪葬。接著我們講這段文字的卦象。〈大過〉與〈中孚〉䷌是上下二體互易的二易卦。〈中孚〉外體巽為草木，〈大過〉則內體巽為草木，草木就是「薪」。二易卦上下皆巽草，〈大過〉中爻二三四互乾為人又為衣，〈中孚〉三四五互艮，〈艮〉上九小象：「敦艮之吉，以厚終也。」有厚之象，合起來看，其象為「厚衣之以薪」。〈大過〉中爻互乾，乾居西北之郊為野，乾為人居〈大過〉之中，故有「葬之中野」之象。

　　「封」、「樹」二字之義，古來爭辯不已，現代語：覆之以土曰「封」，周圍都以木以石保護起來曰「樹」。漢儒虞翻說：「穿土稱封，聚土為樹。」意思是說，在地上挖個洞，再放入棺材為「封」，

如果上頭再覆之以土，則爲「樹」，正好與現代語相反。聚土爲坤之體象，但是〈大過〉與〈中孚〉都沒有坤體，故曰「不樹」。穿土是坎卦體象，因爲坎爲穴，但是〈大過〉與〈中孚〉皆無坎卦穿土之象，故曰「不封」。「不封不樹」相當於現代語的浮葬，把棺材放在野外，不樹土也不聚土。記日期是以日月爲標準，在卦體中以離爲日，以坎爲月，坤爲喪，但在〈大過〉與〈中孚〉無離無坎又無坤，故稱「喪葬无期」。「後世聖人」是承前文，指黃帝堯舜而言。〈大過〉是〈中孚〉上下二體顛倒互易而成卦，所以稱「易之」。巽在〈大過〉居內體爲木，巽又爲入又爲伏處，兌口在上，巽木在下，中間是乾爲人，所以有「棺槨」之象。合而言之，是爲「易之以棺槨」。

附帶一提的是，「古之葬者，厚衣之以薪，葬之中野，不封不樹，喪期无數」，因爲洪荒時期，先民求生自顧不暇，不可能有心於喪葬，更不會有喪期，所以說「喪期无數」。直到「後世聖人易之以棺槨」，才有喪葬的禮儀，根據《儀禮·喪服》喪服制度大約形成於夏商周時期，至於孝期有五種：一、斬衰：三年喪，衣不滾邊。二、齊衰：年喪，喪服滾邊。三、大功：九月。四、小功：五月。五、緦麻：三月。現代工商社會，「做七」都濃縮成幾天完事，遑論「孝期」了。

「上古結繩而治，後世聖人易之以書契，百官以治，萬民以察，蓋取諸〈夬〉」，〈夬〉䷪是〈履〉䷉上下二體顛倒而成卦，也是二易卦。〈履〉外體乾在上，乾爲古，故曰「上古」。「結繩而治」，因爲當時沒有文字，若有契約承諾的行爲，則以結繩表示；大事結大疙瘩，小事結小疙瘩，隔一段時間，取出相對證，以大易大，

以小易小，是成交易往來。這在當時人類社會生活簡單，風俗敦樸是行得通的。以繩結疙瘩記事，一如茹毛飲血穴居野處之時，是上古，都是洪荒時候的表現。〈履〉中爻互巽為繩，又互離為網罟，有離有巽，「結繩」之象也。〈履〉上體乾，二易成〈夬〉，下體也是乾，〈乾〉文言：「乾元用九，天下治也。」故曰「結繩而治」。《九家易》：「凡有約誓之事，事大大結其繩，事小小結其繩，彼此各執以相互對證考合。」

〈夬〉為〈坤〉宮五世卦，在陽爻另一面內伏著坤，又〈夬〉旁通〈剝〉 ䷖，〈夬〉五陽一陰，〈剝〉五陰一陽，〈剝〉卦本為坤體，坤有文書之象，「書」也。〈剝〉之體艮為小木，〈夬〉土體兌為金為毀折，〈夬〉旁通〈剝〉，以兌金治艮之小木毀折之，有金刻木之象，「契」也。往年之契是一塊木板分成兩半，記載文字，二半各有相對應的齒痕，以為對照。坤體陰暗，乾是光明，乾來居坤，以光明照射幽暗，「察」之象也。〈夬〉乾來居坤，乾為君子，坤為民眾，以君子而臨民眾也。君子在《易經》是指公卿士大夫，有「官」之象。〈夬〉乾陽成體，乾陽每爻36策，三爻成體為108策，去其零數（8）為百，故稱「百官」。坤為民又為眾，故稱「萬民」。以〈夬〉言書、契、治、察，蓋因夬者決也，所以百官在上有決斷的能力。典禮制度的記載為「書」，百官依據「書」以治。萬民在下，是本相約信守的「契」，二相對照以往來，萬民依據「契」以察，如此則上下沒有疑義，所以決也，「蓋取諸〈夬〉」。

第三章

是故《易》者，象也，象也者像也。彖者，材也，爻也者，效天下之動者也。是故，吉凶生，而悔吝著也。

〈繫辭〉在漢《易》是不分章的，王弼以後爲研究方便起見，視內容不同而分章，但有些地方分得牽強，這一章「是故……」很明顯的是承接著上章從包犧氏作結繩網罟開始有十三個卦，尚象制器而言的，不宜另闢一章。

「是故易者象也」，《易經》在沒有文字之先，是聖人仰觀象於天，俯察法於地所得的體驗。當時沒有文物典章，如何始爲統治的標準？是仰觀俯察而得到統治社會的體認，法天地的作法爲統治的依據是也。依此歸納天地之象而畫卦，前章有言「八卦成列，象在其中矣」、「八卦以象告」，可說明「易者象也」，日月是陰陽，畫卦無非奇偶，奇偶即陰陽，象徵陰陽也。

「象也者像也」，「像」，義即擬比。仰觀於天，象神明之德也；俯察於地，象萬物之情也。宇宙由陰暗而到明顯，宇宙很多跡象皆由隱而顯，包犧氏等聖人體認神明之德，把宇宙一切的法則，從卦畫上很明顯地表現出來。地面化育萬物，有種種作育的過程及方式，動、植、礦物，化育的方式各不相同。於是聖人把地之化育萬物不同的情況，歸納於畫卦，以象萬物之情，使得後人觀象玩卦時，可以彷彿揣摩出那種化育的情況。

「彖者，材也」，卦除了有卦象之外，還有卦辭，「乾，元亨利貞」是彖辭，後人爲了容易與孔子上彖、下彖之彖傳區別，故稱之

為象辭。老師更進一步稱之為卦辭，使容易區別而眉目清楚。爻除了有爻象之外，還有爻辭，〈乾〉初九「潛龍勿用」，象曰：「潛龍勿用，陽在下也」。卦爻之象，在〈說卦〉中已分章籠統的分析說明過了。以一卦整體而論，一卦之本質，有大有小，有薄有厚，有美有惡，且一卦在次序上的本末先後，有諧和者，有不諧和者；根據這些，繫之以辭，拿文字來作說明，謂之象（卦辭也）。「象」是說明一卦的本質（是什麼材料），故曰「材」。分析而言，材指天地人三才之才，材通才。在天位之才，是指空洞的能力，即說明人之精神妥當健旺與否。在地位之才，是指五官百骸，即說明其身體之結實、雄壯，適當與否。在人位之才，是指其內在靈能的精神，與其五官百骸的身體能否配合。天位夠而地位不夠，就像車子的馬力雖夠，但車身材料卻不夠負載；地位夠而天位不夠，就像有人精神萎靡，而空有一副健壯的身軀。一卦之材，要把天地人三部分分開來看，材就是指這東西。卦繫之以辭，就是根據這三方面來說明的，故虞翻曰：「象析三才」。

「爻也者，效天下之動者也」，卦是代表某一類的現象，譬如乾是代表宇宙間一切空洞的能力，舉凡人的精神意志，鼓舞萬物生機的雷電氣化，政府當局在上策劃的能力，可以說一切由宇宙以至於人事社會的動能都可由乾卦來代表。但任何現象在發展過程中皆有階段性，各階段各有不同的表現，就出現很多的動態，有發展必有行動也。「爻也者，效天下之動者也」，爻是模仿一卦某一階段的動態，爻是代表各階段發展的行動。

「是故吉凶生而悔吝著也」，拿爻與卦比照來看，卦在象上是表現陰陽配合是否諧和妥當，看一卦之好壞，只從卦象上來看陰陽配

合是否諧和，來推證實際事物現象的好壞，所得的體象觀念，未免籠統。周公繫之以辭而有象，則吉凶悔吝昭然若揭，觀察得比卦象更仔細多了。爻在象上只能表示陰陽位置是否當位以及內外體爻位是否相應。從爻位之是否相應及正當，推之於實際現象，而知某一動態是好是壞，這樣所得的結論並不精細。周公把爻象繫之以辭，才有明白的啓示，使後人能明白的看出某爻的動態是吉凶或悔吝，卦既有象，爻又有辭，則不僅使後人對現象的整體有所了解，且對各爻的動態，也有了確切的認識，故曰「吉凶生而悔吝著也」。

第四章

陽卦多陰，陰卦多陽，其故何也？陽卦奇，陰卦偶。其德行何也？陽一君而二民，君子之道也。陰二君而一民，小人之道也。

「**陽卦多陰，陰卦多陽，其故何也？**」，乾陽領導的三卦稱陽卦，震☳長男，坎☵中男，艮☶少男。坤陰領導的三卦稱陰卦，巽☴長女，離☲中女，兌☱少女。由此可見，陽卦陰比陽多，而陰卦陽比陰多。爲何陰多而稱陽卦，陽多而稱陰卦？因爲宇宙萬有現象是以少數統治多數的，例如千萬之數，只有一可以貫之，統一起來，其他的數都不行。一者統也，俗語一統，一才可以統攝起來，若是今天如此，明天如彼，則不能長久。共產黨的制度就是有這種毛病，昨非今是，使人不知適從，自促滅亡。陽卦之一陽表示少，二陰表示多，一可統二也。譬如國家的統治者，二個以上就會混亂，一才能安定統治，以一爲主也。少者多之所宗，而一者數之所歸也。震、坎、艮以陽爲主（二陰一陽），故稱陽卦；巽、離、兌以陰爲主（二陽一

陰），故稱陰卦。《宋史・奸臣傳》謂：「君子雖多，小人用事，其象爲陰；小人雖多，君子用事，其象爲陽。」義即君子在位用事，小人雖多亦不敢爲非；若小人在位用事，雖君子滿朝亦難禁其爲惡。卦的主爻是陽，就是陽卦；卦的主爻是陰，就是陰卦。

「陽卦奇，陰卦偶，其德行何也？」，乾領導震、坎、艮，以陽爲主；坤領導巽、離、兌，以陰爲主。一三五七九爲陽，其數奇；二四六八十爲陰，其數偶。乾陽三卦以陽爲主爻，陽在數爲奇，故曰「陽卦奇」。坤陰三卦以陰爲主爻，陰在數爲偶，故曰「陰卦偶」。「德性」是陰陽的作用，因其本質是陰陽。「德」者，研究宇宙道理了然於胸是也，不是一般人所想的齋生布捨，解衣推食之小惠，那只是德之小作用而已，並非德之本身。在宇宙謂之道，在人身謂之德；人法宇宙之道而立身處世爲德，所謂進德修業，是把《易經》的道理搞通了，而將這些道理在社會上發揚光大，成就事業是修業。

一個人如果心情穩定，氣脈諧和，相貌自然榮華。藏之於內者爲德，發之於外者爲行。以上是孔子自我設問，以下是孔子自我作答。陽內蘊的是自強不息的乾德，發之於外是奇而圓，奇是指數目，圓是指行動。生機茂發而運行是圓的表現，圓中有方，方是陰，圓是陽，要運行發展，一定要是圓的。男女未婚仍單身時爲奇，故表現得悽惶不定，結婚成配偶後才能穩定。

「陽一君而二民，君子之道也」，在人事而言，主宰者是君，屬乾，乃統天也。順應者是民，屬坤，乃順承天也。乾爲君，坤爲民，乾陽領導的三卦，震、坎、艮，皆一陽二陰之陽卦，故曰「陽一君而二民」。主宰少，則現象可以統一，殊途而同歸，天下之大，庶類之繁可以步調一致，此老子所謂「天下惡乎定？曰：定於一。」是也，

此乃「君子之道也」。

「陰二君而一民，小人之道也」，假使統治國家的章法沒有一定，主宰者多，必定政出多門，一國三公，人民不知何適何從，則治絲益棼。坤陰領導的三卦，巽、離、兌，皆一陰二陽之陰卦，故曰「二君而一民」。《荀子‧議兵》：「權出一者強，權出二者弱。」是也，此乃「小人之道也」。

第五章

《易》曰：「憧憧往來，朋從爾思。」子曰：「天下何思何慮？天下同歸而殊塗，一致而百慮，天下何思何慮？」「日往則月來，月往則日來，日月相推而明生焉。寒往則暑來，暑往則寒來，寒暑相推而歲成焉。往者屈也，來者信也，屈信相感而利生焉。」「尺蠖之屈，以求信也。龍蛇之蟄，以存身也。精義入神，以致用也。利用安身，以崇德也。過此以往，未之或知也。窮神知化，德之盛也。」《易》曰：「困于石，據于蒺藜，入于其宮，不見其妻，凶。」子曰：「非所困而困焉，名必辱。非所據而據焉，身必危。既辱且危，死期將至，妻其可得見耶？」《易》曰：「公用射隼于高墉之上，獲之无不利。」子曰：「隼者禽也，弓矢者器也，射之者人也。君子藏器於身，待時而動，何不利之有？動而不括，是以出而有獲，語成器而動者也。」子曰：「小人不恥不仁，不畏不義，不見利不勸，不威不懲，小懲而大誡，此小人之福也。《易》曰：『履校滅趾无咎，此之謂也』。」「善不積，不足以成名；惡不積，不足以滅身。小人

以小善爲无益，而弗爲也，以小惡爲无傷，而弗去也，故惡積而不可掩，罪大而不可解。《易》曰：『何校滅耳凶』。」子曰：「危者，安其位者也；亡者，保其存者也；亂者，有其治者也。是故君子安而不忘危，存而不忘亡，治而不忘亂；是以身安而國家可保也。《易》曰：『其亡其亡，繫于苞桑』。」子曰：「德薄而位尊，知小而謀大，力小而任重，鮮不及矣，易曰：『鼎折足，覆公餗，其形渥，凶。』言不勝其任也。」子曰：「知幾其神乎？君子上交不諂，下交不瀆，其知幾乎，幾者動之微，吉之先見者也，君子見幾而作，不俟終日。《易》曰：『介于石，不終日，貞吉。』介如石焉，寧用終日，斷可識矣，君子知微知彰，知柔知剛，萬夫之望。」子曰：「顏氏之子，其殆庶幾乎？有不善未嘗不知，知之未嘗復行也。易曰：『不遠復，无祇悔，元吉。』」天地絪縕，萬物化醇，男女構精，萬物化生，《易》曰：『三人行，則損一人；一人行，則得其友。』言致一也。子曰：「君子安其身而後動，易其心而後語，定其交而後求，君子脩此三者，故全也，危以動，則民不與也，懼以語，則民不應也，无交而求，則民不與也，莫之與，則傷之者至矣。《易》曰：『莫益之，或擊之，立心勿恆，凶。』。」

這一章是孔門心法的源頭，對每個人都有切身影響，讀了受益無窮。

「《易》曰：憧憧往來，朋從爾思」，這是〈咸〉卦䷞九四的爻辭：「貞吉悔亡。憧憧往來，朋從爾思。」的後兩句。「貞吉悔亡」的意思是：心不貞定，如何能感？心若貞定，悔亡而吉。咸者感也，九四爲咸卦主爻，卻不像其他五爻之爻辭都有咸字，因爲九四居心

位，心乃感之至者也，故不言咸。〈咸〉外體兌爲少女，內體艮爲少男，有少女少男互相感應之象。而且艮居內體，表示陽氣向下；兌居外體，表示陰氣上升，有陰陽二氣相交之象。卦體爲上下交感相應，是「往來」之象。虞翻曰：九四之內爲來，之外爲往，欲感上而隔五，欲感初而隔三，故憧憧往來矣。

若就卦爻來看，五爻「咸其脢」是背，三爻「咸其股」是腿，四爻位在股與背之間，故居心位。九四居人心之位而司感，其思感的對象爲初爻與上爻之陰，初六與上六是九四思感的著落。四若往下之初，則外體爲坎，二三四亦互坎，坎爲心思，重重坎體，有心思憧憧，心思不定之象。「憧憧」代表心思繁雜不定，不安詳的樣子。思想總是有所往來，心理往來的境界是，動而發用謂之「往」，靜而存養謂之「來」，憧憧往來則不僅此也，有很多的對象牽絆著思感之情況是也。

〈咸〉卦來自〈否〉卦☷☰，〈否〉之上爻與三爻易位則成〈咸〉。〈否〉上爲坤體，〈坤〉之「卦辭」爲「利西南得朋，東北喪朋」，有「朋」之象，結成一類的就是朋。「朋從爾思」者，所思感的那一類對象就順應你的思感，而將你吸引住了。九四所思感之初六與上六都是坤陰，坤陰有順應之德，能夠吸引住思感，則思感爲其所陷而不能自拔，坎爲陷也。男女相戀思感到睡不著，吃不下，那就是思感爲情所陷，朋從爾思也。此〈咸〉卦九四之情況也。

「子曰：天下何思何慮，天下同歸而殊塗，一致而百慮，天下何思何慮」，孔子贊曰「天下何思何慮」，特別強調思慮，並非要人不思不慮，而是要人不自作聰明，矯情傲物，濫用思慮。譬如拿到一把鋒利的快刀，就隨便濫砍，再鋒利的刀若不謹慎使用，很快變鈍矣。

同樣的，思想不能亂用，胡思亂想而用腦過度，思想會出問題。胡思等於無思，不思而思乃思之至也。思想過多，會造成腦神經分裂，孔子認為三思而行是太過了，所以說「再，斯可矣」，想多了反而不好。

「憧憧往來」的思感未免途徑太多了，思想反而紊亂，老子說「少則得，多則惑」矣。交朋友不濫而專，則成刎頸之交，是患難生死之交，否則相交滿天下，知心無一人。思感太多則陷於困惑不解，甚至造成腦神經分裂。人類思想是本乎宇宙發展的規則，這就是理性或天理。宇宙化育萬物由小而大，由淡而濃，由短而長，人類的事業發展也是如此。因為人類的思想本乎理性，而天理是理性的源頭；天理是不分歧的，只有一個是處。愛因斯坦「相對論」在這方面還不及《易經》，因為相對之上還有個絕對存在；相對的是陰陽，絕對的是太極。如果相對是宇宙的本質，那麼世界就沒有是非善惡的標準，也就沒有真理了。

天理只有一個是處，不會分歧；人類思想的出發點，推理方式固然不同，但最後結果是一致的；儘管思慮不同，途徑繁多，歸結起來是一致的。這是關係人類思想最重要的一環，所以孔子一再告誡我們：思想不能太多太繁。思想要節約，如同能源要節約使用一般，若是感覺四肢困頓，那是因為身體內在的電源不夠了。天理發揮出來的思想是自然而然的，譬如作文時的神來之筆，運用思想不能濫，濫則無用矣。〈上傳〉第十章說：「易无思也，无為也。寂然不動，感而遂通天下之故。」在還沒感應之前，心要寂然貞固；一有所感，便能豁然貫通。

「日往則月來，月往則日來。日月相推而明生焉」，〈咸〉卦

九四與初六相應，四之初則成〈既濟〉䷾大定。因爲〈既濟〉的卦體是六爻皆正，表示宇宙萬有莫不暢遂其生，而各正其性命。〈咸〉卦之初往應四，則四與三五互成離，離爲日，因爲接近於外體，有「日往」之象。四來應初，四與二三互成坎，坎爲月，因爲接近內體，有「月來」之象。其次，初爻往而之四，則四與五上互成坎，坎爲月，這是初爻自內往外而成，故曰「月往」。四爻來而之初，則成內體之離日，這是四爻自外而內所形成的，故曰「日來」。

〈既濟〉有二離二坎之體象，坎在上則離在下，離在上則坎在下，二相對照，日月雙明，日月運行有一定的軌道，始成日月對照之明。人之思感亦然，要有一定軌道，並非紊亂不定的，根據天德的啓示往來，思想自然有好的結果。但是，〈既濟〉的卦體畢竟是內離爲明而外坎爲暗，這表示在的主宰要清明，外在的表現要幽暗，就是要大智若愚。一個人聰明內涵而外表渾厚，必能立身於社會。如果反此而爲內坎外離，內在幽暗糊塗，對外卻愛賣弄小聰明，那就會一事無成。

「寒往則暑來，暑往則寒來，寒暑相推而歲成焉」，在〈繫辭上傳〉曾經舉過七個爻辭，而以〈中孚〉䷼九二「鳴鶴在陰，其子和之，我有好爵，吾與爾靡之」爲始。在〈繫辭下傳〉共舉十一個爻辭，而以〈咸〉九四「憧憧往來，朋從爾思。」爲始。從卦氣圖上來看，〈中孚〉在〈復〉卦䷗之前，是交進冬至的六日七分卦；〈咸〉卦在〈姤〉卦䷫之前，是交進夏至的六日七分卦（請參考第一冊易例六「消息往來與卦氣」）。〈復〉卦冬至一陽生，〈姤〉卦夏至一陰生；陽生是息，陰生是消，〈繫辭〉上下傳所講的都是從陰陽消息的道理而來。〈復〉卦初九乾陽，時在冬至，「寒」也；〈姤〉卦初六

坤陰，時在夏至，「暑」也。易緯：多至後三十日最寒，夏至後三十日最熱。乾陽是寒，坤陰是暑，陰陽消息是寒來而暑往。〈咸〉陽消陰息，故曰「寒往暑來」。

就卦變而言，〈咸〉來自〈否〉，〈否〉上之三，〈否〉三之上則成〈咸〉。陰生於〈姤〉而盛於〈否〉，陰息陽消，〈姤〉通〈復〉，由〈復〉之〈泰〉，其為陽來於內，陰往於外。故曰「暑往寒來」。由〈復〉〈姤〉到〈泰〉〈否〉，則春夏秋多四季完備，故曰「歲成焉」。崔憬曰：「言日月寒暑，往來雖多，相推而明生，相推而歲成。」日月寒暑往來都有一定的程序，自然而然地生明、成歲，用不著人為的矯揉造作，自作聰明而憧憧往來，好用心機者，結果是作繭自縛。

「往者屈也，來者信也，屈信相感而利生焉」，卦氣由內到外為往，由外到內為來；由內往外為消，由外往內為息。往而消故為屈，來而息故為伸。信讀平聲，音義通伸，伸張之義也。宇宙間皆陰陽循環消息，有時表現為屈，屈正所以伸；有時表現為伸，伸正所以屈。例如花木，在春秋兩季，發枝發葉，非常茂盛，可是因為茂盛，以致發洩太過，促使內在生機不夠，所以一到秋多就會凋落，這樣內在生機又可以重新涵養，交入春令又在發枝發葉，這便是消息往來有屈有伸。人世社會亦然，例如勾踐臥薪嘗膽，以至復國，是雖屈而伸；唐明皇在位有開元盛世，到後來卻有安史之亂，是雖伸而屈。

怎樣屈伸呢？在乎相感；如何相感呢？本乎天德。譬如嬰兒熟睡後醒來，自然會伸懶腰，就是天德，我們要講究屈伸的表現，必須本乎天德的感應，自己潛意識地有向外伸張的想法，這是良知發揮出來的主意，就是本乎天德，毫無思慮或心機存乎其間，一本乎誠，本乎

天德，事先沒有計畫，鬼使神差的就能成功。我們不妨想想自己的事業成就，一定會覺得並非全是自己先有計劃所致，百分之九十是莫知然而然，莫之至而至的，這就是陰陽消長「屈信相感而利生焉」的例證。

「尺蠖之屈，以求信也」，孔子根據〈咸〉卦九四的爻辭「憧憧往來，朋從爾思」作為基礎，來說明他對用心思的看法。一般人不懂得運用心智，所以每天一睜開眼，就雜亂而無章的胡思亂想，這樣是有害而無益的。「朋從爾思」是說，很多雜亂無章的東西，因應你所想的都到頭腦上來了。因為「憧憧往來」是心思不定，所感應的只是雜亂無章的同類，所以是臭味相投而沆瀣一氣。於是孔子進一步拿日月寒暑的往來做比較，因為日月有規則的往來，才能生明；因為寒暑有次序的往來，才能成歲。所以人的思慮也要有規則，才能發揮心思的作用。

尺蠖，《說文》：「屈信虫也。」郭璞：「蚇蠖也。」前面講卦氣，曾提到〈咸〉在〈姤〉 ☴ 之前，為夏至之六日七分卦；〈姤〉內體巽為風，巽布支在巳，巳為蛇，倉頡造字，虫從風來，凡虫為風。〈咸〉在〈姤〉之前，未到〈姤〉之時也，因為還沒有構成蛇的成分，所以不曰蛇而曰尺蠖（尺蠖似蠶食葉，老亦吐絲作室，臺灣所謂的土龍子）。巽又為進退，有「屈伸」之象。「尺蠖之屈，以求信也」這句話，主要是要破除「憧憧往來，朋從爾思」的毛病。心思運用不能雜亂無章，拿「尺蠖」為喻，說明如果一個人心思不停的動，而且雜亂無章地奔馳，頭腦如何承受得了？心理往來的境界是：動而向外發用，是「伸」的現象；靜而向內存養，是「屈」的現象。不能靜而存養，就不能動而發用。「尺蠖」為何屈身？是為了向前伸展，

這就是靜而存養，動而發用的道理。

　　「**龍蛇之蟄，以存身也**」，虞翻：「蟄者潛藏也。」龍有潛之象，因為〈乾〉卦初九「潛龍勿用」，蛇有藏之象，因為《說卦傳》「乾以君之，坤以藏之」。龍屬陽，蛇屬陰，所以龍潛蛇藏。〈姤〉旁通〈復〉䷗，〈復〉內體震爲龍，〈姤〉內體巽爲蛇；〈姤〉卦陰爻居最下，〈復〉卦陽爻亦居最下，都有潛藏之象，所以稱「龍蛇之蟄」。《禮記・月令》：曰「孟春，其虫鱗（鄭康成注：龍蛇也）蟄虫始振（開起振作）。」由此可見，十一月〈復〉卦天氣涼，龍蛇皆蟄伏於地下，正月〈泰〉卦天氣一暖，龍蛇就地底鑽出來了。陽爲存，坤爲身，存養其身體與生機，待時振奮，隨著春雷奮發而大有作爲。人類的思慮能像龍蛇之蟄以存養生機，在可用時方能昇華，所謂不思之思，思之至也。以上是拿龍蛇與尺蠖來做比喻，告訴我們如何運用頭腦，如何用心思。日月寒暑運行要有規則，龍蛇與尺蠖要有屈伸存養，這些都是我們人類思慮的法則。

　　「**精義入神，以致用也**」，道家講「修心養性」，佛家講「明心見性」，而儒家的孟子講「盡心知性」，《大學》講「定、靜、安、慮、得」，都是以此爲源頭。前頭二段，先告訴我們不能沒有規則的用心思，再告訴我們不停留的往來思慮是傷害自己，這是從反面負面的角度，提出一般人常有的毛病。在這兒則單刀直入，直指源頭，從正面來說明。「精義入神」之「精」是指乾而言，〈乾〉卦〈文言〉：「大哉乾乎，剛健中正，純粹精也」。「義」是指坤而言，《逸周書・武順解》：「地道曰義。」，《易緯・乾鑿度》：「地靜而理曰義」。「入」是指〈姤〉卦初爻是陰入於〈乾〉，又指〈復〉初爻是陽入於〈坤〉。「神」是指乾坤而言，乾坤即陰陽，〈繫辭上

傳〉：「陰陽不測之謂神」。坤爲致爲用，故曰「致用」。

孔子一再的贊曰「天下何思何慮」，並不是說：天下要不思不慮；而是說：何必不停留的思，不規則的慮。「精」者，純粹專一；「義」者，事之宜也，宇宙萬有之是處曰義。「精義」的意思是，很純粹專一而毫不駁雜，在宇宙中找到一個是處，就一直朝這個是處往前思想運行，到了入神的地步，則陰陽不測的神妙境界都能了解，所以運用思慮，就應當這樣子運用。《孟子・梁惠王上》曰：「天下惡乎定？吾對曰：定于一。」在唯一的正確目標上運用，心思才不亂，智慧自然昇華。道家借字畫觀象，維繫思慮於一點之上，使頭腦不亂以涵養心思，這樣子一方面事業有成就，一方面也是養生之道。古來有大成就的人都是把腦筋一條線運用，「精義入神，以致用也」。

「**利用安身，以崇德也**」，前句「精義入神，以致用也」之「致用」，是指「尺蠖之屈，以求伸也」而言；此句之「安身」，則是指「龍蛇之蟄，以存身也」而言。這都是說〈復〉〈姤〉二卦初爻蟄伏在下，〈復〉初爲陽，〈姤〉初爲陰，二個初爻代表陰陽。〈復〉之卦體爲震藏坤中，以陽動陰，故曰「精義入神」也，取象於乾爲爲崇爲德。〈姤〉之卦體爲巽伏乾下，以陰含陽，故曰「利用安身」也，取象於坤爲用爲安爲身。

〈咸〉爲〈姤〉之六日七分卦，〈姤〉是坤陰用事之時也，陰在夏至爲最盛，此時乾伏在〈復〉，屈以求伸也，必須安身默處而涵養自己。一直到坤陰成體六月☷，於是一陽復生於下☳。在〈姤〉未至〈復〉之時期，陽屈居於坤陰背後，正是潛藏之時，利用坤陰來存身養德也。因爲利用坤陰之身體來涵養乾陽之精神，等到存身養德成熟之時，智慧自然昇華，則身體復爲精神所用。

　　德而日崇，體卑而德高也。陽伏坤中，安身默處，終能振出，君子安其身而後動也。思慮運用，一定要有安靜的時候，不屈則不足以伸，不靜則無以存身。以靜培動，充足生機以致用也。有人說腦筋越用越靈光，這種說法只說對了一半；因爲如果不是「精義入神」，而是「憧憧往來」，則越用而越雜亂無章，恐怕會造成腦神經分裂；故惟有一條線的運用，才能越用越靈。

　　「**過以此往，未之或知也**」，〈姤〉與〈復〉皆爲乾陽坤陰伏於初爻，表示陰陽皆蟄伏也。〈復〉爲乾伏坤中，寂然不動，固然可以安身立命，然而乾陽主動，不能老是蟄伏，但若動之於坤外，則變動不居，有未可知之處，所謂「其初易知，其上難知」也。意境到了最高地步，則無所用其思慮了，因爲不是人類思慮所能及也，所以說「過以此往，未之或知也」。人類宇宙有五覺宇宙，是人之五官（耳眼鼻舌身）所能察覺的宇宙，範圍有限的小。又有可知之宇宙（意），不是五覺所能及者，但用頭腦意識去推證仍可知。至於用意（理解的能力）都推證不到的，稱爲不可知的宇宙，朱子有段話說得恰到是處。

　　朱子曰：「『天下何思何慮』一句，便是先打破那箇『思』字，卻說『同歸殊塗，一致百慮』。又再說『天下何思何慮』，謂何用如此『憧憧往來』，而爲此朋從之思也。」（《朱子全書・易十二》）。「同歸而殊塗，一致而百慮」，雖然大家思慮不同，但最後歸結則一致。何用乎不規則的思慮呢？想不出個所以然來，反而有害無益。不往則不來，不屈則不伸；爲學者精義入神，用力於內，乃所以致用乎外。身體在外，精神在內，利用安身，求利於外，乃所以崇德於內。老是如此做下去，而到了窮神知化的境界。眞正的「精義

入神」「利用安身」的功夫，做到最後則與天地合一，可以參天地之化育，此乃「過此以往，未之或知」也。陰陽蟄伏乃至往上長的境界，我們都可以知道；但陰陽一發動於外，我們就難知其變化。就卦象而言，此即「其初易知」，「其上難知」也；就卦義而言，此即「精義入神」，「利用安身」也；再往上則是「不可知的宇宙」，非智慧思慮所能達到的地步。

　　「**窮神知化，德之盛也**」，道家所謂的化，釋家所謂的佛，儒家所謂的大聖人，這種種境界，只要我們能按照孔子這段心法去做，任何人都可以達到。「窮」者，極也、盡也，達到極盡曰窮。化，「坤化成物」，從人類吃東西消化的過程來看，化是慢慢的，一層一層的來。地面化生萬物不是一天而成，也是逐漸地化育，化到了參天地之化育，同宇宙一樣時，則為「窮神知化」。「入」神與「窮」神不同，以我們現在上課的文化大樓為喻，剛到達地點進門是「入神」，把房子裡的形形色色種種都了解才是「窮神」。窮神也就是《孟子·盡心上》所謂：「盡其心者，知其性也；知其性，則知天矣。」窮與盡相同，一切神妙的境界都研究窮盡了，則自己都成了神妙。功夫是逐階而達的，不是一步可登天。「未之或知」與「知化」不同，「未之或知」是指非耳眼鼻舌身思所能達的境界，「知化」則更進一步，與天地化育同參，即與天地合一。

　　「何思何慮」，一如天地無思無慮；天地合一的境界，就是「窮神知化」。「崇德」與「德之盛也」不同。崇德只是培養德之時，德之盛則是德之最盛。再到達「窮神知化」的最高境界，那宇宙一切化育與我的思慮是一致的，則我就是宇宙，宇宙就是我。〈咸〉為夏至〈姤〉的六日七分卦，旁通冬至〈復〉的六日七分卦。虞翻：

「以坤變乾謂之窮神，以乾通坤謂之知化。」（老師講易以虞《易》為主，何故？因為漢《易》已散佚不全，惟鄭玄以爻辰為主，荀爽《九家易》以升降為主，虞翻以變化為主，尚有跡可循，其中以虞翻所傳下來的最充實）人類能體會乾坤往來以窮神知化，則能與天地合德，故曰「德之盛也」。

此章以贊〈咸〉卦九四爻辭為主題，來講治心的方法。大義如下：㈠人是有情的動物，不能無思無慮，但思慮不能雜亂無章，更不能夠不停留地「憧憧往來，朋從爾思」，否則不但沒有結論，還會傷身。㈡人是宇宙萬有之一，離不開宇宙自然法則的支配，故人要法自然，而自然現象最顯明者為：日月往來有一定的軌道，寒暑往來有一定的規則，最足為人效法。㈢往來在心思上是有屈有伸的。心思往而發用於外，必將疲困而屈；心思來而存養於內，必將昇華而伸。因為心思是相感的，屈久必伸，伸久必屈；發用太過要存養，存養太過亦要發用。心力養足了，人自然會想去運用心思，但是不能勉強心思，否則越用越疲。

「《易》曰：困于石，據於蒺藜」，此為〈困〉卦☵☱六三爻辭「困于石，據於蒺藜。入于其宮，不見其妻，凶」之前段。〈咸〉☱☶與〈困〉皆來自〈否〉，〈否〉上之三則成〈咸〉，〈否〉上之二則成〈困〉。為何〈咸〉卦之後，繼而言〈困〉？因為〈咸〉三之二成〈困〉。〈咸〉為澤山〈咸〉，〈困〉為澤水〈困〉，二卦的卦體相近，故以〈困〉之六三附帶的來解釋治心的功夫。〈困〉卦二爻不正，二之正則二三四互艮，〈困〉來自〈否〉，〈否〉二三四亦互艮，艮為石，故曰「困于石」。六三之陰乘在九二之陽上面，正是困卦之所以稱困的主因，象曰：「困，剛揜也」，陽被陰所困有，君子

被小人壓制之象。二居內卦坎爲蒺藜，草木而有刺曰蒺藜，坎有荊棘叢生之象。一個人處在荊棘叢生的環境，必然身不能安。但是，孔子在〈象傳〉又說「困而不失其所亨，其唯君子乎」，只有君子能夠處困而亨，因爲君子有修心養性的功夫，所以能夠安詳的面對困境。

　　「入于其宮，不見其妻，凶」，〈困〉三四五互巽爲入，前面提到〈困〉來自〈否〉，〈否〉三居艮，〈困〉二之正亦居艮，艮爲宮闕，所以有「入于其宮」之象。〈困〉二三四互離爲見，二爻不正變正，則離體毀而有「不見」之象。三居內體坎爲中男，三又居離爲中女，三與上應而外體兌爲少女，有「妻」之象，故曰「不見其妻」。坎離有夫妻之象，離體不見，坎體不成，都是二爻不正而之正所致。三變正成澤風〈大過〉䷛有棺槨之象，死傷也。二爻不正之正成坤，二變坎爲坤，坤爲身，坎破坤爲死傷，皆「凶」象也。爲什麼說「凶」？六三是陰爻居陽位，有小人盜位之象。再者，三爲不正之陰，往上走則遇九四，往下走則遇九二，皆爲不正之陽，進退則失據，故曰「困於石」。二變則二三四艮爲石，石最無情，思慮往上走，遇到無情的石頭，那是白費了心思；往下走又據于蒺藜，不安其身。心思如處棘叢中不安。往前是無情之石，往回又不安身，所以是「凶」。

　　孔子以〈困〉卦䷮六三進一步說明人的思慮憧憧往來的不當。思慮不合規則，本身以陰盜陽，是小人之心，心裡構想的出發點是亂七八糟的，故往前是無情之石，往後則爲蒺藜滿目，不上不下，不能安身。「困于石，據於蒺藜」，表示所用不得其人，所據不得其所，處此困境，無居室可以安身，無妻室可訴苦衷，孤苦伶仃，當然是凶。所以孔子拿此爻擴大說明〈咸〉卦九四「憧憧往來，朋從爾

思」，這樣不斷地且不規則的往來，會使人心惶惶不安，甚至精神分裂。心思構想要有對象，對象是陰，就以「妻」做比喻；思慮到了那構想的境界，就以「宮」做比喻。然而根本沒有所想的配合的對象，沒有感應就不是妻，失掉構想對象的意義了。因為所構想的對象與你不相干，失掉陰陽配合的可能，故曰「凶」。

「子曰：非所困而困焉，名必辱」，這是說明一般人的思考問題，是心思用得不正，孔子稱之為「非所困而困」。六三乃不正之陰，上承不正之九四，不是六三思慮的對象，三四皆不正，陰陽不能諧和配合。心思發動錯了，發動的對象也錯了。心思發動的對象要有感應，才有價值；對象是動態的，運用心思的人是靜態的，頭腦不夠的人沒有遠大的眼光與思想，而對象卻是遠而且不正當的流動，想不出有一個所以然來，自然要受困，故曰「困于石」。九二變則四三二互艮為石，四為艮主，有石象，以喻三往而之四卻不相應，不應則困，沒能解答，自受其困。乾陽為善，善不積不足以成名，故有「名」之象。平常的善行人不知，但日積月累，則人盡知其善，九四不正之陽也，六三以不正之陰上承九四則陽受其害，故曰「名必辱」。就義理上說，思考方向不當，對象毫無反應而困，所以說「非所困而困焉，名必辱」。

「非所據而據焉，身必危」，這是指六三所坐下頭的九二，在上的九四不正，為以不正之陰上承不正之陽，非所應也。六三下乘之九二亦不正，是以不正之陰乘不正之陽，無所依據。這好比是一個很懦弱的女主人，指揮不動剛暴乖戾的男佣人，而且可能反受其害。蒺藜是有刺的草，比喻三乘二，不得安身，失所依據也。身指內而言，故三乘二曰「身必危」；名指外而言，故三承四曰「名必辱」。身發

之於外是爲名。〈困〉來自〈否〉，〈否〉上之二成〈困〉，二本坤
體，二陽入坤身，則成坎之宮闕而坤身毀，二入宮折坤爲坎，坎有險
象，故曰「身必危」。在人事上來講，《周禮》上的刑罰，「癈民」
不受教化而且沒有什麼具體罪刑的，就罰坐大石，稱爲「坐嘉石」，
此「非所困而困」之謂也，故名必辱，因爲坐嘉石，則人人知道他不
是個好東西。如果罪刑加重了，則置叢林，周圍環之以土，不許其
動。若是教之而不能改，則從荊棘叢生的土林中抓出來殺了，此「非
所據而據」之謂也，故身必危。孔子贊此爻辭，是引用《周禮》的刑
例來說明。

　　「**既辱且危，死期將至，妻其可得見邪**」，〈困〉三乘二爲
「身必危」，三承四爲「名必辱」。名已受辱，身又危險，故曰「既
辱且危」。六三是不正之陰，一變則成〈大過〉，而有棺槨之象，故
曰「死期將至」。至於「妻其可得見邪」有二義：第一是〈困〉中爻
互有坎離二體，坎中男，離中女，有男女夫妻配合之象；但三爻一變
則離象不成，中女不見，故不得見妻。第二是三與上應，三居內體坎
有男之象，上居外體兌爲少女，有妻妾之象。三以陰爻居陽位，不能
與上正應，而爲敵應，則上爻兌女之妻不理會三爻，故不見妻。意
義是六三內外皆失其所據，外遇無情之石，內遇荊棘叢生而不得安
身，上下失其所安，必致滅亡，當然妻不得見。這表示所思考的對象
（陰）得不到結果，一無所得，白費心思。孔子舉此爻說明不合符規
則的思慮，最後是得到這種壞結果，告誡我們心理修持的途徑。

　　「**《易》曰：公用射隼于高墉之上，獲之无不利**」，此乃
〈解〉卦䷧上六爻辭。「公用射隼」的「公」有二義：一是上六居
上，高而無位，故稱公。二是指三公。根據易例：上爲太上王，三

爻以陰盜陽，何能稱公？三指伏陽，因爲〈乾〉九三「君子終日乾乾」，三雖陰盜陽位，尚有伏陽。以第二說爲正確。三失位，以陰盜陽，互成離，離居南方，朱雀之位也，有鳥雀之象，故曰「隼」，鷹隼也；鷹隼專門吃其他的鳥類，是鳥中最疾害者。三居內體坎爲盜寇，是作亂的禍魁，是殘民的暴君，故以鷹隼形容並代表三爻。《九家易》：隼，鳥也。《詩經・小雅》：「鴥彼飛隼。」形容鷹隼很壞，鄭康成釋隼爲疾害之鳥，意即飛得快而且殘暴的鳥。三居內而體坎爲弓，三又互離爲矢，外體震爲發動，弓矢發動，故有「射」之象。二爻變則二三四互艮爲宮闕，宮闕有牆；艮爲山，墉者牆也；三變內體巽爲高，故曰「高墉」。上三相應，〈解〉卦䷧三上爲敵應，三如變正則上與之正應，三變則二三四互乾，伏陽出矣，正當的三公就出現了。三本互離爲矢，互坎爲弓，三變正爲陽，則陰不存在了，六三之陰爲離隼主爻，其象爲飛隼被射掉了。

〈解〉卦六三變正，則原本互離之矢，互坎之弓，飛鳥之離都不存在了。坎爲盜寇，離爲鷹隼，高墉是憑藉，在高墉上射隼較能準確，而箭不虛發。「高墉」表示環境機會位置，「弓矢」表示自身準備的器具，有器具才能射殺小人暴君。若無器具如何除害？但還要有所憑藉，就是「高墉」所代表的機會與位置。譬如一個在野的賢人，即使是德行崇高，卻沒有當權，如何除掉殘民以逞的暴君？三爻一動成乾，坎弓離矢可以發射，殘暴小人如鷹隼害鳥，射鷹隼害鳥則如同除去殘暴小人，故曰「獲之无不利」。

子曰：「隼者禽也，弓矢者器也，射之者人也」，《周禮》射禮有所謂射器，弓矢也。〈解〉卦以六三之陰居陽位，乾三伏陽因三上相應而出，除掉六三宵小盜賊，〈乾〉九三「君子終日乾乾」，有

君子之象，故曰「人」，人指三爻伏陽也。三上應則三陽出，盜陽
之陰不存在，坎離皆毀，故上六爻象曰：「公用射隼以解悖也。」
就卦象而言，鷹隼屬於禽類，三陰盜陽是鷹隼的暴行，所以說「隼
者禽也」；〈解〉之內體坎爲弓，三互體離爲矢，所以說「弓矢者
器也」；六三爻辭：「公用射隼于高墉之上」，所以說「射之者人
也」。有人、有器、有禽，這是構成〈解〉的三大要件。

　　「**君子藏器于身，待時而動，何不利之有**」，〈解〉䷧卦是來
自〈臨〉卦䷒，依據卦變，二陽四陰之卦，皆來自〈臨〉〈觀〉二
卦。〈臨〉卦本爲坤體，初二兩爻之陽鑽入坤體而成〈臨〉；〈解〉
二之正，則內體亦成坤，坤爲「身，坤以藏之，故坤又爲「藏」。
〈解〉之內體坎爲弓，三互體離爲矢，弓矢者「器」也；合起來看，
有「藏器于身」之象。〈解〉外震爲動，又爲春，內坎爲冬，中爻互
離爲夏，〈臨〉卦內體兌爲秋，所以春夏秋冬四時皆備，有「時」與
「動」之象。〈臨〉卦在十二辟卦值十二月，春雷暴發，冰雪釋解，
但由〈臨〉到〈解〉並非一蹴可及，要三變由〈升〉䷭到〈解〉，有
三變的層次，需要等待，所以有「待時而動」之象。君子藏器于身，
有所準備，是內在主觀的條件；但還要待時而動，等待機會是外在客
觀的條件。君子欲有所作爲，必須內在與外在條件具備，弓矢只不過
是器具，表示內在的修養而已。

　　楊雄《法言・修身卷》：「修身以爲弓，矯思以爲矢，立義以
爲的，奠而後發必中矣。」矯正自己的心志，修養自己的身性，把標
的定在「義」即「事之宜也」之上，確定應該發射的對象，奠而後發
是穩定之後再發動。坎弓離矢是比喻端正自己的思考，看到應該做
的再行動，修身矯思就是「藏器于身」，但這樣還不夠，不僅要身心

上有所準備，還要待時，也就是說，有主觀的條件並不一定就有所作爲，還要有機會配合，要「待時而動」。《姚氏易學》：「時，時位也。」君子立於高墉之上，得時位之憑藉，才能有所作爲。總之，此爻還是承接〈咸〉卦九四做屈伸的說明，「君子藏器于身，修身矯思」，即爲「尺蠖之屈，龍蛇之蟄」也。君子有所屈，然後有所伸，雖然主觀條件具備了，還要客觀條件相配合。孟子說「雖有鎡基，不如待時」是也。「高墉」是指有射殺鷹隼的時機與位置，還要像龍蛇之蟄，等待春雷暴發振奮而出，則「何不利之有」。

「**動而不括，是以出而有獲，語成器而動者也**」，〈坤〉卦六四「括囊，无咎无譽」，因爲六四坤體未成，還須培養，於是把袋口紮緊，使坤體在內成長。「括」，閉而結之也，封鎖也。〈解〉卦外震爲動，動已到了外體，那就無閉結之現象了。「動而不括」是說行動不會閉結，沒有障礙地往前。三應上則變而之正，三之伏陽君子或三公已經出現，三本居坎又互離，三變正，則離體之鷹隼毀，是三發動則射中離隼之象也，故曰「出而有獲」。動有動的條件，不可以貿貿然地，才能出而有獲。條件是弓矢，器具是德性修養，器具完成了才能有所行動作爲。「語」就是言說，〈解〉三變正，則三四五互兌，〈臨〉卦內體亦爲兌，兌爲言，有「語」之象。意思是說，準備好應該具備的器具，才能有所作爲，這還是引用「屈伸」的道理。

「**子曰：小人不恥不仁，不畏不義，不見利不勸，不威不懲，小懲而大誡，此小人之福也**」，前面引用〈咸〉卦九四、〈困〉卦六三、〈解〉卦上六，都是先講「《易》曰」，再接「爻辭」，然後再接孔子的論。現在則先講「子曰」，亦即孔子先做論述，然後繼之以爻辭。這樣的改變，有三種意義：第一、凡是先舉爻辭再加闡述，

是說明聖人所繫之爻辭，如此而已。第二、先說明道理，再證之以爻辭，是表示宇宙萬有現象，沒有《易經》所不能說明的。第三、太史公司馬遷作《史記》，其筆法大都是根據《易經》，前後不一，文章結構才不會顯得呆板笨滯，文筆章法有變化，才會流暢而詼詭；所以我們可以說，這是孔子對於爻辭的一種示範。

　　這兒引申了〈噬嗑〉䷔初爻「屨校滅趾」的「校」是刑具。初居震爲行爲屨，初與四應，四居坎爲校，是刑具腳鐐，用校把腳桎梏使不能前行，就是「屨校」。火雷〈噬嗑〉，威明並著，既明察且使之以威，祖來剛犯輕罪是先上腳鐐，馬上限制他，使不能行動再去犯罪，所以屨校刑具雖小，作用卻很大，故孔子先贊其義曰：「小人不恥不仁……不威不懲，小懲而大誡，此小人之福也。」〈噬嗑〉爲三陰三陽之卦，來自〈泰〉䷊〈否〉䷋，〈噬嗑〉自〈否〉卦來，〈否〉五之初，初之五而成〈否〉，初本爲在下之坤，坤爲小人，初又在下，十足小人也。〈否〉是小人道長，君子道消，坤陰浸上，消滅乾陽，故有小人之象。乾爲仁，坤爲義，坤陰滅陽，故曰「不仁」。易例：乾榮坤譽，坤陰不以滅陽爲不仁而感覺恥辱，故曰「不恥」。坤之義在順承乾陽，乃順承天也。坤不順承乾陽而滅陽爲不義，坤既滅乾，變成死體之坤，沒有感覺與畏懼，故曰「不畏不懼」。〈否〉卦外體乾「以美利利天下」，有利之象，〈否〉卦中爻互巽爲近利市三倍，巽亦爲利。〈否〉五之初變成〈噬嗑〉，〈噬嗑〉外離爲目爲見，〈否〉五之初，變乾爲離，故曰「見利」。〈噬嗑〉內體震爲動，〈否〉五不之初，則乾不能變離，而內體之震動亦不現矣，故曰「不見利不動」。乾性剛健，有威之象，〈否〉五之初是以外體乾之威嚴施之於內體坤之小人也。〈否〉五之初則內體不能

成震，震爲恐懼虩虩。《說文》：「懲，忿也。」〈否〉五不下而施威於坤，則不成內體震之恐懼，故曰「不威不懲」。

〈噬嗑〉卦自〈否〉來，〈否〉卦內坤爲小，易例：乾大坤小，乾富坤不富，〈否〉有臣弒其君之象，乾陽下施威於坤，坤就不能（敢）上去消滅乾，成其弒君之實。坤爲小，「小懲」也，乾爲大，「大誡」也。坤爲小人，乾善爲福，五之初，乾陽下之坤體，是乾之善下及於坤，有「福」之象。〈否〉五之初，內體坤變震則有所不敢，不恥不畏則無所不至矣。小人不勸則善雖大而不爲，不懲則惡無大而不作。小懲是剛發生，馬上乾陽施威於坤之小人，使不成大惡，故曰「小懲而大誡，此小人之福也」。這也是說明「先有所屈，然後有所伸」的道理。人一切的行爲，正面的善行要發生作用，先要屈而後伸；反面的罪惡要小懲而大誡，也是先屈後伸。這是孔子說明〈噬嗑〉卦初爻「屨校滅趾」的道理。

「《易》曰：**屨校滅趾，无咎，此之謂也**」，〈否〉五之初，初之五成〈噬嗑〉，〈噬嗑〉六五本爲〈否〉初，初不得位，陽位陰居也，初往之五，還是不得位，先後都不得位。坤陰爲小人，初居最卑下之小人也，初之五還是小人，故孔子一再的點破小人，是因爲〈噬嗑〉五是〈否〉初來的，這指示我們人在最初是小人的作法，後來變好了，則不能再以小人看待他。如果始終是小人作風，那我們才一貫的稱之爲小人，這是與人爲善，使其有自新的機會。

〈噬嗑〉初九爲何曰「屨校」？因初居震爲足，有屨之象。屨通履，同用也，《說文》：「屨，足所依也。」腳所依據的東西就是鞋子，鞋（短統）、靴（長統）、屨（薄底、輕便的）、屐（木板做的）是古時候四種分法。屨取象於震，初應四，四互坎爲桎梏。侯

果曰：「校，以木夾趾，使不能行。」所謂腳鐐，古代是木做的，現代則改以鐵製的。趾即腳，屨校使腳不能行，四居艮爲止，內體震爲行，止其行，「屨校滅趾」也。〈噬嗑〉講刑罰（法），有罪才有刑，屨校雖小刑具，但能使知所畏懼而不擴大罪行。所以外表是屈，實在是伸，屈正所以伸也，此闡述前文屈伸之義。

「善不積，不足以成名；惡不積，不足以滅身」，〈乾〉：「元亨利貞」，元者善之長也，故乾元爲善。但在〈復〉卦䷗，乾元爲剛開始的一陽，慢慢升而上，從〈復〉到〈乾〉爲積善，尚未到〈乾〉則爲「善不積」。乾爲名，〈復〉初之微陽尚不至於成名，必須積到三爻，乾已成體，才談得上成名，亦即息至三爻成乾體始「成名」也。坤陰爲惡，〈姤〉卦䷫夏至一陰生，「勿用取女」，爲陰長陽消之卦，從〈姤〉卦一陰漸漸上長，而成六陰之坤爲積惡。坤陰成長到了上爻則窮上而反下，〈坤〉上六「龍戰于野，其血玄黃」之後，一陽復生於下，陽入坤體，於是坤體毀矣，坤爲身，故曰「惡積而滅身」，此就卦象而言者也。再就卦義來說，善行一如商標，現在行稱品牌。產品剛上市，消費者對它還感到陌生，使用日久，則耳熟能詳，該產品的商標，就在消費者的心目中建立了。商品如此，人之積善亦不外如此，故「善不積，不足以成名」。

「小人以小善爲无益，而弗爲也；以小惡爲无傷，而弗去也，故惡積而不可掩，罪大而不可解」，偶行一惡立刻悔改，則放下屠刀立地成佛，惡而能改則無大礙，若接二連三的積惡，則多行不義必自斃。小人以爲小善無益而不做，小善即〈復〉卦微陽，但〈復〉之微陽不加以注意，不屑爲，則不能積而成乾體，永遠還是坤體內的微陽。這好比道家修持的功夫，小腹有氣機一動，要注意培護，慢慢地

可以周天。〈姤〉卦為夏至一陰生，不把這一陰去掉，則陰一直長上去，終要把陽消滅完了。小人不知道這道理，小惡不去就永遠地為惡，至於惡積而不能掩蔽，造成最後罪大而不能解脫的結果。所以個人修身，發現身體有偏差的訊號，要立即克制，改變飲食作息等生活習慣，以免毀身。國家治理，要注意社會的氣機變動；好的氣機就像〈復〉之初陽，好的氣機一動要扶養；壞的氣機就像〈姤〉之初陰，壞的氣機一動要去掉。

「《易》曰：何校滅耳，凶」，這一個卦爻也是倒過來，先說明意義，後拿爻辭來作結論。「何校滅耳，凶」是〈噬嗑〉上九爻辭，〈噬嗑〉自〈否〉卦來，〈否〉卦初之五成〈噬嗑〉，可是〈否〉卦初爻以陰居陽，不正而不當位；初之五，則五以陰居陽，還是失正而不當位；一開始不正，變動後又不正，所以稱「凶」。

根據卦變，〈益〉卦☳也是自〈否〉卦來，〈否〉卦外體上九小象「否終則傾」，於是上九下居初六之下而成〈益〉卦。若不是〈否〉初之五，而是〈否〉上之初，變成〈益〉卦，則可以小懲而大戒，氣勢慢慢地轉變成〈泰〉卦，可見上爻氣勢一下，則整個卦體顛倒成〈泰〉，所謂「〈否〉上之初成〈益〉必見反〈泰〉」。

現在上不之初，而是初之五成〈噬嗑〉，中爻互坎為校，刑具也，坎又為耳，刑具貫於耳上，枷也。「屨校滅趾」是腳鐐，「何校滅耳」是枷鎖，二者相對待。刑具在腳上是小懲，上之初也；刑具上了頭則為不可赦免的大罪，是大戒，初之五也。何校滅耳則耳不聰，不曉得如何遷善避惡了。

孔子為什麼舉了這麼多的卦爻呢？這是孔子告訴我們如何斷

卦，例如占到〈噬嗑〉卦而上爻爲動爻（動爻就是主爻），以上爻作主，爻辭「何校滅耳，凶」就是罪大惡極，卜筮者占得此卦爻要特別警惕，因爲現象極壞，我們把這一章了解就可以依此類推，以後占卦時就仿傚這方法來推斷吉凶。

「子曰：危者，安其位者也。亡者，保其存者也。亂者，有其治者也」，此釋〈否〉卦☶☰九五爻義，〈否〉卦九五固然是居中得正，不失爲天子君位。但〈否〉卦五爻之下，由初至四成〈剝〉卦體象，剝者，陰剝陽也。五爻居〈剝〉之上，有被剝之險象，故不能安然自處；若肆意自滿，則到了危險的地步，凡自以爲安者必危也。〈否〉五雖居統治地位，但處於剝體上則不能安，此乃「危者，安其位者也。」。〈否〉卦上乾下坤，坤爲喪亡也；乾爲坤之反也，坤爲喪亡，乾就是存。〈文言〉：「知進退存亡者，其惟聖人乎。」能顧慮到喪亡之危，就能保其存在。但是二五相應，卦氣向上，二爻往而之五，五爻就不能保其存在了。故五爻在此形勢之下，一定要有存亡之慮，故曰「亡者，保其存者也」。

易例：乾爲治，坤爲亂。〈否〉五雖居乾而伏於坤體之上，以卦體言，乾在上，坤在下，上爲外，下爲內；在外的表現爲乾治，好像是太平無事；但從內在觀察則爲坤亂，現象已經亂了；〈否〉五居此形勢，而自以爲治，那一定亂。在人事上看很明顯，唐明皇開疆拓土，經過開元一段努力，滿以爲天下太平，可以高枕無憂了；於是在深宮色聲自娛，不理朝政，造成安史之亂，使唐之國祚由是斷喪。坤五表示在此形勢上要慄慄危懼，使不致於速亂，故曰「亂者，有其治者也」。治與亂、存與亡、安與危都是相對待的字眼，我們看〈太極圖〉，極黑的一面有白點，極白的一面有黑點，可見有安定有危，有

存定有亡，有治定有亂，端在乎我們如何處之。處太平時，謀國大君子要不使太平到了極點，心存危懼，則太平的極限不會升高而一變爲天下大亂。

「**是故君子安而不忘危，存而不忘亡，治而不忘亂，是以身安而國家可保也**」，君子在太平的時候不忘記危險，太平時候是一條上升的直線，若像唐明皇有「開元之治」，滿以爲天下已無事，自以爲安，則安之極限至矣，馬上轉危爲「安史之亂」。若心存危懼，則不會到那極限，能夠節制。存在的時候天天顧慮到滅亡，太平時總以爲隨時要亂，天天戒愼恐懼，則太平不至極限，也不會亂。〈否〉九五爻辭：「休否，大人吉，其亡其亡，繫于苞桑。」君子居〈否〉五乃天地閉塞，臣弑其君之時，危懼不能安，故不能自以爲安，而要以危懼居安，則雖安不至於極點，是「安而不忘危」也。

〈否〉之初爻至四爻體〈剝〉，五在〈剝〉卦體象之上，終久要被剝，故存時要不忘其亡，稱爲「存而不忘亡」也。荀爽：「國之大典，惟祀與戎。」祭祀與練兵是思患而預防之，存而顧慮到滅亡，就不至於過亢。因爲陽上長到上九，則「亢龍有悔」，有跌下來的危險，不自滿而知戒備，則不至於上九過亢的階段。〈否〉之九五滿以爲得意，再進則上亢下亂，故一定要嚴加戒備，而且是越是穩定越要防備，是「治而不忘亂」。〈否〉坤爲身，坤又爲安，故曰「身安」。〈否〉卦上九小象「否終則傾」，於是上九下居初六之下而成〈益〉卦；也就是〈否〉上之初成〈益〉，必見反〈泰〉：〈泰〉爲氣通，君臣相得，國家可保，「是以身安而國家可保也」。

「**《易》曰：其亡其亡，繫于苞桑**」，此〈否〉九五爻辭之後段也，前段是「休否，大人吉」。〈否〉之內體坤爲喪爲亡，五在坤之

上，有「其亡」之象。鄭玄說：「苞桑」是陰陽相包，表示緊湊牢固的意思。《說文》：「苞，草也，南陽以爲粗履」。有「其亡其亡」之心，才有「繫于苞桑」之固，念茲在茲，像有滅亡之危險。〈否〉卦上乾下坤，有天玄地黃之象，桑木就是上青下黃；九五在內體坤之上，坤爲土地，三四五互巽爲木，種在坤地之上的木，是爲桑樹，《說文》：「桑，蠶所食葉木」。大陸惟有桑木是栽在田裡的樹，稱爲桑田。這個爻辭的意思是，能有念茲在茲的「其亡其亡」之心，才有「繫于苞桑」之固，所謂：安而不忘危，才能安；存而不忘亡，才能存；治而不忘亂，才能治。

「子曰：**德薄而位尊，知小而謀大，力小而任重，鮮不及矣**」，這是孔子解釋〈鼎〉卦九四爻辭「鼎折足，覆公餗，其形渥，凶。」往年鼎是用來烹五味的，鼎腳毀掉則鼎翻而傾了公餗，主事者要受劇刑而誅於屋內，這是凶事，因爲鼎腳不牢，力量不夠所致。〈鼎〉卦☲四爻就是〈離〉卦四爻，〈離〉卦四爻爻辭「突如其來如，焚如，死如，棄如」是最凶惡的，〈小象〉曰：「突如其來如，无所容也。」〈離〉四即〈鼎〉四，則〈鼎〉四之德薄可想而知。四互成乾，而四居乾體之上，爻位是四，諸侯之位也，位尊，故曰「德薄而位尊」。毫無素養的人居高位則手足無所措，結果是焚如、死如、棄如，有德者明理當物，化物容人，有素養可居高位，能指揮若定。

〈鼎〉四互兌爲少女，有少小之象。乾知大始爲「知」，兌未成乾，一陰未變也；乾兌同根，皆在太陽之上，「河圖」九四同居西，乾兌納金也。兌少小而未成乾之知，故曰「知小」。乾爲大又爲謀，故曰「謀大」。知是謀之源頭，有很廣的源頭，才能有很大的河流，

由知而生謀，宇宙間未有源頭乾枯而有江河巨流者也，故知小者沒有謀大的道理。〈鼎〉九四以陽居陰，不得其正，同時互兌爲少小，有力不足之象。〈鼎〉初至五爲〈大過〉體象，〈大過〉本末弱也，故曰「力小」。乾元爲仁，《論語・泰伯》：「仁以爲己任，不亦重乎。」乾能任重，但〈鼎〉卦九四之乾不能任重，〈鼎〉四失正不當位，力量弱，不能任重，力小而任重，沒有不毀折的，故「鮮不及矣」。最後一定要受到劇刑，德薄位尊而不自量力，非受人刑即受天刑。

「《易》曰：鼎折足，覆公餗，其刑劇，凶。言其不勝其任也」，〈鼎〉卦四爻不正，一變正則三四五互震爲足，〈鼎〉四互兌，震足出於兌毀折之中，有鼎足被毀折之象，故曰「鼎折足」。鼎爲國家寶器，公餗是公共所享受的美味，把它傾覆掉了，必須受重刑，劇刑是極惡而誅，格殺勿論的。至於王弼改爲「其形渥」，是指鼎中美看傾倒出來，那種沾黏的狀況。「其形渥」在文學來看，似乎比較通順，但是沒有卦象的意義，《易經》談的是大道理，不是在做文章。總之，鼎折足，是因爲才力不足以勝任，換言之，因爲德薄而位尊，以至於傾覆公餗。如果我們卜卦，筮得〈鼎〉卦四爻，德薄位尊，其刑劇，那就極其危險，要格外謹愼。

「子曰：知幾其神乎」，這是講〈豫〉卦䷏六二「介于石，不終日，貞吉」，〈豫〉卦自〈復〉卦來，〈復〉初之四成〈豫〉。〈復〉爲乾元初動，「潛龍勿用」之乾也。乾元在卦中動，「復其見天地之心乎」，一陽初動代表天地之心，幾也。乾知大始，坤作成物，〈豫〉卦以六二爲主爻，故以六二爻辭解釋〈豫〉。〈豫〉卦惟有六二居中得正，其餘五爻之爻位皆亂，故六二爻辭「介于石，不終

日，貞吉」，能夠穩定在二爻則吉，蓋以二爻做主也。六二與初九相鄰，〈豫〉初原爲〈復〉之乾元，是地心的一股熱力。「雷出地奮豫」，初之四則熱力已發之於外，地心熱力向外發動爲雷，但地心熱力不斷地向外發動，必將減弱而有發不動的一天，必須春發秋收，這樣子熱力才可用之無窮，取之無盡。人之修持道理也是如此，用腦筋到相當程度一定要休息做定功，道家佛家參禪入定的功夫亦然。六二接近初爻乾元，故曰「幾」，也就是《孟子・盡心下》：「聖而不可知之之謂神。」《淮南子・兵略訓》：「知人所不知，謂之神。」的境界。

　　〈復〉初之四成〈豫〉，〈豫〉四反之初爲〈復〉，豫者豫樂也，〈復〉初之四則成豫樂狀況，蓋陽爲喜悅，發之於外則成豫樂。但四爻又互坎爲陷，因爲豫樂的環境，可以讓人陷溺其中而流連忘返，陽發之於外成了豫樂則陷溺其中，故而人每每在豫樂之中敗國亡家。我們在豫樂舒服的環境下不可再放縱，要趕緊把豫樂之心收回來。這時，六二「介于石，不終日」，能夠居逸樂之間而不膩於佚樂，就成了中流砥柱，而獲「貞吉」。〈豫〉卦四爻本爲坤體，乾元來居，發動變成幾微的動機，一陽來居外體成震，始生動機。〈繫辭上傳〉：「寂然不動，感而遂通。」動機息時爲寂然不動，動機發動則感而遂通，這種感通的境界即知微入隱，了解細微的機宜，而不是昭然若揭的，眾所周知的道理。

　　「君子上交不諂，下交不瀆，其知幾乎」，〈豫〉卦四爻即〈復〉卦初爻，〈復〉初之四成〈豫〉，〈豫〉四上邀於五，五爲天子之貴位，外體震，震動於外，震爲「笑言啞啞」，言而帶笑，豈非巧言令色鮮仁矣，有諂媚之象也。卦之爻位二四同功，三五同功，有

連帶的關係，四上邀五而諂媚，二四同功，二要四下返璞歸眞，則「上交不諂」也。四下交三，三四五互坎爲溝瀆，故有瀆慢之象。二要四下返璞歸眞，則四「下交不瀆」矣。拿人事社會來講，侯果：上是指王侯，下是指凡庶（庶民），君子上交不至於諂媚，下交不至於瀆慢，則悔吝之凶不至於產生。上交以諂，君主當時固然悅耳，稍後再想你的諂媚是別有用心，則於你不利；下交以瀆，則爲一般社會人士所唾棄，所以「上交不諂，下交不瀆」就是「知幾」，因爲這是遷善避惡的免禍動作。

「幾者動之微，吉之先見者也」，〈復〉本坤體，一陽初動，內變震體，震動也。初動，動之微也。如人久病，腑臟氣化不和，將痊癒時氣機一動，排氣了，這時要護養使氣機不散漫於體內，才能有力量發生作用。〈復〉卦初九爻辭「不遠復，无祇悔，元吉」，初陽得正故曰元吉，元者善之長也。坤爲死暗之體，乾元鑽入，從此好轉，故曰元吉。現象已明白顯著了就談不上「幾」，未動時一無迹象也不是幾，幾是在開始動而還沒有形狀的境界，從沒有中到了有的那一點才是「幾」。朱子曰：「幾，有其理而已，無其形也。」理就是無跡象的空洞的機宜，即《老子・第一章》曰：「常無欲以觀其妙，常有欲以觀其竅。」竅與妙之間即幾也；有欲無欲是希望與意識上的表現，也是心理上的要求，憑人類意識上的表現，只能觀其現象未完成前的「竅」門而已；至於沒有竅門的，未表現出來的沒有的境界，所謂「妙」，就不是憑人類意識上的表現所能觀察得了；故要摒棄斷絕人類的意識，才能觀察其幽隱的一面，即「寂然不動，感而遂通」的境界。這要頭腦眞空、淨化，才能接上宇宙的眞空，《孟子・盡心上》所謂「盡其心者，知其性也。知其性，則知天矣。」與參禪入定

的功夫相通。「人心惟危，道心惟微，惟精雅一，允執厥中」，這是中國道統的心傳，「幾」即道心之微，乾元善之長也，亦即道心之微，故吉。

「君子見幾而作，不俟終日」，乾元爲「君子」之象也，〈豫〉卦陽爻居四，四爲諸侯之位，爲統治國家的君子，在《易》爲天子以下的公卿大夫，執掌統治大權者，此處「君子」指有德且有位者。六二本爲離爻，〈豫〉旁通〈小畜〉☲，〈小畜〉中爻亦互離，離目爲「見」，陽爻在四構成〈豫〉，但四不當位，不可以久於豫樂。外震爲作足，故曰「作」，〈小畜〉四爻互離爲日，四爻反之初，則〈復〉之離象消失了。中爻三四五互艮爲止爲待，俟也，故曰「不俟終日」，言其見幾之快速也。

「《易》曰：介于石，不終日，貞吉」，構成豫樂體象的是九四，〈復〉初之四成〈豫〉，但陷於坎中，不可久也。介有二義：一，耿介，守忘不移，不爲豫樂所陷，六二本爲離爻，離爲明白，可見幾而作也。二，纖介，細微也，指幾微如小石般纖細，一點小機宜，就發生悔吝，皆以二爻能守正，才可能在豫樂中樂而忘返也。

「介如石焉，寧用終日，斷可識矣。君子知微知彰，知柔知剛，萬夫之望」，六二爲〈豫〉卦主爻，六二乘初，初爲始生之微也，故曰「知微」。二又承三，爻至三卦體始成，故曰「知彰」。二爻在坤體得柔之正，故曰「知柔」。二四同功，四爻是剛，二爻要四下來，故曰「知剛」。陰陽初造，剛有朕兆爲微，已有吉凶明顯表現爲彰。知微就能知彰，《史記・周魯公世家》：「自禽之魯，三年始返國述職，周公曰：何遲也？曰：變其俗，革其禮。太公之魯五月而返國報政。周公曰：何疾也？曰：節其君臣之禮，從其俗也。」周公

於是論斷將來齊國一定強，魯國一定弱，此乃知微知彰之典故。辛酉跟周平王東征，見野有披髮而祭者，知其禮俗有變。因為古代中國人是不理髮的，到滿清才剪髮，小孩本為散髮，十二歲始束髮，男前女後，但沒有成人而披頭散髮的，故知其禮俗有變。邵康節在洛陽橋聽子規啼叫而知西南將有大亂，蓋凡事必有機先。知柔知剛，了解剛柔也，應剛始剛，應柔始柔，陽爻居陽位，陰爻居陰位是也。也就是所謂「高明柔克，沉潛剛克」，社會人心沉淪，沒有朝氣，統治者要用剛才能發動。社會人士知識水準高，則不能用權勢來統治，要用道理去統治，臨政君主政策有剛有柔，這是萬民所依順而望的。

　　「子曰：顏氏之子，其殆庶幾乎？有不善未嘗不知，知之未嘗復行也」，此就顏回修持的功夫來證明〈復〉卦初九爻辭也。前頭說「善不積，不足以成名；惡不積，不足以滅身」，在善惡未發動之初，就能了解其幾微，這是很難能可貴的功夫。《荀子·解蔽》：「『人心之危，道心之微。』危微之幾，惟明君子而後能知之。」人皆賦有善念，但被眼前的欲望所蒙蔽了，天理人欲之爭於焉發生，顏子惟能知「人心之危」，還不到知「道心之微」的境界，惟其能知人心之危，故知不善的一面。知之則不行，過則不憚改，故顏子不貳過，是消極的阻止不善，顏子的修持功夫是「克己復禮」。人心之危即人欲，所知惟危耳，未達於知幾之神也，故孔子曰「其殆庶幾乎」，差不多達到了的意思，未至道心之微也。楊雄《法言·問神》：「未達一間耳。」故只能稱為亞聖，而不臻於大聖。坤是積不善，坤陰剝陽也，不善積至相當程度將成了坤陰死體，於是剛窮上而反下，這也就是共匪不能剝盡人性的道理。〈復〉之初爻即乾元，乾知大始，坤陰發展至上，則惡積而不可掩，故剝極則窮上反下為復，

克己復禮，「知之未嘗復行也」。初爻自始即復，即「不遠復也」。

「《易》曰：不遠復，无祗悔，元吉」，〈復〉卦一開始就復，不遠復，故不至於悔。祗，大也，至也。无大悔，不至於到了傷害的地步。人情之常在幾微的時候看不清楚，明白時就醒悟了，顏子在幾微時，就已近乎了解，但不知者惟人心之危，不善之一面也，但知而能改，可以無大過矣，故曰「元吉」。

「天地絪縕，萬物化醇，男女構精，萬物化生」，氤氳假借為絪縕。「絪」，麻枲也。按《周禮》「典枲」疏：「牡麻者，枲麻也。」《爾雅・釋草》：「荂，麻母。」音希ˇ，大麻之不結實者，其纖惟可作麻布之原料。「縕」，棉絮也。陰陽二氣像麻絲棉絮纏綿在一起，互相融合成一體，然後萬物才能化醇。「化醇」，形上之道，氣也。「化生」，形下之器，形也。化醇還是氣化的境界，化生則已成形化。化醇是各正性命，保合太和，二氣融合的境界，化生是已變成精，由精則能化而成形。《姚氏易學》：「天地所以能長且久，蓋陽中有陰下降，極而下降；陰中有陽上升，極而上升；相因而為氤，相昷而為氳，所以能化生萬物。」天地所以能化生萬物，在乎陰陽二氣。

根據卦變，〈泰〉卦䷊初九上居上六之上而成〈損〉卦䷨，〈損〉卦外艮為少男，內兌為少女，少男少女相合，有「男女構精」之象也。乾者純粹精也，精即〈泰〉初之乾陽也。少男少女泛指陰陽二氣還很嫩，未老之時很敏感，很容易在一塊兒交合，交合則構精，構者合也，合其精也。〈損〉卦六三一爻是講人事的，故孔子以男女喻陰陽，〈損〉反〈益〉，〈益〉內震為反生，故曰「萬物化生」。構精是形化的第一步，一色成體謂之醇，純一也。壹 壹，元氣也。

元氣未至形化，化醇只能融，合純一不雜，纏綿交結不雜而融合。構精是精氣，《老子·二十一章》：「其精甚眞，其中有象。」已經變成形化了，就有純有雜，就像生小孩有好有壞。《孟子·公孫丑上》：「志壹則動氣，氣壹則動志。」

「《易》曰：三人行，則損一人。一人行，則得其友，言致一也」，〈泰〉初九上居上六之上而成〈損〉☶，〈泰〉內卦三陽成體，故謂三人；中爻三四五互震爲行，故曰「三人行」。〈損〉自〈泰〉來，〈泰〉初之上成〈損〉，爲損剛益柔，故曰「一人行」。〈泰〉中爻二三四互兌爲友，〈泰〉初之上據〈損〉之坤，應〈損〉之兌，兌爲「朋友講習」，故曰「則得其友」。天地陰陽二氣合而爲一才能化生萬物，三爲奇不能合，去其一爲偶之二才能合，故必「損一人」。天下之動正乎一，抱一以爲天下式，精神不外馳，生活有規律，事業要專注，皆一也。一是事業成功，延年益壽的要訣，老子說「多則惑，少則得」也。例如男女交朋友，若是濫交，則「相交滿天下，知心無一人」；若是愼交，則「海內存知己，天涯若比鄰」。陽一可得陰，陰一可得陽，此致一之道也。

「子曰：君子安其身而後動，易其心而後語，定其交而後求，君子脩此三者，故全也」，根據虞《易》：〈損〉反成〈益〉，〈益〉初爲乾元，乾元故曰「君子」。〈益〉中爻互坤，坤得安貞又爲身，故曰「安其身」。〈益〉內體震在後又爲動，故曰「後動」，此專就〈益〉卦體象而言也。君子將有所行動之前，要先審度本身安危之理，有了很穩定的基礎，而且在環境上又有安詳的形勢相配合，如此行動才能有益，故曰「安其身而後動」。〈益〉自〈否〉來，〈否〉上九下之初六之下而成〈益〉，〈否〉卦外體乾，乾以易知，故曰

「易」。〈益〉卦初至四有〈復〉卦體象，「復其見天地之心乎」，故曰「心」。〈益〉內體震為後為言，故曰「後語」。「易其心而後語」的意思是，病從口入，禍從口出；體恤對方，站在對方的立場上，有樂於接受的可能才說。反之，忠言逆耳，還是不說的好。所謂「可以語而不語，失人，不可以語而語，失言」（《論語·衛靈公》）是也。交換心靈，了解其心理趨向才能說，亦投其所好也，故曰「易其心而後語」。

〈益〉三四五互艮為止，有「定」之象，內體為〈震〉，初爻乾陽始入坤體為剛柔始交，故曰「定其交」。〈益〉三四五互艮為求，震為後，故曰「定其交而後求」。艮兌同氣相求，既定其交，則對方的德性才能，就了解清楚了。針對其才能德性，託之以事必可成，此交並非泛泛之交，必須彼此之間才能德性有相同因素，而生化合作用，「定交」到了「神交」的地步，則心理合而為一，有此情況然後可以要求其做事。〈否〉上為乾陽，〈否〉下為坤陰，〈否〉上之初是損上益下，〈益〉卦象曰：「益，損上益下，民說无疆，自上下下，其道大光。」不僅是反〈否〉成〈泰〉，而且培厚了基礎，故曰「君子脩此三者，全也」。

「危以動，則民不與也。懼以語，則民不應也。无交而求，則民不與也。莫之與，則傷之者至矣」，這是孔子恐怕後人不懂上句意義，故再從後面解釋。〈益〉自上下下，其道大光，則內體變〈震〉為動，若〈否〉上不下，則〈否〉卦之上九一如〈乾〉卦上九「亢龍有悔」而失之於亢，陽亢而失正，沒有不危險的道理，故曰「危以動」。〈否〉閉之時，上下不交，在下之坤民不為，在上之乾君不用，居高而危，「則民不與也」。〈否〉上之初則下之坤體得陽以成

震，震爲「笑言啞啞」，故民悅无疆。若〈否〉上不下，不僅坤體死氣沉沉，且二者毫無相應之可能，背道而馳，居高而窮，懼之象也。〈否〉中爻互巽，〈益〉卦外體巽爲申命，有「語」之象，故曰「懼以語」。在上之乾君與在下之坤民勢成杆格，下體坤民必不聽命。震巽爲同聲相應，若〈否〉上不之下，則上不成震，不應之象也，故曰「則民不應也」。

　　〈否〉上之下，乾來據坤，陰陽相交也。若〈否〉上不之初，則陰陽不交，〈否〉二三四互艮爲求，是無交而求也。上施政好仁，則下必報之以義，〈否〉上不之初，是上不施仁，則下必報之以不義。「君之視臣如手足，則臣視君如腹心。君之視臣如犬馬，則臣視君如國人。君之視臣如土芥，則臣視君如寇讎」（《孟子·離婁下》），故曰「无交而求，則民不與也」。〈否〉上不之初，則內體三陰一直向上，有剝陽剝傷之勢，終必將陽剝盡，則臣弒其君、子弒其父，傷害之事，無所不至矣，故曰「莫之與，則傷之者至矣。」

　　「《易》曰：莫益之，或擊之，立心无恆，凶」，此釋〈益〉上九爻義也。〈益〉來自〈否〉，剛在傾否之時，〈否〉上九：「傾否，先否後喜。」〈否〉上再不下之初，必成坤體的剝象，而剝傷乾陽，因爲在上之爻若不下來，則不能益初，故曰「莫益之」。若上爻不下，中爻剝體之內三四五互艮爲擊傷之象。〈益〉卦外體巽爲進退爲不果，有或之象，故曰「或擊之」。震下巽上爲〈益〉䷩，巽下震上爲〈恆〉䷟，〈恆〉〈益〉是二易卦，上下震巽互變也。〈益〉上爻即〈恆〉三爻，〈恆〉三爻即〈益〉上爻，所以〈恆〉三爻爻辭曰「不恆其德」，〈益〉上爻爻辭則曰「立心无恆」。

　　〈益〉外體巽爲繩直又爲高，有「立」之象，上爻不正，變正

則外體變坎爲「心」，故曰「立心」。〈益〉乃以陽益陰，且以益下
爲重，上與三應，三可受上之益，故其爻辭「益之用凶事，无咎。」
上爻爲陽，三不能以陰益陽，且三居互爲手，又居大離之中爲戈兵，
手持戈兵而勉強應上，亦屬有害無益，所以上居高位而无應，永遠變
不成恆卦，故曰「无恆」。〈益〉卦到了上九很不穩定，其現象表面
上是益，實際上卻是損，當局者以爲是好的，旁觀者則之其爲害，故
曰「凶」。卦氣不息則消，花木茂發之後必繼之以凋零，假使沒有相
應，則失之於偏，沒有不招凶的道理。

結論：

一、這一章所舉之卦爻，並非隨便舉的，其中有其一定的次序與
　　範圍。是從卦變的源頭：〈復〉、〈姤〉、〈臨〉、〈遯〉、
　　〈泰〉、〈否〉六卦中選出來的。〈復〉爲一陽五陰，〈姤〉爲
　　一陰五陽。〈臨〉爲二陽四陰，〈遯〉爲二陰四陽。〈泰〉爲
　　三陽三陰，〈否〉爲三陰三陽。所有卦的構成不外此六卦，《易
　　經》六十四卦不外此構成體系也。其次，〈咸〉爲三陰三陽，
　　〈困〉亦然。〈解〉爲二陰四陽，〈噬嗑〉爲三陰三陽，〈否〉
　　亦然。〈鼎〉、〈豫〉爲一陽五陰，〈復〉、〈損〉、〈益〉爲
　　三陰三陽，由此可見其次序矣。

二、爲什麼孔子在〈繫辭〉舉這些爻呢？這是告訴我們如何解卦斷
　　爻。例如〈咸〉卦九四「憧憧往來，朋從爾思」，子曰「天下何
　　思何慮」，是說思維太複雜了，要統一思慮，澄清思想使不雜
　　亂。假如我們占筮到一個卦，一卦之中總有動爻，就以動爻爲
　　主，如果動爻太多了，則反以不動之爻爲主。譬如〈豫〉卦即以

靜的爲主，以動爻爲主，則仿此章的方法。

三、孔子在這一章提示我們，這十一爻裡頭都有連貫性，〈咸〉卦
　　九四想得太多了，故開始就要致一，陰陽的運用方面要抱一以爲
　　天下式，這是本章的精神所在。

第六章

子曰：「乾坤其《易》之門邪？乾，陽物也；坤，陰物也；陰陽
合德，而剛柔有體，以體天地之撰，以通神明之德，其稱名也雜
而不越，於稽其類，其衰世之意邪？」夫《易》，彰往而察來，
而微顯闡幽，開而當名，辨物正言，斷辭則備矣，其稱名也小，
其取類也大，其旨遠，其辭文，其言曲而中，其事肆而隱，因貳
以濟民行，以明失得之報。

　「子曰：乾坤其《易》之門邪」，前面〈繫辭上傳〉第十一章
曾說：「闔戶謂之坤，闢戶謂之乾，一闔一闢謂之變，往來不窮謂之
通。」坤爲何曰闔戶？因坤氣化是右轉逆行，向內收縮的，故〈坤·
大象〉曰：「地勢坤，君子以厚德載物。」以坤地的大象來形容坤，
因地球的德性是吸收外頭萬物的，坤又爲吝是慳吝不放棄（此孔子
埋藏的玄機，要一併同看始明）。乾爲何曰闢戶？因乾氣化是左轉順
行，越轉越大的，故乾爲人而坤爲我，乾陽是發展人家的，爲人也，
坤則是爲自己。乾坤是《易》的主宰，《易經》六十四卦的構成變
化，都是乾坤十二爻進出而成，入則謂之坤，出則謂之乾，無非乾坤
也。故乾坤是《易經》變化的門戶。

　「乾，陽物也。坤，陰物也」，乾爲天，天屬陽，故曰「陽

物」。坤爲地，地屬陰，故曰「陰物」。古代經典講「物」，並非現代所講實體的物質，而是指宇宙間開始有那麼一點的表現。《老子‧二十一章》曰：「恍兮惚兮，其中有物。」物者狀也，是一種形狀，不是實體的東西。還有《詩經‧大雅》曰：「天生烝民，有物有則」，朱子也說：「有一物，有一理」，現象是從道理來的，頭腦思想也是物，萬民一切表現都有法則，思考精神的表現也是有物有則，所以「物」是講形狀的物。乾爲天，是孔子所舉〈大象〉：「天行健，君子以自強不息」；坤爲地，是孔子所舉〈大象〉：「地勢坤，君子以厚德載物」。天是主宰，是空洞的能力，是施之於人的，發展到什麼地方、什麼東西，就成長而向外擴張奔放。

「**陰陽合德，而剛柔有體**」，宇宙乾坤陰陽二氣結合在一塊兒謂之「合德」，孤陰不長，孤陽不生也。由此足見物非具體之物，因爲單純的陽或陰是不能化育萬物，構成具體之物的。德者得也，有所得，得道也，在天謂之道，在人謂之德，宇宙運行本身就是德，蓋能化生萬物，則有所得也。陰陽結合才能構成生化的德，所謂「天地之大德曰生」，也就是《荀子‧禮論》所謂「天地合而萬物生，陰陽接而變化起」。〈泰〉爲正月卦，表現天地陰陽二氣結合，地氣下降，天氣上升，而二氣交合也。天本在上而居內，地本在下而居外，陽鑽到陰體裡面而閉化之象也。〈否〉則爲天地閉，賢人隱，萬物不交。

天地二氣相通以成變化，生萬物也。天地二氣雖同處在一起，但剛柔仍各有體；氣化運行初起之時，陰陽二氣的本性是一陰一陽，發展到最後的表現則爲剛柔，已快到形化的階段了。在天，氣爲陰陽；在地，形爲剛柔。陰陽二氣同處一久，就要形化成剛柔；陽性強硬主動施與爲剛，陰性柔順被動承受爲柔。雖是由氣化變成形化了，但剛

者仍剛，柔者仍柔，其性能不變。陽施陰受，施為陽剛，受為陰柔，陽仍為施與之體，陰仍為承受之體，宇宙氣化一張一馳，萬物始得化生而呈今日之欣欣向榮情景。

「以體天地之撰」，《九家易》、虞《易》：「撰，數也。」《本義》：「撰，事也。」天地之數，是參天兩地而倚數，天地之數即指天參地二之數也，萬物之所以形成，都秉承天三地二之數的支配。天代表陽，地代表陰，陽的能量發動，而陰的氣質承受，才生萬物。陽的力量大，佔五分之三，陰的力量小，佔五分之二，陽比陰力量大，才有能力發動。宇宙間成體者終必毀滅，大如日月亦不例外，蓋其究竟還是陰體；陰體毀滅之後，陽的力量再鼓動，則成另一個日月，就這樣子生生不絕；萬物有今之欣欣向榮，都是受天三地二的支配。剛是天數的九（3x3=9），柔是地數的六（3x2=6），宇宙開始微微有狀，要經過三度的變化，始成陰陽的氣化，一如《易經》最初形成，要三變始成八卦的體用也；這也是陽爻用九、陰爻用六的道理。

依朱子《本義》為「以體天地之事」，普通講著書立說曰「撰述」，寫作是把許多不同的文字組合在一起，由字成句，由句成段，而成章而成書，故稱之為「事」。宇宙化育萬物一如撰述，是把許多不同的質素組合在一起而成各種物體。《易經》是根據乾坤十二爻的變化，本天地組合萬物的事象，來變成化生《易經》中的各種卦爻，把各種陰陽爻組合變成各種的卦，此二說皆可取。「體」，體會也，動詞，體會天地組合各種質素以化育萬物之謂也。

「以通神明之德」，隱藏謂之「神」，顯見謂之「明」。乾為神，坤為明，因陰陽氣化製造萬物，陽在創造開化時，是能力在鼓

動，看不出形體，那階段就是「神」。乾陽氣化是無形的能力，創造時不見形跡，由氣化到形化，把物體創造成了，則形態具體的表現出來，那就是「明」。宇宙創造萬物皆由神而明，經過好多階層的鼓動，譬如春雷發動，即陽鼓動萬物而蟄蟲出也。宇宙最初是乾陽鼓動萬物，慢慢地神而明之；宇宙創造萬物是如此，《易經》也是如此。現象隱藏不可知，由卦爻結合神而明之，而可觀其象。

「其稱名也，雜而不越」，「名」，六十四卦的卦名也。六十四卦皆陰陽爻錯雜而成，故名稱不同，雖是在不同的錯雜之中，但其排列是有一定的次序也。舉個例來說明，〈屯〉卦䷂之構成是坎二之初，〈蒙〉卦䷃之構成是艮三之二；由八純卦變成六十四卦，每一卦統七卦，〈屯〉卦是從〈坎〉卦二爻到初爻而成，〈蒙〉卦是從〈艮〉卦三爻到二爻而成。爲什麼卦序〈屯〉要在〈蒙〉之前？因爲坎爲中男，艮爲少男，艮在坎後，故坎艮所變之〈蒙〉在〈屯〉後。再就「卦氣表」來看，〈中孚〉是十一月卦，〈升〉是十二月卦，〈中孚〉是十一月中氣，〈升〉是十二月中氣，這是卦氣的順序。〈姤〉是〈乾〉宮一世卦，〈復〉是〈坤〉宮一世卦，此乃八宮的次序，故「其稱名也，雜而不越」，意思彼此不相關聯，名稱彼此相雜，但並不相逾越。

「於稽其類，其衰世之意邪」，「稽」，考也，考核之義。「類」，《荀子・王制》：「以類行雜。」事情固然繁雜，但雜亂可不能因此跟著跑，分其類則不雜矣，要把它分成類（分門別類）來作，以類來駕馭雜的意思。上句曰「雜」，此句曰「類」，相反之義也。「於」是語助詞。侯果：「於嗟也。」嗟歎詞，唉！稽考其類的意思，從雜的相反一面去稽考其類也。〈大過〉本末弱也，〈大過〉

卦中四爻爲陽，初上二爻爲陰，故曰本末弱也，足見初上爲一卦之本末也。《說文》：「本：木下曰本，从畎，一在其下。」「末，木上曰末，从木，一在其上。」在下稱本，在上稱末，八宮一世、二世、三世、四世、五世，最上一爻則稱來世，卦氣自下而上，上爻卦氣已衰，〈乾〉上九「亢龍有悔」，〈坤〉上六「龍戰于野，其血玄黃」，到了末世了，故曰「其衰世之意邪」。

　　乾坤氣化互相出入，乾入於坤成〈復〉，坤入於乾成〈姤〉，乾坤互相交合是從初爻開始，初爲出入之意，不是眞正的出入，而是指那麼一點意思。卦象如此，意義爲何？有二說：㈠在庖犧氏作《易經》之時，看見宇宙間陰陽氣化是反覆循環地，盛極則衰，庖犧氏的時代是處盛之際，他顧慮預料到後世一定有衰弱之時，故作《易》畫卦。窮則變，變則通，通則久，畫卦也是本著陰陽二氣運行，衰極則盛，盛極則衰的道理化成《易經》「窮則變，變則通」的架構，以示後世吉凶窮變之道。「於」，不定詞，孔子不敢確定是不是如此，而大概推想庖犧氏作《易》是顧慮後世之衰而已。㈡文王被囚於羑里而演《易》，在演《易》之時，正是紂王暴虐不道、天下饑荒之衰世也，文王演《易》處衰世也，但作《易》並不是文王所作的，而是庖犧氏作的，窮則變，變則通，通則久的道理，在卦象中已存有，並不必由文王解釋始可知也，故以第一說爲妥當。

　　「夫《易》，彰往而察來，而微顯闡幽」，「彰往察來」，就是〈上傳〉說的「神以知來，知以藏往」。神就是乾，乾陽在內鼓動不見形跡爲神；知就是坤，到坤時形體已具體表現出來了。我們要曉得未來之事，要從〈乾〉卦開始了解，由〈復〉至〈乾〉，由〈姤〉至〈坤〉，至〈乾〉乾體始成，至〈坤〉坤體始成。要了解他的未來，

就看乾陽發動的能量有多大，就曉得陰體的形狀大小，由形化之體的狀態，就可以知道他過去的一切，乾陽開化的能力就是隱藏的狀況。從〈復〉成〈乾〉，察來也。從〈姤〉成〈坤〉，彰往也。乾陽創之於始，發展的趨向是在未來；坤陰是成之於後，其所以成果是聚之於以往。

　　拿人事社會來說，往者彰，則來者可察，明瞭過去，就可以察知未來。因為宇宙一切變化都是循環的，是呈弧形發展的，第一、二、三環的一點，不必一定相同，裡頭有偏差，但在同一位置上大同小異也。當我們處在第三循環時，遇到難題不知該怎麼辦，就看看第二循環的一點是怎麼渡過來的。所以統治國家的君主要懂得歷史，歷史變化雖不相同，但地位總是一致的。換句話說，盛衰治亂的內容固不相同，其為盛衰治亂則一也。由〈復〉至〈乾〉是「由微而顯」，〈復〉僅是乾元，至〈乾〉則完成乾體矣，「微顯」則來者可察。由〈姤〉至〈坤〉為「由顯而幽」，〈姤〉僅是坤初，雖有陰，但仍明顯，至坤體成則隱暗矣，「闡幽」則往者必彰。

　　「開而當名，辨物正言，斷辭則備矣」，乾動坤闢，六十四卦由此而成，陽氣化一直動，一動則陰氣化自然分開，萬物化生不外此現象形狀也。動是氣化一直動的現象，闢是氣化分開的現象。六十四卦卦名雖雜，但彼此不相逾越，六十四卦由乾坤錯雜而成也，但其名與象皆相符合，故曰「開而當名」也。各卦名稱與體象相符，陰陽合德，各有其利，而且能以卦爻來辨別物類；哪一類的象包括在哪一卦中，把所有現象分其類而納之於卦，故曰「辨物」也。乾入於坤成震，震為言，乾陽居初得位而正，故曰「正言」。干寶曰：「言正義也。」各卦固然把現象分其類而納之，同時指示其真正的意義，〈繫

辭上傳〉第八章曰：「繫辭焉，以斷其吉凶」，例如元亨即「斷辭」也，在《易經》經文皆已「備矣」。

「其稱名也小，其取類也大」，根據虞《易》，乾坤與所生六子並言，則八卦小成，故「其稱名也小」，這完全講卦象，但稍嫌穿鑿。六十四卦的各卦只有一二個字的名稱，涵義很有限，但每卦所舉的事物現象很廣泛，二相比較，則見卦名所佔份量很小，故曰「其稱名也小」。至於六十四卦所指事物之象，是觸類而長之，是很廣泛的。例如乾為天，天為萬物主宰，推之於國為君主，推之於家為父，推之於身為首，取象廣泛，由此可見一斑，由類而推也，故曰「其取類也大」。

「其旨遠，其辭文」，「遠」取象於乾，乾為天，天道遠也。「文」取象於坤，〈說卦〉：「坤為文」。《易》之為《易》也，廣大悉備，跟宇宙一般大；天道遠、人道遠、地道遠，故其旨意很遠。各卦所繫之辭，本之於象，象皆言之有物，而且不僅是一個物。例如〈睽〉卦上九：「睽孤，見豕負塗，載鬼一車。先張之弧，後說之弧。匪寇婚媾，往，遇雨則吉。」一會是講豕，一會又講鬼，一會是講婚姻，一會又講盜寇，東此一句，西彼一句，都是根據象來的。物象所包括事務都很雜，物相雜謂之「文」也，所謂「文雜」便是。

「其言曲而中，其事肆而隱」，〈繫辭上傳〉第四章「曲成萬物而不遺」，曲是委曲，曲曲折折的意思。《易經》是講氣的變化，所依據的象數理也是偏重於氣，而有所謂氣象，氣數與理氣之說。這境界特別高，非得曲曲折折，委委婉婉地，否則解釋不出其意境，故曰「其言曲而中」。雖曲折委婉，但言必有中，中讀去聲，射中雀屏之中也。中者應也，《易經》所講的恰與實際相符合，取象於震巽二

卦：乾初入坤爲震，坤初入乾爲巽，震巽相應，曲成其全而與客觀事實相應，故曰「中」。曲象爲乾，乾陽開化坤陰，是因其形態爲標準而曲盡其情也。《說文》：「肆，極陳也。」鋪陳無所不用其極，陳列周到。此外，「肆」，放肆也。《易經》所陳列之事極其廣泛，可包括一切，可謂無所不至，無所不包，但其中所含的道理卻是非常幽隱的，孔穎達：「其辭放肆顯露，而所論義理則幽隱也。」「言」取象於乾，乾爲言；「事」取象於坤，坤發生於事業，坤爲形體呈現於外，沒有幽隱而放肆於外也。坤初交乾於巽，巽爲「隱」，故曰「其事肆而隱」。

「因貳以濟民行，以明失得之報」，鄭玄：「貳當爲弎。」貳即古文弎、二字，古文之二是二個東西，不僅是指數目而言。「貳」在此是指乾與坤，因爲開端就講「乾坤其《易》之門邪」，乾坤相交，各正性命，得位則成〈既濟〉，故曰「濟」。坤眾爲「民」，乾「天行健」爲「行」，乾坤是陰陽，老百姓日常生活的運行，要保持陰陽平衡，「質勝文則野」，太偏重物質則野蠻，「文勝質則史」，太偏重精神則生活將無所憑藉，二者要求其平衡，必須在上者來調理。古代當宰相者要燮理陰陽，調和鼎鼐的道理在此，不使偏於一面，陰陽諧和便有所得，陰陽失調必有所失。《姚氏易》曰：「乾坤十二爻各得其正則成〈既濟〉，民行失中則作《易》以繫之，得正則報之以吉，失位則報之以凶，構成〈既濟〉，各得其正則無所失矣。」另有一說：「上古民心純一，無得無失，故無吉凶可報，以後衰世則民心懷二，情慾愛惡相感，礙物而有吉凶。」此說不足取。「貳」不是指民心懷貳的二，而是承接開端的乾坤而言，即乾陽物也，坤陰物也。

第七章

《易》之興也，其於中古乎？作《易》者，其有憂患乎？是故〈履〉，德之基也；〈謙〉，德之柄也；〈復〉，德之本也；〈恆〉，德之固也；〈損〉，德之脩也；〈益〉，德之裕也；〈困〉，德之辨也；〈井〉，德之地也；〈巽〉，德之制也。〈履〉和而至，〈謙〉尊而光，〈復〉小而辨於物，〈恆〉雜而不厭，〈損〉先難而後易，〈益〉長裕而不設，〈困〉窮而通，〈井〉居其所而遷，〈巽〉稱而隱。〈履〉以和行，〈謙〉以制禮，〈復〉以自知，〈恆〉以一德，〈損〉以遠害，〈益〉以興利，〈困〉以寡怨，〈井〉以辯義，〈巽〉以行權。

　「《易》之興也，其於中古乎。作《易》者，其有憂患乎？」，此章三次反覆說明修身立德。中國的字義，現代人多了解不清，只有籠統的觀念。常言：「修德敬業」，「德」與「業」二字何義？德是蘊之於內，業是發之於外。例如我們的學業、知覺、理解、認識，對宇宙人生了然，這種了然於胸的學養，就是德。本著這些認識，發用於國家社會的建設有所貢獻，這種事業就是業。俗語「盛德大業」，德既盛則業必大。統治國家是業，但必須先對天地人三才都有體認才能有德業，換句話說，必須上知天文，下知地理，中通人情，有這一番認識才能談得上治理國家。《易經》的象，乾為德，坤為業，乾陽精神蘊之於內為德，坤陰身體發之於外為業。然而為何又曰「坤德安貞」？此德是指卦德，卦的性能也，與德業之德是二回事，蓋中國字義是一字多含的。

　歷來先儒對「中古」有二派解釋：㈠虞翻、孟喜認為中古是指

伏羲，文王繫《易》，把庖犧繫爲〈乾〉卦九五，五居天位，天道遠，故曰古，又五居中，故曰「中古」。庖犧以前爲上古（遠古），前頭第二章「古者包犧氏之王天下也……作結繩而爲罔罟，以佃以漁，……後世聖人易之以宮室，……」後世聖人是指黃帝堯舜，也就是近古（下古）；作《易》的開始是伏羲，代表中古。㈡鄭玄、馬融認爲中古是指文王，蓋〈明夷〉象傳：「內文明外柔順，以蒙大難，文王以之。」文王被商紂拘於羑里，在憂患中演《易》，因此中古指文王，伏羲爲上古，孔子則爲下古。以上這二種說法，以第一說爲正確，因爲〈繫辭〉爲孔子所作，孔子繫《易》之時應該不會講自己是古人。

「憂患」是庖犧氏憂患後人，他在很淳樸的時代演卦象，而知將來必有衰敗，有不好的變化，於是處盛慮危，根據卦氣演變往來一定有衰退的道理，於是找出窮則變，變則通，通則久的方法，流傳後人，使處危急存亡之際知所應變，故憂患是指庖犧氏處盛慮危，而非文王拘於羑里，因爲文王距孔子只有六百年，談不上古。接下來，因爲卦氣有消息盈虛，故舉九卦，說明如何修身立德，此乃庖犧氏恐後人處衰危之際而不知變通所作的。

「是故〈履〉，德之基也」，建築房屋要有地基，樹樑要有磐石，一曰基，一曰礎，因此，開始建基地稱「始基」。德者自己的見解、體會、認識是也。〈履〉之爻辭「履霜堅冰至」、「履虎尾，不咥人」，皆向前行進之意。我們的一切體會、見解並非一日可躋，而是日積月累，擴而大之，故德是積成的。可是積成之德從何而起？當然要行，且日日行之，德是生活日用的體會，不行則德不能累積而成，但行進必須是有規則的行進，《爾雅‧釋言》：「履，禮也。」

行進必須合乎禮的規則，地球之所以能博大精深，化育萬物，惟其能有規則的運行也。〈履〉之卦體，外乾內兌，乾為剛健，兌為陰柔，卦氣運行，由內而外，所以象曰：「履，以柔履剛也。」〈履〉通〈謙〉，〈謙〉之卦體，外坤為地，地基也。故曰「〈履〉，德之基也」。

「〈謙〉，**德之柄也**」，「柄」俗稱把子。柄取象於艮為手，坤也有柄之象，柄是操持東西的。德之修養是靠行為，一談到行為，必然是行之於外，與社會接觸往來的。社會對我們的行為並不一定都是順暢的，總會有逆阻的時候，我們一定要有操持行為的道理。持之以謙，可以消滅社會的妨礙，不謙則受阻而不能行進。〈謙〉之卦體，外坤為地，內艮為山，山本高出地面而反居地下，是有縮小自己，卑以自牧的體象；外坤為柔，對外柔順就是待人接物非常謙和，凡事退讓而不與人爭有禮，這樣待人處事，大家都樂於與其往來，社會關係自然越來越順暢，所以〈謙〉之卦辭：「謙，亨，君子有終。」謙讓保持我們的行為可以圓滿達成，故謙虛是操持行為的，有謙虛的態度才可以破除阻逆而行進，故曰「〈謙〉，德之柄也」。

「〈復〉，**德之本也**」，〈復〉卦由乾元入坤而成，乾元在人來講是一種至情至性，通稱之為「仁」。初生的嬰兒，其行為表現就是至情至性，〈復〉之象曰：「復其見天地之心乎」，天地之心就是仁，也是至情至性的表現。修身之德要本乎至情至性，不能作假。漢代有二位大儒，公孫弘不及董仲舒，因為公孫弘日常生活矯揉造作，世人稱其為「小人之儒」，由其行為表現不純之故。〈復〉以乾元為主爻，其卦體是乾元鑽入坤體而成〈復〉，〈乾〉之象傳曰：「大哉乾元，萬物資始，乃統天。」文言曰：「元者，善之長也。」「乾元

者，始而亨者也。乾始能以美利利天下，不言所利，大矣哉！」由此可見〈復〉之乾元具備創始、主導、行善、美利、無私等等德行，故曰「〈復〉，德之本也」。

「〈恆〉，**德之固也**」，〈恆〉以陰陽二長而成卦，外震為長男，內巽為長女，表示夫婦之結合已久，現代稱為「金婚」，表示夫婦之道已久老。〈恆〉與〈咸〉不同之處在此，〈咸〉以少男少女成卦，是講交感之情，在未成配偶之前，是男下於女，重點是男歡女愛。〈恆〉以長男長女成卦，是講持家之道，在成家之後，是男主外而女主內，重點是保持常情常態。所以〈恆〉之卦體是震為長男而居外卦，男主外也；巽為長而居內卦，女主內也。六五爻辭「恆其德貞」，在現代語是指經常、持久，一如地球的運行，而非一時偶發的。德固然是靠著至情至性的行，但不是偶發的至情至性。例如見人慘死那刹那間毛骨悚然而悲，是一時的至情至性的表現，但修身立德是要永久的至情至性，德性才能穩定，故曰「〈恆〉，德之固也」。此外，恆有二義，一般人都注意「恆靜不動」，認為固定不變是有恆心；而卻忽略了「恆動不停」，就是象傳曰：「日月得天而能久照，四時變化而成。」日月四時永遠不停的循環運行，那更是天地的大恆。

「〈損〉，**德之脩也**」，損是減損，〈損‧大象〉：「山下有澤，損，君子以懲忿窒慾。」一個人敗壞德行的原因有二：一念之慾與一時之念。把一時之念漸漸消滅，把一念之慾窒息住，就是損。孔子說：「一朝之忿，忘其身以及其親，非惑與？」（《論語‧顏淵》）但是要「懲忿窒慾」改變好勇逞強的習性，並非是件容易的事。一般而言，損有二義：一是減損敗壞德性的根源，如此則德性不

至於敗壞，於是既懲之一時之忿，又窒一念之慾。二是減損敗壞德性
的根源，就是克己復禮中克己的功夫，把壞的忿慾克除了，減損惡
念與錯誤，就可以合符禮節。「脩」，修持也，故曰「損，德之脩
也」。

　　「〈益〉，德之裕也」，能克己就能復禮，損是減損不善，益
是增益其善，故損是克己，益是復禮，〈損〉〈益〉是反對卦。裕，
《唐韻》：「裕，饒也。」饒裕，寬裕也，表示還有多餘者。增益其
善則德行自然饒裕豐富了，例如人參政做靜功，感覺體內熱能漸漸增
加，也是裕。又如人心地坦蕩則外在表現自然，潤澤有光，所謂「富
潤屋，德潤身」是也。最傷身心者莫如頭腦乾陽作不正當的消耗，如
果能做到心神不外馳，則可以潤身。德是慢慢累增的，不能抱有早上
栽樹，晚上乘涼的看法，故曰「〈益〉，德之裕也」。

　　「〈困〉，德之辨也」，「辨」，鄭玄：辨別、分辨之意。人處
困頓時可以看出其修養德操。〈困〉卦辭：「困，亨，貞大人吉，无
咎。有言不信。」君子處困有二法：㈠亨，一般人處困境時舉止言行
每每失掉常態，君子則泰然處之，還是跟平常一樣的通暢，絲毫不顯
得困頓。㈡貞，一般人處困境則寢食不安，惶惶不可終日，君子則依
然穩定一如平常，故〈困〉象傳曰：「困而不失其所亨者，其唯君子
乎。」處困正所以辨別君子小人，《論語‧衛靈公》：「君子固窮，
小人窮斯濫矣。」故曰「〈困〉，德之辨也」。

　　「〈井〉，德之地也」，〈井〉䷯來自〈泰〉䷊，〈泰〉初之五
成〈井〉，五居中得正，化外體之坤，坤爲地，故曰「〈井〉，德之
地也」。地之象從化坤而來，〈井‧象〉曰：「巽乎水而上水，井。
井養而不窮也。改邑不改井，乃以剛中也。无喪无得，往來井井。

汔至，亦未繘井，未有功也。羸其瓶，是以凶也。」井道爲不窮的養，意思是德之所以積成在乎養，養德要像井一般往來井井，往來都是養。譬如社會構成份子可分爲士農工商，農以作物養士商，士以學術知識養工農商，工以製造物養商農士，商以搬運調節士農工。又如人身五臟心肝脾肺腎，腎養肝，肝養心，心養脾，脾養肺，肺養腎，五臟彼此循環，彼此銜接得非常緊湊，往來井井也。社會構成份子也是這樣，無往而不養，無時而不養，地即養德之所在，要日積月累，才能如〈象傳〉所說的：「井養而不窮」，故曰「〈井〉，德之地也」。

「〈巽〉，德之制也」，巽爲申命，命者制度，發號施令就是一種體制。巽爲風，卦象陽爲陰所疑聚而下行，陽氣是造成動態的，陽氣下行而成風。政府發布政令，要像風一般吹遍各地，所以〈象傳〉曰：「重巽以申命」，〈大象〉則曰：「隨風，巽。君子以申命行事。」陽氣在人爲勁氣，曾國藩：「勁氣內斂」就是巽的體象，巽以一陰在內，凝聚外在的重陽，使外在重陽氣化由擴散變爲內斂，就是節制也，陽氣不隨便發散，就像現在政府所提倡的節約能源。德性最後要能節省，故曰「〈巽〉，德之制也」。

以上九卦：〈履〉、〈謙〉、〈復〉、〈恆〉、〈損〉、〈益〉、〈困〉、〈井〉、〈巽〉，有其一貫的體系：㈠德之所以累積而成，在乎力行，是故「〈履〉，德之基也」。㈡操持行爲不使逾越者，在謙和有禮，是故「〈謙〉，德之柄也」。㈢謙德必需本乎至情至性，沒有矯揉造作，是故「〈復〉，德之本也」。㈣雖是發乎至情至性而謙和有禮，但非一時偶發即可，而須永恆持久，是故「〈恆〉，德之固也」。㈤人非聖賢，孰能無過，如能懲忿窒

慾，即為修德也，是故「〈損〉，德之脩也」。㈥有過則改，然後才能見善則遷，德性才能饒裕，故曰「〈益〉，德之裕也」。㈦德性饒裕是主觀條件好，但若客觀環境不順而逆，那麼再大的德性還是受困而不能發揮。雖同是處困，君子固窮而小人窮斯濫矣，是故「〈困〉，德之辨也」。㈧要法井養而不窮之道，無所不養，無時不養，是故「〈井〉，德之地也」。㈨養德之功夫在乎勁氣內斂，是故「〈巽〉，德之制也」。孔子舉此九卦，告訴我們修身立德的程序，開始要從〈履〉注重行為，最後要學〈巽〉勁氣內斂。

前面是講九個卦的卦義，與我們修身立德的關係。接下來複述的內容，則為這九卦各個卦體的組織情況。

「〈履〉和而至」，履者，禮也，〈履〉卦所講的履是合乎禮的行為，有規則的行為也。禮之用以和為貴，和而有禮則至矣。先儒皆解坤為至，以卦象解，失之偏差。至者，到達之意也。〈坤〉初六「履霜堅冰至」，霜降則冰不遠了，至作到達解。行為和而有禮，則禮可到達。

「〈謙〉尊而光」，山居地下，內艮山居外坤地之下。山本可以高，但居卑，縮小自己，自卑之象。〈謙〉卦主爻為九三之陽，陽爻為光，陽爻埋葬在上下坤體之中，此乃自晦之象也，韜光養晦之意。宇宙一切的發展都是對峙的，尊卑對峙，光晦相反，人能自卑，正所以形其尊，本有高位而發乎至情至性的自卑，則受人尊重，自晦所以增其光也，故曰「〈謙〉尊而光」，〈謙〉自卑反而形成尊，自晦反而形成光也。

「〈復〉小而辨於物」，〈復〉之所以成〈復〉是靠初爻，乾元之陽，乾元是剛開始一點微嫩之陽，一如初生的嬰兒，故曰「小」。

雖是小，但陽明陰暗，陽明則能辨物。〈復〉本坤體，坤為物，〈復〉雖小，卻是能明辨坤體之物也。〈復〉即陸象山所謂的「良知」，良知是最能知覺東西的，一如嬰兒對聲音之警覺。道家主張不能在剛死的死人靈柩前哭，因為他人雖死，身體細胞的感覺仍然存在，當他感覺到親人在靈前哭，就像活人在深夜聽到三里路外的哭聲一般，還是會難過的，那也是良知。

「〈恆〉雜而不厭」，陰陽相錯同居曰雜，〈恆〉䷟來自〈泰〉䷊，〈泰〉初爻與四爻互易成〈恆〉，外震長男為夫，內巽長女為婦，有夫婦之象。夫婦同居，久而不厭，〈恆〉六五「恆其德貞」之道也。老夫老妻同處，相看二不厭，能夠持久有恆，〈恆〉一定要定，穩定在一個地方，雖是生活雜亂，不至於煩厭，因為心神定了，外在雜亂也影響不了我。

「〈損〉先難而後易」，克己復禮，減損不善，改過才能遷善，懲忿窒慾的功夫在最初做是很不容易的，譬如一般人明知吸煙不好，卻不易戒掉，克己復禮的功夫是先難後易得。〈損〉到上九「弗損益之」損到極點，反而不是損而是益了，這就是《易經》的道理，物極必反，陽極陰生。

「〈益〉長裕而不設」，風雷〈益〉，外巽為長，益者增益，則饒裕，故曰「長裕」。「不設」者，不假設施，自然長裕也，不待假借設施的。經過損的克己，則如孔子「吾七十而從心所欲不踰矩」，行為自自然然地合乎禮，絲毫沒有假借設施。

「〈困〉窮而通」，一困則窮，招致困頓，必有其因，處困之時人自然會反省過去，反省就會找出招困之因，於是窮則變，變則通，

經此困頓教訓則能改，於是放下屠刀，立地成佛。

「〈井〉居其所而遷」，孔子用這些字眼都是對峙的道理。「改邑不改井」，井是不會變遷的，井不改永居其所，很穩定，井「巽乎水而上水，往來井井，井養而不窮也」。井永遠是水上水下以養人，井博施廣濟，只要你來取，沒有不給的，故其施給對象是有遷變的。能穩定而博施廣濟，君子之德性也，君子自己很穩定，而把他所體會的宇宙道理拿來普濟眾生，使人皆知其道，而能隨之遷善也。

「〈巽〉稱而隱」，稱，相稱也。衣服合身，顏色調和，相稱也，恰如其分之意思。〈說卦〉：「帝出乎震，齊乎巽。」在八卦即陰陽二氣運行，到巽時就很潔齊，純潔整齊也，彼此之間質素純潔，沒有瑕疵，沒有偏差，那就是相稱。巽又為伏，故稱「隱」。八卦運行到離卦之相見，陰陽二氣才有表現，在巽則尚隱伏也。

以上是解釋九卦卦體的，教人以卦作修身立德的功夫時，要了解一卦之所以然，譬如「〈巽〉稱而隱」是說要作勁氣內斂的功夫，一定要「〈巽〉稱而隱」，陽陰二氣彼此諧和均衡而隱伏不外發。

本章第一段是講九個卦的卦義與我們修德立身的關係，第二段是講這九個卦卦體的構造，現在這裡開始講這九個卦之用，亦即卦用也。

「〈履〉以和行」，履，德之基也。德之基在乎行，但應從如何行法？〈履〉通〈謙〉䷎，〈謙〉中爻互震為行。履者禮也，禮之用以和為貴，失和則不能暢遂其行。和有內外二種境界：㈠內在境界，行為時要融和、毫不勉強的作。㈡外在境界行為應與外在環境相調和，如此行才能圓滿達成。

　　「〈謙〉以制禮」，〈謙〉本坤體，一陽而制五陰。禮是坤，是一種禮節，乾陽的德性表現在坤體上才是禮，精神是指揮身體行爲的。〈謙〉一陽而制五陰，坤陰就成禮。《禮記·樂記》：「禮以地制。」坤爲地，故坤爲禮，《尙書·舜典》：「修五禮。」《五禮通考》：「〈謙〉是一陽而制五陰，有制禮之象。」禮是節制人之行爲，而使人人各守分際，不相逾越的，則必然是謙讓相處。

　　「〈復〉以自知」，〈復〉以乾元爲主，〈復〉本坤體，乾卦知來，坤爲自，故曰「自知」。天德感應最敏捷，良知也，有不善未嘗不知，那感應即從良知來的，良知秉之於天德也。

　　「〈恆〉以一德」，〈恆〉來自〈泰〉，〈泰〉乾恆其德終，能有恆就能一。《老子·二十二章》：「抱一以爲天下式。」把自己的才華集中發用在一地方才能成功。如果像開雜貨店，件件都像懂卻件件都不通，是個半吊子。一是成功的道理，在數字上一可以貫穿所有數目字。

　　「〈損〉以遠害」，〈損〉從〈泰〉來，〈泰〉外體坤爲害。〈泰〉初居坤上成〈損〉，則外體變艮爲止，以乾止坤，停止的意思。純陰的東西鑽進一個活動的現象裡來，活動的現象就動不了，這還要視情況而定，在很活潑的現象中因坤陰鑽入而凍結，才是害。乾初上居坤體之害爲艮止，止害也。乾爲天，天道遠，乾初上而去坤害，故曰「遠害」。〈損〉乃減損其不善，不善正所以招致禍害也，〈損〉乃減損禍害的根源，故曰「遠害」。

　　「〈益〉以興利」，〈益〉從〈否〉來，〈否〉上下之成〈益〉。〈益〉爲〈損〉之反，〈損〉爲遠害，則〈益〉爲興利，興

利爲遠害之反面也。〈益〉內體震爲起作，興者起也。〈益〉外體巽爲近利市三倍，故曰「興利」。在〈益〉象傳曰：「天施地生，其益无方。」〈泰〉乾陽氣下降，地氣得陽氣則能化生萬物，正所謂「損上益下，民說无疆，自上下下，其道大光」，沒有不利的。〈益〉何能興利？陽下居於基本的地方，在人而言，秉性爲至情至性，所做作爲本乎天德，一念之善，必然爲善有利。

　　「〈困〉以寡怨」，〈困〉內體坎，坎爲心病，又爲加憂，心裡有病又有憂愁，有怨在心之象。〈困〉象傳曰：「困，剛揜也。險以說，困而不失其所，亨。其唯君子乎。」〈困〉內體坎險，外體兌悅，由險而變悅。〈困〉之所以困，因二爻居坎又失位不正，二在底下不能發育剛健之氣。〈困〉二不正變陰乃與五相應，五居兌爲悅，二應五有和悅潤澤之象則不怨矣。凡人居處困境之中，不僅環境不容許他放縱，而且本身內在的心力也放縱不了，縮手縮腳的不敢動。放縱是禍害怨恨的根源，趾高氣揚、炙手可熱是招怨的最大因素，地位愈高，心情愈要謙卑，位已在人之上，心志再高高在上則不得其平。古之明君賢相皆謙卑自處，宋仁宗以此故能結納元祐諸君子，可見君王時代並不一定就蠻橫無理的專制。既已困頓，心身也沒能放縱，則不致招尤招怨，故曰「〈困〉以寡怨」。

　　「〈井〉以辯義」，「〈井〉居其所而遷」，「改邑不改井」，往年井田制，一田九分，四周八分爲百姓私有，中間一分之田由百姓共同耕作，國家財政支出惟以公田之收成爲挹注，沒有賦稅，視井田之大小而鑿井口數不同，井之用處，一飲食，二灌溉。往年的縣稱邑，邑較今之縣爲小，縣可以改易其制度，施政政府所在地及體制可以變遷，但養人養田之井則不變，故曰「改邑不改井」，井居其

所也。遷是遷徙，是指井水輪流給百姓日用，待人很寬厚之意也。居其所是位置不變，自己守得很穩定，律己甚嚴之意也。對己對人二得其宜，義者事之宜也。凡事應為而為，不應為則不為，稱義。《孟子‧離婁上》曰：「義，人之正路也。」〈井〉自己不改變操守，對人則博施廣濟，對己謹嚴，對人寬宏，對人對己二得其宜，故曰井以辨義。這也是每一個人立身行己、待人接物之道理。簡言之，乃「與人方便，自己方便」，我助人則人亦助我，若拔一毛以利天下而不為，則人亦必以此待我。袁了凡「功過格」與因果關係，在何處與人方便，就在何處得到方便。這是孔子舉〈井〉卦的深義，我們不能疑古反古。

　　「〈巽〉以行權」，〈說卦〉：「帝出乎震，齊乎巽，相見乎離。」此言八卦之程序。齊乃潔齊，清潔整齊之義也。卦氣的循環，帝是太極、乾元也，從震卦開始發動到巽卦就與陰配備很整齊純潔了。純潔是指陰陽配合的質素而言，整齊是就陰陽配合的份量而言，但潔齊還是內在的情況，要到相見乎離，陰陽的情狀才能表現出來。質素純潔、分量整齊，則陰陽彼此之間配合均衡，平衡才能行權。《孟子‧梁惠王上》曰：「權，然後知輕重。」權即平衡之義，到巽陰陽已整齊純潔而平衡，可以行權矣。權者經之反也。經是守常，經常不變，權則有變化，反乎經也。反乎經之情況，一定要陰陽二者配合均衡才能行權，通權達變要有所依據，在巽陽陰彼此之間很平衡地才能行權。

　　固然六十四卦與我們修身立德都有關係，但舉此九卦乃告訴我們修身立德的程序，凡修身、齊家、治國，以至於平天下，皆應依循。秉此九卦的章法，孔子曰：「假我數年，五十以學《易》，可以無大

過矣。」（《論語·述而》）此之謂也。

　　爲什麼說陰陽配合整齊融和才能通權達變呢？證之以人事，推翻滿清，成立民國，廢棄陰曆，改行陽曆，然而百姓照樣過陰曆年。祖來是陰（月）陽（日）合曆，所謂三統曆—夏統正月建寅，商統正月建丑，周統正月建子。孔子「復周之禮，行夏之時」，夏統又演變爲大統曆，這是曆書的經過。幾千年來行夏統曆，利於農時，節氣明白。改元廢止夏曆，以便利與西方交流，是通權達變，但至今大家還是過舊曆年，即使倡導改曆者亦不例外，這就不融和了，也就是說人與曆之間配合沒有整齊融合，不符合「〈巽〉以行權」的要求。

第八章

《易》之爲書也不可遠，爲道也屢遷，變動不居，周流六虛，上下无常，剛柔相易，不可爲典要，唯變所適，其出入以度，外內使知懼，又明於憂患與故，无有師保，如臨父母，初率其辭，而揆其方，既有典常，苟非其人，道不虛行。

　　〈繫辭〉每一章都有其特定的目標與意義，這一章專門解釋《易經》卦爻的關係，講《易經》所佈之卦與卦、爻與爻間的關係。

　　「《易》之爲書也不可遠」，「書」指文王繫之卦辭與周公所繫之爻辭。換言之，「書」乃書寫，是卦辭爻辭的經文。〈繫辭上傳〉曰：「《易》有聖人之道四焉，以言者尙其辭，以動者尙其變，以制器者尙其象，以卜筮者尙其占。」可見《易》之爲用，涉及甚廣，涵蓋：立言、行爲、製造、決疑等四方面，可以說已包括了人類的生活言行，事無巨細靡遺矣。又曰：「君子居則觀其象而玩其辭，動則

觀其變而玩其占。」故無論行動閒居皆離不開《易經》。「遠」是疏遠，敬鬼神而遠之之「遠」，學《易經》要時時體察，不能疏遠。

「為道也屢遷」，《易》以道陰陽，陰陽是變化的，日往則月來，月往則日來，寒往則暑來，暑往則寒來，是變動不居的，陰可變陽，陽可變陰，由明往來可知其梗概。由納甲可以很明顯的知道日月之變化狀況。「屢」是多次，「遷」是遷徙變化，每每變化變動之義也。「道」从首从走，發展的路線謂之道，《易經》的發展路線變動不居，故曰「《易》之為道也屢遷」。這二句話「《易》之為書也不可遠，為道也屢遷」是本章的總帽子，用來啓發後頭的意義。

「變動不居，周流六虛」，陰陽二氣之運行並非一成不變的，陰運行到相當程度就變為陽，陽運行到相當程度就變為陰。乾主變，入坤體則變震主動，故曰「變動」。乾陽出震入巽，一出一入，變動不居，一卦六爻各有其位。所謂「六位時成」，乾坤十二爻往來於六位，但六位本是虛懸在那兒的，陰爻陽爻來居才明顯化了。六爻的位置本是空虛的，故謂「六虛」，因虛而能使十二爻任意往來，故謂「周流」。虞《易》取日月往來變動不居來解釋，日取象於離，離來自乾，月取象於坎，坎來自坤，離日往則坎月來，正所以表現乾坤陰陽二氣，變動不居。至於周流六虛，則根據「六甲孤虛」的說法，天五地六得天地之中數，天短一個，地長一個，數有不及，不及之數謂之「六虛」。

甲子旬中無戌亥，戌亥為孤，辰巳為虛。（本宮為孤，對宮為虛，辰巳為戌亥之對宮，有地無天）甲戌旬中無申酉，申酉為孤，寅卯為虛。甲申旬中無午未，午未為孤，子丑為虛。甲午旬中無辰巳，辰巳為孤，戌亥為虛。甲辰旬中無寅卯，寅卯為孤，申酉為虛。甲寅

旬中無子丑，子丑爲孤，午未爲虛。

　　虞翻拿日月說明「變動不居，周流六虛」，日月循環無非是在六十甲子中輪轉，六十甲子有孤虛，故曰「六虛」，輪流而有虛的地方，故曰「周流六虛」。天干有六甲，地支惟五子，太陽有不全之處而形成孤虛。從納甲上看，只有震、兌、乾、巽、艮、坤，而不見離日、坎月，蓋離日坎月居中也。「河圖」「洛書」五十居中宮爲空虛的地方，故曰「周流六虛」。

　　「上下無常，剛柔相易」，因爲虞翻認爲「剛柔」是晝夜之象，是根據〈繫辭上傳〉，在天則稱上，入地則爲下，故「上下無常」。宇宙間本無上無下，只有內外之分，「上下」是就人的觀感而言。在宇宙的本身，則只有內外之分而無上下，以日月的輪流往返解釋卦的上下無常。日月往返成晝夜之象，日出爲晝，月出爲夜也，以此說明卦爻的現象。易例：初爻與四爻，二爻與五爻、三爻與上爻相應。初四相應，初四易位，初爻往而之四爲上，四爻來而居初爲下（日月往來，往在上，來在下），二五及三上由此類推。爻並不固定，在下可升之於上，在上可降之於下，故曰「上下無常」。因爲初四、二五、三上彼此之間，要看其相應的情形而定其是否上下；相應才能上下，不相應則不能上下，故稱「無常」。要看其變動情形，始可確定，爻在體中有上有下，於是影響到剛柔互異的情況。有上有下，剛爻動則柔爻應，柔爻動則剛爻應，柔可變剛，剛可變柔，陰陽互變乃宇宙法則。

　　「不可爲典要，唯變所適」，「典」爲經，孔傳有五典五常之教。典乃經常之義，「要」者要領、綱要也，「典要」者，經常的要領也。六爻之間的關係有比有應，近者相比，遠者相應；〈臨〉卦

二與五相應，二又與三相比。在實際上來講近比遠應，譬如國家有戰亂，隨之而來的是饑荒疾病，此乃「比」也；俗話說是併發症，有一現象發生跟著就產生另一現象。又如金水形（細皮白肉）的女子喜歡木火形（粗獷）的男子，而不喜歡同型的男子，此乃「應」也，對宮相應。六爻之間有比有應，近為比，遠為應；但有時取象於遠應，而捨近比；也有時取近比，而捨遠應；或遠應或近比，沒有經常的要領規定一定要如此。

朱子曰：《易》不可以為典要，楊雄《太玄經》才是確定的典要。楊雄根據《易經》而發揮為《太玄經》，排定了三百五十四戰當晝，三百五十四戰當夜。晝為吉，夜為凶，吉中又分輕重，凶中也分輕重。《易經》則不然，有陽居陽而吉，有陽居陽而凶，如九三是也；有陰居陰而吉，有陰居陰而凶，如六四是也；是有那許多變，故「不可為典要」。《太玄經》的數是後天的數，是固定的；《易經》則是先天的數，不固定。《易經》是講氣化的數，一如氣候之變化，是看氣化力量如何而定，是氣數，如何能固定呢？適之者也。有如何的變化，就到達什麼境界，故曰「唯變所適」。

「其出入以度，外內使知懼」，陽出為震，震本坤體，有陽出自下而成震；陰入為巽，巽本乾體，有陰入於內而陽退為入。由震而至於成乾，在乾則陽已顯之於外，乾陽成體則暴露於外；由巽而至於成坤，在坤則陰已凝之於內，坤陰成體則凝聚於內。是陰陽「出入」，就所以形成「外內」，出乾為外，入坤為內。乾坤（陰陽）是先天的綱領，坎離（日月）是後天的綱領。《易經》除乾坤坎離四卦而外，其餘六十卦正好三百六十爻，每爻當一日，正好三百六十日，陰陽各爻的往來恰為日月行天之數。「度」指度數，是說爻之出入有其一定

限度，越此限度則有傷害。如乾出震至上九，則「亢龍有悔」；又如坤入巽至坤上，則「龍戰于野，其血玄黃」。

《易》道取變，但變易之中有其不變的法則。日月行天以成晝夜，變易之象也；日月出入有其一定之時限，此時限雖千萬年而不變，這就是「度」。以人而言，行常隱顯亦皆有度，出仕歸隱，皆有一定度數，度數在卦可見。譬如在〈遯〉卦為「與時行也」，「遯世無悶」，以君子之道不行於世，此時只有歸隱於內，而避免現實的禍害為吉。在〈豐〉卦為「宜日中，宜照天下」，就應出仕以高顯為宜，蓋〈豐〉為明朗之時，有道之士應該出仕。在〈明夷〉卦為「明入地中，利艱貞，晦其明也」，火在地下，地面黯淡，故應入而在內修養，處晦宜守貞。從此可見，或出或入，有一定的限度，不是隨便的；若不依此限度，不是傷己，便是傷人，於事無補，於己有害。「出」乃表現於外，「入」則表現於內，或出或入要有所戒懼，出入不謹慎則禍害隨之而至。晦時無可奈何而退隱，明時有志之士當出仕。乾陽出震，震為震驚危懼，有虩虩恐懼之象，「外內使知懼」即應該了解而有所戒懼之意。

「又明於憂患與故」，「又明」是又再明白的啟示，是承接上文「外內使知懼」，更做進一層的解釋。《易經》對於未來的憂患與事故皆有啟示，「人無遠慮，必有近憂」，卦氣有盛有衰，聖人處盛作《易》時，為未來將衰而憂患。「故」，事故，是說明以往的。神以知來，乾也；知以藏往，坤也。乾為何曰「神以知來」？因為乾知大始，一條線的向前延展，可以考慮到未來。人身感能在經絡上走，坤陰在血管裡走，此乃人身二道網，一以坤陰為主宰，一以乾陽為主宰。乾司感能，人有感應，故能顧慮到未來的憂患。事故是對過去的

體驗，坤陰是形體，已完成或發生的現象也。可知以往的很多事故累積起來的歷驗，才造成一現象，絕非突變偶發的。《易經》所佈的卦氣有盛有衰，聖人處盛思衰而有憂患之感，而以往累積的經驗即爲事故。

「无有師保，如臨父母」，宇宙化生萬物，有誰做他的導師去指導他呢？乾坤化生的成果，又有誰去來保護他呢？但其化生的結果依然欣欣向榮，豐隆飽滿，就像嬰兒有父母褓褓一樣。蓋陽性剛而靈，自身即可以做導師；坤陰能厚德載物且能容物，自身就可以做保母。故大象乾爲父，坤爲母，而此則謂「无有師保，如臨父母」。

「初率其辭而揆其方」，率通師，動詞；率名詞讀ㄕㄨㄞ丶，此爲動詞，一如《中庸》「天命之謂性，率性之謂道」。這句話「初率其辭而揆其方」是發揮前面觀象玩辭的大意。虞翻：初指乾，乾陽出震，震爲乾陽初爻，震爲言，有「辭」之象。乾初出震居正，以陽居陽位而得正也。「率」者正也，「初率其辭」即初正其辭之意。〈坤〉卦六二：「直方大，不習无不利。」乾爲圓，坤爲方，「方」者比方。〈赤壁賦〉「曹孟德方舟而下」，方舟是將二船並起來行。坤爻爲--，有方之象。以乾通坤爲「揆其方」，推拓其坤也。以上是虞翻根據卦象作解，但嫌穿鑿。我的看法是：此「初」應與下句「既有典常」之「既」同看，二者有先後的意味。「率」者，遵循也。所謂「率性之謂道」，就是遵循自己的天性往前發展即爲道。「方」即發展之趨向，亦即目標之所在。所謂「方以類聚，物以群分」是也。因此，「初率其辭而揆其方」的意思是：學《易》者先遵循《易經》所繫的辭，也就是文王所繫卦辭與周公所繫爻辭，而推測現象未來發展的所在。

「既有典常，苟非其人，道不虛行」，「既有典常」與上文「初率其辭而揆其方」是銜接一貫的。由以上可知，其中間發展過程有一定的典常或定律也。虞翻曰：「其出入以度。」乾坤一出一入皆有限度，就像日月一出一入而成晝夜，亦有一定之時限；其一出一入之度數不亂，就是「既有典常」。至於「苟非其人，道不虛行。」則如同〈繫辭上傳〉：「神而明之，存乎其人。」其「人」都是取象於乾為聖賢君子。崔憬曰：「《易》道深遠，苟非聖人，不能明其道，《易》非聖人，則其道不行。」此與《論語・衛靈公》：「人能弘道，非道弘人。」《孟子・離婁上》：「徒善不足以為政，徒法不能以自行。」皆同其義也。

有學生問〈泰〉〈否〉二卦，為何〈泰〉卦外坤內乾而〈否〉卦外乾內坤？《易經》六十四卦的構成，卦畫是表示陰陽氣化結合的狀態，六十四卦即六十四種陰陽氣化結合的狀態也。故看卦應以卦氣為主，但是先儒是以象數理解釋氣化，否則氣化恍惚不定，如何解釋清楚呢？我們根據：象、數、理，來測定氣化運行的狀態。社會一切現象，例如國民革命、伊朗暴動，都是氣化運行使然也。六十四卦不是講卦的，只有卦序才是講卦位，不用懷疑。《禮記・月令》：「〈泰〉四月也，孟春之月，天氣下降，地氣上騰，天地和同。〈否〉七月也，天氣不降而上騰，地氣不上騰而下降，陰陽不交而萬物不通。」又如夫妻行房，陰精向上，陽精向下，但男仍在上，女仍在下，這不應有疑問。

第九章

《易》之為書也，原始要終，以為質也，六爻相雜，唯其時物

也，其初難知，其上易知，本末也，初辭擬之，卒成之終，若夫
雜物撰德，辨是與非，則非其中爻不備。噫，亦要存亡吉凶，則
居可知矣，知者觀其彖辭，則思過半矣。二與四同功，而異位，
其善不同，二多譽，四多懼，近也，柔之爲道，不利遠者，其要
无咎，其用柔中也，三與五同功，而異位，三多凶，五多功，貴
賤之等也，其柔危，其剛勝邪？

「《易》之爲書也，原始要終，以爲質也」，「《易》之爲書
也」是說《易經》所繫的經文，在前面第八章將一般的情況說明了以
後，此章接著說明六爻變化的情形，即六爻個別的性質。這句「原始
要終」，則是拿乾坤二爻來說明宇宙化育的情形，簡單地說，乾之
道所以原其始，坤之道所以要其終。宇宙化育萬物，是先由乾陽鼓動
發創其生機，如春雷動而草萌芽，生機發動後，再拿坤陰來孕育他的
形體而使之成長。始之以乾，終之以坤，即「乾知大始，坤代有終」
也。形體雖已成形成體，但此形體是不能永遠存在，而總有消滅的一
天的，於是乾陽再發創其生機，坤陰再孕育其形體，如此周而復始，
而成宇宙生生不絕之道。乾之道所以原其始，坤之道所以要其終，合
而言之，就是「原始要終」，此句是就乾坤二爻而說明宇宙化育的情
形大體如此。至於「以爲質也」之「質」者，樸實也，本質也。意思
是說，乾之道所以「原其始」，坤之道所以「要其終」。這是《易
經》這部經典的本質，也是最樸實的內容。《論語・雍也》子曰：
「質勝文則野，文勝質則史。文質彬彬，然後君子。」庶乎近之。

《易經》包羅萬象，鉅細靡遺，就宇宙大方面言，固然是乾
坤，但是還有其他大大小小的現象，亦應明其始而要其終。不分大
小，都要窮究他發端的開始，究詰他結束的終點。例如〈乾〉卦初九

「潛龍勿用」，發端之始也，上九「亢龍有悔」，結束之終也。一卦如此，一爻也是如此。〈坤〉卦初六曰：「履霜堅冰至。」「履霜」是說明其開始，「堅冰」是說明其結果，開頭末尾二端都要說明。宇宙萬有從其成長的過程看來，皆不外生、長、衰、滅，《易經》所啓示的是神而明之，從隱晦將其明顯化，顯露出萬有現象生長衰滅所經過的軌跡也。對萬有現象的成長，必推其何以生？何以長？原其始也。對萬有現象的消滅也要推其何以衰？何以滅？要其終也。現代的共產國家如蘇俄、中共，其做法可以說都是仿效商鞅治秦的方法「強國弱民」，「國強」可稱強稱霸於世界，「民弱」可予取予求而不能反抗。此法在二千年前純樸的社會、厚道的人民之下可以實施，現在則遲早要破產。儒家主張「民為邦本，本固邦寧」，國家財富都散歸百姓，可以取之不盡，用之不竭。

「六爻相雜，唯其時物也」，虞翻：「陰陽錯居稱雜。」陰爻陽爻相錯雜則成卦，所以說「六爻相雜」。乾初九到坤體則成震，坤六二到乾體則成離；除了乾坤二卦以外，每卦皆陰陽交錯而成，陰陽交錯稱「雜」，因為含有八卦的氣象。根據納甲，艮宮在內是丙辰，在外是丙戌；若遇一卦在內是辰，在外是戌，即為艮爻。震宮在內是丁巳，在外是丁亥，若遇一卦在內是巳，在外是亥，即為震爻。乾納甲壬，所以遇甲壬即以甲名乾。於是又以癸名坤，以午名離，以子名坎，足見各卦的氣是很雜的。因為各卦卦爻，不僅是陰陽相雜，而且有八卦的氣象。

「唯其時物也」，是說陰陽二氣的發展，處處受「時」「物」的支配。何謂「時」？時候是陽，爻即布成陽；時候是陰，爻即布成陰。何謂「物」？即為老子：「恍兮惚兮，其中有物」之「物」，是

講那時陰陽氣化所表現的情況，而不是具體的東西。爻之所以成陰陽相雜，或陰或陽，是因其當時的表現情況而定奪。當時表現的情況是陽，爻就是陽；當時表現的情況是陰，爻就是陰。第六章：「乾坤其《易》之門邪？乾，陽物也；坤，陰物也。」是講當時所表現的陰陽情況，卦所布爻之陰陽所依據者準此也。這看來似乎沒有什麼標準，實際上這才符合宇宙的法則。當時所表現的情況，即時也物也，其所以相雜者，是因當時的情況是陰陽錯雜的緣故。以上是講六爻之變化。

「其初難知，其上易知，本末也」，接下來是講初爻與上爻「初」即爲初爻，乾初潛龍，坤初履霜，是指氣化現象才開始。「上」即爲上爻，是指現象最後的結果。《易經》體例，下是本，上是末。向秀：「〈大過〉上下二爻是陰，故曰本末弱也。」凡初爻發生的開始，無論是陰是陽，所發生的情況還是微乎其微，恍惚窈冥，故曰「難知」。到了上爻，一卦所具備的陰陽情況已明顯化，故曰「易知」。例如伊朗事件，當巴勒維尚以王者之尊統治混亂的國家時，誰也沒想到他會流亡他鄉。到他受內外壓力而出國，柯梅尼從法國回來以回教救世主的姿態縱容人民暴動，現象才明顯起來，那是蘇俄在後面撐腰，其用意是要打擊美國的國際信譽，進而截取中東的石油。樹木剛發生之初，根荄在地下，情況好壞不得而知。等到樹成長，一枝一葉已表露出來，是好是壞一看便知。根在內，本也；枝在外，末也。

「初辭擬之，卒成之終」，先儒對此句解釋皆嫌模糊。簡單地說應該是：「擬之於初，成之於中」之義。因爲在最初是難知的，所以聖人在一卦之初，即揣摩其情況而繫之以辭，所以〈繫辭上傳〉第

八章說：「聖人有以見天下之賾，而擬諸其形容，象其物宜，是故謂之象。」「擬之而後言，議之而後動，擬議以成其變化。」知道其過去，再推求未來發展的情況，而到最後現象的發展，正好符合其所擬之辭所表現的情況。初之擬與終之成，是二相對待的；在最初是這樣揣摩，到最後必是這樣完成。〈說卦〉以乾擬坤而成震爲言。陽居初，初辭擬之也。「成言乎艮」，萬物所以成始而成終也，如此擬之於初，就如此成之於終。本末與初終，都是講初上兩爻。

　　「若夫雜物撰德，辨是與非，則非其中爻不備」，以下講二爻三爻四爻五爻等中爻。「雜」乃指六爻相雜，任何卦體皆因陰陽錯居而成，陰陽錯雜表現的情況，稱之爲「雜物」。「德」是指一卦所具備的之德性，通稱之爲卦德，這不像《九家易》：「乾之爲德，乃統繼天道」，是僅限於指乾爲德。例如〈坤〉之象曰：「坤厚載物，德合无疆」，厚而能載，乃坤之德也。「撰」在〈繫辭下傳〉第六章出現過，「陰陽合德、而剛柔有體，以體天地之撰。」我們提到，虞翻註解「撰」爲數，是指天地陰陽等自然現象之中，有數在焉。朱子則註解「撰」爲事，是指天地組合各種質素以化育萬物。例如「撰寫」是把不同的字句編在一起而成文章，同樣的，「撰德」是把不同的陰陽聚在一起而成一卦的德性。一卦六爻有陰有陽，其德不同，故曰「雜物撰德」。

　　「辨是與非」，依先儒之解，「是」指爻得位，陰爻居陰位，陽爻居陽位是也。「非」指爻失位，陰爻居陽位，陽爻居陰位是也。但如〈乾〉之九二「利現大人」，是陽爻居陰位而吉利；九三「若厲，无咎」，是陽居陽位而不吉；所以這樣的說法並不周延。此處所言「是非」，是泛論各爻陰陽所表現的情況是否「妥當」。妥當爲是，

不妥當爲非。爻位指是影響是非吉凶的因素之一。「辨」，虞翻解爲辨別，就是辨別卦中各爻的表現情況是否妥當。

「非其中爻不備」之「中爻」，孔穎達疏：「爻之得正居中者」而爲辨是與非的根據，這樣的解釋並不妥當。事實上，中爻是指二、三、四、五各爻，居卦中的四爻也。前頭初上兩爻已有交代，在此接著講中爻二、三、四、五的情況。雖已知初上本末，尚不能知一卦的本質爲如何，眞能辨是與非者，必須從中爻來體察，這樣一卦六爻之卦情才算齊備。中爻不僅是指二、三、四、五各爻個自的表現，自左丘明《左氏春秋》就有互卦的說法，也就是中爻二、三、四互成內體，三、四、五互成外體，並且以之與原來的內卦外卦互相參證，這樣更能了解一卦的本質與深義。但是，後來王弼嫌太麻煩而廢棄不用，這是不對的。

「噫！亦要存亡吉凶，則居可知矣」，此句先儒含糊略過，沒有確實交代。侯果：噫，嗟嘆辭。《姚氏易》：要，約也。要約在現代語近乎「歸納」之義。俗話「要之不過如此」，要之者，歸納也。這句話是把前面各節所泛論之初上本末、中爻二三四五，再做綜述。「存亡」是指陰陽消息，卦氣陽極變陰，陰極變陽。陽既變陰，則陰存而陽亡；陰既變陽，則陽存而陰亡。「吉凶」是指人世得失也，卦中各爻之變動是陰陽存亡，人也就跟著表現出吉凶得失。

「則居可知矣」之「居」有二義，一是指爻位，各爻所居的位置，陽居陽爲得位，陰居陽爲不得位。二是講人所居處的時位。虞翻：「居乾吉則存，居坤凶則亡。」另外有幾家是根據〈繫辭上傳〉第二章「君子所居而安者，易之序也。」這些都是針對人所居的情況而言，並非指爻位。當然，行動上直接對事物的體驗是最正確的，可

是人在尚未行動直接體驗，而猶在靜居之時，也可以從卦爻的表現來了解吉凶存亡。換言之，在靜居時，也可以從卦爻的表現，歸納出吉凶存亡的情況。〈繫辭上傳〉第二章還說「君子居則觀其象，而玩其辭。」但是這裡所講的，只限於觀中爻四爻之象而已，還未涉及到玩辭，尚未及於各卦之卦辭也。

「知者觀其象辭，則思過半矣」，雖居而能知存亡吉凶，但僅限於觀爻之象，未及於玩象之辭。然而，一卦之全部意義與情況，必須綜合六爻或吉或凶爲綱領。例如〈屯〉以初爻爲侯，卦辭：「屯：元亨利貞，勿用有攸往，利建侯。」初九爻辭：「磐桓，利居貞，利建侯。」又如〈蒙〉以二爻爲師，卦辭：「蒙亨，匪我求童蒙（學生），童蒙求我（老師）。」九二爻辭：「包蒙吉，納婦吉，子克家。」再如〈師〉以二爻爲丈人，卦辭：「師貞，丈人吉，无咎。」九二爻辭：「在師中，吉无咎，王三錫命。」再如〈比〉以五爻爲君，卦辭：「比吉，原筮，元永貞，不寧方來，後夫凶。」九五爻辭：「顯比，王用三驅，失前禽，邑人不誡，吉。」由此可見，「要約存亡吉凶」是個別觀象，若再體會其卦辭而做綜合分析，則思考更加周密，知見更明更深。

「二與四同功而異位，其善不同」，此段承前文「非中爻不備」而申其義。卦爻的位置有六，陽位是一、三、五，陰位是二、四、六。《易》數又有生數、成數之別，按「河圖」，陽數是一、三、五、七、九，其中生數是一、三、五；陰數是四、二、十、八、六，其中生數是四、二。《易經》所用的數目字惟此十個數目字，陽之生數是一、三、五，成數是七、九，陰之生數是四、二，成數是十、八、六。陽之生數多而成數少，陰之生數少而成數多。陽數爲順

數，陰數是逆數。二、四皆陰位，陰數有凝聚性能，可成體，譬如地球有地心引力，坤的凝聚性能，往向收縮之故。爲何坤性凝聚？蓋爲成形成體，各種質素凝聚在一塊兒才能成功一個體，故陰數是逆的，由多而少也。要凝聚成體必須由萬而千而百而十而一。

在陰體而能成一個的是二，二就是一，因爲成體的東西都是二個比方的，二個相比才能成體，如人有二手二腳、二眼二耳，上有食道氣管，下有尿道便道，二乃坤陰成體的基數也。生數是開始創生，陰未成體，例如一朵花的成長，剛有花蕊的氣化，有造成花蕊的可能；又如女人身體剛有造成卵子的可能或趨向，在四的位置，那造成卵子化育的氣化還是散的，不能凝聚，二則已經凝聚而到達可以造成的階段，卵子精子會合才是成數。換言之，四雖爲造成花蕊與卵子的氣化，惟其仍散漫；二則已經凝聚，可以達到造成花蕊或卵子的階段了。

依先儒之解，在卦體，二與四互成一卦而有同功之象。在卦位，初爲元士，二爲大夫，三爲公卿，四爲諸侯，五爲天子，上爲宗廟。至於相互的關係，二是大夫，輔助四之諸侯；三爲公卿，輔助五之天子；二輔助四，故曰「二與四同功」，但是此解未把爻位的作用說明清楚，「異位」也。二在內，四在外；二在內能收斂，四在外而散漫。先儒之解：二居〈中孚〉位置而上應於五，居中得正，是說氣化在那階段、那時空環境，其所應做爲的都恰到好處，得位得正，陰氣化已完成，如卵子快發育成功了，可以跟五爻陽之精子結合了。四在外而不中，表示那階段、那時空環境，尚未做到恰到是處的功夫。可見二者所處的時位不同，好壞程度有別，所以說「其善不同」。

「二多譽，四多懼，近也」，「譽」者美也，二爻之爻辭，好

的比較多，壞的比較少，這就是「多譽」；四爻之爻辭，好的比較少，壞的比較多，這就是「多懼」。因為二爻居內卦之中，且與五爻之天子相應；四爻的位置不在外卦之中，而且上逼於五爻之天子，因為「近也」。天子五是陽氣化，是向外擴散。四陰居外，那造成卵子的氣化還是散的，未能凝聚，又靠近五陽身邊，更致其擴散而不能成功。四近五而多懼，所處的位置很危險。

「柔之為道，不利遠者，其要无咎，其用柔中也」，陽的作用在遠不在近，如人的精神思想可以上下五千年，縱橫九萬里，無所不至。陰的東西則是在近而不在遠，身體屬陰，主近而不主遠。四已遠於外，故多懼。陰的作用是凝聚的能力，能凝聚始能成物，物在近不在遠，能成物的皆為近在的個體。二居內，向內收縮而得中，恰到好處，符合坤陰向內收斂的性能。四則居外而向外擴散，不合陰柔之道。故曰「柔之為道，不利遠者」。

越近則收縮越緊，所構成之體更堅固，二收斂得恰到是處而居中，陰六居二之位固好，即使陽九居二也不壞，蓋有中和之氣，可以中和陽的燥氣，且陽居二，雖不當位，能變陰則反而正。陰居內體之中，故曰「柔中」，用柔而恰到好處也。「要」者，歸納之意，總括起來，大體說是沒有毛病的，蓋有柔中的作用所致，故曰「其要无咎」。

「三與五同功而異位」，一、三、五是陽位，一是微陽，可去而不用，因為一在數為太極，是宇宙創始最初現出的一點氣化，談不上陽的作用，所以〈乾〉卦初九：「潛龍勿用。」由此可見，陽生數雖有三，能用者惟有二，即三、五是也。〈乾〉卦九三：「君子終日乾乾，夕惕若厲，无咎。」三曰惕厲，是很危險的警惕，所以一天到晚

的勞動，時時警惕自己。陽在一爲潛龍，微陽不能用。三陽已成體，初試鋒芒，有初生之犢不畏虎之勢，陽氣到處鑽，如人學武術，火候精粹時非常謙虛，反而是那些剛懂一點的，火候未純，卻到處賣弄。又如學算命，懂了的人不大願意給人批命，反而是那些一知半解的人到處給人算命。

三陽是陽氣化剛成，就像賣弄而剛猛，但畢竟不成氣候，雖是向外發功，還是難以成功。五陽已超過三，飽滿精純，陽不發動則已，一發動必成功。三與五都是向外發揮化陰作用的，三陽氣化剛猛而不純，五陽氣化飽滿而精純，故曰「三與五同功而異位」。「異位」者，所處之位不同也。三居內，雖然得位，但不居中，未達恰到好處。五居外，恰居天子位，可發縱指使而恰到好處。三陽已有發功的作用，卻如花開而不整齊且易落；五陽發功的作用，則如花開飽滿而艷且能持久。

另有先儒說：「由三至五，同互一卦」，但是在三之位是公卿，臣也；在五之位是天子，君也，同有理民治國之功，但君臣之位畢竟不同，故曰「異位」。這種解釋，未將三五陽氣化的根本作用發揮，後人不甚了了。總之，「三與五同功而異位」的關鍵是，三居內，五居外，卦體不同也。

「三多凶，五多功，貴賤之等也」，三不居內卦之中，則失其是處。就像爲臣者不能盡職，沒有做得恰到是處，故曰「三多凶」。五居外卦之中，爲君能善盡其職，而做得恰到是處，故曰「五多功」。五在上爲君，擁有發縱指使之權，故曰「貴」。三在下爲臣，負有鞠躬盡瘁之責，故曰「賤」。

　　「其柔危，其剛勝邪」，「柔」是指陰柔小人，「剛」是指剛健君子。三與五都是向外發揮化陰作用的，但是三陽氣化剛猛而不純，五陽氣化飽滿而精純，所以前面說「三與五同功而異位」。現在則是換個角度來看，如果以陰柔居三與五，那就無疑是讓小人掌權，一定會敗壞綱紀倫常，故曰「其柔危」。反之，如果以陽剛君子居三與五，則可以勝任富國利民之重責，故曰「其剛勝」。

第十章

《易》之為書也，廣大悉備，有天道焉，有人道焉，有地道焉。兼三才而兩之，故六，六者非它也，三才之道也，道有變動，故曰爻，爻有等，故曰物，物相雜，故曰文，文不當，故吉凶生焉。

　　第九章說明六爻的性質，此章則概乎言《易經》經文即文王周公所繫的辭，所發生的作用。

　　「**《易》之為書也，廣大悉備，有天道焉，有人道焉，有地道焉**」，「《易》之為書也」簡單說：「《易》以道陰陽。」這句話出自《莊子‧天下》。陽屬乾，乾為大。所謂「大」者，乃宇宙間沒有一物非其創始的，〈乾〉卦象傳：「大哉乾元，萬物資始」是也。陰屬坤，坤為廣。所謂「廣」者，乃宇宙間沒有一物非其化生的，〈坤〉卦象傳：「至哉坤元，萬物資生」是也。此外，〈繫辭上傳〉第六章：「夫《易》廣矣大矣，以言乎遠則不禦，以言乎邇則靜而正，以言乎天地之間則備矣。夫乾，其靜也專，其動也直，是以大生焉。夫坤，其靜也翕，其動也辟闢，是以廣生焉。廣大配天地，變通

配四時，陰陽之義配日月，易簡之善配至德。」從以上之〈象傳〉與〈繫辭〉，可見「《易》廣矣大矣」「以言乎天地之間則備矣」，故曰「廣大悉備」。

《易》以氣化為主，六十四卦所佈的爻無非表示陰陽氣化各種不同方式的結構形式。氣化的變化顯示在實際現象，為日月寒暑往來不停的天象，此「天道」也。《易》雖以氣化為主，但不止氣化，否則沒有固態的宇宙，故更進一層由氣化到形化，坤陰的作用也。坤化成物，一切有形體的東西，皆由坤所孕育而成。砂石、土壤、蟲魚、鳥獸……雖其內亦含有陽氣化，但外貌則為固定形態，此「地道」也。人秉天氣地形，一半是氣，一半是形，故曰人身一小天地，三四兩爻秉自天地之氣形，故人的精神意志是氣化，五官百骸是形化，這就構成人的身心。人身為一小天地，離不開天地氣化宇宙法則的支配。地的形化法則支配我們的身體，天的氣化法則支配我們的精神，此「人道」也。故曰「有天道焉，有人道焉，有地道焉」，立天之道曰陰與陽，此言其氣也；立地之道曰柔與剛，言其質也；立人之道曰仁與義，言其理也。故曰「有天道焉，有人道焉，有地道焉」，這是根據爻位居上（五上）為天，居中（三四）為人，居下（初二）為地而說明的。

「兼三才而兩之，故六，六者非它也，三才之道也」，《說文》：「才，艸木之初也，從丨上貫一，丨將生之枝葉也，一，地也。」《姚氏易》：「道不可見，始萌謂之才。」「三才」之道，就是天地人始萌之道也。天地人始萌之道，語乎天者，剛有的氣化也；語乎地者，剛有的形體也；語乎人者，氣化與形化剛結合的朕兆也。〈繫辭上傳〉第九章：「八卦而小成」，一分為二，二分為四，四分

爲八，代表一切的先天進展非常的快，到八始成就三畫的卦，故曰小成，剛可以構成一個本位而已。小成是表示先天剛開始萌發之道，是或陰或陽，恍惚窈冥的跡象。才而曰三，是說卦有三爻，上爲氣化初萌的朕兆，下爲質化初萌的朕兆，中爲氣化與形化結合的朕兆。初聚的氣是空洞的能力，是氣化的由來，故曰天；初聚的質是形化的由來，是實際之體，故曰地（參閱《列子》）；初混合的氣質，有體者以人爲代表。三才只是先天境界，道之始萌也，這跡象距離萬物化生還有很長的階段，故必須再經一段造化的工程，即〈說卦傳〉第二章：「兼三才而兩之」也。萬物初生，以數之演進而言，爲一分爲二，二分爲四，四分爲八，到四分爲八，就構成三畫卦，表現三才剛開始的跡象，但不能就此停止。不過，以後的擴展就不是一分爲二，而是二合爲一了，亦即二個三畫卦合成六畫卦也。故花蕊有雌雄，動物有雌雄，人有男女，如此才能發展下去。三才只是孤天、孤地、孤人，沒有陰陽、剛柔、仁義可言。三畫卦天地人各只一畫，重卦二和爲一，是表現天地人三才各有二畫。在上之天爲五上，五爲天之陽，上爲天之陰；在中之人爲三四，三爲人之陽，四爲人之陰；在下之地爲初二，初爲地之陽，二爲地之陰。在宇宙必陰陽結合爲一才能化生，有〈乾〉就有〈坤〉，有〈屯〉就〈蒙〉，有〈需〉就有〈訟〉，二二相對地連在一起。三才爲一物而二體，陰陽也，而謂之天；剛柔也，而謂之地；仁義也，而謂之人。兼者，天之道，自然之趨勢也。天之道兼陰與陽，地之道兼柔與剛，人之道兼仁與義，故曰「六者非他，兼三才之道也」。

「道有變動，故曰爻」，宇宙萬有皆新陳代謝，永遠在變動之中。惟其變動，才能成生生不息之大道，故曰「道有變動」。爻也

者，效天下之動者也。爻之形狀是內外、上下相交，爻是《易經》專用字，《說文》：「爻者交也，象《易》六爻頭交也。」既是相交，必有變動存乎其中。《易》以道陰陽，陰陽變動不居，聖人以爻狀之。

「**爻有等，故曰物**」，等，干寶曰：「群也。」王弼曰：「類也。」群、類即〈繫辭上傳〉第一章：「方以類聚，物以群分」，群、類交聚在爻。天上五星，地下四季，六親九族，福德刑殺，萬有的跡象皆交會於爻上，而總稱爲物，故曰「爻有等，故曰物」。所謂物，並非具體的物，而是指在爻上顯露聚合表現的情況，例如〈噬嗑〉卦象傳曰：「頤中有物」，物者，現象也。

「**物相雜，故曰文**」，〈繫辭下傳〉第六章：「乾，陽物也；坤，陰物也。」乾坤是純陰純陽，何來物質可言？實則，陽物陰物並非指物質，而是表現陽向外擴張及陰向內收縮的情況。乾爲純陽，坤爲純陰，尙未變化，稱不上文，物一無文也。必須乾坤相交，陽物入坤，陰物入乾，而成八卦，再成六十四卦。剛來文柔，柔來文剛。《說文》：「文，錯雜也。」

「**文不當，故吉凶生焉**」，物既相雜而文生，聖人依其相雜之文而繫之以辭。但陰陽相雜之文有當，有不當，於是乎產生吉凶之區別；如陰陽錯雜而當位則爲吉，陰陽錯雜而不當位則凶。凡人之作爲與《易經》辭義相稱，則諧和而吉；如不相稱，則不和諧爲凶。干寶曰：「元亨利貞而穆姜以死，黃裳元吉而南蒯以敗。」穆姜遷王於東宮，筮得卦艮之八，〈隨〉。〈隨〉之卦辭：「隨，元亨利貞，无咎」，因爲卦辭有「元亨利貞」四德，穆姜以爲遷王東宮好而遷，不久即死。事實上，那卦辭是說：〈隨〉雖无咎，但必具備元亨利貞四

德，才能无咎。穆姜爲違背四德之女也，辭不稱義，動作行爲與卦辭的意思不相稱，故曰「文不當」（《易經》所繫之辭爲「文」），則不吉而凶。

　　南蒯將叛國，而筮得〈坤〉之〈比〉。〈比〉以五爻爲〈比〉之主，〈坤〉之〈比〉是以〈坤〉六五主事。〈坤〉六五爻辭：「黃裳元吉」，南蒯以爲是大吉，但筮者黃伯曰：「忠信之事則可，不然必敗。」意思是，若要元吉，必須黃裳。黃，中色也；坤爲土，五爻代表坤，土主信，忠信也。也就是說，必須「言忠信，行篤敬」也，如此才能元吉。但南蒯所圖爲叛國，既不忠，又不信，必凶無疑。此二例皆所謂「文不當」也，在占筮上有所謂「旺相之氣」，氣旺可做官，卻非定論。君子逢之必升官，小人逢之必坐牢，不可一概而論也。例如〈遯〉卦九四爻辭：「好遯，君子吉，小人否。」君子能夠遯世無悶，所以好遯而吉；小人而遯，如何守得住冷？故小人否。所謂「有恆產者有恆心，無恆產而有恆心者，惟士爲能。」「恆產」可解釋爲固定職業，君子的頭腦有道理、有境界，能夠穩定自己，支配人生，所以不須依賴外在職業來穩定他。

第十一章

《易》之興也，其當殷之末世，周之盛德邪？當文王與紂之事邪？是故其辭危，危者使平，易者使傾，其道甚大，百物不廢，懼以終始，其要无咎，此之謂《易》之道也。

　　「《易》之興也，其當殷之末世，周之盛德邪？當文王與紂之事邪？」，此章旨在說明《易經》繫卦爻之辭，所講的重點是爲何事？

孔子認爲卦爻所繫之辭內很多戒愼恐懼的辭義，例如〈乾〉卦九三：「君子終日乾乾，夕惕若厲，无咎。」內容「戒愼恐懼」，好像是爲商末周初文王與商紂之事而發的。先儒馬融、鄭玄、荀爽倡爲三古之說。認爲伏羲爲上古，文王爲中古，孔子爲下古。虞翻認爲此說不中實，因爲伏羲畫卦，文王繫辭，此章「《易》之興也」是指文王繫卦辭而言。有繫卦辭，《易》道始得昌明，而知卦爻之吉凶悔吝，智者觀卦爻之辭，則知一卦之大概。

繫卦爻之辭是《易經》最重要的東西，《易》道能使人了解是由此開始。蓋繫卦爻之辭明示人以《易》道，在這之前，伏羲的卦畫難以體會。伏羲像是居於〈乾〉之九五，「飛龍在天」之時也，九五居中，乾爲天，天道遠，故曰中古。文王像是位在〈乾〉之九三，「君子終日乾乾，夕惕若厲」之時也，雖三分天下有其二，卻始終稱臣服侍商紂王，九三不居中，與九五相比較來看爲下古。至於孔子作繫辭上下傳時不能自稱爲古，商紂是〈否〉卦上爻「傾否」，知存而不知亡，知高而不知危，自以爲天下無事，所以〈否〉卦上爻之情況像商紂，〈否〉上來自〈乾〉上，一卦快完了，故稱「末世」也。《易經》最昌盛的時候是文王的時代，在伏羲時只有象，一般人了解不深，到繫卦辭時始昌明。

「**是故其辭危，危者使平，易者使傾**」，文王所繫之卦辭危，戒愼恐懼也。文王居〈乾〉九三，爻辭「夕惕若厲」，是惕厲的狀況。孔子〈文言〉：「（〈乾〉九三）故乾乾因其時而惕，雖危，无咎矣。」重剛而不中，上不在天，下不在田，「辭危」乃取象於〈乾〉之九三。文王繫卦辭是根據其所居的時間地位，居惕厲而仰體伏羲氏作《易》時處盛預衰，在卦氣盛時想到卦氣有衰的時候，而有悲天憫

人之想，畫卦時就指示變通的道理。故所繫之卦辭多為危辭。一卦沒有不衰不變的，沒有永遠盛而不衰的，因為宇宙萬有都是在對待中運行，所謂「無平不陂，無往不復」。如能遵循文王所繫危辭以戒慎恐懼，也可以平安度過危亡之境。譬如文王拘於羑里，有危亡之患，惕厲自處，終免於難，故曰「危者使平」是也。

「易者使傾」，《易經》裡頭之「易」字有二讀法，一讀入聲，乃變化、交易、變易之義；一讀去聲，乃平易近人、容易之易；易則易知，簡則易傳，此易讀去聲，平易之意也。《尚書·秦誓》：「其心休休焉。（悠然自得貌）」《孟子·離婁下》：「禹之行水也，行其所無事也。（平易也）」人多自以為聰明而加匠意，結果是自找麻煩。一個人生活的態度不能平易自處，若平易處之，漫不經心，鬆懈泄沓，則糟糕之至。須知平易是修持得來的結果，能戒慎恐懼處之，才能平易度過。〈下傳〉第五章：「子曰：危者，安其位者也；亡者，保其存者也；亂者，有其治者也。是故君子安而不忘危，存而不忘亡，治而不忘亂，是以身安而國家可保也。」商紂自以為平易而安，以平易處之，終招滅亡。為人處世、生活態度要惕厲恐懼，凡事以難處之視之，才能平安成功，否則一定覆敗。《了凡四訓》：「汝之命未知若何，即命當顯榮，常作落寞想；當順利，常作拂逆想；即現前頗足食，常作貧窶想；即學問頗優，常作淺陋想。」危者使平，易者使傾，此之謂也。

「其道甚大，百物不廢」，虞翻：道指乾道而言，策數乾每爻三十六，三爻共一百零八，去零取整，有「百物」之象，此從卦象說明，其實並不這麼簡單。《易》與天地準，是講宇宙一切化生的現象與整體的道理，故《易》道即天地之道。在上之天無物不覆，在下

之地無物不載，萬物皆由天地化育，故曰「百物」。「物」是那麼一點形容的表現，而非實質之物，百物即百事，即爲一切事物來往的現象。語默動靜之得失，近也；國家興亡，遠也；皆遵循《易》道，此行彼應，順天則昌，逆天則亡，故曰「其道甚大」。作《易》者處盛預衰而有憂患，故佈方圓二種卦圖，告訴後人一卦將窮時趕緊要銜接其他的卦，此聖人以圖例啓示後人。後世聖人文王、周公繫卦爻之辭，孔子贊之傳〈十翼〉。

「懼以終始，其要无咎，此之謂《易》之道也」，伏羲所佈方圓卦圖，文王、周公所繫之辭，孔子所贊十翼，皆警之於始而戒之於終，第九章所謂「《易》之爲書也，原始要終」是也。卦氣運行有消有息，往來變化，生生不已。「太極圖」黑中伏有白，白中伏有黑，是說人一出生時就伏有死亡，最盛之時就伏有衰的因素。所以正盛（息）時要注意到衰（消），如唐明皇開元之治時已伏下安始之亂的因。文王在繫辭時，卦前卦後都有戒愼恐懼之危辭。虞翻：文王位居九三，九三居內體之終，外體之始。〈乾〉九三「夕惕若厲，无咎」，故曰「懼以終始」。

每個人的生活都可以符合一個卦體，我們可以自忖處於何卦，以文王戒愼恐懼的辭，自始至終的警惕自己。雖夕惕若厲可以度過危難，三百八十四爻都含有終始，〈乾〉上九「亢龍有悔」，太亢則有悔，此言終始。〈坤〉初六「履霜堅冰至」，履霜則有冰，此亦言終始。善不積，不足以成名；惡不積，不足以滅身。積惡滅身，積善成名，皆非一朝一夕可致之，以戒愼恐懼處之，總可无咎，故曰「其要无咎，此《易》之道也」，孔子在此將文王繫卦辭的大意做了說明。

第十二章

夫乾，天下之至健也，德行恆易以知險，夫坤，天下之至順也，德行恆簡以知阻。能說諸心，能研諸侯之慮，定天下之吉凶，成天下之亹亹者，是故，變化云為，吉事有祥，象事知器，占事知來。天地設位，聖人成能。人謀鬼謀，百姓與能。八卦以象告，爻彖以情言，剛柔雜居，而吉凶可見矣。變動以利言，吉凶以情遷。是故愛惡相攻而吉凶生，遠近相取而悔吝生，情偽相感而利害生。凡《易》之情，近而不相得則凶，或害之，悔且吝。將叛者其辭慚，中心疑者其辭枝，吉人之辭寡，躁人之辭多，誣善之人其辭游，失其守者其辭屈。

前此未交代者，皆在此章總結。

「**夫乾，天下之至健也，德行恆易以知險**」，君子以自強不息，乾為陽，宇宙一切的動能皆源於陽，乾能開化萬物，可知其德行是剛健。大哉乾元，萬物資始，萬有之生機及現象皆由其創始也，故曰「夫乾，天下之至健也」。「易」乃平易之易，「險」是平易之反面，對待艱險則不平易矣。人淪陷在艱險環境中，反而不知艱險之為艱險，像我們看綠燈戶的女人是其情堪憐，也許她們卻甘之若飴，又像我們看小舟在浪中漂行，險象環生，舟中人卻安之若素。知艱險者，必有平易的德行；了解病因者，必有保健的方法。乾為天，天工開物，一本至仁，極其平易，像蝴蝶彩翼圖案也是那麼自然平易的化育出來的，卻令我們看得眼花撩亂。永遠保持平易之運行，若行其所無事，則能平易運行且能永遠保持平易，是因知道險難之為難險。「**德行**」，德以內而言，內有斯德，外有斯行；內在有德之修養，外

就有平易之行。宇宙天地就是內在具備修養之德，故外在有平易之行，故曰「德行恆易以知險」。

「**夫坤，天下之至順也，德行恆簡以知阻**」，坤爲陰，宇宙萬有之體質皆源於陰，陰性向內收縮，一切成體的物皆因陰性收斂而成。質素是氣化結合而成，相同或相諧和的質素又連在一起而成體，可見萬有之體皆源於陰，故謂「至哉坤元，萬物資生」，地作育萬物，坤大象爲地，以地爲主象來說明坤。地勢坤，地秉坤德，柔順安貞，無物不容，無物不化，形態之多，非人所能想像，造物之妙在此。坤若沒有這種柔順的德行，如何能化生萬物？易者平易也，「簡」者簡便也，平易則不艱險，簡便則不阻滯。地球化生萬物，簡便之至，毫不費力。因爲了解阻滯，就會具備有簡便的修養德行，天天居住在卑溼環境的人，不會以爲卑溼，從高亢之環境遷來的人，就受不了這卑溼之地。能有簡便的德行，才知阻滯。地面所生萬物種類固多，但秩序井然，化生過程也很自然容易，如出一轍，永遠保持簡便的作法，就能了解阻滯之所以爲阻滯。這就是貧窮或鄉村的婦女生產多順利，而富有或都市的婦女生產則多產厄的道理。

乾爲天下之至健，故能平易運行，有艱險亦可化險爲夷，故曰「夫乾，天下之至健也，德行恆易以知險」。坤爲天下之至順，故能簡便至順而化生，順其趨勢，有阻滯亦可化解，故曰「夫坤，天下之至順也，德行恆簡以知阻」。朱子：「至健則所行無難，故易；至順則所行不煩，故簡。然其於事則皆有以知其難，而不敢易以處之也。是以其有憂患，則健者如自高臨下而知其險（不敢行），順者如自下趨上而知其阻（不敢進）。蓋雖易而能知險，則不陷於險矣；既簡而又知阻，則不困於阻矣。所以能危能懼，而無易者之傾也。」

　　「能說諸心，能研諸侯之慮」，乾由易而知險，坤由簡而知阻，有此而後知彼，就像由高亢處來而知卑溼，由乾坤方面之簡易而知對待方面的險阻。既知易簡而有此德行，內心方寸之中必然祥和，蓋「平易」則內可以養心而持之寬宏，「簡便」則外可以順利而使之暢遂。比方我們到機構去洽商事務，如果老實坦白，自然地說明來由，承辦人認為你目的單純，不會有疑難，如果逞能想要說服對方，反而讓人產生懷疑。所以我們凡事宜養成開誠布公的態度，即曾國藩謂：「萬巧不如一拙。」內平易養心，外簡便暢遂，則此心自然慈祥愷悌。戒惕是發生在心裡有鬼，所謂疑心生暗鬼。用心機巧妙來開心眼兒的人，應該向嬰兒看齊，小孩子是沒有心機，至情至性的，簡便則無往不利。「心」取象於坎，坎為心，〈乾〉二五之〈坤〉成〈坎〉；「說」取象於兌，〈坤〉二五入〈乾〉成〈離〉，三四五互成兌為說，「能說諸心」之象也。

　　乾坤由簡易而知險阻，由此知彼，內有易簡之德性，故「能說諸心」。心地坦實，祥和光明，不用心機，則心無戕傷，例如盧起每用心機禍害忠良，則臉色發白，所以雖害了人，卻先害了自己。心若養得完整飽滿，心的作用就大了，於是寬宏暢達的作用達之於外。只要用心推拓，就知道別人的想法，由其人之動作可知其人的想法，所以縱橫家首重養心，也就是佛家所講「他心通」的方法，明鏡高懸而能普照天下人心，能知天下之人，故曰「能研諸侯之慮」。意思是說，能夠知道諸侯何思何慮，而投其所好，無往不利。

　　還有「鉤拒術」，最隱瞞人的想法，也可以用此法鉤出來。蘇秦能佩六國相印，就是能知諸侯之心，當其初下山，功力未深，妻不下絍，嫂不為炊，母不認子，於是再上山修行，下山後能為六國之

相。是因爲他懂得揣摩術之故，一如佛家他心通之術也。《易》爲君子謀，《易》所言君子是上自天子，下至公卿大夫，蓋《易》爲治國平天下的道理，是拿宇宙法則施之於社會，一般老百姓很難懂的，即使懂了也不能發用，故《易》稱爲「帝王學」，只能及於諸侯，而不及於庶人。乾初動而之坤成震，爲百里侯，乃「諸侯」之象。乾二之坤爲坎，坎爲思，有「慮」之象。先儒有以爲「侯之」爲衍文而刪之者，例如朱子：「『侯之』二字衍，即改爲「能說諸心，能研諸慮」，在文字上看固美，卻無深義。「說諸心」者，心與理會，乾之事也。心領神會了宇宙乾坤之道而心裡高興，朝聞道，夕死可矣。「研諸慮」者，理因慮審，坤之事也。愈思慮這道理，則道理愈能明白周詳。「說諸心」，故有以「定吉凶」；「研諸慮」故有以「成亹亹」。

「定天下之吉凶，成天下之**亹亹**者」，《姚氏易》：能健順而行簡易，才能說諸心。此修身之本也，謂人能得諸侯之慮治國也。乾坤始交而成〈屯〉，乾初之坤成震，乾二之坤成坎，乾陽出震交坎成〈屯〉，〈屯〉利諸侯也。乾坤相交，八卦以小成，八卦以象告而能定天下之吉凶。乾易坤簡，皆能研諸慮又能說諸心。養心的功夫到了自己的心之作用很飽滿了，則天下之吉凶未發之先，已能知吉凶之將至，故亦能知他人心之所向。

「亹」通娓，荀爽：陰陽開始初萌動。微妙之動作可成可敗，順時則成，逆時則敗，陰陽初動，成敗未生。如陽生於〈復〉，冬至十一月建子，至四月已成乾；陰生於〈姤〉，夏至五月建午，到亥十月成坤，是順時者成。若冬行春令而打雷，夏行秋令而降霜，是逆時者敗。天時如此，人事亦然。能說諸心，能研諸慮，內在心靈能發

揮最高作用，外在才可揣摩人心之所向，則天下之吉凶亦在我掌握之中，而知成敗之幾微。政府十大建設是陰的發動，加強文化建設是陽的發動，發動之初，成敗未顯，但可見其初動之幾微。天下之發動成敗未形，但有辦法者可掌握住它，而使它往好處發展，這是講修身、齊家、治國、平天下的道理。

「是故變化云為，吉事有祥，象事知器，占事知來」，「變化」者，乾主變，坤主化，是指乾坤而取象於天地。「云」者，乾天所發揮的號令。「為」者，坤地作育萬物的作用。乾坤往來而使陰陽二氣融合結合，天地絪縕，萬物化生，造成天地化育萬物的機能，萬物不遺其類，各暢其生而欣欣向榮，成就盡善盡美之表現而生生不已，始有今日飽滿豐隆的現象，故曰「吉事有祥」。既能化生，都是好的，故曰「吉」，而不言凶。《說文》：「祥，福也，善也。」虞翻：「祥，幾祥也。」凡事開始表現好的朕兆，就是「祥」。乾元，善之長也。乾為善而吉，坤為事，乾坤往來之初，以乾通坤，乾元出震，體〈復〉而為元陽初動，即〈上傳〉：「動之微，吉凶之先見者也。」一切變化云為都是始於陰陽初動，幾祥亦即宣照。以時令看冬至一陽生，萬物生幾萌動，那就是吉事有祥。由於天地所化生之萬物都是純粹而精，有善無惡的，故只有吉事可言，沒有凶事，故曰「吉事有祥」。

接下來是「象事知器」，《易》談及象的地方非常多，譬如「象其物宜」、「在天成象」、「見乃謂之象」，大略言之，象有二義：一是指氣象，「見乃謂之象」是剛發現為象，「在天成象」是宇宙發展尚在氣化階段，剛有的情況，所謂氣象萬千是也。二是指摹擬，「象其物宜」，很相像，揣摩是也。由此可見「象」非現象之

象，而是氣象之象，如《老子‧二十一章》：「恍兮惚兮，其中有
象。」尚在氣化階段也。「事」，坤爲事，《易》之事是具體之表現
就叫事，無論是實質的東西或空虛的東西都是事。此章是以乾坤爲
主，在天成象，形而上者謂之象；在地成形，形而下者謂之器。由氣
化進步到形化的階段，譬如地球本是太空中的一團氣，逐漸旋轉而變
成地殼，實質的、具體的東西就叫做器。

　　「象事知器」的意思是，我們摹擬其「象」其「事」之發展的情
況，就可以知道其發展以後的成果。「器」者，結果也，成了地球或
實體的東西即是。事之發展既有成果，爲已經定形之器，一望而知。
例如人在胎胚中孕育成人形，一望而知其爲胖瘦高矮，但在精子、卵
子氣化結合之初則不得而知。「見乃謂之象」是指發展最初的表現，
極其幾微，若有若無也。器是事情最後的結局已極其明顯，我們根據
那幾微的表現而摹擬它幾微的朕兆，可知其最後的結果爲如何。換言
之，根據陽（朕兆）就可以知道陰（最後的結果），何以故？因爲一
切東西的發展都是靠著動能，例如花朵之大小就看它根莖枝幹所蘊含
的動力有多大，根莖的動力是陽，花之大小是陰，此自然現象也。社
會一切情況亦如此，人欲體察現象，自己內心先要能安祥而能定，不
爲現象所迷惑，才能立於現象之外來透視現象，而可知此現象之開花
結果有多大，此乃看現象事態發展之方法。

　　「象事知器」是講器，重點在坤陰，摹擬坤陰開花結果的情形
也。「占事知來」重點在乾陽，蓋此章專根據乾坤來解釋，何以故？
《白虎通》引《禮記》的一段話：「蓍，陽之老也。」蓍草是老陽的
結構，普通人尤其是西醫對高麗蔘了解不多，以爲跟蘿蔔的質素差
不多，其實不然。一斤蘿蔔的營養比不上一片高麗蔘，西醫是分析其

形體，不能分析其能力，才有這種錯誤評價。蓍草之結構一如高麗蔘，其中之能力非常大。陽有乾之老陽，震之長陽，艮之少陽，坎之中陽。筮是靠蓍草，《尚書・洪範》「卜用龜，筮用蓍」，〈繫辭上傳〉第十章贊占筮之功能曰：「无有遠近幽深，遂知來物。」為何有此大能力？占筮現代已經失傳了，像《春秋左傳》之筮法已不太清楚，一如現代的奇門遁甲亦只知其大概而已。

　　為何占筮可以知來？占筮是根據七八九六之數，《易》之主題在氣化，氣化發動有大有小，例如颱風是後天具體的氣化，亦有大小、強弱之別，氣化既有大小強弱，其中必定有數，現代人類已經沒有測知氣化大小強弱之數的技術。乾陽代表一切創始的動力，動力關係最為緊要，好像是機器麵之勁兒與拉麵誠不可同日而語，蓋拉麵帶有人手動力之故；雞之翅與腿特別好吃，也是這緣故。陰體之動力強就好，動力弱就差，陽氣化是創生的原動力，本身有大小強弱，其創生結果也跟著比例發展而有大小強弱。因此，由占筮而得之數，就可以知道未來所創生之物的大小強弱，故曰「占事知來」，蓋所憑藉的是數，數因發展而存在，發展因數而運行。

　　「占事知來」專就乾陽而講，重點在乾，所憑藉者數之演變也。「象事知器」專就坤陰而講，重點在坤，所憑藉者數之發展也。「吉事有祥」是專指乾坤往來結合創生的結果，都是好的。總之，人事社會能遵循上頭孔子所指示的二大綱領：「象事知器」「占筮知來」，根據乾坤的法則去「變化云為」，必定「吉事有祥」，而有吉祥的反應。玩其占筮，則知未來所回應之情況為如何。

　　「**天地設位，聖人成能**」，《易經》所講的與天地一樣大，宇宙運行是實際的，《易經》則根據宇宙運行的法則，將其化成公式，

在書面上表演出天地生生不已的狀況。《易經》與天地一樣大，而宇宙現象又不計其數，故《易經》永遠講述交代不完，只能揭發一個綱領而已。《易》將乾坤佈爲天尊地卑，乾本乎天，坤本乎地，《易經》陰陽的演化就在其中。六十四卦圓圖是表示宇宙時間的次序循環不已，六十四卦方圖是表示宇宙實質物體的轉變。由一切的動能可以變成實際的物體，此變動的物體又可變成動能，故由〈泰〉可以之〈否〉，由〈否〉可以之〈泰〉，通暢一段就要閉塞一段，閉塞一段就要通暢一段。是故〈繫辭上傳〉第九章曰：「四營而成易，十有八變而成卦，八卦而小成，引而伸之，觸類而長之，天下之能事畢矣」。《易經》可以網羅宇宙萬有，萬有皆在此秩序中以生以長而不亂，故《易經》以卦代表萬有在時間空間中有秩序運行的情況，此宇宙之脈絡也。卦體之天地陰陽各有其位，施之人事也應當陽則爲陽，應陰則爲陰，聖人由此可以成就他參贊天地化育之功，故曰「聖人成能」。古之明君賢相之所以能下一步棋，而使國家社會有百年之繁榮，讓蒼生皆受其福，就是根據宇宙的道理而應用於社會的原故。

　　「人謀鬼謀，百姓與能」，「人」取象於乾，乾是往外擴散的，像人是由胚胎而長大成人形。「鬼」取象於坤，坤是向內收斂的，人越長越大，鬼卻是越來越小，所謂「新鬼大，舊鬼小」，鬼是氣團，由大而小而無。人以六十歲爲花甲，鬼以三十年爲花甲。「謀」，〈乾〉二五兩爻入〈坤〉成〈坎〉，坎本坤體，乾陽二五入坤成坎爲心思，有謀之象。《尙書·洪範》：「謀及卿士，謀及庶人，謀及卜筮。」「人謀」是說先跟公卿大夫商量過了，再探求民意，所謂「天視自我民視，天聽自我民聽」、「國人皆曰可殺而後殺之」，這是中國古代政治的主要張本。「鬼謀」是謀及卜筮，凡人做

事先要盡人事再聽天命，商及公卿庶人之後再求占筮，多方面徵求意見。先確定自己的志向，徵求公卿大夫及老百姓的意見，然後用卜筮的方法來請示神鬼意見是否一致，《尚書·大禹謨》云：「朕志先定，詢謀僉同，鬼神其依，龜筮協從。」由此可見往年爲政者，決策一事是如何的謹愼，也足見先要人謀，而後鬼謀。

「百」者，取象於乾，乾之策數爲一百零八，去其零數再計其整，故乾爲百。「姓」，取象於坤，姓从女从生，坤爲母，子息之所生也。「能」，功能也，前面提到乾之德行「恆易以知險」，坤之德行「恆簡以知阻」，乾坤之德行雖然知險知阻，卻不能直接告人，孔子說「天何言哉」，惟聖人能之。聖人以卦爻象義，將天地知險知阻之德行告訴人，還且教人以占筮，凡是不能決斷的事，先以人謀，廣求民意，再以鬼謀，龜卜蓍筮。一般老百姓日用而知其當然，不知其所以然，聖人成就人謀鬼謀，老百姓也跟著如此這般，人謀鬼謀以決疑慮，故謂「百姓與能」。

「八卦以象告，爻彖以情言」，《易》所言之象，皆基於八卦之象，〈說卦〉是講八卦之象的。八卦有象，重之而成六十四卦，則更有內外體卦象及中爻互體之象，還有旁通、反對兩易之象。由象可以對卦之涵義瞭如指掌，故曰「八卦以象告」。爲何曰告？八卦象成，則有兌口之象，有震言之象，口與言皆告之義也。「爻」指周公所繫之爻辭而言，「彖」指彖辭，亦即文王所繫之卦辭。彖傳則是孔子爲解釋彖辭而做的，彖辭是指「乾，元亨利貞」、「坤，元亨利牝馬之貞」、「君子有攸往，先迷後得主，利西南得朋，東北喪朋，安貞吉」之卦辭也。用卦辭而不曰彖辭，免得與彖傳相混。

聖人作《易》之情見乎爻彖所繫之辭，利貞者性情也，六爻發

揮，旁通情也，足見爻象皆有情。宇宙發展是以乾通坤，乾初出震爲言，故曰「爻象以情言」。立天之道曰陰與陽，是指氣化而言，是先天氣化的境界。立地之道曰柔與剛，是指在地成形而言，是後天形化的境界。總之，象謂卦畫，爻象謂卦爻辭。

「**剛柔雜居，而吉凶可見矣**」，天道之陰陽若始終停留在乾坤氣化各自獨立的階段，自身的發展則無所謂吉凶，到陰陽往來交合仍不得見其吉凶，必須到在地成形，形而下者謂之器的階段，變成剛柔雜居之質，視剛柔質素的配搭是否均衡諧和，而發展出吉凶來。以人爲比喻，人秉陰陽二氣而生成七尺之軀，人身即爲剛柔之質，精神意志爲剛，五官百骸爲柔，各人配搭情況都不相同，所以有人頭腦發達而四肢簡單，也有人四肢發達卻頭腦簡單，因此有成聖成賢，有成奸成賊，有赫赫一世，有朝不保夕，有一生祥和，有乖戾而終，其差別誠不可以道理計也。有後天剛柔之質，才有吉凶等差可見，故曰「剛柔雜居，而吉凶可見矣」。朱子曰：「天地設位，聖人作《易》以成其功，於是人謀鬼謀，雖百姓之愚，皆得以與其能。」

「**變動以利言，吉凶以情遷**」，乾主變而坤主化，乾變而化坤，乾動而之坤，變動指乾通坤而言。實際現象如春雷發動，雷是動力的表現，用以開化坤陰也，因雷之發動則蟄蟲起，鶯聲燕語，草木萌動，大地呈現生機。這是就好的方面而言，也有反常的現象，如冬行春令而雷電交馳，或夏行秋令而霜雹並作，故聖人繫辭有「不利有攸往」、「利有攸往」及「利涉大川」、「不利涉大川」，利或不利，端視其變動之是否適當。變動從乾初開始入坤成震爲笑言啞啞，故曰言。乾坤往來變動不居，所錯成之卦體也當然是剛柔相錯的，即使卦體已成，但由於剛柔往來，卦體也不是一成不變的。在自然而

言，今年之春已非前年之春；在人事而言，也是一代一代的遞嬗。除了卦體中各爻自身有變動而外，旁通反對之卦也是彼此往來而變動的，陰可變陽，陽可變陰，內外二體也可互換。因此，卦體表現本爲吉，經過往來變動，情況可能變成不吉甚或爲凶。反之，卦體本爲凶，也可能變爲不凶或吉。「情」，情況也，指卦體所表現的情況。「遷」是變遷、遷徙，指的是吉凶以卦體所表現之情況爲轉移，故吉凶亦非固定，而爲遷徙不定。卦體既是變動不居，吉凶又是遷徙不定，則有愛有惡，有遠有近，有情有僞，各種現象隨之而生，種種對待的現象隨之而起。

「**是故愛惡相攻而吉凶生**」，所謂「愛惡相攻」，是說卦爻間應比得當不得當，得當則愛，不得當則惡。卦爻中有主爻，有應爻，有比爻，例如〈小畜〉六四：「有孚，血去惕出，无咎。」是說六四與九五相比，〈泰〉六五：「帝乙歸妹，以祉元吉。」是說六五與九二爻相應，有結婚的現象，但有恩愛，亦有怨偶，端視爻之應或不應而異。如初與四、二與五、三與上兩個應爻各皆得位而爲正應，則彼此之間必然是情投意合，表現而爲愛。又如初與二、三與四、五與上，乃至二與三、三與四、四與五、五與上，兩個比爻，各皆陰陽相孚而能比和，這不用說也是情投意合，表現而爲愛。反之如兩應爻非正應而敵應，兩個比爻不相孚而相反，那就必然是背道而馳，兩情扞格，表現而爲惡，故曰「是故愛惡相攻而吉凶生」。

「**遠近相取而悔吝生**」，所謂「遠近相取」，其說有二：一說以「應比」爲遠近，兩爻相應，在卦體中距離較遠，因稱之爲「遠」。兩爻相比，在卦體中則緊接在一起，因稱之爲「近」，這完全是根據形爻的位置而言。另一說卻不根據兩爻的位置，而以兩爻之間是否

「融洽」以爲斷，無分於應與比，應爻如兩皆得位而爲正應，那就是「近」，雖相應而不得位，那就不能算是近。假使兩爻敵應，那就是「遠」。比爻如兩皆得位而又相孚，那就是近，雖得位而不相孚，那就不能算是近（九三與六四），假使兩皆失位而相反，那就是遠。以上二說以後者爲是。

簡而言之，假使兩爻相應且是正應者爲相近，相應卻是敵應者爲相遠；假使兩爻相比而又相孚者爲相近，相比而兩皆失位且相反者爲相遠。相應而卻相遠者，或相比而卻相遠者，則有悔吝生焉。進一步來說，我們可以拿人事社會「以遠取近」、「以近取遠」來解釋「遠近相取」。「以遠取近」是拿疏遠的態度來對待親近的人，則親近的人態度雖然恭敬卻不免陽奉陰違。「以近取遠」是拿親切和悅的態度來對待疏遠的人，則疏遠的人心裡生疑，以爲你有所企圖，雖應也非眞應，雖比也非眞比。

「情僞相感而利害生」，「情」乃眞情，至情至性也。二爻應比皆出自眞情是也。「僞」是虛僞，二爻應比無眞情可言，是虛僞往來。《姚氏易》：「以情感情（眞情相感），有利無害；以僞感僞（爾虞我詐），有害無益。以情感僞，雖害亦利；以僞感情，雖利亦害。」

以上所講的僅分析其意義，而未及於象；究其象，皆來自乾坤。〈乾〉卦〈文言〉：「君子體仁，足以長人。」故乾爲愛。惡生於陰，陰氣沉沉如低氣壓，就產生厭惡的觀念，情緒受其影響而爲惡。虞翻：「攻，摩也。」取剛柔相摩之義。以愛攻惡，乃陽來摩陰，陽之息也故吉；以惡攻愛，乃以陰摩陽，陰之消也故凶。陽息爲「吉」，陰消爲「凶」，故曰吉凶生。「遠近相取」也根據乾坤，乾

爲天，天道遠，楊雄《法言‧五百卷》：「聖人之言遠如天，賢人之言近如地。」坤爲地，地道近。陽居陰位則失正，是爲以陽取陰，以遠取近，必生悔，蓋誤用其陽。陰居陽位，亦失正，是爲以陰取陽，以近取遠，必生吝，蓋誤用其陰也，故曰「遠近相取而悔吝生」。

　　情僞相感之「情」是眞實，至情至性，乾體仁而眞實故爲情；「僞」爲虛，坤本虛，故坤爲僞。「陽實陰虛」，有人懷疑爲什麼人的精神（陽）卻是虛無，而人的五官百骸（陰）卻是實體呢？這種疑問，就跟認爲〈泰〉卦卦體地天〈泰〉應該是天地泰一般無稽。設想陰體如果沒有了乾陽，身體如果沒有精神主宰或靈魂出竅了，則身體馬上腐臭，故陽實。又如錢財是陰，人之智慧是陽；事業是陰，精神是陽；事業之所以成，是靠主持人之精神，所謂一分精神，一分事業是也。以情感情是以至情至性相對待，陽旺也；以僞感情是以虛僞相對待，陰盛也；陽旺有利，陰盛有害。以情感僞乃以乾陽開化坤陰，蓋乾以美利利天下，乃利之所生也；以僞感情乃以坤陰剝削乾陽，坤爲害，乃害之所由生也，故曰「情僞相感而利害生」。

　　「**凡《易》之情，近而不相得則凶，或害之，悔且吝**」，《易》乃宇宙萬有之變化，「《易》之情」就是指宇宙萬有變化的情況。萬有之所以能形成其變化，是在於彼此往來交合，例如元素與元素交合而成化合物，有交合往來才能夠成其變化也。彼此之交合往來，在卦爻顯示出來的是應爻與比爻，若無應比則無所謂相攻、相取、相感矣。先儒以比爲近，應爲遠；實則二情相合爲近，二情不相和始爲遠。二者之情雖相近不疏遠，卻無從交合，一如二種元素彼此性不相合則不能成化合物，就像中藥裡有所謂十八反是也。又如夫妻由初戀到結婚是近，若二情不相得，則鬧得離婚，甚或仇殺因之而

起，故曰「近而不相得則凶」。彼此接近而性情不相孚，是相當危險的，故君子之交淡如水；性不相近則不能太親近，譬如中藥有十八反，就是二種藥性不相合而同時服用，則生反效果。所以與其近而二情不相孚合，寧可遠而不相近。近而不相得，可以引申為遠而相得、遠而不相得；遠而相得是情投意合，相得卻處遠，就像是千里共嬋娟，二情猶不至於吉。遠而不相得是二情雖不相得，但處遠不會直接衝突，也不至於凶。

近而相得，則彼此之間如神交默契，在卦爻上如六二與九五之正應，以及六四與九五之孚比，這當然吉利。但二五兩爻雖正應，如有三四間爻從中作梗阻隔，或是四五雖孚比，而有初二兩爻牽制，則雖近而不相得也，故曰「或害之，悔且吝」。近而相得但裡頭有間爻妨害，如〈小畜〉䷈四五兩爻相比而有孚，六四「有孚血去惕出，无咎」，九五「有孚攣如，富以其鄰」；但初與四應，把四爻的有孚之情拖拉一半下去了；因為有妨害，則「悔且吝」也。又如〈家人〉䷤二五兩爻正相應，但有四爻與五爻相近孚洽，也是其中有妨害。「或」者，不定之辭也；中間有爻作梗，使得相應或相比的二爻，不能盡情盡意的合作無間之謂也。二爻相近而不相得，尚不至於凶，卻不能免於悔吝，故曰「悔且吝」。

悔吝之義，過去曾詳細說過，「悔」是積於陽而生，陽有毛病則生悔。例如〈乾〉卦上九「亢龍有悔」，是陽過亢則生悔，陽太旺而趾高氣昂，乃發生離經叛道，狂誕不經的毛病。「吝」是積於陰而生，陰有毛病則生吝，陰過盛往內凝聚而施展不開，就會發生吝的現象。總而言之，悔且吝的意思是，假如正應的兩爻，其中間作梗的間爻是妨害了陽爻，則生悔；假如正應的兩爻，其中間作梗的間爻是妨

害了陰爻，則生吝。

「**將叛者其辭慚，中心疑者其辭枝。吉人之辭寡，躁人之辭多。誣善之人其辭游，失其守者其辭屈**」，將叛者其辭慚，是取象於坎。中心疑者其辭枝，是取象於離。吉人之辭寡，是取象於艮。躁人之辭多，是取象於震。誣善之人其辭游，是取象於兌。失其守者其辭屈，是取象於巽。在〈繫辭下傳〉最後的一章，孔子一共舉了六種辭，指示我們，發之於言辭，可能有不妥當的地方；從對方說話的情態，就可以推敲其內心的狀況。孔子為什麼在此舉這六種辭？《易經》的〈繫辭〉上下傳與《易經》的經文，有其前後一貫的連繫系統。經文上經起於〈乾〉〈坤〉，終以〈坎〉〈離〉；在先天純粹的乾坤，到後天已不可見，就在〈坎〉〈離〉表現出來。下經起於〈咸〉〈恆〉，終以〈既濟〉、〈未濟〉；乾坤運行發展，到後天的人事社會，就是山澤通氣，少夫少妻的〈咸〉與雷風相薄，老夫老妻的〈恆〉。

第五章曾曰：「……天地絪縕，萬物化醇。男女構精，萬物化生。……」孔子用此字眼，實寓有深義，「天地絪縕，萬物化醇」是講在天成象，陰陽氣化結合很緊密融洽，很醇的境界。「男女構精，萬物化生」，男女是指一切的雌雄，是講後天形化境界的陰陽，在地成形是也。有實體的陰與實體的陽，是形化的陰陽結合，故曰「構精」，精者，其中有形體也；至於「絪縕」，則為氣之結合而無形者也。這前後十六個字，分出氣化與形化的二境界，在經文上看，下經已及於形化了，故以男女講，男女者〈咸〉〈恆〉也。

有人要問，為何沒有中男中女呢？因為〈坎〉〈離〉已經在上經交代過了，在下經實質的陰陽已漸漸到了形化的境界，終以〈既

濟〉、〈未濟〉，是坎離的複合體，由此可見，經文終始兩頭有其一
定法則。〈繫辭〉上下傳廿四章，也是根據這個法則把經文交代了。
〈上傳〉開頭一章是總結乾坤大義，〈下傳〉終了一章拿六子來結
束，根據乾坤生六子的六卦，說明人事社會一如乾坤生六子，有六種
對待的情況，裡頭是很精深的。〈上傳〉最後一章「乾坤其《易》之
蘊邪」是結束以乾坤，〈下傳〉最後一章「將叛者其辭慚⋯⋯」是結
束以六子。

　　「將叛者其辭慚」，虞翻：坎為盜寇為隱伏，有將叛之象。慚
通慙，從心，坎為心疾、為疑慮。病在心而有所疑慮，出之於言必也
慚。人將反叛，說話當然面帶慚色。侯果：「凡心不相得，將懷叛逆
者，辭必慙惡。」表之於言詞之外，必有慚狀，有諸內必形諸外也。
我們聽人說話，若有慚愧不安詳、吞吞吐吐的表現，則知其人對我不
懷好意，內心藏有反叛的陰謀，以致影響他的言辭。

　　「中心疑者其辭枝」，「枝」，見解不清，存疑，沒有看得
透，則心生疑惑之情。楊雄《太玄經》：離為火，火一燒，高頭火焰
必分椏，支分不定。離之卦體，中虛無主，離大象為火，火頭分支不
定，故中心無主宰的人，言辭必分歧不定。凡人在方寸中沒有主宰，
情緒徬徨，莫知所之：表現於言辭，如火頭搖擺不定，心有所恐懼，
不得其正也。我們聽人說話，如果頭緒多端，分歧不定，其人對事情
必見解不透、看事不明。

　　「吉人之辭寡」，艮有謹慎的德性，艮為小，小心翼翼。
〈艮〉卦辭：「艮其背，不獲其身。行其庭，不見其人。无咎。」
〈大象〉：「艮，止也⋯⋯止其所也⋯⋯」六五：「艮為輔，言有
序。悔亡。」艮，君子以思不出其位，行不出其所，停止如山，穩

定其輔頰，說話要合符道理。表示艮發之於外很穩定，而說話很有次序、很中肯而合符道理的樣子，此乃謹言慎行之君子也。《論語·先進》：「夫子不言，言必有中。」見解深透，言行必然謹慎，要言不繁，一句就是一句，不會囉嗦、不賣弄，內在必有相當的德行。

　　「躁人之辭多」，在六子的卦中，震為躁卦，震為雷，發動極躁。震陽剛在下動之，躁取象於雷，震為驚聲又為言。〈震〉卦辭：「震，亨。震來虩虩，笑言啞啞，震驚百里，不喪匕鬯。」震之為卦，躁且多言，故曰「躁人之辭多」。侯果：「躁人煩急，故辭多。」凡躁進之人，急於求售（希望對方相信他的話是真實而有見解的，還惟恐旁人打岔），性急者言辭必繁多。從一個人說話急躁且多，可知其人性子一定躁急，常想用話語來壓服對方，使人能從，也就是要拿言語把人陷下去。

　　「誣善之人其辭游」，兌☱與乾☰之卦根，皆源出於四象中之太陽。納甲兌丁為上弦，馬上要滿盈為乾甲。從納甲和卦根來看，兌與乾二卦彼此近而相通，故皆納金。在「河圖」上乾兌二卦皆居西，九乾四兌是也。兌為巫，巫婆也，又為口舌，念念有辭。乾體之上一開了口成兌，所以兌口有誣乾之象。乾為人，又為善，善人也，故兌有誣衊善人之象。「游」者，浮游也，兌為澤，兌澤為水，反兌成巽，巽為風，兌澤反過來就是巽風。兌為少陰，巽為長陰，就表示風在水面飄盪，浮游不定之象也。侯果：凡小人欲謀害君子，一定深匿其心跡，甚或含沙射影，故其辭游盪不定。

　　「失其守者其辭屈」，國有國防，人有心防，心防者遇壞人就會提高警覺。國防是靠人民、財富、武器結合的力量，心防是靠陽剛正氣，以正辟邪為唯一武器。六子的卦中，巽☴本乾體，巽以陰爻為

主，巽之陰爻入乾，則乾之初陽隱而不見。元者善之長也，就是一股基本的陽剛正氣。現在巽初陰爻佔據乾元，則陽剛正氣隱伏不現，等於沒有心防了，「失其守」也，故巽有心防失守之象。陽剛正氣無從振作，則天理人性也不能伸張。易例：「陽伸陰屈」，現在巽本乾體，而初陰佔據乾元，本為乾元之伸，一變而為坤陰之屈，化伸為屈也。表現出來為陰屈的現象，故曰失其守。侯果：「失守則沮辱而不信，故其辭詘也。」失其守者言語多事遁辭，辭窮也，理不直則氣不壯，我們看人說遁辭或辭窮了，則知其心防已失守矣。

　　以上六子所舉六辭，就是根據乾坤生六子的六卦來的。六子的卦為何講人？在《乾鑿度》稱十二辟卦為人，孔子在此取象，亦與十二辟卦一樣，稱坎者、離者、艮人、震人、兌人、巽人。經文上經終於〈坎〉、〈離〉，下經終於〈既濟〉、〈未濟〉，〈繫辭上傳〉終於乾坤，〈下傳〉終於乾坤所生之六子。

　　八種易例，六十四卦之卦辭、爻辭、象傳、大小象以及孔子十翼、〈說卦傳〉、〈繫辭〉上下傳、〈序卦傳〉差不多都交代了。至於〈雜卦〉、〈文言〉簡單略過不講。

　　講到現在我們應該有所體認，《易經》是講宇宙化生天地之大道。西洋哲學，學問是學問，與人卻不相關，《易經》是將天地之大道引申到人事上，為人事的規範，《大學》所謂修齊治平之道都在裡面，從《易經》衍生的道理很多，例如陰陽家的二氣五行、兵家的術數、奇門遁甲、醫家的《內經》《問難》……，所以我們不能以偏概全。

說卦傳

周鼎珩講　桂少庚記錄

　　〈說卦〉在《易經》中相當重要，〈繫辭〉上講：「易有聖人之道四焉，以言者尚其辭，以動者尚其變，以制器者尚其象，以卜筮者尚其占。」所謂「尚其辭」，就是我們過去所謂的六十四卦的卦辭、爻辭。所謂「尚其辭」，這個辭裡頭是有意義的，比如說，〈乾〉卦裡頭的「元、亨、利、貞」，「元、亨、利、貞」就是它的辭，它有它的意義。其他如：「潛龍勿用」（〈乾〉卦初九爻辭）、「見豕負塗，載鬼一車」（〈睽〉卦上九爻辭）、「女子貞不字，十年乃字」（〈屯〉卦六二爻辭）、「月幾望」（〈歸妹〉卦六五爻辭、〈小畜〉卦上九爻辭）、「君子征凶」（〈小畜〉卦上九爻辭）。什麼叫做「月」？什麼叫做「潛龍」？什麼叫做「勿用」？這些叫做《易》辭，學《易》的人要把這些《易》辭一個一個的弄清楚。這一部分東西哪一個弄得最清楚呢？焦理堂，滿清時代的焦循（1763-1820），他的《易》辭弄得很好，所以各位先生可以參考焦循的《易經》，他把《易經》講「上」、講「下」、講「時」、講「中」這些辭，每一個辭他都有註解的，大家可去參考。

　　第二呢，我們要「以動者尚其變」，假使我們有什麼行動，要看《易經》的變化，就是我們行動的指針。我們學《易》幹什麼呢？我們人類在社會上都是有行動的，無論你謀國大君子秉政也好，你個人發展事業也好，處處都在動。那你如何的動呢？你就要看這一個現象，「尚其變」，看這個變化的現象。因為宇宙社會上的現象天天是在變化的，沒有停止的，我們一個小的單位處在一個大的循環變化之

中，在大的循環變化之中，我們怎麼樣的來安排自己，也是動。這個
「以動者尙其變」，這個就要注意《易經》中的變化，變化包括《易
經》中的這個「數」，以及「卦變」，這兩種東西，我們過去略略的
提了一點，沒有完全的講。

　　第三部分就是我們現在要講的「以制器者尙其象」。社會上一切
的創作，電燈啦、桌子啦、房子啦，一切的創作都是根據宇宙變化的
象來的。有那個象，你才有那個創作；沒有那個象，你就不能創作。
所以「以制器者尙其象」，其實所有的卦中都是象，這是第三部分。

　　第四個呢，就是「以卜筮者尙其占」。我們過去所謂的八宮，我
的《易經講話》後面所附的蓍法，就是《易》占，大致的都交代了。

　　我們對《易經》六十四個卦總合研究而外，這另外的四個單
元，在《易經》裡很重要，學《易》的人一定要把它弄得很清楚。
〈說卦〉就是講卦象，我們看到一個現象，我們如何把它納之於卦，
這裡頭有個交代，比如現在共產黨四海困窮，天怒人怨，內部到了眞
的大家沒有飯吃的時候了，把幾億人口弄得變成了一個難民營，每一
個老百姓都在飢餓線上，除了少數共產黨，每一個人民都飢寒交迫
中，在飢餓邊緣苟延殘喘，但他在外面，花天酒地，肥吃海喝，在美
國的宣傳機關派的那些人員的眾多，用錢的豪華闊綽，其他的富有國
家也比不上，裡面大家在飢餓的邊緣，外面在揮霍，而且還在無緣無
故的發動戰爭。根據這個現象而安卦，就是說在共產黨的自身內部毫
無能力，死氣沉沉的，活躍在外頭卻是耀武揚威不可一世，那它本身
構成的就是〈否〉卦的條件，所以就根據這個現象而安卦；要不然，
我們我們要想法子根據《易經》的卦爻來求變化。不然，我曉得安個
什麼卦呢？現在講的就是這個東西。這個東西很重要，沒有這個東

西，過去講的六十四卦我們便沒有辦法予以應用。

　　現在我們開始講〈說卦〉，先講這個象。「說」就是說明，「卦」是什麼呢？往年的「卦」字，和這個「掛」字是通的。「掛」是懸掛的意思，「卦」既然與「掛」相通，那麼「卦」是什麼呢？「卦」是徵兆的懸掛。例如，這些電燈就是懸掛的現象。〈繫辭〉上講：「古者包犧氏之王天下也，仰則觀象於天，俯則觀法於地，……近取諸身，遠取諸物。」聖人作《易》是仰觀於天，看看天上浮著的這些日月星辰；俯察於地，看看地面上呈現的這些現象；遠取諸物，這些山河大地、飛禽走獸、叢林莽野這些東西；近取諸身，自己內身的構造。這一切懸掛的現象就是「卦」，就是這個東西。所謂「卦」呢，就是懸掛，外面一切懸掛的現象，我們就把它納之於「卦」，用個標記把它表現出來，好像方程式一樣，由這個標記來推求出一切的變化，這就是「卦」。「卦」呢就是象，王弼以後得理忘象，掃象不講，這根本不是《易經》。易經裡頭所謂「卦」就是象，就是象的懸掛，除了象不講，那還有什麼東西可講？譬如吧，「見龍在田」、「潛龍勿用」、「載鬼一車」、「見豕負塗」，像這些東西，天上一句，地下一句，它不是講這個現象，它文字就不通了，它一定要講這個象的，除了象不講，就無法子解釋卦。〈說卦〉呢，就是說明卦裡面所指示的這個象。那麼諸位先生又發生問題了，你說所有的卦都是指示一切的象者，那麼宇宙間所表現的現象，無論從剛剛開始的那個現象的徵兆，以及那些慢慢的發展，正在發展當中很明顯的現象，以及發展到最後那個現象快要變化了，都是象。從這現象剛剛開始，一直發展到現象的最高峰，慢慢發展到最後，快要結束了，快要變化了，這一條弧形線，都是象。但宇宙的現象多得不得了，你說卦是指

示象的，宇宙間這麼多的現象，你卦裡頭只有六十四卦，六十四卦怎麼能代表這麼多的象呢？這不是一個疑問嗎？你只有這六十四卦，你把宇宙間所有一切的東西都納之於卦，那怎麼能夠容納得了呢？容納得下呢？一定有這個疑問。

答覆這個問題，這就為什麼我們要研究《易經》的道理，因為宇宙發展的現象，不但是複雜得不可以指數，而且現象中更演進著現象。比如說，宇宙現在的現象，有一百萬萬億種，假定再過一千年，這一百萬萬億種的現象化成兩百萬萬億種。這種象生象，非常的多。比如，全世界的人類，拿膚色來講，只有五種，有黃色的、有白色的、有棕色的、有紅色的、有黑色的五種。現在呢？黃種和白種通婚、白種和黑種通婚、黑種和棕種通婚、棕種和紅種通婚、紅種和黃種通婚，這個彼此通婚，生下來的孩子，既不是白的又不是黃的，亦不是黑的，非白、非黃、非黑、非棕，所以這不只五種人，這人種就多了。宇宙發展的現象，就是這種例子。原來只是一萬種，慢慢的就變成兩萬種、三萬種、四萬種，多得沒有法子數，所以這種象生象，最後無數萬萬種，不知有多少。因此，我們拿指標，你就是一百萬種，我拿一百萬個指標來代表你這些個象；就是一百萬種還不行，再過幾千年，它就變成兩百萬種，你這一百萬種指標還是不夠用，永遠不夠用。所以我國的文字就是根據自《易經》的卦理來產生的，所以中國的文字原來只有一萬多個字，慢慢的滋生發展變成了四萬兩千一百七十四個字，這是《康熙字典》上的數字，可是西方的英文呢？我當年讀書的時候，那個《韋氏大字典》只有十六萬五千字，現在《韋氏大字典》已經到了六十萬字，因為英文每產生一個現象它就增加一個字。它不像我們，我們就根據六十四卦象來創造文字，我們

不管現象產生多少，我們就這個四萬字爲用。什麼道理？例如說，西方的砲彈是一個字，鈾彈是一個字，氫彈是一個字，原子彈又是一個字。我們就這一個「彈」字，你是手榴彈，我就加個「手榴」，你是氫彈，我就加「氫」字，你是鈾彈我就加個「鈾」字，你是飛彈我就加個「飛」字，一個字可以應用無窮，不管你怎麼變化，我這一個字就夠運用了。這個就是《易經》的卦理，根據《易經》的卦象原理，製造的文字，不像他們西洋的洋文，將來那個文字要報廢的，沒有用的。假設我們可以到木星上去，可以到金星上去，可以到火星上去，假使這些新產生的東西太多，他們那種文字非要產生新的字不可，那樣產生到最後，幾百萬、幾千萬都不夠，一種文字到了幾百萬、幾千萬，那種文字還算文字嗎？那太繁瑣，那種文字沒有法子用了，所以他們的文字將來一定要革命的，他們不懂得這個原理。所以我們這個卦不管你外面的這個現象如何複雜，今天兩百萬種，往後兩千年後變成兩千萬種，乃至無數萬萬種，我還是六十四卦代表。

那你六十四卦如何代表呢？這就根據卦的現象情狀，現象的要點給它抓著了，現象的重要的意義給它抓著了，把這些現象一點一點的予以群分，大致的性能相同的居於一類，居於一類慢慢的再區分，約而再約，約到最後，這一卦可以代表這麼些個現象，你現象中具備看哪些條件的，我就以那個卦作爲代表，所以這一卦可以代表這麼些東西。因爲卦的範圍特別大，代表的指標非常的多，所以孔子講：「仁者見之謂之仁，知者見之謂之知。」（〈繫辭上傳〉）因爲它代表是這樣多，所以歷來的先儒們你只看到的是這一點，你就根據這一點現象來解釋，他看到是哪一點，他就根據哪一點的現象來解釋，所以「仁者見之謂之仁，知者見之謂之知」，發展不同的區別就在此。

《易經》把所有宇宙的許多現象分幾類，某類現象納之一卦，不管你的現象多少，操持要點，把你的要點抓著，就放在這一卦。我們曉得這個現象是些什麼東西，把這個現象抽絲剝繭的要點抓著，這就曉得立個什麼卦，要不然，我們卦怎麼個安排？就從這兒安起，這是安卦的一個原理，這是第一點要說明的。

　　第二點，講到「象」就涉及到「數」，「象」離不開「數」，「數」和「象」是離不開的，比方說，這個電燈泡小，那個電燈泡大，這是「象」哪！這是高樓，那是平房，這也是「象」哪！平、高是個「象」，大、小是個「象」，可是平、高，大、小要度量衡來權衡它，這個房子有多少坪，要拿這個尺來測量它，這個就是「數」。拿遠的、近的來看，這個山是個近山，那個山是個遠山，近山、遠山是個「象」，所以近山、遠山亦是個「數」，為什麼說這是個近山、那是個遠山？這是個「數」，遠近是個「數」，這個要測量的，這個為什麼遠呢？這個有多少個距離？那個為什麼叫做近？因為那個距離只有一點點。所以研究「象」呢離不開「數」。同時象的本身，它有上、中、下三個重點：第一是起點、第二是頂點、三是變化點，這三個點都各有各的數。一個「象」剛剛起來有個徵兆，慢慢的發展，慢慢發展到最高峰，慢慢發展到頂峰以後，那「象」就要下落，在下落到最後有個變化，每一個「象」都有這個情況，這一個情況就是「數」。向上發展、向下低落，這就是「數」，所以談「象」的第一個原則：我們不要忘記「數」，這是第二個。我要把講〈說卦〉應該知道的都要先予以交代。

　　第三「象」裡頭有「意義」，我們常講「象義」，「象」裡頭是有「意義」的。比如說，孔子在〈乾〉卦〈大象〉說：「天行健，君

子以自強不息。」孔子在〈乾〉卦就把卦的大象指示出來了，〈乾〉卦的大象是什麼？是「天」！我們曉得「乾為天」，就是從孔子這〈大象〉裡所講出來的，假設孔子沒有這個〈大象〉的交代，到現在我們還不曉得〈乾〉卦講的是什麼？因為孔子有這麼開端啟示：「天行健」，我們曉得〈乾〉卦是天，「天」只是個「象」，後面的「健」代表它的「意義」，天運行得很剛健，永遠的在那兒運行，歷久不衰的運行才叫做「健」，它很康健永遠的運行不衰，這永遠的運行才是它的「義」，「天」含什麼意義呢？就是行健的意義，永遠在運行，歷久不衰，這是「天」的象可以拿〈乾〉卦作代表。孔子在〈坤〉卦〈大象〉說：「地勢坤，君子以厚德載物。」他在〈坤〉卦呢也把卦的大象指示出來了，〈坤〉卦拿個「地」字代表〈坤〉卦的大象。〈坤〉卦的大象是地，可是「地」呢？它不是「行」，「天」它講「行」，「地」它不講「行」，「地」講「勢」。「行」是運行，「勢」是形勢，形勢是排在這兒，有這個具體的現象，排在這兒才有這個形勢，所以「天」是講那個動的運行，「地」呢，講那個形勢。「地」只是個「象」，後面的「坤」代表它的「意義」，坤是順，形勢是很柔順的。「天」的運行很剛健，歷久不衰，「地」的形勢很柔順，就是你怎麼弄它，它就怎麼作，這是個「地」，你把它排在這兒，它就在這兒，你把它倒些水，它無所謂，你把水倒掉，它也無所謂，「地」的現象就是如此。它的形勢在這兒，具體的形象在這兒，所以柔順就是「地」的「象義」。

　　任何一個「象」，它裡頭都有一個「象義」，為什麼要有「象義」？因為有了「象義」，我們才可以抓著要點，抽絲剝繭，然後才可以分類，這是這一類的，那是那一類的。比如：「地勢坤」，

「地」這個「象」，它有「象義」，「象義」是「坤」，「坤」是很柔順的，隨你怎麼擺佈，它就怎麼承受。凡是一件現象，你任意的擺佈，它就任意的承受，那種「象義」就是「坤」，我們有了這種「象義」，我們遭到其他的複雜現象，我們依著它可以分類，假使這個現象很柔順，可以隨便擺佈，它能夠承受，它是「地」，這個「地」的象就可以拿坤卦作代表，這是第三個講「象義」。

第四，宇宙所有的任何的一種現象，它有所由來的，不是憑空發生的。比如，我國鬧共產黨，它有個緣由，它有個因素來的。就是我們研究的，除了那個「象義」而外，還要注重那個「象」的由來。任何一個現象的發生，它剛剛才開始的時候一定有個徵兆，所以我們在過去講易例的時候，講到卦氣裡有周公〈時訓〉，「周公……辨二十四氣之應，以明天時，作〈時訓〉」（《逸周書·周書序》）那就是講那個徵兆的，講「象」的由來，知道有這個由來，由這個由來就可以產生這個「象」。比如說，雁它是南來北往的。為什麼它南來北往？它就看太陽，它是向陽的，陽到什麼地方，它就到什麼地方。冬天裡太陽向南了，它就向南面飛；夏天太陽向北了，它就向北來。冬天太陽向南偏，所以朝南的門冬天有太陽，一開門就見到太陽；朝北的房子冬天看不到太陽，朝北的房子夏天一開門就見到太陽。這就是夏天太陽是從北極來，所以鴻雁就往北極來；冬天太陽是從南極來，所以鴻雁就往南極來。鴻雁是向陽的，假使鴻雁該向南方來的，它不向南方來，該向北方來的，它不向北方來，這就是陽衰了，陽衰了，會產生什麼現象呢？陽衰了，陽氣不足，這個社會上人情就薄了，陽氣不足，人的意志心理就偏差，失去均衡，於是就要發生戰亂，這個就是看那個徵兆，探求它那個象的發生，所以我們研究象的

人一定要了解哪一種象它是從哪兒來的，這一個要把它搞清楚，這是第四個－象的由來。所以〈坤〉初爻：「履霜，堅冰至。」這個卦，周公在爻辭裡就是告訴我們具體的象，這是〈坤〉卦具體的象，〈乾〉卦沒有具體的象，〈乾〉卦是空洞的能力，具體的象從坤陰的初爻開始－「履霜，堅冰至」，你剛剛的踏到一點「霜」了，「堅冰」就可能到了，有了「霜」了，往後一定有「堅冰」，這就是講這個象的由來，「堅冰」從哪兒來的？由「霜」來的。在〈坤〉卦的爻辭，周公告訴我們象要了解這個象的由來，這是第四。

第五，象不僅它有個由來，而且它有夥伴，有兩兩存在的情形，它是對待的東西。任何的現象都不是孤立的，這個象發生了，另外一定還有個象在支持它，或在並行著，我們眼睛看到這個象，但是這個象既經發生了，另外一定還有個象在它背後，或著在它前面，或著在它後面，或著在它左面，或者在它右面，或者和它並陳的，有並陳之象。所以過去我們看到資本主義發展到最高峰了，是個象，資本主義發展到最高峰，就來個共產主義，有個並陳的東西，它一定有這個東西。為什麼一個卦分內外兩體，兼三才而兩之呢？就是表示我們宇宙任何發展就是兩兩並行的，有這一面，就有那一面；有內面的基礎，就有外面的發展，比如我們今天大家濟濟一堂，在這兒研究《易經》，大家不要以為在這兒範疇很小，也許十年、二十年、三十年、五十年以後，由這一個研究，開出另外一朵花來，有這個象，就有那個象，所以是兩兩並陳的東西。

第六，我們研究象，象有個著落，象的著落，它一定有個「位」，有個安頓的地方，既有個「位」，它一定與「時」有關係，有個條件在裡面，象若得「位」而不得「時」，它不能發揮作用；得

「位」了，它又得「時」，然後這個象才能夠發揮大的作用。這個著落是什麼呢？就是我們安卦象，它一定要有個安的地方。比如，在六十四卦安在哪一個卦裡面呢？比如，這個象，這個段落，它在哪個爻位上呢？看那個時間，它應該在哪個爻位上呢？這一點很重要，所以你不曉得安卦，那個卦你學了沒有法子用，所以任何的象，它都有個著落。我們反共復國，反共復國是個象，但反共復國要有個著落，我們拿什麼反共復國？反共復國要有個基地，只是有反共的基地還不行，因為它只是「位」呀，而且要配合著全世界的形勢，這是個「時」，全世界好多國家，都受到了共產黨動亂的威脅，於是自然而然的要求，把共產黨消滅掉，於是我們反共復國，就憑藉了全世界這個形勢，這就是我們的著落，找到了象的著落，我們才可以安卦，我們才曉得現象，應該安在什麼卦上。

　　第七，一切的象它都不是一成不變的象，有個起點，有個極點，有個終點，並不是一成不變的，在它發展的過程中，它裡頭有起伏，有伸縮，有起有伏的，這就是消息。《易經》裡頭就是講的這個，就是講象的伸縮起伏，象的伸縮起伏就是講象的消息。所以我們一定要了解消息，你不了解消息，你便不能把象掌握著，因為我們觀察這個象，它是向上呢？還是向下呢？我們不知道，比如，我們看共產黨，究竟它是向上發展呢？還是向下低落呢？我們應該知道這個消息的狀況來研究這個消息，消息曉得了，我們才知道這個象它在哪個段落裡面。象是一個弧形，有起有伏，有終點，有極點，你知道了它的消息，就曉得它落在什麼地方。你要看它的時與位，象在消的時候就是它在往下落，已經過了極點了，往下了，到了這個地步了，這個象是個吉，它本身是個吉象，可是它的時與位是向下消的時候，象的

本身雖是吉，到了消的時候，它也就不吉了，雖是吉象也就變爲不吉了。象假使是個凶象，它在息的時候，那就更凶；吉象遇到消的時候，就不吉。所以我們觀察象，一定要注意它在消的時候，或是它在息的時候。那麼消息又怎麼樣的觀察呢？這就是我們所講的安卦了。這個現象我們要分析它的象義，它的主象，它的大象，後頭還要講的它的種種的構成條件，抓緊了它種種的條件，於是乎才安當的給它安個卦，沒有錯，安卦到某一個卦上，再從這個卦上推究，它現在的發展應該在哪一個爻上，於是乎就根據著那一個卦，所據這一個爻上，再看它是個消呢，或許是一個息。消有兩種：因消要是遇到陰，它就是消了；消要是遇到陽，它就要往上長的。於是就能從那爻上看出它是消呢，或者是息，這是在卦上看。在現象的本身也可以看，也可以對照，我們也可以看這個現象的本身是向上長的，是向下落的，大體上是看得出來的。除了在卦體上、爻位上來推測而外，在象上也可以推測對照著來看，這樣才可以看出這個象是正上長呢，還是在向下落，同時再注意這個象的本身是個凶象，或者是一個吉象。比如，我們看大陸上的共產黨，它是個凶象，如果它是個向上長的，它會更凶。假設此時我們反攻復國，在象上講，這是個吉象。如果我們的吉象向上長，就更吉；如果是向下消就不吉。以上是交代象的七種現象，研究象的主要的意義有七種。

另外，在《易經》中有第一個「大象」，第二個「主象」，漢朝《易》變中叫做「本象」，第三個「廣象」，第四個「逸象」，第五個「補象」。

所謂「大象」呢，〈繫辭〉上講：「古者包犧氏之王天下也，仰則觀象於天，俯則觀法於地。」「仰觀」、「俯察」即取其大的，

〈乾〉卦「天行健」，是動的，就像「天」；〈坤〉卦「地勢坤」，是靜的，是柔順的，就像「地」。「大象」呢，孔子在〈大象〉裡面就提出來了，〈大象〉裡頭只講那個大的，很空洞，很空泛，無際的，「大象」只指示大的方面，我們還不能抓著要點，「乾為天」，「天」是個什麼東西？空的；「坤為地」，「地」是個什麼東西？也是空的。因此孔子在〈說卦〉上才提個「主象」，「乾為天」，就是把這個象的要點重點指出來，〈繫辭〉上講：「古者包犧氏之王天下也，……近取諸身，遠取諸物。」「乾為馬，坤為牛」就是「遠取諸物」，「乾為首，坤為腹」就是「近取諸身」。「乾為馬」，馬是什麼？馬會跑，在地面這些動物，最會跑的就是馬，牠是不眠不休的，馬晚上牠是不睡覺的，牠是站著的，牠什麼時候倒著睡牠就病了。馬納甲子是午，十二屬相午馬，為什麼午馬呢？午是離火，所以馬是火獸，可是離在先天八卦的位上它就是乾，後天八卦離在南，先天八卦乾在南，後天八卦的離火就是先天八卦的乾，所以「乾為馬」，馬不眠不休的，能跑的，天天在那兒動的，而且是主火的。這雖是它的一部分，但把重點指出來了。第二個，「乾為首」，是「近取諸身」，乾是個頭，這個頭是什麼呢？是萬物之始，腦袋瓜子是主宰者，整個身體的行動要頭腦子來指揮，頭腦子主宰神經，指使四肢五官百骸行動。所以什麼叫做乾呢？孔子在〈大象〉裡頭把〈乾〉卦的性能說出來了，我們就曉得〈乾〉卦裡頭具備了些什麼性能：乾是空泛的，空洞的，像「天」那麼大，這是乾的「大象」。「大象」而外，乾有個「主象」：它像「馬」一樣不眠不休的會跑會動，奔馳不息的，牠不僅會動，它主火，它是頭腦，是主宰者，這就是乾的「大象」、「主象」。坤呢，坤為「地」，「地」是坤的「大象」，坤的「主象」呢？坤的「主象」是「牛」，「牛」是土獸，同時，「牛」能夠任重

致遠，「牛」很柔順，你叫牠怎麼，牠就怎麼，牠能夠代人耕田，坤的主象就像個「牛」，這是「遠取諸物」。至於「近取諸身」呢，坤像「腹」，腹是肚子，能消化東西，能容東西，但是肚子沒有感覺，它不是發動的，它是被動的，它能容物。坤的「大象」怎麼樣？坤為「地」，坤的「主象」怎麼樣？它像個「牛」、像個「腹」，有這兩個條件，坤的性能我們知道了，這是講「大象」而外，有個「主象」。有了「大象」，有了「主象」，就有了確定的「象義」，於是乎我們才可以安卦，我們才可以分析那個現象。那個現象是範圍很大、很空洞的，是不眠不休，善於向外跑的，它是個主宰者，凡是有這些性能的，它是個乾。拿過去來講，就是皇帝，拿現在來講，就是總統了。凡是國家最高的統治者，跟天一樣，天天在那兒日理萬機，在那兒運用的，我們就知道，他是個乾卦。一個國家的臣民呢，臣民他是被動的，他是任重的，天天在那兒工作，聽任主宰的，接受主宰的，它能夠容物，跟牛一樣，他能夠生產，臣民的這些條件性能，這是什麼卦？〈坤〉卦。所以我們由這個大象、主象、象義，於是我們對於現實的，周遭環境所顯示的象，大致的就可以把它納之於卦，就曉得那一類的性能現象，應該安什麼卦，這是講大象、主象、象義。

其次講「廣象」，就以〈乾〉卦來講，「大象」是天，「主象」是個馬，同時，在人身體「主象」是個頭，從這些性能，把它推廣，就是「廣象」。「廣象」有君、父、環、衣等。在國家來講，它是君主；在家庭來講，它是父啊！一家之主，它是主宰者，在形態來講，它是環，環是周而復始的，永遠的，周而復始的環者圓也，永遠在那兒運轉，因為它是天哪！天行健啊！它是馬，奔馳不息的，不眠不休的，它是個頭腦子，是個主宰者，所以它是個環；同時，

乾爲衣，拿位置來講，乾爲天，天在上，君主主宰者，在上，父在上，推廣起來，衣服在上，上者爲衣，下者爲裳；坤呢，〈坤〉卦是「黃裳元吉」，因之〈坤〉卦稱之曰：「裳」，〈乾〉卦就稱之曰：「衣」。往年的服裝，現在許多人都不知道，上衣而下裳，看京戲的時候才可以知道，尤其是唱那齣《六月雪》，天門走雪，那個老家人上身穿件衣服，下頭繫著條裙子，那個裙子是什麼，就是裳，所以乾爲天，因爲它在上，所以推廣它而是衣。這是隨便舉一個例子，諸如此類，這叫做廣象。

其次呢是「逸象」，《九家易》有《九家易》的「逸象」，所謂《九家易》呢，以荀爽爲頭，《九家易》裡頭把〈說卦〉沒有具備的象，他把它收集起來，但他收集的還是根據《易經》裡頭的卦辭、爻辭來的，於是這一部分的象辭就稱之曰「逸象」。

再其次，還有個「補象」，就是孟喜、焦延壽他們這一班人，焦延壽的《易林》，他裡頭就是補象多。就是在《易經》裡頭，找不出來的象，《九家易》易象裡頭沒有的，在焦延壽《易林》裡頭，有這些易象，這一類就叫做「補象」。「補象」是後代儒家予以補充的，總而言之，這個象是舉一反三的。〈說卦〉裡頭，所指示的象，不過是個大概而已，它並沒有把它講完，所以我們後人學《易》的人，就是舉一反三，以此類推。凡是那個象裡頭，在〈說卦〉裡頭所沒有的，但是它的性能是近乎乾，那就納之於乾，現在的共產黨，我們沒有那個象，就根據共產黨的做法，看它是什麼象，共產黨的舉措是地痞流氓的集團，是小人，於是那個卦代表小人的，就把共產黨納入那個卦，我們舉一反三，可以把這個象歸納起來。

我們在講〈說卦〉以前，應該說明的幾種意義是如此，這個很重

要，請大家要注意，現在我們開始講〈說卦〉。

第一章

昔者聖人之作《易》也，幽贊於神明而生蓍，參天兩地而倚數，觀變於陰陽而立卦，發揮於剛柔而生爻，和順道德而理於義，窮理盡性以至於命。

「昔者聖人之作《易》也」，這個「聖人」，當然指伏羲氏，伏羲氏開始畫卦作《易》。「作」者，是創作的意思，創作就是發明，發明《易》的人是伏羲氏，不是文王。但他怎麼創造的呢？「幽贊於神明而生蓍」，「幽」是幽昧、幽隱；「贊」可以說是發現，是探求。天道就叫「神」，天道是看不見的，摸不著的，故稱之為「神」，「神」者，孟子說：「聖而不可知之之謂神。」（《孟子·盡心下》）聖人的境界都還不知道的那一部分就叫「神」。地道形跡畢見，山川草木擺在外面，就叫做「明」。「神明」兩個字，就是指天地來講。「幽贊於神明而生蓍」的意思，就是從陰暗的地方來發現天地之道－天道之「神」、地道之「明」。「神」是不可以知的，「明」是看得見的，看不見的而發現到，看得見的於是就生發出來。「蓍」者，數也；「生蓍」，就生出這個數來；這個「蓍」，就是蓍草、蓍法的「蓍」。從看不見的天道而到看得見的地道，從這個發展中，就出生這個蓍數來，這是第一個途徑。

第二個，「參天兩地而倚數」，有好幾種解法。第一個，我們看唐·崔憬的說法，他的說法比較完整些。他說八卦納之於十數，就是天一地二、天三地四、天五地六、天七地八、天九地十，《易經》裡

面所講的就是這個數。但是這十個數字是包括無窮的，因為一到十，又是一到十，一百零一又是一到十，一千零一又是一到十，一萬零一又是一到十，十萬零一呢？又是一到十；一到十可以延長無窮的數目字，所以《易經》裡主要的數目字，就是這十個數目字。卦裡頭，陽卦是四個卦，陰卦是四個卦。陽卦從少陽起，艮（☶）、坎（☵）、震（☳）、乾（☰），這是陽卦的四個卦；陰卦也是四個卦，就是兌（☱）、離（☲）、巽（☴）、坤（☷）。少陽、中陽、長陽、老陽、少陰、中陰、長陰、老陰八個卦，四個陰卦、四個陽卦。「參天」呢？陽不用「一」，「一」是太極之數，陽從「三」開始，從少陽開始，艮三、坎五、震七，乾老陽是九。陰是「四」不用，回頭我再解釋為什麼「四」不用。陽是進的，艮是三，坎是五，震是七，乾老陽就是九，所以陽爻用「九」；陰是退的，陰從「二」開始，兌是二，離是十、巽是八、坤老陰是六，所以陰爻用「六」，十個數配八卦，所以天「三」、地「二」。為什麼陽不用「一」、陰不用「四」呢？「一」是太極之數，最開始的，原始的東西，所有的數都是「一」構成的，不管有多少萬萬萬都是「一」構成的，二啦！三啦！都不行，二是二個「一」，三是三個「一」，「一」都可以通。你拿「二」就不行了，「二」不能通陽，三、五、七、九是陽數，三呢？三不是「二」的倍數，還多一個呢，那一個怎麼辦呢？那一個就沒有辦法了，四是兩個「二」，到五呢，五通不了；六呢？六可以通，六是三個「二」；七呢？七通不了；八可以通，八是四個「二」；九呢？九通不了。「二」不能通陽，「三」呢？四，「三」沒有辦法；五，「三」也沒有辦法；六，可以；七，不行；八，沒有辦法；九，可以；十，沒有辦法。「二」不能通所有的數，其餘的更不能通所有的數了，只有「一」字通所有的數，為什麼「一」字可以呢？因為

「一」是太極，無往而不在，「一」既是太極，就缺「一」而不用，就是陽從「三」起。那麼「四」呢？陰為什麼捨「四」而不用呢？我不知道各位先生是否看過自己的四色？現在西方才發明「四色定理」[1]，「四色定理」是什麼東西？就是畫地圖，不管你多少國家，一百多個國，兩百多個國都可以用四種顏色間隔畫地圖，沒有兩個國家可以連接起來的，可以把所有的國家都區別得了，這就叫「四色定理」。因此「四」是具體的區別數，「一」是無形的太極數，「四」是區別數，所以我們四以成卦，陽爻的策數二百一十有六，是從哪兒來的呢？因為陽爻用九，拿四來乘，四九三十六，一爻三十六，六爻，三六一十八，六六三十六，二百一十六。陰爻的策數為什麼一百四十有四呢？拿四來乘，四六二十四，每爻是二十四，六爻二六一十二，四六二十四，一百四十四。文王的蓍數用「四」，所以我們用「四」除，四一而成卦。「四」是我們陰數裡面的區別數，因此「四」不用，這個「四色定理」，西方現在才知道，我們老早的四易成卦，拿四而演引呢，無數的萬萬的卦，都不會重的，兩卦合在一塊，不會重的，無論多少卦，不會重的，所以我們在陰裡頭，「四」不用，因為它是區別數，陽的裡頭「一」不用，因為它是太極數，所以把「一」、「四」兩數除掉。所以「參天兩地而倚數」，這是崔憬的說法。拿八卦來配合天一地二、天三地四這十個數，把天「一」、地「四」去掉，因為天「一」是太極數，地「四」是區別數，這兩個數不算，其餘的陽卦三、五、七、九四個就是艮卦、坎卦、震卦、乾

1　按：「只需要四種顏色為地圖著色」，最初是由倫敦的法蘭西斯‧古德里在1852年提出的猜想。作出這個證明的人是倫敦律師兼數學家阿爾弗雷德‧布雷‧肯普。《自然》雜誌1879年7月17日登載了「四色猜想得到證明」的訊息。（以上摘自《維基百科》）

卦，到九老陽就是乾；陰呢？從二兌卦開始，離卦是十，巽卦是八，到老陰坤卦就是六，這是崔憬的說法。

其次，就是唐朝孔穎達的說法。他認為「三是奇數之初」，奇數是一、三、五、七、九，奇數本來從「一」開始，但為什麼不用「一」呢？「一」是太極，所以把它去掉不算，因之從「三」開始。「以三中含兩，有一以包兩之義，明天有包地之德，陽有包陰之道，故天舉其多，地言其少也」，所以天居其多而曰「三」，地居其少而曰「二」，所以說天「三」、地「二」，這是孔穎達的第二個說法。

其次，有根據「河圖」的說法。「河圖」的一、二、三、四、五是裡面的數字，是無形的生數，生數是先天的數，是五行的發端，可以起數；外面呢？是六、七、八、九、十是無形的成數，成數是後天的數，是五行的結果，不可以起數。所謂生數、成數，我們大體上說過。所謂生數，是一、二、三、四、五，是沒有象的，還在氣化上，看不見的，還在氣化上的運行的跡象；到了成數，就是現在的後天的數，例如一個加兩個等於三個，是成數。生數是看不見的、摸不著，可是《易經》裡面講的多是生數，不是成數。「參天兩地而倚數」的倚字，根據《廣韻》：「倚者，立也、起也。」所以「倚數」就是立數或起數。「參天」是指天一、天三、天五，可見陽數在生數之中佔了三個；「兩地」是指地二、地四，可見陰數在生數之中佔了二個；陽數相加之數為九，$1 + 3 + 5 = 9$，所以陽數用九；陰數相加之數為六，$2 + 4 = 6$，所以陰數用六。（有關陽數用九與陰數用六，請參考《周氏易經通解》第一冊150頁「用九、用六合解」）

其次呢，朱子他認為「參天兩地」是根據「天圓地方」來說。朱子的原文如下：「天圓地方，圓者一而圍三，三各一奇，故參天而

為三。方者一而圍四，四合二耦，故兩地而為二。數皆荷此而起，故揲蓍三變之末，其餘三奇則三三而九，三耦則三二而六，兩二一三則為七，兩三一二則為八。」（宋·朱熹撰《周易本義》）什麼叫做「圓」的呢？「一而圍三，三各一奇」，「圓」者，就是中間「一」點而外面圍以「三」點，「參天」而為奇數，就是因此而起；什麼叫做「方」的呢？「一而圍四，四合二耦」，「方」者，就是中間「一」點而外面圍以「四」點，「四」是兩個「二」，「兩地」而為偶數，就是因此而起，這是朱子的說法。

　　以上就是介紹先儒「參天兩地」的各種說法。但是這些說法，在我們現在看來，有些近乎疏闊，沒有直接了當的涵義，使我們領會。我們的看法是，太極一變而為兩儀，二變而為四象，三變就變成八卦。因為太極是渾沌的東西，無形無體的東西，它變成有形象，或者變成最初那種氣化，一定要經過「三」度的變化，於是才成為先天的氣化，當「一」的時候，那氣化還沒有構成，還不能算為氣化，「三」變以後，成了八卦，才是化生萬物最原始的氣化，最原始的代表、指標。可是八卦它還不能代表，八卦一定要兩兩對待起來，才能夠起化生作用，因此「三」是它的基本數，那麼「三」呢？我們從前說過，陽氣化左旋，陰氣化右旋，原始化是這樣的轉，只是八卦還不行，要三倍的「三」，就是說它的分量加強了，它才能轉，所以「參天兩地」，由三變而為八卦，如果三倍的就這樣（左旋）的轉，那麼兩倍的就這樣（右旋）的轉，所以朱子講：「陽道常饒，陰道常乏。」（《朱子語類·卷七十七·易十三》）陽道經常的多一點，陰道經常的少一點，因此三起三是就量上講的，我們能講三起三這樣的（左旋）轉，二起三這樣的（右旋）轉，這講氣化上的能。講量呢？

天數比地數多，我們整個太空的氣化是分爲五等分的。這五等分拿陰陽來說的話，陽氣化佔三等分，陰氣化佔兩等分。整個太空間，陽是無形的能力，陰是有體的形跡，所以太空看到有體的形跡比較少，有形體的空間比較多。所以看到的有形體的星球佔太空的空間比較少，那其餘的渺不可測，很大很大的都是無形的能力，所以我們宇宙的一切，無形的能力大過有形的體積。因此我們人稟天地均衡之氣而生，人有形的體積是五官百骸，無形的能力是精神、意志，所以我們人類的精神意志，常常可以主宰我們五官百骸的身體；我們五官百骸受精神、意志的指揮，可是五官百骸不能指揮精神、意志；我們頭腦叫你手腳怎麼樣動，就怎麼動，你的手不能左右頭腦，你的腳不能左右頭腦，頭腦可以左右手腳，手腳不能左右頭腦。這是什麼道理呢？因爲「陽道常饒，陰道常乏」，因爲我們無形的精神意志佔我們身體的三等分，我們五官百骸佔我們身體的兩等分，我們五官百骸少於精神意志，我們人類恰好得天地均衡之數。「參天兩地」，就是天地之數，是三與二之比。他們西方國際共產黨所崇拜的那個唯物論，唯物史觀，是完全錯誤的，因爲他們不懂得宇宙的整體，能量大於體質。唯物論者他在這個地球所看到的只是這個地球，地球外面以及爲什麼造成地球，他不懂了，所以他們這個唯物論者，可以說是很幼稚的，早得很呢，他對宇宙根本沒有弄清楚，這是講「參天兩地」。

　　爲什麼講「倚數」呢？孔子在前面講到「幽贊於神明而生蓍」，所謂「幽」就是隱晦，「贊」者，就是探討、探求，在隱晦的中間探討、探求天地神明。「神」者，聖而不可知者，謂之「神」，「維天之命，於穆不已。」（《詩經·周頌·維天之命》）「天」道是無聲無臭的，在無聲無臭的中間，它就能夠化育萬物，作爲化育萬

物的主宰，它就是「神」；到了「地」呢？山河大地，沙石土壤具體的表現，所以叫做「明」。那「幽贊於神明而生蓍」呢？往年聖人伏羲氏，他從隱晦的中間而發現而探討，從無聲無臭、於穆不已、不可知的地方，一直探討到山河土地形跡畢現，一直到「明」，就是化隱爲顯。「幽贊於神明」就是從很幽暗的地方化成很明顯，從這裡頭生出「蓍」來。「蓍」是什麼？「蓍」是種蓍草，出生在山東，每株蓍草很奇怪，恰好是一百枝，因此把它劈下來，可以做兩個大衍之數。大衍之數是五十，所以就拿蓍草作卜卦、占卦之用。我們什麼事情不知道，我們聖人伏羲氏從蓍草來占，就知道了將來發展怎麼樣，就是化隱由顯，就是從於穆不已、無聲無臭，看不著、摸不著的地方，使其形跡畢具，這就是「蓍」的道理。然而這「蓍」的道理從哪裡來的呢？就是從「幽贊於神明」，因爲「蓍」字是講占數，所以第二句講「參天兩地而倚數」。「蓍」是講「數」，因爲宇宙中有好多東西發展的現象，我們沒有辦法知道的，今天我們能知道明天嗎？宇宙發展的過程，將來怎麼樣，我們不知道。可是宇宙有個東西我們知道，宇宙有什麼東西呢？存在宇宙中間有個「數」，一、二、三、四、五、六、七、八、九、十、一千、一萬，這個東西存在宇宙之間，不管你宇宙是怎麼樣的化生，宇宙都有個「數」的表現，我們從宇宙存在的「數」裡可以推算，所以「參天兩地而倚數」，怎麼推呢？以這個「參天兩地」爲基準啦，來確立這個「數」，來起「數」，這是「參天兩地而倚數」。

　　第三句，〈說卦〉裡頭很神奇，「觀變於陰陽而立卦」。「觀」者，就是看，「觀變」就是看這個變化。這個「變」字，有兩個解釋。過去我們解釋卦的時候，不是有「十有八變而成卦」（〈繫

辭上傳〉）嘛，這個「變」就是數的變化。我們對於這個現象，拿
這個占卦的原理、原則，把握它的變化，怎麼起？怎麼落？那個是
「陰」？那個是「陽」？這個現象高漲一點的，凸發一點的「陽」，
往裡收縮一點的「陰」，看這個起伏，就是「陽」呢？「陰」呢？
「陰」呢？「陽」呢？看這個現象，它的發展過程，就可以成一個
卦。「觀變於陰陽而立卦」，這個「陰陽」，就是起伏、大小、高
低，任何一個現象不外乎這些。比如，這個現象很濃、現象很淡、
現象很明、現象很暗、現象很高漲、現象很畏縮、現象很有力量、
現象很微弱、都有這個表現。把這些表現抓著了，就可以成立一個
卦。「觀變於陰陽而立卦」這句話，是孔子告訴我們「十有八變而成
卦」，基本十有八變，基於這個原理，就告訴我們安卦，我們任何現
象怎樣把它納之於卦，把現象納之於卦之後，再從卦上那個符號裡
頭的表現，才可以推算到這個現象的未來，是發展的，或是萎縮的。
「立天之道曰陰與陽，立地之道曰柔與剛」，「陰陽」是就它的性質
講的，「剛柔」是就它的功用講的，作用是剛、還是柔，具體表現
出來了，它就是「剛柔」的現象，可是它的原始呢？它的本質呢？
是陰、是陽，「陰陽」是就它本身來講的，「剛柔」是就它的作用
來講的。「立」者，就是安，「立卦」，就是安上卦，安成一個卦。
我們對於那個現象，把握清楚，起伏高低，於是乎給它安卦，安那一
個卦，這個很重要。如果只知道那個原理，但是不能夠使用，那麼這
個《易經》就是白學了，沒有用處；你要是把這個搞清楚，我們對任
何現象就可以體會它那個表現，就可以把它成立一個卦，才可以用它
來推演。沒有這個卦，我們就沒有法子推演，就不曉得將來怎麼樣發
展，是成功呢？或是失敗呢？你能安上一個卦，我們就可以依此推演
出來了，這個現象將來會怎麼樣發展，這是「觀變於陰陽而立卦」，

這是第三句。

　　「發揮於剛柔而生爻」，這是第四句。虞翻講「發」是動，「揮」是變，「發揮」就是變動。變動出來了，就變化。剛柔是和陰陽對著看的，例如，我們知道火是炎上的，炎上是火的性質，但火的性質炎上是陽，而發揮出來是燥熱的，從炎上到燥熱是陽與剛的情況；而水呢？是潤下的，但變化出來，水是流暢的，從流暢到潤下是陰與柔的情況。剛柔與陰陽配合起來，剛柔是現之於外，是具體的表現，陰陽是藏之於內，是它的本質。「發揮於剛柔」，就是變動剛柔，一個卦布成以後，它發動，它可以變化，假設陽爻一動就變成陰了，陰爻一動就變成陽了，於是就生出爻來了。陽變成陰，這是陰爻出來了；陰變成陽，這是陽爻出來了。但是這個「發揮於剛柔而生爻」，與「觀變於陰陽而立卦」，這兩個要套起來看。就是說，卦裡頭有位，爻是另外一回事，一、三、五是陽位，二、四、六是陰位。「發揮於剛柔而生爻」，看你怎麼變，如果是陽位，陽爻動了變了，就變成陰，陰爻就居陽位，就生出爻來；〈繫辭〉上講什麼叫做「爻」呢？「爻也者，效天下之動者也」，凡是一個現象，在發展過程中的動態，就是「爻」。比如，共匪發展中攻打越南，這是個「爻」，是動態。凡是一切的動，都是「爻」，現象不是一成不變的，它是動的，動了就成了「爻」。「觀變於陰陽而立卦」，這個卦安下來，它常是變的，並不是一成不變的，並不是永久就是這個樣子。「發揮於剛柔而生爻」，卦是套著現象，這個現象是動的，卦的「爻」就跟著，於是就生出「爻」來；生出「爻」就變卦，變卦就從此而出者。「發揮於剛柔而生爻」，剛柔替代陰陽，就是發揮出來的作用。我們地面的東西，這是具體的表面，這是地道了。「觀變於陰

陽而立卦」，這是天道了；「發揮於剛柔而生爻」這是地道了，已經
具體的表現出來，所以它變出「爻」來。「爻也者，效天下之動者
也」，就是具體的表現，生出「爻」來，這是第四句。

第五句，「和順於道德而理於義」。「道德」這兩個字，是
〈乾〉卦的體象，乾為「道」、乾為「德」；「和順」兩個字是
〈坤〉卦的體象；坤為「和」、坤為「順」。「和順於道德」，就是
坤陰順著乾陽，孔子的這句話是根據這個體象來的。「理於義」，我
們儒家的學說，「道德」、「理義」、「性命」，這幾個字很重要，
這是儒家學說的根本。什麼叫做「道德」呢？「道」呢，是「從辵
從昔」（《說文解字》），裡面是個「首」字，外面是個「辵」字，
「首」是什麼意思？「首」者，第一個是發端、開始的意思，第二
個，「首」是有目標的意思；「辵」是演進、運行、向前發展。所
謂「道」，就是宇宙有目標的創始，向前發展。這種發展是有目標
的，這種創始是有目標的，道就是宇宙有目標的創始與發展，這就是
「道」。「德」者是什麼？「德」者，得也，得之於「道」，合之於
宇宙有目標的發展，人若如此，就合乎「道」了，「德」就是這個意
思。不是現在自己節衣縮食，齋僧、布施，或者看見一大堆人沒有飯
吃，給人一碗飯吃，這不是「德」，這是恩惠，是「德」發揮的作
用，不是「德」的本質。「德」的本質和宇宙一樣，我們人一切的行
為，合乎宇宙發展的標準，合乎那個「道」，這就稱之曰「德」。宇
宙的發展是化生萬物的，是沒有私心的，宇宙把萬物化生了，自己
沒有了，所以「功成身退，天之道」，功已經成了，名望已經造就
了，於是自身就引退下來了，天之道就是這個樣子。所以宇宙化生萬
物，把萬物化生了，它自身沒有了，它不是為自身的，它是為化生萬

物的。假設人類的一切行爲，爲了社會，沒有自己，把社會理好了，自己就引退了，那這就是大「德」，合乎「道」。所以人所做所爲，要合乎這個大「道」，我們的目的，無非是要發展社會，把社會發展好了，我自己就引退下來了，不是爲自己，這才是「道」，這才是大「德」，不是有幾個錢，給窮人一頓飯，這些小恩小惠夠不上什麼「德」，「德」者和宇宙一樣大，才做「德」。「道德」兩個字是這樣解釋。

「理義」呢？什麼叫做「理」？什麼叫做「義」？「理」者，就是文理，就是條理。象牙裡頭就有一絲絲的條紋，那就是「理」，那就是紋理。宇宙裡頭一切都有紋有「理」，比如，我們吃豬肉，拿豬肉來切，豬肉裡頭有絲絲的，你要順著那個絲絲去切，就切得很快；你要不順著那個絲絲去切，就切得很慢，因爲它裡頭有條有「理」。所以《莊子》解牛篇，那個「庖丁解牛」，解了十九年牛，那個刀還是新的，他爲什麼會解牛呢？因爲他懂得牛身上的紋理，所以他不會傷刀的；不懂得的就亂砍，那樣刀就很容易的砍壞了。而他呢？十九年了，那把刀還是新的，就是構成宇宙萬物，一切都有個「理」，有個條理。「理」呢？就是這個東西，就是說宇宙的發展，有個路線，有個規則的。《詩經》上說：「天生烝民，有物有則。」（《詩經‧大雅‧烝民》）有那個東西，就有那個法則，那個法則，就是它的條理。宇宙的發展，它有一定的路線，這個路線，就是氣化運行它有一定的規則。我們講五行，五種運行，就是氣化運行的五種條理。氣化運行的條理，到了人事社會就變成理性，就變成「理」。我們做一切事情，要合乎條理，所謂天理昭彰，什麼叫做天理呢？就是氣化運行的條理，叫做天理。因爲我們人是稟氣化而生的，氣化運行就變

成我們一個胎胚、一個兒童，氣化運行把我們變成一個人；那氣化運行的條理也跟著到了我們頭腦子去了，鑽到我們人體裡面，就變成了我們人類的理性，我們人有理性就是從這兒來的，就從條理來的。氣化變成了我們的人體，氣化的條理，變成我們人體裡頭的理性，這是「理」。什麼叫做「義」呢？這個「義」，這真是儒家的基本學說。「義」者，事之宜也。凡是一切事情，它都有個妥當合理的安排處理。孟子講：「仁，人之安宅也。義，人之正路也。」（《孟子·離婁上》）「義」呀，事之宜也。做一切事情，它有個恰當的標準，合乎那個標準，就是「義」；不合乎那個標準，就是不「義」，所以孟子講：「義，人之正路也。」一條正當的路線，你要走，你一切的行為，要跟著這個正當的路線去走，那就合乎「義」。因為宇宙，它沒有個錯的，它發展萬物，它是一定很有條理的，把它發展出來，運行出來。可是人呢？人就不一定了，人不是個個都得道的。德者，得也。能夠得道，就謂之德也。不是每一個人都能夠得宇宙天道，大半人不懂，昧於這個道理，人類的行為，不一定每個人都能妥當的按著正路而行的，有些人他走邪路、歪路，他不按著正路而走，所以儒家學說特別把它提出來而立於「義」；「義」就是正當的路線，合乎宇宙化生萬物的條理，就叫「義」。

「道」、「德」、「理」、「義」四個字都交代了。「道」、「德」是〈乾〉卦的體象，「理」、「義」呢？是〈坤〉卦的體象，「理」、「義」是有形跡可見的；「道」、「德」呢？沒有形跡可見的，是天道、是〈乾〉卦的體象。「義」，人之正路也。它有條大路可以走，「理」有條理、有紋理，象牙裡頭有紋理，肉絲子裡面有條理，它有有具體的形跡可見，那就不是「神」而是「明」。「明」

就是地道，地道是「明」，「道」、「德」是乾道，「理」、「義」是坤道；「道」、「德」、「理」、「義」這四個字的意義交代了。什麼叫做「和順於道德而理於義」？孔子他是不圖功利的，他不同老子，老子是圖功利的，孔子是站在人類的立場上來講學的。「和順於道德」，誰去「和順」呢？叫我們人「和順」於道德，就「和順」這個乾，宇宙發展的序秩、條理、軌道，我們要「順」著它，不僅要「順」著它，要「和」，「和」者融爲一體，「和」宇宙的發展路線融爲一體；我所做的，就是宇宙的發展，宇宙的發展，就是我所做的，融爲一體，「和順」於道德，這是對我們自己內在的立品而言。第二呢？立之於內而現之於外。「和順於道德」是立於內，我內心是這樣的，「和」宇宙融爲一體，「順」著宇宙的發展去做。而「理於義」呢？是見之於外了。你「和」宇宙融爲一體，你怎麼個融法呢？表現出來處處有條理；條理呢？是事之宜，是很妥當的，就是要在很恰當，而又合乎條理的路線上，「理於義」，這句話是這樣的解釋。

　　第六句話，「窮理盡性以至於命」，這是最後的一句。前頭講「道德理義」，現在講到「性命」，什麼叫做「性」？什麼叫做「命」？《中庸》上講的：「天命之謂性，率性之謂道，修道之謂教。」什麼叫做「性」？天命之謂「性」。「命」是什麼東西？「性」是每個東西都有它的性能，比如，水吧，它的性能是流暢的，可以潤澤東西的；火吧，火的性能是燥熱的。每個東西都有它的性能，火有火有性能，水有水的性能。性是隱藏在物體裡面看不見的，比如，火吧，在它的裡面你怎能看得見它的性能，我們必須試一試才知道，「命」則不然。什麼叫做「命」呢？天賦給你的一個結構，天交代給你的一個結構叫做「命」。爲什麼天把他生的這麼矮？天賦給

你的矮嘛；為什麼天把你生的那麼高？天賦給你的高嘛；天叫你是個胖子，你不會瘦；天叫你是個瘦子，你不會變胖；天叫你是個矮子，你不會變高；天教你是個長子，你不會變矮；天交代的這個組織、這個結構就叫做「命」。什麼叫做「命」？生理加心理就叫做「命」。生理，五臟六腑怎麼構造的？心理，你心裡思維路線怎麼個想法？這個生理加心理，就等於命理，就是個「命」。我國所謂看相也好，算命也好，就是從這個「性」、「命」兩方面發展的，觀察你內在心理的組織性、觀察你外在的組織命。有所謂性宮，有所謂命宮，修性宮的就所謂修心，不思不想，頭腦子很淨化。道家的所謂守竅，守竅呢？就是淨化頭腦子的不二法門；佛家也有啦，佛家叫做守空。守竅呢？後來的許多人，把我們祖宗流傳下來的生活習慣都遺忘記了。比如，我們屋裡掛的那些字畫，現在一些富商大賈，附庸風雅，也找名人寫些字，畫些畫，他也不知道掛字畫的用意何在？反正他也有幾個錢，有那些名公大老給他寫幾個字，掛在那兒闊氣闊氣，排場排場。事實上，屋子裡頭掛字畫不是這個作用，就是安定你的心理的。一個人在屋子裡頭坐著，在情緒上沒有個著落，假設你沒有事的時候，就沒有個著落，心裡就亂七八糟的，上下五千年，縱橫九萬里的亂想，那個亂想，對於頭腦的損失很大。所以古人才掛上些字畫，在你沒有事的時候，你去看一看，想一想，把心收一收。所以道家修道，有個觀象的說法，譬如，花吧，害病的時候，人家送花，在房裡插上花，那為什麼？那就叫做觀象，你看看花，使精神有所定，不要煩悶，精神有所定，可以幫助治療病。我們家庭常常插花，為什麼？就是為這個，你借花入定，叫觀象。道家修持入定就叫觀象，我們利用花、利用字畫，來安定自己的心理精神，這是觀外象，這是第一步。第二步，叫守內竅。自己把自己的心思，放在丹田上，不要亂想，一想就

想自己的丹田，這是守竅，這是性宮。命宮呢？例如，打打太極拳，命宮就是鍛鍊身體的，所以學命宮呢，要動。修性宮呢？要靜，靜是修性宮的，動是修命宮的不二法門。命宮要動，所以我們要常常打拳，身體才能好，要運動，這是修命宮的；修性宮的要靜。「性」、「命」兩個字，我們拿道家修持來講這個意義。

　　「窮理盡性以至於命」，「性」是看不見的，修心理者，佛家是坐禪入定，是修性宮的；道家在那兒運氣吐納，就是修命宮的。「性」、「命」兩個字就是這樣個說法。但這個「盡」字是怎麼個說法？《孟子・盡心上》說：「盡其心者，知其性也。知其性，則知天矣。」怎麼叫做「盡其心」呢？就是把這心完完全全的都收回來了，心裡沒有一點外露，沒有一點外事，完全的沒有一點的破壞，完整的叫「盡」。「盡性」呢？就是把這「性」完完整整搞清楚了、了解了，從哪兒完完全全的了解？「窮理」，完完全全的了解宇宙氣化那個運行的天理、條理。「窮」字，同「盡」字、「至」字，這三個字都是登峰造極的意思。「窮理」，「理」者，就是天理、條理，宇宙氣化那個運行的天理、條理，從那個天理、條理，一直衝到那個極點，從那個路線上「窮理盡性」，徹頭徹尾的了解了「理」、「性」。由這個宇宙上發展的條理，一直往上推求，推求到完完全全的，整整齊齊的，徹頭徹尾的了解了「性」，把這個「性」搞清楚了，認識了這個「性」，「以於命」，以至於發揮到「命」。「性」者，是在上的，「命」者，是在下的。前面講的「幽贊於神明而生蓍」，天道謂之「神」，地道謂之「明」。「性」者，是在上，不可見的，是「神」；「命」者，是在下的，可見的，是「明」，是地道。「窮理盡性」，根據於宇宙大道發展的條理，一直推求，推求到

在上完全了解到這個「性」，在下完完全全認識了自己這個「命」。「命」者，就是構造。把自己的生理、心理結構認識清楚了，再推己以及人，把現在社會的一切結構是什麼樣的體態認識清楚。把自己認識清楚了，把社會弄明白了，這樣自己才生活得有意義。要不然，社會上很多的人，活到七十、八十，他一輩子，問他，他也答不出來，這種人社會上很多很多，你問他爲什麼？他也莫明其妙，自己活一輩子到死爲止，自己找不到自己的答案。所以孔子在卦象上就講這一段，這是開頭的〈說卦〉。要說明卦是萬象的指標，我們認識這個現象，是怎麼樣認識？這個方法，這前頭這七句話，是個頭子、是個帽子，也叫我們從這個路線去認識。「幽贊於神明而生蓍」，從這個「蓍」字，於是乎「參天兩地而倚數」，從這個「數」，再「觀變於陰陽而立卦」；再呢，「發揮於剛柔而生爻」；再呢，就是「和順於道德而理於義」；最後，就是「窮理盡性以至於命」。這樣的一步一步的來認識這個象，這個導言是如此，後頭就接著講了。

第二章

昔者聖人之作《易》也，將以順性命之理，是以立天之道，曰陰與陽；立地之道，曰柔與剛；立人之道，曰仁與義。兼三才而兩之，故《易》六畫而成卦。分陰分陽，迭用柔剛，故《易》六位而成章。

「昔者聖人之作《易》也，將以順性命之理」，前頭爲什麼要作這個帽子呢？聖人爲什麼作《易》呢？「將以順性命之理」，在天爲「性」，在地爲「命」，萬物都有這個「性」，萬物都有這個

「命」，作易要順著這個萬物「性命」的條理。《詩經・大雅・烝民》說：「天生烝民，有物有則。」有一個東西，就有一個東西的法則，作《易》就順著天地「性命」的法則。「仰則觀象於天，俯則觀法於地」、「近取諸身，遠取諸物」（〈繫辭下傳〉），仰以觀天，觀什麼呢？俯以觀地，觀什麼呢？近取諸身，取什麼呢？遠取諸物，取什麼呢？就是順這個「性命」之理，把所有在天空的、在地下的、近在本身的、遠在萬物的歸納起來，從這裡面，把這「性命」的條理抽出來，於是作成《易》。「是以立天之道，曰陰與陽；立地之道，曰柔與剛；立人之道，曰仁與義」，在天是陰陽，陰陽是本質，講它性能的。性能是陰是陽，就是在原始的時候，它是隱藏的，還沒有表現出來；它的原始性能在天，就是還沒有表現出來在原始時候的那個性能。我們一般人不了解這個陰陽，固然萬物雄的是陽，雌的是陰，天是陽，地是陰，但不僅是這個，萬物都有個陰陽，一切東西都有陰陽。比如，我這個手拿杯子，這個手就是陽，這個杯子就是陰；國家政府統治理老百姓，老百姓就是陰，政府就是陽；政府施行一個政策，政策一施行，這個政策就是陽，而這個政策施行到社會上就是陰。一切的現象，都有個陰陽，那麼我們怎麼分辨呢？一切現象，凡是主動的、發創的都是陽；凡是被動的、承受的就是陰。「乾知大始，坤代有終」，乾是開始的、主動的、發創的，坤是最後結果的、被動的、承受的，所以我們看一個現象，最後表現是陰，開頭發動的是陽。每一個現象都有陰陽，我們一定要了解了這個陰陽性能，才可以安卦。那個現象在那個段落，它是陰，在那個段落，它是陽，於是我們才可以說這是陰爻，這是陽爻。陰陽這個東西若不了解，那就不行了，所以陰陽不僅我們男女是陰陽，雌雄是陰陽，天地是陰陽，不僅是這個，萬有的現象都有陰陽，這樣的陰陽合用，才可以安卦。所

以「立天之道，曰陰與陽」。

　　「立地之道，曰柔與剛」，「陰陽」是講它的性質，「剛柔」是講它的功能。「陽」的性質，發揮出來它是個「剛」的，因爲「陽」老是自強不息，它是動的，它在那兒創造，它不停止的創造，發揮出來就變成「剛」的性能；「陰」呢？它是收斂的，慢慢的收斂成一個形體，便是種「柔」，「柔」者是見之於外的，有形跡可見的。「陰陽」是無形象可見的，是先天的性能，所以叫「立天之道」；有形象可見的是「剛柔」，所以叫「立地之道」。由這個天道的「陰陽」與地道的「剛柔」，於是乎引申出來孔子做學問的一個主要的要點。他講一切的學問，刪《詩》《書》，訂禮樂，歸根結底，它都收到「人」的立場上來，收到「人」的立場上來，這個才有用。我們研究學問做什麼？要有用處，假設你這個學問與我們人類沒有關係，這個學問我們要它做什麼？西方的哲學，他們的知識論、本體論，縹緲於天地之外的，與我們人類毫無用處，毫無關係的一種技術，要它幹嘛？沒有用處的，而孔子的治學精神就在此。老子的學說爲什麼不能像孔子的學說歷代歷代的發揚？因爲老子講天道，他就天道而言天道，他把人道去掉了；孔子講天道呢，他是爲人道而講天道，他「極高明而道中庸」（《禮記·中庸》），道理就在於此。所以他最後呢，說：「立人之道，曰仁與義。」「人」呢，就要「仁義」，「仁」與「義」是儒家學說的眞諦。什麼叫做「仁」呢？什麼叫做「義」呢？「仁」呢？我們常常說麻木不仁，而我常常講的桃仁、杏仁、花生仁，這些都是「仁」。爲什麼桃仁、杏仁、花生仁，都講「仁」呢？因爲桃仁、杏仁、花生仁那裡面一點點小仔子，那點點小仔子種在地上，它就能長出桃子，長出杏子，長出花生，它是發揮生

機樞紐之所在，就謂之「仁」。那麻木不仁呢？這個地方生機沒有了，所以叫不「仁」；生機樞紐之所在，就謂之「仁」。生機樞紐之所在，在人類來講，就是至情至性，人的生機之在什麼地方？就是在至情至性。我們看到父母死了，或是遇到很急切的事情，他自自然然的流出眼淚，自自然然的悲從中來；我們看到不合理的事情，自自然然的憤憤不平，太陽筋就暴出來了，血管裡的血在奔騰，嘴唇發紫，臉色發青，手腳哆嗦，甚至於死了，也在所不惜，誰教他呀？為什麼嘴唇發紫？為什麼臉色發青？為什麼太陽筋就暴張？為什麼手腳哆嗦？為什麼血管裡的血奔騰？為什麼連死也不顧惜？那個不容易，誰教他的？「仁」，那是至情至性發動的，那個就是「仁」。所以孟子說「仁者，無敵於天下」（《孟子・梁惠王上》），你真是至情至性發動的，天下沒有敵人，打不倒你的。因為至情至性的人，說起勇來，他最勇；說起義來，他最義。人與人之間彼此有距離，可是仁者呢？他沒有距離，他把別人都當作自己一樣，所以別人都覺得他很好、很爽朗，都願意和他來往。連〈游俠列傳〉裡頭的朱家、郭解，一個布衣，他沒有勢力，也沒有什麼錢，他為什麼能做到這個地步？就是「仁」。他就是以一種至情至性的心，和人來往，所以天下的人都樂於和他交游，「仁」就是這個東西。「仁」是藏之於內的，「義」呢，是發之於外的。「義」者，事之宜也。這個事情應當做吧，我就做，合乎「義」；這個事情不應當做吧，我就不做，合乎「義」。不應當做者而要做，應當做的而不做，就是不「義」。「義」者，是應該的，那件事情應該的，那件事情不應該的，看得很清楚，那就是「義」。「仁」呢？是從「天」道來的，藏之於內，所以「立天之道，曰陰與陽」；「義」是從「地」道來的，表露於外，所以「立地之道，曰柔與剛」；發展於「人」的方面，就是「立人之

道，曰仁與義」，「仁」就是陽，「義」就是陰，「仁」就是剛，「義」就是柔。

　　「兼三才而兩之，故《易》六畫而成卦」，天、地、人叫做「三才」，我們這個卦，三畫的是☷，六畫的是☷。卦的次序分天、地、人「三才」。「才」者，就是它的功用，天的功用，地的功用，人的功用。三畫的卦，在上的這一爻屬於天，天的功用是形而上的，形而上的是空洞的，是主宰的，是一種能力；在下的這一爻屬於地，地的功用是形而下的，形而下的是實質的，是一個形體，是承受的；在中間的，是人位。人呢？是屬於兩方面的，所以人呢，是「兼三才而兩之」。六畫的卦呢？要「兼三才而兩之」，就是兩倍的三才。為什麼？它沒有說明這個道理。原有的三畫裡頭有那些不同的東西在裡面：有空洞的那個能量、有含有實質的那種形體、也有半是空洞半是實質的。三畫的原始氣化有這些東西，它雖有那種氣體，它不能具體具體表現出來，因為它還是原始的氣化，不能夠作為後天的作用表現出來。後天的作用要表現出來，一定要「兼三才而兩之」，這就是為什麼要「兼三才而兩之」的道理。宇宙任何東西的化生，都是兩個東西以上才能化生，一個搞不出來個東西。一個人創造事業絕不可能，一定要兩方面才能夠創造一番事業來，社會現象是如此，比如，我們講座，有講的，有聽的，有對待的，才能夠創造一個現象出來。宇宙萬物必需要兩個才能化生，一個不行，人必須要一個男的，一個女的，才能夠生兒育女；假使宇宙在開始的時候，只創造一個男的，那早就絕了代了，假使只有一個女的也不行，它一定要有個對待，要兩方面的，所以它一定要「兼三才而兩之」，這才行。

　　「分陰分陽，迭用柔剛」，一卦裡頭，它有位：一、三、五是陽

位；二、四、上是陰位。「分陰分陽」，這是說位置上是分陰陽的，「迭用」就是這個這麼用，那個那麼用，不一定的，就是互相選來用的。「陰陽」是指爻位而講的，「柔剛」是指爻而言。爻是迭用的，陽位，有時它爲陰爻占了，有時它爲陽爻占了，有些卦固然陽位需要陽爻，但是有些卦，它陽位需要陰爻，不一定陽位陰爻就壞，有時候陽位被陰爻佔居了並不壞。比如，火天〈大有〉卦䷍，六五是陰爻而居陽位，但是這一個陰可以統率諸陽，在〈大有〉之象，它並不算壞。有時候陽爻居陰位也並不壞，陽太剛了，居於陰位，可以柔和一下，並不壞。當然了，爻本來是要當位的，可是在有些時候，有某種情形，它不當位，也可以就叫做「迭用柔剛」，可以用陰爻居，也可以用陽爻居。

「故《易》六位而成章」，「章」者，文理也。六畫而成文彩。這一句是對前頭「分陰分陽，迭用柔剛」的說法，而予以總結。

第三章

天地定位，山澤通氣，雷風相薄，水火不相射，八卦相錯，數往者順，知來者逆，是故《易》逆數也。

第一句「天地定位」、第二句「山澤通氣」、第三句「雷風相薄」、第四句「水火不相射」，這四句話把這個八卦的大象指示出來了。第一句「天地定位」呢，它是講乾、坤的，乾爲天，坤爲地，把乾、坤兩卦的大象指示出來了；第二句「山澤通氣」是代表艮、兌兩卦，艮爲山，兌爲澤，把艮、兌兩卦的大象指示出來了；第三句「雷風相薄」，震爲雷，巽爲風，把震、巽兩卦的大象指示出來了；第四

句「水火不相射」，坎爲水，離爲火，把坎、離兩卦的大象指示出來了。所以這四句話將八卦的大象指示出來了。

　　第一句「天地定位」怎麼講呢？過去有幾位先生希望我講《長短略》，事實上，《易經》上的每一句話，都是《長短略》，比如「天地定位」這句話，就是最高的《長短略》，它是什麼意思呢？我們一節節地講，第一個我們講象，我們看那個大圓圖－先天八卦圖，乾卦在上面，居南，坤卦在下面，居北，一般的先儒講「天地定位」，就是根據那個大圓圖（先天八卦圖），乾南、坤北，乾爲天，在上，坤爲地，在下。可是虞翻的解釋，他是根據二、五，五爻是天位，二爻是地位，虞翻的解釋，所謂「天地定位」，五爻居尊位，二爻居卑位，這就是所謂「天地定位」。先儒們的解釋不一定很正確，要依照這一種解釋，這一句話太簡單了，沒有什麼意義。事實上，「天地定位」，第一個什麼叫「位」？第二個什麼叫「定」？「天地」當然是乾坤，卦裡面所講的「位」，一、三、五是陽位，二、四、六是陰位，孔子在大小〈象〉中，在〈象傳〉中，講的「位」，都是這六爻的位置，不是講那個圓圖的「位」，什麼叫「定位」呢？這要看「當位不當位」，「得位不得位」，一、三、五是陽位，陽位應該在陽位上，才能發揮陽的作用，這是「當位」，「得位」；陰應該居於陰的爻位上，才能發揮陰的作用，這也是「當位」，「得位」，此之謂「定位」，居其所安，居你應居的地方。孔子在《中庸》上說的素位而行，「素富貴行乎富貴，素貧賤行乎貧賤」、「君子思不出其位」，我自己在什麼地位，我就照著我的職位而做，孔子就是指這個「位」說的，在卦上就是指爻之「位」，不是指那個大圓圖上的「位」而言。

　　至於爲什麼天要居一、三、五，地要居二、四、六呢？這就表示天在先，地在後，這裡頭有「先後」、「主從」之分，因爲有「先後」、「主從」之分，所以才談得上「定」，你要定個「先後」，定個「主從」，比如，講《長短略》的話，你做任何一樣事情，組織一個公司吧！第一個就要「天地定位」，公司行號裡頭，誰當經理？誰當董事長？底下各部門人才的分擔，「先後」、「主從」之間，眉目搞的非常清楚；是經理的人才，就委之以經理，是辦事的人才，就委之以辦事，這樣上下之間咸悅，這叫「天地定位」。在數上爲什麼我們講一、三、五，二、四、上呢？因爲在數上先有一，而後才有二，沒有一，怎麼會有二呢？先有三，而後才有四，先有五，而後才有六，陽爻天的位置在「先」，地的位置是在「後」，天的位置爲什麼在「先」？地的位置爲什麼在「後」？因爲「天」的位置是能力，「地」的位置是形勢，形勢是要跟著能力去做的，因之我們身體的五官百骸要跟著精神意志走，五官百骸要不跟著精神意志走，那就變成神經病的行爲，所以叫「天地定位」，「先」有陽，「後」有陰。這點西方的唯物論，就是不通之論，把整個宇宙看作物體。宇宙從哪裡來的？宇宙是從能力來的，你是「先」有能力，而「後」才有這個物體，沒有能力，物體是不能成功的，設使這個桌子的能力完了，這個桌子就變成一團灰，我面前這個桌子還有能力，還有「天」在裡頭，他能夠撐得住，還能有作用，假設我們把桌子放在外面，日曬風吹個二、三十年，他還能存在嗎？他將變成灰了，那個就是它能力沒有了，能力沒有了，形體也就沒有了，所以人一死，精神一脫殼，這個身體也就爛掉了，所以你沒有能力，也就沒有形體，「先」有能力而「後」才有形體，這是從「先後」來看「天地定位」的一個說法。

　　第二個講「主從」，「天」是個主宰的，「地」是個服從「天」的。「天」的氣化變更，「地」是承著「天」的氣化變更而才能化育萬物，所以「地」是屬於「從」的方面，「天」是屬於「主」的方面。我們社會上各階層、各種事業的發展推行上，都有個「主」、「從」之分，萬事萬物都有個「主」，下頭才能跟著這個「主」去做，跟著這個政策去實行，這個政策就是「主」，大家的實際行動就是「地」，所以處處都有「天」、「地」，這是一個說法。其次，在「先天卦數橫圖」上，乾坤生六子：一生爲震、巽，再生爲坎、離，三生爲艮、兌，艮、兌、坎、離，震、巽爲乾坤的六子，這是長子（震）、中子（坎）、少子（艮），這個是長女（巽）、中女（離）、少女（兌），天地生了這六個兒女，「天地定位」，天地首先要自己安定，先把「先後」的次序要搞清楚，「主從」的關係要搞清楚，然後這六子才能夠活動，才能夠應用，這是第一句話。

　　第二句，「山澤通氣」，山澤如何通氣呢？艮爲山，山本來是坤體；兌爲澤，澤本來是乾體。艮七而坤八，艮接近於坤；兌二而乾一，兌和乾最接近。艮、兌他們兩個接近父母，就代替父母通天地之氣，通乾坤之氣。「山澤通氣」，從這一句話，可見得我國先聖先賢實在是偉大的物理學家。因爲地面上最高的地方是山，最低的地方是海、是澤，汪洋大海與最高的崇山峻嶺，是地球的兩個孔穴，地球內部的一切熱能、氣化就是從這兩個穴道向外噴射。所以火山向外冒火，噴射岩漿；從來沒有從平地上向外冒火，噴射岩漿者，因爲它不通氣。海嘯、颱風是從海上來的通氣；雲從哪兒來的？從地心上來的，但它不從平地而從山頭上發現，這也是通氣，這就是「山澤通氣」。拿我們自個身體來解釋也是一樣，我們身上有多少穴道，我弄

不清楚，得問會針灸的先生們，但是人身上的穴道多半是在凸出來的地方，或者是在低漥的地方，比如說，乳房穴，兩個奶是凸出的，兩個太陽穴在鬢角是漥下去的。爲什麼人身上的穴道多在這些地方呢？因爲高的地方是山，低的地方是澤，這就是山澤通氣。「山澤通氣」與「乾坤定位」，後者爲什麼要講「定位」呢？因爲乾是純陽，坤是純陰，各形其體，各行其事，你做你的，我做我的，位分定了，除乾坤而外，其餘的六子，都陰陽混合的，惟有乾坤是純陽、純陰，是單獨，各從其分際，所以叫「定位」。「山澤通氣」則不同了，因爲這個山高頭一個陽，澤呢高頭一個陰，山呢，底下是兩個陰，兌呢，底下是兩個陽，互相溝通，這個陰就是那個陽，那個陽就是這個陰，它兩個相交，互相通氣，虞翻講：「同氣相求」，這就是〈乾〉卦〈文言傳〉子曰：「同聲相應，同氣相求。」我們作文上講，同氣相求，同聲相應。

　　第三個講「雷風相薄」，雷是代表震，風是代表巽，巽是風，震是雷，薄者，逼也。我們在先天卦數橫圖上看，震卦是四，巽卦是五，它們很逼近，逼迫互施壓力，聚則爲雷，散則爲風，一股子氣聚集起來，於是乎「崩！」就爆發成雷，散起來就是風。以我自己的身體來看，身體裡頭的作氣、排氣，是最接近的，腹中喞喞咕咕作響，那是風，作響以後它就要排氣，或是噶氣，或是放屁，那就是雷，所以叫「雷風相薄」。以自然界來看，自然界裡天氣壞了，起風打雷的時候，風雷相逼而來，一颳大風了，就澎澎的打雷了，因爲它們在卦體的先天卦數橫圖上最接近了。事實上兩個源頭是一樣的東西，因爲《易經》裡頭重視「陽」，這個「陽」集中在一點就要向外突破，變成雷；這外面兩個「陽」，被底下的一個陰吸引著了，凝聚著了，於

是它就散開了，變成風。所以震出也，巽入也，震往外出，巽往裡頭鑽，風都是往下鑽，雷都是往外出。這一股子力量（陽），集中了，就變成了雷，宇宙沒有永遠集中的道理，集中到最後，它就散了，散了就變成風，散了一個時候，於是它又集中了，就變成了雷。這兩個東西，集中了就變成雷，散了就變成風，因為它源頭太接近，你壓迫著「氣」（陽），太壓迫了，雷就把「氣」（陽）散了，太散了，風又把它（氣）集結起來，又變成雷，所以「雷風相薄」，這是第三句話。

　　第四句「水火不相射」，射者害也，厭也，犯也，所謂水火就是坎離兩卦，因為坎離兩卦一個是六，一個是三，中間間隔了震巽，所以它不相犯。水火怎麼能不相犯呢？水龍頭的水會把火澆滅了，鍋裡的水會被火燒乾了，實際情況水火是相射相犯的。八卦裡面的水火，是先天的水火，不是我們講實質上的水火，先天境界的水是一種濕潤的氣化，先天境界的火是一種燥熱的氣化，那個氣化很燥熱了，那就是火，那個很濕潤了，那就是水。例如，今天的天氣裡面的水分非常的多，就是水，就是坎，前幾天非常的燥熱，那就是火，就是離，所以先天境界的水火，就是滋潤的氣化與燥熱的氣化。這兩個氣化在源頭上不但是不相犯，而且是相通的。比如，農村裡，把那割下的濕稻草堆在一起，堆個相當的時候，你摸摸裡面，是滾熱的，這就是濕能生熱，滋潤久了，就能生出燥熱，因此水火不但不相犯，而且是相通的，水可以生火，火可以生水。火山的石頭外面是黑的，最堅固的石頭外面是黑的，因為它在土壤裡頭被火蒸得很熱了，表面的顏色就變了，那種特別烏黑的石頭，裡面藏的水分最多，所以水火是相通的。我們關子嶺水火同源，水可以不妨礙火，火可以不妨礙水，這就叫

「水火不相射」。拿人情世故來說，一個是滋潤的，一個是燥熱的，燥熱的是種嚴厲的的現象，滋潤的是種溫柔的現象，柔的滋潤和剛的燥熱要相互爲用，不相犯，我們用柔的滋潤不能損害剛的燥熱，假設柔到極點，洩了氣，到了剛不起來，不行，所以柔的滋潤要保持個相當程度，它能夠變成燥熱的剛，燥熱的剛也要保持個相當的程度，它能夠化成滋潤的柔，在國家政策上、在國際外交上要互相配搭著用，這叫做「水火不相射」。這四句話解釋，它的精華就在後面。

所以它說：「八卦相錯，數往者順，知來者逆，是故《易》逆數也。」玄機就在這兒。「八卦相錯」，很多的先儒們以爲是剛柔相摩，八卦相盪，就是我們在講〈易例〉時候，附著的那個八卦相生的圖，就是八卦摩盪圖。兩個卦互相的摩，於是就變成六十四卦：乾卦和兌卦相摩，就變成天澤〈履〉；乾卦和離相摩，就變成天火〈同人〉；乾卦和震卦相摩，就變成天雷〈无妄〉；乾卦和巽卦相摩，就變成天風〈姤〉；乾卦和坎卦相摩，就變成天水〈訟〉；乾卦和艮卦相摩，就變成天山〈遯〉；乾卦和坤卦相摩，就變成天地〈否〉；兌卦和離卦相摩，就變成澤火〈革〉。乾卦上頭加乾，就變成〈乾〉；乾卦上頭加兌，就變成了澤天〈夬〉；乾卦上頭加離，就變了火天〈大有〉；乾卦上頭加震，就變成了雷天〈大壯〉；乾卦上頭加巽，就變成風天〈小畜〉；乾卦上頭加坎，就變成水天〈需〉；乾卦上頭加艮，就變成山天〈大畜〉；乾卦上頭加坤，就變成地天〈泰〉。八卦相摩，就是互相變通，變成六十四卦，「八卦相錯」，一般的先儒是這樣的解釋。

「八卦相錯」，還有另外的說法，比方，乾卦和坤卦，乾卦是純陽，坤卦是純陰，乾卦都是剛，坤卦都是柔，以剛對柔，以柔對

剛，兩個是相錯的；兌卦和艮卦是相錯的，兌卦高頭是陰，艮卦高頭
是陽，兌卦下頭兩畫是陽，而艮卦下頭兩畫是陰；震卦和巽卦，震卦
下面是個陽，上面兩畫是陰，巽卦下面是個陰，上面兩畫是陽；離卦
和坎卦，離卦的中爻是陰，坎卦的中爻是陽，離卦的上下兩爻是陽，
坎卦的上下兩爻是陰。以上八卦陰陽相錯，這也是個說法。我覺得這
個說法較有意義，「錯」，我們說「犬牙交錯」，大的牙齒，上面犬
牙的尖端對著下面的夾縫，下面犬牙的尖端對著上面的夾縫，以這個
尖鋒對著這個夾縫，以這個夾縫對著這個尖鋒，「錯」字就是這個解
釋。這個尖的就是剛的，這個縫就是柔，拿這個實在的（剛），對那
個空虛（柔），拿那個空虛的（柔），對這個實在（剛），以實對
虛，以虛對實，以剛對柔，以柔對剛，犬牙相錯，是這個錯法，八卦
都是這麼相錯。

　　現在交代「數往者順，知來者逆，是故《易》逆數也」，這一
章最後這幾句話最重要。「數往者順」，這個「數」作上聲，是個動
詞，「《易》逆數也」，這個「數」是去聲，作名詞用，這是第一個
要解釋的。第二個要解釋的是「往者」、「來者」，「往者」有二
意，所謂「往者」是以往的，「來者」呢，未來的，這是第一個意
義，是指時間講的，第二個是自內而外，由下向上，向上就謂之往，
向下就謂之來，我們過去講過〈泰〉卦是小往大來，〈否〉卦是大往
小來，向外走就謂之往，向內走就謂之來，這是就卦氣上說，「往
者」、「來者」大致上有這兩個說法，先儒們大半注重在第一個說
法，很少會留心到第二個說法。

　　「數往者順」這一句要看這個先天卦數橫圖，邵康節有這一句
詩：「天向一中分造化，人於心上起經綸。」（〈觀易吟〉）人事的

現象從哪兒發生的？都是從人的意念上產出來的，天呢？天是從生機的中心造化出來的，「數往者順」，這個先天卦數橫圖的中間震、巽兩個卦，震是出的，巽是入的，從震卦一個陽往前走，走到離，走到兌，慢慢的走到乾，發展到三個陽，是往上走，往外發展的，陽是向外擴展的。由震的一陽初起，於是慢慢發展，發展到乾三陽具備，乾是純陽之氣，陽的能量已經到了極點，能量滿了。向外擴展，向上走的叫天左旋。「知來者逆」，從巽數到坤，巽是第一個陰，到了坤是三個陰，「數往者順」是息，卦是陽盡力向上長的，「知來者逆」，是消卦，一個陰消了陽，慢慢的消，最後消到變成純陰，陽都消完了，「知來者逆」，是相反的，這是一個看法。我們拿實事的例子來看，比如，我們觀察一個現象，看這個現象的能量，看它的時間，看它的位置，到了什麼程度，是不是發展到了最高峰？如果它的能量發展到了最高峰，它的能量不能再發展下去了，那麼我們就會知道它，相反的，它一定會漸漸的消，消到最後，消到沒有了。

　　拿共產黨殘酷的情形來看，這個陰森森的，暴力的鎮壓，統治了三十年以後，我們已經知道是那些頭頭的欺騙，我們分析他們所用那些人民公社，已經失敗了，因為他們驅遣那些青年去犁地耕田，他忽略了那種根本要點，就是「君子務本，本立而道生」（《論語・學而》），人性都是向己的，先要把本位弄穩固，搞好了，才能夠發展出去呀！他沒有本位，沒有本位，他則不能夠發展。這是人的天性，也是物理的，它的本質能夠成熟，比方，我們吃的麥子、稻子，吃的水果，桃子、梨子、杏子、蘋果，它的本質長好了、成熟了，它才能夠有營養供給我們，假設它本身沒有成熟，稻子沒有成熟，麥子沒有成熟，蘋果尚在發青，你就拿來吃，它本身沒有營養，它本身沒

有營養，它不能夠使我們接受吃它。人也是如此，他本身成熟了，生活得夠了，他才能貢獻到社會上來，他本身還不夠，你叫他貢獻給社會，那是不可能，違反物理，違反天性。所以我們分析到這兒，它的人民公社已經到了極點。現在他的青年、農人、工作每天做，也是吃這麼兩餐飯，不做，也是吃這麼兩餐飯，都養成了遊手好閒，所以大陸逃到香港的青年，香港的工廠都不要他們，因為他們好吃懶做，他們在大陸上養成了那種習慣。他以為人民公社，化小農為大農，集體耕作，可以增加生產，實事上它是違反了天性，違反了本位充足的定理，天性。一切的東西生長，它一定要本位充足，果子它一定要本位足，才能夠營養人，人本位足了，他才能夠營養社會，他本位沒有充足，你叫他餓著肚子，你叫他供養社會，供養社會，那是不可能的，違反天道，所以他雖是人民公社種田，他一百多個人，等於十個人，大家不肯做，所以他減產，這樣的他維持不下去的，這是一點，就他的生產情狀而言。第二個就他的統治狀況來言，他去過三反五反，找那些流氓地痞，把地方上的生氣殺掉，再弄一批人把那些流氓地痞殺掉，他就拿這個殺戮使老百姓懼怕，現在老百姓由飢餓到了死亡的邊緣，他無所怕了，「民不畏死，奈何以死懼之？」這是老子講的（《老子·第七十四章》），老百姓不怕死，你拿死來統治他統治不著的，他拿這種殺戮死亡的竅門來統治，玩不開了，他這些花招，這些鬼蜮伎倆耍了三十年了，到了極點，「數往者順，知來者逆」，我們一定知道相反的，今後不但是這些花招統治不著，老百姓要統治他，你看今天的農民吧！他們不怕死，反正餓也是餓死，我殺掉你也是死，我與其那麼死，倒不如這樣死，整個的老百姓都在這樣的發狂，那幾個黨毛子會受得了？所以我斷定三五年之後，它要是不改變作風，整個的共產黨會消滅，如果不消滅的話，我們中華民族會消失

沒有了，這樣再搞下去，四海困窮，天怒人怨，大陸七八億人民被他弄得都變成叫化子，變成了在死亡邊沿上的遊魂，這還得了嗎？我們看看那個錶的發條，所謂「數往者順」，我們有錶的發條怎麼上，順著右行，「知來者逆」，我們就知道它的未來，上過以後，上滿了，它的發條就要退了，漸漸退，漸漸鬆，共產黨的發條三十年來，上滿了，今後它就要漸漸退，漸漸鬆到紮不著了，這是我的看法，應該是不錯的，這是「數往者順，知來者逆」的第一個說法。

　　第二個「數往者順，知來者逆」的說法，卦氣往上長，往下消，這個是從時間上看，邵子、朱子這樣講的。所謂「數」，就是很詳細地搜羅觀察，拿現在的邏輯來講，就是歸納。從震走到乾，這是「已生之卦」，所謂「已生之卦」，卦者就是現象，就是已經發生的現象，是順的；由巽到坤是「未生之卦」，所謂「未生之卦」，就是還沒有發生的現象，是逆的。意思就是說從過去已經發生的情況，就可以知道未來的發展情況。比如，一個國家，開的時候，都很興隆，一切的都有條理，都有計劃，看這個國家開國時的施政措置，就可以知道它未來亡國時的情況。比如，一個企業公司，它開辦時看它規模怎麼建立，這是順的建的，慢慢的一天一天的堆，也像砌牆一樣，我們看砌牆，開始時它是一塊磚一塊磚的往上砌，我們就知道這個牆將來拆的時候是從高頭一塊一塊的將它拿下來。砌這個牆從下面一塊一塊的往上砌，是順的，拆這個牆從上面一塊一塊的向下拆，是逆的。我們觀察一個朝代的建立，它的規模建樹是怎麼樣，它的規模建樹是哪一種情況，它影響到將來一定會有這個反應。假設這個朝代在建國之初不太注重忠孝節義，那麼這個朝代在亡的時候，一定亡在不忠、不孝、不節、不義上。所以已經發現現象如何，我們就可以知道將

來的發展如何，這是「數往者順，知來者逆」的第二個說法。「往者」、「來者」有二意，一個從卦氣上看，一個從時間上看，「是故《易》逆數也」，《易》的數是相反的，從這，這邊走，從那，那邊走，陽是這樣走（左旋），陰是這樣走（右旋），這裡頭我講的，差不多四分之一還沒有講到，要各位先生自己去體會，裡頭隱藏的東西還很多。

「數往者順，知來者逆」，我再拿天干、地支來講。拿天干來看，「甲子、乙丑、丙寅、丁卯、戊辰、己巳、庚午、辛未、壬申、癸酉」，這是第一個甲子，第二個下來就是「甲戌、乙亥、丙子、丁丑、戊寅、己卯、庚辰、辛巳、壬午、癸未」。拿地支來看，第一個應該「甲子」，按照地支的順序：子、丑、寅……，第二個應該是「甲寅」，但它第二個不是「甲寅」，第二個是「甲戌」。「戌」字在什麼地方？「戌」字是在「子」字前，而戌、亥、子，這是順的，順著走，到第二個，它就倒過來了，第一個是「甲子」，第二個應該是「甲寅」，它不是「甲寅」，它走到前面去了，是「甲戌」，往前走了，它第一個是順的，第二個是反的，第二個是戌、亥、子……。「子」在前面，第一個是「甲子」，第二個怎麼跑到「甲戌」上去呢？子、丑、寅……，應當是「甲寅」，不，它不是「甲寅」，是「甲戌」，「甲寅」是「過去的」，「甲戌」是「未來的」，「未來的」是「過去的」，「過去的」是「未來的」。拿甲子看，甲戌、乙亥是「未來的」，可是「未來的」是「過去的」，那「過去的」甲子以前，應該是甲寅、乙卯，丙辰，丁己、戊午、己未、庚申、辛酉、壬戌、癸亥。未來的是過去的，未來的就因為過去那個情況而產生；過去的就是未來的，過去的是什麼情況，未來的就是什麼情況。所以

「《易》逆數也」，這一點沒有學過天干地支的恐怕不能夠十分了解，學過天干地支很清楚。第一個是「甲子」，第二個應該是「甲寅」，子、丑、寅……，陽干配陽支，第一個是「甲子」，第二個應該是「甲寅」，第二個不是「甲寅」，而是「甲戌」，「甲寅」呢，「甲寅」倒是過去的，未來的是過去的，是「甲子」前面的個東西，「是故《易》逆數也」，《易》的數是相反的，這一段講到這兒，不過還沒有講得完全，要各位自己去體會。我畫一個表在下面，供各位參考：

甲寅、乙卯，丙辰，丁己、戊午、己未、庚申、辛酉、壬戌、癸亥。甲子、
過去的　　　　　　　　　　　　　　　　　　　　　　　第一個甲子

乙丑、丙寅、丁卯、戊辰、已巳、庚午、辛未、壬申、癸酉。甲戌、乙亥、
　　　　　　　　　　　　　　　　　　　　　　　　　未來的

丙子、丁丑、戊寅、己卯、庚辰、辛巳、壬午、癸未、甲申、乙酉、………

「《易》逆數也」，拿我們經常的動靜來看，我們動了，怎麼會動呢？必須要靜，他才能動，我們要休息一個時候，休息充足了，於是乎才能動，你不能老是動；相反的，靜呢？你動夠了，於是乎你才能夠靜下去，動的很疲倦，一躺下去就睡著了。動靜是相反的，所以「《易》逆數也」。《易經》解釋現象，都是要相反的看，未來是過去的，過去的是未來的，這一點很重要。古人的書，裡頭藏的很多，但是他的話說的很少。現在無聊的作家，爲了爭取稿費，一句話要它當十句講，囉哩叭嗦的一大堆，害人害自己，害別人浪費時間，害了自己，把自己的生命白費掉了，接著講下一章。

第四章

雷以動之，風以散之；雨以潤之，日以烜之。艮以止之，兌以說之；乾以君之，坤以藏之。

這個八句就是代表八卦的化育過程，宇宙的化育，就是按照八卦的程序來化育。八卦的化育，要依先天卦數橫圖震、巽兩卦開始，震、巽兩卦是八卦的核心，就是從那核心之中發展出來。「雷以動之」前頭「天地定位，山澤通氣，雷風相薄，水火不相射」，已經把八卦的大象指示出來了，天、地就是乾、坤，山、澤就是艮、兌，雷、風就是震、巽，火、水就是坎、離，要不然，我們不知道那一卦是講的什麼。第二個把八卦所以造成宇宙化育萬物的功能及其意義說明，這八句是這樣：

「雷以動之，風以散之」，我們曉得在先天八卦中，震是起於東北的，在時間上來講，是起於丑寅之間；在後天八卦中，震起於東方，時間上是仲春二月，代表卯月。雷、風兩卦，是長男、長女之卦。乾坤生六子，一索而為震、巽，再索而為坎、離，三索而為艮、兌。乾、、坤開始交，第一索就變成震、巽兩個卦，就是長男、長女的卦，所以它在先天卦數橫圖，就居於中心。

第二「雨以潤之，日以烜之」，雨是坎，日是離，再索就坎、離，坎、離兩卦就是中男、中女之卦，恰好居於先天卦數橫圖震、巽之外。再次，「艮以止之，兌以說之」，三索而為艮、兌，艮、兌是少男少女之卦，所以又居於先天卦數橫圖坎、離之外。總合起來，「乾以君之，坤以藏之」是父母了。乾居一，坤居於八，這是包羅六子，八句是根據這先天卦數橫圖來解釋。這八句話有個區別，就是頭

四句它講「卦象」，後四句它講「卦變」。頭四句「雷以動之，風以散之；雨以潤之，日以烜之」，它是講「卦象」的：「雷以動之」，震爲雷，它不講震，它講雷；「風以散之」，巽爲風，它不講巽，它講風；「雨以潤之」，坎爲雨，它不講坎，它講雨；「日以烜之」，離爲日，它不講離，它講日。可是後四句「艮以止之，兌以說之；乾以君之，坤以藏之」，它不講象，它講「卦變」，它舉出「卦名」：「艮以止之」，艮是山，它不講山，它講艮；「兌以說之」，兌是澤，它不講澤，它講兌；「乾以君之」，乾是天，它不講天，它講乾；「坤以藏之」坤是地，它不講地，它講坤。

後四卦講「卦名」，前四卦講「卦象」，這是什麼道理呢？因爲在四象之中，震卦和離卦同是拿少陰作基礎的卦，巽卦和坎卦同是拿少陽作基礎的卦，乾卦和兌卦同是以太陽作基礎的卦，坤卦和艮卦同是以太陰作基礎的卦。太陰、太陽是本體，是不變的，少陰、少陽是變體。變體的講「象」，因爲風、雷、雨、火在那兒變化不定的，所以用「象」來說明；這個太陰、太陽，它是本體，天、地、山、澤，互古不移的，天、地是不變的，山永遠是山，澤永遠是澤，這些是不變的，不像風、雨、雷、火，那些常常變化的，這些是不變的，它就舉出「卦名」，孔子作這個〈說卦〉，用心很深，因爲是不變的，舉「卦名」沒有關係；那些變的，舉「卦名」恐怕後人並不清楚，所以他舉出「卦象」，以「卦象」來說。這個前四句和後四句不同，一個舉「卦名」，一個舉「卦象」的道理就在這兒，我們將它的序文講完了，我們現在講它的本意。

這八句說明宇宙化生的程序，「雷以動之」春天來了，雷聲一震，萬物都萌動，蟄蟲都起來了，冬天枯槁的樹枝都生芽了，所以雷

是促使萬物萌動的動力，氣以雷發，地底下的氣借這個雷以發動，所以「雷以動之」，宇宙生機的發動，第一步就是雷促使的。雷的發動，雷是集中的，雷是生機的動機，它積極的在這個地方，在那個地方，震驚百里。接著要「風以散之」，拿這個風來散布它，普遍的、均衡的使萬物都沾被。散布了以後還不行呀！要「雨以潤之」，散布以後要萬物都沾濡了氣機，所以第三步要拿坎，坎為雨水，拿雨水來滋潤它。可是太滋潤了，便有潮濕，將會阻礙生機，所以要「日以烜之」，拿這個陽光來烘乾它，需要乾暖，因為只是潮濕，它會有寒呢！萬物雖是得到滋潤而會感覺到冷，所以要使氣候得到溫暖，這是第四步。氣機發動了，也散布開了，也滋潤了，也溫暖了，萬物生長的條件都具備了，要「艮以止之」，「止」者，止於其所，就安定了，萬物各得其所安，各得其所定，於是它就藉著自己的生機，慢慢的就定著涵養自己。能夠定於其所，涵養自己，於是就「兌以說之」，兌是個八月卦，收成的卦，經過一度的安定涵養以後，萬物就變得成熟了；凡是成熟的東西，外面都很悅澤的，果實成熟了，外面都很光華悅澤的，裡頭味道也很好了；沒有熟呢，是酸的，外面也不好看，吃著是澀的，這是「兌以說之」。最後，乾坤生六子，這六子各盡其功能以後，總括起來是「乾以君之」，君以主宰，裡頭還有個控制主宰的東西，雖然它們分道揚鑣，各自發展，中間還有個主宰的東西，沒有個主宰的東西不行，所以「乾以君之」，來主宰它。主宰它以後，萬物成熟了，「坤以藏之」，有個收藏容納它的東西，這個坤體來收藏它。這是八卦的六子與乾坤分別化育萬物的程序，八卦的性能就在這兒，接著講下一章。

第五章

帝出乎震，齊乎巽，相見乎離，致役乎坤，說言乎兌，戰乎乾，勞乎坎，成言乎艮。萬物出乎震，震，東方也。齊乎巽，巽，東南也，齊也者，言萬物之絜齊也。離也者，明也，萬物皆相見，南方之卦也，聖人南面而聽天下，嚮明而治，蓋取諸此也。坤也者，地也，萬物皆致養焉，故曰「致役乎坤」。兌，正秋也，萬物之所說也，故曰「說言乎兌」。戰乎乾，乾西北之卦也，言陰陽相薄也。坎者，水也，正北方之卦也，勞卦也，萬物之所歸也，故曰「勞乎坎」。艮，東北之卦也，萬物之所成終而所成始也，故曰「成言乎艮」。

　　第一句「帝出乎震」，《易經》上，「帝出乎震」，「帝」是什麼？「帝」是形容震的氣化，帝是皇帝，三皇五帝，「帝」這個氣化是主宰的動力。帝在人事社會上是主宰社會的動力，他下個命令要全國怎麼樣，全國就怎麼樣，這是主宰者，主宰的動力就叫作「帝」。到了洋教呢，就把它當作神看，可是它不是神，帝不是神，他把它當作人格化的東西，那便錯了。中國講神，它是種不可知的，並不是人格化的，所以「帝出乎震」，「帝」就是主宰的動力。在八卦裡頭，震卦的卦象，它本來是坤，是乾元鑽到坤體裡邊去了，乾元是動力的主宰者，最高的動力，這個動力鑽到坤體裡面，於是就在坤體裡面發展，就要往外出來，所以有「出」之象。震的大象，在前面講過，震為雷，乾元鑽到坤體裡面，它要出來，動力往外出，就好像雷要出來一樣，就拿雷來形容氣化的力量，雷在地底下往外冒。講到這一點，我們要把地球的構造說明一下，地球的構造，我以前在〈易例〉

講過，恐怕有些來的較晚的先生們沒有聽過，一定要弄個清楚。地球
共有五層：第一層是地殼，就和雞蛋一樣，外面的殼子，這個外殼子
並不怎麼厚，薄的地方，只有八九里、十幾里厚，厚的地方也只有幾
十華里不到一百里厚，這就是土壤、石頭這一層；打開這一層，第二
層就是地漿子，也就是火山爆發時迸發出來的濃漿子；第三層是地下
水、石油；第四層是地氣，就是瓦斯。所謂關子嶺的水火同源，我們
在四川峨眉山看到萬山佛燈，那些佛燈就是地底下的瓦斯吐出來了，
所謂鬼火，就是燐火，就是地氣，這是第四層；第五層，所謂地球是
太陽甩下來的一個火花子，慢慢轉慢慢轉，所謂第五層，就是那個核
心，太陽是什麼？它就是什麼，就是一團火。但這個五層，是為了我
們說明方便起見，才這樣分層的，事實上，不是那麼分明的，就是說
地漿子那一層也有地液，地液那一層也有地漿子，地液那一層也有地
氣，地氣的那一層也有地液。但是最後的那一層地光體，它是純潔
的，是地面上一切生成的力量，發動的力量。說話，各位聽得見，為
什麼聽得見？因為有個激動的力量，聲音能夠聽得見，裡頭一定有個
激動的力量，才能夠聽得見，沒有激動的力量，它不會成聲音的，宇
宙間所有聲音，都是激動的力量產生的，嗓子能夠發出聲音，就是有
那種動力，動力由那兒來的？動力就是由那個地光體來的。地光體就
是地心慢慢的發射出來的，拿現在的話來講，就類似乎電，但它還不
是電，在電的前面的東西，就是一種動力，它可以造成電，人藉著這
種力量就可以說話，說話的聲音藉著電波傳到你的耳朵裡，這種電波
啪啪啪的傳達到你的耳根，你聽得到，你聽得見，都是空間有這種激
動的力量，你方聽得見。那種東西在裡面，但是我們看不見，可是你
要坐著太空船就知道了。太空船離開地球，這個地球上頭，有五層：
第一層是對流層，上面的氣流下降，下面的氣流上騰；第二層是平流

層，它不是上下跑的，它是平流的，人若是到了第二層，他就沒有重量了，人在該處飄飄的，如馮虛乘風，所以人在該處從太空艙中跳出來，是不會下墜的，人是在那兒飄的；第三層是電離層，它沒有電，太空艙中兩個人對面說話是聽不見的，因為它沒有電，我們電話中聽得見，因為那裡頭有電，我們說話聽得見，因為裡頭有電的激動力量，太空艙中的人要在裡頭裝乾電池才能說話；再高一層是外天層，在外天層中，是什麼東西都沒有了，是真空，可是真空不空，那個地方力量最大；再上一層就是太空層，是真正的太空。地球是這樣的構造。地面上萬物的所以能夠生長，西洋的科學家們講天空中打一聲雷，地面上增加億萬噸肥料，他們不知道這不是肥料，這是種動力，促動地面上萬物的生長。這種力量，從哪兒生長出來的呢？它是從地球最裡面的一層－地光體裡面冒出來的，最中心的一層冒出來的，但這一層是不是在地球的最中心呢？它不，它是靠近北極圈圈。各位先生要是打雞蛋的時候，蛋黃是靠近大頭方面的，雞蛋也就是地球具體而微的表現，雞蛋黃靠近大頭那方面。我們地光體也是靠近地球大頭那方面，大頭方面就在北極溫帶，北就是大頭，南就是小頭，靠近北極，就是北緯二十度至六十度之間。我們臺灣差不多接近北緯二十度，在南面，就差不多接近到零度，北緯六十度差不多是蒙古一帶，蒙古以外，就是西伯利亞，差不多是不毛之地了。有用的地方，就在北緯這一帶，最接近地光體的地方。凡是接近地光體的地方，都是最文明的，因為接近地光體，它的動力特別強，它生長的東西都特別的碩大，又粗又高。中國人到了南洋，他能吃苦耐勞，為什麼？他身上附的地光體足，南洋人他們在赤道以南，地光體少，所以他們懶惰，頭腦子反應遲鈍，我們頭腦子比他們聰明敏捷，動作勤快，不做事，不好受。因此接近地光體的地方，一切東西都較茂盛，人也較有力

量，較爲聰明，接近地光的地方，在亞洲就是中國大陸，所以我們老祖宗最聰明，全球沒有第二個地方。第二個是歐洲，第三個是美洲，剛剛在北緯二十度和六十度之間，就這三個地方，所以世界文明就這三個地方代表的，由中國大陸延續到歐洲上，由歐洲大陸延續到美洲上，由美洲大陸的文明又延續到中國大陸上，就這三個地方是最重要，這三個中，又以中國大陸最重要，因爲中國大陸居地球地光體的中原（正面），美洲大陸和歐洲大陸居地光體的背面。我們看那個雞蛋黃在大頭上，它也偏左偏右，我們大陸也剛剛偏在接近地光體的地方，所以我們祖宗文化發展最早。講這個就是說，我們地面上的一切文明，都靠著地光體的發動，地光體裡頭都是主宰的動力，動力就是從那個裡頭發射出來的。乾元就指的是那個東西，乾元埋藏在地下，因爲乾元一發動，它就從那個地方發射出來了，出來了爲震，震的大象爲雷，雷就是藉著乾元主宰的動力把它發出來。所以震就是春天，二月驚蟄，春分的時候春雷發動了，萬物都跟著蓬勃的向上生長，因爲它動力出來了，促使萬物的生機欣欣向榮，這是「帝出乎震」。

　　第二個「齊乎巽」，這個巽和震剛剛是對待的，「帝出乎震」是講陽，「齊乎巽」是講陰，什麼叫做齊呢？一般人都看到孔子在後面說：「齊也者，言萬物之絜齊也。」這個絜有三點水和沒有三點水是一樣，因爲孔子說過這句話，所以後代的先儒們都很謹愼，不敢越雷池一步，因此他們的解釋都是囫圇吞棗的，等於沒解釋，後人照樣畫葫蘆的說：「齊呀！絜齊呀！」怎麼樣的絜齊呢？一直到現在還是照樣的絜齊。什麼叫做潔齊呢？不知道，到現在各種本子都是講絜齊。我現在來分析一下，什麼叫做絜齊呢？「絜」者是純潔，是指它的成分而言，比如，我們打金戒指、金鐲子，這個是赤金呢，純金了，

純的沒有渣滓，成分就是純潔。「齊」呢？整齊，我們說齊家，怎麼叫做齊家呢？就是父父子子，兄兄弟弟，夫夫婦婦。「父慈子孝」，父親像個父親，兒子像個兒子；「兄友弟恭」，哥哥像個哥哥，弟弟像個弟弟；「夫唱婦隨」，丈夫像個丈夫，妻子像個妻子。各居其本位，各守其倫常，一點不違背，一家上下很有條理。拿現在話來講，就是很整齊，整齊就是以家庭裡配合的情形講，這個丈夫配這個妻子配的很好，這個老子配這個兒子配的很好，這個哥哥配這個弟弟配的很好。所以「絜」，就是純潔，以成分來講；「齊」就是整齊，以配合來講。「帝出乎震」，帝出來做什麼？帝出來是有對象的，帝是陽，它是要找到陰。這個卦到了巽，就由底下的陰來主持，高頭這兩個陽就被底下的陰所吸收，由底下的陰來調和高頭這兩個陽。震卦是二月的卦，是春分，巽卦是立夏的卦，是四月的卦，地面在立夏的這個時節，萬物都是配合得很整齊，而且陽找到了對象，這個乾陽出來了，它的目的是化育萬物的，它找到了成分非常的純潔，而且配合得非常的整齊。現在我略談一點過去的婚姻，都是父母之命，媒妁之言，現在的時代變了，自由戀愛，自由戀愛對不對呢？很難講，過去父母之命，媒妁之言，三茶六禮，經過庚帖，所謂納采問名，經過很多時間對照彼此的門戶、血統，以及生辰年、月、日、時，將其對比一下子，先作審察以後，再由父母的選擇之下，男女雙方才可以相親，見一面，女孩子躲在暗處看，她若是不願意，就可以向父母親說：「我現在還年紀小，過二年再說。」要是她願意了，她就可以向父母說：「這個事情請父母作主。」請父母作主，就是願意了，過去父母作主，也不是十分武斷的。五四運動時，這些先生們亂下批評，給自己開花臉，說過去是買賣婚姻，實在是無的放矢，胡說八道，其實呢，還是父母尊重兒女的意見，現在呢！沒有這一套了，所以婚姻

潦草了，現在呢！先認識一下，女孩子多認識幾個，事實上年紀還輕，都是二十幾歲，怎麼能夠曉得那個男孩子好？那個男孩子壞？他的身體怎麼樣？對自己合適不合適？你哪能懂？你根本一竅不通，這就是胡鬧了，胡鬧得不好的就離婚。但是話又說回來了，儘管是胡鬧，瞎碰，瞎碰中也有個自然的規格，這是什麼道理呢？這就是配合成分，配合整潔的關係，陰與陽，這個女孩子看到這個男孩子，心悅誠服，覺得這個男孩子很好，這個男子覺得這個女孩子很好，愈見面愈愉快，不見面就好像少了一件什麼東西一樣，這就是有緣，這就是電波作用，電波的主宰作用，主宰動力的作用。男的主宰的動力，看到他需要這個女的；女的主宰的動力，看到他需要這個男的，這是什麼道理？打一個比喻，最淺近的例子，就說吃東西吧！男女姤婚，和吃東西差不多，有多少人喜歡吃甜的，有多少人喜歡吃鹹的，有多少人喜歡吃涼的，有多少人喜歡吃熱的，你為什麼喜歡那種味道？有的人喜歡吃辣椒，有的人喜歡吃苦瓜，你為什麼喜歡吃苦瓜？你為什麼喜歡吃辣椒？你身體的構造需要這個東西，你就喜歡吃這個東西，你愛吃這個東西，盡量的多吃，就是你身體缺乏這個東西，你身體所缺乏，所需要的東西，你就非常的愛吃，男女的婚姻也是一樣，男孩子看到這個女孩子很高興，很配合，這就是你需要的，女孩子看到這個男孩子很高興，夢寐求之，這個男孩子就是你需要的，好，這個結合是沒有錯的，所以現在自由戀愛，有些時候也很正確，它就憑天然的成分，一定配合得很整齊。這個「齊乎巽」，乾陽出來了，它就找這個對象，結果和這陰彼此配合得很整齊、很純潔，這就是「齊乎巽」。陽從驚蟄、春分、打雷以後，把萬物生機發動了，到四月立夏以後，萬物漸漸的成形了，配合的很恰當，裡面的成分結合的非常整齊，都漸漸的向上發展，「齊乎巽」是如此的解釋。

　　孔子的三段說明，從「天地定位」開始，講到「雷以動之，風以散之」，講到「帝出乎震，齊乎巽」，這個三段，第一段「天地定位」是將八卦的大象指示出來，天、地是乾、坤，山、澤是艮、兌，雷、風是震、巽，水、火是坎、離，說明它先天對待的卦體。第二，「雷以動之，風以散之」，是說明八卦左右順逆的關係，從這個關係可以看出宇宙的化育萬物，各個的順逆，各個所擔負的工作，每一卦代表那種工作，現在講這個從帝開始，從陽性的動力開始，慢慢的一直到艮成終而成始，一直到完了，到成功爲止，周而復始，再循環，這是叫卦氣的運行。卦氣的對待，我們稱之曰「先天的八卦」；卦行的運行，我們稱之曰「後天的八卦」；至於這個橫圖，我們稱之曰「先天卦數橫圖」，這是專門講數的，乾一、兌二、離三、震四……。

　　現在我們接著講第三句「相見乎離」，離的大象爲太陽，離又爲目，又爲光明，眼睛很光明的看得見，「相見」的「見」是由於離而取象的，可是這個「相」字亦不可忽略，「相」字是兩個東西相見才叫做「相」，一個東西不能叫「相」，一定要兩個東西才能夠叫「相」，我們讀《易經》每一個字都要扣緊，不能少有忽略，一忽略就講不通，所以每一個字都要把它扣緊，假使一個字你不了解，你把它放在那兒，你不能認爲這個字沒有意義。我們「齊乎巽」呢，就是說它的陰陽彼此成分純潔，不僅是成分純潔，而且它的配合也很整齊，「齊乎巽」它才能夠發展，但到了離的時候，它就明顯的顯現出來了，何以明顯的顯現出來了呢？我們舉個例子來講，譬如，你看一朵花開，尤其是晚上，你看一朵曇花，你就很明瞭了，花苞子是陰，花的能夠開，是因爲它裡頭有個動力，「蹦」開了，這個動力就是

陽。「相見乎離」，就是說這個陰、陽構成的形體已經明顯的表現出來了，就是陰、陽兩者都表現出來了。花的開，花苞子結的很壯，這是陰體，但它裡面有動力它才能夠開的開，這個動力使它開了，這個動力也表現出來了，因為花苞子開，它的「陰」體表現出來了，可是陰體背後動力的「陽」也表現出來了，這彼此之間叫做「相見」。「相見乎離」，離是五月的卦，是夏至的時候，到了夏至，萬物都成長了，陰陽兩者都互相的表現出來了，現之於外了，這是「相見乎離」。

第四句「致役乎坤」，坤的大象是地，地能生萬物，地是養育萬物的東西，無論是人也好，動物也好，植物也好，乃至沙石土壤都是靠著地來生長。「致」是什麼呢？致是「使令」。「致役」，例如，家裡備個傭人，於是就叫他做這個、做那個，致使他勞動。因為坤的大象是地，它是養育萬物的東西，「致役乎坤」，就是使令坤養育萬物。因為坤是七月的卦，是立秋的卦，因為七月的秋是萬物將熟未熟的時候，到八月就是萬物成熟的季節，五穀登倉的時候，而七月將熟未熟，就委之於坤，使坤來養，使其養成功。我們人從母體裡出來，就是「相見乎離」；但是出生以後，還不能夠離開母體，還要依賴母體來養育他，就是「致役乎坤」；母體呢，就是坤體，在人為母，在卦就為坤，「致役乎坤」就作這樣的解釋。

第五句「說言乎兌」，這個「說」我們從前講過，就通這個「悅」，以後化分成三個字，事實上原來只是一個字。「言」是個語助詞。「說言乎兌」意思就是：「說到兌是悅的」。兌是秋分八月的卦，秋分的季節，百穀登倉，萬物到了秋分，差不多都成熟了，物到成熟的時候，它內裡是很充實，外面也很光彩，很好看。你們看這些

大姑娘，她們到了十七、八歲，身體內面很充實，好像皮球打足了氣，外面很美麗，很好看。說爲悅澤，兌爲少女，拿少女來代表兌，少女是裡面長得很充實，外面很有光澤。一個果實，例如一個蘋果、一個梨子、一個桃子，到了快成熟的時候，它外頭很光澤，裡頭很飽滿，吃起來很甜蜜，悅澤可口。「說言乎兌」，兌之大象是澤，澤者，潤澤也，萬物到了快要成熟的時候，它很潤澤，不但它本身很潤澤，它對人的營養也很潤澤，比如，我們吃果子，果子給我們的營養很潤澤。「說言乎兌」就是人到了成年的時候，不管男女青年，一到了成年的時候，都長得很成熟，很潤澤，很飽滿。從「帝出乎震」一直到「說言乎兌」，帝主宰動力，它慢慢的化育萬物，第一步，「帝出乎震」，它出來；第二步，「齊乎巽」，它找到對象，予以配合；第三步，「相見乎離」，它陰陽兩個都成熟了，彼此都表現出來了；第四步，它「致役乎坤」，涵育於坤體之內；到了第五步「說言乎兌」，它就很成熟了。

從「帝出乎震」，這個主宰的動力，一直到了「說言乎兌」這個時候，它的功績算是稍稍的告了個段落。但是它還沒有完，於是乎它就「戰乎乾」。第六句「戰乎乾」，乾是西北的卦，時間是立冬的氣節，在兌卦秋分以後，萬物成熟了，這個「帝」主宰萬物的動力，就是老子所講的：「功成，名遂，身退，天之道。」「天道」把這個事情作成功了，名聲已經表達出來了，它自身就抽退了。宇宙造化，它把萬物化育成功了，它就自身退隱下來了。「天道」就是「乾」，就是「帝出乎震」的那個「帝」，就是那個主宰的動力，從它出來以後，到它慢慢的造成功，於是乎它就退下來了，居於西北之隅，於是「戰乎乾」，乾是立冬，在西北之郊，地支上是在戌、亥之間，

戌、亥之間是在立冬之間，立冬是九、十月之間，這時是〈剝〉盡成
〈坤〉的時候，十二辟卦想大家還記得吧？十一月是〈復〉卦，十二
月是〈臨〉卦，正月是〈泰〉卦，二月是〈大壯〉卦，三月是〈夬〉
卦，四月是〈乾〉卦，五月是〈姤〉卦，六月是〈遯〉卦，七月是
〈否〉卦，八月是〈觀〉卦，九月是〈剝〉卦，十月是〈坤〉卦。
〈剝〉盡成〈坤〉，正是陰盛的時候，「乾」就伏於坤陰之下，但
是本來是坤陰當令的時候，戌、亥（乾）不當令，「乾」就在這個
時候，退到西北這個地方，於是乎和坤相逼近，於是乎就「戰」，
「戰」就是〈坤〉卦的上六：「龍戰于野，其血玄黃。」那個
「戰」，〈剝〉盡成〈坤〉，就是〈坤〉卦上六一爻變化了，乾卦就
是在〈坤〉卦上六變化的時候，繫於西北之間。其意義則是「乾」從
帝出乎震，主宰著動力，到此時把萬物造化的快要成熟了以後，它自
己要休養了，馬達轉久了，轉熱了，它自己要休息了，「乾」自己要
休養，躲到西北來休養，西北恰好是個陰地，與坤陰很接近，因之它
在西北休養的時候，它就藉著陰來鼓舞，「戰」者就是要鼓舞，要是
不鼓舞，它的生機就沒有了，「乾」要靠著動，不動，這個陽就沒有
了，因之它就自行鼓舞，於是從「帝出乎震」，來援助著這個動力，
在西北之間，伏於坤陰之下來鼓舞自成，自成一個乾體，變成一個完
全的陽體，來宣揚自己。譬如我們研究一個東西，一步一步的來研
究，慢慢「齊乎巽」，我這個頭腦子，和這個東西，相接觸得很緊，
「相見乎離」，「致役乎坤」，慢慢的把它培養，「說言乎兌」，我
們的頭腦子和這個東西兩方面都很成熟了，記在我頭腦子裡，我這個
頭腦子就需要休息了，就退到西北這個地方，和坤相逼近，於是乎就
「戰」，「戰乎乾」的意義就在這兒。

「戰乎乾」，這個純陽，自行鼓舞，漸漸的被純陰吸著了，二陰吸陽，純陰把陽包著了，於是「勞乎坎」。第七句「勞乎坎」，「坎」爲什麼是「勞」呢？因爲坎爲水，水是川流不息，勞而不竭的，「勞」呢，我國的文字是一字多涵，如我們慰勞軍隊，「勞」字是讀去聲，因爲水是川流不息，滋養萬物，它滋養萬物就是慰勞萬物，乾陽自行鼓舞，被坤陰吸著了，就變成了水，來川流不息的滋養萬物。「勞乎坎」，因爲「帝」雖是有一段在西北，物雖成，成功以後還需要養，就像我們人生出來了，母親把我們培養大了，還需要教養，所以乾陽主宰動力，還是要繼續的來滋潤這些萬物，這是「勞乎坎」。

到最後的階段，就「成言乎艮」，第八句「成言乎艮」者，成終成始也。艮在八卦，周天佈卦的情況，周天三百六十度，每卦管十五度，坎是冬至節，離是夏至，坤是立秋，兌是秋分，乾是立冬，艮是立春，震是春分，巽是立夏，八卦之分佈這一篇就是每一卦管四十五度，合起來三百六十度，每度管四十五度是二分二之四曆，就是說四正卦管這二分二至；比如說，這坎離震兌，這四正卦，管這冬至、夏至、春分、秋分，這四隅卦就管這立夏、立秋、立春、立冬，中間包括的是兩個氣節，到三個氣節，這是周天八卦佈卦的情況。「成言乎艮」，以地支講，這四正是子、午、卯、酉，四隅則不然，這由未到申，這由戌到亥，這由丑到寅，這由辰到巳，八卦周天佈位分配十二支，是這樣個分配的法則。「艮」卦剛好恰巧在丑寅之間，是十二地支的「未」了，也就是說是十二月的月底，到正月恰好是一年的終了與開始的時候，所以「成終而成始」。「成」者呢，就是已經完成了，「帝出乎震」，萬物化生了，一直到「艮」的時候，「成終」

了，它已經成功了，達到終極的目標了。終則有始，宇宙生生不息，沒有個停頓的，「貞」下起「元」，到了終了以後，又從新開始，所以「成終成始」，因為十二月與正月之間，所以「成言乎艮」，萬物都成功了，到第二個循環又從新開始了。為什麼「成言乎艮」？在卦數裡，乾是甲，坤納癸，癸與甲之間一個循環的終了，也是另一個循環的開始，所以「成終成始」。「乾」納甲，以月象來講，是正月十五，月正圓的時候；「坤」納癸，是月之三十，月損的時候；每月二十三是「艮」。二十三、十五與三十，其間恰好都是八，所以它居中「成終成始」，後天八卦卦氣是這樣運行的。

　　後頭這一段，是孔子解釋為什麼「帝出乎震」呢，他第一句就是：「萬物出乎震。震，東方也。」這一句的說法，許多的後儒沒有了解，以為「萬物」兩字錯了，其實，「帝出乎震」，怎麼又講「萬物出乎震」呢？他們不知道「帝」是主宰的動力，是看不見的，誰看見了上帝？它是隱而不能看見的，「帝」的作用是什麼？它「出乎震」，是化育萬物的，現在帝出乎不出乎震，我們不知道，但是「萬物」是「出乎震」，「萬物」是從二月春分才開始生長，因為萬物是「出乎震」，當然是「帝出乎震」。他又怕人不懂，「萬物」為什麼出乎「震」呢？「東方也」，這一句是解釋你怎麼知道「帝出乎震」那是看而不見的東西，因為「萬物出乎震」，「萬物」是「帝」化生的，「帝」是化育「萬物」的，「萬物」當然出乎「帝」。「萬物」為什麼出乎「震」？因為「震」是春分的節令，正是個生氣旺的時候，生氣旺，所以「萬物出乎震」，這是第一個解釋「帝出乎震」。

　　第二句「齊乎巽」，他解釋：「巽，東南也，齊也者，言萬物之絜齊也。」巽是東南，陰陽配合得得當，彼此成分純潔，配合得整

齊。為什麼到了巽能配合的很得體呢？因為巽是東南也，東南在春、夏之間，恰好是立夏的時候，正是陽相當旺的時候，它能夠促使陰的生長，因為東南位置的關係，萬物在四月，齊頭並進，當然配合得很整齊。

　　第三句「相見乎離」，他解釋：「離也者，明也，萬物皆相見，南方之卦也。聖人南面而聽天下，嚮明而治，蓋取諸此也。」離的大象是日，日光一出，四方通明，所以「離也者，明也，萬物皆相見。」離卦，「南方之卦也」，南方是朱雀之卦，南方是屬火的，是個明方，所以「萬物皆相見」。「萬物皆相見」，陰、陽兩個東西都很顯明的暴露出來了。這個是講明堂的，明堂在《禮記》有講其體制，俗語說：「你這個東西搞的不成明堂！」現在大家作房子瞎作，所以天下大亂，明堂是中國最古老的建築原理，明堂的前後左右的配置，很勻稱，很合適，現在講風水，講陽宅，就從這兒來的。現在講堪輿風水，講陽宅，就從這兒來的。所以我講風水，兩面的沙照要配合的好，前面有案，後面有靠，就是背山面水，因為這個氣最會藏風聚氣。方位與電波的關係，如果電波是左旋進入屋內，那就是好的電波，越轉越順而向外發展；如果電波是右旋進入屋內，那就是壞的電波，越轉越不順而向內收縮。假設這個房子構造的的方位不對，它的電波就這樣的右轉而收縮，住在這屋子裡的人，就灰沉沉的、悲慘慘的，施展不開了，好像四面都是圍堵的，沉悶的不得了。也好像那臺電視機排的方位不對，它的畫面不明，排的對了，它的畫面很明，就是這個道理。我國過去講這個明堂，所以它房子構造一定講這些法則，這樣的配合，住在裡頭的才會感覺伸展，感覺到很爽朗，很愉快，不會陰慘慘，這是因為電波是這樣轉的，這樣的轉就是向外發展

的。「南方之卦也」，南方是個明方，我們住房「坐北朝南」，可以吸收陽光，就好像那個鴻雁來儀，鴻雁它在冬天向南面，夏天它往北面飛，夏天它往北面飛，它跟著太陽飛，因為冬天太陽向南，夏天朝北方，所以房子冬天朝太陽，夏天我們不需要太陽，太陽在背後，可以背太陽。「坐北朝南」，北方是坎，坎是耳，耳朵去聽，所以聽天下，聽是代表審察，就是審察天下。「南面而聽天下，嚮明而治」，從明朗方面來審察它，因為宇宙、社會它都具有黑暗、光明兩方面，現在許多人不懂，專門從黑暗方面挑眼，這是不怎麼好的。比如，警察抓小偷罵他不爭氣、不做好事，這是從黑暗面指責他，他已經做了小偷，你再罵他不做正經事只做小偷呢，那麼小偷沒有法子了，他只好做小偷；可是你若「嚮明而治」，從明的方面而勸導：「你這個年齡很輕呢，人很精明哪，看樣子不像個當小偷的，一定是家庭經濟不夠，出此下策，我相信你一定不是個小偷，將來一定會很好。」人都有羞恥的心，你這樣講，把光明的一面挑起來了，他一定會改面洗心，從新做人。你講：「你為什麼沒出息？為什麼做小偷？」他沒有什麼說的，「我就當小偷，怎麼樣！」「嚮明而治」，就是說，從光明的方面來鼓勵他。我們每一個人都不是一個完全的人，多多少少，都有些過錯的地方，在思維方面都多多少少有不正確的地方，你要這些不正確的地方都挑出來，普天下將沒有一個人可用的，都是壞人；可是你要從善的方面觀察，把善的那一方面的人性宣揚出來，於是他可以興奮，這樣都是好人，所以聖人在上面教化，國無棄人，就是這個道理。所以「嚮明而治」，就是不要向黑暗方向來整理人，你要向光明那一方面來誘導人。人都有壞的那一方面，不能夠每一個人都是堯舜，沒有那麼好的，可是你把社會的風氣向著光明的那一方面誘導，大家都會向著光明的那一方面走，這叫做「聖人南面而聽天下，

嚮明而治」。「蓋取諸此也」，聖人這樣的教化是取諸離卦也。

今天我們講第四句「坤也者，地也，萬物皆致養焉，故曰致役乎坤」，《乾鑿度》言：「坤養之於西南方。」因為坤是七月卦，在立秋以後，為什麼它是滋養的呢？因為「西方」屬「金」，「南方」屬「火」，物體之能夠成體，它是需要「火」的，物質的細胞，它必須靠著「火」的溫暖涵養，它才能夠凝結起來。從我們自身也可以看得出來，假設我們招了涼了，五臟的「火」不夠了，便會拉稀；五臟的「火」太旺了，大便便會乾結。所謂「火」就會使令東西收歛到一起，這是「南方」之功也，到了「西方」，「西方」是「金」，在地面上所有的東西以金屬的分子最密集，它是向裡面收縮的。「養之於西南方。」就是任何物體，從很散漫的細胞要靠「南方」的「火」凝聚在一起，和「西方」的「金」向內收縮，才能夠結合成為一個物體，坤在西南方，「萬物皆致養焉，故曰致役乎坤」，這個原理就是如此。歷來的先儒們對於「坤也者，地也，萬物皆致養焉」道理沒有講解的很透澈，「坤養之於西南方」為什麼盡乎養？就是這個道理。

其次呢，第五句「兌，正秋也，萬物之所說也，故曰說言乎兌」，這個兌言乎兌，虞翻他講震卦是一陽居於坤陰，乾之初陽交於坤，就變成震，息震二爻就變成兌，坤卦初爻減去了，就變成震，假使它二爻呢，陽再進到二爻，就變成兌，在虞翻的解釋，震是言，是說話，並且「笑言啞啞」，很高興的說話，因為一陽息震，變成了笑言，到了三陽就變成兌，兌為說，兌為口，兌出之於口，就成為「說」象，這是虞翻拿拆字來講，也有一點牽強附會。事實上，兌乾坤生六子，兌是少女，少女為什麼叫「說」呢？女孩子到了成年的時候，都有種色彩之美，和諧之美。她本身長得固然很悅澤，同時，外

人看到也很高興，兩方面的悅，這樣解釋，比虞翻的解釋，稍許圓滿一點。「兌，正秋也，萬物之所說也」，地球上的晝夜，那個地方都有的，我們這兒有晝夜，美國有晝夜，西方歐洲也有晝夜，不過我們這邊是夜，他們那邊是晝，我們這邊是晝，他們那邊是夜，這是因為地球經度的對待造成了晝夜的不同，地區相反，時間就有差異。為什麼我們這兒快到夏天，可是南洋、澳洲一帶，夏天倒穿棉衣，冬天我們穿棉襖，他們穿夏布大掛子，夏布衣服過年。所謂春、夏、秋、冬，不管哪個地方也是都有的，因為地球緯度的對待造成了春、夏、秋、冬時令的差別。兌，正秋，正是時令八月，秋分，五穀成熟，農家收成登倉的時候。在《周易》的時候，我們還是農業的時代，多半以農業的氣象來解釋，正秋百穀登倉，一切的東西都成熟了，東西成熟了，則都豐潤飽滿了，裡頭都充實了，充實是謂美，則其色彩都發射出來了，充實之謂美，充實而有光輝之謂大，就是像人一樣，你的身體很健康，你外部的顏色一定很好看，表現的一定是春天的面孔，有時你愁眉苦臉的，一定是生理、心理上，不健康，所以你臉上表現得愁眉苦臉的；假使你身心很健康了，臉上表現得一定是和顏悅色的，所以內在很充實，外在一定有色彩。到了正秋時候，五穀百果內在都很成熟了，所以外在表現得很有色彩了，所以「兌，正秋也，萬物之所說也」。以上就是「說言乎兌」的解釋。

　　第六句「戰乎乾，乾，西北之卦也，言陰陽相薄也」，孔子的文字錯綜，司馬遷他就是學孔子這一類的文字。我們不會寫文章的人，前後句子一定是一樣的，前面說：「兌，正秋也。」後面說：「乾，秋冬之變也。」前後都用季節來解釋，這樣就雷同，就顯得古板，所以它前後參差不齊。「戰乎乾，乾，西北之卦也」，各位先生

沒有到過西北，西北那個地方陽氣最旺，比如，蘭州、酒泉，出石油的地方，西安尚不行，你一盒香煙打開了，你不把它關好，擺到那兒，第二天那香煙就變成鍋粑，一捏粉碎，因為它一點水分都沒有了，我帶件雨衣掛在那兒，過些時去穿，才兩個禮拜，一拉開，變成破片粉碎了。那兒特別乾，就是乾陽氣化特別厲害，出氣嘴唇會裂開的，可是人在那兒，特別喜歡活動，不想睡覺，而跑到此地來，特別喜歡睡覺，我實際的體驗，那兒乾陽的氣化很充足。這個乾陽（帝）呢，自從「帝出乎震」以後，到了「說言乎兌」，萬物都成熟了，就可以休息了，「功成，名遂，身退，天之道」，完成自身乾陽之體，就退到西北之隅。然為什麼要講「陰陽相薄」呢？因為乾卦是西北之卦，西北是戌、亥佔的方位。十二地支布置的方位：北方是亥、子、丑，東方是寅、卯、辰，南方是巳、午、未，西方是申、酉、戌。乾卦剛好在西方與北方交界的地方，在戌、亥之間，戌、亥的地支，如果把它佈起卦來，戌字是〈剝〉卦，亥字是〈坤〉卦，戌、亥兩字就是〈剝〉、〈坤〉兩卦，因為這個〈剝〉高頭是一陽，剝掉了就變成〈坤〉。所以乾卦在西北戌、亥之間，就是介於〈剝〉與〈坤〉之間。十二月辟卦：九月是〈剝〉卦，十月是〈坤〉卦，十一月是〈復〉卦，十二月是〈臨〉卦，正月是〈泰〉卦，二月是〈大壯〉卦，三月是〈夬〉卦，四月是〈乾〉卦，五月是〈姤〉卦，六月是〈遯〉卦，七月是〈否〉卦，八月是〈觀〉卦，九月是〈剝〉卦，十月是〈坤〉卦，十二辟卦。十月本來是〈坤〉的家鄉，現在「天」（乾）退下來，居於戌、亥之間，就和〈坤〉同體，同在一個位置上，所以他說：「言陰陽相薄也。」薄者就是逼近，兩個逼到一塊兒來了，亥是〈坤〉的大本營，現在「乾」在休息的時候，居亥，就和〈坤〉在一起，所以就「陰陽相薄也」，「戰乎乾」，兩個相接

近，於是乎就發生戰爭。因為〈剝〉卦變〈坤〉卦，是由上爻變，十月居〈坤〉，是上六管事，〈坤〉卦的上六，是「龍戰于野，其血玄黃」，有戰之象，所以講「戰乎乾」。原來「帝出乎震」，都是陰陽相順的，到這個時候，它休息了，和〈坤〉相處一處，就不能平息，就相戰了，所以就「戰乎乾」。

　　第七句「坎者，水也，正北方之卦也，勞卦也，萬物之所歸也，故日勞乎坎」，坎是水，是大象，在大象的結論上都講過了。「正北方之卦也」，我們在「河圖」上已講過了，天一生水於北，地六成水於北，所以它是北方的卦；同時，坎是居於冬至的時令，這個時令正是北方的卦。「勞卦也」，因坎的一陽陷之於二陰之中，在乾陽退下來，休息於西北的時候，一陽陷於二陰之中，這是陽在陰裡面有勞頓的意思；同時，水滋養萬物，勞而不倦，有勞象，所以叫勞卦。「萬物之所歸也」，歸有藏的說法，有人說孔子在〈說卦〉裡引三段的說法，就是《夏易》、《商易》、《周易》，就是《歸藏易》，《連山易》，乾坤有這些說法。北方者，「萬物之所歸也」，因為萬物都依於水，老子講「水……幾於道」（《老子・第八章》），水距離天地分判的時候很近，天一生水，在宇宙鴻濛初判的時候，首先就發現太空中有潮熱濕潤的氣化，所以「水幾於道」，水很接近宇宙開始的時候，「道」是宇宙開始的發端，「水幾於道」，就是「水」最接近宇宙開始的時候，所以「萬物之所歸也」。萬物就是靠著它來慢慢的滋養它自己，故日「勞乎坎」。

　　第八句「艮，東北之卦也，萬物之所成終而所成始也，故日成言乎艮」，這一段，我們先解釋一下，有重要的意義在後頭。「艮，東北之卦也」，艮是東北之卦，講五行陰陽地支的，丑、寅之間就是

艮，根據夏曆，十二月是丑，正月建寅，丑是歲末，寅是歲首，在歲末與歲首之間，艮卦正居在這個裡頭，丑是居於北方，寅是居於東方（亥、子、丑是居於北方，寅、卯、辰是在東方），在東北之間，所以講「艮，東北之卦也」。「萬物之所成終而成始也」，因為是歲首，又是歲尾，有終始之象；同時，拿乾陽來講，乾是十五，是月望，坤晦，是月之三十，艮納丙是二十三，月正圓是十五，是月望，月到了三十沒有了，晦掉了，艮恰好在三十與十五之間，距離三十相差八天，距離十五也是相差八天，所以它居於東北之間；乾納甲、坤納癸、甲是東方，癸是北方，是東北之間，甲是十天干之首，癸是十天干之尾，艮居中，所以是終始之間，因之「萬物之所成終而成始也，故曰成言乎艮」。

這一段：「萬物出乎震，震，東方也；……艮，東北之卦也，萬物之所成終而所成始也，故曰成言乎艮。」是諸多先儒們沒有了解的，他們說可能是孔子學生們的贅文附在後面的，事實上不是的。他們不了解，這就是孔子埋藏了一點玄機，暗示的深意在裡面。這一段是拿四季八方，說明卦氣運行的程序，前頭講：「帝出乎震，齊乎巽，相見乎離，致役乎坤。」假設要問為什麼「帝出乎震」就「齊乎巽」呢？「齊乎巽」為什麼就「相見乎離」？「相見乎離」，為什麼就「致役乎坤」呢？前面就是這麼講，但是理由沒有交代，這裡「萬物出乎震，震，東方也；齊乎巽，巽，東南也，齊也者，言萬物之絜齊也；離也者，明也，萬物皆相見，南方之卦也，聖人南面而聽天下，嚮明而治，蓋取諸此也；坤也者，地也，萬物皆致養焉，故曰致役乎坤；兌，正秋也，萬物之所說也，故曰說言乎兌；戰乎乾，乾西北之卦也，言陰陽相薄也；坎者，水也，正北方之卦也，勞卦也，萬

物之所歸也，故曰勞乎坎；艮，東北之卦也，萬物之所成終而所成始也，故曰成言乎艮」，就是拿四季八方來說明為什麼「帝出乎震」馬上就「齊乎巽」？為什麼「齊乎巽」，馬上就「相見乎離」？《易經》是專講「時」與「位」的，拿這個時令（四季）與方位（八方）湊起來，說明卦氣的運行與狀態。卦為什麼這樣運行？因為從艮東北開始以後，「帝出乎震」，時令是春分；春分以後，到了「齊乎巽」，時令是立夏；立夏以後，到了「相見乎離」，時令是夏至；夏至以後，接著就是「致役乎坤」，時令是立秋；立秋以後，到了「說言乎兌」，時令是秋分；秋分以後，到了「戰乎乾」，時令是立冬；立冬以後，到了「勞乎坎」，時令便是冬至。根據時令是這樣的運行，卦氣也就這樣的運行。在方位上也是如此，比如，「帝出乎震」，震是正東，東方是生氣之方；於是乎就到「齊乎巽」，巽是東南，東南方就萬物齊頭並進；於是乎到了「相見乎離」，離是正南，南方就更興旺了；於是乎到了「致役乎坤」，坤是西南，於是乎就收斂，就充實；到了「說言乎兌」，兌是正西，於是乎就更收斂，就更成熟；於是乎到了「戰乎乾」，乾是西北，乾陽就和坤陰相戰，於是乎就到了「勞乎坎」，坎是正北，北正萬物歸隊。這一段是拿四季八方說明卦氣為什麼這樣運行，恐怕各位先生還沒有十分了解，我把這個圖標出來：再有一個因素揭示出來，大家就會更為明瞭了。

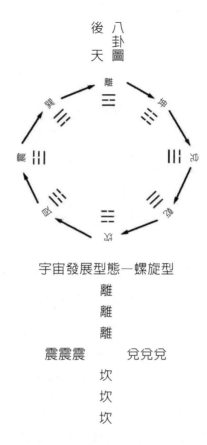

宇宙發展型態─螺旋型

離
離
離

震震震　　　兌兌兌

坎
坎
坎

　　從這個圖案可以看出，它就是指示宇宙的發展，就是螺旋型的
周而復始，宇宙之所以化育萬物，它的型態就是螺旋型的往前發展
的，從震，東方也，東方到東南，東南到西南，西南到正西，正西到
西北，西北到東北，到東北以後，又成終而成始，又從震開始又來。
西方有些哲學家們也承認宇宙的發展是種螺旋形的，但他們沒有我們
說的清楚。比如，這個震是春分，今年春分了，明年還有個春分，後
年還有個春分，以後一千年，一萬年，還有個春分，無論有多久，它
始終每年總有個春分。那個「帝出乎震」，今年春天萬物冒發，到了
明年，春天還是萬物冒發，萬年以後的春天，還是萬物冒發，但是裡

頭有不同，因為它是螺旋型的，有內外之分，一直往前變，陽，循乾坤的運行，一直往外轉，固然今年是個春天，去年是個春天，前年還是個春天，今年的春天在這兒，去年的春天在這兒，前年的春天在這兒，明年到這兒還是春天。春天萬物都生葉開花，今年開了多多花，發了多少葉子，與去年不一定相同，今年的春天有異於去年的春天，明年固然還有春天，絕對異於今年的春天。我們從前講，過去的便是未來的，未來便是過去的，我們今年的春天，到了明年，今年的春天便成了過去的，這種螺旋形，和西方哲學家，說法不一樣。共產黨常常鬥爭，未來的還是要常常鬥爭，但是不一定會完全一樣，裡面也一定有差別的。明年的春天和今年的春天，固然都是春天，在原則上，大體上沒有錯，都是春天，但其內容不一定會完全一致的，宇宙螺旋形的向前發展，不一定會完全一致的，大體上是相同的。我們打開歷史看，漢朝以後，有三國鼎立，三國鼎立以後，有魏晉南北朝，南北朝以後有隋唐五代，宋、金、遼、元，每過幾百年以後，就有一次大混亂。等於說去年有個冬天，今年還是有個冬天，明年還是有個冬天，可是去年的冬天和今年的冬天寒冷的情形並不一致。固然都是混亂，過去的朝代都有混亂，以後的朝代混亂的情形不會完全一樣的，但是整個是混亂。到那個逢坎終歸是坎，到那個逢震，終歸是震，但內容是有所差別的。歷史上的混亂的循環是不可避免的，而它混亂的內容則是不同的。這一段孔子拿四季八方來講解卦氣運行，就是說明宇宙化育萬物是這種情態，以了解過去的就是未來的，未來的就是過去的，大體上是相同的，但是裡頭自有差別，孔子說明的重要意義就在此，接著我們講下一段。

第六章

神也者，妙萬物而爲言者也。動萬物者，莫疾乎雷；橈萬物者，莫疾乎風；燥萬物者，莫熯乎火；說萬物者，莫說乎澤；潤萬物者，莫潤乎水；終萬物始萬物者，莫盛乎艮。故水火相逮，雷風不相悖，山澤通氣，然後能變化，既成萬物也。

首先講，「神也者，妙萬物而爲言者也」，這一段就是接著前一段講的，在這些文辭中都是貫串的。「神也者，妙萬物而爲言者也」，首先講「神」，什麼是「神」？孔子在〈繫辭〉裡講過，如：「陰陽不測之謂神。」（〈繫辭上傳〉）、「知變化之道者，其知神之所爲乎！夫變化之道，不爲而自然。故知變化者，則知神之所爲。」（〈繫辭上傳〉）、「知幾，其神乎！」（〈繫辭下傳〉），他解釋這個「神」字。其他地方也有解釋這個「神」字的，如：「祭神如神在」（《論語·八佾》）、「敬鬼神而遠之」（《論語·雍也》)。我國字是一字多涵的，比如說，他說「祭神如神在」、「敬鬼神而遠之」，好像是人格化的神，和一般的認識的神鬼的「神」差不多，是講具體的那個「神」，可是「神也者，妙萬物而爲言者也」，這個「神」呢，是講「陰陽不測之謂神」，這是講知陰陽變化的境界叫做「神」。孟子有一句話：「聖而不可知之之謂神。」（《孟子·盡心下》）陰陽變化不測，不可了解的叫做「神」，假設你了解陰陽的變化，你就知道神之所爲，這兒這個「神」，就是指「陰陽變化」的，所以這個「神也者，妙萬物而爲言者也」，這個「神」字是專門爲「陰陽變化」的境界而講的，不是「敬鬼神而遠之」的那個「神」，我國的字一字多涵，常常在這個地方作這個解

釋，在那個地方作那個解釋，在這個地方「神也者，妙萬物而爲言者也」，你將它作爲「敬鬼神而遠之」的「神」來解釋，就相差得太遠了。第二要講這個「妙」字，想把這一句講通，一定要把這兩個字弄清楚：一個「神」字、一個「妙」字。我記得在《老子・第一章》裡講的很清楚，他講：「道可道，非常道。名可名，非常名。無名天地之始，有名萬物之母。故常無欲以觀其妙，常有欲以觀其徼。此兩者同出而異名，同謂之玄，玄之又玄，眾妙之門。」把這個解釋清楚了，這「妙」字就懂了。「道可道，非常道」，就是說可以稱之曰「道」者，就不是一個「道」，這個「道」，是說之不出來的，你要名之曰「道」者，那就不是個「道」。「名可名，非常名」，這個「名」者，是代表名相的，這個名相，假定可以稱之曰名相的，就不可以稱之曰名相。你可以把這個東西稱之曰茶杯子，後一萬年後可能不稱之曰茶杯子，可能稱它曰水桶。「無名天地之始」，天地開始的時候，一片混濛，什麼名相都沒有，這些山河大地，日月風雲，這些名相，都是後人搞的名堂，那個一團混濛，什麼名相都沒有，那叫「無名天地之始」。「有名萬物之母」，到了地面上有了萬物，才開始有名相產生出來了，雖然名相產生出來了，這個名相就複雜起來了，今天叫這個名，明天呼那個名，又產生很多的名相出來，故「有名萬物之母」。「故常無欲以觀其妙，常有欲以觀其徼」，講老子的人很多，但這兩句話能夠解釋得透澈的人很少，有欲這個欲字，有些人把它讀成「故常無，欲以觀其妙，常有，欲以觀其徼」，大體是這樣，實際上，這個「欲」不作動詞，而是個名詞。這個「欲」字就是「少私寡欲」的「欲」，「欲」就是慾望，慾望就是有這個慾望的意念，有這個慾望的意念，以觀其徼，「徼」是窟窿眼，竅門，假設那個現象有竅門，根據人的意念可以看得出來的，可以推證得出來的。

「常無欲以觀其妙」，假設那個現象，根本沒有竅門，什麼都沒有，一團混沌，那叫做「妙」，有竅門我們可以根據我們的聰明意念，可以推算出來，假設它沒有竅門，一片的混沌，你根本無從知道，不知所以，拿你的意念智慧怎麼推得出來呢？那你怎麼辦呢？就是「常無欲以觀其妙」，就是你什麼意念都沒有，腦海中一片的真空，到那個程度，你才能看到那個「妙」，什麼都沒有，一片混沌的現象，那要拿你自己沒有意念，拿你自己的真空去理解去，頭腦子裡什麼意念都沒有，跟原始裡太空中間一樣，空空洞洞，那個時候你方能夠看到什麼竅門都沒有的現象，這是「常無欲以觀其妙」。「此兩者同出而異名，同謂之玄」，「玄」是什麼東西呢？這兩個東西同出而異名，雖是名字不同，其實都是「玄」，有時我們聽人家罵：「這個東西太玄了！」這都是五四運動時候那些先生提出來的口號，事實上這個「玄」字很有道理的，「玄」字是顏色，〈坤〉卦上六爻辭：「龍戰于野，其血玄黃。」這個「玄」就是你看不見的，玄色的天空，就是青藍色的，晚上你看那個天空，一片的青藍色，那個顏色就是叫「玄」，那個是不是天空的顏色，凡是看不見的東西，就是那種顏色，比如我們看山，看近的山草木深深的，青莽莽的，看遠的山呢？距離很遠，那個山的顏色就和天的藍蔚顏色一樣，就看不出來了，所以東西一遠，它的顏色就看不出來，所謂「玄」者，就是遠而看不見的。「玄之又玄」，就是遠而又遠，看不見又看不見，遠的很，什麼都看不見，那就叫做「妙」，「妙」，就從那兒出來的，「妙」就這樣的解釋。所以講「神也者，妙萬物而為言者也。」首先要把這兩個字搞清楚。這句話是說神也者，它的陰陽變化化育萬物是看不見的。

這句話是開始，後六句是六子、六卦：「動萬物者莫疾乎雷，

橈萬物者萬疾乎風」，這是講震、巽兩卦；「燥萬物者莫熯乎火，說萬物者莫說乎澤」，這是講離、兌兩卦；「潤萬物者莫潤乎水，終萬物始萬物者莫盛乎艮」，這是講坎、艮兩卦。這六卦是乾坤變化的六子。乾坤怎麼樣的變化，陰陽怎麼樣的變化，是在不知不覺中，看不見的，不知道的。假定陰陽不變化，它沒有辦法化育萬物，乾還是乾，坤還是坤，永遠的陰還是陰，陽還是陽，坤是純陰，乾是純陽，這兩個純陰、純陽，維持各自獨立的，不相往來變化的話，那宇宙間根本什麼東西都沒有，變化不出來的，一定要有往來變化，可是往來變化你看不見就把宇宙間的萬物化育出來了。它怎麼樣的往來變化呢？乾坤往來變化不外乎這六種：比如乾初至坤變之為震，坤初之乾變之為巽，乾二爻到坤二爻變之為坎，坤二爻到乾二爻變之為離，乾三爻到坤三爻變之為艮，坤三爻到了乾三爻變之為兌，乾坤往來變化只有這六種。假使乾坤不往來，它兩個不發生變化，純陽還是純陽，純陰還是純陰，宇宙根本無從化生；它之所以能夠化生，就在於它的往來變化。它往來變化，我們根本不知道，我們根本看不見，我們看得見的，是乾坤所生的六子表現出來了。所以它前頭不言乾坤，只言「神也者，妙萬物而為言者也」，乾坤的變化就是神，看不見的它就把萬物化育出來了。後頭呢？乾坤化育萬物，六子的化生他就說出來了。「動萬物者莫疾乎雷」，震卦是春，春天到了春分的時候，春雷一聲奮發的時候，萬物都懵懂振起，蟄蟲起來了，枯枝子發芽了，春雷一奮發，萬物都欣欣向榮，所謂「疾」者迅速也，能夠發動萬物的東西，沒有那個東西像春雷那麼迅速，春雷一發動，萬物迅速而起，因為震卦大象是雷。「橈萬物者莫疾乎風」，「橈」者就是槳，槳即是楫，楊雄《方言》、曹憲《博雅》都說：「楫謂之橈。」《爾雅·釋名》：「楫，捷也，撥水使舟捷疾也。」「橈」在這裡就是鼓動的

意思，「橈萬物」就是把萬物鼓動起來，「橈萬物者莫疾乎風」，就是疏導萬物沒有比風更快了。這兩卦就是「神」的開始變化，因為震卦是乾元之坤，巽卦是坤元之乾，這兩個乾元、坤元相互往來的狀態。乾坤變化我們不知道，我們從這個乾元、坤元相互往來，知道它是震，知道它是巽，知道它的懵懂鼓動發動萬物，知道它的疏導萬物。因為萬物化育的時候，第一個要發動，要把它的生機發動起來，第二個是要把它撥開了，疏解開了。它發動的那個是集中在一起了，但是集中了，不能使萬物普遍的生長，還是有弊病，於是第二步接著要把它疏解開來，發散開來，使這生機得到整個的發展。乾元、坤元它們的發展我們不知道，但是這兩個步驟的工作，使我們知其相互往來，得到這個狀態。

「燥萬物者莫熯乎火」，「熯」這個字，《廣韻》讀「人善切」（ㄏㄢˋ），就是乾的意思。乾，就是把濕的東西將它烘乾了，弄成體。因為宇宙才開始的東西，能夠把它凝固了，把它變成物體，一定要經過「熯」。「燥萬物者」，「燥」也是弄乾，因為物之生長，第一步，生機發動了，第二步，它疏解了，使它的物質很均衡的向前進展，第三步，要使它很凝固，凝固就是把它烘乾，焙乾，使其內部的元素、分子、細胞能夠結合在一起。就像我們剛才講肚子裡有要有火力，火力大呢，排泄就很容易暢通，火力不夠，排泄諸多不便，甚至於拉稀，所以「燥萬物者莫熯乎風」。第四步呢，「說萬物者莫說乎澤」，就是使萬物內在的體能烘乾了，能夠成體了，可是外在還要色澤，裡頭是否和諧了，充實了，再令它充實，使令它外在表現著色澤出來，那就是「說萬物者莫說乎澤」，沒有再若澤為最好了。

「潤萬物者莫潤乎水」，萬物成體了，外部有了色澤，待其完全成熟，還要培養它，那只有用水來培育滋養它，「潤萬物者莫潤乎水」。「終萬物始萬物者莫盛乎艮」，就是說把萬物弄成結果，終而復始，又弄成開頭，也就是說，「萬物」成功了，它又「物」而結「物」。比如我們把「秧苗」培育成功了，變成了「稻米」，「米」又變成「飯」，「飯」又變成了「營養料」，它「物」又成「物」，成終成始。這物象到這兒成就了，「禾苗」到了結成「米」，是一個段落，可是到了「米」結「飯」又是一個段落，「飯」營養人又是一個段落，所以成終又成始。「米」成了結果，又成了作「飯」的開頭，有了「米」了，「飯」才開始，所以它「終萬物始萬物者莫盛乎艮」。能夠把萬物弄成結果，而又使其開始，產生新的物象，那就「莫盛乎艮」。「盛」者是大的意思，沒有再比它更輝煌更偉大的了。

這個六句話就是解釋「神也者，妙萬物變化而爲言者也」的陰陽變化，我們看不見的，它把萬物變化出來，它的變化怎麼樣呢？這後面就說出是這樣的變化。這個變化的程序，完全是後天的八卦接著先天的八卦而講的。後天八卦的順序，震卦以後就是巽卦，「動萬物者莫疾乎雷」是震卦，「撓萬物者莫疾乎風」是巽卦，巽卦以後就是離卦，「燥萬物者莫熯乎火」是離卦；震卦，巽卦，離卦過去後，「說萬物者莫說乎澤」是兌卦，爲什麼？前面說過：「帝出乎震」、「齊乎巽」、「相見乎離」，就是這個次序，第四個應當是「致役乎坤」，但是這個裡頭沒有「致役乎坤」，而有「說言乎兌」，就是「說萬物者莫說乎澤」，這個澤是兌卦。乾、坤把它從其中抽出來了，因爲「神也者，妙萬物而爲言者也」隱隱然就是指的乾、坤變

化，所以在六子中就把乾、坤抽出來，因此「相見乎離」以後，就沒有「致役乎坤」。「說言乎兌」之後，就是「戰乎乾」，但是這裡頭的次序，就沒有「戰乎乾」，而有「勞乎坎」，「說萬物者莫說乎澤」越過「戰乎乾」就是「勞乎坎」，「勞乎坎」就是「潤萬物者莫潤乎水」，水者坎也。「勞乎坎」以後，「終萬物始萬物者莫盛艮」，於是乎就「成言乎艮」。「勞乎坎」以後，就「成言乎艮」。按後天八卦說明乾坤往來，陰陽變化，其所以化育萬物，在乾坤本身看不出來，所看得出來的，就是六子的功用，就是六卦的功用。所謂六卦的功用就是：「動萬物」、「橈萬物」、「燥萬物」、「說萬物」、「潤萬物」、「終始萬物」，就是六子的功用被說明了出來。因為乾、坤往來是神，我們不知道，它暗裡往來，非人之所知也，是妙萬物而為言者也，我們看得出來的，就是它六子的變化，六子化育的功勞及其功用，所以接著就把六子的功用說出來了。

　　這個〈說卦〉很複雜，孔子在第二章講「天地定位」，這是講先天的卦氣卦體，是講對待的卦體；後來第三章講「帝出乎震」，是講後天的卦位卦氣的運行，有限的卦氣；至於現在講「神也者妙萬物而為言者也」，是在卦氣上，說明它六子的功用而已，但在卦體上，它是不是相諧和呢？這個乾坤往來變化，一方面是六子發揮它的化育作用，一方面是六子彼此之間是非常的和諧。後面就布置這個卦體，卦體都是對待的，雷風是對待的，山澤是對待的，水火是對待的，那對待是不是兩個都有毛病呢？不，所以後頭漸漸的講「水火相逮，雷風不相悖，山澤通氣」，在「天地定位，山澤通氣，雷風相薄，水火不相射」那一章，先講卦位，把「水火不相射」放在後頭，現在掉過頭來，把「水火相逮」放在前面；「雷風相薄」，翻過來講「雷風不相

悖」，此時把乾坤略掉，因爲乾坤就在「神也者妙萬物而爲言者也」之中，隱括在其中講過了，所以後天多半是六子。「水火相逮」比前面那一章「水火不相射」更進一步，這個「逮」者是「及」也，相及的意思。前面講「水火不相射」是消極的，水火二氣不相害，水不害火，火不害水。在先天的卦氣上，水火二氣不相害，因爲在先天的卦氣上來講，水可以成火，在濕氣中慢慢的孕育出火，天一生水，地二是火，就是在水氣中慢慢的生出熱來，那種濕潤的東西中，它是一種熱了，那種熱就是火，就是離，所以在先天的卦氣中，水火是不相害的。在前頭一章中，只是講消極的水火不相害，兩者只是不相害，並不能化育萬物，你不害我，我不害你，兩者並不能合作，然而這一章就不同了，「水火相逮」，兩者相及，火及於水，水及於火，火到了水裡面，水到了火裡面，這就是從積極方面，表示了它們兩個協調的作用，水火不但是不相害，而且還是協調的，互相協調發生作用，「水火相逮」。這從卦體上來說，不僅六子可以發揮個別的作用，彼此之間，是相依而成的。前頭講「雷風相薄」是兩個相接近，逼近，但沒有將相逼近的意義說出來，薄是相接近，可能有戰鬥的行爲，但是「雷風不相悖」，「悖」者就是反悖的意思，它兩個雖是「相薄」，並不反悖，它兩個還是諧和的，就是雷和風並不反悖。「山澤通氣」，山澤互相通氣，我們過去講「山澤通氣」，是講地球上有無數的孔穴，人體是地球具體而微的表現，和地球一樣，也有幾百個穴道。凡是穴道不是在低窪的地方，就是在凸起的地方，像太陽穴就是在低窪的地方，奶房穴就是在突起的地方，湧泉穴在腳心窪下的地方，尾椎骨那兒有個穴道，就在突出的地方。地面上也是如此，地面上的穴道，不是在突出的地方就是在低窪的地方，突出的地方就是山，低窪的地方，就是澤，我們知道山上起雲，雲多傍山，只要天氣

變，山上就起雲，雲就是從地低下冒出來的水汽，地下的水化成氣化冒出來成了雲，那平地上爲何沒有雲？因爲平地上沒有穴道，有孔穴的地方才能冒出雲來，山是有穴道，才能冒出雲來；海上它起颱風，颱風爲什麼不在大陸上，廣原上起呢？因爲海底下深淵中是低窪的地方，低窪的地方有穴道，所以才能夠發生巨大的颱風，這個就是山澤通氣的地方，前面已經講過，現在再重複一下。「山澤通氣」，就是山和澤互相通氣，山和澤的孔道，彼此是互相調和的，山冒出雲來會影響澤裡的風，澤裡的風會影響山上的雲，它兩個是互相調和的，而且很快，你看它離得很遠，差得萬兒八千里，但是瞬息即到，它們彼此是相通的。我們人體也是如此，也是彼此相通的，過去我的鼻子旁有一顆痣，在小肚上也有顆痣，你這邊有個痣，你那邊也會有個痣，所以我們中國人醫病，你腿上生病，他不醫你的腿，他推拿你的夾肢，你胳臂生病了，他從你腿上搞起，這個左腿和右臂是通的，它距離很遠，兩個相通；山和澤距離很遠，兩個相通，「山澤通氣」更進一步的解釋是這樣。

　　這一段，就是從先天對待的卦體上說明後天八卦的程序，六子在卦氣上化育萬物的作用，而且彼此之間還有諧和的作用，攜帶的作用，所以「水火相逮，雷風不相悖，山澤通氣」，如此則先天的、後天的，兩方面他都說明了，然後它才「能變化既成萬物也」，「既」者盡也，把萬物都化生了，所以這樣才能夠行變化而化生萬物了。這一章就是拿先天的卦位次序和後天的卦位次序來說明六子彼此協調一致的作用。在前頭「天地定位，山澤通氣，雷風相薄，水火不相射」是順講的，在這一章呢，是「水火相逮，雷風不相悖，山澤通氣」，反講的，孔子的文筆是這樣的。這幾章都是孔子說明八卦的大象以

後，再說明象的意義，以及彼此之間的關係，而且這幾章埋伏的有很多的玄機，諸位可以親自去體會。

第七章

乾，健也。坤，順也。震，動也。巽，入也。坎，陷也。離，麗也。艮，止也。兌，說也。

後面根據前頭，交代八卦大象彼此間之關係，以及其化育的功用，從這些說法裡抽出來大象的立意何在，把它說出來，所以第一個講：「乾，健也。坤，順也。震，動也。巽，入也。坎，陷也。離，麗也。艮，止也。兌，說也。」這個八句。

「乾，健也」，根據前面所講的，從「天地定位」開始講起，我們可以知道乾卦這個東西是非常剛健的，這個「健」字怎麼解釋呢？這個不能囫圇吞棗的剛健兩個字就過去了。這個「健」字，我們拿通俗的看法來講，說這個人很健壯，就是說這個人很有力量，一切東西都是它來開化，都是它來創始。第二個我們常常講這個人很健全，就是很有條理，一直往前發展，不斷的勇往邁進。第三個講健康，這個人很健康，當然頭腦子不會有偏差，不健康的人頭腦子才會有偏差，動作才會有錯誤。這個「乾，健也」應該作如此的解釋，假設我們先儒們說乾陽是剛哪，所以「乾，健也」、「天行健」，它永遠的在那兒轉哪，這樣尚未能把「健」字完善的形容出來，所以我把它盡善的解釋出來。這一個字我們把它解釋出來，我們才能夠了解乾卦的德性，以後遇到乾卦的解釋，我們就知道它處在什麼位置，有什麼性能，要不然我們不了解它。

　　第二個字「坤，順也」，這個「順」字，我們從日常的口語中常常講，這個人很柔順，第二個講這個人很恭順，第三個講很順隨，這個順字在口語中有這麼多，有「柔順、「恭順」、「順隨」。怎麼叫做柔順呢？我們常常看到某個人遇著事情很好通融的，這是柔順。怎麼叫做恭順呢？往年那個太監，是很恭順的，你不管叫什麼，他都說：「是，是，是。」你叫如何做，他都聽你的，這是恭順。順隨呢？就是那個對象，他沒有反抗的，依順著我們的意思去做，換一句話說，就是被動的，「乃順承天」，純陽發動，坤陰就承受，這是順隨。所以「坤，順也」。

　　「震，動也」，怎麼叫動呢？一切的力量，向內就謂之靜，向外發就謂之動，震就是陽鑽進坤陰裡面向外動，所以就叫做「震，動也」。

　　「巽，入也」，「入」就是入之於內，鑽到裡面去了。假設我我發動的是個陽，那個現象是個陰，那個陰和我這個陽的現象當然是諧和一致的，所以「巽，入也」。巽是兩個陽被那個坤陰吸引著了，它鑽到裡面去了，兩個諧和的，「絜齊」，才能夠齊頭的向前發展。

　　「坎，陷也」，坎是陷下去了，坎是一陽居於二陰之中，陷入下去了。就是說我們心理上精神上被一個東西困擾著了，拔不出來，腦海中總是想那個東西。我們窮理盡性做研究的工作，頭腦子都是想著那個事情，茶思飯想、睡覺作夢還是想那個東西，陷到裡面去了，那是坎的現象。

　　「離，麗也」，「麗」是附麗的意思。凡發生火都是陽附麗於陰，任何的火都是如此。即使電火也是如此，裡面有個實質的物體，

它才能發光；火柴棒子裡頭有根火柴，它才發火，裡頭有陰，它外頭才能夠發火。煤火裡頭有煤，煤氣裡頭有氣，它裡頭一定有陰，外頭有陽，陽附麗於陰，才能夠發火。這是「離，麗也」。

「艮，止也」，艮是止於其所，因為陽是往外跑的，它向外跑，向外跑，跑到了頭了，跑到坤陰之上，沒有地方再跑了，跑盡了頭了，就只能止於其所，所以「艮，止也」。

「兌，說也」，「兌」是悅澤的。「兌」是少女之體，有色澤之美，形之於外。「兌」是盛秋的時候，斯時萬物成熟了，成熟了，它內部很充實，內在充實，外在一定會有色彩之美。所以「兌，說也」。

這個就是接著前面所講的八卦的各種關係與作用以後，就把它煉成八句話，就是把它的象義確定了。接著前頭大象，在八卦的作用，彼此的關係，再加上象義，於是乎就有主象，廣象，例如乾是些什麼東西？坤是些什麼東西？以後就可以講廣象了。

第八章

乾為馬，坤為牛，震為龍，巽為雞，坎為豕，離為雉，艮為狗，兌為羊。

現在我們接著報告第五段，就是遠取諸物：「乾為馬，坤為牛，震為龍，巽為雞，坎為豕，離為雉，艮為狗，兌為羊。」前面「天地定位，山澤通氣，雷風相薄，水火不相射」是講大象的，這將八卦的大象弄出來了，後面「帝出乎震，齊乎巽，相見乎離，致役乎

坤，說言乎兌，戰乎乾，勞乎坎，成言乎艮」這段是將八卦運行的狀況講解出來。這個兩段結束了以後，再從前面陰陽變化，先天的橫圖，帶著四季八方來說明那個圖，說明它的作用。前面「天地定位」，說明它對待的體；「帝出乎震」說明卦氣的運行；先天的橫圖，帶著四季八方是說明它的作用。把這四方面約束起來，歸納以後，孔子還恐怕後人不知道，對於八卦最深切的意義，所謂「乾，健也。坤，順也。……」這些最深切的意義，於是就從前頭這麼多東西，得到這麼點簡潔的意義，他是恐怕後來學《易》的人對於象還不大清楚。因爲只有八個卦，它怎麼能夠代表宇宙所有的象呢？所以你必須把各方面的情形弄清楚，然後你才能根據它的性能、作用、意義以及它的體象運行，各方面的境界，把它抽出來，然後你才曉得在那一卦中，它代表哪些東西，乾卦代表哪些東西，坤卦代表哪些東西，震卦代表哪些東西，因此他從前面的四段以後，再接著講「遠取諸物」，前面是「仰則觀於天，俯則察於地」，得到「乾爲天，坤爲地，……。」這個情況，卦氣的運行，然而地球上太空泛了，境界也太廣了，難免仁者見仁，智者見智，代表得太廣泛了，你往這邊挪，他往那邊拉，都可以講得通，那似是而非的情況很多，因此他再「遠取諸物，近取諸身」，將八卦的主象列舉出來，「乾爲馬，坤爲牛，……。」這都是八卦的主象，這些都是外面的禽獸家畜，拿這些來說明八卦的象，這都是增加我們後人的認識，這一卦的卦象，指示有那麼多的範圍，增加我們的認識。「乾爲馬，坤爲牛」，這兩個是對待講的。前面講「乾爲天，坤爲地」，天地定位；又講「乾健也，坤順也」，乾是剛健的，坤是柔順的；又講「乾以君之，坤以藏之」，乾是君，是主宰的，坤是收藏的。把前面交代的這些性能歸納起來，於是再進一步的說明，從這些家畜禽獸，再作一番指示。

「乾」是很剛健的，「健」，就是運行不息，成天的運行不息，「乾」是「天」，天天在那兒運行。因此，在地面上就是「馬」，馬在地面上是最最能夠跑的，最能夠運行的，馬晚上不臥著睡覺的，牠是運行不息的，所以牠是很剛健的。同時，乾卦在後天就是離卦，離卦布置在南方，子、丑、寅、卯、辰、巳、午、未，在午，馬的屬象是午，午馬、未羊，馬的屬象是午，所以「乾爲馬」，這也是一個道理。第二個，在〈易例〉上講過，馬叫天駟星，天駟星七顆，天駟星爲馬，它有馬象，因之「乾爲馬」。馬爲火獸，乾在後天爲離火，所以「乾爲馬」。但有人說，〈乾〉卦裡頭有「龍」呢！講「龍」哪！「潛龍勿用」、「見龍在田」、「飛龍在天」、「亢龍有悔」，在〈象傳〉上講：「時乘六龍以御天。」〈乾〉卦的六爻是六條「龍」，周公繫〈乾〉卦的爻象是稱之爲「龍」，在這兒講「乾爲馬」，是什麼道理呢？可見乾的爻象是「龍」，而在這兒講「乾爲馬」，是什麼意思呢？豈不是矛盾嗎？不然，龍、馬是同種的，《周禮·夏官·司馬》：「馬八尺以上爲龍。」龍、馬同種，這是其一。第二個，〈乾〉卦六爻是代替純陽的，是講先天的，先天的純陽代表是龍，這個「乾爲馬」、「坤爲牛」，是在「帝出乎震」以後，這是說到卦氣運行以後的狀況，那就是後天以後的情況。後天以後沒有真正的純陽，有的是藏在陰的裡面，因此在後天的運行中，都稱之爲「馬」，因此〈乾〉卦在純陽的時候，稱之爲「龍」。可是在〈乾〉、〈坤〉以後，到了〈屯〉卦裡頭，六二：「屯如邅如，乘馬班如。」上六：「乘馬班如，泣血漣如。」都是講「馬」，那個六二講「馬」，是講初爻，初爻就是乾，上爻講「馬」，是講底下的震卦，震卦是從乾陽來的，所以也稱「馬」，在後天的說明，拿馬來代替龍，在先天的說明是「龍」，在後天的說明拿「馬」來代替龍，這

是一點。其次，馬和牛不同的一點，因爲馬屬陽，乾爲馬，馬蹄子是圓的；坤屬於陰，坤爲牛，牛是陰，所以牛蹄子是兩瓣，裂開了的。陽病了就變成陰，因此馬生病就臥下去了，平時牠是不臥的，白天夜晚，牠都是站著的；陰病了就變成了陽，因此牛生病了牠就站起來，牛平時睡著就臥下來，牠生病睡時就不臥，就站起來。馬走路前面兩個腳就先起，牛，牠睡著站起來的時候，後兩個腳先站起來，馬前兩隻腳先動，牛後兩隻腳先動，這是因爲一個是陰，一個是陽的關係，也是馬與牛不同的所在。這是講「乾爲馬」。

　　爲什麼講「坤爲牛」？因爲坤屬土，牛是土獸，吃牛肉是補脾的，假使腸胃不好，脾土澆薄，最好吃牛肉，牛肉是補脾土的。同時牛是柔順的，能夠有容，能夠容物，你叫牠怎麼樣，牠就怎麼樣，牠不反抗，這是坤德，〈坤〉「厚德載物」，它是能容的，這是有關牛的說明。前頭講的是有關乾、坤：「乾以君之，坤以藏之。」這兒是再把它補充起來：「乾爲馬，坤爲牛。」對於乾、坤的象意就更加清楚。「乾爲馬，坤爲牛」，我們會想到，「馬」終天的跑，晚上是不睡覺的，乾是那個象。要不然，「乾，健也」，它是怎麼個「健」法呢？我們不知道，他拿「馬」來說明乾剛健的情狀。只講「乾爲天」，「天」的意義太大了，「天」是怎麼個狀況？「天」包括的意義太廣了，抓不著它的關鍵，於是再把它約束到「馬」，我們就曉得了，所謂「乾爲天」，乾就像那「馬」，終天的跑，運行不息。這兒講「坤爲牛」，前面講坤爲「地」，「地」的涵義很廣，牠出產些什麼東西？太多了，我們沒辦法知道，所以說：「坤以藏之」，它怎麼樣的藏呢？我們也不知道，因此再予說明：「坤爲牛」，牛是很柔順的，「地」可以承天，「牛」可以聽著人走；而且，「牛」很有容，

很有厚德，能夠任重載民，就像「地」一樣，能夠任重載民，有包容性的，是很柔順的，這樣「乾為天，坤為地」它的意義就更清楚了。

　　第三個講「震為龍」，以前我們講「乾為龍」，在這兒我們又講「震為龍」，「震」前頭講大象是「雷」，「雷」是埋藏在地底下的現象，「雷」在沒有發動的時候，乾元之陽是在重陰之下，乾元之陽是地光體，「雷」一發動，地光體就發射出來了。可是「龍」呢，「潛龍勿用」、「或躍在淵」，「龍」在地下深淵之中藏身，就像雷一樣藏在重陰之下。相傳「龍」藏在頂深的地底下，到了春雷奮發，於是它就乘雷而起，所以打雷的時候，「龍」很容易起來，所以「龍」和「雷」是同類的，雷一發動，龍也發動，驚蟄把牠攪動起來。本來在乾陽裡頭，六爻純陽是龍，這兒為什麼也講龍呢？因為這兒純陽才發生作用，乾陽發揮作用時，就像「龍」樣的向外跑，所以「震，出也」，往外頭奮發的，「震為龍」的情況是如此，因此才講「震為龍」。龍、馬同種，在其他各卦裡頭，在爻辭裡都是「馬」，例如剛才講〈屯〉卦的六二：「屯如邅如，乘馬班如。」〈屯〉卦的上六：「乘馬班如，泣血漣如。」上六「乘馬」，上與三應，乘這個底下的震「馬」，在卦的爻辭裡，震是指「馬」的，可是〈說卦〉說「龍」，是指它的作用，形狀，震的卦象，是在重陰之下，像「龍」一樣，它一發動是從重陰底下發動出來的，因此孔子就拿這個「龍」來形容這個震的，這是講乾元之陽的狀況。前頭講：「震，動也。」怎麼個動法呢？我們不知道，所以他說「震為龍」，「龍」在重陰之下，陽氣（乾元之陽）一發動，它就上昇了，所以前頭講的「震，動也」、「震為雷」、「震為龍」，這三個東西合聚起來，震卦的體象，震卦的意義，就曉得了。

　　第四個講「巽爲雞」。震、巽兩卦，在先天八卦這個橫圖，認爲是很重要的，因爲它是乾元，坤元交合的卦。在乾元，坤元一索，乾陽入坤陰的時候，就變成震，乾陽索坤陰的時候就變成了巽。在這兒還有一個說法：婦女懷男孩子，懷女孩子，中醫就是根據這一個卦象來的，怎麼樣的懷男子、怎麼樣的懷女孩子呢？坤索陽就變成震，乾索陰於是後就變成巽，震爲男，巽爲女。這個意思就是「陽卦多陰，陰卦多陽」，你要生男孩子，陽卦多陰；你要生女孩子，陰卦多陽。什麼叫多呢？就是夫妻房事，排精，女的在前，男的在後，變成陰包陽，那陽最盛最強，那是男孩；假設反過來呢？男的排精在先，女的排精在後，就是乾陽索坤陰，陽包陰，陰最強，於是就是女孩子。過去中醫就根據看這兩個卦體，推人家生男孩子，生女孩子，原因就在此。你習中醫的可以去研究，不習中醫的人，就無所謂了。「巽爲雞」，前頭大象上講「巽爲風」，〈易例〉上講過八卦有八風，計有四正方位的東風、西風、南風、北風，以及四隅方位的東南風、東北風、西南風、西北風，共合八種。這個八風是應節而運轉的：一到立春的時候，它就是春風，它就有春天的味道；一到立秋，它就是秋風，它就有點秋意；一到立冬，就很寒烈的，完全是冬天的味道。這個風它是應時節而變的，風，它很了解時間，對時間它是最正確的。「巽爲風」，巽的大象是「風」，「雞」也是最了解時間的，時間一到，它就叫了。雞叫它是應時的，天快亮了，到丑時了，二陽發動，它就叫，所以雞鳴丑時，爲什麼雞鳴丑時？因爲丑是十二月令，二陽，丑者是〈臨〉卦，〈臨〉卦是二陽發動，二陽發動雞就叫，巽和臨二者是剛剛相反，二陽發動，這是〈臨〉卦，上頭四個陰，下頭二陽發動，就是丑時，所以雞到了丑時它就叫，它跟風一樣的，是很信實的。同時，雞叫呢，它必定兩個翅膀啪⋯啪⋯啪，迎風而鳴，先鼓

動風，然後才叫，所以雞是生風的，因之中醫上講有風疾毛病的人，不能吃雞。我在大陸上常吃雞，最近不能吃雞，一吃雞就感冒，大概我身上有風，屢試不爽。所以「巽爲風」，我們古人對於卦象，研究得太精妙了。同時，在八卦裡頭只有「巽爲雞」，是鳥類，其餘的都是獸類，什麼龍了，馬了，豬了，羊了，狗了，這些東西都是四腳獸；講兩個翅膀的鳥類，只有兩卦：一卦是巽卦，一卦是離卦。

「離爲雉」，是野雞，於此附帶的將其分析如下；離卦講「雉」，「雉」者是野雞，這兩個卦是講禽類的，雞帶翅，凡是禽類都是火屬，鳥類能夠升空，凡是升空的都是火屬，雉在離，離是鶉火，我們在講十二星座的時候，「鶉尾宮亦即巳宮，……鶉火宮亦即午宮，……鶉首宮亦即未宮，……」南方叫朱雀，北方叫玄武，所謂雀子，都是騰空的，屬火，火是騰空的。火頭是向上跑的，所以莊子講：「北冥有魚，其名爲鯤。鯤之大，不知其幾千里也。化而爲鳥，其名爲鵬。鵬之背，不知其幾千里也；怒而飛，其翼若垂天之雲。……搏扶搖而上者九萬里。」一直往上飛，可至九萬里，那是講什麼，講的是火，《莊子》頭一篇〈逍遙遊〉，就是講坎、離兩卦，「北冥有魚，其名爲鯤鯤之大，不知其幾千里也」，那有那麼大的「魚」？那是寓言，那是「水」，坎水，水氣氤氳，氤氳之氣能生出「火」來，所以北冥的「魚」能夠化出「鳥」來，「鳥」是「火」。「巽爲雞」，巽在東南方，是鶉尾，鶉尾即巳宮；「離爲雉」，離在南方，是鶉火，鶉火即午宮。所以這個巽卦和離卦當這個位置，變成兩隻鳥，一個是雞，一個是雉。但是這兩個鳥不同，雞不能飛，雉能飛，而且飛的很遠，爲什麼雞不能飛而雉能飛呢？因爲雉的兩個膀子是陽，是張開的，雞的兩個膀子是併的，張不開，是兩個陽併起來

的，不發生作用，這兩個恰好把它身子拱起來，所以雉能飛，而雞不能飛。這兩個代表離南方、巽東南方，八卦裡頭只有這兩個卦是鳥類，其餘的都是獸類。從「巽為雞」，我們曉得雞是生風的，這是一點。

其次講到「坎為豕，離為雉」，坎、離兩卦，坎象是豬，離象是雉。坎象前後皆陰前後皆是陰濁之氣，中心剛燥，這種現象就是代表豬的現象，坎為水，豬是水獸，在六畜裡頭，豬是屬水的，豬是喜歡待在潮濕陰晦的地方，豬欄潮濕，豬待著沒有關係，假使你把牛或者馬圈在那兒，牠們一定會生病，豬不要緊，豬欄裡潮濕得很，水拉拉的，牠無所謂，牠不在乎，因為牠是水獸，牠能夠在水泥裡待，在河灘裡、水泥裡睡覺，牠都無所謂，因此豬肉寒性，比較涼。豬身上的毛，脊背上的鬣毛很剛，很剛勁，那就是中間的陽象，耳朵是垂的，頭是俯的，豬沒有抬著頭的，俯著頭走，尾巴特別小，那就是本末不夠，只是中間那些鬣毛很剛勁，那是陽，本末都是陰，這都是本末不足，所以牠常處在卑穢低窪的地方，那是陰，等到牠發了性子，那種性子是難治的，那是陽。豬的屬象是亥，在二十八宿裡，亥是屬於室宿，室宿居亥位，所以叫亥，亥是十月屬水，是水獸，所以坎為水，有豬象。相傳「斗星時散精為彘」（《欽定古今圖書集成‧曆象彙編‧乾象典‧星辰部雜錄一》），豬和斗星放射性有關係，所謂「散精」就是它的放射性，「彘」就是豬。漢高祖的呂后，殺戚夫人作人彘，就是這個彘，把她手、腳都斬掉了，眼睛也弄瞎了，放在廁所裡待著，稱之為人彘。散精為彘，斗星為豬象，這是講「坎為豕」。

其次講「離為雉」，離是鶉火，正在南方。前面講過「離為日」、「離為火」、「日以暄之」，離是有光明的現象。「離」是

火，是向上的，「雉」是能騰空而飛的，「離」是文明的，「雉」也
是有文彩的，很像「離」，所以就拿「雉」作比喻。第二個「離，麗
也」，麗是附麗，雉牠附著草而飛，因此離有雉之象。同時，雉在起
東西風的時候，牠飛去了，牠再飛回來，假使起南北風的時候，牠一
飛去就不回來了，因爲離卦是南方，坎卦是北方，起南北風，就北風
和南擊了，坎卦就滅火，坎盛離，離是火，牠不能飛回來了，起南北
風牠一飛就不回來了，起東西風，牠飛去一定還回來的，牠跟鴿子一
樣是很信實的，這是雉的現象，就是表示火的現象和雉的現象一樣，
牠不是不能回來，是火被熄了，這是講「坎爲豕，離爲雉」。

　　現在講「艮爲狗，兌爲羊」這兩卦，爲什麼「艮爲狗」？這個
狗，外面很剛，裡面很柔，狗是很馴良的，你叫牠站著，牠就站著，
你叫牠坐著，牠就坐著，可是牠外面很剛，牠會咬人的，外剛內柔。
艮，外面是陽，內面是陰。所以艮卦是外剛內柔，狗也是外剛內柔。
這是第一點。艮是止，前面講過「艮以止之」，艮是安定的，穩定
的，艮象是山，也是很穩定，狗性也是很穩定，俗言：「兒不嫌母
醜，狗不嫌家貧。」你再窮的人，養一條狗，牠始終的跟著你，不會
跑的，牠的個性非常的穩定，就像艮卦很穩定的樣子，始終一貫的，
艮卦是成終而成始的，狗是始終一貫的，牠不會跑的。這是第二點。
第三，艮爲止，止者是防止的意思，狗是守門戶的，艮爲門闕，狗是
門戶之獸，守門的，守門是防止人的，有這幾種情況。所以艮是狗，
取狗象。同時，艮值斗宿，是指北斗，我們剛才講那個斗是指南斗，
北斗是彎曲的，所以狗睡覺是彎曲的，斗是運行十三個時辰才出來，
它是運行十二個時辰後，到十三個時辰才出來，太陽出來了，所以狗
生下來十三天，眼睛才睜開，在十三天以前，牠的眼睛是閉著的，
十三天以後才會睜開，斗是曲的，因之狗臥也是曲的，這是講狗。

其次，講「兌為羊」，前面講「兌為說」、「說言乎兌」、「說萬物者莫言乎兌」，「兌為說」，「羊」是很順從的，所以「兌為說」。「羊」都有說澤之象，我們中國凡是好的字眼，多半都用「羊」字頭，都是取它說澤的意思，例如美字，是「羊」字頭；善字，是「羊」字頭；義字，是「羊」字頭，「羊」字頭的字，都是好字眼，所以兌為說，兌卦有說澤之象。兌卦是在秋天，萬物都樂成了，所以有吉祥之意，「羊」字是吉祥的現象。羊雖是吉祥的現象，但羊子內狠，不像狗是外剛，羊是裡面很剛，外面很柔，狗是外面很剛，裡面很柔。殺羊的時候，牠不像殺牛的時候、殺豬的時候，牠叫得非常的悲慘，非常的難聽；羊子殺牠的時候，牠一聲不響，牠不叫的，牠只兩個眼睛瞪著，牠是內狠，牠不像豬叫個不停，牠不叫，牠就兩個眼睛瞪的很大，牠就是內狠，這是「艮為狗，兌為羊」。孔子在〈說卦〉裡頭，「遠取諸物，近取諸身」，這是「遠取諸物」，在我們生活周遭的禽獸，拿來，用以形容八卦的性能，底下就是「近取諸身」。

第九章

乾為首，坤為腹，震為足，巽為股，坎為耳，離為目，艮為手，兌為口。

「乾為首」，就拿首了腳了來說明八卦。孔子遠取諸物，恐怕我們還不能把握，因此他就再「近取諸身」，在我們本身的身體裡面，再拿這些現象來說明。

「乾為首，坤為腹，震為足，巽為股，坎為耳，離為目，艮為

手，兌爲口」，再拿人體的八種情況，八種現象來說明八卦的性能及其現象。第一個講「乾爲首」，因爲在前面講過：「乾爲天」、「乾健也」、「乾以君之」、「乾爲馬」，「乾爲天」，「天」有主宰萬物的性能；「乾，健也」，乾是運行不息的；「乾以君之」，乾有主宰的能力。拿這些性能，把它歸納起來，乾是當我們的頭腦，「首」，「首」是主宰，我們身體的一切行動，靠我們頭腦來主宰，頭腦像天體運行一樣，它是自強不息的。人的頭腦和身體正是相反的，人的身體懶動的，我們的四肢懶惰的很，走路吧，我們懶得走，要坐車子，做事吧，我們懶得做，要找個傭人來代勞，我們身體是怕動的。可是頭腦呢，我們一睜開眼，除了睡眠外，我們的頭腦子，上下五千年，縱橫八千里到處都想，你叫它不要想吧！它跑掉了，你叫它回來吧，它偏偏的不回來，想個不停，所以它運行不息，和天體一樣，運行不息的，合乎健的現象。同時，頭腦子它主宰我們身體的一切，所以「乾以君之」。從這些東西中，把它收集起來，乾變成了我們的頭腦，乾卦的性能就和我們的頭腦一樣，我們就更了解乾卦的涵義。天體是運行不息的，頭腦亦是運行不息的；天體是主宰的、空洞的，頭腦亦是主宰的、空洞的；天體的運行是無形跡的，頭腦的運行亦是無形跡可見。運行不息的、主宰的、空洞的、無跡可見的，頭腦子這幾項，把乾的含意都說明了。「乾爲首」，頭腦子在上，是萬眾一尊的意思；「乾以君之」，君在上，也是萬眾一尊的意思。所以「乾爲首」，拿「首」來說明「乾」。

　　「坤爲腹」，坤是肚子，肚子是能容的。前面講過：「坤爲地」、「坤爲牛」、「坤順也」。「牛」是能任重致遠，載重的畜生，「地」是厚德載物的，「地」是被動的，它是順承天的，人的肚

子也像「地」一樣，你把什麼東西裝進去，它都容納了，你上面進什麼東西，它底下就裝什麼東西，它也不反抗，你怎麼樣，它就怎麼樣。同時，坤不主動，它是順著乾，肚子也不主動，它是順著頭腦子的，所以「坤為腹」。同時，陽實陰虛，坤體是虛，坤六斷是中虛現象，斷是空虛有容的，所以坤有包藏的現象，「坤以藏之」，肚子也有包藏的現象，所以「坤為腹」。「致役乎坤」，坤能夠勞動，「致役乎養」，我們肚子裡頭的東西，它也能夠養育我們，所以「坤為腹」。孔子在「近取諸身」，把「腹」指示為「坤」，我們對於「坤」的現象就更能了解了，「坤」是個肚子，我們抓著這一點，就可以確實的掌握著「坤」了。

第三個「震為足」，震像個腳。震是往前跑的，往前出的，「震為雷」、「震為龍」，「雷」是從底下往外發動的，從「龍」發動的，「龍」是在重陰之下，動足而出的。「震，動也」，人動是靠腳，手動是只是局部的動，腳動是整體的動，手動，手不能移動全身，把身子從這個地方移到那個地方，從此地到彼地，一定要靠著兩隻腳，腳才能夠把我們移動的，沒有腳，我們動不了，動在乎腳，所以「震為足」。同時，震是動於下的，雷是從地底下動起的，龍「或躍在淵」，也是從深淵底下動起的，震的腳也是從底下動起的，動是從底下動起的，從底下運行起叫做動，因此對「動」字的涵義，在「震為足」我們就可以更為明瞭。什麼叫做動？要從根作起，才叫做動，半途改造就不叫做動，壓根作起叫做動，所以「震為足」。這個震卦，陽起自下，火在下頭，陽是主動的，腳之象，動在下頭，當然是腳了，所以「震為足」。從「震為足」這一個人體之象指出來以後，我們對於震卦的體象就更了解了。震為什麼叫做動？震為什麼叫

做雷？「震爲足」，震是從底下動起的，陽在下，「震爲足」，更可以把震卦的含意掌握著。

第四個「巽爲股」，「股」是屁股，巽卦底下（是陰爻）兩半拉，有「股」之象。巽底下是陰，陰是不動的，震底下是陽，動在下，巽主爻是陰，陰不動的，「股」是跟著腳走的，「股」之本體是不動的，就是兩根大腿動，「股」是屁股，它是不動的，它自己不能動，大腿動，它就動，身體不動，它就不動，它自己是不主動的，所以「股」不動，「股」是靜的。前頭講巽是「雞」，「雞」是不會飛的，「雞」的兩個翅膀別起來，它是不飛的，它是跟著陰走，陰是靜的，它也是靜的。同時，巽是「入」也，「入」到裡面去了，鑽到裡面去了，就是兩陽順著陰，陰將它吸引到裡面去了，陽不發生作用，陰才發生作用。因此「巽爲股」，有「股」之象，它跟著腳跑，「股」不動，隨足而動，「股」隨著腳而動的，所以巽卦和震卦，兩個是相通的，巽卦是隨著震卦來動的。

第五個講「坎爲耳」，坎屬水，腎屬水，耳朵是屬腎的。人在娘胎的時候，五官先長耳朵，往年看相的根據這一點說耳朵是代表幼年的運氣，十歲到十六歲，耳朵好，小運就好，耳朵不好，小運就不好。耳朵屬腎，男女青年的婚姻，第一個你就要看對方的耳朵，假設耳朵很小很薄，耳朵發黑，而且不好，這幾點都具備了，小、薄、發黑，而且形體又不正常，假設是這樣的耳朵，無論男的女的，他的腎臟一定不健康，這就要注意了，擇配你不能擇個腎臟不健康的人來配合。人家看病，看耳朵發暗發黑，腎臟在那個時候就是有病了，或者火太燥了，腎水不夠了，到了五十歲以後，他耳朵就會聾、重聽，耳朵重聽，就是他腎水不夠，坎屬水，腎不足，就形之於耳朵，坎是北

方的卦，北方的卦是主聽的。同時，坎一陽錯在二陰中，耳朵呢，裡面是空的，在外面看不出來，陽含在裡面，人的耳朵，就像電話機一樣，它裡面有那個聽能，在外面看不見。腎的開竅就在耳朵，假設這個耳朵，很白，很厚，很紅潤，耳性很好，這個人一定很聰明，頭腦子很夠用，腎水枯了，耳朵一定會聾，這都是坎象。坎為耳，孔子在身體裡面，把耳朵比坎象，我們就知道，拿人的耳朵，就可以體會坎的意義。

　　第六個「離為目」，離是眼睛，眼睛是南方的卦，離是南方的卦，北方的卦是主聽的，南方的卦是主看的，離是目，是主看的。心肝在臉上是看眼的，肝火大旺，眼發紅，肝萎縮，眼就渾暗，肝如果很正常健旺，眼睛就很明亮，眼球黑的代表血，白的代表精，黑的不黑，其血必薄，白的不白，其精必敗，所以看人家的精血，就看人家的眼睛，眼睛黑的不黑，他的血就有問題，眼睛白的不太白，白的發灰或者發暗，他的精力就不足。離是南方的卦，所以它主眼睛，假使那個八字，火被水傷，火受傷的太利害，眼睛就失明，瞎子一定是火被水傷，傷的太利害，於是他就失明。眼睛是屬火的，主肝臟的，所以「離為目」。孔子在前面講「日以烜之」，離為太陽，又講「離也者，明也」，離為光明，這兩個象徵，都納之以「目」。離為火，「目」是火，「目」是火的孔竅，心臟的孔竅，火發盫了，眼睛就明亮，所謂火就是電，耳朵是電話機子，眼就是X光，假設我們看的太久了，眼睛太疲勞了，就是我們消耗電消耗得太厲害了。電影，我希望各位先生最好少看，因為看電影，一直坐在那兒兩個鐘點，眼睛消耗電太多了，眼睛睜開要消耗電呢，那個演電影要用電，我們看電影，也要用電，兩方面都有損失，消耗電消耗得太厲害，實在不怎麼

好，尤其是在黑的地方，更不好，所以最好少看電影。看書呢？你如果看得太疲倦了，你一定要充電，把眼睛閉閉，再看就清楚了，所以道家佛家常常眉垂目合，就是把眼睛皮搭拉下來，靜坐默念，實際就是韜光養晦，把那個光藏在裡面去。爲什麼要韜光養晦？使令眼睛的光明，永遠的與日月同明，這是保養眼睛的辦法。孔子把離卦的卦象，由眼睛中指示出來了，離卦的意義就更可以掌握清楚了。

第七「艮爲手」，艮是手，剛才我們講震爲腳，腳是動的，「動萬物者莫疾乎雷」，震爲雷，艮爲手，艮卦和震卦是反過來的，震卦是腳，震卦翻過來，就變成艮卦，艮是手，震卦一陽在底下，這個艮卦一陽在高頭，一陽在底下變成腳，一陽在高頭變成手。可是艮爲止，震爲動，手雖動，手不能把身體搬到別的地方去，所以艮是止，和震是相反的，手是穩定的，它不是腳，能把身體移動，手怎麼樣動，身體還在原來的地方，它還是穩定的，所以艮爲手。因爲我們手腳是相反的，所以我們診病，這個腿地方有毛病，醫病一定醫這個膀子，相反的，右腿有毛疪，一定扎左膀子，左腿有毛病，一定扎右膀子，這是左通著右，右通著左，艮卦和震卦是相反的，爲什麼艮止呢？「動極當止。」（清·李道平《周易集解纂疏》）震卦動得太厲害了，於是艮就穩定了，因之走路的人，走得太快的人，他一定要甩手的，你自己不覺得的，震跟著腿來的，而且，這個走路，兩個相反的順應，假設左腳起步呢，右手擺，右腳起步呢，左手擺；假設你行的很慢的，或者不行的，這樣的兩個臂靠著，是不大動的；假設捷走的，走的很快的，手腳是相反的運行。手腳這兩個字，在中醫《內經》裡還講的很多，手腳對人的關係很大。

最後，「兌爲口」，兌卦上面是開了的，上面是陰，上開爲

「口」，居在上面當然是「口」。兌是西方的卦，西方的卦主言，南方的卦主看，北方的卦主聽，東方的卦就主行動，這是四方的卦。東方的卦主行動，所以震為動，為行動；西方的卦主言，所以艮為言，為言語；南方的卦主看，所以離為目；北方的卦主聽，所以坎為耳。西方的卦主言語，所以謂之「口」，前面講山澤通氣，在人體裡面也是山澤通氣，人體裡面，艮，相當於鼻子，山中峰，人的面孔，鼻子和口是山澤通氣的，鼻子是山，口是澤。前面講「說言乎兌」、「兌為澤」，在性能上講，「兌為說」；在大象上講，「兌為澤」，又講「兌為羊」；在這兒更進一步講「兌為口」。「口」，人與人之間，能夠通往來，靠著「口」，你假設不表示意思，不開「口」，這兩個人永遠搞不到一塊兒來的，兩個人感情能夠弄得好，靠著嘴，嘴裡表示著好，兩個人的感情才會好，所以「兌為說」，語言可以吸引人的，所以「兌為說」。以上從人體裡面再找出八種東西，來形容八卦的性能，這是「近取諸身」，孔子怕前面「遠取諸物」還不夠，再「近取諸身」來找出這些東西。這個「遠取諸物」、「近取諸身」兩方面都交代以後，他就做了一個結束，把乾坤六子，再予申說。

第十章

乾，天也，故稱乎父；坤，地也，故稱乎母；震一索而得男，故謂之長男；巽一索而得女，故謂之長女；坎再索而得男，故謂之中男；離再索而得女，故謂之中女；艮三索而得男，故謂之少男；兌三索而得女，故謂之少女。

　　這一段是總接著前面「天地定位」、「帝出乎震」、「乾健

也」、「乾爲馬，坤爲牛」、「乾爲首，坤爲腹」，把這一些各種東
西都說明了以後，然後總結起來，講乾坤和其餘六卦的關係。

「乾，天也」，乾的大象，是天，「故稱乎父」，以人體社會
上來講，它就是父，父親是一家之主，是主宰者，父親是男的是陽，
是家裡的主宰者，所以像天，「故稱乎父」。「坤，地也」，坤可以
厚德載物，孕育萬物，「故稱乎母」，等於母親一樣，一胎一胎的
養孩子，「故稱乎母」。這是接續前面八卦的關係來講，乾坤在大象
上講，是「天地」，在人事社會上來講，就等於「父母」，有了「父
母」以後，他們就生孩子。

「震一索而得男」，「索」者，求也，震一索而得男，就是坤
索陽，震本來是坤體，坤求陽，於是乎陽來了，乾元到了坤體裡頭，
一索，第一次相求的，「震一索而得男」，故謂之長男。「陽卦多
陰」，一索，坤體只是索一個陽，就變成一個男的。這個男女排卵射
精，若主體是女的，是陰，客體是男的，是陽，就是陰先陽後，陽被
求了，陰是主體，於是就結合成一個男孩子，以排精時間來說，就是
女先於男，懷胎就是男的，所以「震一索而得男」，故謂之長男。

「巽一索而得女」，巽本來是乾體，「陰卦多陽」，一索，乾體
只是索一個陰，坤元根據乾體的要求，坤陰來了，女後於男，女的因
被陽求，就生女孩子，故謂之長女。

「坎再索而得男，故謂之中男」，「震」、「巽」這是一次，
到了「坎」，就是二次，「坎」、「離」，就是乾坤的二次交換。
「坎」就是「再索而得男」，坎還是「陰多」，以陰爲主體，坎本來
是陰卦，坤陰求陽，陽進來了，於是再索，於是得成坎，「故謂之中

男」。它是因為中爻來往的關係，所以叫做中男。

「離再索而得女，故謂之中女」，離卦本來是乾卦，乾卦在後天就是離，在先天是乾，離卦是乾體，乾體再索要求於陰，於是陰體就進來了，再索就是再求，再求中間的東西，就得之為女，謂之中女。

「艮三索而得男，故謂之少男」，艮卦本來是坤體，坤去索乾，乾陽的第三爻就跟著坤陰來了，就是「艮三索而得男」，因為「陽卦多陰，陰卦多陽」，這是「陰多」，第三爻是陽，所以是三索，故為少男，這是最後的一個男，故謂之少男。

「兌三索而得女，故謂之少女」，兌卦本來是乾體，乾陽求陰，於是坤陰的三爻，就到乾陽裡面去了，「陽卦多陰，陰卦多陽」，兩個陽一個陰是陰卦，於是變成了女的，成了少女。

這一段是講乾坤怎麼樣化生六子的，總結前面所有的說明。這些前所交代的象，都是些「大象」，「大象」以後就是些「主象」，前面的也可說叫「象義」。根據這些八卦的各方面都說明了以後，然後根據各方面說明的情況把它總結起來，可以觸類旁通，觸類旁通，就變成「廣象」。前頭「天地定位」、「山澤通氣」，是之謂「大象」，「乾為馬，坤為牛」、「乾為首，坤為腹」，這是「主象」。孔子指示「大象」、「主象」，以及各種象義以後，你應該理解八卦裡頭是些什麼涵義了，你了解了，然後根據這些涵義，觸類旁通，以此類推。就某一類的東西，屬之於乾卦，是乾卦為代表；某一類的東西，屬之於坤卦，是坤卦為代表；某一類的東西，是屬之於震卦的，是震卦為代表。然後你才知道推而廣之，宇宙間的萬事萬物太多了，你要把它推而廣之，這個「廣」字，就是「廣象」，根據著「大

象」、「主象」，以致於八卦的所有的性能，然後再推廣它的象義，
那就是「廣象」。

「廣象」在〈說卦〉裡頭最後一章說明，在此略略提一點，比
方說，「乾爲天，爲圓，爲君，爲父，爲玉，爲金，爲寒，爲冰，爲
大赤，爲良馬，爲老馬，爲瘠馬，爲駁馬，爲木果」，這些東西都
是「廣象」，因爲基於前面「大象」的天，「主象」的馬、首，這
些八卦的性能推而廣之，他因爲是天哪，是運行不息的，所以它是
「圓」，於是從這些現象中推廣，乾哪就是「圓」，「圓」者週而復
始，它運行是週而復始的；乾是主宰的，所以它是「君」。

第十一章

**乾爲天，爲圓，爲君，爲父，爲玉，爲金，爲寒，爲冰，爲大
赤，爲良馬，爲老馬，爲瘠馬，爲駁馬，爲木果。**

今天我們講解「廣象」，就是孔子舉例，推而廣之的，例如前面
講的，「乾爲君」、「乾爲天」、「乾爲首」、「乾爲馬」、「乾以
君之」，根據這些性能，他就推廣，「乾爲天」以後，他就接著「爲
圓」。乾本來是「圓」的，坤爲「方」，〈坤〉六二：「直方大，不
習无不利。」坤有「方」象，乾是坤的反對，那乾就是「圓」的。爲
什麼不說「圓」而說「圜」呢？因爲周圍相交謂之「圓」，乾它並
不是外在相交的死東西，乾陽它是向外擴展的，它不是個固定的東
西，所以講乾是「圜」。「圓」是個圓的圖標，「圜」的本能是轉，
這樣才是「圜」。四周相交就謂之「圓」，「圜」是無端，周圍不交
的。乾固然是「圜」，但它的「圜」是四周不相交的「圜」，故稱之

謂「圓」，互相繞連的，旋轉無斷，就謂之「圓」，它永遠在那兒旋轉。「圓」者不滯不息，它不滯，就是不會停滯著，老是這樣子啦，不息，它永遠的不停止的；「圓」呢，它相交了，它就停止了。所以「圓」是代表乾永遠的向外擴張，不滯不息的在那兒旋轉，這是第一個。

第一個「爲天」我們不講了，在大象裡交代過了，第二個交代「爲圓」，現在講第三個「爲君」。在「主象」裡講「乾爲首」，「首」者是在上，「天」者是主宰。「天」是主宰萬物的，「首」是主宰身的；「天」是居在上，「首」也是居在上。「乾」這是個主宰的東西，又居於尊位。前頭「主象」講「馬」，「馬」呢，是奔馳不息的，永遠在那兒跑的。它位置佔得最高，又是個主宰的，又奔馳不息的，永遠在那兒操作的，在國家來講就是「君」，是個主宰的，日理萬機，在那兒奔馳不息的，成天的在那兒想著怎麼樣的做。「君」，統治者，永遠都是那樣子，今天這樣的發動，明天那樣的發動，永遠在那兒發動，他就是那個主宰者，位置最高，所以在國家就是「君」。

第四「爲父」，在家庭上來講，「父」者一家之長，在家庭中，父親是個主宰者，位置比較高，他是位尊長，因此，第四個就叫「父」。同時，乾坤生六子，大於這三個兒子，三個女兒，乾坤是父母，有「父」之象。

第五個「爲玉」，「玉」是最純粹最精緻的東西，地面上所有生產的東西，以玉最精粹，所以過去皇帝用玉璽。在《尙書・顧命》裡面有：「大玉、夷玉、天球、河圖，在東序。」《尙書》上有這個說法，「大玉」是記時間的，十二塊，記每個月的氣候，把它雕出來，

正月的氣候是什麼現象，二月的氣候是什麼現象，一共是十二塊；第
二個是「夷玉」，是記平準的，就是我們的地球，地面上哪一個是高
山，哪一個是大川，哪一帶是平原，哪個地方高出來，「夷玉」是兩
塊，把它雕出來，山啦，河啦，記著地面平準，就是「夷玉」；第三
是「天球」，它是個圓的，是藍色，前頭「大玉」是白色，「夷玉」
是綠的，「天球」是藍的，上面雕著很多星斗，就是我們這個地球，
太陽系裡面二十八星宿，統統把它雕刻在上面；第四是河圖，河圖是
記數的，一、二、三、四、五、六、七、八、九、十。東序和西序是
古代國家陳列國寶（如圖書、秘笈等）的倉庫（或廂房），西序陳列
的是：越玉五重，陳寶，赤刀、大訓、弘璧、琬琰，東序陳列的是：
大玉、夷玉、天球、「河圖」，這些東西大都是「玉」做的，因為地
面上最純粹最精的就是「玉」，「玉」可以垂之千千萬年而不敗的。
金屬的東西吧，它會風化的；金剛鑽吧，大家以為好吧，這是現代
西洋人講好的，一把火就燒掉了；惟有「玉」水爛不掉，火燒不壞，
燒了它固然變顏色，但是玉的本體可以經千千萬萬年，還是存在的。
所以我們古代的玉璽，國家的印信拿「玉」來雕，就是這個意思，過
去「河圖」、天球，這些很可貴的寶物，用「玉」來雕，也就是這個
意思，因為玉可以垂久，在地面上它是純粹如金的東西。乾卦呢，它
的性能是純粹如金的，因為什麼東西裡頭都有乾，要沒有乾在裡頭，
那東西就不能存在。任何東西，如果乾陽在裡面毀掉了，這個東西就
會毀壞，它的形體就不能存在。我們看到任何的物體，看到它已經毀
滅了，風一吹就變成灰了。像這個桌子，如果擺在外面，風吹雨打，
擺個七十年、八十年、百八十年，這個桌子就變成灰了，就是這個桌
子裡頭的乾陽沒有了。到那個時候，乾陽就跑掉了。乾陽一跑掉，這
物體就毀掉了，就不存在了。物體能夠存在，就靠著乾陽能夠支持著

它，所以乾陽是純粹而精的。有這種純粹而精的性能，因此稱它為「玉」。

「金」是什麼東西？「金」是堅剛不折的，乾陽是剛健的，「天行健，君子以自強不息」，就是形容乾陽剛健的德性，所以拿「金」來形容「乾」，這是一。其次，乾陽在卦次上居於西北之隅，西北是出「金」的地方，西方納「金」，東方納木，所以用「乾」納「金」來形容乾有「金」之象，因此說「乾」為「金」，這是第七個。

再其次，為「寒」、為「冰」，在前面講卦位，「乾」是居於西北之隅，西北是由秋入冬的前後，那個節骨眼上，交了冬天，就是十月的氣候。時令在十月，方位又在西北，所以有「寒」。西北特別的寒，西北像乾（ㄑㄧㄢˊ），乾（ㄑㄧㄢˊ）者，乾（ㄍㄢ）也。乾（ㄑㄧㄢˊ）就是乾（ㄍㄢ）。我們普通說那個乾（ㄍㄢ）了，乾（ㄍㄢ）字也是乾（ㄑㄧㄢˊ）。西北的氣候是一寒就乾，各位注意到嗎？一燠一暖就潮濕，一寒就乾。寒來了，就有收縮的作用，氣候就乾燥了，一燠熱，氣候就潮濕，所以低氣壓，氣候就潮濕，高氣壓，氣候就乾燥。西北的空氣是寒帶著乾，我在西北待得很久，有實際的經驗，一包香煙你不收好，擺在那兒，明天就變成灰了，一捏就碎，乾燥的空氣把那水份都抽掉了，所以乾（ㄑㄧㄢˊ）者，乾（ㄍㄢ）也。「乾」居西北之隅，西北那地方，終年結冰，所以「乾」有「寒冰」之象。

其次為「大赤」，在十二辟卦裡面，〈乾〉是四月卦。十一月是〈復〉卦，十二月是〈臨〉卦，正月是〈泰〉卦，二月是〈大壯〉卦，三月是〈夬〉卦，四月是〈乾〉卦。四月建巳，是盛陽的氣候，

陽很盛，很壯，很旺，盛陽的顏色就是赤色。「赤」者就是火色，我們看到太陽最炎熱、最厲害的時候，太陽就是一團火色，有火的顏色存在，「赤」者就是火色，火什麼顏色，赤就是什麼顏色。赤色和紅色不同，火的顏色就是赤色，四月是盛陽的顏色，就是赤色。爲什麼稱「大赤」？因爲「乾」爲「天」，在八卦裡面，孔子舉的例子，坎也有赤色之象，「大赤」者有別於坎卦之赤，不是普通的「赤」，是特別的「赤」，「大赤」者，天上太陽的「赤」。另一原因，孔子時代周朝尚「赤」，秦朝尚黑，以水爲德，周以火爲德，所以尚「赤」，所以稱「大赤」，因爲作《易》是在周朝的時候。

其次，爲「良馬」，爲「老馬」，爲「瘠馬」，爲「駁馬」。「遠取諸物」，在主象裡講過，乾爲「馬」，就是以「馬」來形容它的奔馳不息。乾陽時時刻刻沒有一刻停止的在那兒化育萬物，乾陽在那兒不斷的鼓舞萬物的生機，使其生長出來，在天就爲「龍」，在地就爲「馬」，「馬」就是奔馳不停。過去我們講人家，說這個人了不起，我們說他是「龍馬精神」，「龍馬精神」就表示他乾陽精神非常的旺。我們過去有這個說法，說這人是「眞命天子」，但五四運動這些先生說這不通，這是封建的話。其實他不懂，所謂「眞命天子」，是說這一個人哪，他乾陽的稟賦特別豐富，做個三天不睡覺，他也無所謂，來個幾天不吃飯，他也無所謂；他的「龍馬精神」特別富足，就和乾陽一樣，一天到晚可以奔馳不息，如「龍」如「馬」。乾之爲「馬」，本來它是個「良馬」，但是後面接著又有「老馬」、「瘠馬」、「駁馬」，這怎麼個說法？過的年代多了，這個馬當然老了，「老馬」是以時間來講，時間走到最後，走到「亢龍有悔」的時候，牠也就是「老馬」了，它也有不當位的時候；如果乾陽走到六爻，時

間過了，它就成了「老馬」。「老馬」者，因時間而變成者；「瘠馬」者，以形變而言，就是說它運行得太過分了。乾陽的氣化有的時候氣力花的太多了，乾陽本身有氣力不夠的情況發生。等於我們讀書的人，你在那兒用功或者寫東西，花的氣力精神太多了，你還再繼續的寫，弄的頭腦子沒法子想了，於是不知道想到哪兒去了。每個讀書的人或作研究的，都有這個體會，支持不住了，到了那個時候，那就是成爲「瘠馬」了；內在的乾陽精神縮小了，「瘠馬」就是馬變瘦了，縮小了，乾卦有這個時候，有縮小的時候，它就變成了「瘠馬」。「駁馬」呢，是顏色變了，老呢，是時變。瘠呢，是形變。駁呢，是色變，慢慢的它的顏色就變了。

其次呢，爲「木果」。孔子在任何地方都舉個例子，講「馬」呢，是在禽獸上舉例子；前頭講爲「寒」、爲「冰」，爲「大赤」，這都是在氣候上舉例子；爲「金」、爲「玉」，在礦物上舉例子；爲「木果」，是在花草木竹上舉例子，每個部門都舉個例子。「乾陽」就是萬物生機的總樞紐，「木果」就是木的生機的總樞紐；「木果」掉下來，它裡頭有個仁，能夠發芽長苗，再長樹，「木果」它稟賦了這種性能，正如「乾陽」鼓舞萬物，促成萬物的生機是一樣的。所以「乾」爲「木果」。〈說卦〉，孔子在類萬物之情，就是把萬物之情觸類旁通。在天文上，指某些東西是乾；在地理上，某些東西是乾；在人事上，某些東西是乾；在花草竹木上，某些東西是乾；在禽獸上，某些東西是乾。他觸類旁通，每一類他都舉上一個例子，使我們後人知道這個東西，它在某一類是代表什麼東西。他就指示我們這些東西，他不能每一個東西都講到，他只能某一類方面舉一個例子；人事社會上，他舉一個例子，這是什麼東西；在物體上，他也舉一個

例子。他沒有方法講完，只是大體上舉一個例子。乾卦的廣象，在孔子，例子就舉了這麼多。從第一個乾卦的大象：「乾爲天」以後，一個「爲圜」、兩個「爲君」、三個「爲父」、四個「爲玉」、五個「爲金」、六個「爲寒」、七個「爲冰」、八個爲「大赤」、九個爲「良馬」、十個爲「老馬」、十一個爲「瘠馬」、十二個爲「駁馬」、十三個爲「木果」，都是乾的廣象，加上第一個乾的大象，孔子共舉了十四個例子。

坤爲地，爲母，爲布，爲釜，爲吝嗇，爲均，爲子母牛，爲大輿，爲文，爲衆，爲柄，其於地也爲黑。

其次，就講到坤。坤在大象裡頭，坤爲「地」。「地」可以厚德載物，它有「母」之象，我們人類完全靠著母親厚德載物產生出來的。同時，在六子裡頭，乾爲父，坤爲「母」。前頭乾卦，乾爲父，坤卦和乾卦是相對的，當然坤爲「母」，「母」的德性完全合乎坤的厚德載物。爲「地」是它的大象，爲「母」是它的第二個象。

第三是爲「布」，不是我們做衣服的布，這個布作展布講。萬物的構成，完全是由地面上展布出來的，利用坤德展布出來的，所以坤爲「布」。

第四爲「釜」，「釜」就是做飯炒菜的鍋子。坤的大象是「地」，「地」是有容的，地面上、地裡頭什麼東西它都可以載，山、水、木、石，它都可以載，萬物它都可以載。它不但能夠載著萬物，而且它能夠將萬物劃分好。它就像個大鍋一樣，什麼東西都可以裝在裡頭，飯也可以、菜也可以，什麼東西它都可以。鍋就像個地球一樣，什麼東西它都可以把它裝在裡面，把它化育好。生的東西，把

它變成熟的；不能吃的東西，把它變成能吃了；沒有味的，把它變成有味了，它化育可口了，就像地球化育萬物一樣。因此坤大象就爲「地」，有鍋的現象，所以坤爲「釜」。

　　其次爲「吝嗇」，過去我們一再的講過，乾陽的氣化是向外擴張的，是這樣的轉（天左旋，由內而外，見下圖），坤陰的氣化是這樣的轉的，這樣的轉（地右旋，由外而內，見下圖），這樣的轉，越轉越向外放大；這樣的轉，越轉越向裡頭收縮。坤是收縮的現象，坤的作育萬物，它就靠著收縮的力量，所以我們地面上的東西逃不掉，都是靠著坤陰地心的吸引力，把它吸著了。這種吸力就是坤陰的凝聚能力，它有能力把它凝聚著了，有多少高樓大廈它不會倒掉的，也不會飛掉的，它有這種凝聚的能力。假設我們離開地球升空，升空到若干里，超過地球的控制線以外，超過地球的凝聚能力範圍以外，地球凝聚不著了，你在天空就飄蕩起來了。太空人他可以出了太空艙，在太空船走，他不會掉下來，因爲地球的凝聚達不到那兒，到那兒便沒有了凝聚能力，那是個眞空的地方，人就失掉了重量。重量就是從地球凝聚的能力來的，沒有凝聚能力，就無所謂重量了。所以我們在太空中，根本就沒有所謂重量。地球既有這種凝聚能力，它把各種東西慢慢縮小，所以講數由一到億萬，是陽的數目字；由億萬到一，是陰的數目字。陽的數目字是這樣的轉（由內往外），由一到億萬，越發展越大，越發展越大，這是陽的數目字。陰的數目字，則是由億萬到一，這些原素、原子，慢慢集合，慢慢集合，越集合越多，越集合越多，到最後集合成一個東西。身體是坤陰，天天吃飯，小孩子在娘胎裡就是血，一個月、一個月供他吃；出生以來，吃奶、吃飲食，外面好多的原素，好多的細胞，慢慢的吸收，吸收的非常的多，多得變成

了一個身體，所以我們的身體是由千千萬萬的原素組成一個人。因之坤陰作育萬物，由億萬而到一，它因如此才能作成萬物的形體。好像這個茶杯子，它是集合了許多的元素，才構成了這個茶杯子；這支筆粉就是由億萬到一，千千萬萬的分子凝聚到一塊兒變成的，這是坤陰的道理。坤陰就是如此，它很吝嗇，它慢慢的縮小了，慢慢的把外面變成自己的，很吝嗇的，因之它有吝嗇的德性，坤為「吝嗇」，就是這個道理。

左右運行圖

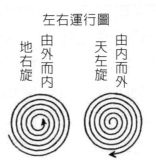

地右旋　由外而內　天左旋　由內而外

　　其次，坤為「均」。地球生萬物，它不分良莠，一視同仁。我們說這是一條毒蛇，某一個是猛獸，某一個是壞東西，這是我們站在人類的觀感上來說的；我們不能吃的，就說它是有毒的東西，這是就人來講的。可是你要按地球來講，它生殖萬物，它不分所謂毒不毒了，萬物它都化生。毒蛇猛獸它都培養，人類好的聖賢它也培養；好的它培養，壞的它也培養，在它的立場，無所謂好壞。天生我才必有用，什麼東西都有它的用處。現在我們認為某一種東西是毒的、沒有用的，是我們人類的智慧沒有到那個地步；假設我們人類的智慧到了那個地步，毒蛇很有用處，猛獸也很有用處。現在我們認為它們沒有用處，就是因為頭腦子還沒有進步至那個程度，沒有智慧去運用它，人類的智慧還沒有到那個程度。事實上，地面上化生的東西，沒有一個

沒有用的東西，都有用處；只要有個存在，它一定有它的作用，沒有作用是人類的智慧不夠，所以有很多東西，過去我們不能吃的、不能用的，現在都能用了。垃圾過去都是沒有用處的，可是現在說它能夠避原子塵，是有用處的，所以任何東西都是有用處的，極沒有用的都有用處，所以講「均」。「均」者，是均平，地球化育萬物，是很均平的，一視同仁，很均平的，所以為「均」。

坤為「子母牛」。坤，重卦有內卦、外卦，外卦是坤為牛，內卦又是坤為牛，所以這叫做「子母牛」。六畫的卦就有「子母牛」的現象，所以說坤為「子母牛」。

坤為「大輿」，坤卦厚德載物，「輿」也是厚德載物的東西，所以坤為「大輿」。

其次，坤為「文」。假設地面不化育萬物的話，地面上是很荒涼的，將來我們講《皇極經世》的時候，就可以知道地球沒有化育萬物之前的那個境界，地面上完全荒涼，一點的東西都沒有，非常的冷，可能零下一百度到兩百度，地面上那種樣子是很荒涼的，經過了化育萬物以後，於是把地面上變成了錦繡河山。假使我們站在山頭上，看萬紫千紅，綠野村郭，便是文章了。「文」呢，是文彩，地面變成錦繡河山，就是有文彩了，就是「文」的現象。

其次，坤為「眾」。坤的大象是「地」，「地」化育萬物，愈生愈多。我國有部書叫做《爾雅》，溥儀的兄弟叫溥心畬的，畫畫的溥心畬，他是我國的《爾雅》通。這個《爾雅》上頭，地面上有多少草，多少花，多少蟲，多少蝴蝶，多少蒼蠅，多少蛇，多少蝦蟆，多少竹木，一切一切都交代的非常清楚。我國還有一部書叫《花

鏡》[2]，這部書是一部園藝專著，是我國古代園藝學的珍貴遺產，專門講種花的，它記載了各種花的品種，還介紹各種栽培的方法，比方「接換神奇法」，就是講嫁接的。坤為「眾」，就是地面化育萬物，愈生愈多，今天這個草生一萬個，明天那種草生一萬幾千個，就跟我們人一樣，原來我們人有五種，有黃種、白種、黑種、紅種、棕種，可是現在黑種和白種結婚，黃種和棕種結婚，這麼樣交配起來，變成也不白，也不黑，也不紅，也不黃，那人種就多了，越來越多。地面上化育萬物就是這種現象，每一個種類化育起來，就會越生越多，多到不可知其數，因此坤為「眾」，因其有「眾」象。

接下來，坤為「柄」。從前講乾為圓，乾是個圓的，圓是曲的；坤是個方的，方是直的。方的線是直的，圓的線是曲的，乾圓而曲，坤方而直。直的就有「柄」象，斧頭有「柄」，鋤頭有「柄」，許多東西都有「柄」，帶把的「柄」都是直的，不是曲的，所以有「柄」之象，這是一。第二、坤的大象為地，萬物都是以地為本，「柄」者，本也，就是萬物之本在地，地是萬物之本，所以有「柄」之象。

其次，「其於地也為黑」。「黑」者不是地球的顏色為「黑」，〈坤〉卦第五爻：「黃裳元吉。」地面是黃的，為什麼講其於地為「黑」呢？我們過去講〈豫〉卦也好，講〈升〉卦也好，〈豫〉卦裡頭上六的「冥豫」，〈升〉卦裡頭上六的「冥升」，「冥豫」、「冥升」都是講坤的。〈豫〉卦上六這一爻，它自身是坤，它的應爻也是坤，「冥」者，是昏暗的意思，昏暗看不見，糊塗的。

2　記錄者按，該書成書於清康熙二十七年，西元1688年。作者：陳淏子，字扶搖。

凡是講「冥」、講「吝」、講「悔」的，都是講坤，有坤象，它都是講冥、講吝、講悔。冥暗就是看不見，黑暗的，所以「其於地也為黑」是講地球完全在坤的時候。地球有休克的時候，我將來講《皇極經世》的時候，還會講到，就是西方講的冰河時期。地面上一片都是水，一片昏昏暗暗，整個的地面就像南北極一樣，冰凍非常的嚴重，都在零下一百度到二百度，冷的不得了，萬物不長的，地面上一團漆黑，就是冥晦，地面上沒有得到陽，所以謂之「黑」。地球在純粹的坤卦，那個時候是冥晦的，黑暗的，不能化生萬物的，其於地也為「黑」。以上所舉坤的廣象是這麼多：除了大象「地」而外，第一為「母」，第二為「布」，第三為「釜」，第四為「吝嗇」，第五為「均」，第六為「子母牛」，第七為「大輿」，第八為「文」，第九為「眾」，第十為「柄」，第十一為「其於地也為黑」，到此為止，是孔子所舉坤卦的廣象，在生活上、在禽獸上，每個現象都舉了一個例子。

震為雷，為龍，為玄黃，為旉，為大塗，為長子，為決躁，為蒼筤竹，為萑葦。其於馬也，為善鳴，為馵足，為作足，為的顙。其於稼也，為反生。其究為健，為蕃鮮。

現在交代「震」。震為「雷」，震的大象為「雷」。接著孔子講震的廣象「震為龍」。《說文》上講：「龍，鱗蟲之長。能幽、能明，能細、能巨，能短、能長；春分而登天，秋分而潛淵。」這是《說文》上的一段，解釋這個「龍」字。震卦是司春的，大象是「雷」，正是「龍」登天的時候，所以震為「龍」。震卦是居於東方，在星斗上，東方是蒼龍，方位上是角宿、亢宿、氐宿、房宿、心宿、尾宿、箕宿，震卦即指這七宿。震為「龍」，「龍」本來是乾卦

裡頭的象，可是它發動在「震」，所以「震爲龍」。

其次，震爲「玄黃」，「玄黃」爲天地的雜色，〈坤〉卦上六這一爻講：「龍戰于野，其血玄黃。」所以「玄黃」是天地的雜色。震卦是乾坤始交，這是天，這是地，有乾有坤，剛剛在開始交合的時候，所以有「玄黃」的現象。

其次，震爲「旉」，這個字，古「敷」字。震東方，居於卯；兌是西方，在卦位上，居於酉。卯、酉是互相往來的，是陰陽往來的氣。爲什麼叫「旉」呢？因爲震司春，春天氣候到了，草木都吐秀，「旉」就是陽附於陰的意思。震卦本來是個陰卦，乾陽一來，就形成陽附於陰的現象。「旉」者，施也，陽施於陰的現象，所以叫做「旉」。虞翻認爲「旉」應作「專」字解釋，震卦是坤體得到乾元的剛開始，到了坤體，乾元是一片的眞誠，是專一的意思，這是一個說法。並陳起來，還是「旉」字比較妥當。

其次，震爲「大塗」。我們前頭講萬物出乎震，震是萬物出生的途徑所在，所以叫「大塗」。「塗」者，就是路徑也。「大塗」過去有人間，爲什麼在《易經》裡面講這個「塗」，爲什麼不說這個「途」？那個「塗」是不是這個「途」？這個是文字學的問題。那個「途」是从辵，這個「塗」是从土，那個途从辵，比如我們首途美國，我們現在乘機首途東京，那個「途」是講所走的路，裡頭複雜一點；這個从土的「塗」，是講路的本身，它的本身是由土將其鋪起來的，是路的本體，那個辵字部的是路的功用。首途，是依著這個路去走，我們依著路徑向前走，是从辵的那個途；从土的塗，是從路的本身來講的，土將其鋪成的。「大塗」者，就是大路，萬物都從震這個途徑產生出來的，所以它是大路，大的路徑，這是一。第二個坤爲

「國」，坤象是一個國家，過去《周禮・冬官・考工記》上講：「匠人營國，⋯⋯國中九經九緯。」我們對過去的都會原理不太懂，現在西方都會的途徑，都是歪歪斜斜的房子，甚至於有三角形的，我們過去的國，就是現在的縣城，現在的都會，「國中九經九緯」，就是說一個國是正方形的，九經九條，九緯九條。你看北平就可以知道了，九經九緯都是直的，東西南北都是這個方向，而且路旁都有溝瀆；不管下多大的雨，馬路上不會有積水的，不像我們現在臺北，一下雨，馬路上會積水盈尺的。它原來底下都是空的，凡是一條路底下都是空的，兩旁都是有溝。假使一個都市事前有這樣的計劃，房子好住，路這樣做，走著也好行，不是彎彎扭扭，東一拐、西一拐，在地面上是很不經濟的，把地皮搞的零零碎碎的，有時候做個三角形的房子，住著也不方便。我國過去講建築，要講明堂。搞土木工程的人，要考究這些，現在大家都不太注意這些了。而且，我們過去建造房子，一定要考究地點，那個地點要避風避水，因為地底下有水路，假設你做房子，或者這個城市建築在水路上，上面雨量大，發大水，地底下發嘯，叫作「起蛟」，地下水會嘯開了一個大洞，地下水會噴出來，所有的房子都會被噴的得垮掉了，我們家鄉就曾發生過這樣的事。因此他們建造房子，一定要注意是不是下面有水道。現在造房子，在外表上看著是很好了，高樓大廈的，實際在這些方面都沒有人去研究的。震是以陽爻為主，陽為九，所以為「九經」，「九經」為大路，所以震為「大塗」。

其次，震為「長子」。前面講過「震一索而得男」，為長男，長男就是「長子」。

其次，震為「夬躁」，陽爻息至二，就變成兌。兌在〈夬〉卦為

「決」，夬者，「決」也。很決斷、很剛，有「決」之象。後面我們講巽卦，巽卦為「躁」，因為巽卦從初爻變，接著二爻變，三爻變，巽卦整個變，就變成了震卦，巽卦和震卦是互相往來的，所以躁卦指震而言，震為雷，雷一發勁，是很「躁」的，說動就動，所以有「夬躁」之象。這個「夬躁」，陽剛起於底下，起於足下，有「夬躁」之象。

　　其次，震為「蒼筤竹」。蒼為青色，蒼筤竹指青的竹子，是幼竹，剛生的竹子。震發動很快，一發動就發動出來，竹子剛生出來也很快。我們小時候在山上，老師帶著我們，不要我們在竹林裡解大便，它蹦一聲就把肛門戳破了，所以老師叫我們不要在竹園裡解大便，就是這個道理。蒼筤竹就是那竹筍子，象徵震的初陽，剛剛發動往上跑，有那個現象，就叫「蒼筤竹」。震因為一個陽爻在底下，非常的堅剛，中上兩爻都是陰，有中足之象；又出在東方，所以叫做「蒼筤竹」。竹子底下是堅的，根是剛堅的，根那個地方絕不空，陽實陰虛。地下是根，根很剛堅，它抽出幹子來，裡頭是空虛的，這是一。第二呢，是這竹子的根在地下是相連的，在一個根的地方，可以長兩棵三棵的竹子，可是根是一個，它和普通植物性質是不同的，它的根可以生兩個、三個竹子；普通的樹木，一棵樹就是一個根，一個幹就是一個幹，沒有兩棵樹共生在一個根上的；竹子不同，它的根都是連起來的，這棵竹子的根和那棵竹子的根是連在一起的，這就表示底下一個根，上面兩個苗，這就是震為「蒼筤竹」，震有竹象。

　　其次呢，震為「萑葦」。這個「萑」字唸「ㄏㄨㄢˊ」，「萑葦」，生長在水邊。一說：是二草，據《毛詩正義》唐代的孔穎達疏說：「此二草初生者為葭，長大為蘆，成則名為萑。初生為葭，長大

為蘆，成則名為葦。」一說：它是竹子的一種。白居易的那首〈琵琶行〉詩：「潯陽江頭夜送客，楓葉荻花秋瑟瑟。」荻花是荻的花，似蘆葦。北宋的朱震《漢上易傳》上說：「萑葦震之廢氣也。故竹堅而萑葦脆，竹久而萑葦易枯。」所以萑葦是震的廢氣，它不如竹子，竹子堅固，而萑葦比竹子脆弱的多。萑葦是青色，震是東方，東方是青色，是一類的，所以震為「萑葦」。它的根莖是叢生蔓衍的，根是相連的，上面的竿子是叢生的，裡頭發動的狀態和竹子差不多，所以震為「萑葦」。

其次，震「其為馬也為善鳴」。震的大象為「雷」，「雷」是有聲「善鳴」，馬也是「善鳴」，所以說震是「其為馬也為善鳴」。

其次，震為「馵足」。「馵」這個字讀「ㄓㄨˋ」，《爾雅·釋獸》：「左白馵。」「左白馵」，就是左面白色的腳。震居左，震在卦位上居左，左邊就是東邊，右邊是兌。為什麼講「左白馵」？因為前頭在主象裡頭講過：震為「足」、震為「左」，震又伏巽，巽為「白」，所以講「左白馵」。

震為「作足」。「作」者是起也。震為行，行的時候，一定要先把腳舉起來，所以震叫「作足」。

其次，震為「的顙」。《博雅》：「的，白也。」《玉篇》：「顙，額也。」「的」是白也，「顙」是額頭，「的顙」就是白額頭。我們看《三國演義》劉備騎的的盧馬，人家說的盧馬不好，可是的盧馬救了他的命。「的顙」就是馬的「的盧」，的盧馬就是白額頭的馬。徐庶說這種馬是妨主的，結果這隻馬救了他。震是反生，震是反過來生。因為震卦原來就是坤卦，坤卦是個死體，本來是沒有了，因為陽過來了，所以反生。震反生，所以以初為「顙」，震伏的有

巽，巽為「白」，有「的顙」的現象，所以震為「的顙」。

其次，震「其於稼也為反生」。「稼」者，就是種田。「樊遲請學稼。子曰：我不如老農。」（《論語·子路》）震本來它是坤，坤體裡生了一個陽出來了，所以震出之於坤。震為出，出之於坤，坤為「土」，這乾陽從坤體出來的，等於播種出之於土。陰為形而在上，陽為氣而在下，陽氣在下，所以叫「反生」，有反過來生的狀況。震「其於稼也為反生」，這是在農田方面的講一個例子。

其次，震「其究為健，為蕃鮮」。「健」為剛健，「究」，極也。震雖是初陽的發動，但震為出，陽雖是在下，但它是不斷的向外膨脹，不斷的向外生長，向上浸長，這個陽生長到這兒（二爻）為兌（☱），再向上生長到這兒（三爻）就為乾（☰）了，慢慢的生長到了極限的時候，就為乾了。乾者，「健」也。所以震「其究為健」。震既變為乾，以後就陽極陰生，陰生於陽的下面，就成了巽了，巽為「蕃鮮」，「蕃鮮」就是繁盛，巽為最繁盛的時候，巽卦在東南方，是在四月的時候，四月正是麥子、稻子、五穀、百果最繁盛的時候，所以講「蕃鮮」。「其究」就是乾元、坤元互相往來的途徑，到了極限的時候。講「究」的只有震卦，其餘各卦，沒有講「究」字的。

巽為木，為風，為長女，為繩直，為工，為白，為長，為高，為進退，為不果，為臭。其於人也，為寡髮，為廣顙，為多白眼，為近利市三倍，其究為躁卦。

先講「巽為木」，震卦在東，巽卦在東南，都有木象。震卦講「蒼筤竹」，竹子的根是糾併在一起的，可是它的桿子可以生三個、五個，所以震雖是木象，以竹子為範例的理由在此。實事上，震卦、

巽卦它兩個都是木象，它是同類的。巽卦講「木」，它的兩個陽在上面，陽奇陰偶，陽是單的，陰是雙的，表示它的兩個桿子是直的，是單的，一個陰在下面，根分是分開了的。所以木的根是分開了的，各自有自己的根，不像竹子的根，是幾株連在一塊兒的。因為有這個象，就能把竹、木分別出來。柔爻是草，剛爻是木。震卦是柔爻在外，所以叫「蒼筤竹」、「萑葦」；巽卦剛爻在外，所以「巽為木」。

　　第二，「巽為風」。東漢·陸績（188－219）講：「風，土氣也。」風是土的氣化。《莊子·齊物論》裡頭講的風很多，各位先生恐怕都看過《莊子》吧？《莊子》說：「大塊噫氣，其名為風。」莊子對於科學的研究，恐怕有些地方，現在的科學家還趕不上他。他曉得細菌的來源：「樂出虛，蒸成菌。」他對於細菌研究得很清楚。大塊就指這個地球，所有的風雲、雷雨、彩虹、冰雹、閃電，圍繞在我們周遭，這些氣候上的轉變都是從地底下來的，不是從太空裡出來的，太空中沒有這些東西，都是從地球本身變化出來的。過去我再三的講過，地球本身有穴道，地球的穴道，慢慢的把水變成氣體，升出地面，騰入空中，遇到壓力就變成雨。雨和風在太空裡發展，都成個圓形，我們看不到，他們現在可以把它的形態描寫出來，是個圓的。颱風的半徑有多大？兩百公里，四百公里啦！風的圓圈圈有大的、有小的。它這個穴道大，它噴出去冒的氣大，它遇到壓力，這個圓圈就大；它這個穴道小，噴射的力量小，它在空中的這個圓圈就比較小。我們臺北市有兩個雨根：一個雨根在木柵，一個雨根在基隆。基隆一個孔道冒出水氣，變成雨的圈圈，木柵那兒一個穴道，也可以冒出水氣，變成雨的圈圈，這兩個穴道噴射的雨量都不很特別的大，因此在

太空的圈圈便不算大。因之臺北市的中山南路有雨，中山北路沒有雨，因為中山南路的雨是從木柵來的，木柵的雨圈圈，只能夠遍灑在中山南路，它那個雨圈圈不夠大；有時候中山北路有雨，中山南路沒有雨，因為這個雨是從基隆來的，基隆的雨根也不大，它只能夠普降至中山北路一帶，一到中山南路，它的力量就不及了。如果天空的雨，你用照像把它照下來，它是個圓的圈圈，它的運行像電波樣的，是由外而內這樣的運行的；風的運行也是由外而內這樣的運行，它所以成形成體，都是陰的運行法則。「大塊噫氣」，風大半是從海上來的，雲是從山上來的，為什麼平地上不會起雲呢？因為地球上的穴道。它不在高的地方，就是在低的地方。「山澤通氣」，不是山，就是澤。澤者，就是海、湖泊、大澤，地球最低窪的地方，山是地球最突出的地方，也好像人身體上的穴道一樣。人身上的穴道也都在最高的地方或是最低的地方，兩個太陽穴是在低窪的地方，尾椎骨穴是在突出的地方，湧泉穴是在低窪的地方，乳房穴是突出的地方。人身的穴道不在突出的地方，就在低窪的地方，學針灸的都會知道。所以地球的「山澤通氣」，不是山，就是澤，雲就是從山上來的，風也是從地球從裡面鼓動而生的，它是一股子氣，一股子力量，從地球裡面冒出來，這個力量就像雷從地球裡面冒出來一樣，經過太空壓力的製造，低落下來就成了風，這種反旋的力量，就變成了風，所以「巽為風」。巽卦本來是乾體，這個坤陰鑽到乾體裡面，這坤陰是吸引的力量，凝聚的力量，就把上頭那兩個陽往裡拉，把那種電波往裡拉，因為往裡拉呢，就變成了風，所以氣向下行就變成風。我們用扇子向下搧就有風，向上搧感覺不到風。扇若下行就有風，所以「巽為風」。

再講巽為「長女」。「巽一索而得女」，故為長女。我們講過乾

坤生六子，巽爲長女，因爲巽爲得坤陰之始。

　　第四個，巽爲「繩直」。前面講過「巽爲木」，《書經·說命上》講：「惟木從繩則正。」木曲則繩之使直，木匠把木材搞得方方的，整齊的，不斜不歪，完全靠的那根繩；木匠用那根線，把它一拉，比著它畫條痕子，於是乎這根木材才變得很直。這根木材長得很彎，但是經過木匠一裁製，它就能變成可以用的直的材料。他把木弄直，就是靠著繩子把它拉直，所以木曲則繩之使直。所以《書經·說命上》講：「木從繩則正。」這句是傅說講的，就是商朝的那位宰相。爲什麼繩之則直呢？因爲巽爲木，木沒有太直的，平常的木多半是曲的，從繩則正，木曲則從繩才直。前頭講「齊乎巽」，使令它很整齊，怎麼使令它很整齊呢？巽卦初爻是陰，失位不正，因爲一、三、五是陽位，現在初爻，陰居了陽位，不正，兩個陽在上面，二陽得中，三陽得位，兩陽在高頭使令它正，使這個初爻正，有陽使陰正之象，有繩直之象，所以巽爲「繩直」。

　　其次，巽爲「工」。東漢·荀爽《九家易》講：「以繩木故爲工。」木曲，繩之使直，這就是「工」。天地化育萬物，萬物本來就是參差不齊的，萬物到成熟了，都是很整齊的。五瓣的桃花，不管在幾萬年以前，桃花開時是五瓣，幾萬年以後，桃花開的仍是五瓣，始終是一致的，很整齊的。桃花是桃花的樣子，杏花是杏花的樣子，彼此很整齊。誰使令它很整齊呢？「齊乎巽」，巽在東南方，「帝出乎震」，等到發動以後，使令它化育得很整齊的，都是靠著巽，「齊乎巽」，巽在人事社會上講，有教育意義。巽爲「工」，教育也。天地化育萬物，使令它每個東西都是整整齊齊的，把它擺出來，這個工程很大，所以巽爲「工」。

其次，巽爲「白」。孔子在前面講：「齊乎巽，巽東南也，齊也者言萬物之絜齊也。」絜齊，巽代替宇宙化育萬物，使令萬物很純潔、很整齊，這是個工程的作用。「白」就是最純潔的，宇宙間沒有東西比「白」再純潔的了，「白」的裡面一點點雜質都沒有。所以巽爲「白」。

其次，巽爲「長」。前頭講巽的大象是風，風是無處不到的，風一聲揚起，走的很遠，遠就是「長」象。巽又爲木，木是長形的，石頭有方的、圓的、長的，植物裡頭只有木材最長，因爲它有「長」的象，所以巽爲「長」。

其次，巽「爲高」。巽既是爲長，而且又是長女。震、巽都是初索的，震卦是乾陽初索於坤而得長男，巽卦是坤陰初索於乾而得長女。長男、長女都是長，長者，長也。但震是「長而大」，巽是「長而高」，巽既是木，木既是長，所以叫「高」。

其次，巽爲「進退」。巽的卦象有進一步、退一步的現象，因爲巽本來是乾體，坤陰鑽到乾體裡面，就構成了巽。陰進則陽退，本來它是乾，因爲一個陰進來了，乾陽就往後退了，所以有「進退」之象。在十二地支裡，巽居於辰巳方。這是子（北），這是午（南），這是卯（東），這是酉（西），子、午、卯、酉居四正。這是東北，布置在寅、丑；這是西北，布置在戌、亥；這是西南，布置在申、未；這是東南，布置在辰、巳（見下圖）。所以它在辰巳之方，辰、巳，在地支上辰五、巳六，五、六是陰陽進退之數。天五、地六，正是天地交往的數目字，天數五，五五二十五，地數六，五六三十，這是天地交往之數，這是有「進退」之象。

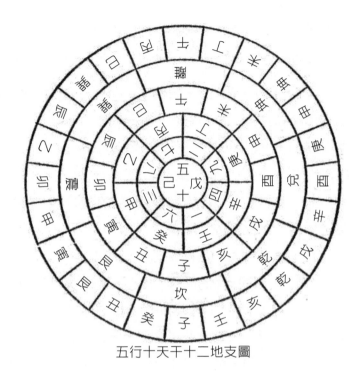

五行十天干十二地支圖

　　其次呢，巽爲「不果」。巽的大象是風，風吹的時候，忽東忽西，或南或北，它沒有個固定的指標。今天是東風，明天是東北風，後來是西南風，它不是固定的，所以它「不果」。過去我們講乾卦，乾陽是萬物生機樞紐所在的地方，所以它在木的方面來講，它的大象是木果，木果，木的果子，果是仁，如桃仁、杏仁、花生仁，它是生機樞紐所在的地方，因爲木的果子爛了，掉在地上，它又化生再變成木，所以它是生機樞紐所在的地方。所以乾陽是「木果」，乾陽既是「木果」，坤陰鑽到乾陽裡面，把乾陽破掉了，所以說「不果」。它不是「木果」，這果子壞掉了，所以巽有「不果」之象。

　　其次，巽爲「臭」。「臭」是氣味，巽的大象是風，我們能夠聞到氣味，就靠著風，風一動，氣味就到了，風吹來，花香撲鼻。坤陰

的初爻到了乾體裡面，就變成巽，如果坤陰再消至二爻，就變成艮，艮是鼻子。巽是風，巽風吹到艮鼻子裡頭，所以巽有「臭」之象。

在人的方面，孔子又舉了一個例子：「其於人也爲寡髮。」「寡髮」這兩個字是從東漢・馬融（79－166）的本子上來的，可是東漢・鄭康成（127－200）與三國・虞翻（164－233）覺得「寡髮」這兩個字，於象無據。巽在東南，是繁盛的地方，頭髮不應當少，怎麼可以說「寡髮」呢？於象無據，因之在鄭康成和虞翻的本子上，「寡髮」這兩個字就變成了「宣髮」。因爲往年都是刀書，不像現在是製板印書，都是拿刀子在竹板上刻，刻錯了，「宣」字刻成了「寡」字。「宣髮」，鄭康成的解釋，頭髮若是落掉了就叫「宣」。同時，《楚辭・大招》說：「天白顥顥。」《說文》上：「顥，白貌。」頭髮白了，落掉了，就叫做「宣」，所以「宣髮」是早白、早落的意思。巽本來是白的，所以叫「宣髮」，這是鄭康成的解釋，其餘的本子都叫「寡髮」。髮是身體上一種氣力，往上衝的，往上衝變成了頭髮。乾陽在人身就是種火力，假設火力很旺的人，它的頭髮很多。我們常常看到一種人頭髮很厚、很硬，跟豬棕一樣的，怒髮衝冠的，敞開了上衣，胸口都有毛，手背腳脛上都有毛，這種人他身體內的構造瓦斯特別的多，脾氣很燥。西洋人都是這種德性，所以西洋人做事很衝動，說幹就幹，思考方面少，行動方面多。我們看到這種人，就說他陽氣很旺，陽氣太足了，身體裡的瓦斯太足了，所以他的頭髮就很旺。「寡髮」呢，本來它是乾體，坤陰鑽進來將其消掉了，陽不足了，所以頭髮掉了，叫作寡髮。後來的本子是這樣解釋的。兩個解釋都通，並存其說。

其次，孔子又舉巽「爲廣顙」爲例。「顙」就是額，額角很闊叫

「廣顙」。「廣顙」的人在男人是很好，因爲天庭開闊，少年發達。女孩子找男孩子，如果看到他天庭尖尖的，那人沒有多大出息；天庭飽滿，表示他能力高，氣概不凡。可是女的如果天庭飽滿，那就不好了。天庭飽滿，表示向外發祥，女的天庭飽滿，一定剋夫，她自己向外發祥，她就不要丈夫，把丈夫甩掉了。男的擇女的，天庭不能太廣了，凡是寡婦，多半都是廣顙的。女孩子天庭雖不能太廣，也要飽滿，不能高一塊、低一塊，崎嶇不平跟個南瓜樣那樣的相，嫁不到好丈夫。顙是廣額，巽卦是二陽在上、一陰在下，陽爲大、陰爲小，二陽在上爲大，所以有「廣顙」之象。前頭震卦有「的顙」，「的」是白也，震是一陽在下，伏著巽，巽爲「白」，所以叫「的顙」。巽是二陽在上，陽漸消成坤，坤爲「廣」，所以叫「廣顙」。

　　其次，巽爲「多白眼」。「多白眼」是眼睛多白色。孔子懂得相理，把這些相理寫下來了。眼睛多白色不好的，眼睛有下三白、上三白。眼睛睜開來，底下白的多了，叫下三白；眼睛睜開來，高頭多的，叫上三白。上三白、下三白的人，第一個，主凶，不得好死，翻車跌馬，總之多殘傷。第二個，這種人舉止動靜不太正常，所以女孩擇婚配的時候，那種露三白眼的男的，最好不要委身於他，最好不要嫁他，嫁了不好。巽六畫的卦裡頭，中爻三、四、五互成離，離爲目，三、四、五在卦體之上，就是眼睛向上。眼睛向上吊，底下就多白，巽又爲「白」，所以叫「多白眼」。

　　其次，巽爲「近利市三倍」。巽卦在八卦的方位來講，是居於離、震之間，離震是火雷〈噬嗑〉，叫〈噬嗑〉卦。〈噬嗑〉卦在〈繫辭下傳〉中，是：「日中爲市，致天下之民，聚天下之貨，交易而退，各得其所，蓋取諸〈噬嗑〉。」我們過去商業的發展，就是從

這兒開始的。在黃帝神農的那個時代，根本就沒有錢，社會上沒有兌換的籌碼這些東西，老百姓換取東西，要物物交換，拿東西換東西。我們過去是農業社會，有的家庭男孩子多，男孩子多，就種田的多；有的家庭女孩子多，女孩子多，就織布的多。種田的多，糧食就有多餘的，但布匹不夠穿；織布的多，布匹就有多餘的，但糧食不夠吃。因此拿多餘的糧食去換多餘的布，拿多餘的布去換多餘的糧食。以布換糧，以糧換布。但是那個時候人口稀少，十里、八里路找不到一個人家，你怎麼曉得誰家多了糧食、誰家多了布呢？因此就挑一擔糧食，到處去換東西、換布啦、換油啦、換塩啦、換這些蔬菜啦、換這些零碎的東西；挑這一擔糧食，跑一天，跑一百多里多路，換這些東西還換不到，需要的東西還換不到。因此大家感到不方便，這才想到設日中為市，這在神農時代才創造的設日中為市。就拿北投來講吧！以北投做中心，環北投的東西南北百里之內，大家約定一個日子，統統的把你所要換的東西，都挑到北投來。你家多的布，挑到北投來；我家多的糧食，也挑到北投來：張家多的油，李家多的塩，都挑到北投來。往年人個頭大，不像現在人一步只能跨一尺多路，那個時候的人，一步跨三尺多。起五更，天濛濛亮起，一百里路挑到北投，剛剛日正當中，以油換布，以麥換塩；大夥把東西換好了，再挑回去，挑回去吃晚飯，這叫做日中為市。這個日中為市的卦象，聖人神農氏就從〈噬嗑〉卦的卦象體會來的。根據這個卦象，就發明了日中為市。巽卦居在離、震之間，所以有〈噬嗑〉卦的體象，有日中為市的象徵。可是巽卦消二就變成艮，消三就變成坤，這個外卦就接近坤，叫做「近」。四爻一動，外體就變成乾，〈乾〉卦〈文言〉講：「乾始能以美利利天下。」所以為「利」也，同時，前面講過的，〈噬嗑〉卦「日中為市」，再加上乾三陽為「三倍」，所以巽為「近利市三

倍」。

其次，巽爲「其究爲躁卦」。「躁卦」，我們前面講震，震是有「決躁」之象。「究」者，竟也，究竟，我們常講究竟怎麼樣了？究竟是到頭的意思。這卦前身是乾，第一個消乾成巽，第二個消成艮，第三個消成坤。消成坤以後，陽就來了，於是後就變成震，震爲「決躁」，所以巽爲「其究爲躁卦」。以上交代的是巽卦的卦象。

坎爲水，爲溝瀆，爲隱伏，爲矯輮，爲弓輪。其於人也，爲加憂，爲心病，爲耳痛，爲血卦，爲赤。其於馬也，爲美脊，爲亟心，爲下首，爲薄蹄，爲曳。其於輿也，爲多眚，爲通，爲月，爲盜。其於木也，爲堅多心。

其次講坎。「坎爲水」，坎的大象爲「水」，我們已經講過了。坎之所以爲「水」，我們曉得陽是動能，陰是體質，坎的外體是陰，內含是一個陽，所以有「水」之象。水的外形是個體質，水的體質是流動不居的，你叫它停止，它是停止不住的，至於爲什麼會動呢？是有陽在內，所以它才動。

其次，坎爲「溝瀆」。虞翻講：「以陽闢坤。」坎本來是坤體，陽一來，把坤闢成兩半，坤就變成「溝瀆」之樣了。坤陰本來是地，把地闢成兩半，就變成「溝瀆」了。「溝瀆」者，就是溝洫。坎，陽動於陰中，陰就分裂了，陰一分裂，水就流於坤土之中，有「溝瀆」之象，所以坎爲「溝瀆」。

其次，坎爲「隱伏」。一陽藏於兩陰之中，陽的光明被陰隱蔽了，所以有藏隱之象。爲什麼講這些東西？因爲以後按卦，某一個現象，應當屬於那一個卦，就把它的現象性抽出來，和卦體的性能相配

合，合乎那個卦體，於是乎就按那個卦。你不懂這一個，就算把《易經》從頭搞到尾搞清楚，還不能用。往年那些通《易經》的人，那些會推算的人，他怎會知道哪個朝廷興？哪個朝廷會敗？國家的興衰存亡，為什麼他會瞭若指掌？他怎麼會知道呢？就是他把國家行政的一切措施，一切發展的表現，都納之於卦，這個現象應該納之於那個卦，然後再根據那個現象來推這個卦體的現象，就曉得這個社會國家將來怎麼演變。往年那些先聖先賢們，他了解《周易》的道理，「雖百世可知也」，他就是順著這個道理去推求，宇宙就是順著這個軌跡去循環的，原則不是陽就是陰，根據這個原理去推任何的現象，都可以推演出來它未來的情況是怎麼個表現。

所以我上一次談共黨和美國訂交以後，共黨的鐵幕就開了個大窗子，戳一個大窟窿，他的人民就壓制不下去了。所以我的樂觀的看法，共黨和美國一建交，就是共黨的喪命鐘，就是根據著卦象來的；不然，我怎麼會抱著樂觀的態度？就是根據著卦象推演出來的。現在我們再進一步告訴各位。共黨很快的內部就要崩潰，因為它的制度限定它要崩潰的，三十八年一個美國人逃出來作個見證，他在共匪區裡蹲了三十八年，知道得很清楚，共黨不讓人們用頭腦子，他們把人民的工作都替你分配好了，你做這一個，他做這一個，都給你分配好了，不讓你費腦筋；你種田，你每天去種田，別的你不用想了，他教人變成機器，這樣的就將我國好多億人口的智慧給剝削掉了。不要他們用腦筋，就是不要他們的智慧，只要他們的勞力，不要他們的智慧。智者千慮，必有一失；愚者千慮，必有一得。你的國家能夠興旺，就在能路尋道謀，你把各種人的智慧集中了，充實國防，發展工業，互尊共榮，這個國家才能發出光芒。你把人們的頭腦子、才華都

約束著了，都把它喪失了，人民變得跟畜生一樣。這個國家，你看著有幾億人口，實際上，只有共產黨這幾個黨毛子，在那兒窮張羅，就是他們那幾人，在那兒用腦筋，那幾個人是些什麼出身呢？都是些流氓、地痞出身，那些抗大的學生，根本是不讀書的，都是流氓、地痞，一小群的流氓、地痞，集中起來，在那兒用腦筋，一大群的老百姓思想給他凍結了，這樣的個國家，還有個不亡的？還有個不衰的？他一定搞不好的，這個道理把他困著了。其次，講生產，生產的制度就把他綑死了。他派你工作，種田吧！他派你去做，打鑼，招喚大家在一塊兒做，共幹在那兒，大家煞有介事的在那兒做，共幹走了，他們都倒在田梗上，為什麼？你做得再努力、再多些，還是那個糧票，你做得最少，也是那麼一張糧票，搞得你在這兒，我就做，你不在這兒，我就不做。人都有惰性，誰願意為別人多做呢？於是乎把這下一代青年，養成疏懶成性，看起來大陸有多少億的青年人口，都把他們毀掉了。所以從匪區逃出來的青年，在香港一般商店、工場裡，都不用他們。他們投機取巧，疏懶成性，看起來大陸多少億的人口，廣大的人口，幹起活來，打了很大的折扣。比如一個人做一百分的勞役工作，他連十分都沒有做到，所以十億人口做的工作，不及一億，所以他的生產不會不銳減，沒有法子生產的，沒有法子講增產的，所以他的制度就把他限死了。因此他們禱告共黨早一點崩潰，還能夠把中華救起來，要不然，我們不是亡國，簡直是滅種。他們現在號稱八億、九億、十億人口，我們現在宣傳人員也不太用腦筋，也都跟著他們喊八億、九億、十億人口。實事上，據我的估計，五億人口都不到。他有兩個限制，大部分青年沒有工作，不能結婚，三十幾歲沒有結婚的普通的很，一百個裡頭就有九十個，不結婚，孩子從那兒來的？沒有孩子怎麼會有人口？拿那個胡說八道的人口，來嚇唬嚇唬西方。所以

鄧小平跑到美國向卡特說：「我們移民兩千萬，到你們美國這兒好不好？」可能是嚇唬卡特。表示我們人口很多，事實上，人口被他們減少太多了，減少得過半了，沒有多少人了，他胡說八道，我們就相信了。事實上，那兒會有八億、九億、十億人口？糧食不夠吃，老百姓又不能結婚，人口從那兒來呀！死亡又那麼都多，疾病又沒有人醫，那會有那麼多人口？我們這方面的宣傳人員根本沒有用腦筋，也跟著他們順嘴開張，瞎說八道。搞《易經》，我們要把現象弄清楚，看到那種現象，就把它納之於那個卦，這樣我們再把六十四卦義再複習一次，就曉得了。由那一卦將來發展的情形怎麼樣？由那一卦再研究它的卦變，由那一卦可以變化到什麼些卦？這樣的由這些現象就可以推演，看現象就看得很清楚。從前所傳習下來的那些神話，傳的太神奇的，事實上，不是那麼神奇的，大體上都是從推理上來的。大體上，我們從這個經過，我們知道共產黨從和美國建交以後，一步步的往下垮，還要垮，現在他手足無措了，亂了腳步，對外沒有辦法，對內沒有辦法，很快的要垮。所以我們大家準備將來回去，絕對沒有問題，這是真的，不是假的，確確實實非回去不可。也許我們要把學的這些東西帶回去，大陸上現在可憐的很，不但沒有吃的東西，連頭腦子都沒有了，中國青年變成了馬、牛、羊、雞、犬豕，跟畜生差不多了。希望我們去開化他們，所以我們要多學一點東西，也就是替中華民族多保存一點東西。

其次，坎為「矯輮」。所謂「矯輮」，就是癟的把它變成直的。三國・宋衷曰：「使曲者更直為矯，直者更曲為輮。」水隨地而流，有曲有直，所以叫做「矯輮」。「矯」者，使曲的變成直的，「輮」，使直的變成曲的。凡是曲的變成直的，直的變成曲的，有這

種現象，就是坎卦，所以坎為「矯輮」。

其次，坎為「弓輪」。把直的弄成曲的，把曲的弄成直的，那就有「弓輪」之象，「弓輪」就有曲直之象。弓弦是直的，弓背是曲的，有曲直之象。坎為月，它本來沒有光，是個陰體的東西，它借著潛在裡頭的陽來發光。坎為月，新月、上弦月、下弦月彎曲的時候，那就是「弓」，月亮滿的時候，就是「輪」的現象。月亮在兌丁是上弦，在艮丙是下弦，上弦、下弦都是彎的，半拉的，都是「弓」象；月在甲就滿了，滿了就有「輪」之象，所以有「弓輪」之象。凡是象有曲的、有半拉的；社會上的表現也是如此，有圓滿的、有有缺陷的。具有這兩個性能的，那就是坎，就是「弓輪」。

其次，坎「其於人也，為加憂」。《黃帝內經・素問・陰陽應象大論》上講過：「金在志為憂，水在志為恐。」我們人身裡面，腎屬水，心屬火，肺屬金，脾屬土，肝屬木。「金在志為憂」，就是肺與心臟不和諧，肺是金，志是火，火剋金，肺和心臟不調和，這個人就憂愁。「水在志為恐」，鬱鬱寡歡的人，就是他的心臟和肺不調和，假使腎臟和心臟不調和，腎臟的水剋心臟的火，使心臟發動不了，於是就恐懼。人發生恐懼，就是從這兒來的。坎為志，坎為心，在坎卦裡頭，一陽陷於坤陰之中，就成了坎，是水在志的現象；恐者，比憂更甚，所以謂「加憂」，有甚於憂，所以叫「加憂」。

其次，坎「（其於人也），為心病」。坤本來叫做身體，一個陽鑽到身體裡面去了，身體裡面有了心臟，變成坎，坎為心，有心之象。一個陽鑽到心臟裡，變成坎，坎為水，水剋火。坤陰變成了心，又成了水，水剋火，所以變成了心病。

其次，坎「（其於人也），爲耳痛」。坎爲水，水屬於腎臟，開竅於耳。人在娘胎懷孕的時候，像個蝌蚪的尾巴，高頭長兩個翅膀，頭上長個兩個耳朵。看相的根據這個原理，從一歲到十六歲，看你的耳朵，你的小運好不好，看你的耳朵，因爲在腦袋瓜子先長耳朵。所以小姐們擇配，注意男孩子的耳朵，如果耳朵太小、太薄、發暗、發黑，就是這個男孩子的腎臟有點虧損了，要特別注意，耳朵很重要。耳朵很大、很紅、很厚，這個人腎臟一定很好、很強，腎臟很強，壽命一定很長；腎臟很弱，壽命一定很短，所以耳朵就屬腎，腎臟就屬水。我們的老祖宗太聰明了，搞出這個公式來，耳朵屬水，腎臟屬水，所以腎入耳，在耳朵開竅，水剋火，坎水剋火，水屬腎臟，開竅入耳。坎又爲勞卦，因爲水川流不息的，所以勞。坎水過於勞，於是乎就傷腎，所以年紀較輕的人，男女愛情過度，房事太多，就叫色勞。勞的太多就成病，色勞的人，看他的耳朵發暗。假設天生下來，耳朵的顏色就很暗，那不是色勞，那是他先天裡製造的模子就沒製造好，模型太壞，所以生下來的孩子就不成形。

其次，坎「（其於人也），爲血卦，爲赤」。人身上有血，地體上的水，就等於人身上的血，所以中東美洲的石油，將來可能發生衝突，將來可能變化很大。其實我們把石油用多了，地球可能貧血。人越來越薄，年紀輕沒有長遠的想法；不像過去的青年，做長久打算，現在都是眼面前湊合湊合搞幾個錢花花，沒有遠大的志願。不能怪這些青年才俊，地球薄了，地球的血乾了，血就是汽油，汽油抽的太多了，地球貧血了，因之從地球本身生長出來的東西，發育都不會很飽滿。人身心兩方面都不大健康，於是乎志向就短，短於志，做什麼事就不肯牢牢固固的，從根做起，只想投機取巧，那就是生機不夠，只

想湊合一下子。人身上有血，就像地底下有水一樣，地下水就是地球的血。坎卦是冬天，冬至在十一月，十一月一陽生，其爻爲復，其時爲坎，《白虎通・三正》說：「十一月之時，陽氣始養根株，黃泉之下，萬物皆赤。赤者，盛陽之氣也，故周爲天正，色尚赤也。」所以陽氣生於黃泉，它的顏色是赤的。凡是初生的東西，赤色的居多，沒有雜色的。孩子初生的，全身好紅啊！草木啊！初生時，裡面根荄都是紅的，所以「爲血卦，爲赤」。

其次，坎「其於馬也，爲美脊」。「脊」，就是脊毛，脊毛就是馬鬣毛。馬鬣毛就是馬頸子上那一行毛。「美脊」就是那一層毛長的非常的美好。爲什麼叫「美脊」呢？因爲它一陽在中，陽在中央，陽居於中，有馬脊之象。馬的鬣毛在牠的身體中間，所以有「美脊」之象。《易經・乾文言》：「乾始能以美利利天下。」所以講「美」，都是以陽而言，陽在中間，所以有「美脊」之象。

其次，坎「（其於馬也），爲亟心」。〈坎〉卦說：「維心亨。」坎本來爲心臟，內陽剛動，內在一陽在那兒動，所以有「亟心」之象。「亟」者，居中，坎居北，在子位，子是一陽初生的時候。「亟」者還有極速的意思，它的心動的很快。

其次，坎爲「下首」。水是往下流的，不管它什麼水，水都是浸著頭往下流的。乾爲「首」，內在的乾陽爲「首」，「首」向「下」運動，所以有「下首」的現象。

其次，坎「（其於馬也），爲薄蹄」。「蹄」在腳底下，水性是趨下的，趨下就分散了，分散了就薄，有「薄」之象，所以叫「薄蹄」。「薄蹄」之在下若水之在下，兩個同是在下的，故有「薄蹄」

之象。震爲足，坎有半個震象，所以有「薄蹄」之象。就是說坎它底下薄，立腳點薄，就是坎；凡是社會上立腳點薄的現象，就以坎代表。

　　其次，坎「（其於馬也），爲曳」。「曳」者，是搖擺不定，水摸地而行。水在地面上是不固定的，哪個地方低，它就往哪個地方走，摸著地而行。坎爲水，震爲腳，坎是震象半見，也就是腳插到水裡去了，腳在水裡不敢走的太快了，多半是摸著走的，慢慢的、搖擺不定的走，不敢急起的向前跑，大半慢慢的往前探，有「曳」之象。凡是一切的現象搖擺不定的，不敢走的很快，慢慢的摸索著向前走的，那個就是坎，就是「曳」的象。

　　其次，坎「其爲輿也，爲多眚」。「眚」是敗壞。「輿」是大車子，坤爲「輿」，坎折坤體，坎是一陽鑽到坤體，把坤折破了，所以「其爲輿也爲多眚」。

　　其次，坎「爲通」。〈坤〉卦〈文言〉裡頭有：「黃中通理」。此之爲通，就是「通」之於坎也，坤卦怎麼會「通」呢？因爲一陽跑到坤裡面，把它變成水，於是乎就「通」了。《風俗通·山澤篇》裡頭：「瀆者通也。」凡是溝瀆，溝洫都可以令水通暢的，所以坎爲「通」，有「通」之象。凡是一種現象裡頭很流暢的，就以坎代表。

　　其次，坎爲「月」。月本無光，月是個爛片子，它那兒有光呢？借日爲光，日光照在上面，它才發亮。乾陽流於坤體之中，好像日之光射入月中，乾陽流入坤體之中，於是變成坎月，借著日光入於月而把月亮照明了，所以坎爲「月」，有「月」之象。

其次，坎「爲盜」。虞翻、孔穎達的注解，都是講水潛行爲盜。水暗地裡走，有竊盜的現象。《詩‧小雅‧巧言》云：「君子信盜。」「盜」者何？逃避也。「盜」是逃避。《風俗通》云：「晝伏夜奔。」白天隱伏著，夜裡跑，強盜多是這樣的。坎爲隱伏，盜竊人家東西，也有隱伏之象，所以坎爲「盜」。

其次，坎「其於木也，爲堅多心」。在木的方面，它爲堅多心。陽爲剛，剛在中，有「堅」之象，陽剛居中，有「心」之象，所以叫「堅多心」。坎爲什麼有「木」象？因坎和巽是同一個少陽之根，所以有「木」象。

離爲火，爲日，爲電，爲中女，爲甲冑，爲戈兵。其於人也，爲大腹。爲乾卦。爲鼈，爲蟹，爲蠃，爲蚌，爲龜。其於木也，爲科上槁。

其次講到離卦。「離爲火」，離卦取陽爻在外，像火之外燥也。離卦陽在外，就是表示任何的火，裡頭都有個實體的東西，於是外頭發著火光，這就是離的現象。我們說電燈吧，裡頭有鎢絲，所以它有引導的東西了，於是外頭才有光；火柴吧，裡頭有根柴，它外頭才有光；瓦斯吧，它裡頭有油質，外頭發動了，才有火光。所以「離爲火」，裡頭有陰的體質，外頭發出陽的光，所以叫「離爲火」。同時，離卦的位置在南，布置在午，午爲火，所以「離爲火」。

其次，離爲「日」，離的卦象爲太陽，太陽是陽光外照的，離之所以爲日，以其陽光外照之象。因爲離在地就是火，在天就是太陽，火與日有同能的意義在裡面。

其次，離爲「電」。火久明爲「日」，暫明是「電」。永遠的在

那兒照的是太陽，拍的照一下子那就是電，故離爲「電」。

其次，離爲「中女」，在前頭講過。就是「離再索而爲中女」。

其次，離爲「甲冑」，離有甲冑之象。「甲」就是身上穿的鎧甲，「冑」是兜鍪，作護首的，就是現在的鋼盔，以備刀兵的。因爲離卦上下體都是陽，在上是兜鍪，是鋼盔，在下是甲，所以叫「甲冑」。

其次，離爲「戈兵」，離本來是乾卦，坤陰的中爻，跑到乾體裡面來了，就變成離。乾本來是納金的，現在變成離火了，離火來斷乾金，所以稱之曰「戈兵」。金都由火鍊成的，《周禮・冬官考工記》：「爍金以爲刃。」火鍛金以爲刃，所以離爲「戈兵」。

其次，離「其於人也爲大腹。」在人來講，它是個大肚子。離之成卦，由坤陰之乾，離本來是乾，乾本來是「人」，所以說：「其爲人。」離本來是乾，乾爲「大」，坤爲「腹」，合聚起來就是「大腹」。虞翻說：「象日常滿，如妊身婦。」象日常滿，等於孕婦肚子很大爲「大腹」。大肚子中間包含的很多，所以凡是一個現象，中間包含的很多，就是離卦的現象。

其次，離爲「乾卦」。這個「乾」不是唸「ㄑㄧㄢˊ」，而唸「ㄍㄢ」。前面講：「日以烜之。」又說：「燥萬物者，莫熯乎火。」空氣裡頭，有乾的空氣、有有水分的空氣。我們在臺灣的空氣，裡面的水分太多了，你如果到了西北，那空氣裡頭找水分，是找不出的，那空氣非常的乾。「乾」者，就是把它燥乾了，所以離爲「乾卦」。

其次，離「爲鼈，爲蟹，爲蠃，爲蚌，爲龜」。這些東西都是爲甲殼之蟲，外邊爲甲殼，鼈也好，蟹也好，都是甲殼蟲，骨頭在外。那些鼈啦，龜啦，你把它打開來，裡頭是輭的，外頭是硬的，都是這一類的東西。那個意思就是離卦的陽剛在外，裡面是輭的，外頭是剛的。所以說離「爲鼈，爲蟹，爲蠃，爲蚌，爲龜」。

其次，離「其於木也爲科上槁」。「科上槁」，陽實陰虛，離中爻爲陰，表示離是中空的，木是中空的，上面就枯槁了，所以說離「其於木也爲科上槁」。《十三經注疏》正義上講：「科，空也。」離中爻互巽，巽爲「木」，離又是夏至一陰生的時候，正在午，這時候木發洩太快了，木頭中空了，於是高頭就枯槁了，所以說離「其於木也爲科上槁」。

艮爲山，爲徑路，爲小石，爲門闕，爲果蓏，爲閽寺，爲指，爲狗，爲鼠，爲黔喙之屬。其於木也，爲堅多節。

「艮爲山」，因爲艮的一陽在上，外面表現的很高，很突出，可是裡面都是沙石土壤，所以「艮爲山」。《乾鑿度·立乾坤巽艮四門》引《地形經》說：「山者艮也，地土之餘。」山是土地的餘氣，表示底下是陰，高頭是陽。陽往上跑，土地的餘氣，是土是坤，這是《乾鑿度》講的。一陽置於坤土之上，《春秋說題辭》上講：「陰含陽，故石凝爲山。」在土壤裡講，石頭是陽，石頭爲什麼是陽？因爲石頭的凝聚力很強，因爲陽的所在控制力很強。假設我們肚子裡頭，控制力強，火力大，拉出來的大便是很硬的。羊的大便，拉出來是一粒一粒的，原因何在呢？就是牠的腹臟熱力特別的強，陽特別旺，把它的排泄物濃縮成一粒一粒的。地球裡面，石頭怎麼凝成的？就像羊腹臟肚子裡面濃縮大便的道理是一樣的。土壤裡面的熱力也特別強，

把土壤濃縮濃縮，濃縮到幾倍，就變成了石頭。石頭有兩種：一種和土壤差不多的；一種裡頭黏黏的，外面發黑的，就是它的陽特別旺。火山底下，高頭石頭發出的是黑的。發黑是火力把它蒸發得濃濃的，蒸成黑色的，像羊大便一樣，火力特別的旺。顏色很濃的石頭，對地面的泥土來講，石頭是陽，因為它把泥土內的熱力凝聚在一起，變成了石頭，石頭就是陽。山呢？它裡面某些地方，一定有石頭慢慢的凝固，把土壤向上升，慢慢的變成了山。所以說：「陰含陽，故石凝為山。」在〈說卦〉裡頭，孔子舉的這些例子，每一卦代表些什麼，以及它為什麼代表這些東西，都是有道理的，不是隨隨便便亂說的。

其次，艮為「徑路」，「徑」為小路。我們過去講過「震為大塗」，普通我們用「途」，事實上，講路面的「途」應該用這個「塗」字。「震為大塗」，大塗是大路，大馬路，可是艮卦呢？是震之反，艮卦和震卦是相反的，艮是小路，因為震陽在初，初為根本，陽的力量大，但艮卦的陽在卦末，是餘氣，陽的力量小，所以為「徑路」。

其次，艮「為小石」。震卦有大石頭之象，艮卦是震卦相反的卦，所以它是小石頭。東漢·陸績（188－219）講過：「艮，剛卦之小。」陸績分析八卦，艮卦是剛卦之最小者。土壤是陰，石頭是陽，艮卦是陽剛最小的、最弱的，所以是「小石」。這是陸績講艮為小石頭的道理。

其次，艮為「門闕」。宇宙萬物，最初創生的都是乾坤，所以《易經》也都以乾為門，坤為戶，二戶為門，半門為戶。乾為門，艮陽是乾卦的三爻，乾陽的三爻，它在門外，有在門外之象，所以謂之「門闕」。闕，《廣韻》上講：「闕，在門兩旁，中央闕然為道

也。」艮下的兩個陰爻，象門兩旁的闕，所以艮為「門闕」。

其次，艮為「果蓏」。木實為「果」，草實為「蓏」，凡是草本結的果實就叫做「蓏」，木本上結的果就叫做「果」。比如，桂圓、荔枝，木本上長的就叫「果」；香蕉、西瓜等，凡是草本上長的就叫做「蓏」。前面我們講過：「乾為木果」，乾是木本所結的果子，艮陽是乾的末爻，是乾的餘氣，所以艮為「果蓏」。這是講艮為「果蓏」的道理。

其次，艮為「閽寺」。「閽」、「寺」是兩種東西。過去在帝王的時候，有兩種制度、兩種格局，現在沒有了。「閽」是看門的，守著皇宮的大門，禁止人不能進來，等於現在門警一樣，守門的不准閒雜人等隨便的進來，進來的人一定是有關係的人，或者是皇帝特別宣召的人，有命令的人才能進來，普通的人不能進來。這是「閽人」，禁止人不能入。「寺人」呢？「寺人」是守巷的，守皇宮裡面的巷道。寺人就是太監，「閽人」不是太監，是御林侍衛。「閽人」是給皇帝守門的，「寺人」聽皇后之命守巷的。守巷呢，就是不允許你出來。宮娥、綵女、妃嬪不能夠向外頭跑，「寺人」呢，守著外面，禁止出去。一個禁止人進來，一個禁止人出去。艮是門闕，艮又是止，止其門闕，就是防止門闕，防止門闕，豈不是「閽」及「寺」嗎？所以艮為「閽寺」。

其次，艮為「指」。就是這個指頭。過去我們在講「近取諸身」，艮為手，同時艮又為多節，手而多節，豈不就是「指」嗎？

其次，艮為「狗」。在「遠取諸物」裡頭講過了。震為龍，巽為雞，艮為狗，為什麼「艮為狗」？因為「狗」是防守的，「狗」是

看門的。同時，狗外面剛，牠一見生人就叫，看著要咬人的樣子。其
實裡面很柔，狗是很馴的，主人要牠怎麼樣，牠就怎麼樣子，很純
樸的，實在牠本性是很柔馴的，牠外面表現很剛很強，咬著人很可
怕。「艮爲狗」，在虞翻講「艮爲拘」，他說作「狗」，是抄的人抄
錯了。他的理由：前面講艮爲手、爲指，手指都是拿東西，有「拘」
之象。在物象裡面，「乾爲馬」、「坤爲牛」、「坎爲豕」、「巽爲
雞」，各卦在「遠取諸物」上，在後頭八卦的廣象上，都沒有再出現
的。「乾爲馬」，在八卦的廣象裡頭，再沒有「乾爲馬」，因爲乾卦
在「遠取諸物」裡頭已經講過乾爲馬了。八卦的廣象裡頭沒有「坤爲
牛」，因爲前面「遠取諸物」裡頭，已經講過「坤爲牛」了。八卦廣
象裡頭「坎爲豕」，〈說卦〉廣象裡頭沒有「坎爲豕」。其它各卦在
廣象裡頭，都沒有再複述的。在巽卦廣象裡面沒有「巽爲雞」，在離
卦的廣象裡面，也沒有「離爲雉」。爲什麼艮卦在前頭講過「艮爲
狗」？爲什麼再在廣象裡面還講「艮爲狗」呢？不應當再講「艮爲
狗」，前頭已經講過了，爲什麼在這兒再講呢？在主象裡面講「震
爲龍」，爲什麼在廣象裡面也講「震爲龍」呢？在主象裡面講「兌
爲羊」，爲什麼在廣象裡面也講「兌爲羊」呢？因此這三個「震爲
龍」、「兌爲羊」、「艮爲狗」，他覺得都是錯的。「震爲龍」，他
覺得在廣象裡頭，不是震爲龍，應該是「震爲駹」。在主象裡面講
「兌爲羊」，在廣象裡面不應該再講「兌爲羊」，應該「兌爲羔」。
在主象裡面講「艮爲狗」，在廣象裡面不應該再講「艮爲狗」。在此
應該講「艮爲拘」，這是虞翻的說法。他講「震爲駹」，就是太陽
出東方時的雜色，那種顏色就叫「駹」。「兌爲羔」，前面主象講爲
「羊」，這裡爲什麼再講「兌爲羊」呢？兌爲「羔」，不是「羊」。
艮象所以不是「狗」，而是「拘」者，艮爲手，有手指之象，手指

可以拿東西，所以「艮爲拘」，這是虞翻的說法，我們附帶的說明一下，不採取也可以。

其次，艮爲「鼠」。我們過去講〈晉〉卦，火地〈晉〉，二、三、四互成「艮」，所以〈晉〉卦九四那一爻稱「鼫鼠」。這個「鼫」字，應該讀「ㄕ／」。現在一般讀「ㄕㄨㄛˋ」，事實上應該讀「ㄕ／」。照這樣看，〈晉〉的九四，有伏鼠之象，講「鼫鼠」，所以艮爲「鼠」。虞翻講這個「鼫鼠」：「似狗而小，在坎穴中。」好像個狗樣的小些，爲什麼講「在坎穴中」？因爲它在〈晉〉卦中，高頭有半坎之象，所以講「在坎穴中」，所以稱之爲「鼠」，這是虞翻的說法。過去我們講坎有隱伏之象，坎爲隱伏，在君子就是防守，就是隱居，在小人就是竊盜。狗雖是隱，牠是好的，牠不偷盜別人的，牠是防守的，以免損失自己的。老鼠，似狗而小，老鼠也是隱，但是牠的隱是竊盜，過去講這一個象有兩個意義：一個說法，鼠是個陰物，艮二陰伏在一陽之下，有隱伏的現象，有晝伏夜動的功能，所以艮爲「鼠」；另一個說法，是鼠的前爪四指是陰，後爪五指是陽，一前一後，像艮之成終成始，所以艮爲「鼠」。

其次，艮爲「黔喙之屬」。「黔」者，黑也。秦始皇稱老百姓爲「黔首」。「喙」，嘴也。「黔喙」就是黑嘴殼子，就是黑嘴殼子那一類的禽獸。馬融講「黔喙」是肉食之獸，是豺狼之類的黑嘴殼子；可是鄭康成講是虎豹，虎豹者爲山獸。艮卦乾陽居第三爻，乾爲首，乾爲首就是乾在上，而且乾爲玄色，玄色就是全黑色，就是頭是黑的，底下兩爻的坤也是黑的。「黔喙」是黑嘴的獸類，艮卦三爻的乾是黑的，底下兩爻的坤也是黑的，所以艮爲「黔喙之屬」。

其次，艮「其於木也，爲堅多節」。艮陽剛在外，所以「多

節」。艮卦和震卦是相反的，震卦一陽在底下，是木之始生，所以叫
反生；艮卦一陽在上面，是木之終，都有「木」象。艮是木之終，樹
木到老了，就「多節」，這種木是松柏之屬，松柏之屬都「多節」。
同時，震爲竹，艮卦是震之反，是竹之「多節」的，節者，止也。所
以說艮「其於木也，爲堅多節」。這是講艮卦。孔子在廣象裡頭舉的
例子，但這些例子是否把廣象都說完了呢？沒有，他是把這些事例舉
出來，讓我們後人舉一反三，以此類推。地面上的東西，動物、植
物、人各方面都舉有例子。

**兌爲澤，爲少女，爲巫，爲口舌，爲毀折，爲附決。其於地也，
爲剛鹵。爲妾，爲羊。**

　　第一個，講「兌爲澤」。兌卦是坎水半見，坎水半見，所以就爲
澤。坎是水，一半看到了，一半屬坎，所以「兌爲澤」。《左傳・宣
公十二年》知莊子講：「在〈師〉之〈臨〉，川壅爲澤。」〈師〉卦
☷底下坎爲大川，〈師〉卦所以變成〈臨〉卦☷，就是底下這個大川
把它塞住了，就變成兌，就變成了澤。這是《左傳》上，知莊子解釋
這個卦（〈師〉卦的內卦－坎），何以一陽壅於下，坎水半見於上，
就變成了澤（〈臨〉卦的內卦－澤）。

　　其次，兌爲「少女」。兌卦三索而得女，所以叫「少女」，前面
講過了。

　　其次，兌爲「巫」。「巫」是巫婆，往年有巫婆，現在北方還
有這種巫婆。巫婆是管陰的，是管通神的叫做「巫」。兌卦是乾陽的
卦體，坤陰的三爻跑到乾陽的裡面來了，所以構成兌。「陰陽不測之
謂神」，乾陽像神，因爲乾陽化育萬物，它能夠多變化，根本看不見

的，神龍見首不見尾，有神之象；陽之神爲乾，所以有神之象。兌卦三息起來就是乾，兌又爲山澤通氣，兌是穴道，是通氣的；它能夠通氣，所以它能夠通乾陽之神。兌卦三息它就能夠變成乾陽，兌卦本來就有通的現象，乾陽是神，兌卦有通神之象，兌又爲少女，女而能通神，所以兌爲「巫」。

其次，兌爲「口舌」。兌是震卦息成的，震卦二爻的陰息成陽，就變成兌。

假設二爻的陰沒有息還是陰呢？就是震。這個震卦的第二爻息成陽，就變成兌，所以兌卦是震卦息成的。震爲雷，雷有聲音；兌的上爻像個口，兌的上爻是開了口的，中爻像個舌頭；在〈咸〉卦上六講：「咸其輔頰舌。」因此兌爲「口舌」。

其次，兌爲「毀折」。震息之二就變成兌，兌卦是從震卦息成的，兌成則震毀，兌卦一成震卦就沒有了，震卦的卦體就毀折了，所以兌爲「毀折」。同時，兌的當令是秋天，有肅殺之氣；震是在春天，春天有草木茂盛之象。可是震一變兌，變成秋令，一切的草木景物都是肅殺之象了，所以有「毀折」之象。同時，兌卦是巽之反，這兌卦和巽卦是相反的，巽爲木，是四月裡，是草木茂盛的時候，反成兌後，於是乎草木都折掉了，巽的卦體就折了，所以兌爲「毀折」。

其次，兌爲「附決」。「附決」這兩個字很難講。過去我們講〈剝〉，〈剝〉卦是一陽五陰，〈剝〉卦〈大象〉曰：「山附於地，剝。」高頭艮爲山，底下坤爲地，山附之於地上，所以叫剝，所以有「附」之象。〈夬〉卦呢？〈夬〉卦〈彖辭〉曰：「夬，決也；剛決柔也。」〈夬〉卦是一陰五陽，剛決柔，剛太多了，把柔決掉了。

「附決」這兩個字可以在這兩個卦體上看到：凡是陰盛陽衰，陽少則陽附於陰。〈剝〉卦陰盛陽少，於是乎陽「附」於陰；〈夬〉卦則陽旺陰虛，於是乎陽來「決」陰。我們從這兩個卦再來看這個兌卦，兌卦是從震卦息起，兩個陽上息：夬卦的外體兩個陽上息，再息上去，就把這個陰決掉了，這是陽「決」陰之象。兌卦是代表秋令的八月，正是陰衰陽盛的時候，有陰「附」於陽之象，也有陽「決」陰之象，因此兌卦有「附決」之象，有附、有決。

其次，兌「其於地也，爲剛鹵」。「鹵」是西方的鹹地。《說文》講：「鹵，西方鹹地也。」兌是西方的卦，西方屬金，金剛不能生物；鹵是西方的鹹地，也是不能生物，所以兌「其於地也，爲剛鹵」。孔子是否到過西方，我不曉得。我是到過西方很久，在西方，從皋蘭、定縣一直往西走，走到迪化、伊犁，那些山早上起來一看，滿山都是白的，是不是下雪呢？不是。六月天氣那有下雪的？那是鹹土，拿起那些土，褐色的，寸草不生，所以西方是鹹地，剛鹵之地，寸草不生，甚至一片都是那種情形，那些土壤都是發苦發澀，剛鹵之地，所以兌「其於地也，爲剛鹵」。西方金沙很多，所以老百姓在黃河上游青海那一帶，老百姓就拿我們篩米的那種篩子，在河床上淘金子，把那沙子一瓢一瓢的舀到篩子裡，再濾，濾到最後，一天到晚淘個一錢二錢金子。那沙子裡頭都有沙金，那些河床上、河邊上，那種淘金的篩子排得很多，一層一層的排的盡是那種篩子，老百姓就靠這個生活。你如果再到西方去，隨便的沙石都含有金子，所以西方出金子，可是那種地方毒蛇沒有法子長，寸草不生的。我們在易例上講：初爻、二爻爲地，五爻、上爻是天，三爻、四爻是人。坤卦的三爻跑到乾卦裡面，於是乎變成了兌，三爻在初爻、二爻之上，初爻、二爻

為地,三爻就在地之上,所以講「其於地也」。在前面講過:「立地之道,曰柔與剛。」兌卦乾二陽在下,所以講「剛」。《尚書‧洪範》上講:「水曰潤下。」兌卦的水不是流的水,是止水。凡是止水,待久了,它不流動,慢慢的變成了鹹味,活水不會是鹹的,死水停久了,你把它留一點嚐嚐,它都是鹹的。死水都變成鹹的,活水不會是鹹的,海裡的水為什麼是鹹的?因為各處的水都流到海裡,停止在海裡,固處在海裡,一停久了,不流動,就變成了鹹的,所以《尚書‧洪範》上講:「水曰潤下。」《尚書‧洪範》上還講:「潤下作鹹。」鹹的叫「鹵」。「鹵」者,是鹹味。中國的半壁山河,西北到嘉裕關,一望無痕,很可惜那個地方是缺水的,是沙漠。長城的城牆磚很講究的,它不是一個窟燒的,高頭一塊磚是浙江金華縣獻的,底下一塊磚是安徽彭城縣獻的,各地方獻的。在秦始皇修萬里長城時,不完全是秦始皇一個時代建造的,不過是秦始皇合攏起來修建的,是集合各郡縣的磚。我們說那個時代的工業就有標準化,那個磚一模一樣大,一模一樣厚,天下各郡各縣送來的磚,都是一樣的模子,一樣的大。而且磚內都有眼,眼裡頭是貫生鐵的,一塊磚、一塊磚用鐵針子把它合攏起來,它怕胡人來敲那些磚,所以我們的祖先做什麼事情,真是為我們的子孫萬世萬代的著想。不料,我們後代實在是窩囊,到現在長城的外面,有一道河道,河道裡頭有水,大概有兩三丈深的水,河道很寬,胡人不得進長城。什麼山的水把它灌起來?崑崙山的水把它引到河道裡來了,長城也很高、很寬,上面可以騎馬,大概有二十層大廈那麼高,一層一層的可以上去。外頭比裡頭更高,它底下挖有河床,地很低,你從外面上長城,那很難。現在怎麼樣呢?現在外頭可以走在長城頭上來,沙漠的沙子被風吹吹,把河床吹滿填平不算,一直積得高到長城城頭上來了,所以在外頭看不到長城了,

都是沙子把它漫起來了。沙漠風高，把這些沙子一直往裡頭吹，吹、吹、吹到什麼地方，河南人都知道。河南你到了豫西一帶，很多田地都漫了一層沙子，不能種東西了，那些沙子把我們很好的土壤整個都變成了沙漠，不能種植東西。所以我國的土壤，歷代的帝王沒有整頓，秦漢以後，若干年來都是如此，都沒有整理過，連黃河、長江都沒有整理過，自生自滅的過到現代。講起來，大好河山，事實上，西北的半壁河山，早已變成了廢地。你現在把它整理一下也好，你要它重新整理，這是很大的工程，共產黨沒有這些人才，也沒有這個計劃，講起來很可惜。你到了西北去，就曉得兌卦剛鹵的現象。兌卦是代表西方，西方的地方是剛鹵，不能種東西，土是苦的、鹹的，所以說兌「其於地也，爲剛鹵」。

其次，兌爲「妾」。兌爲少女，孔穎達說：「爲妾，取少女從姊爲娣也。」我們前面講〈歸妹〉卦，不是有「帝乙歸妹」？〈歸妹〉初九的爻辭：「歸妹以娣。」這個「娣」就是「妾」，所以說兌爲「妾」。

其次，兌爲「羊」。虞翻講的是「羔」字，這個「羔」字是「女使」，就是後來奴婢的婢，伺候打雜的婢女。可是鄭玄的本子，它不叫「羔」，它叫「羊」。本來兌爲「羊」，鄭不作這個「羊」，作這個「陽」，「陽」者，讀若「養」，就是養女，無家可歸的養女，就是婢女。鄭玄作養女這個象，是講不通的。兌卦的卦象就到此爲止。

這是孔子按照卦象來推廣的，各種方面都簡單的舉個例子，可是他舉的這些例子，萬不及一而已，他沒有舉的還很多很多，宇宙所有的現象，成千上萬的，以這些例子，怎麼能夠代表得了的？我們

後人再根據著這些例子舉一反三，予以推廣。後漢・荀爽的《九家易》有三十一種逸象，乾卦的逸象有四種：乾爲龍、爲直、爲衣、爲言。乾爲龍，〈乾〉卦爻辭：「潛龍勿用」（初九）、「見龍在田」（九二）、「飛龍在天」（九五）、「亢龍有悔」（上九），〈象傳〉：「時乘六龍以御天」。乾爲直呢？因爲坤卦是「曲成萬物」（〈繫辭上〉），坤卦是彎彎曲曲的把萬物成起來，坤既爲曲，乾卦即爲直，所以說乾爲直。乾爲衣，荀爽根據〈坤〉卦六五的爻辭：「黃裳，元吉。」坤卦是乾卦的相反，坤卦既然講下身穿的叫裳，乾卦上身穿的自然是衣啦！往年上衣而下裳，上身穿的就叫衣服，下身穿的就叫裳，就是現在所講的裙子。乾爲言，乾一發動爲震，震爲有聲，爲言之象。這是講乾卦諸象，孔子的廣象才把它推出來的。

坤卦的逸象就多了，有八種：爲牝、爲迷、爲方、爲囊、爲黃、爲帛、爲漿。坤爲牝，是從〈坤〉卦卦辭：「利牝馬之貞」上來的。坤爲迷、也是從〈坤〉卦卦辭：「先迷後得主」上來的。坤爲方，是從〈坤〉卦六二爻辭：「直方大」來的。坤爲囊，是從〈坤〉卦六四爻辭：「括囊」來的。坤爲黃，〈坤〉卦六五的爻辭：「黃裳」，〈坤〉卦上六的爻辭：「龍戰于野，其血玄黃」，所以說爲黃。坤爲帛，前頭講過：「坤爲布」，所以說爲帛。坤爲漿，坎卦是從坤卦變出來的，坤卦還沒有水，故爲漿。

其次，震卦有三種：震爲玉、爲鵠、爲鼓。震爲玉，震卦是乾卦的發運，所以震爲玉。震爲鵠，鵠和鶴是相通的，所以震卦有鵠之象。震爲鼓，震卦有聲音，有打鼓的聲音，所以震爲鼓。

其次，巽卦有二種：巽爲楊、爲鸛。巽爲木，是陰木，楊是不離水的，有陰木之象，所以巽爲楊。巽爲鸛，震卦是鶴，鸛是鶴之反，

所以爲鸛。

其次，坎卦有八種：坎爲宮，爲律，爲可，爲棟，爲叢棘，爲狐，爲蒺藜，爲桎梏。坎爲宮，因爲坎爲門闕，所以爲宮。坎爲律，在〈師〉卦初六：「師出以律。」所以爲律。坎爲棟，棟者，是極也。坎爲叢棘，〈坎〉卦上六：「係用徽纆，寘于叢棘。」所以坎爲叢棘。坎爲狐，坎是猶疑不定的，所以坎爲狐。坎爲蒺藜，〈困〉卦六三：「據于蒺藜。」所以坎爲蒺藜。坎爲桎梏，〈蒙〉卦初六：「用說桎梏，以往吝。」所以坎爲桎梏。《九家易》的逸象，都是從大象、卦辭、爻辭、繫辭、彖辭裡面引出來的。

其次，離卦有一種：離爲牝牛。〈離〉卦卦辭：「畜牝牛。」所以離爲牝牛。

其次，艮卦有三種：艮爲鼻，爲虎，爲狐。艮爲鼻，因爲艮卦一陽穿在中間，像個鼻子。艮爲虎，艮卦居於東北，居於寅位，寅爲虎。艮爲狐，艮爲竊，爲狐食，所以艮有狐象。

其次，兌卦有二種：爲常，爲輔頰。兌爲常，在兌卦裡頭有的。兌爲輔頰，〈咸〉卦上六的爻辭：「咸其輔頰舌。」所以兌爲輔頰。

以上是九家逸象，一共有這三十一種，《九家易》他都是很謹慎的，從大象、卦辭、爻辭、繫辭、彖辭推演出來的。

另外的，有孟喜的逸象。他是從京房的《大傳》，焦延壽的《易林》中推出來的。孟喜的逸象就多了，一共有四百五十四種，那太多了，他的乾卦裡頭有七十九種，坤卦裡頭有一百零九種，震卦裡頭五十七種，巽卦裡頭四十四種，坎卦裡頭六十九種，離卦三十八

種，艮卦二十八種，兌卦五十二種，一共是四百五十四種。這個沒有法子報告，將來我找人抄一抄，印出來送給各位先生。孟喜的逸象是如此。

其次，還有補象，例如：明‧來知德（1526－1604）就有很多補象。其次還有用參象的，《焦氏易林》用參象，諸位若是想深入研究的話，《焦氏易林》值得參看。他裡頭都有某一個卦「之」某一個卦：乾卦，乾之乾，乾之坤，乾之什麼，一共六十四卦，都「之」完了。由乾卦變成坤卦，由乾卦變成離卦，由乾卦變成坎卦，「之」字就是變。假設離之艮的話呢？初、四兩爻一變，就變成艮。離為火，艮為山，就是火燒山的現象，就是山林敗了，山林敗於火，以人來講，就是讒言紊亂之象。假設乾之兌，乾卦變成兌，是乾卦三、上兩爻變，天降為澤，從很高的位置變成很卑的位置，這個卦是由天子變為庶人之象。假設震之離呢？震是木，離是火，就是火燒木，拿人事社會來講，就是女孩子出嫁了，敗壞了娘家，有敗壞娘家的跡象。假設乾之乾呢？它是福延千年，前面講過，就是乾卦不變，乾卦還變成了乾卦，六爻不變。乾卦之乾，那是搞不通的。同性相斥，異性相吸，陽遇到陰，它才能夠通，陽遇到陽，事情搞不通。我只是隨便舉個例子，各位要是願意研究，可以去看《焦氏易林》、《孟氏逸象》，將來印出來會送給各位。〈說卦〉到此為止。

後記

陳素素

　　《周氏易經通解》本名曰《易經通解》，「周氏」乃後來所加。先師晚歲既已融貫《易》學，遂開講筵，兼命弟子筆錄，擬付梓行；惟茲事浩繁，苟乏勝緣，亦難成辦。今末冊終已刊行，諸方助緣，有不能已於言者，茲記述如下：

　　助緣蓋有講座現場助理者、錄音者、記錄者、打字者、整理者、校對者、綜理出書者、贈送海內外圖書館典藏者、贊助其事者，不一而足。

　　講座每周日上午開講兩小時，每卦兩周乃能竟其功。現場助理者先師義女魏畹芸女士及其夫婿曹英龍先生，在入口處分送講授大綱；錄音者乃士林傳統書局老闆周正倫先生。

　　記錄者凡十二位：林喬生、桂少庚、鄭振墉、樊楚才、酈蘇安、李毓善、海嘯、陳素素、林鴻基、陳永銓、羅榮華、不知名者（大致按年齒排列）。打字者十一人：謝佩芹、林筱芬、許永德、吳承翰、蔡坤瑞、杜承書、蘇柏銓、劉文雅、陳薇仰、徐揚眞、陳治廷。整理者二：陳素素、陳永銓。校對者六：陳素素、陳永銓、李鴻儒、劉宥均、鄧敦琉、鄭宇辰。綜理出書者三：侯淑娟、林伯謙、鄭宇辰。贈送海內外圖書館典藏者：臺灣由侯主任主其事，海外由盧博一學長協助。贊助其事者：陳韓。

　　《周氏易經通解》多歷年所，終能出版，有數次重大轉折：

　　部分記錄稿，掌握於周正倫先生，千代基金會董事長樊楚才先生與我用新臺幣拾萬元整購得，珍藏於基金會保險箱；其他部分，魏畹

芸女士後亦悉數寄抵我處。然兩者相加，闕遺尚多。

民國九十五年，魏畹芸與我以美金貳千元從先師外甥徐范林（代表先師獨子周同舉）買斷《周氏易經通解》記錄稿之所有權，付梓之先決條件已經具備。

所謂闕遺有兩類：一類既無錄音帶，亦無記錄稿；一類有錄音帶，有記錄稿。後者如某先生記錄十卦，然妄自刪節，難登大雅，徒耗先師心力，令人扼腕痛惜，莫過於此，及吾發現，錄音帶以年久聲音模糊，經李毓善老師建議轉檔重聽，林鴻基先生從之，四卦獲救而已。李毓善老師當時年已七十六，第十九卦〈臨〉卦逐字記錄，先師患肺氣腫，講授時聞謦欬，亦不稍遺漏。林鴻基先生乃會計師，業務繁忙，亦抽暇為之，條理明暢；第二十九卦〈坎〉卦雖亦轉檔，辨識仍難，乃根據陳永銓先生筆記，勉力為之，傳來者稱為第一版，言外有未盡善之意；後幸獲清晰之錄音帶，遂逐字記錄整理，並參酌前記錄者之內容，總計三萬餘字，蓋先師謂此八純卦之一，連同自身所統率之卦凡八，地位重要，其詳請參見先師手定稿〈乾〉卦，故反覆闡說，不惜心力，鴻基先生善體師心，既已定稿，交稿前又再重聽，務期完善，講詞中有涉及近代大事者兩則，一一檢索求證，庶免有誤。

闕遺之補救既難，因思先師某不肖弟子竊先師智慧財產，先行出書，先師當時氣憤顫抖而莫可如何，乃在書名前加「周氏」兩字以示區別，此即《周氏易經通解》之由來；先師逝世，此人又攜全套先師錄音帶擅自轉贈大陸殷氏父女，並自稱先師傳人，如能尋得殷氏父女，其所獲贈且尚清晰可辨，或能彌補，但尋找經年而不得。

自接獲魏畹芸所寄記錄稿，吾乃著手請助理打為電子檔，既成，一一檢視，有先師手定稿、手稿，至於先師講稿，有弟子記錄而先師肯定者、有逐字記錄稿。自民國一百年起，逐卦整理校對。先從

〈賁卦〉等十七卦始，此先師囑令記錄，每卦平均一萬八千字，既畢，又謄錄稿紙，存其語氣，刪其重複，如此又一萬八千字，總計三萬六千字矣；當時無電腦之便，但憑紙筆，往往徹夜爲之，致脊椎側彎而不自知，子厚郭橐駝、莊生支離疏，我可與並列比觀也。建國中學國文老師桂少庚先生所記，印象最深，除〈說卦〉外，尚有〈蹇〉卦等八卦，莫不詳備確實，其中辛苦，我自能體會，感動慶幸之餘，乃去電彼校，請問近況，豈意已經遷化，不及見此書之問世矣。其他如林喬生、海嘯、鄭振墉、不知名者諸先生所記錄亦皆平實可喜，除鄭振墉先生已登耄耋，體氣尚健外，其餘惜俱失聯，此書之鐫行，遂無從知會。羅榮華係我東吳中文系學生，記錄期間喪親，且錄音檔音質不佳，先師又有桐城口音，仍盡力完成隨卦，惜難以辨識者居多，不得已仍偏勞陳永銓先生。

民國九十八年我致書魏畹芸，請轉讓此書記錄稿所有權其所持份予樊先生，俾利此書順利出版，未獲回音；魏畹芸辭世，民國一百零四年我再致電魏畹芸之子曹衍中，請至千代基金會，商討轉讓代墊之事（詳見附錄），幸獲同意。

此書記錄稿之所有權既然由樊先生與我共同持有，出版已無顧慮，我乃於民國一百零五年規劃逐冊剞劂，然又因事遷延，直至民國一百零九年十一月底，外子李桂午驟逝，我傷慟之餘，頓感人生無常，思此書不見上梓，先師畢生心血，一旦湮滅，遺願未竟，寧非易學之大憾？舍妹陳韓嘗從我出入先師絳帳，感其慈藹，並知吾夙願，乃大力贊助，促成此事。

此書記錄稿倘能成書，我擬捐贈東吳大學中文系，以先師嘗任教於此。外子後事料理已畢，乃約樊楚才、林鴻基、陳永銓三先生至舍間共商，由中文系前主任林伯謙教授代爲主持，幸有共識，議妥逐冊

梓行，並以先師之名舉辦易學國際學術討論會。爲方便將本書版權贈與東吳大學中文系，後續本書相關出版事宜亦一併委由該系處理，聲明書、見證人，請參附錄。

　　時中文系新主任侯淑娟教授，既敦請國立師範大學國文系賴貴三主任董理國際學術討論會事宜，宵衣旰食，不辭辛勞；且與五南出版社商談簽約出版事宜，逐冊關注，能耐煩瑣。校對關乎一書之良窳，不可不愼，於是聘李鴻儒校對第一冊，鴻儒東吳中文系博士，專攻《易經》，除補以新式標點，又檢索經典，核對徵引，勤勤懇懇，力求無瑕，校畢，即因事辭去，殊爲可惜；去年九月底乃新聘專案助理劉宥均，宥均東吳中文系碩士，賡續校對及相關事宜，我又擬就兩事請依循：自第二冊後，各卦綱領符號、正文標點符號，其標示以〈乾〉、〈坤〉、〈屯〉、〈蒙〉四卦先師手定稿爲準；各卦正文部分，悉以《武英殿十三經注疏》之《周易正義》爲準，宥均據以爲之，靈敏認眞，惜亦因事無以爲繼。繼其事者工讀生鄧敦琉，敦琉越籍比丘，來臺雖僅四年，已能攻讀碩士，甚爲難得，第三冊附錄先師詩七首實出自易君左所編《四海詩心》，原稿之誤植，敦琉爲之勘正，其窮究之精神、檢索之能力，可以窺見，後以撰寫碩士論文，無暇兼顧，乃由鄭宇辰接替。宇辰東吳中文系博士，忠厚聰穎，精研駢文之餘，自修象數易，饒有心得，校讎之際，平日之疑惑不得其解者，往往冰釋，非僅勝任愉快而已。六十四卦，咸以新式標點篇名號〈〉標示，本以爲無庸置疑，詎料檢視前之所校，觸目皆篇名號，細察，蓋誤標三畫八卦所致，宇辰以爲當去之。按先師之說，三畫八卦屬於先天境界，必經複合乃能發用，其詳亦請參見先師手定稿〈乾〉卦；然則三畫八卦唯內外卦用以取象爾，尙不成卦，自不應標以篇名號，宇辰獨能洞見，與先師之意冥合，故其校勘自精於前三者，自第

二冊之後，穩健從容，而不失效率，足堪託付矣。〈繫辭〉上下傳陳
永銓先生之聆講筆記，宇辰爲打字，下傳則有五工讀生協助：張文
兪、呂曉韻，簡碩亨、許博皓、洪靖雯。中文系秘書卓伯翰、曾甲一
及助教王雅慧、靶耐歐兒等間有行政支援，助教潘昱綺則專責各冊相
關事宜，細心稱職，惜出版至第四冊，因事辭去，幸所理諸事，大抵
頭緒清楚可循。助理教授陳韋哲接其事，鮮有困擾。時兩岸風雲詭
譎，侯主任以爲事不宜遲，自前年十一月第一冊行世後，一年而已，
第六冊又將刊梓，其知人善任、統御有方，從可知也。

　　林前主任心思縝密，善於擘劃，研討會之籌備以及此書之校對
給付、簽約出版、媒體採訪等，事無大小，每有疑難，常相請教，窒
礙遂通；以疫情之故，研討會原場地又生變動，侯主任富於設想，苦
於定奪，與之商議再三，心意乃穩；凡此種種，咸幕後參贊，功多不
居。

　　盧博一學長，民國五十二年本校外文系畢業，師事鼎公學
《易》四年，赴美習醫，致力中西醫學之結合，並傳《易》於西人，
今任教於賓夕法尼亞大學（University of Pennsylvania）。吾於《東
吳校訊》321期獲知，乃函邀參與周鼎珩教授《易》學國際學術研討
會，惜以疫情嚴峻，唯錄音錄影，以盡心意，高見卓識，頗獲共鳴；
《周氏易經通解》贈送海外圖書館典藏以廣流傳，學長慨允協助，惟
借閱率若少，或遭新贈者排擠下架，故擇華人群聚之州，探詢其地圖
書館捐贈辦法；且逐冊贈送，前後編號不一，成套則無此患，思慮周
到。

　　簽約既已，出版七冊，第一冊皆先師手定稿，已無疑慮。然其餘
各冊尚待匡補，顧計不知所出，去年四月十八日，樊楚才先生託陳永
銓先生帶來第十三卦〈同人〉、第十八卦〈蠱〉、第四十二卦〈益〉

（以上三卦皆鄺蘇安先生記錄）、第三十七卦〈家人〉（樊楚才先生記錄　有兩種版本）、第四十九卦〈革〉（林喬生先生記錄），總計補救五卦，心情稍振。因皆爲紙本，隨即託林前主任請中文系工讀生打成電子檔。

　　陳永銓先生曾宿先師家，陪侍五年，先師每講，皆有筆記，如有遺漏，必重聽錄音以補足，務期周詳完備而後已，勤勉若此，先師因命依〈乾〉、〈坤〉、〈屯〉、〈蒙〉四卦手定稿之體例，並〈需〉、〈訟〉兩卦之講習大綱，撰寫此兩卦之講稿，良獲肯定。我檢視闕遺，尚有：第十五卦〈謙〉等十二卦待補，量多任重，悉數偏勞，陳先生欣然承擔，含飴弄孫之餘，晨昏端坐案前，凝神撰寫，頗見效能；諸弟子所記錄，如〈師〉、〈小畜〉等四十一卦並〈說卦〉，間有疑義，亦賴以釋疑。至如〈繫辭〉上下，陳先生初謂未嘗聆講，無以補記，吾乃請宇辰檢索全書先師所引用者，獨立成篇，附諸書後；不意一一一年十一月下旬陳先生當年聆講筆記忽然現蹤，密密麻麻，厚達一百七十頁，喜出望外，自嘲失憶而外，想闕遺將獲全，遺憾已可免，慶幸或尤過之歟？事既峰迴路轉、絕處逢生，宇辰因以爲其所檢索，可以刪去。他如校對，陳先生亦頗富眼力，第一冊紙本發現問題，親赴五南，口講指畫，遂迎刃而解，一併附誌焉。

　　先師知吾資質魯鈍，嘗勉勵曰：「柴也愚，參也魯。」（《論語・先進篇》）吾記錄既多，深感《易》之博大精深，不敢更事鑽研，無以繼續絕學，然或有力存先師心血之勞，今素願已償，爰記其始末云。

民國一一二年三月謹誌於抱樸齋

聲明書

　　本人陳素素，與魏畹芸於2007年各出資美金壹仟元，向徐范林女士（即照顧周鼎珩老師滯留大陸、無行為能力的獨子周同舉的人）買斷周鼎珩老師《周氏易經通解》（以下簡稱「本書」）一書的版權，即本書的版權由本人及魏畹芸共同擁有。

　　隨後，魏畹芸因病離世，本人於2015年7月邀請其獨子曹衍中先生一起親赴「千代文教基金會」討論本書的版權問題。當日千代文教基金會董事長樊楚才先生、執行長潘莉華女士、林鴻基先生、陳永銓先生等都參與討論過程，最終決定由樊先生代表本人先代墊美金壹仟元支付予曹衍中先生，即買斷曹衍中先生繼承的本書版權，改由本人獨自擁有。

　　茲因《周氏易經通解》一書將由本人自費出版，並準備在2021年11月26日舉辦「周鼎珩教授國際學術研討會」時由本人支付新臺幣伍萬元整予樊楚才先生，感謝其當年的代墊，以使版權無慮，以便將此書版權贈與東吳大學中文系。後續本書的相關出版事宜也一併交由東吳中文系處理。特此聲明。

聲明人：陳素素
地址：
電話：

見證人：林鴻基
地址：
電話：

見證人：陳永銓
地址：
電話：

憶周師文

盧博一[*]

一、謚然周師，尋道求知

　　桐城代有奇人出，周師鼎珩其一焉。初識周師時：適值校徙日，移址座落雙溪傍，依山臨水景非常，我因就讀外文系，主修英文與法文。詣聽周師授《易經》，從此與師結善緣。期終央師續授《易》，周師聆之亦頗奇。蓋以系外旁聽生，竟何對《易》有志趣？且爲系外生，根基自有限，學據何所本，矧安知其誠？師居比鄰申丙師宅，周申二師時往來，過訪亦詢及實情，申師時授吾人課，我以文章知于師，申師遂云：「此生筆似馬騁漠，鳥空翔。老馬不前，願見騏驥。」周師乃受我爲徒，遂虔心恭己，執弟子之禮，凡四年有餘，至來美而止。然在東吳日，課餘則訪師，固不計寒暑，聆誨從不倦。暑期返鄉時，不因地遙故，信箋互交馳，冀於學有助。師嘗語我云：「汝文誠可讀，詞藻亦可嘉，然句含贅字，洗煉猶未足，使致力中文，日後自有成。」無奈日後，棄文從醫，未遂師願，於心偶亦自憾。

　　在臺從師日月長，遂與家嚴家慈善，有宴亦延師共饗，偶亦高談幾忘餐，猶憶吾師罹牙疾，齒搖牙脫多不齊，珍肴食來咬無力，嚼物兩頰互交替，始聘榮民爲炊食。餐物必煮爛供之，授吾課如逾餐

* 美國賓夕法尼亞大學（University of Pennsylvania）口腔顎面外科學系臨床教授。東吳英文系52 級，通訊電郵：domlu@upenn.edu

時，師亦留我與共食。吾素恤其嚼物難，欲助無力亦無方。周師曾為我語道：「有次嘗飲奶一杯，腸胃不化致積堆。經週茶飯更無心，日感衰兮體越羸。身虛困頓心疲煩，求醫被認病非常，終而診斷為胃癌。」症無可治時不再，照料無親尋誰來？為此周師費躊躇。尋忖平生膺《易經》，秉真頤和且知命，知事有必至，理必有固然，物既有自然，法更有當然。先後筮預知，更可卜終始，揣事於未萌，測跡乎將至。既豁達以宏度，復安天而知命，安有治《易》者而得癌者乎？矧得癌者，率多情不清而志不和患得失尤不達理，于此周師不與為。因思及少時，曾師從道家養生吐納之功，雖滄桑歷更，時續時輟，然於今之計，固可溫故知新，重操幼時之業，遂決意自我調理，不假逗藥尋醫。乃日夜臥床，作吐納養生之術，經月而病解癌消，吾頗神其術。

　　當時我偶亦神躁於中，而形喪於外，時而達旦難瞑。遂問師其術安在，可得而聞乎？周師乃授我其術，遂知存神納氣之功，屏思絕慮之法，遂能遊心於虛靜，結志於微妙，委慮於無思，指歸於無為。乃勤行修鍊，而微見其妙，其對我也終生受用無窮，心尤感之。吾不知其術名，姑名之道家隨意禪。此術固可修性以保神，安心以全身，愛憎不棲於情憂喜不形於意。未遇周師前，雖曾修禪坐，學達摩面壁之功，然以秉性疏懶，輒以挺脊盤腿為苦，體不適則分心，故修而不得其所。遇周師後，遂知心如無所定，雖終年面壁，猶擾擾爾，使心有所定，雖終日入於朝肆，猶寂寂爾；我終於由周師處，得知禪修可臥可坐，不須挺脊以為苦，盤腿而自縛。師曰氣存丹田之功，不適於女性。女性習此功，理應氣存膻中，然如不得法，或致心氣促。蓋古代之術，以男性為對象，而女性無與為。意者，氣存丹田則行腹式息，存膻中則為胸式息，無怪乎其心氣急促。

　　吾在東吳日，亦經申丙師之介而拜師中國針灸學會會長吳惠平師習針灸，復師從考試院中醫師考試主委蘇錦全學《難經》脈診，遂悉經絡之說，始知周師導氣之意，知其本末端倪，而運氣能致經絡通。周師常言彼導氣丹田，如置冷濕毛巾於腹，片刻可使水分蒸發，冷巾成熱巾。師言此吐納導氣之術，為之則食慾增而色慾減，此乃道家運氣功法。而周師胃腸消化功能經月終臻正常。彼時吾對運氣之說雖存疑，然日後赴美學醫，從事臨床科研，遂依醫理而得知道家運氣之利弊。後又學得西洋醫學催眠後，與之相較周師吐納術，則感師術與「自我催眠」術，頗有雷同而非純屬巧合。而道術所發之功，我依雙指環醫試（Bi-digital O-Ring Medical Test）測之，卻有正負相異之類別。正功癒人，而負功傷人，周師之功則屬正功也。惜師已作古，無由與之共論也。我於醫訓迄而任紐約醫大教職後，得識同事腦神經科杜維醫生（Harsha Duvvi, MD），彼以熱正像機（Thermography）照攝我為病人針灸前後穴道經絡之影相，而發現穴道在未針前，其色為晦暗淺綠微黃，針後其色則變粉紅炎黃，由知氣通則血順，氣阻則血滯，而氣阻之患部始感寒涼，繼而疾病叢生。遂知周師昔日之言不虛，由之而知，氣與血相輔而行，非氣無以導血，非血無以致氣。血為陰，氣為陽，氣以血為依歸，血因氣而流暢。其後我應邀加入賓州大學醫學教授團，而賓大固以腦部掃描禪功入定而著稱於世，我遂時而參與其事而得禪定描相，因能對證周師昔日所授禪坐修定之功，遂知師言其來有自，言有所據。我在賓大，雖以教授麻醉學／口腔顏面外科為務，然亦致力科研於結合醫學（Integrative medicine）及身心醫學（Psychosomatic medicine），此亦因周師昔日之影響，此是後話。

　　師曾對我言，國府遷臺前，曾於大陸尋通《易》者唯得十三

人，周師其一也，國府攜六人來臺，多半年已趨老邁。當大陸除四舊時，倒孔之舉正火熾，臺灣多年經日治，師恐《易》學從此絕，遂往四處誨不倦。我於1964年離臺負笈來美後，甚少返臺，1978年應臺大醫學院之邀，講學一月，乃乘隙得償拜謁吾師。始詣其乾初易舍，見貼示師墨，言已離址，及訪申丙師時，方得知周師臥病榮總。遂赴院探望，久違相會，交談甚歡。師言《易經》於世，終被重視，由美來臺求教吾師者，大有其人。並指懷褓袍而默立床沿之少婦對我言，此即義女也。蓋師煢然子身在臺，認一親人，有所必要。並出資治妝嫁之，而此女亦感其德，日日來相陪，情逾骨肉之親，師云即使親生子女，亦無以過之。

猶憶未從周師前，偶讀古習老莊者，恒於曠放以為達，標新立異以為高，傲物衿己，蔑棄禮法，遺物自欽，褫裂衣冠，厭然以身為疣贅，名教為桎梏，戀彼丘林，研道修心藐朝廷，蔑萬物，或途窮而慟哭，或箕踞而嘯笑，如阮籍、劉伶之流。自忖如學道，我或亦成其類，豈可不傷哉？故心惴而甚以自危。及遇周師，知彼亦受道家之學者，遂知上述名士之詭行異跡，實干個人之秉性，固與道家之術無涉也。苟性不定，則隨境而屢遷，情不穩，則因時而推移。周師習道者也，固亦彬彬君子，有儒門師長之風，我心遂安而不疑。

二、傳道心切，授業梗略

猶憶東吳日在校，課暇即訪師求教，凡四年有餘。「乾初易舍」居吾師，該舍取名自《易》辭，當時擇屋費躊躇，終乃卜居至善路，階旁蕾卉迎風舞，幽居夢繞翠林處，明霞高映夕陽側，秋蕙疏倩凝霜露。該屋臨溪依山起，碧湍灣湧將心寄，迴溪聲潺激漾流，裊煙

撲嵐雲出岫。蔭映伴巖流之際，偃息于書香之夕，寄心乎松竹，取樂于魚鳥，澹泊之願既著，潛志《易》道自顯。周師滄桑歷經，而風格不遷，是其深信《易》道所使然，歷久而彌篤，故行而彌摯，造次顛沛而不驚，孤介自強而不變。其爲人也，不忮不求，數履險惡，而依然本色。師感當時治《易》者，宏博洽聞者寡，而臆斷妄說者眾。乃著〈原易〉之文，昭示我等，使知茫茫宇宙，厥初冥昧，有氣流行，無極始而太極萌，陰聚陽闢，二儀冶化，物以肇開，人倫始有，斯乃《易》之本意，豈止卜筮之餘緒哉？

　　吾師憂古道之不昌，患《易》學之將亡。忖此時不振其道，終成絕學，遂施教東吳外，亦電臺播音，宣伏羲之奧旨，跨萬古於茲日，顯孔子之〈十翼〉，表千載於當今，抽演微言，啓發道眞，採幽窮賾。明吉凶之別，趨吉避凶，使臨危不驚，處世以寧。凡事思深慮遠，不謀眼前之利，循《易》理以應世，不致唯利是圖。塞邪知正，辨可否之別。不悖于本性，通人道之正，屈伸變化，唯《易》道是從。師憂吾儕，即使心慮存眞，功德之脩已圓，然處此險詐妖譌之時，處世之慧必備。遂亦授《長短略》，轉禍爲福，以防不測。使臨深淵而罔戰，履薄冰而無兢。知往知來，知己知彼。知有晦則有明，睹有彰則有隱法日月之軌跡，善辨天意。則天地之常規，處世無驚。古往今來，以道一而貫之，時移世易，以不變而應萬變。人人各安其分，萬物各得其所。暑來寒往，地久天長，傳之不朽，永記心版。此周師教學之要旨，訓我儕之要義。

　　吾師之教，要言不煩，承諄提示，暮鼓晨鐘，遠近學士，靡然向風。師知來日之不長，急欲傳學於後世，時不我與，孤軍夜戰，任重道遠，只憾欲達之甚速，徒嘆遙夜之漫漫！天恐《易》學從此絕，故留周師在人間。吾師穆穆焉，實學府之徽典，邑邑焉，厥禮教之克

崇。而今哲師離我遠去，撫今思古，珍惜其所教，得無承先啓後，莫負其志哉？從周師四年餘，過從無數，欽其學而儀其人，於今念及，每覺泫然。猶憶離臺赴美日，詣師珍重告別時，不勝依依，恍惚如昨。正是：言別恩師摯誼深，惘然黯銷魂。斯情無奈空記省，往事成夢痕。

三、倡《易》推展，以廣流傳

余憶童稚時，初觸《易本義》。覩卦洛圖，幾疑爲卜筮，且聞《易》道至難解，常人豈能學。及長遇周師，遂知原道可理會，陰陽闔闢，一消一息，一暑一寒，至道靈運，萬物始生，庶類終成。聖道彌粹，人倫成序。故知天道無跡，唯人是尋。周師之作〈原易〉也，爲正俗見之弊端，挽狂瀾於既倒。其辭簡而要，其旨深而遠。動靜周旋，奉天承意進退有度，愼始思終，逍遙於冥靜，遨遊乎太虛，隨處而安，怡然自得。比觀後世《易》作之闡釋爻文，未足比擬其精微，逐卦說辭，不能展現其顯晦。

或云：「周某之〈原易〉，安知其爲伏羲之原意？矧周曾師從道家之學，受陰陽家之傳承，實鄒衍、陳摶之流派，襲張載一物兩體氣也之說，而本兩體虛實動靜聚散之論，拾先哲之異見，蹈宋人之臆說，非古聖之原意。」余答曰：「君言差矣！只知其一而不知其二，但知末而不知本。夫世有互古而不易，歷久而常新者。譬如四季有序，物以類聚，月不知來，日無藏往，此皆不待文王而後興，不俟伏羲陳張而後作。先人類而現，經萬代猶存。此理盡人皆曉，所以放之四海而皆準，推之百世而不悖。周師倡〈原易〉，乃示我等此理之源頭，公認之事實，故何需祖述先人之說，而待他人之詮釋乎？且〈原

易〉之說多與物理現象不謀而合者，此蓋知者所見皆同，所以著天地以效徵，象物性以揣摩者也。尤有進者，後世治《易》，多知《易》理之當然，鮮知其所以然。周師倡〈原易〉，乃示我人《易》理之所以然，其可貴者此也。」

夫爻畫肇於伏羲，文字始自倉頡。樞問來于炎黃，醫學顯自虞殷，聖人所以宏教宣育，以匡來者。象物以應性，原化以極變。殊俗歸義，軌物治民，作範垂訓，永世貽則。惜自秦漢以降，流派驟增，各恃一家之言，祖述其說，自是其傳，不容異己，大道遂驟紊亂。夫賢聖繼物，不乑先功，互容異說，護航至理，互學彼長，以補己短。恥一物之不知，故孔子問學於老聃。學以增識，奕世明德，何似後世末學流派，自是其說，排除異己，罷斥百家，獨崇一門之說，以謀一家私利，大道因以陵夷，遂啓後世黨爭派系之釁。故虞夏相因，而損益不同，非孔周伏羲之道異，實救弊之路殊。是故伏羲作《易》而物理著，周孔述《易》而大道崇。夫大道至明，古今無異。雖以萬象為體，但以簡易為用，人人得以實踐，故先哲以致知格物為基址，以身體力行為堂奧，所以先聖闡道，皆述而不作，言簡而意賅，雖販夫走卒，皆能受用而無礙。是以孔子言道唯恕，釋佛說道唯悟，伏羲作《易》唯觀，老聃述道唯無，基督講道唯愛。未如其繼者，節外生枝，繁飾其言而纖縟其辭，旨義遂闇，大道不明。

夫竅古之人，穴巢而居，漁獵為生，居陋思簡，乏慮少警。聖人元始道一，示教惟簡，使易知從。冥冥上蒼，原道至明，可法可象，可則可鑒。是以天生蒸民，有物有則，斯物斯則，尋《易》可得。故伏羲氏之《易》，乃易簡也，不易也，變易也。惟其易簡，遂能知其不易，知其不易，故知其變易。夫危微之幾，存乎一心，惟精惟一，允執厥中，持己待物，唯道是從。所以至道自在人間，不由人為加

壋。欲知宇宙奧妙處，只在尋常事理中，如欲體會亦不難，方寸天地
觀自然。無奈三代後，大道愈趨晦，去聖既滋遠，穿鑿自難免，離古
彌久則附會叢生，旁徵博引而不勝其弊。系出同門或鬩牆，枝出同幹
各爭春，花逸葉散自飄渺，歧路馳騖各揚鑣。百慮不一致，殊途不同
歸，遂致後人雖窮理盡微，亦未知盡符古意。加以古今異時，因地制
宜，或同字而異義，或同義而異字，或同字而異音，或同義而音異，
而掘墓出書，或同書而異版，或異版而辭異。抄匠偶失手，失手而字
誤。後人幾奉爲聖書，鮮疑句漏或辭誤，年代久遠稽無處，託名僞書
又充肆，以訛傳訛不自知。依辭據句逐字解，雖有考據訓詁學，各恃
己見難證別，古經大義遂日毀。此周師之所以著〈原易〉，以彰古
義。

　　嗟乎！後世治《易》者，不知易簡，愈演愈晦，彌言彌雜，迷不
知返，終不得其所，使後生不知所從，茫然無處可依。《易經》既爲
群經之首，後哲依《易》制俗，所以導群生之性，始立天倫而理人之
情。無奈去古遙遠，聖義不彰，俗人不知古聖制《易》原意，遂使姦
人得以乘隙取利，是以「法令滋彰，盜賊多有」、「絕聖棄智……，
盜賊無有」又「聖人不死，大盜不止。」老莊所謂聖人者，實指後
聖，非先聖也。後聖遒先聖之徽旨，失伏羲之原意，實《易》道之所
不容，爲古聖之所共棄，亦庸人之自擾，於後人亦何益？此固非吾人
所薦之《易》也。周師固知其弊，故欲撥亂反正，遂棲棲遑遑，坐不
暖席，食不畢餐，廣傳《易》道，以矯流病，嗚呼！去聖滋遠，至道
難忖，雲遮天光，實可嘆也。

　　於今之計，如欲撥雲霧以見日，扶大義之將傾，則無過于宏揚
周師之〈原易〉，闡至道之精一，展易簡之原義，還原其本來面目，
使學生了然其原而知所由來，則解道之徑既易，則懷聖之理必深，虔

敬之心如崇，則服膺之思必重。是以治《易》必自原《易》始，而後涉入流派餘緒，則事半而功倍。然末世治《易》者，不知原《易》而逕入流派，不悉卦象而直玩翼辭，此雖王弼之流弊，實亦為師者之責也。豈有己之昏昏而使人昭昭者乎宜其終生研《易》而渾然不知其義。世豈有不知源而知流，不知本而知末也哉？矧伏羲？作《易》，在倉頡前，既無文字，故結繩記事，以狀其象，以誌所慮，慮而後得，以示來者。故《易》先有卦象而後有文辭，學者宜先得象而後解辭，則近《易》道也。故曰：「物有本末，事有終始，知所先後，則近道矣。」豈此之謂乎？乃作頌曰：「伏羲創《易》一字無，仰觀天文俯觀物，後人不知《易》道簡，妄註經文枉著述。」又：「周師倡原《易》，闡道又釋疑，棲棲諄教誨，為免學者迷。」

　　周師仙逝近四十年於茲，其在世講辭，藉數人之音錄筆記，庶幾得保全貌，而其遺著，亦藉周師箕裘弟子陳師素素教授，孜孜無怠，經累年之搜聚，綴緝遺文，而得付梓問世，終使周師立言，歿而不朽，永貽世範，成一家言。儻師有靈，不亦慰乎？素素之力，功不可沒，復又捐資以師名成會，且得其妹陳韓女士大力贊助，經中文系侯主任淑娟之襄舉，林師伯謙之協助，終成其事，乃索文於余。歲在辛丑，時在暮秋，博碩畢集，寰宇咸至。吾居遠邦，躬逢盛會，遂署文以誌其事。贊曰：「大道無形，似隱似顯，至人應物，知命知天，周師立言，可法可鑒，吉凶悔吝，履霜知冰，動蹈規矩，循理順情，懿德秉彝，力踐無間，君子通變，處世以寧。」

附文

在美國授《易》有年，教授對象多爲醫界人士，包括住院醫師、醫學院學生和在外行醫者，他們多半因對針灸的好奇進而研習《易經》，以便了解陰陽五行對針灸經絡理論的探討，所以就有醫師們進一步要求授課，以便了解中國古代的哲理思想和宇宙觀及醫學論據。這也就是我開始跟歐美人士介紹《易經》的由來。在我從事將近50年的醫學教育，雖然大部分多在美國講授，但因常應邀參與世界各地醫學論壇而發表專文研討中西結合醫學和身心醫學時，也會提到中國醫學溯源到《易經》，所以常常在會中會後和追問《易理的醫生討論《易經》。對於這些文化背景不同的歐美人士，介紹《易經》是一件相當不容易的事，而一些洋文的《易經》翻譯本，只使人讀得更加迷惑，這些翻譯本多半是依據程頤本，而其書重文辭不重象數，得意忘象。而翻譯書對卦變爻變諸法極少提及，因此無法以窺《易經》全貌。好在這些醫生們，一般來說智商水準都相當高，領悟聯想及體會致用能力都很強，所以教起來也不太吃力。但歐美人士思維方式和東方人出入很大。對於這些務實又抱著打破砂鍋問到底的醫生們，我也就不得不依我個人有限的經驗來發展一套歐美人士能夠接受的《易經》傳授方式。雖然只是我個人意見，多待改進，但是希望能夠拋磚引玉，求逐所欲，希能夠和與會的人士討論一些教學《易經》的經驗，以便有所改進，是爲盼。

我授《易》的步驟進階是：

初學者宜先得象，諳卦變、爻變之則，舉凡錯綜互變，應比乘承等皆瞭如指掌，而後能觀象演數證理。繼之以〈說卦〉、〈序卦〉、〈雜卦〉與〈繫辭〉之研討，這樣讀爻辭時，才能知其辭是依本爻取

義，或從變爻取意，或以中爻交互取義，不一而足。此端視文王、周公演《易》時之身處其境所感觸，而取決於正爻或變爻中之較具教誨啓發者以取義，然學者固須正反交互兼顧，而非只顧及爻辭單方所反映之爻意之象也。如依此次序漸進而知所先後再研經文，則可得象以推人事，方克有成。

　　我教學生觀察卦象的方法是：首先跟學生說明《易》辭多借物比喻以明理，絕不可執物而忘象，而被經文之文字所迷惑，文字語言只是用來溝通大意的工具而已。因爲《易經》講的是現象和觀念，每一個卦就代表著一個現象一個觀念。所以讀《易經》，我常提醒這些洋學生必須記得老子《道德經》的開頭就是：「道可道，非常道。名可名，非常名。」也就是說，用語言文字可以說明的道理就不是我們要講的那個不變的眞理，因爲我們語言文字沒有辦法把那個眞理說得完全。而《易經》裡的說法很多是借物說理，但每個物都有世俗的定名在先。但又不得不用物名來說《易》理大道，但一旦用世俗已經奠立定義的物名，用來解釋《易》理就很容易使人有了以俗名而先入爲主的觀念，左右了對《易》理的了解，以致歪曲了眞意。而我們如依所接觸之物給予一個名字時，這名字卻不能代表因該物命名之所有該類之物。也就是所謂的「名可名，非常名」，如果有一物尙未給它訂定名字，但如定了這個名字之後就不能夠用這個名字去定義它。比如說對於一個沒有見過黑人白人的黃種人說，所謂人的定義就是平常看到的黃種人，因不知有其他人種的存在。但有了這種所謂人的定義卻不能用來定義全人類，因人的定義是還包括了黑人白人棕色人等的。這也反映了孔子對於「正名」的重要。「名不正則言不順」，就無法把事情道理講清楚。《易經》卦象代表的觀念和現象，是很難用語言文字去表達。我必須強調這大前提給學生，否則他們在讀〈說卦〉而去

解爻辭時就會發生很多問題，因依名執物而忘象而被龍虎牛羊之名迷而忘返。沒通過這一關的人都無法進步。其次，我就教學生先讀〈十翼〉特別是〈序卦〉、〈說卦〉、〈繫辭〉、〈雜卦〉，這樣就有個對《易》的通盤印象。而不要按照《周易讀本》的次序，因爲這些都是被放在經文之後。

　　教學生讀《易》時，我教他們先看整個卦的卦德及所含的錯綜互變，由知卦變原則。其次看上下卦的各卦取象。最後才看各爻和爻辭。此時要看正爻時其意爲何，反爻互爻變爻又如何，這些除了八卦之卦德外，是否含有〈說卦〉的物相（如八卦取象動物、人身、人倫、萬物等）以及該爻在整個卦中所扮的角色，以及和取象之是否聯想成意，比如說，「括囊无咎」：〈說卦〉「坤爲布」，又荀九家「坤爲囊」，而中爻互艮，艮爲手，而三多凶、四多懼。然後我就叫洋學生以「手的動作」，「囊」、「布」，「因心懼故謹愼」的環境下處世，去聯想造句但須注意所謂手囊並非指實物而是指現象，結果學生所造的句都與〈坤〉卦六四的大意相差無幾。並且要看爻位中正相應承乘等等以及譽懼凶功去定爻辭，依此最初雖然可取之象多，但經過這些步驟料理之後，大都最終可將所取之喻義縮小還原於爻辭。

　　所以我就叫這些學生在這種令人不安的環境裡，他們如置身其境帶著一個布囊或行李箱，他們會怎樣去處理？有的醫生就說，就要把布囊（布袋）行李用手緊緊抓在身旁，有的就說要加鎖或多打一個結在囊口等等，我就問爲什麼要這樣做，他們都說，因爲在那種不安的環境，爲了避免一些覬覦之徒有偷竊的歹意，他們當然不會在這情形下展示囊中物，且蹲愼的這樣作就比較安全無事。我就叫他們從〈繫辭〉及〈象辭〉來看此六四爻在整卦所扮演的角色及定位，而這些醫生們幾乎都可以認出在這六四爻是處在上下卦的青黃不接及三凶四懼

的位置上來參照〈彖辭〉「先迷失道」，及〈繫辭〉「先迷，後得主」而說因心內無主，身邊無親友故迷而不知所措。我就叫他們依他們所忖之意去聯想造句。造完句後才去看經文所寫的六四爻辭來作對照比較。結果與「括囊無咎」原意相差無幾。然後我就叫他們推比諸人事，他們都能夠體會到六四爻為謹慎以策安全，以免无妄之災（无咎）。有的醫生就引意為閉口（括囊）不要隨便亂發言，以免禍從口出，以求無過。

在討論〈坤〉卦六四爻辭的時候，除了上述的一些關係外，我也提醒學生還得注意該爻和全卦以及鄰近上下爻（也就是六三、六五）的關係。不少《易》註書多忽略這方面，而只是在講解該爻的爻意時在該爻大作文章，而給人的印象就感覺似乎就與全卦，和上下爻脫節而被割離支碎不全的感覺。似不顧及關注該爻與整體以及和其就近的上下爻關係的連整性，而使學生感到支離破碎被分解而不連貫。由於我教的洋醫生們都極好問，所以我的教法就不得不因類施教，有所變通。所以在講到六四的時候和它息息相關的爻和全個卦的關係都得提出討論。講到六四爻時，學生就問括囊的話，理應存好的，拋出壞的來減輕囊袋的重量而去減輕攜帶的負擔。我的回答是，有這樣的想法雖然是無可厚非，對初學者是情有可原，但是觸犯了讀《易經》的大忌，也就是又被鎖在〈說卦〉以物作隱喻及爻辭的文字裡打滾，而在文字陷阱而不能自拔，忘掉了《易經》的卦和爻是在講觀念和現象的，文字只不過是傳達意念的工具而已。我講解六四爻時，和它鄰近上下爻的關係都必須同時談論。因六三爻講「含章可貞，或從王事」，乃是說自我充實來等合適的時機，發揮才能出來服務，有所作為。也就是孔子所謂的「盡心焉，盡力焉，以邀天命」。既然準備的似乎充實（含章可貞），依常理就會迫不及待的躍躍欲試，想去施展

才能。但此卦在三凶四懼之下，在六四卻勸人要「括囊无咎」，要收斂，這樣六四就和六三又建立了相干關係，而不會使學生感到二者脫節。至於和上爻六五「黃裳元吉」的關係則因爲在六四階段的準備之下，到六五就因發揮而有成果，又變坎爲比則有親比之象，居高位而親民。這樣六四就與六五也搭上了息息相關的關係。至於六四和全卦的關係就是全〈坤〉卦的卦德「厚德載物」，也就是君子要寬厚點才能相容並包。坤又象徵地球，而地球能夠容納萬物，好壞相容，而不會因爲地球旋轉的離心力，使地球上所包含的萬物因快速旋轉而拋出於太空，這也比類括囊，也就是把袋口括束以使袋囊內包羅諸物紮閉，不使裡面的東西，因爲被帶著走而溢出掉出。六四爻也就是教人紮好袋口，卻沒有說要把袋裡面的東西依喜好而選擇去留，而是要相容並包，也就是叫人作人不要太過於斤斤計較，特別是準備去居高位作領導的人（六五爻，五爻爲君位）。不要太嫉惡如仇，不要太依個人的喜憎去取捨，而致於「人至察無徒，水至清無魚」。「泰山不讓土壤故能成其大，河海不擇細流故能就其深」宰相肚裡能撐船。把賢能通達的人招攬網羅在一起爲己用，而無漏網之人才（括囊），這樣「括囊」也就與全卦的卦德「載物」的相容並包大義掛勾而遙遙呼應了。在六四爻作好的人，升到六五爻時，就因爲在六四爻已作好了準備的工夫而自然會達到六五爻的「黃裳元吉」的吉祥階段，這樣與六五爻也掛勾了，對於研《易》多年的人，這些似乎是不言而喻，但對初學者如不指出則感茫然。

　　很多學生都會問，爲什麼古人不把事理說詳細一點，反而講那麼簡略，害後來的人要去猜測他們的心意。我的回答是數千年前的古人沒有現在的筆和紙，凡事要記載都必須雕刻在龜甲、骨頭，或牛皮（因爲豬皮遇水容易膨脹而變形），而這些龜甲牛皮在古時是很貴

的，因得來不易，且古字可用者少，加以刻字耗時，且限於皮甲之篇幅故不能暢所欲言，詳釋其說，只好扼要提綱簡述其學，所以也不能因為雕刻了錯字就把整塊牛皮或龜甲扔掉，所以也只能靠師承去講解，給學生指出錯字，但年代久遠了，哪些字是錯的就失傳了。

在教《易經》的過程中，有的學生就會依字解釋辭文(literal interpretation)，這是我叫他們要儘量避免的，因為這樣做的話就很容易重蹈前人的覆轍，因一些前人註《易》時，為了成全爻辭而不惜咬文嚼字，非得把每一個字的來源不擇手段地去成全其字意，即使隨意變爻變卦來曲意求全爻辭亦在所不惜。我常把馬王堆的《易經》版本和《周易》現在流行版的卦爻辭，對照給這些學生看，就會發現有很多同卦不同字，同爻不同辭。如果逐字解意就會失去卦的原義。好比說〈坤〉卦在馬王堆寫的是「川」卦。而六五「黃裳元吉」在馬王堆版是「黃常元吉」。《周易》的〈否〉卦在馬王堆版是婦卦的例子比比皆是。同是《周易》，馬王堆版和今版《周易》不但多處用字不同，竟連排卦次序也不同，更何況是失傳的《連山》、《歸藏》版。

我認為讀《易經》，對於卦象需要精細入微去研究，但是對於爻辭文字則只要像諸葛亮「獨觀大略」，及陶淵明讀書「不求甚解」就可以。陶淵明在〈五柳先生傳〉說：「好讀書，不求甚解，每有會意，便欣然忘食。」元李冶在《靜齋古今黈》有特別說明：「不求甚解者，謂『得意忘言』，不如老生腐儒為章句細碎耳。」我之這樣說，是言有所據，而非信口雌黃。在〈十翼〉的〈繫辭上傳〉有曰：「書不盡言，言不盡意」；又曰：「聖人立象以盡意，設卦以盡情偽」；〈繫辭下傳〉：「是故《易》者，象也。」〈十翼〉也是《易經》重要的一部分，既然《易經‧繫辭》已經說這麼明白「《易》者，象也」，又說：「聖人設卦觀象」，則研《易》應以卦象為主，

因文字語言是講不清楚《易經》的原義。自王弼掃象以致《易》象不明之後，似乎大多數的《易》學家都在卦爻辭上大肆渲染，咬文嚼字作文章，成了近兩千年來的風氣無法扭轉，而似乎不太多人著力去追蹤失落的象義。晉朝以後即使知名的演《易》大家仍在《易經》的辭句文字上打轉，而逃不出文字圈套，以致《易》象從此更加不明。甚至程頤、朱熹之類大儒也是在《易》辭文句上大作文章，這種漠視〈繫辭〉的訓誡和指示，本末倒置，捨本求末的研《易》法，著實是耐人尋味的千古疑案。

　　我並不是反對念《易》的人不要去看爻辭文字，辭文固然對卦爻的了解有提示重要，但我擔心的是一旦太過耽溺於辭文，而且太過於在辭文上用功夫，就不免忽略了卦象，而念《易經》重要的讀書心態，就是要善於變通，而不可拘泥於任何形式。不但對文字不可太過於拘泥，即使在玩象時也不可以太拘束於一個卦象而忘掉了卦變。這在〈繫辭下〉已經說得很清楚了：「《易》之為書也不可遠，為道也屢遷。變動不居，周流六虛，上下無常，剛柔相易。不可為典要，唯變所適。」這是讀《易》的基本心態。後世學《易》者包括程頤等人之所以會執字忘象，可能就沒將這段明訓掛在心上。在〈下傳〉：「其稱名也小，其取類也大」，我恐怕學生如在「稱名」下打轉，則鮮少會在「取類」上用工夫，則不能得《易》學真諦。

　　我之所以認為只需求爻辭大意，對文字不須求甚解，只要把卦義爻義弄明白就可以了，不逐字求解的原因，也是因為不但不同的版本用字不同，而且我們如果將來有幸在掘墓出書而能看到重見天日的《連山》、《歸藏》版本，我相信其辭文與同卦同爻的用字，也必與今本《周易》有所不同。何況經文的一些文字或許是古人手誤抄錯？既然如此，我們何必字字求解其來歷？對於一些經文字句，如有

來源不明或語氣模糊的文字，只要輕描淡寫簡單給學生說明卦義爻義就夠了，不需處處求證辭字來處。何況清朝胡渭等人對《易經》的考據，也指出多處可疑之處。我最主要的重點是教學生，不要太專注以字義來解《易》，因會導致不知不覺太過專注文字而忘掉了《易經》是藉文字而借物說理。因爲《易經》講的是有點抽象的觀念和印象。以義理爲主，文字只是宣揚義理的工具。可惜的是爲世所重的虞翻註《易》本，亦有多處以文字爲主而以義理卦象爲副之嫌。來知德雖然不滿宋人專在卦爻辭上用功夫，因而專注於《易》象的探索，但身處鄉村小鎮，自己藏書不多，手頭上的資料有限，多憑其聰明才智去領會，雖具成果，也不盡如人意；但已經很了不起了。可惜後繼者雖想續其遺業，成果皆遠不如，何況清朝考據之風爲盛。至於虞翻的《易》註也頗殘缺不全，如果不是李鼎祚的引用，虞註早就失傳。

　　我常跟這些洋學生說明，如果按字去解釋經文的話，就會類似《聖經》新約耶穌所講「富人上天堂難於入針孔」。如果把「針孔」解釋是鏠衣服用的針線的針孔那就大錯特錯。因爲耶穌所講的針孔是指古以色列有一個城門進口非常狹窄，進出須擠身辛苦過門，當時的猶太人就叫此門爲「針孔」，所以耶穌就比喻富人想進天堂，就像要比經過這扇狹窄城門還難，因爲這些古代的有錢人多半是養尊處優而肥胖，且爲富不仁，積不義之財。而以肥胖之身，擠進針孔窄門何其辛苦。耶穌所謂的針孔及《易經》之藉文字而借物說理，用的都是隱喻。故如以字譯來譯經文，則會悟錯眞正大義之所在。由於歐美人士多是基督徒，自幼對《聖經》常有所觸，所以用《聖經》來作相比引喻《易》理，對歐美人士較易知曉而收效較大。有的學生對《易經》不同版本有質疑，我就跟他們說，西洋《聖經》在15世紀前也是很多不同的版本，且異版異字，因爲流傳的《聖經》本來原本都是從希

伯來文翻譯成希臘文，又從希臘文翻譯成拉丁文，再又翻譯成德文、法文，又翻譯成英文，所以版本很多，用字也不同。英文統一版的《聖經》一直到英國的詹姆士國王在1605年召集了全國專家費時5年才有統一英文流傳版本。所以《易經》版本自古以來也因時因地因人而有所不同，但內容卻大同小異。而現今的《周易》也是經歷代不少學者考證修正而成，至於卦辭爻辭是否是周公、文王的原《易》本，就因年代久遠而無從得知了。

　　我這樣教學生去做，就是要他們把卦象所包含及隱藏的各種卦意揣摩清楚，才去鑽研卦辭、爻辭，讓他們知道這些《易經》難解的爻辭，其實他們如處在同樣處境，他們也能作出類似的爻辭，這樣這些醫學生就不會把《易經》看作神秘不可測，或是他們西洋人士認為無稽之談的算命卜卦，及履虎尾、十朋之龜、臀無膚等荒唐書本看待。因為在讀辭時，需要知道爻象的包容是多元的，經文雖因篇幅而只寫出了一種爻辭，但讀時需要心理上有同時兼顧未寫出的其他可能性的爻意。這樣可以知爻辭之所由來。很多學生對於〈說卦〉的取象頗不以為然，而且感到近乎可笑，我跟他們說數千年前中國的古文字數量極少，倉頡造字還不滿80字，後來因社會的需要，文字有增加，但還是很有限，用非常有限的文字來描述無限的《易》理，也就不得已去遷就現實，為了權宜之計也就只好不得已用當時可用之文字勉強充數而為之。而當時可用的文字以及大眾了解的，也就是文字表達下的父母子女手足胸腹牛羊等通俗字。好在我教過的這些醫生，智慧還算蠻高的，所以他們也都能夠領會到所教卦中的核心思想，我的目的是要啟蒙建立他們研究《易經》的基本原則，他們學了一些卦後，如有興趣，就可以以此類推，舉一反三的自己去研究別的卦。

　　我在這個階段，常給學生一些《易經》的作業習題，也就是叫

他們對於特定的某卦，用上述方法逐步勾勒出此卦輪廓的大約概念。先叫他們不要看爻辭，以免受了爻辭先入為主的成見，然後從他們對這卦的概念輪廓，以正爻、變爻和互爻取象而寫下自己感受的幾種爻辭，再與經文的爻辭對比，去看相差多少。由於經文爻辭內的吉辭遠少於凶悔吝之辭，又爻辭既傳言筆出文王、周公，所以我就叫他們設身處地想成自己就是周文王被囚禁而不知死日何時；也可想成手掌大權但恐懼流言的周公。我這樣做，就是要他們知道，每一個卦都可以從正負兩面去看，其實卦是多面一體的。但爻辭多半是悔吝之辭，而這些醫生就感到《易經》怎似多半為沮喪之辭，而感到古代中國人，怎麼悲觀多於樂觀，缺了積極地面對人生。我給這樣的作業能使他們知道爻辭的來歷，然後他們在自做正面及反面等的兩三種爻辭練習時，再與經文的爻辭相比，也就不會忘了經文的一些爻辭是因作者當時之負面處境而寫，即使是從負面寫的，卻也有正面的一面隱藏於卦內。而他們用英文寫出來的爻辭，卻與經文上的爻義有百分之七十相類似處，使我歎為觀止。

　　爻辭在《易經》所占頁數及字數最多，也可能是最重要的部分，而且也是最晦澀難懂，最容易被誤解的。不像〈十翼〉的大部分是一目了然的。我感覺我這樣給他們這類的習題作業，使他們對《易經》的了解是有幫助，但這些也只不過是我個人的小經驗。現在大會推廣《易經》在國際上的教學之際，如能和多位有經驗的人，集思廣益，討論一套比較統一可行的教學方法，必然在中西文化交流有極大的意義。特別是在爻辭方面，因為本來是先有象而後有文辭，辭乃因觀象得其象意而後依其意而記錄成辭，但王弼掃象之後，爻辭之由來早已不明，而東漢時，已有為了顧全辭義而恣意變卦變爻以解釋爻辭字源的趨勢，竟乃至以半象以解爻辭等等。類似此類傾力委屈求全地

只是爲了辭文而不惜變象變卦而本末倒置，先後顛倒，絕不是先聖創
《易》的原意，何況卦象歷久如一，但文辭可因手抄謬誤，字漏，異
版而字異。所以，卦象的完整是首務，而文字只不過是說明卦象的工
具而已，可多可少。不需爲了成全文字而蓄意將卦顛三倒四的去符合
爻辭而歪曲犧牲卦象。可惜自晉朝以來到現在都無法挽回這種陋習。
如能集合一些專家以便集中每人即使只是片段，但卻符合古聖原意的
心得，做有系統的整理，或可以研究出一套可行的方案，及可使學生
容易跟從的實際學習方法的基礎教科書，則學生幸甚，我等幸甚。這
些還得請教各位先進賢達以各位教學經驗來補充我教學的不足。

　　《易經》在國際上由於歐美醫學界對針灸的好奇，進而開始對
於經絡和氣的探討。在過去二三十年間，哥倫比亞大學每年召開的國
際針灸大會中，瑞典諾貝爾醫學獎審核委員會主席 Nordenstrom 博士
幾乎每年都來參加，直到逝世。大會中他和我常辯論關於「氣」的
問題。他認爲在他研究中國人所說的「氣」其實就是電磁場，而我認
爲電磁場根本只是氣的流行而產生的副產品。最後大家認爲我是華裔
又學了針灸和《易經》，所以就要我寫了關於「氣」和「《易經》對
中外醫理和科技的影響」兩個專文發表國際學刊，當然這些也帶來了
一些好奇人士對古文明不同看法的爭議，但也反映出來《易經》在現
世紀的被關注和引起更多的好奇。這些對中西文化的交流都是有意義
的。我希望在有生之年和大家有志一同來發揚這些不可忽視的古代文
明思想產物，這對於世界文化遺產是一個貢獻。

答客問及教歐美人士《易經》時常被問到的問題是：

問：學《易經》最大的絆腳石和遭到的困難是什麼？

答：讀《易經》最困難的地方是《易經》很多義理是只能意會很難

言傳，也就是用文字語言沒有辦法把《易》理講的很清楚。但是又不得不借用世俗所了解的事、動物、人體部位等物來反映宇宙萬物運行的規律及事物發展變化的吉凶悔吝的現象和觀念。但讀者閱讀這些用以傳道的文字時，卻特別會把〈說卦〉以隱喻（metaphor）用來說明卦辭和爻辭時借用的動物品類，人體的結構部位等等的借用詞，當作實物來解辭而忘了指的只是該物的屬性。就如似十二生肖去推論年齡及屬性時，並非屬虎的人是實質的老虎，屬鼠也不是指真正老鼠，而把一個屬鼠的人當作老鼠看待。但初學《易經》卻常常會犯了這種毛病，用〈說卦〉隱喻所指的物體解釋經文而完全會錯意。就正如《指月錄》尋道問禪的人問佛或得道的禪師在夜嚶遮雲中觀月而不見月。禪師以手指指著月，對尋月的人說我手指所指的就是月，迷惑的人卻會錯了意而以為禪師的手指頭就是月亮。念《易經》的人絕大部分在研究卦象都犯此錯誤。而很多教《易經》的老師也不免犯這些錯誤，以致這些老師就乾脆連卦象都不講解了，而乾脆只講解卦辭和爻辭。但《易經》不講卦象就沒有《易經》存在的價值。所以無象則無《易》。如果能夠通過這個難關，《易經》的困難度就解決了一半。

問：如依所言，則任何一個卦照錯綜互變等，任何一爻也可依承乘比應懼凶等等引出不少爻辭、卦辭，安知哪個辭語是適當的？

答：這個就要看個人所處的環境和需要而決定所得出的好幾種卦辭、爻辭中，哪個辭是適合當前卦象及個人的需要和處境，及天時地利人和諸客觀環境來決定。所以這需要依主觀的需求及客觀環境的配合來採納辭文。就如一個人需要去買一件衣服，到百貨公司裡面看到的固然有各種不同男女老少的衣服，但並非所有的衣服

都是適合個人的需求。經過一番依個人尺寸高低顏色場合來做選擇時，就可以縮小選擇的範圍，依照這些需求條件而採購到適合個人的服飾。面對當前卦象的爻辭、卦辭也可以用同樣的情形來作選擇。文王、周公他們也是依據他們當時的處境去選擇適合他們主觀和客觀的條件而寫下來這些爻辭、卦文。在《易經》教學中，絕大部分的學生對於變卦，特別是由一卦因爻變而引出他卦的原則觀念感到相當的迷惑及困擾。而且感到似乎注《易》者是爲了成全爻辭的解釋而去變卦而成了無的放矢的文字遊戲。這是因爲每卦有六爻，每一爻變則全卦皆變，因爲六爻皆有所變，所以就引出六個其他不同的卦。而因爻變而引出的卦也可因其所引出了的卦之爻變而又引出他卦。如此引來引去到後來卻失去了方向而不知何卦爲主何卦爲副，因而不知所從，也不知所終。我對由一卦引出其他許多卦的解釋是：最原來的卦必須仍是主卦，而因主卦的爻變而引演出的其他的卦皆爲副卦，在解卦時，則必須遵守「萬變不離其宗」的原則，必須以主卦爲主去解釋卦義和爻辭，否則就會亂了方寸，而失去方向而引出一些不相干的釋義，坊間一些解易書有不少牛頭不對馬嘴，風馬牛不相及而不干主卦本義的解釋都因此而起。

由於我的學生大部分都是四十歲到七十歲的美國醫生，他們童年時，幾乎都玩過魯比克的魔方，所以我就用魯比克的魔方來說明卦變現象較易懂。魯比克的魔術方塊，在中國大陸簡稱爲魔方，在香港稱爲扭計骰，爲由匈牙利建築學教授魯比克於1974年發明的機械益智玩具。最初的名稱叫Magic Cube，1980年將名稱改爲Rubik's Cube（魯比克方塊）。當它們組合在一起的時候每個零件會互相牽制不會散開，並且任何一面都可水準轉動而

不影響到其他小方塊。魔方有左右上下前後六面（《易經》每卦六爻）。魔方任何一面每有一轉動，則左右上下前後六面也都會因之會改觀（易經的卦，每一爻變則全卦皆因之而變）。也就是每當一方面有轉動，則魔方六面都會跟著轉動而為之改觀其形相，但不管如何去轉動，全體卻不會散開，魔方有個向心力的磁性主軸（因各爻之變而引起的卦變不致引起中心思想為主的主要原卦），所以魔方不會使每一單位從全體遺失或脫落而離開主體（萬變不離其宗，《易經》由原來主卦引出的其他副卦皆不離主卦而迷失）。正如魯比克魔方不管如何變動都能夠恢復原狀，同樣《易經》不論變卦多少也都可恢復到主卦。特別是在解釋卦義的時候。

問：《易經》討論的是現象和觀念，能不能比喻說明所謂「試圖了解《易經》觀念現象」的困難？

答：觀念和現象是很不容易用文字語言來說清楚，因為這些觀念現像是有點抽象的。古代聖人書遭遇最大的窘境，就是知道用語言文字是無法來表達說明清楚觀念和現象，但是又不得不向大眾用語言文字來轉達他們的學說。這就像白居易評論老子的詩說：既然老子知道可藉文字語言說明的道就不是老子所謂永恆的那個大道理，但「緣何自著五千文」的《道德經》，仍藉文字來表達他的思想，這豈不是自相矛盾？我們把《易經》用數學的觀念來做說明抽象觀念的話，就是數學本身就是抽象的觀念；但也不得不用數目字及文字來表達這觀念。好比對於尚無數學觀念的幼稚園小學生說明1+1等於2時，就不得不用實際的物體來說明，譬如跟他們說，一支筆加上另一支筆，就等於2支筆。但在應用時，有的學生沒有筆在眼前就無法想像如何去做加法，也就是這類學生

把這個加法的觀念完全執著在實體的筆，沒有理解到進入數學的觀念，而老是停留在一隻筆和另一隻筆的關係上。

同樣的情形，讀《易經》時，很多人在象數卦變爻變上，依據〈說卦〉的說明來理解卦象爻象時，常常執著停留在〈說卦〉所列舉象徵擬諸動物或人體的部位取象上，如龍虎手腹之類的文字來解辭義而無法自拔，忘了這些只是權宜之計，用來做比喻，說明現象觀念而已，而無法進一步去想像從這些比喻了解裡面涵義的觀念，就如幼稚園學生沒看到實物的筆就無法做加法，也無法了解加法的觀念去應用在日常生活中，更遑論去做習題，而只在一支筆和另一枝筆的想法上的空間打轉。很多人讀《易經》，如書上沒有一個實體的東西表達一種現象和觀念就無法研讀《易經》，這就完全被文字及比擬的實物綁架而無法自拔。學生必須超越文字上的束縛才能進步，這些抽象的觀念和現象不是容易去了解的。即使孔子也說五十可以學《易》，《易經》雖是探究宇宙至理，但如推之人事，則愈是歷經滄桑而富有人生經驗者，愈能了解《易》義。

問：這些《易經》的卦辭、爻辭都是幾千年前古人生活遭遇求解的寫照，古今中外東西文化及思維又不同，念這些過時的經文，如何能適用於當今？

答：《易經》所講的是宇宙的至理，可以用到人事世態。譬如牛頓的三大定律和萬有引力，及伽利略的自由落體，都不會因為幾百年前在歐洲發現的，就不能用於今天或為地域所限。因為這些是定律，所以是沒有時間性和地域性的，行到那裡，無論什麼時候都可以行得通。《易經》的道理也是一樣。雖然周公、文王他們是以他們身處環境而記下爻辭、卦辭，但他們的經驗和智慧，我

們還是可以用來做借鏡而得到啓發。就如我們在讀偉人的傳記，或者是名人的座右銘和格言，雖然是別人切身體驗的記錄，我們卻可以用來作爲生活處世應事重要的參考。譬如我們當學生或者剛到一個公司去做事，或到一個人地不熟的環境，我們就可以用〈蒙〉卦噎文王、周公的體驗心得而寫下的卦辭、爻辭來準備我們持己應世的心態舉止。又如果我們去一個組織團體或公司做領導，或充當經理時，我們就可以用〈師〉卦來做我們的參考。其實我們所受的教育，哪樣不是學習前人經驗所得的結晶？我們學一些《易經》的大道理，和文王、周公的人生經驗，和孔子對各卦的評論讚語，可以使我們在這個世界上少吃很多苦頭，也少走一點冤枉路，在我們人生低潮而感絕望，在山窮水盡疑無路時，忽然發現柳暗花明又一村；而且在適逸的環境時，能居安思危，處世以寧，不會讓世情亂了我們的方寸。

問：《易經》之所以不容易推廣，是因爲很多人對《易經》感到神秘而不可解，又加上大多數的人都把《易經》當作卜筮算命之類江湖術士藉以營生圖利的勾當，在科學昌明的今天，研究這種古老迷信是不合時宜，而且是浪費時間又落伍的。

答：很多人感覺到《易經》之所以神祕又不可解，我們可以分成兩部分來解說。如果這種神秘感被解密的話，則人人都可以學《易經》。《易經》在孔子著的〈十翼〉都是很容易懂的，而且也沒有什麼神祕的成分。被人們認爲神秘又難解的就是卦爻辭和卦象。特別是爻辭因爲文字非常的晦澀難懂。爻辭之所以難懂是因爲古人用於表達意境，現象和觀念的文字系統和現在用的文字系統不同。所以就變形成一個難於溝通的隔閡，就像現代的人無法了解古人的想法，是因爲所表現的型態方式及文字用法有

所不同，但並不表示今人比古人笨。就像現代人用慣了白話文，而對文言文之類的古文，沒有受過特殊訓練的人就不容易念懂。教《易經》的老師就像講解翻譯文言文給現代只懂白話文的學生一樣，雖然難度更多，古文之所以難懂就因爲古代文字的字數不夠，所以常常一個字可以代用作很多不同的字來用。而且越古，則任何一個字幾乎越可以當作主詞，也可以用作動詞、形容詞、副詞等等。不像文明越進步文字的字數也越來越多，而且表達觀念的字數也因字的更多而能表達更清晰，以免引起混淆不清，所以《易經》老師的工作之一，就是把古代的文字翻譯成現代人可懂的表達方式，教懂學生；也像英文老師要把英文翻譯給上課的學生聽一樣。有時老師雖然自己懂得這些古文的奧義，但是卻講不出來，無法有效地表達出來，這是因爲老師對於現代文字的表達能力不夠。除了這些問題之外，後來一些註解《易經》的學者在解釋爻辭時，把自己的私見節外生枝地加上去，又沒有表明加上去的只是個人的意見，以致使後來的人弄不清楚哪些是原作者的文字，哪些是註解者私加上的附加物，終致魚目混珠，結果使人閱讀越不明白其原來面目。

至於卦象則因爲綜錯互變等等之外，又加上爲了要遷就卦爻辭的文字而取象範疇多達數十種，其變化莫測，使人捉摸不定，我相信伏羲、文王當初演《易》時不會蓄意弄得那麼複雜不堪，加上後來的註《易》者爲了要對爻辭的文字來源去處追根求底，而把其實不需要搞那麼複雜的卦象弄得顚來覆去，又因穿鑿附會更使一般人不知所從。虞翻的集註雖以觀象爲本，但因殘缺不全，大半失傳，很難使人窺其中樞思想，且多處爲了對辭文的委曲求全，不惜變象而不免使人感覺有喧賓奪主的嫌疑，因爲《易經》

本來理應以象爲主，以辭爲客。關於爻辭的問題我以前已經討論過了，現在就討論關於卦象使人有神秘感的問題。

人們對於不解的事情都有一種神秘感。其實卦象也只不過是一種符號而已。它就和文字一樣，其實文字也是一種符號用於表達述者的意思。很多人都把卦象當作圖騰一樣看待。所以就感到有神秘的感覺，其實卦象最早也只不過是在沒有文字前伏羲以陰陽的符號重疊而成卦象，而文王又再卦卦組合成六十四卦。文王只不過是把很多他觀察到的現象歸類組合成 64 個有系統的觀念而已，其實也就是一種歸納法。我在教一些醫生的時候也常常教他們用數學排列組合的演算法（mathmatic permutation and combination），把陽爻及陰爻經過六個階段再重重組合，算出有幾樣可能的陰陽組合排列。很多醫生在唸醫預科的時候都有念過大學數學和微積分，所以他們用數學的觀念去換算卦象的排列組合，就可以了解卦象的來源和去處。這樣他們就不會對卦象存有神秘感，因爲他們自己也可以用數學方式去組合排列卦象。我之這樣作是要使他們消除對《易經》的神秘感，因爲如果心理上存有對《易經》有神秘難解的心裡就會形成對研究《易經》的心理障礙。我教《易經》都是用研討會的方法這樣使學生主動的參與一個卦就是一個工作項目(project)，而不是用塡鴨式的方法。我這樣的教法會使他們感覺到他們也就像是一起參與共著《易經》的合著者的身入其境，再也不會對《易經》有陌生感或有神祕而不可測的感覺。這樣他們就會對《易經》有一種親切感而且也像是和伏羲、文王共同創《易》。我製造這種參與感，會使學者不會對《易經》感到陌生而願意更深一步的去探討《易經》的原理。在玩象的時候也必須要注意到這象也只是以陰爻及陽爻作符號

而引申出來的各種變化，每個卦象就代表一個歸納成一組的觀念系統。但很多人在玩象的時候卻執迷於象的變化，而忽略了這些象所代表的現象的觀念系統而被劫持於象的變化，這又何異稍前所述的迷執於卦爻辭的文句上而不知返？爻辭的文字和卦象也都只是符號而已，迷失執著於符號而不能自拔，是讀《易經》的最大障礙。這樣參與式的教法，我感覺在西洋似乎收效較大，也可以使《易經》更加推廣擴大，人人皆能受益，這也是古聖先哲及周鼎珩老師當初孜孜不倦教學的願望吧。我這樣的教法，雖不是傳統，但學生他們就會對《易經》有一種親切感，而且也好像是本身參與了和伏羲文王共同創《易》。我製造這種參與感，使學者不會對《易經》感到陌生而願意更深一步去探討《易經》的原理，而且在學習過程對《易》理原義印象會更加深。我認為人人都可以去學得《易經》，只要不被《易經》裡面的文字和在玩卦象時不要被實線的陽爻，和實線中斷的虛線的陰爻所執迷（因為這些只不過是符號而已），這些文字符號都是在表達講述有系統的觀念和現象而已，不需太執著而迷失作者的原意。

至於說《易經》是卜筮之書由來已久。很多學者認為由於孔子的〈十翼〉，才使原來就是卜筮的《易經》成了哲學性的古典。即使是朱熹也持此說，而最早有干《易經》的甲骨文雕刻在獸骨上面就有此傾向。尤其是殷商武丁中興時的紀錄，更有因用兵征伐而《易經》被引用為卜筮的例子。但武丁離今約3200年，而伏羲則在6000年前新石器時代，在這三千年間隔，《易經》何時被引用為卜筮流派已不可考，但我不信伏羲一開始作《易》就只為了卜筮，因與陰陽消長闢闔的原意不合；何況古人對周圍環境最注意的當然就是天地日月水火和自身及身邊諸物，所以伏羲仰

則觀象於天（以乾取象），俯則觀法於地（以坤象之），以坎取象於水、月，以離象火取日，日出而作，日入而息，古時世界各地有不少部落拜太陽神，也有拜火教信仰，此皆與卜筮不相干。卜筮的形成，與部落聚合爲國家雛形，因資源領土之爭而互相攻伐，遂有出戰前卜筮成敗的行爲；但這不是創《易》原意，只不過是後世加以引用而已。

《易經》是一部實用的書本，學生能夠突破及超越這些用以表達工具的文字和符號圈子，就較會容易理解《易經》。而且學生要學會舉一反三，把《易經》的道理應用在日常生活中去體會才有用。《易經》是教人體驗人生（文王獄中演《易》），及觀察體會宇宙現象眞理（伏羲近取諸身，仰觀天物）的書，我希望人人都能夠學《易經》。最後我們引用釋迦牟尼佛的話：「一切眾生皆有如來智慧德相，但因妄想執著而不能證得。」我們也可以引申說：「一切眾生都可以去學得《易經》，但因妄想執著於文字及卦象的符號，而不能擺脫用以借物解釋事理〔名相〕的圈套來與現實環境掛勾，所以不能窺見《易》學的眞相。」

先師周鼎珩先生雜憶

弟子 陳素素 恭撰

一、初謁師門

民國五十年夏天我考取東吳大學中文系，大二理則學、大三《老》《莊》、大四《周易》皆從老師修習。是大一，抑大二，已記憶模糊，聞知老師善算命，心生好奇，乃偕同學前往拜訪，途遇學姐周傾城，指點老師住處，東吳校門外數步有斜坡，坡盡，左邊有水溝，清澈見底，有幾戶民宅臨溝而築，前行不遠處有五六階梯架水溝之上，沿階而上，左望，有門，顏曰：「乾初易舍」，蓋師門也。

既入，左邊客廳，右邊餐廳，兩廳相通，約八坪；客廳後書桌，書桌對面臥房，約三坪，一覽無遺。諸同學報八字，師用萬年曆，逐一排列為算，師見吾八字後，似特別關注，其餘細節皆已忘卻。

師同族兩弟每年農曆三月二十日來為慶生，次日即我生日，師生相差一日而已，師固不言，我亦從未注意，今一回顧，乃悟我水命而土厚，師命土弱而喜水，且生日與師相鄰近，想師當時或以為來請算者，不知凡幾，而獨與我巧合若此，不覺形諸顏面耳。

當時我東吳大學尚未為完整大學，獨法學院而已，法學院有六系，中文系、外文系亦暫隸屬之，總師生數頗少，消息傳遞迅速，師善算命，即外文系亦風聞之，其助教周偉雄嘗來造訪。

二、《易經講話》面世

一日，學姊朱玄來訪，捧讀一書，曰：「深入淺出」，蓋《易經講話》初版前之版本，頁數約初版之半，此吾初知師有新著問世。時師雇有老李，居師對門小房，老李，安徽巢縣人，年約四、五十歲，身材略瘦小，然頗幹練，師生活起居胥賴侍奉，師在西北辦報，日夜顛倒，牙齦發炎，症狀嚴重，乃盡拔去，假牙代職，故食物軟爛者為美，老李悉能如意，寫作《易經講話》期間，尤其盡心，師甚感激。若有親友學生來訪，經師指示，所烹佳餚亦皆可口。

三、曩昔家事　不吝相告

在學期間，休閒常往訪，久之，不蒙見外，曩昔家事，皆不吝告知。以無慈母像，師餐桌上方懸觀音像，「我以佛代母」。師慈母八字，算命者謂：「四奶奶無子送終」，故「我歸，則母痊；我去，則母逝。」

師幼時，胃納不佳，進食不多，母憂曰：「勿效汝早逝之父！」故師往往米飯一碗用罄，不即放下，端碗猶豫，再添稍許，常曰：「米飯養人，以種植期間得太陽能也。」

師之長姐見師膝下尚無兒女，乃戲以其女徐范林贈之，後受師之託，照顧師獨子周同舉者是也。師獨子無行為能力，我與魏畹芸接洽買斷《周氏易經通解》版權，徐范林遂為代理人。

同舉出世，適有三要人來訪，故名。二〇一五年六月一日《銅陵市市民論壇》〈銅陵的普濟桑田和古徽河〉載三大元老人物「柏文蔚、許世英、吳忠信」，即所謂三要人也。

吳忠信係師結義兄弟，當年師在普濟農場，遽聞共軍已渡江，匆

驟之間，避難上海，往依吳氏，嗣亦賴其力爲安排來臺。吾但知師化妝漁民來臺，至於發自何處？誰爲安排？皆聞之於同門弟子林鴻基師兄。

四、太平輪失事倖存者來訪

太平輪失事倖存者五十餘人而已，其一曾拜訪老師，入門，見觀音像，不暇寒暄，即五體投地拜焉。太平輪方沉，此先生幸得可供漂浮者，心中默禱觀音菩薩，又用帽沿左右摩擦取暖，終獲救，登上海，在上海某戶人家，見觀音，即匍匐而拜，該戶老母思其女有遇人不淑者，尚有未適人者必慎重，見此人貌雖不揚，而虔敬若此，乃興許配之念。後有緣得親見其夫婦，重聆其過程，夫人端莊賢慧，調理三餐，善變化，其兒女常啖而不厭。虔敬之報如此，此吾初次得見，惜不知其姓名。

五、收魏畹芸爲義女之奇緣

「我太太（繼配吳氏）某日落水，次日，魏畹芸出世。」師與吳氏情最篤，故收魏畹芸爲義女，除八字爲水命、性情類吳氏外，此前生今世之因緣，亦爲要素。

魏畹芸長我兩歲，亦就讀東吳中文系，本爲學姊，後遭遇困難休學，復學後，求教於師，師不僅指點迷津，並資助學費、生活費，故能順利畢業。畢業後，先後在新竹女中、景美女中任教，前者校長孟淑範女士蓋師舊屬，後者校長乃因立法委員董正之先生之請託。後遇曹英龍先生，曹先生性忠厚，可託以終身，師親爲主婚。生子，子命中缺水，師爲取名「衍中」。「衍」，出自《易經》「大衍之數」，

「中」，行乎正道，不偏不倚，其苦心、愛心，從可知矣。

六、何以學算命？

師始以外桃姑母，娶周氏，然新婚之夜，師不與共枕，逕臥床尾，讀《聊齋誌異》，周氏雖美，而不思親近，有違常情，有虧人倫，師不明所以，於是興研究八字之念，乃知周氏金命，而師體質畏金，實莫可奈何，當時女子不知離婚爲何物，三年後，竟鬱悶而死。師日後之精於算命，蓋肇因乎此也。

劉文騰，籍隸安徽省懷寧縣，英國里治大學紡織學博士。時任福樂奶品公司董事長，東吳圖書館壁記後附捐款者，劉董事長亦在列。劉董事長以爲算命蓋統計學，有其至理，最服膺鼎公，每有女友必請算命，婚後，每生兒女，亦然。

此外，師亦兼及面相之研究，如「女人顴骨高，殺夫不用刀」、「男人嘴大吃四方，女人嘴大守空房」等口訣，對面相稍有涉獵者皆能朗朗上口；至如夫妻臉型之相配，則未見有道之者，夫妻有凹臉、凸臉相配者，吾以此說驗諸事實，信然，如我東吳大學故院長石超庸先生，臉長而外凸，其夫人則臉長而內凹。

七、命中剋妻　師戒女色

師命剋妻，繼配吳氏三年而卒、承太夫人遺命所娶徐氏三年而別。何處剋妻？曰：「我眼睛剋妻」，師八字木旺也。徐氏來歸前，曾訂親某家，然未娶而先卒，稱爲望門寡，然師不稍恐懼。

「我命中女人多，師命戒女色。」故師自民國三十八年子身來臺，獨沉潛乎《易經》，不再娶，有來媒合者，則曰：「我已一副棺

材矣。」來請算命者女學生居多，師因八字之不同，咸指示如何補偏避禍，莫不稱謝如願而去，向無緋聞，令人訾議。

　　趙德先，湖南人。嘗沉迷女色，趙德先女友之呼其名諱，嗲聲嗲氣，師常愛學之。趙先生幡然悔悟後，日習字以養神定心，即舊報紙亦用以練字。想其常訪師者，以為師之自律，難能可貴，思仿效之乎？

　　有二三其德者，其夫人咸樂見往訪老師，薰陶使正。其中，會計師鄭清懷先生，曾任唐榮鐵工廠財務經理，吾印象至深，其夫人賢慧知禮，其子乃師義子，留學美國，鼎公仙逝，命子回國，答禮來弔喪者，感念之忱，可以想見。東吳大學校長室主秘韋仲公，畢業於政工幹校，才氣橫溢，詩、詞、文章，無一不擅，城區部有鑄秋大樓，〈端木鑄秋先生壁記〉即出乎其手，其夫人畢業政工幹校音樂系，嫻雅可親，於韋先生日常生活，料理周至，亦感念鼎公，惜先韋先生而卒。

八、喜愛之典型

　　劉董事長之擇女友，愛「Charming」之典型，師平素從不說英語，但往往學劉董事長之口吻反覆此單字，不表認同，故吾至今不能忘。幸劉董事長後所娶，氣質清純，師告別式時，吾曾一見。

　　師所樂交往乃稟性忠厚者，我中文系創系主任洪陸東先生，字靈嚴，世籍浙江省黃岩縣。其生平詳見閔孝吉老師所代作〈先考行述〉。洪主任偕師母來訪，師大為歡喜，甚且離座，曰：「陸老七子團圓。」意謂陸老忠厚有福，故有五子二女，除老五因病而手腳略不靈便、智力略受損，其餘莫不成材。

師不喜飛揚浮躁者，沉靜端莊，則所樂見。學妹董毓葳與我同租賃於某民宅，去乾初易舍不遠，常來探望老師。毓葳左右手四指向上相疊、大拇指對接，安置雙膝之上，師描述其狀，並讚曰：「好！」坐相好也。其尊翁董正之先生，遼寧省瀋陽市人，從臺中李炳南老居士學佛，長年茹素；任立法委員，護持佛法，奔走呼號，不遺餘力。其詳請參見二〇一八年二月二十五日星雲法師《人間福報》所作〈董正之〉。故學妹之坐相其來有自也。

董先生在交通大學講授國文，外子李桂午即其學生，蒙其關愛，常偕我登門拜望。師演講《易經》之地，董老師曾詢於我，師每講，必在座；《周氏易經通解》之出版亦思協助，然其時此書尚零落不全，有負美意。

九、講述《了凡四訓》

明代袁了凡本名黃，字坤儀，有雲南占卜師孔先生為算秀才三場考試名次，赴考後，果如所言；又謂功名將止於貢生、官至四川一縣令、年五十三壽終、無子，因以為天命不可違。三十七歲幸遇雲谷禪師，教用功過格積德行善，初過多功少，久之，功多過少，卒改變宿命，中進士，官居兵部主事、拾遺、贈尚寶司少卿，且生一子，向所占卜，俱不靈驗，故易名曰了凡，蓋了卻為命所縛之凡生，並作《了凡四訓》遺其子。

師講述此段時，侃侃如也，情節生動，當時情景猶歷歷在前，因購《了凡四訓》而細讀。

師以為算命小道爾，非《易經》可比，心心念念，莫非《易經》，若來訪者眾，有男有女，師間或問我此六人形成何卦，故於

《易經》講稿之錄音寶愛非常。曾應弟子之請講授算命，錄音帶則任弟子收藏，毫不介懷，即此理也。今不厭其詳面諭袁了凡之修行改命，其苦心或亦本乎此歟？

十、《易經講話》問世後之效應

　　慕名問學《易經》者眾，我常侍座旁聽。間有奇人異士來訪，我生理期，母為熬紅糖薑湯，紓解不適，師知我水命而缺水，火土旺，體質偏熱，此方愈服愈躁，一日，有通中醫者來，師請為我把脈，處方四物湯，師乃以為穩妥。有發功時全身骨節喀喀作響者，年不過二三十而已，吾首次見識。

十一、善養生

　　師脾土弱，端賴善養生而延年。除晨起打九節連環外，無論坐臥，雙手必覆於丹田，則意專注而氣沉焉，久之，丹田發熱，師謂能煮熟雞蛋。師脾土既弱，肺與脾土相表裡，故患鼻竇炎、肺氣腫，長年鼻涕不斷，雖開刀而不能根治，晚年開講座，仍間有咳嗽。曾自嘲曰：「眼睛不佳，稱瞎子；耳朵不靈，稱聾子；獨鼻子不通而無渾號。」從不聞怨尤。昔吾年輕而瞽見，不知其苦，今亦登髦耊，乃能體會。

　　師體質偏陰，故攝食多偏陽，水果常啖蘋果，肉類常進雞湯，根莖類愛地瓜。粉蒸排骨，老李所善料理，蓋地瓜上置沾粉之排骨，以蒸籠蒸之，師常以此款待來客。

　　「放電」，此師獨家之說，學子頗感新鮮，曾途遇同學楊良珠，笑曰：「吾等『放電』去也。」蓋赴士林電影院也。雖玩笑之

語，而於養生之理似有了悟也。「電」者陽也，藏於內，生機旺；今看電影，則浮於外，消耗生機，非「放電」乎？

十二、周氏幽默

時任教幹校者，皆獲贈蔣公玉照，師懸於壁間。警察固多親民愛民者，然不肖者混跡其中，仗勢欺民者，亦不少見，師指蔣公像，曰：「嚇警察。」威權時代，確有嚇阻之效。當時此三字入耳而已，今每回顧，忍俊不住。

師幼時，餵食不易，母使保母陪伴，出外，邊看大牛，邊餵蹄膀，「保母呼一聲大牛哎！則餵我吃一口。一日，保母『害我一下』，未放鹽，我從此一口不肯進矣。」如此餵法，確實磨人，或保母已不能耐，故意不放鹽，或忘記而已，別無他想，然師以此四字論斷，玩笑口吻，亦令人發笑。

十三、風水輪流轉之說

師嘗以雞蛋比喻地球，地球亦有蛋黃區，中國、歐洲、美國是也。中國明清之際，風水旺盛，然盛極而衰，時歐洲文藝復興、工業革命方興未艾，風水轉趨焉，全球稱霸，英國且有日不落國之稱；二次世界大戰後，歐洲衰矣，風水又轉趨美國，美國獨霸至今，數十年來，四處征戰，耗費不貲，疲象已現，中國自改革開放後，國力日盛，有取代之勢，風水顯已回轉中國。風水由中國轉歐洲、由歐洲轉美國，師所親歷；至於又輪流回中國，民族復興在望，則不能親睹，想必憾恨無已。

師嘗謂「臺灣無獨立之條件；臺灣有兩條血管輸血：一為自大陸

運來之黃金，一爲美援。」、「臺灣無獨立之條件」，道實情而已，初無唱衰之意；所謂「美援」者蓋居美國第一島鏈之代價，今不僅無絲毫美援，以忌中國之從後直追，更逼使第一島鏈從防堵變攻擊，武裝臺灣，男女皆兵，安危難卜。美國不思奮發圖強，但知逆勢而爲，師如知之，將作何想也？

十四、兩度遭劫

師尊翁元熙公性好客，賓從輒滿座，師幼受習染，且「我八字因人成事」，故慕名者來訪，從不見拒。

時東吳法律系張生，其夫業商，需資金挹注，師適從幹校退休，而張生利息高於銀行，師無其他收益，而好客依舊，日常開銷如何支應，乃提撥退休金投資，豈意張生夫婦經營不善，師爲牽累，兩百萬心血一夕流逝，從此不見蹤影。我嘗提醒張生金命，師以爲不娶爲妻，固無妨也。

汪某，湖北人，祖籍安徽休寧，出身軍旅，與師素昧平生，亦蒙師接納授《易》，嘗邀師赴公共澡堂，或刻意與師親近乎？後竊先師智慧財產，先行出書者，即此人也。其詳請參見《周氏易經通解》第七冊末〈後記〉。其先行所出書，名《周易六十四卦淺解》，有簡體字版，北京當代世界出版社發行，其〈後記〉係殷珍泉之父代作，其中敘述受汪某所擅贈師《周氏易經通解》全套錄音帶。

十五、失之東隅　收之桑榆

民國六十年徐可熛主任從政大外文系主任退休，文學院王兆荃院長以爲徐主任中外文兼通，力邀接掌我校中文系，徐主任雅不願意，

設筵請端木校長懇辭，不果，而校長室章秘書覬覦主任之位已久，師雖兼任，而頗關切系務，間或臧否之，想章秘書以爲有礙其心意，乃授意徐主任，不再續聘，徐主任於文學之定義，異乎傳統，或以爲師所授諸門，亦不符其定義，乃請師用餐間見告。師轉述時，不稍慍怒，並幹校亦辦退休，於是訂定體例，開設《易經》講筵，《周氏易經通解》即從此脫胎，然則失之東隅，收之桑榆，寧不稱慶耶？

十六、師硃砂掌

師遷居北投，吾一無所悉，吾性不喜逛街，然某日逛至臺北衡陽街一帶，竟巧遇魏畹芸，乃往拜謁，因命至中華文化大樓聆講，並擔任記錄，故自〈賁〉卦後等十七卦蓋吾所記，逐字記錄，量多而緩慢，以緩慢故，深知師之於《易》也，已融會貫通，卦卦有精義，足以傳之久遠，不惟啓迪今人而已。傳統書局老闆周正倫先生嘗來催稿，曰：「時乎！時乎！」聆講者雖踴躍，然年事皆已高，當及時販售，吾隱覺不妥，乃購其手中所持稿，加以其他種種助緣，《周氏易經通解》終得鑴行。其詳請參見《周氏易經通解》第七冊末〈後記〉。

三十八年大陸淪陷，師化妝漁民，逃來臺灣，時張生侍坐，笑曰：「我必能識破，使就逮也。」蓋師手掌通紅，異乎常人，乃硃砂掌也，師云硃砂掌有理想。《易》者群經之首，中衰已久，綜觀師一生，自習《易》、研《易》而傳《易》，《易》厥爲其主旋律，弘揚振興，不遺餘力，非理想之體現哉！而思前之巧遇以迄今之成書，其間或有天命乎！

十七、命習王字　命研究老子

　　初受教於師，期中考後，師邊發考卷、邊品評諸生之字，謂某生字有帖意，蓋嘗臨帖也，其餘已不復記憶，然師之重視寫字，可以推知。吾字師以為「未落巢」，師有桐城口音，不知是否此三字，未再請教，後我知「用手讀書」之法，日抄古文，師見之，讚許曰：「陳素素！汝字寫好矣！」並命練王羲之帖，又承批改，邊批邊曰：「王字精神偏右。」吾常思所謂「未落巢」者，意或精神未貫注，致有乏力之感；練習既久，精神收攝，力道乃現。

　　五十七年吾任助教已三年，師督促升等，並命研究老子，時吾兼女生小宿舍舍監，餘暇則鑽研，以淺近文言為之，蒙師逐篇肯定，次年，順利升任講師。

十八、生前餐敘　死後託夢

　　師曾邀樊楚才先生、朱文溥先生與我至某廣東茶樓餐敘，當時師足力已衰，望陸橋而畏怯，今日思之，此次餐敘，想有託付《周氏易經通解》之意，但未明言也。

　　師甫去世，魏畹芸不暇立即通知，迨我知悉，即往北投，晚餐後茫茫然歸，就寢不久，即呼：「老師！老師！你來啦！」老師身影未現，吾感知其靈魂乎？此事吾鮮為人道之，恐遭迷信之譏。今日思之，或遺願未竟，再行託付歟？

十九、張天師為我看手相

　　道教創始人東漢張道陵，後世尊稱為「天師」。我校政治系學長

張姓，以精於手相，同學遂呼「張天師」而不名。某日訪師，吾亦在座，因請相我手，曰：「汝有一好妹妹，汝將兼差。」兩句而已。

　　回首前塵，匆匆數十載已過，舍妹事無鉅細，實惠我良多，不能細數，第一句驗之不爽矣。至於第二句，不知何所指？向未求證，《周氏易經通解》亦經數十載之曲折，盤桓我心，耿耿我懷，未曾放下，今終梓行問世，或即所謂「兼差」乎？

二十、三軍未發　糧草先行

　　舍妹貌俊美而性親和，人多樂近之。有學姊偕其弟來訪，其弟將柑橘對分，其半贈舍妹，初見而貿然如此，師洞悉之，微示勿受，悅慕之意，甫萌發，旋遭抑，師藹然相護之心，舍妹感念不已。

　　前主任林伯謙曰：「三軍未發，糧草先行。」舍妹知《周氏易經通解》之鐫印，乃吾宿願，慨然以糧草相贊，於是今主任侯淑娟得從容調度三軍，逐冊上梓，卒能成套行世。是「汝有一好妹妹」又一證明耶？

二十一、師懸念終得償

　　乾初易舍，傾頹已久，不見重建，吾每路過，輒為之浩歎。值此兩岸風雲詭譎之秋，侯主任憂心之餘，督理益勤，而師所日夜懸念、一再付託者，終能得償，想師在天之靈必含笑而稱可也。

緬懷與感恩

林鴻基[*]

進入周鼎珩教授師門是很偶然的機緣。

民國六十二年中，一個週日午後，我習慣性地到重慶南路書店街閑逛，在黎明書局發現很多人聚集在櫃臺前，一問之下，才知道他們是在報名周鼎珩教授的「易經講座」。櫃檯旁一位眉毛濃黑有彩，容貌嚴肅中透露些許和氣的中年男士（後來才知道他是書局的韋經理），跟大家解說：「周教授從小在九華山跟隨前清翰林讀書、學《易》，是當世精研《易經》最傑出的學者；這次開班機會難得，預計只收五十名學生，但目前報名已將近五百位了」。我從未接觸過《易經》，但對這古老而神祕的學問，有一種莫名的憬慕，於是便填簡歷表報名了，至於能否被錄取，實在不敢存太大希望。

幾個禮拜後，突然接到封套下端印著「乾初易舍」幾個紅字的信，約期前往一晤。我記得約見時間是個炎炎夏日午後，由於不知初次見面該帶什麼伴手禮，於是我跑到西門町的西瓜大王，選了個五、六斤重的大西瓜，用草繩套著，一路搭公車前往。在雙溪公園站下車後，沿著山腳下的至善路一段一百三十八巷，大約走了二百多公尺，就看到右側傍著彎環清淺的小山澗，有背倚山坡的茅屋兩間，雖然簡樸，但襯著青山翠谷，潺潺溪水，還頗有水木清華之感，略似國畫中高人逸士的山居；原來這裡就是乾初易舍，而「易舍」兩字，除了表明爲研易者住處外，還有簡易房舍之意，一語雙關，命名得可真好！

---

[*] 企管博士、會計師

由於當時另有訪客，老師在簡單問明我的背景資訊後，就告訴我，
「易經講座」即將開班，限於黎明書局二樓教室座位，而報名者多，
為儘量滿足大家的願望，擬開週六、日各一班，每班學員五十名；將
由周老師政工幹校已退役的學生周正倫兄與我，共同負責學員簽到、
連絡，分發講義……等服務工作，問我可願意幫忙？由於這是得以多
親近賢者，且為同學服務的事，當然我毫不猶豫的答應了，這便是我
與周老師的第一次見面。但我始終不知為什麼周老師會從五百多位報
名者中，選我當服務人員，我猜測可能是因為我當時年未三十，是學
員中少數的年少者，較適合跑腿打雜，而且我在學經歷欄中填了某專
科學校兼任講師，讓老師覺得與文教工作較有關連吧！

　　大約民國六十二年秋天，「易經講座」終於開課了。從周老師
的講課中，我發覺他不愧是講授理則學多年的教授，而且教學經驗豐
富；其教學計畫極好，先以幾個講次闡明易例，讓大家明瞭學《易》
應具備的基本認識，以及《易》學的原理原則，然後再從首卦〈乾〉
逐一講解至第六十四卦〈未濟〉；而每卦的講解方式也非常科學，先
有總說，說明卦序、卦體、卦義，然後依序介紹卦辭、爻辭、象傳、
大小象，循序而進，條理井然。老師學識淵博，講課中旁徵博引，以
後天有形的事物說明先天無形的氣化，善巧譬喻，趣味盎然，令人不
知不覺隨其前導，步步深入，探索中華文化終古的奧秘；同學們不論
是研究亙古宇宙氣化，治軍理民、商貿經營，乃至修持健身，均可從
中汲取智慧，受益無窮。任舉一個例子—〈復〉卦老師講課紀錄來
說：

　　　　復卦原來是坤卦，坤卦經乾陽一鑽，鑽到坤體裡面去
　　了；……乾陽最初一點鑽入坤體，這本來是氣化現象，可是先天

的現象沒有辦法說明，我們就拿後天的現象形容它。如看公雞母雞交配，公雞那一點白的精，我們常吃雞蛋可以看出來，受過公雞交配的雞蛋，雞蛋打開了，雞蛋黃高頭一點白，那一點白，就是公雞精。雞蛋要孵出小雞來，一定雞蛋黃上面要有那一點白的公雞精，才能孵成小雞；……在氣化來講，浮在蛋黃之上那一點公雞精，就是乾元入於坤體，用雞來講，公雞精剛到了蛋黃裡面，那就是雞的生命剛剛開始，乾元資始，「大哉乾元，萬物資始」。坤呢？坤卦在初爻的位置就把乾陽那個乾元初陽凝聚住了，就像雞蛋裡的蛋黃把公雞精凝住了；那個雞蛋在雞的裡頭是坤之始也，坤的開始。由雞蛋黃慢慢地生出小雞，小雞慢慢成爲大雞，大雞又生蛋……。在雞的生命裡，雞蛋黃就是開始，等於坤卦裡最初爻那個位置，那個蛋黃把乾陽－公雞精凝住了；坤體初爻的位置，等於坤元的位置，所以「至哉坤元，萬物資生」，它凝住了乾元，才能生出小雞來。「大哉乾元，萬物資始」，有那個乾陽公雞精，於是雞蛋才能孵出小雞呀！才能開化了。但是光有公雞精生不出小雞，一定要蛋黃把那一點乾元凝住了，因此，「至哉坤元，萬物資生」，萬物才能生出來，這樣就清楚。這就是拿那個雞蛋跟公雞精做譬喻。事實上，大哉乾元，萬物資始，至哉坤元，萬物資生，是形容氣化，陰陽兩個媾併現象，但是先天的媾併現象，氣化流行於宇宙之間，很難形容出來，只可拿復這表的現象來形容它，希望大家能了解那個境界。

　　再說到復卦的體象：「內卦是震，震爲動，外卦是坤，坤爲靜。動在靜裡面，那麼在這個體象裡面，靜中涵養動，動在靜中，換句話說，就是以靜馭動也。……裡面是動，外面是靜，所以裡面的動的力量才能夠大，由復的裡面的一陽變成二陽，二陽

變成三陽。一陽變成二陽所以這個微陽初動那個契機要培養它。拿什麼培養呢？靜態的培養……；因此，我們做功夫的人，常要培養氣沉丹田啊，……像張唯中先生打太極拳，氣沉丹田；氣沉丹田什麼境界？就是這個現象：這個丹田底下，坤為腹，為伏，伏在肚子底下微陽初動，一點契機在肚子底下動，這就是氣沉丹田了；道家修煉結丹就是這個，就是扶持微動初陽的這點契機，肚子裡面這點微陽契機要扶養它，扶養住了，才可以結丹。

老師所說的張唯中先生正是講座中的同學，最高法院書記官退休的。這是老師就近取譬，一個活生生的例子。你說，怎不令人聽得津津有味，欲罷不能，因而學員人數始終有增無減呢？

因為我是講座的服務人員，所以從民國六十二年周老師在黎明書局二樓的第一次開講，以及分別於民國六十五年二月、七十年五月，在重慶南路二段文復會大樓的第二、三次講座，我都始終追隨聽講，另外老師在家開的小班，我也都是學員。

在第二次講座結束後，即民國六十八年初，老師應幾位同學要求，每週三晚上在家裡講命理。以《淵海子平》為課本，再輔以老師自編的心得綱要，同學們都覺得受益匪淺。當時老師已遷居北投中和街，政工幹校後的山坡上，居處仍稱乾初易舍。

民國六十九年十二月開始，每週日講《長短略》，是老師所著《易經講話》中所附的三十二個略之外的，但大約只講了十幾個。老師說「略」是當年在九華山三元道長所傳，其最初起源則為圯上老人傳給張良的；《易經》六十四卦每爻配一個略，共有三百六十四個略；因為其中很多略，是以萬物為芻狗，極為殘酷的，因此非人不傳。國防研究院曾邀周老師開專班上課，學員均是國軍優秀將領，但

也只能講一部分；我們不知道在大陸的一位老師周姓同門，是否有傳人？如果沒有，這項中華文化絕學也就失傳了，眞是太可惜了！

周老師精研《皇極經世》，「易經講座」中偶然也會透漏一二。有幾次上課曾叮嚀年紀較長的同學，要好好保養身體，因爲依據《皇極經世》推演，民國七十三年兩岸可通；另外老師還說，民國一百三十三年中國將爲世界的獨強。當年老師講這些話時，尚在兩岸敵對，壁壘分明期間，且當時大陸經濟疲弱，尚未開始發展，因此大家都不敢深信。哪知後來兩岸可通果如其言，而民國一百三十三年中國將爲世界獨強，現在似亦已趨勢顯然，堪可確定。

「易與天地準」，不論自然科學、人文科學，一切的一切，都以此爲法則，因此，我深信聽講的同學，不論從事什麼工作，研究什麼領域，只要肯用心，必然各得深契妙悟，各有體會，獲益甚多，我個人亦然，尤其周老師所說的陰陽氣化，八卦摩盪之理，更是我突破唐朝楊筠松仙師三元理氣至訣的契機，令我感恩莫名。

緣民國七十一年，「易經講座」停課期間，我在中國孔學會跟隨毛暢然老師研習堪輿學。毛暢然老師是一代堪輿大師，其尊人毛公覺民，乃長沙宿儒，辛亥革命時，曾襄助黨國元老譚延闓共籌大計，後辭官獲聘爲漢口國學專修館館長，開敷教弘道之先河，作育英才蔚爲國用。以功勳德行，獲湘西異僧俗名王小魯傳授「堪輿三元大法」。毛暢然老師克紹箕裘，精研不輟，妙絕巒頭理氣，斷驗如神，故人咸稱「毛神仙」而不名。其平生爲人作福之陰、陽宅甚多，尤著名者則爲承先總統蔣公之託，堪定「日月潭慈恩塔及王太夫人紀念館」向址。毛老師認爲堪輿乃可驗證而極爲質樸之學問，故倡言「儒學堪輿」，強調「有一分證據，只能講一分話」之原則，迴異於世俗玄虛誇誕之說。嘗謂：「惟堪輿與兵學乃儒家之至精。」又謂：「堪輿家

言並可作經讀與史讀。」蓋深中肯綮，肺腑之言也。

堪輿學分為巒頭、理氣兩大部分，巒頭講形勢，各家所學精粗不一，眼力有別，但原則相同；而理氣則千差百殊，唐代即有百二十家之歡，今世更是眾說紛紜，然而真理應經得起考驗，毛師說巒頭以能葬中太極暈土為驗，理氣以能斷驗無誤為準，旨哉斯言。

我深幸能先追隨周老師習《易》多年，加以不斷思索，深究不懈，所謂：「思之思之，鬼神通之」，居然能貫通唐代楊筠松仙師所著《青囊奧語》、《天玉經內傳》、《都天寶照》中之真訣，而與毛師大作《堪輿紀實》，及毛太師《入地眼眉註》互相印證，得絲絲入扣，若合符節之妙，並獲毛師印可，快何如哉！

我曾向周老師面報跟隨毛暢然老師學堪輿之事，也曾陪同毛老師拜訪周老師。周老師說：「葬地之穴，以暈土紅色而潤，山水環抱為佳；以龍虎朝案均自本身龍發出，方為大地。」又說：「周家曾經代代均出翰林，可惜到這一代沒落了。」言談間，突然緩緩起立一鞠躬，以身後事鄭重拜託。

民國七十三年七月八日周老師仙逝，毛老師受託付之重，幾經跋山涉水，數處堪察，終在苗栗銅鑼鄉朝陽山柑橘園中，覓得巨門星體，土角流金出脈，秀麗有情之真龍真穴，其形勢、土色果如周老師所預期，極為難得；天道之報施子身海隅，紹續羲文周孔一脈相承之絕學於不墮，大有功於聖教者，可謂不薄！此事毛暢然老師曾撰有專文：「周教授鼎珩得葬太極暈穴（附圖）」，載於其大作：《堪輿紀實》一書中，有興趣者，不妨自行參閱。

還有一件事，也是數十年來，讓我始終感念無已的，大約是民國六十五年間吧！周老師曾一時興起，幫我看八字，他告訴我，這幾年流年極佳，大運也不錯，考試、創業、結婚都可以成功，要我好好把

握。果然，我在民國六十五年底結婚；而在六十七年八月，會計師高
等考試前，為全力以赴，毅然請假一個月，不分晝夜，拼命攻讀。記
得當時曾把一張新絨布椅，坐到椅墊上的絨毛大部分脫落，即可想見
一斑。當年十一月底放榜，由於歷年錄取率極低，僅大約百分之一、
二左右，有些年甚至連一個也不錄取，因此，雖然自覺考得不錯，但
也無絕對把握！

　　放榜了！我當時在蘆洲一家工廠接到去看榜的朋友電話，告知錄
取，一時心情歡欣欲狂，特地不惜成本，從蘆洲包計程車遙奔木柵考
試院去看榜，只為了體驗金榜題名的那一份榮譽與喜悅！

　　取得考試院考試及格證書後，依法尚應分別再向經濟部及財政
部請領會計師證書及稅務代理人證書，然後再向臺灣省政府建設廳或
院轄市建設局申辦登錄，方可開業。當我完成登錄，正準備開業的時
候，突然接到省政府建設廳撤銷登錄的公函，略謂：依會計師法第
十二條規定：「會計師應在公私機構擔任會計工作，或會計師事務擔
任助理人員兩年以上，方得登錄。」而依會計師法第五條規定：「中
華民國人民，經會計師考試及格，領有會計師證書，取得會計師資格
者，得充任會計師。」因會計師法第十二條條文主詞為會計師，而取
得會計師資格者，方得稱會計師，因此，經濟部認為應於取得會計師
資格以後之工作經驗方可採計，原登錄核准案之申請人雖在考前已有
兩年以上工作經驗，尚不合規定，應予撤銷。這撤銷登錄函無異一記
晴天霹靂。但是我認為這顯然是曲解法令，極為不公。理由是當年會
計師資格取得之途徑，是正門密閉，旁門大開。凡會計審計學教授、
政府單位簡任會計主管，軍中上校以上財務官，或在外國取得會計師
資格者，均可循相對容易之檢覈取得會計師資格，且完全不必具工作
經驗即可開業，而千辛萬苦經專門職業高等考試取得會計師資格者，

反而須兩年工作經驗，且僅採計取得會計師資格後之經驗，顯然失衡且極不公平。再者，依專門職業及技術人員考試法第4條規定：「中華民國國民，具有本法所定應考資格者，得應專門職業及技術人員考試。」再依國籍法規定，中華民國國籍之取得，有生而取得，有因歸化而取得者。假如，有人因歸化而取得國籍，成爲中華民國國民者，依經濟部之見解及邏輯，上述考試法第七條之主詞，即係中華國民國民，豈非此人在歸化前，因尙非國民，其考試應具備之大學會計相關科系畢業學歷即不准採計？

　　當時，我的處境有如〈困〉卦的卦辭：「有言不信」，投訴無門。除依行政救濟程序提起訴願外，並到處請願。由於我大學時的系主任范光陵教授之尊翁范苑聲先生，當時是立法院經濟委員會委員，我曾具函懇求協助，但他回復要我循法定程序辦理，他不便干預行政。於是我去找周老師想辦法，他二話不說，馬上寫了一封信給范委員，不久就獲得回函，告知已囑經濟部府會連絡人，請愼重研究，妥善處理。原來，范委員與周老師不僅是安徽同鄉，且曾共事，居處毗鄰，所以周老師出面，他義不容辭，出手相助。另外，當年同時考取，與我境況相同之呂正樂會計師，也得到監察院林亮雲委員之熱心關切，因此，經濟部乃經數月之反復研商，認爲我們的請願爲有理由，做出撤銷原不准登錄之決定，並廢止其原主張取得會計師資格後之工作經驗方可採計之解釋。一舉爲此後之考生掃除無端之障礙，開了一條光明平坦的道路。如今我雖然已開業四十多年了，但對老師當年的出手相助，永遠衷心銘感！

　　周老師仙逝後，我曾數度拜謁老師長眠之處，表達緬懷與感恩之忱，並在民國九十七年十月十四日至十六日，約集因受我感染，對周老師有相當認識與崇敬的前立委林鈺祥兄，及上市的基勝控股公司董

事長劉宗信兄，作了一趟禮敬地藏菩薩及尋訪周老師少年時期讀書習易場域之行。

　　依據周老師口述，他九歲時被他母親送往九華山師從前清翰林三元道長讀書，住在九華老街化城寺旁的寮房；而三元道長修道六十餘年，九十七歲始化，遺蛻存於九華山九子寮方特造的木塔內。我們一行搭著劉董事長上海子公司的朋馳休旅車上九華山，宿在九華山唯一的四星級旅館—東崖賓館，並聘有一位年輕但史地知識豐富的當地人為導遊。我們與導遊一見面，即詢問化城寺旁的寮房，以及九子寮方的木塔，她回說不知道，但她會請教長輩；第二天回說，清代中葉，九華山香火鼎盛，化城寺東西二序曾有七十二寮房，其後經太平天國之亂，九華老街建築遭嚴重破壞；清末民初，經修復，仍有十二寮房，今則蕩然無存了，至於九子寮方的木塔，則她從未聽聞。

　　九華老街是坐落在海拔一千公尺左右的狹形盆地，九華山山巒聳翠，有如蓮瓣，號稱九十九峰，唯獨在山頂得此平地，四山環繞如城，盆地內有溪有田，街屋村舍井然，故有蓮花佛國之稱。東崖賓館約在九華老街中心的化城寺東方兩百公尺左右處，步道全由石板鋪砌，寬約二、三公尺，兩旁蒼松翠柏，景色極佳。那幾晚適值農曆九月十五日月圓後的一、二天，步行在天氣微涼，月光灑滿盆地的空山老街中，想到寮房欲覓無蹤，也無法前往太老師的遺蛻所在處禮拜，未免悵惘，然而凡所有相皆是虛妄，本不需執著，但能漫步九華老街，體驗老師少年生活的仙境，也應相當滿足了，且憑空默禱老師在天之靈，庇佑兩岸和平，盛世重現，周氏易學繼續發揚光大！

我在「乾初易舍」隨侍周鼎珩教授的歲月

陳永銓*

　　根據陳素素教授撰寫的《周鼎珩先生事略》，周老師的「易經講座」是在民國六十二年開講。我是從民國六十五年二月廿九日開始，固定每週日上午，在臺北市重慶南路的中華文化大樓聽講。那天，周老師是講第五卦〈需〉卦，〈需〉卦上六爻辭「有不速之客三人來」，讀到這句爻辭，我不禁會心一笑，因爲這好像是說，我是半途插班，不請自來的學生。從那天起，我養成一個習慣，上午聽完《易經》課，午餐後就前往當時位在南海學園的中央圖書館整理聽講的筆記，這樣連續紀錄了三年，直到六十八年元月十四日，周老師講完第六十四卦〈未濟〉卦。

　　那一期的最後一堂課，周老師說等過年後會再開課，重講六十四卦，請大家等候通知。六十八年戊午年春節期間，我去北投中和街「乾初易舍」向老師拜年。當天在座的還有周老師的義女魏畹雲女士與其夫婿曹英龍先生，閒聊時發現魏女士跟我是西螺同鄉，她還是我母親的遠房姻親。她們夫婦是住在新店，平日上班，大概只有假日能來陪周老師，至於幫傭的阿嫂，只是固定時間來做飯與打掃，所以她們希望找個熟人來住老師家，有人照應，比較放心。當她們知道我還是單身，就問我有沒有意願？

　　對學習《易經》來說，能住周老師家，是個千載難逢的好機會。但是當時我是在板橋上班，板橋與北投之間的通勤是個難題。我

---

*　曾任大學講師

曾在六十五年插班就讀東吳大學夜間部經濟學系，因爲投考時不知道
上課是在士林的校本部，而非小南門的城區部，所以半工半讀的日子
裡，每天下班從板橋趕到士林，幾乎要花一二個小時，以致經常遲到
或缺課，不到一年就輟學了。北投比士林還遠，的確讓我視爲畏途。

　　不久，我還是搬到「乾初易舍」住宿，不過每天早出晚歸，除
了假日，能爲周老師效勞的事情並不多。倒是每逢假日，老師的親友
與門生來訪，客廳常是滿座，我有機會幫忙招呼，也學習到應對進退
的禮節。六十八年中，周老師開始著手撰寫《周氏易經通解》，當
時有幾位老同學敦請周老師每週一天晚上在「乾初易舍」講《淵海子
平》，因爲周老師也精通八字命理。我就是讓周老師看過八字，才能
夠搬進去住的。他們上課的時候，我就搬一張凳子坐在門口旁聽做筆
記。

　　六十九年，周老師接著講《黃帝陰符經》，還有《長短略》，這
是周老師得自安徽九華山三元道長的眞傳。據周老師說，《長短略》
有384章，第一章是〈一統略〉，請參考《易經講話》P.286，此外，
《易經講話》有三十二講，每講附有一略，所以《易經講話》提到
了33個略。這一年，周老師又講了〈闢闔略〉、〈彼是略〉、〈眞
妄略〉、〈反正略〉。大家如果上網打關鍵字「長短略」，會看到有
個部落格提到周老師的〈闢闔略〉，說：「闢是開，闔是關，一開一
關，兩相對待。如同住一屋，屋有二門，一開一關，獨門出入。既便
管理，又便聯繫。」

　　我在「乾初易舍」聽周老師講〈闢闔略〉，則是說：「天地之
間，其猶橐籥；陰陽往來，一闢一闔。闢以濟闔，闔則闢之；闔以濟
闢，闢則闔之。勵士役民，闢之而闔；移風易俗，闔之而闢。不闢而
闔，其氣鬱結；鬱結者病，山風之蠱也。不闔而闢，其氣耗竭；耗竭

者死，山地之剝也。故用闔闢，或須偏重；愼典時行，執之勿縱。」顯然可見這「闔闢」講的是「陰陽往來」，而非「門戶開關」。

七十年五月，周老師恢復在文化大樓講課，從〈乾〉卦講起，每講一卦都有發講義，但是只講到七十一年八月第20〈觀〉卦。現在我負責整理完稿的14〈大有〉卦、15〈謙〉卦、16〈豫〉卦、17〈隨〉卦，就是綜合第一期與第二期上課筆記以及講習大綱匯整而成。前陣子我在整理第16卦〈豫〉卦，大家都知道先總統蔣公名介石字中正，但是只有讀過《易經》的人才知道，蔣公的名與字都取自〈豫〉卦，六二爻辭：「介于石，不終日，貞吉。」六二小象：「不終日貞吉，以中正也。」當時有學生提問：「爲什麼先總統會從〈豫〉卦取名取字？」周老師只有簡單回答：「可能是有高人指點！」由此可見，周老師講學是很嚴謹的，不會隨便借題發揮。

周老師是在七十二年中將《周氏易經通解》第一冊交給平陽印刷廠排版印刷，因爲舊版《易經講話》就是交給平陽印刷的。周老師要我負責校對平陽送來的印刷稿件，可能是平陽的鉛字版太老舊，很多字體模糊不清，周老師看了也不滿意，要求平陽改善，平陽卻藉故拖延，所以直到七十三年周老師逝世仍未談妥出版。現在東吳大學出版的《周氏易經通解》第一冊，就是根據當時校對的鉛版印刷稿件，使用電腦重鍵的。巧合的是，現在陳素素教授又將五南出版社的印刷稿件交由我來校對。

周老師逝世之後，他在大陸的親屬委託律師提告訴求繼承遺產，周老師的義女魏畹芸女士列爲被告，雖然週遭的人都知道老師從東吳大學退休之後，生活起居大多是靠魏女士照料，林鴻基學長和我都曾經出庭作證，但是苦無文書證據。曾有人說：法院審判的是證據，而非正義。最後法院判決周老師的大陸親屬勝訴，這造成《周氏

易經通解》的出版以及後續講稿的整理都停擺下來，當時我甚至以爲出版的事可能就此中斷了。

　　四十年後的今天，很榮幸能夠受邀參加這場盛會，這必須感謝陳素素教授。因爲是她找到周老師在大陸的家屬，把版權買回來；又召集我們幾位同學，共同分擔整理其餘六十卦的任務，至如版權、闕遺等種種問題，都賴她一一解決。接著，她又將《周氏易經通解》捐給東吳大學中文系出版發行，更捐款做爲後續整理出版的運作基金。陳教授目前身體狀況欠佳，行動不便，可說是用堅強的精神願力，支撐著老弱的身體，完成這件艱鉅的使命。我相信周老師在天之靈得知《周氏易經通解》終能出版發行，一定會感到欣慰。

鼎珩先生的族曾孫周桃正　來鴻

陳老師好：

　　我是大陸的一位中學教師，桐城東鄉鷂石周氏後人，鼎珩先生的族曾孫，現居馬鞍山。

　　我是為收集鼎珩先生的詩文及照片等資料而來，懇請您的協助，此外無他求。

　　近幾年來，我在收集整理鷂石周氏家族文人的詩文方面，小有收穫。擬日後出版。鼎珩先生既是學界公認的易學大師，也是我族重要的文人，《易經講話》幸得東華大學謝明陽教授購贈，另外我又收集了先生的著述四篇，詩兩首。如能讀到他更多文章，日後彙集出版，其意義自不待言。

　　我是一位普通的中學教師，多年來，致力於家族歷史文化研究，經一段時間的查訪，得知先生是鷂石周氏二十一世。先生家學淵源深厚。父敬庵公，太學生；祖蔡閣公，附貢生；曾祖慧蓮公，曾國藩、李鴻章贈有詩序。再往上，五世祖鏡湖公，太學生；六世祖梧軒公，督理戶政；七世祖慕溪公，總督方觀承贈有壽序；八世祖翎遠公，張廷玉贈有詩文；九世祖君召公，工計然術，家譜有傳；君召公的曾祖方塘公用儒術始振家。先生成長于桐城東鄉，在此地濃厚的文化氛圍薰陶下，終於成為一代大師。

　　遺憾的是，由於鼎珩先生特殊的經歷，他的著述在大陸不多。照片只有《易經講話》上的比較清晰。要從網路上查找先生的資料，十分不易。這麼一位大師，卻沒有更多的資料可查，實在遺憾。

　　去年，我才知道陳老師是鼎珩先生的弟子。一時冒昧，通過友人向您求教。得知您忙，也許忘記此事了。今日再次寫信，還是請您幫忙：能不能提供一些鼎珩先生的詩文，尤其是先生的照片。在此先表感謝。

　　我也知道，鼎珩先生去世後，圍繞著遺產繼承問題，還有一場官司，而其中一位當事人，就在馬鞍山。此事我前年才得知，具體情節我不清楚。當然，此次通信與此事毫無關係。

　　學術研究，需要一代一代的傳承，鼎珩先生的成果，期待陳老師等眾多大家的發揚光大。我只是在中學任教，業餘時間，收集周氏文人的著述，包括上面提到的鼎珩先生幾代先祖的相關詩文，想來有一定的意義。也想以此告慰周氏先人包括鼎珩先生于泉下。

　　因我們處在兩岸，我也沒有陳老師您的聯繫方式，所以通過東華大學謝明陽教授及友人轉此信與您，還請見諒！

　　我的電郵地址：332901065@qq.com。

　　新年將至。祝一切順利，新年安好！

安徽省馬鞍山市第二十二中學　周桃正

侯主任：

　　我是大陸的一名中學教師。

　　明日除夕，首先向您問好！

　　我與您並不相識，得東華大學謝明陽教授指點，有幸能與您聯繫。想通過您，向陳素素老師問一聲好，並轉交我寫給陳素素老師的信。

　　簡單的事由是這樣的：陳老師的恩師、易學大師周鼎珩先生是我的族曾祖，祖籍桐城，為鷁石周氏第二十一世。鷁石周氏稱得上是文學世家，先賢輩出。我在整理周氏文人的詩文，而鼎珩先生的文章資料極少，連照片也就一張，還是《易經講話》中的，這种缺失實在可惜。還請您能夠施以援手，不勝感激。

　　祝春節愉快，闔家歡樂，兔年大吉！附致陳老師的信，還請轉達為盼。

　　　　鷁石周氏二十四世孫、馬鞍山市第二十二中學教師　周桃正

Note

國家圖書館出版品預行編目(CIP)資料

周氏易經通解. 第七冊／周鼎珩遺著；陳素素
　等記錄. --初版.--臺北市：五南圖書出版
　股份有限公司, 2023.07
　面；　公分
　ISBN 978-626-366-108-0（平裝）

1.易經　2.注釋

121.12　　　　　　　　　　112007477

4X33

周氏易經通解（第七冊）

作　　　者 ― 周鼎珩遺著、陳素素等記錄

校　　　對 ― 鄭宇辰

發 行 人 ― 楊榮川

總 經 理 ― 楊士清

總 編 輯 ― 楊秀麗

副總編輯 ― 黃惠娟

責任編輯 ― 陳巧慈

封面設計 ― 韓衣非、陳亭瑋

出 版 者 ― 東吳大學中國文學系

編輯出版 ― 五南圖書出版股份有限公司

地　　　址：106台北市大安區和平東路二段339號4樓

電　　　話：(02)2705-5066　　傳　　　真：(02)2706-6100

網　　　址：https://www.wunan.com.tw

電子郵件：wunan@wunan.com.tw

劃撥帳號：01068953

戶　　　名：五南圖書出版股份有限公司

法律顧問　林勝安律師

出版日期　2023年7月初版一刷

定　　　價　新臺幣900元

經典永恆・名著常在

五十週年的獻禮——經典名著文庫

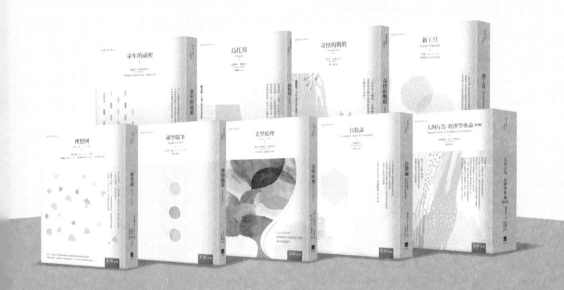

五南，五十年了，半個世紀，人生旅程的一大半，走過來了。

思索著，邁向百年的未來歷程，能為知識界、文化學術界作些什麼？

在速食文化的生態下，有什麼值得讓人雋永品味的？

歷代經典・當今名著，經過時間的洗禮，千錘百鍊，流傳至今，光芒耀人；

不僅使我們能領悟前人的智慧，同時也增深加廣我們思考的深度與視野。

我們決心投入巨資，有計畫的系統梳選，成立「經典名著文庫」，

希望收入古今中外思想性的、充滿睿智與獨見的經典、名著。

這是一項理想性的、永續性的巨大出版工程。

不在意讀者的眾寡，只考慮它的學術價值，力求完整展現先哲思想的軌跡；

為知識界開啟一片智慧之窗，營造一座百花綻放的世界文明公園，

任君遨遊、取菁吸蜜、嘉惠學子！